CALLWEY

GRUNDRISS ATLAS

EINFAMILIEN HAUS

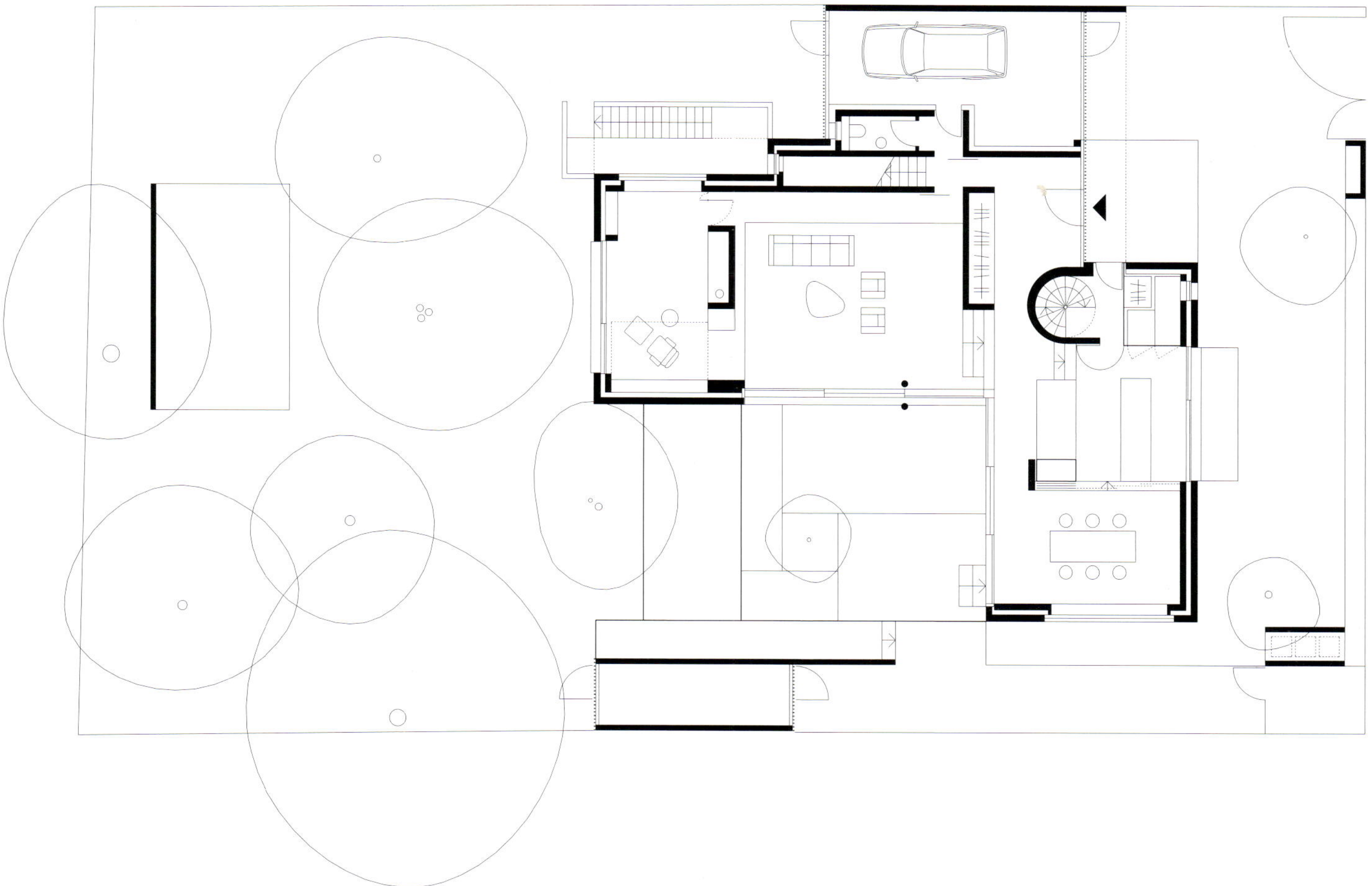

GRUNDRISS ATLAS

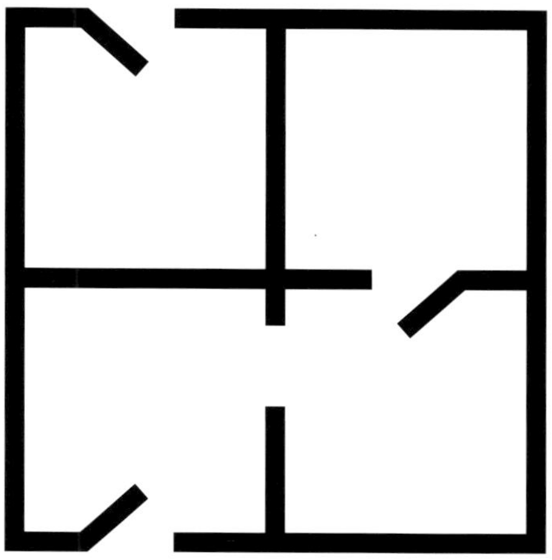

EINFAMILIEN HAUS

KATHARINA MATZIG // WOLFGANG BACHMANN

CALLWEY

Kategorien

- Kleine Häuser (< 150m²)
- Große Häuser (> 150m²)
- Aus Alt wird Neu
- In eigener Sache

Von Anfang an: GrundrissAtlas Einfamilienhaus

Alles beginnt mit dem „Wunschkonzert", wie die Architekten aus dem Münchner Büro Maio & Maio es nennen. Dem Vermitteln von abstrakten und konkreten Bildern, die die Bauherren im Kopf haben, ihre Vorstellung vom Wohnen eben. Dann beginnt die Arbeit: „Anders als beim manchmal bemühten Bild der Serviettenskizze begreifen wir den Vorentwurf als die entscheidende Entwurfsphase, in der alle Weichen gestellt werden. Zeit und Ausdauer sind uns daher hierbei sehr wichtig."

So oder zumindest ähnlich ist es allen 50 Architekturbüros aus Deutschland, Österreich, der Schweiz und Südtirol gegangen, die wir für den neuen „GrundrissAtlas Einfamilienhaus" ausgewählt haben, aufgrund eines besonderen Projektes, eben eines ganz speziellen Einfamilienhauses, das von diesen Büros geplant und realisiert wurde. Mit gut lesbaren Plänen und professionellen Fotos haben wir uns diesmal jedoch nicht zufrieden gegeben. Stattdessen haben wir für dieses Buch den Kolleginnen und Kollegen richtig Arbeit gemacht. Denn auch wir sind überzeugt: Der Vorentwurf ist die entscheidende Entwurfsphase. Daher haben wir um Vorentwürfe gebeten und um Varianten, haben gemailt und telefoniert, gebohrt und nachgehakt. Damit der Entstehungsprozess der vorgestellten Häuser verständlich und nachvollziehbar wird. Von vielen Büros haben wir dann auch tatsächlich die vermutlich in Aktenordner verbannten Skizzen und Pläne geschickt bekommen und sie auf den linken Projektseiten den realisierten Grundrissen zur Seite gestellt. Genau hinschauen lohnt sich! Erbracht nämlich wird durch die Entwurfsalternativen der Beweis, natürlich aber auch das Zugeständnis, dass es immer noch besser geht und sich ein perfekter Grundriss nicht aus dem Ärmel schütteln lässt, sondern erarbeitet werden muss. Den Kolleginnen und Kollegen sei an dieser Stelle für ihre Mühe herzlich gedankt.

Zudem wollten wir mehr über die jeweiligen Baugeschichten hinter den Entstehungshistorien erfahren und wissen, wie Bauherr und Architekt überhaupt zueinander gefunden haben. Wir haben gefragt, was das Besondere an der speziellen Bauaufgabe war und welche Probleme es gab. Wir waren neugierig auf die Inspirationen, die zu den Entwürfen geführt haben und haben gelernt, dass es zwar oft der Genius Loci ist, der Form und Material (mit)bestimmt, aber manchmal auch der Mercedes Strich 8 eines Bauherrn, Richard Neutras kalifornischer Midcentury-Stil oder Eduardo Chillidas Grafiken. Und wir haben versucht herauszufinden, wie Bauherr und Architekt miteinander ausgekommen sind, so dass am Ende ein Haus entstehen konnte, das uns beispielhaft und vorzeigenswert erscheint. Acht Einfamilienhäuser hat sich Wolfgang Bachmann daher auch noch persönlich vorgenommen, samt Architekten und Bauherren.

Was wir bei all dem gelernt haben? Der Bauherr, er ist König. Auch wenn er „durch die Mangel" genommen wird, wie Sebastian Dellinger aus dem Architekturbüro Beer Bembé Dellinger es formuliert. Er produziert Vakuum-Isolations-Paneele, die verwendet werden sollen, stellt hohe Anforderungen an die Energieeffizienz und liebt bisweilen Beton in allen Variationen. Er möchte erweitern, irgendwann einmal, er denkt ans Alter, plant Raum für erwachsen werdende Kinder und angedreckte Hunde ein, die erst durch die Waschanlage müssen, ehe sie ins Wohnzimmer dürfen (die Hunde, versteht sich, nicht die Kinder). Und im Zweifelsfall befragt er die Theorien des Feng Shui. Was bedeutet: Der Bauherr ist ein Individualist, der kennengelernt werden muss, damit er zufriedengestellt werden kann. Mehr als 100 DIN-A4-Seiten Vorstellungen und Wünsche, wie sie ein Ehepaar, das sich ein kleines Haus von Juri Troy planen ließ, formuliert hat, sind zwar die Ausnahme. Doch das schriftliche Formulieren von Anforderungen ist – so lesen wir – Standard. Und wenn es besonders gut läuft, dann funktioniert der Austausch zwischen Architekt und Bauherr so gut, dass, so Buchner Bründler AG Architekten, „die wirklich spezifischen Ideen im Dialog entstanden".

In vier Kategorien haben wir die 50 Häuser aufgeteilt, erkennbar an vier unterschiedlichen Farben. So haben wir Umbauten und Erweiterungen zusammengestellt im Kapitel „Aus Alt wird Neu" und unter dem Titel „In eigener Sache" Projekte versammelt, die die Architekten für sich und ihre eigenen Familien, für Verwandte oder enge Freunde gebaut haben. Wir haben unterschieden zwischen großen und kleinen Einfamilienhäusern, also Häusern, die mehr als 150 Quadratmeter Wohnfläche bieten und solchen, die weniger aufweisen. Die kleinste vorgestellte Erweiterung misst 49 Quadratmeter. Eine solche Planung, weiß der Bremer Architekt Theis Janssen, ist eigentlich zu aufwändig und rechnet sich nicht. Doch „die freundliche und aufgeschlossene Art der Bauherren hat mich letztendlich überzeugt, den Auftrag zu übernehmen und die Zusammenarbeit wurde bei einem Glas Rotwein besiegelt."

Überhaupt: der Rotwein. Er scheint immer mal wieder eine Rolle gespielt zu haben bei Gesprächen und Planungen, wie uns die Architekten berichteten. Doch auch ohne Alkohol sind häufig Freundschaften zwischen Bauherren und Architekten entstanden oder gewachsen. Von Familienzwisten, Trennungen oder gar Scheidungen ist uns nichts bekannt. „Wenn man mit und für die eigene Frau ein Haus plant, ist die Betreuung natürlich sehr viel intensiver", schreibt der Architekt Paul Wichert, „wir haben das Raumprogramm gemeinsam entwickelt, viele, viele Stunden miteinander diskutiert, Ideen gemeinsam erdacht, Ideen gemeinsam wieder verworfen. Und dabei nie gestritten, sondern waren und sind bis jetzt (was unser Haus betrifft) immer einer Meinung."

„Aber irgendwann muss man das Baby abgeben", sagt Kollege Heinrich Lessing. Damit meint er natürlich das von ihm geplante Haus, das wir auf Seite 34 zeigen. Wolfgang Bachmann und mir geht es nun so mit diesem Buch. Viel Vergnügen.

Katharina Matzig

Alles auf Anfang: Grundrisse

„Architektur ist nämlich ganz einfach." Diesen Satz von Paul Kahlfeldt wollen wir uns einmal ausborgen, um festzuhalten: Die Popularisierung von Bauen und Wohnen hat dazu geführt, dass sich auch Laien (gemeint sind die Wohnungssuchenden bzw. Bauwilligen unter ihnen) mit Grundrissen befassen. Es gehört inzwischen zum Marketing der Immobilienbranche, in Zeitungsanzeigen und auf Bautafeln mit einem Plan zu werben. Der Grundriss ist nicht mehr das kryptische Schnittmuster des Fachmanns, sondern dient als Beweis, dass man ein Angebot offenlegen kann. Man will die Interessenten auf Augenhöhe erreichen, sie ernst nehmen und schon ein wenig animieren, ihren Hausrat in diesen neuen Räumen zu verteilen.

Ganz nach Plan

Der Grundriss hat also etwas Reelles, er gilt sozusagen als grafische Spezifikation des Angebots. Architekten lesen einen Plan natürlich anders, man kennt das von Jurys, wenn routinierte Kollegen beim ersten Rundgang das Interesse an Arbeiten verlieren, weil ihnen schon die dürren Striche eines Erdgeschosses verraten (vermeintlich verraten), womit sie zu rechnen haben. Im Gespräch mit den Kunden, hier der Bauherrschaft eines Wohnhauses, ist die Grundrissskizze die erste professionelle Äußerung, mit der der Architekt versuchshalber signalisiert, wie er den Auftrag verstanden hat. Es entspricht dem Pulsfühlen beim Hausarzt, der damit ein Lebenszeichen ertastet.

Grundrisse sind auch Lebenszeichen, wenn sie nicht nur zufällig oder hinderlich Wohnflächen bilden, sondern das praktizierte Dasein exakt umschreiben und durch eine animierende Aufenthaltsqualität fördern. Man kann damit verführen – und täuschen. Ein Makler hatte uns einmal eine Dachwohnung mit einer attraktiven Grundrisszeichnung angeboten. Bei der Besichtigung stellte sich heraus, dass es sich bei der Darstellung um die Grundfläche handelte. Die Raumhöhe an den beiden Traufseiten war null, dort begann die Dachschräge. Grundrisse sind eben noch keine Architektur. Immerhin eine Festlegung, weil man das, was dann räumlich darin passiert, nicht beliebig ergänzen kann. Um seiner Bauherrschaft davon einen Eindruck zu vermitteln, bauen manche Architekten ein Modell, andere visualisieren mit fotorealistischen Renderings die fertigen Innenräume. Der Grundriss liegt immer darunter wie eine prägende Erbinformation, nach der sich alle anderen Ausführungen zu richten haben.

Partnerwahl, Partnerspiele

Aufschlussreich ist, wie Bauherrschaft und Architekt zusammenfinden. Man muss vorausschicken, dass es sich bei diesen Bauwilligen schon um eine exklusive, an Architektur interessierte Spezies handelt, denn nur für zwei bis fünf Prozent der Einfamilienhäuser werden freie Architekten beauftragt. Manchmal sind es Zufälle, die die Bauherrschaft zu einem bestimmten Büro geführt haben (weil die Kinder in dieselbe Schule gehen), manchmal Veröffentlichungen (in denen man ein Haus findet, ziemlich genau wie man es haben möchte), manchmal die systematische Recherche (eine Spurensicherung via Google). Überhaupt wird im nächsten Schritt das Internet befragt, die Websites der in Frage kommenden Architekten verglichen. Manche Auftraggeber haben bereits Erfahrung mit dem Bauen oder schon einige Architekten verschlissen, andere befinden sich noch in der Jäger- und Sammlerphase und schalten ihren Planer bei der Grundstückssuche ein.

Wie dann die Wohnwünsche bei der ersten Kontaktaufnahme artikuliert werden, dafür gibt es ebenfalls keine Regel. Einige Architekten bevorzugen neutrale Auflistungen über den Pflichtteil, den die Bauherrschaft wiederfinden möchte, anderen ist es lieber, eine Auswahl von Bildern zu erhalten, weil sie verlässlicher illustrieren, was der Kunde unter Attributen wie gemütlich, repräsentativ, praktisch, kindgerecht versteht. Aber aussuchen können sie es sich nicht. Also müssen sie auch ernst bleiben, wenn jemand seinen auf Karopapier selbst gemalten Idealgrundriss mitbringt, der Lichtjahre von einer Realisierung entfernt liegt. Vermutlich ist es spannend, im Laufe eines Architektenlebens die endlosen Wunschzettel und ihre Verfasser kennenzulernen: den Ingenieur, der analytisch alle Parameter zusammengetragen hat, das junge Paar, das seit Jahren von einem Haus träumt und ein „Moodboard" anschleppt, das wie ein Poesiealbum romantische Wohnumgebungen ausbreitet, der junge Bankkaufmann, der sich als Banker einstuft und in die Leistungsklasse der unbezahlbaren Villen aus seinen gesammelten Hochglanzmagazinen aufsteigen möchte, schließlich das ambitionierte Lehrerpaar, das sich nur ein einfaches Haus mit ökologischem Qualitätssiegel vorstellt. Bauherrengeschichten, die nirgends aufgezeichnet sind! Auffallend wenig interessiert sind Architekten daran, wie ihre Auftraggeber bisher gewohnt haben. Mit dem neuen Haus soll ein neues Leben beginnen, da ist es egal, ob sie in Eiche rustikal oder IKEA-MDF zuhause sind. Und den Grundriss über einer vorhandenen biederen Polsterlandschaft zu entwickeln, zählt nicht zu den Höhepunkten schöpferischen Entwerfens. Besprechungen finden deshalb vorzugsweise im Büro des Architekten statt.

Der Grundriss lässt Raum ahnen

Manchmal sind es Details, die der Architekt noch nie ausgeführt hat und die von ihm nun verlangen, in die Haustechnik einer kombinierten Grundofen-Wärmepumpen-Anlage einzusteigen. Oft ist entgegen, bisweilen mit der Genehmigungsbehörde ein Alternativentwurf die bessere Lösung, für den man die Bauherrschaft erwärmen muss. Überraschend war bei unseren Besuchen, dass sich die meisten mit dem ersten Vorschlag ihres Architekten anfreunden konnten und Änderungen nur noch Details betrafen. Da staunt man über ein akkurates Modell, das ausschaut wie ein Geschenk zum Einzug. Dabei war es der erste Entwurf, der exakt so gebaut wurde. Nur teurer werden die Häuser gerne. Das mag mal an der Planung liegen, aber häufig entscheidet sich der Bauherr für die wertvollere Alternative, wenn Materialien und Details zur Auswahl stehen. Ach ja: der Bauherr. Auch das war eine beiläufige Beobachtung. Es ist offenbar die Regel, dass sich bei Paaren immer die Männer für das Bauen zuständig fühlen. Sie erzählen dann jovial, wie sie ihrer Frau eine Entscheidung abgenommen haben. Wir sagten es bereits: Grundrisse sind Lebenszeichen.

Aber sie sind nur der Fußabdruck der Architektur. Viele der auf den folgenden Seiten vorgestellten Häuser leben von der Irritation, mit der ein Haus auf jeder Geschossebene davon abweicht: durch unterschiedliche Raumhöhen, mit Galerien, Emporen, Dachschrägen, mit raffinierten Treppen, Öffnungen, Ausblicken, die die Grundrisse miteinander verhakeln und feiern, was gute (Wohn-)Architektur auszeichnet: dass sie Räume bildet und Atmosphäre schenkt.

Wolfgang Bachmann

Sichtbar verjüngt

Die „Kaffeemühle" aus den 20er Jahren brauchte mehr Wohnfläche im Erdgeschoss und größere Schlafräume im Obergeschoss. Der zweigeschossige Anbau verbindet sich über eine gläserne Fuge mit der Stadtvilla und spricht doch eine ganz eigene Sprache.

1 Was war das Besondere an der Bauaufgabe?
Besonders war sicher das vertrauensvolle Verhältnis zu den Bauherren und die gute Zusammenarbeit mit den Fachplanern und ausführenden Gewerken. Ungewöhnlich waren für uns die ungeheure Leistungsfähigkeit des Baustoffes Stahlbeton als Fertigteil.

2 Wie haben die Bauherren Ihr Büro gefunden?
Unser Büro liegt im Erdgeschoss in einer ehemaligen Kunstgalerie, die Bauherren waren in der Nachbarschaft essen und haben unsere ausgestellten Modelle und Fotos gesehen und kamen einfach zur Tür hereinspaziert und baten um einen Termin.

3 Welche Inspiration hat zu dem Entwurf geführt?
Eine stete Quelle ist für uns immer noch die Moderne der Nachkriegszeit. Aber auch Elemente eines regionalen Rationalismus und der zeitgenössischen spanischen Architektur der letzten Jahrzehnte bewegen uns und beeinflussen unser Wirken.

4 Und auf welche Anforderungen, Einschränkungen und Bedingungen musste der Entwurf reagieren?
Die Bauherren wünschten sich eine möglichst kurze, saubere Bauzeit. Eine besondere Schwierigkeit war zudem, dass das Grundstück nur durch einen sehr schmalen Durchgang zu erschließen war. Die Bauherren wollten während der Bauphase in dem Bestandsgebäude weiter wohnen. Wir haben sie deshalb für eine Betonsandwichkonstruktion begeistern können. Die großen Betonfertigteile wurden mit einem 200-Tonnen-Kran über das bestehende Haus gehoben. Der Rohbau wurde in zwei Wochen aufgebaut.

5 Wie verlief der Entwurfsprozess und wie die Abstimmung mit den Bauherren?
Die Bauherren haben uns ein klar strukturiertes Raumprogramm vorgegeben und waren grundsätzlich vom ersten Konzept überzeugt. Allein die Idee eines Patios für das Elternschlafzimmer wurde schnell in den ersten Gesprächen zugunsten eines größeren Schlafzimmers aufgegeben. Die Beschaffenheit des Materials Beton für die Fassade, die Terrassenflächen und den Innenausbau wurde anhand vieler Muster, Zeichnungen und Renderings mit den Bauherren in intensiven Gesprächen abgestimmt.

↗
Der Anbau wurde aus geschosshohen, vorgefertigten Betonsandwichelementen gefertigt. Wegen des schmalen Zugangs wurden sie innerhalb von zwei Wochen mit einem mobilen Schwerlastkran über das bestehende Gebäude gehoben und vor Ort endmontiert. Der vor der Erhärtung leicht angesäuerte Weißbeton erinnert eher an Naturstein als an herkömmlichen Beton. Die in maximaler Größe dimensionierten Schiebefenster aus einem GFK-Kunststoff erlauben einen Panoramablick in den weitläufigen Garten.

→
Das Erdgeschoss der „Kaffeemühle“ liegt 1,65 Meter über dem Gartenniveau. Der Anbau mit vorgelagerter Terrasse treppt sich heute auf zwei Ebenen zum Garten ab und nivelliert den Höhenunterschied.

↗
↓
Die Erweiterung des Wohnbereichs im Erdgeschoss ist geprägt von den grau eingefärbten Sichtbetonelementen der Kaminsitzplatte, der Treppen und der Betonmöbel.

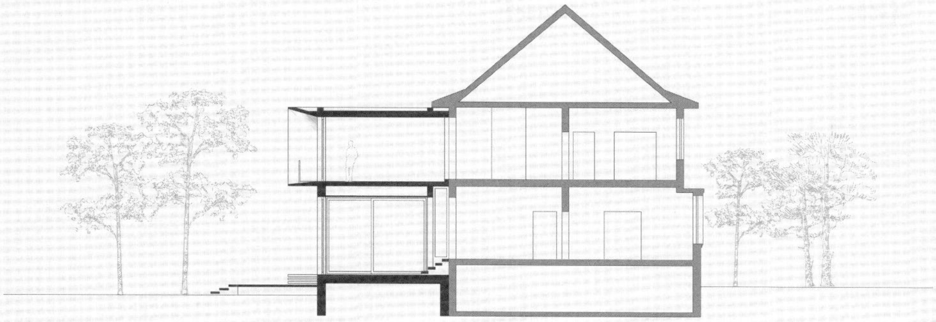

Schnitt

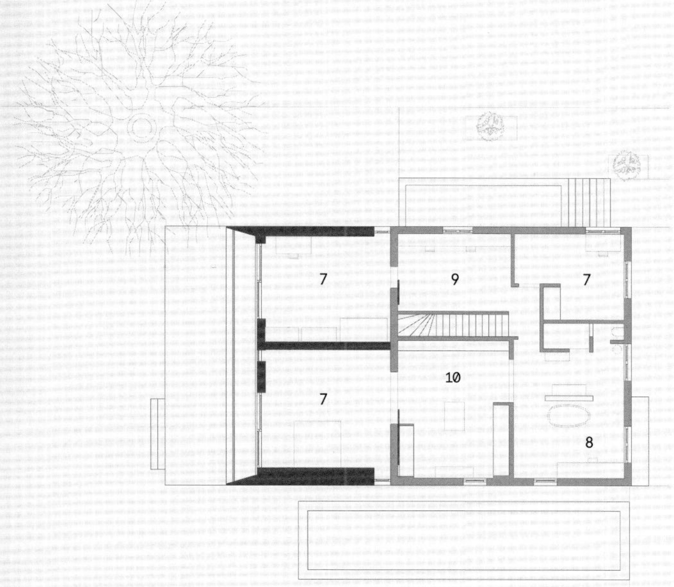

Grundriss/Obergeschoss

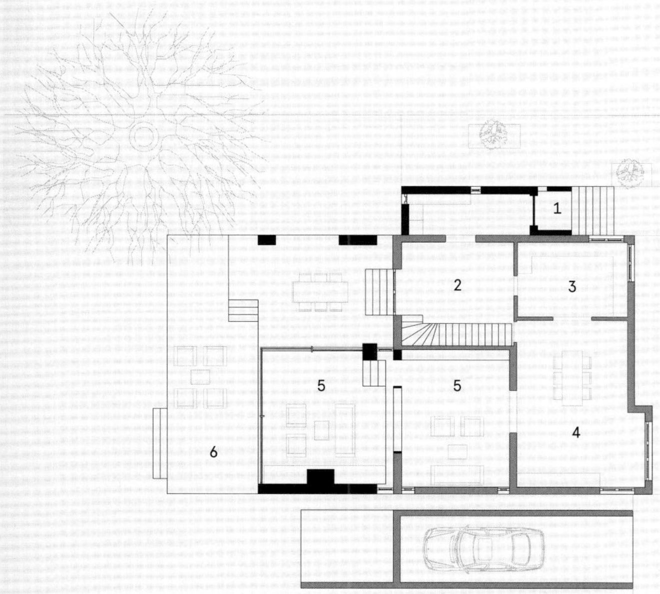

Grundriss/Erdgeschoss

Standort:
Hannover

Anzahl der Bewohner:
4

Wohnfläche (m²):
Bestand 218, Erweiterung 133

Grundstücksgröße (m²):
1.060

Zusätzliche Nutzfläche (m²):
151

Bauweise:
Stahlbeton-Fertigteilbau

Energiestandard:
Minergie

Fertigstellung:
2014

Maßstab:
M 1:200

1 Zugang/Eingang
2 Halle
3 Kochen
4 Essen
5 Wohnen
6 Terrasse
7 Schlafen
8 Bad
9 Spielen
10 Ankleide

sabo Architekten, Hannover

Stefan Höpfinger, Architekt BDA
1969 geboren in Einbeck
1992 – 1994 Ausbildung zum Bauzeichner
1995 – 2001 Tätigkeit als Bauzeichner/Architekturstudium Leibniz Universität Hannover
2000 – 2007 Mitarbeit Studio Hansjörg Göritz, Hannover
2005 – 2012 Lehrbeauftragter Leibniz Universität Hannover, Entwerfen und Gebäudelehre

Arne Freier, Architekt BDA
1972 geboren in Hameln
1993 – 1995 Ausbildung zum Bauzeichner
1996 Tätigkeit als Bauzeichner
1996 – 2002 Architekturstudium in Hannover
2001 – 2004 selbstständiger Architekt
2004 – 2010 Steinweg & Freier Architekten, Hannover

Boris Steinweg, Architekt BDA
1972 geboren in Friedberg
1995 – 2001 Architekturstudium Leibniz Universität Hannover, Madrid
2001 – 2004 Mitarbeit Turkali Architekten, Frankfurt am Main
2004 – 2009 Lehrbeauftragter Leibniz Universität Hannover, Entwerfen und Gebäudelehre
2004 – 2010 Steinweg & Freier Architekten, Hannover

seit 2011 sabo Architekten, Hannover

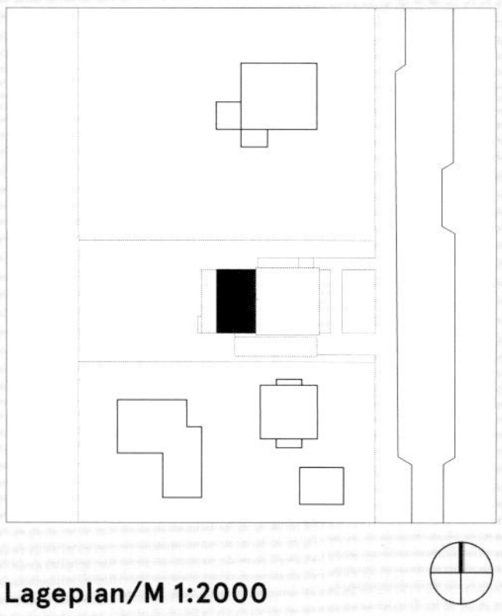

Lageplan/M 1:2000

Ortstermin

Eine Wohnhauserweiterung in Hannover

Manchmal finden Baupartner durch glückliche Zufälle zueinander. Wie im richtigen Leben. sabo Architekten arbeiten in einem Ladenlokal, aufgereiht an einem langen Tisch, in Hannovers Calenberger Neustadt. Durch die Schaufenster, in denen einige Architekturmodelle etwas den Einblick verwehren, lässt sich verfolgen, was auf ihren Rechnern entsteht. Die Familie dieses Bauherrn kannte man vom Sehen, sie ging gerne in ein Restaurant in der Nähe. Einmal wurden die Architekten gefragt, ob es störe, wenn man vor ihren Fenstern parke. Ein Aston Martin DB5 war keine Schande, also okay. So kam man ins Gespräch über einen Wohnhausanbau. „Wenn man hier reinschaut", sagen sabo, „sieht man ja, was wir so machen." Einen Vorschlag gab es bereits, mit dem Kollegen teilte man sich später den Auftrag (er übernahm die wirtschaftlichen Belange). Zunächst ging es um eine zweite Meinung.

Klassisch und unauffällig? Oder ein Anbau für ein neues Leben?

Noch wurde diskutiert. „Da schlugen zwei Herzen in einer Brust", spürten die Architekten: Sollte man die typische Kaffeemühlen-Architektur von 1929 klassisch und unauffällig weiterbauen oder mit dem Anbau ein neues Leben beginnen? Die Familie hatte bereits früher in ihr vor zehn Jahren erworbenes Haus investiert, hatte es entkernt, saniert, hatte eingebaut, weitergebaut. „Wir dachten am Anfang nicht in dieser Dimension, wir überlegten, wie wir das bestehende Haus fortsetzen könnten.

„Erstaunlich, was da für ein Außenraum entsteht."

Aber so ein Pseudoaltbau war es dann doch nicht. Irgendwie kamen wir vom Hundertsten ins Tausendste: Die Kinderzimmer waren zu klein, einen Kamin haben wir uns gewünscht, eine überdachte Terrasse – wie in Ibiza. Dann der Entwurf von sabo, und wir sagten: Ach so! Logisch!", fasst die Bauherrin die Planungsschritte zusammen, „doch haben wir zunächst gezweifelt, so an eine Kaffeemühle anzubauen – das war schon krass."

Ein Haus, das dem Blick in den Garten nicht im Weg steht

„Ein Wunsch war auch", ergänzen die Architekten, „dem Haus einen besseren Übergang in den Garten zu verschaffen." Ursprünglich gab es einen halbrunden Erker und eine Treppe, über die man nach unten steigen konnte. Diese Zäsur zwischen innen und außen sollte mit dem Neubau aufgehoben werden.

Ein Rendering und ein Modell veranschaulichten der Bauherrschaft, wie die bis zur Baulinie reichende maximale Erweiterung aussehen könnte. Lediglich ein kleiner Patio im Obergeschoss musste aus Kostengründen entfallen, sonst blieb es beim ersten Vorschlag. Er löst den Anbau von der vorhandenen Hauswand durch hohe Fensterschlitze ab und ragt im Obergeschoss mit einem Balkon über die darunterliegende Terrasse. Dieser über die Hausbreite reichende Austritt wird von einer trichterförmigen Betonumrahmung gesäumt, als wollte das Haus dem Blick in den Garten nicht im Weg stehen, sondern zum Schauen einladen. Dazu gehört die gläserne Brüstung. Die Weißbetonschotten enden mit schlanken Kanten, durch Absäuern wurde eine natursteinähnliche Oberfläche erzielt. Es sind Fertigteile. „Wir haben hier in Hannover zufällig einen Spezialisten, der sich mit Betonsandwichelementen auskennt", erfährt

Gesprächsnotiz:
Architekturbüro sabo, Freier Höpfinger Steinweg Gbr.

Start:
Calenberger Straße 14, Hannover

Dienstag, 01. Dezember 2015
12:45 Uhr:
Termin klingt nach gemeinsamem Mittagessen beim Italiener. Aber erst über Haus M sprechen. Alle Partner am Tisch, können gut erklären, ringsum Produktmuster. So stellt sich Bauherr Architekturbüro vor. Nett, wie sie zum Auftrag kamen. Aber jetzt erst mal Pasta!

13:00 Uhr:
**Zum Haus. Gutbürgerliche Straßenansicht, Haus frühe Dreißiger, mit Zubauten aus den letzten zehn Jahren. Anbau von sabo nur im Garten erkennbar. Sehr freundliche Begrüßung durch die Bauherrin, endlich mal jemand, der über sein Haus, die Pläne und das Erreichte erzählen kann! Gediegenes Wohnen, gemütliche Ausstattung unterschiedlicher Provenienz. Architekten würden sicher etwas abspecken. Haushalt sieht gastfreundlich aus, hier wohnt man gut und kommt gerne zu Besuch. Großer brauner Hund, lässt was Braunes im Garten fallen. Bestimmt gibt es dafür Personal.
Architekten zeigen noch weiteren Neubau in der Nachbarschaft. Jetzt Sprengel, Weihnachtsmarkt und Marktkirche besichtigen. Und zur Calenberger Radkultur, ein Must! Gegenüber bei sabo brennt um sieben noch Licht.**

Aber so viel Beton? „Der Bauherr ist sehr technikaffin, der hat das schnell kapiert, dem gefiel die Konstruktion."

man von den Architekten, es gebe in Deutschland gerade mal eine Handvoll Bauingenieure und Firmen, die das können.

Dafür muss man eine andere Bedingung nachtragen, sie betrifft die Baustelleneinrichtung und -ausführung. Der Boden des Grundstücks ist ziemlich morastig, außerdem schmälern jüngere seitliche Zubauten den Weg in den Garten, weshalb man auf schweres Gerät verzichten musste. Das legte die Ausführung mit Fertigteilen nahe, die konnten mit einem Autokran über das Dach

„Doch haben wir zunächst gezweifelt, so an eine Kaffeemühle anzubauen – das war schon krass."

an Ort und Stelle gehievt werden. Das Gleiche galt für die dunkel pigmentierten Terrassenelemente, die als Platten oder Stufen arrangiert scheinbar leichtgewichtig den Innenraum mit dem Garten verbinden, sich im neuen Wohnraum sogar bis zu einem Brüstungsmöbel fortsetzen. Aber so viel Beton? „Der Bauherr ist sehr technik-affin, der hat das schnell kapiert, dem gefiel die Konstruktion", loben die Architekten. Man sieht nirgends eine Blechabdeckung, nur den puren Beton. Der Durchbruch in die alte Rückwand kam mit dem Abriss der Fassadenkonche, er wurde wieder verschlossen, bis der Vorbau montiert war. Die Bauherrschaften waren in der Zeit in Urlaub.

Drei Wohnräume, dann Terrasse und Garten

Jetzt nach der Fertigstellung erlebt man die Innenräume als eine allmähliche Fortsetzung, im Erdgeschoss als Übergang vom bergenden Altbau mit Lochfenstern und dunklen Dielen zu dem tiefer liegenden, hellen Kaminraum, der an zwei Seiten vollständig verglast ist. Mit der Sitzgruppe im Esszimmer entstand so eine Staffel von Wohnräumen. „Wir nutzen alle drei, das verteilt sich dann so", erläutert die Bauherrin, „wir sitzen dann mal oben, ganz oft hier unten am Kamin. Das ist einfach angenehm." Der Boden ist dort mit einem rötlich-cremigen Schlierenbelag versehen. „Das ist wie eine Handschrift", beschreibt sie die in vielen Schichten aufgetragene Zementpaste. Aber auch die einzige Wand wurde weiß gespachtelt, das schmerzt die Architekten, „da haben wir geweint", bedauert Stefan Höpfinger. Das Mobiliar scheint die Veränderung zu begleiten und endet vor den Terrassentüren sachlich, wobei sich mit einigen dekorativen Stücken aus der Vintage-Abteilung eine ironische Balance einstellt. „Am Ende des Tages muss der Bauherr sagen: Ich fühle mich hier wohl", kommentieren die Architekten die Brüche. Aber sie haben auch festgestellt, dass man inzwischen einen anderen Anspruch an die Möbel stellt, sich mehr Zeit lässt mit Neuerwerbungen. Und überhaupt: „Der China-Trip ist irgendwann vorüber!" Neben dem Wohnraum liegt die ersehnte tiefe Loggia, sie ist gleichzeitig die Zwischenebene auf dem Weg zum unteren Terrassendeck, das über den feuchten Rasen ragt.

Architekten und Bauherrschaft: der Beginn einer langen Freundschaft

Im Obergeschoss erreicht man durch eine neue Ankleide das Elternschlafzimmer, es liegt nur eine Stufe tiefer, eine Konsequenz, um das vorhandene Dach nicht anzutasten. Neue, ältere und ganz alte Einbauschränke bilden eine Melange, sie wirkt selbstverständlich. Aber verhandelbar. Die Bauherrin wird dran bleiben. Die dunklen Bodendielen aus Räuchereiche setzen sich aus dem Altbau fort. Zusammen mit dem straßenwärtigen Bad ergibt sich wieder eine Raumfolge. Daneben wurde ein zweites Kinderzimmer gebaut, dem jetzt ein Spielkorridor vorgeschaltet ist. Der gemeinsame Balkon ist zwischen den verglasten Schiebetüren, die hier kräftigere Profile als im Erdgeschoss haben dürfen, mit Eichentafeln verkleidet. Das gibt dem Freisitz eine warme Innenraumqualität – richtig, wir sind in Hannover, nicht auf Ibiza.

Die Architekten haben sich auf eine Art Begleitung ihrer Bauherrschaft eingestellt: Man könnte die Küchensituation vergrößern, auch außen, mit den bestehenden Anbauten ist man nicht zufrieden. Die könnten qualitätvoller dastehen ... Es war wohl der Beginn einer langen Freundschaft.

Wolfgang Bachmann

Fels aus Beton

Das Bergdorf Lü im schweizerischen Graubünden liegt auf 1.920 Metern Höhe. Entsprechend hoch waren die architektonischen Ansprüche von Bauherrschaft und Architekt.

1 **Was war das Besondere an der Bauaufgabe?**
Das Gebäude befindet sich außerhalb des historischen Dorfes in einem Übergangsbereich zwischen dem Dorfkern und den Neubauten. Es steht auf einem Grundstück in ausgeprägter Hanglage, auf einem Kamm, der das Bindeglied zwischen den zwei erwähnten Bereichen bildet. Es war spannend, die beiden miteinander zu vergleichen und dann eine bauliche Verknüpfung zu schaffen, die in einen fortlaufenden Dialog mit der Landschaft tritt.

2 **Wie haben die Bauherren Ihr Büro gefunden?**
Die Auftraggeber haben drei Architekturbüros in Graubünden kontaktiert, aus dem Engadin und dem Bergell. Sie haben die drei Architekten besucht und einige realisierte Bauten besichtigt. Wir wurden dann mit der Planung des Projekts beauftragt, wohl aufgrund unserer Referenzen und des Eindrucks, den die Bauherren während des Gesprächs von uns gewonnen hatten.

3 **Welche Inspiration hat zu dem Entwurf geführt?**
Dem Projekt liegt vor allem die städtebauliche Fragestellung zugrunde: Es ging darum, eine Verbindung zwischen dem Dorfkern und dessen Ausdehnung zu schaffen. Dies hat auch die Wahl des Materials beeinflusst: Die Fassaden bestehen aus Beton, die Oberfläche ist jedoch – außer bei den Fensterrahmen – gestockt. Sie gleicht dadurch einem natürlichen Fels, stellt den Bezug zur lokalen Bautypologie her und erinnert an den alten gelblichen Kalkputz, der hier unter Zugabe von Füllstoffen aus Laaser Marmor und dem Pigment Terra di Siena gewonnen wird.
Ein weiteres Thema, das für den Entwurf bestimmend war, war die Gestaltung des Gebäudes und dessen Einbindung in die Landschaft. Das Projekt ist konzeptioniert als monolithisches Objekt in Beton, das – vergleichbar mit den erratischen Blöcken auf den Wiesen – in den Hang eingebettet ist. Der Grundriss, ein unregelmäßiges Fünfeck, und der Aufriss mit der geknickten Krone tragen dem Streben nach „Zufälligkeit" Rechnung. Die Fassaden wurden von innen nach außen entwickelt, hier steht die beste Aussicht, und nicht nur die formale Lösung im Vordergrund.

4 **Und auf welche Anforderungen, Einschränkungen und Bedingungen musste der Entwurf reagieren?**
Die wichtigste Auflage, die uns die Auftraggeber auferlegt hatten, war die Raumaufteilung. Diese sah vor, das Haus in drei Bereiche zu gliedern: Ein Bereich war für das gesellige Beisammensein gedacht, ein weiterer für die Gäste und die Arbeit und in den dritten Bereich sollte man sich zurückziehen und den Ausblick, das Licht und die Ruhe des Tals genießen können. Außerdem wünschten sich die Bauherren zwei spezielle Untersuchungen: Bei der ersten ging es um den Feng-Shui-Gedanken, bei der anderen um mögliche vorhandene Grundwasserströme. Diese Untersuchungen wurden allerdings nicht zu dogmatischen, sondern zu „Orientierungszwecken" durchgeführt. Und sie waren übrigens für unser Architekturbüro Neuland. Auf die Architektur des Projekts hatten sie jedoch keinen einschneidenden Einfluss, die Untersuchungsergebnisse sorgten lediglich für eine leichte Rotation der Hausachse und die spezielle Positionierung der Feuerstelle.

5 **Wie verlief der Entwurfsprozess und wie die Abstimmung mit den Bauherren?**
Zu Beginn der Planung standen zwei Varianten zur Diskussion: Die erste Variante sah ein zweistöckiges Haus vor, mit länglichem Grundriss, der den Hanglinien folgt und nach außen ganz dezent wirkt. Bei der zweiten Variante ging es um ein dreistöckiges Gebilde, kompakt, auffallend, selbstbewusst. Umgesetzt wurde schließlich die zweite Variante – unserer Ansicht nach auch die überzeugendere Wahl. Zudem passte sie besser zur Raumaufteilung, die die Auftraggeber vorgegeben hatten. Die Koordinierung mit den Bauherren und der Baustellenleitung hat gut geklappt. Es war für uns nicht neu, via Internet mit Auftraggebern zusammenzuarbeiten, die nicht vor Ort sind. Auch die Baustellenüberwachung aus der Ferne bereitete keine nennenswerten Probleme, nicht zuletzt vermutlich, weil es sich um einen Neubau und nicht um eine Renovierung handelte. Hilfreich war hierbei natürlich die ausgezeichnete Zusammenarbeit mit dem örtlichen Bauleiter.

↖
Das Haus steht in ausgeprägter Hanglage auf einem Kamm zwischen Dorfkern und Neubauten. So entstand das Konzept eines monolithischen Objekts aus Beton, das an einen Fels auf der Wiese erinnert.

↖
Der Beton der Fassaden ist bis auf die Fensterrahmen gestockt. Damit gleicht er einem natürlichen Fels.

←
Aussicht statt formalem Muster: Die Fassaden wurden von innen nach außen entwickelt.

↗
Der Grundriss bildet ein unregelmäßiges Fünfeck. Das Dach sieht aus wie eine geknickte Krone.

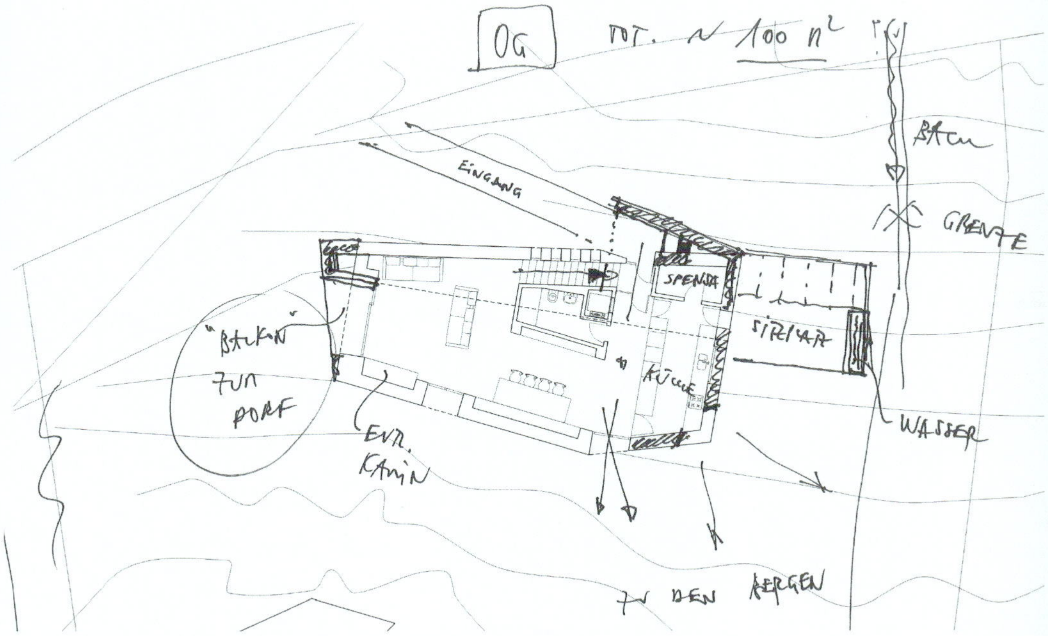

Variante 1/Obergeschoss

Entwurfsvariante

Die Alternative: Ein länglicher Grundriss, dem Hang folgend, zwei Geschosse hoch. Doch der kompakte, dreigeschossige expressive Baukörper war formal und auch funktional überzeugender.

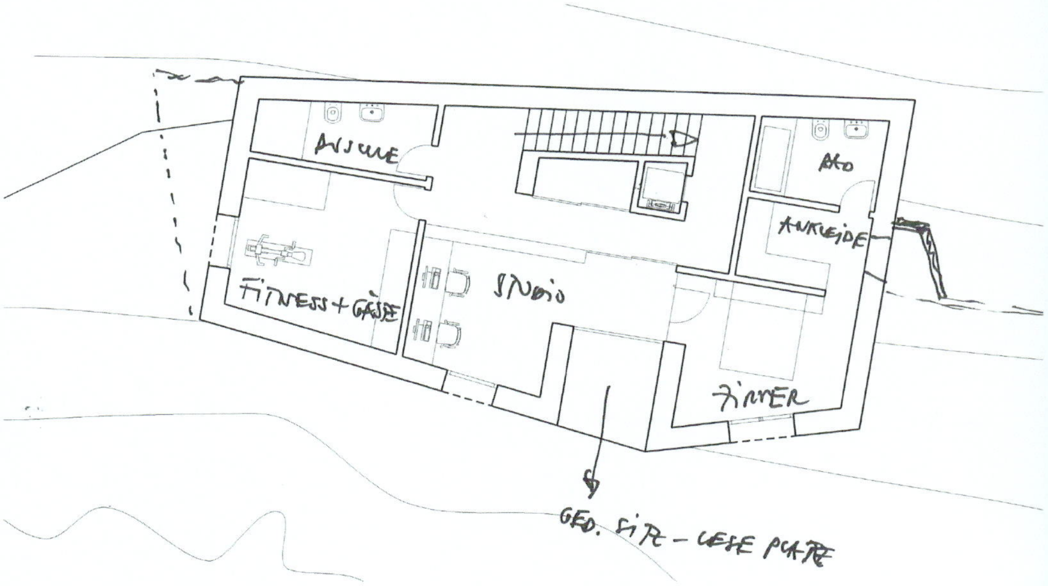

Variante 2/Erdgeschoss

↗
In den Innenräumen wurden hauptsächlich regionale Materialien eingesetzt: gespaltener Silberquarzit, Lärchenholz sowie Arve aus dem Val Müstair.

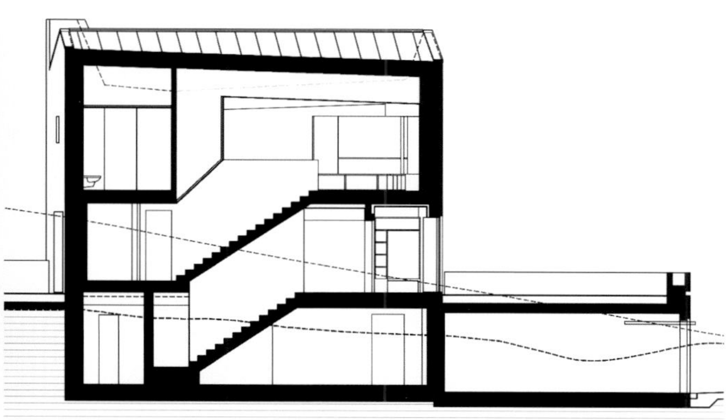

Längsschnitt

Standort:
CH-Lü (Münstertal)

Anzahl der Bewohner:
4

Wohnfläche (m²):
170

Grundstücksgröße (m²):
970

Zusätzliche Nutzfläche (m²):
25

Bauweise:
massiv

Fertigstellung:
2014

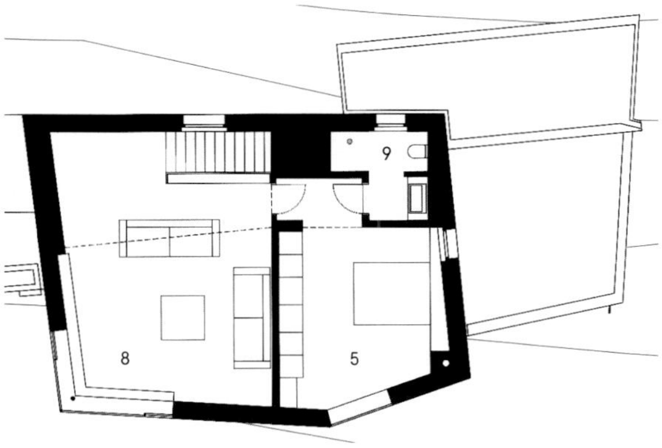

Grundriss/Dachgeschoss

Maßstab:
M 1:200

1 Zugang/Eingang
2 WC
3 Kochen
4 Essen
5 Schlafen
6 Arbeiten
7 Wellness
8 Wohnen
9 Bad
10 Hof

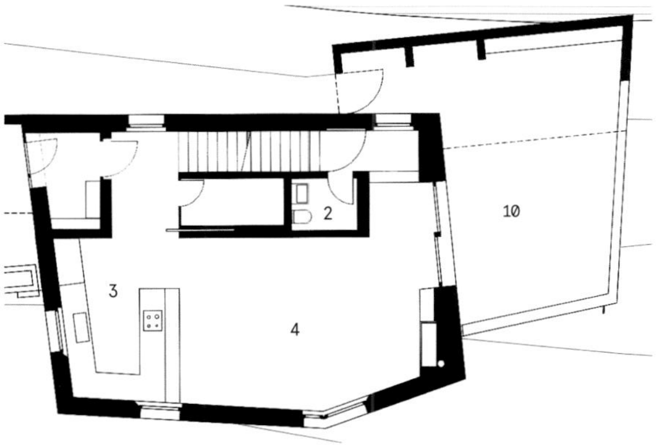

Grundriss/Erdgeschoss

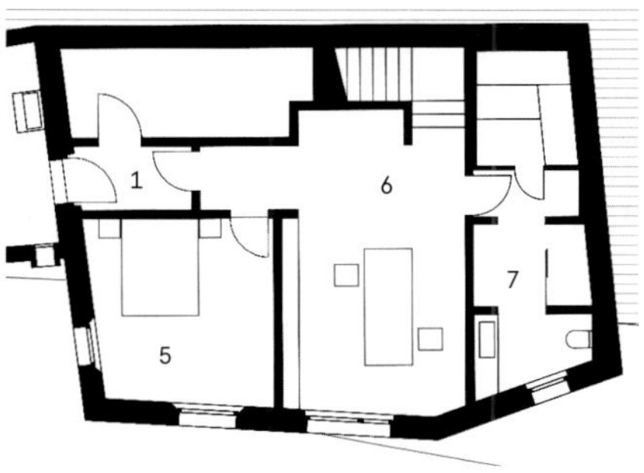

Grundriss/Untergeschoss

Ruinelli Associate Architetti SIA, Soglio

Armando Ruinelli Architekt BSA/SIA
1954 geboren in Soglio
1970 – 1974 Hochbauzeichnerlehre in Zürich
1974 – 1976 Hochbauzeichner in Zürich
ab 1977 autodidaktische Studien, freischaffend
ab 1982 eigenes Architekturbüro in Soglio
ab 1996 Eintragung im Schweizerischen Register A der Architekten (REG.A)
seit 2000 Ruinelli Associati SIA Soglio mit Partner Fernando Giovanoli
seit 2008 Gastprofessor für Entwurf FH Biberach an der Riss
2011 – 2012 Lehrauftrag FH Kaiserslautern
seit 2012 Mitglied im Landesbeirat Baukultur + Landschaft Autonome Provinz Bozen-Südtirol
seit 2013 Mitglied im Gestaltungsbeirat für Architektur des Landes Tirol
2015 Dozent an der HTW Chur (CAS Weiterbauen im Gebäudebestand)

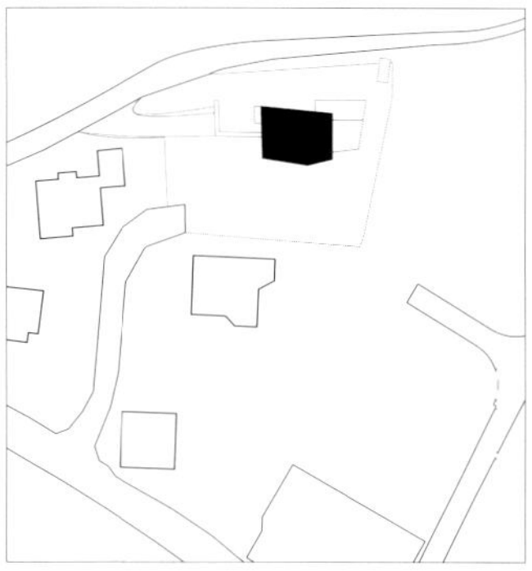

Lageplan/M 1:2000

Kunst am Bau

Gaienhofen am Bodensee liegt an der Spitze der Halbinsel Höri. Die Lage begeisterte schon Hermann Hesse, Ludwig Finck oder Otto Dix, die dem Ort zum Beinamen „Künstlerlandschaft" verhalfen. Nun ist er auch Architekturlandschaft.

1 **Was war das Besondere an der Bauaufgabe?**
Ein Haus am Hang zu bauen, ist immer eine Herausforderung, nicht nur aus statischer und geologischer Sicht, sondern vor allem, weil ein Haus am Hang ein Haus mit besonderer Aussicht ist.

2 **Wie haben die Bauherren Ihr Büro gefunden?**
Der Bauherr ist gleichzeitig der Architekt. Die Ansprüche an den Entwurf waren daher fast unerfüllbar. Trotzdem haben wir es geschafft, uns nach endlosen Skizzen und Modellstudien für die richtigen Lösungen zu entscheiden.

3 **Welche Inspiration hat zu dem Entwurf geführt?**
Ich bekenne mich zu den Traditionen der Region. Ein Satteldach war vorgeschrieben, eine Holzfassade gewünscht. Die eckseitig eingeschnittene Loggia sorgt für Ausblick und ist zusätzlicher Außenraum für das oberste Geschoss. Einschnitte und Fensterbänder, die teilweise von der Holzfassade überdeckt werden, sowie großzügige raumhohe Glasfronten zeigen allerdings die Modernität des Gebäudes.

4 **Und auf welche Anforderungen, Einschränkungen und Bedingungen musste der Entwurf reagieren?**
Anforderungen und Einschränkungen waren der Bebauungsplan.

5 **Wie verlief der Entwurfsprozess und wie die Abstimmung mit den Bauherren?**
Einmal im Leben: Kritische Bauherren machen es sich mit den Entscheidungen nicht leicht …

↖
Die Hanglage und das Baufenster erzwangen einen länglichen, schmalen Baukörper, der seeseitig durch das in den Hang gebaute Gartengeschoss an Höhe gewinnt. Der Blick reicht dadurch bis zur Insel Reichenau, den Arenenberg, Schloss Salenstein und Steckborn.

→
Das Grundstück liegt mitten im Dorf. Es war mit einer unterkellerten Garage bebaut, von der heute noch ein Teil genutzt wird. Drei tragende Sichtbetonscheiben und eine Bodenplatte bilden die Grundlage für die Konstruktion aus Holzrahmenelenenten. Die Fassade ist mit einer groben Lückenschalung aus Lärchenholz verkleidet.

↗

→
Die südseitige Glasfassade ist durchgezogen – unabhängig von der Raumnutzung. So erhalten auch Nebenräume Qualität.

↗

→
Die Böden in allen Räumen wurden als polierte und schwarz eingefärbte Zementestriche ausgeführt. Wände und Decken, Sanitärobjekte und -möbel sowie die Kochinsel setzen sich weiß davon ab. Holz wurde bei den Treppen, den Fenstern und der Fassade eingesetzt.

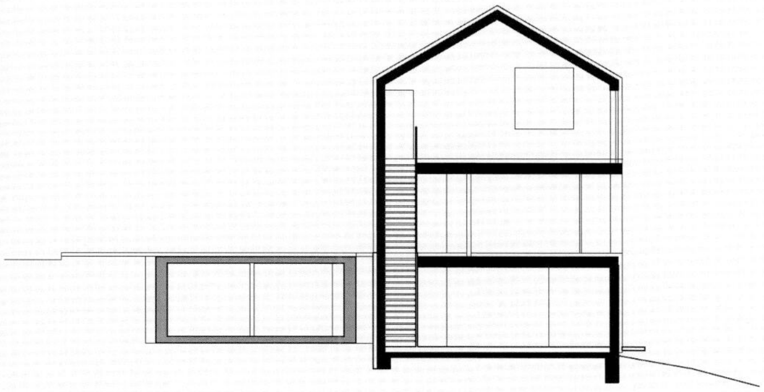

Querschnitt

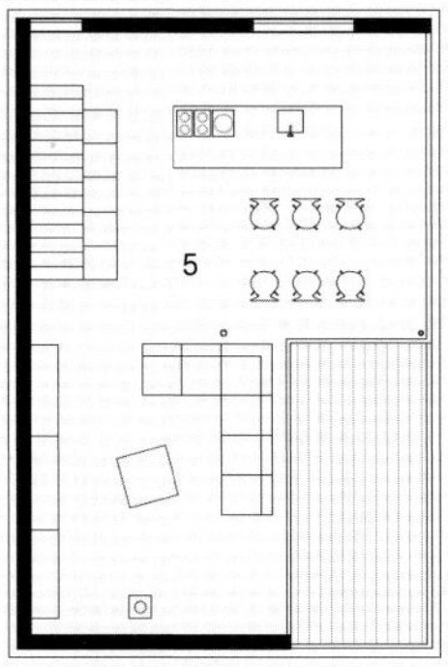

Grundriss/Obergeschoss

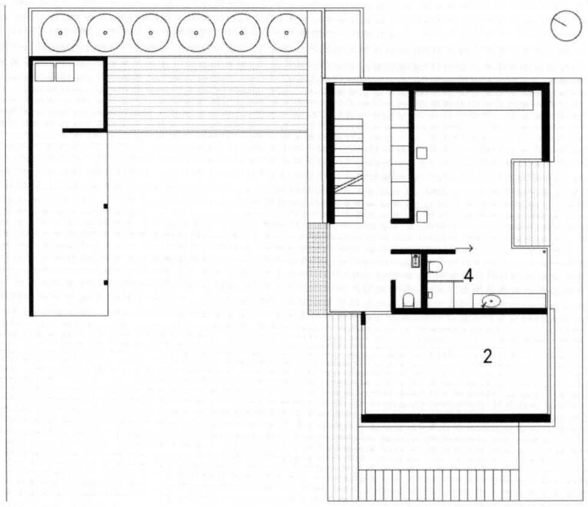

Grundriss/Erdgeschoss

Grundriss/Untergeschoss

Maßstab:
M 1:200

1 Zugang/Eingang
2 Bad/WC
3 Kind
4 Eltern
5 Kochen/Essen/Wohnen

Standort:
Gaienhofen

Anzahl der Bewohner:
4

Wohnfläche (m²):
180

Grundstücksgröße (m²):
545

Zusätzliche Nutzfläche (m²):
36

Bauweise:
Holzständer

Baukosten:
350.000 Euro

Energiestandard:
KfW 70

Fertigstellung:
2014

Jürgen Jakob, Dipl.-Ing. Architekt TU SIA

geboren in Singen am Hohentwiel
1991 – 2000 Architekturstudium TU Darmstadt
2000 – 2007 Braun und Voigt Architekten, Frankfurt am Main
2007 – 2008 Schaudt Architekten, Konstanz
2008 – 2013 Moos Guiliani Herrmann Architekten, Diessenhofen (CH)
2008 Mitglied im Schweizerischen Ingenieur- und Architektenverein (SIA)
seit 2013 Allreal AG, Zürich (CH)

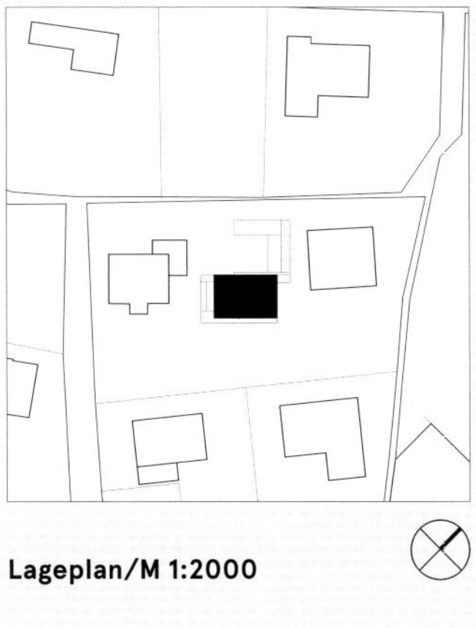

Lageplan/M 1:2000

Regional und retro

Ein neues Ferienhaus ersetzt ein Gebäude aus den 60er Jahren. Regionale Materialien sorgen für Nachhaltigkeit, Zitate aus der Baugeschichte für Retro-Charme.

1 Was war das Besondere an der Bauaufgabe?
Bei dieser Bauaufgabe handelt es sich um den Umbau eines bestehenden eingeschossigen Ferienhauses aus den 1960er Jahren. Das Grundstück befindet sich in leichter Hanglage am südlichen Gardasee, oberhalb des Ortskerns von Bardolino auf etwa 65 Meter Meereshöhe. Das Gebäude musste auf das feuchte und mediterrane Klima reagieren. Gleichzeitig sollte es auch im Winter nutzbar sein. Da es ein Wochenendhaus ist, also ein Gebäude mit temporärer Nutzung, kommt dem Wohnbereich große Bedeutung zu, während die Zimmer – wie in einer Berghütte – nur Schlafkojen sind. Dadurch konnte bei der geringen Nutzfläche des Gebäudes dem Aufenthaltsbereich möglichst viel Platz eingeräumt werden. Und nicht zuletzt mussten wir mit einem geringen Budget ein möglichst komfortables Gebäude errichten, das die Wünsche und Vorstellungen der Bauherren in jeder Hinsicht erfüllt.

2 Wie haben die Bauherren Ihr Büro gefunden?
Vor zehn Jahren haben wir bereits das Wohnhaus in Südtirol umgebaut.

3 Welche Inspiration hat zu dem Entwurf geführt?
Wir hatten die Idee von einem zentralen Wohnraum, der in die Landschaft übergeht. Der tieferliegende Wohn- und Essbereich geht daher über eine großzügige Frontverglasung in die auf gleichem Niveau liegende Terrasse über. Der so entstandene Höhenversprung wird als rundumlaufende Sitz- und Liegefläche genutzt. Außerdem sollte das „Dachdeck" – ähnlich einem Schiffsdeck – einen grenzenlosen Blick auf den Gardasee ermöglichen. So entsteht der Eindruck, dass man hier – wenn schon nicht direkt am See – so doch mitten in der mediterranen Landschaft ist.

4 Und auf welche Anforderungen, Einschränkungen und Bedingungen musste der Entwurf reagieren?
Der Bauherr hatte klare Vorstellungen über die Anzahl und Größe der Räume. Einschränkungen gab es durch die beengte Lage. Die geringen Abmessungen des Grundstücks geben die Größe des neuen Gebäudes vor. Ebenso wollten die Bauherren kein Risiko bei der Genehmigung durch die Behörden eingehen, da der Fertigstellungstermin eingehalten werden musste. So hieß es, das Gebäude innerhalb von vier Monaten zu planen und in weiteren vier Monaten bezugsfertig zu errichten. Ein weiterer Aspekt war eine nachhaltige Bauweise. Das Haus sollte ein einfach zu „bedienendes" Gebäude werden, das möglichst wenig „Wartung und Pflege" benötigt. Man entschied sich deshalb, bewährte Materialien zu verwenden: Kalkputze mit regionalen Sandzuschlägen, Böden aus geglättetem und natürlich pigmentiertem Beton. Durch eine gute Wärmedämmung, das vorstehende Dach und die außenliegenden Verschattungen (textile Beschattung im Wohnbereich, perforierte Fassade im Zimmer- und Badbereich) konnte zudem auf eine kostenintensive Kühlung verzichtet werden. In den Übergangszeiten wird mit Infrarotstrahlern schnell und effizient geheizt.

5 Wie verlief der Entwurfsprozess und wie die Abstimmung mit den Bauherren?
Die Anordnung der Räume wurde in ein- und zweigeschossigen Lösungsansätzen untersucht. Ein ständiges Abgleichen und Ausprobieren. Nach zweimonatiger Arbeit konnte das Konzept des Hauses mit zentralem Wohnraum und Dachdeck präsentiert werden: Dem Grundriss des Hauses liegt eine einfache Rechteckform zugrunde, die durch die strikte Trennung zwischen privaten und gemeinschaftlichen Bereichen geprägt ist. Der private Teil gliedert sich in zwei Schlafzimmer und ein Bad, während der Wohnraum mit Küche über die Frontverglasung auch in den Außenbereich übergeht. Das haben die Bauherren mit Begeisterung aufgenommen, Änderungen waren keine notwendig.

↖
Oberhalb des Ortskerns von Bardolino bettet sich das kleine Ferienhaus in die Landschaft des südlichen Gardasees. Höhepunkt ist die Dachterrasse.

↗
Der Grundriss des Hauses ist eine einfache Rechteckform, die die privaten und sozialen Bereiche voneinander trennt. Außen ist das Haus durch eine mittelgrobe mineralische Putzoberfläche geprägt, die mit regionalen Zuschlägen ergänzt wurde.

→
Eine Vergrößerung des Wohnraumes wird durch die räumlich angebundene Terrasse erreicht.

↗

→

Der Wohnbereich mit integrierter Küche geht über die Frontverglasung in den Garten über. Anstelle traditioneller Türen wurden Öffnungen raumhoch als Teil der Möblierung ausgeführt.

→

Stauraum wurde als Einbau in den Wänden und unterhalb der Sitzflächen an der Fensterfront eingeplant.

Grundrissvariante 1

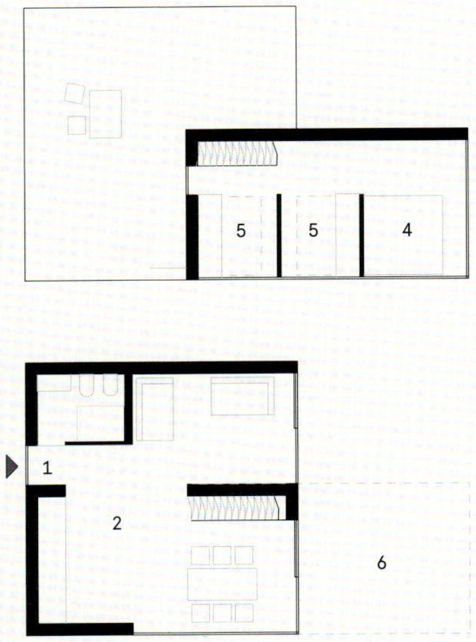

Grundrissvariante 2

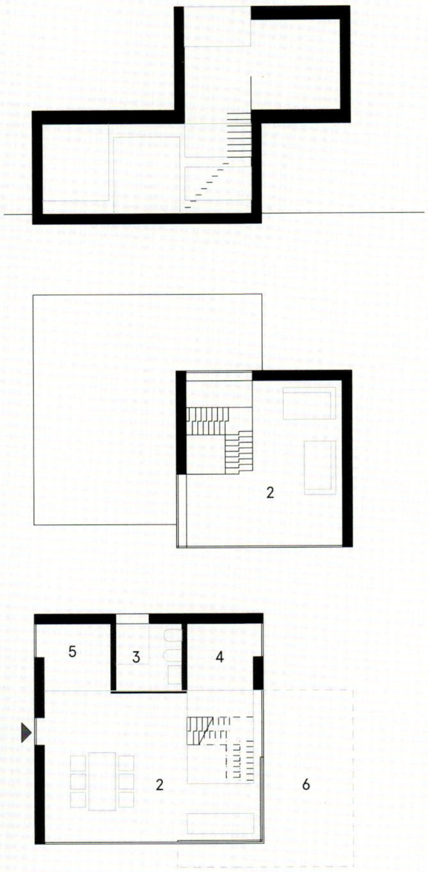

Grundrissvariante 3

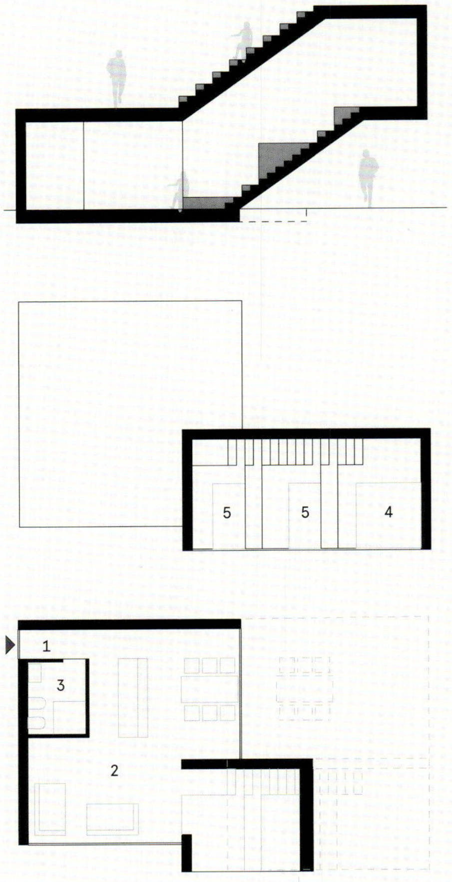

Der Altbau

Entwurfsvariante

Eine vermeintlich kleine Bauaufgabe. Doch auch knapp 60 Quadratmeter können auf unterschiedliche Weise geordnet und gestaltet werden. Die beste Lösung: der vermeintlich schlichte, eingeschossige Entwurf.

→
Weniger als 60 Quadratmeter Wohnfläche misst das neue Ferienhaus. Großzügig wirkt es trotzdem: dank Konzentration, Zurückhaltung und präzise gesetzter Bezüge zwischen Innen- und Außenraum.

Maßstab:
M 1:200

1 Zugang/Eingang
2 Wohnen/Essen
3 Bad
4 Eltern
5 Kinder
6 Terrasse

Standort:
I-Bardolino

Anzahl der Bewohner:
4

Wohnfläche (m²):
58

Grundstücksgröße (m²):
335

Zusätzliche Nutzfläche (m²):
60

Bauweise:
massiv/Ziegel

Baukosten:
110.000 Euro

Fertigstellung:
2015

Schnitt B

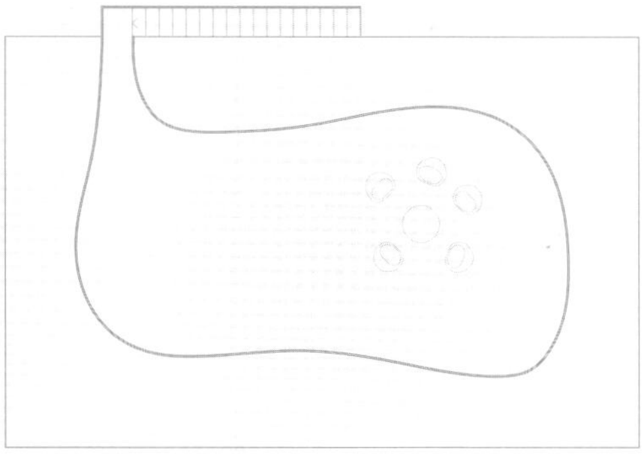

Dachterrasse

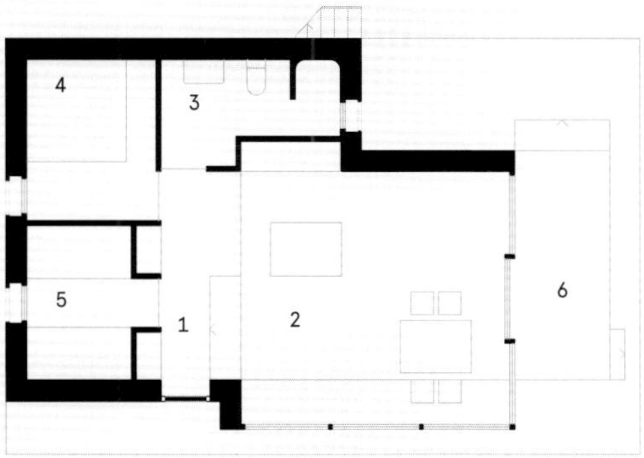

Grundriss/Erdgeschoss

pedevilla architects, Bruneck

Alexander Pedevilla
1971 geboren in Sterzing, Südtirol
1986 – 1990 Realgymnasium in Brixen
1990 – 1998 Architekturstudium an der TU Graz
2000 – 2002 LP_Architektur in Salzburg Bürogemeinschaft mit Arch. Thomas Lechner

Armin Pedevilla
1973 geboren in Sterzing, Südtirol
1990 – 1994 Gewerbeoberschule in Bozen
1994 – 2001 Architekturstudium an der TU Graz
1995 – 2000 Mitarbeit in diversen Architekturbüros
2001 – 2003 Arbeitsgemeinschaft mit Dreiplus in Graz
2003 – 2005 dkp Architektur

seit 2005 pedevilla architects

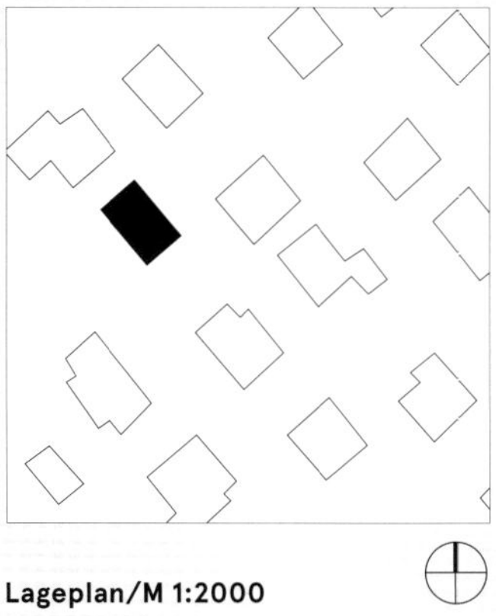

Lageplan/M 1:2000

Kalifornien im Ruhrgebiet

Die Bauherren träumten von der Mid-Century-Moderne eines Richard Neutra. Die Kunst des Architekten bestand darin, sie mit einem Haus glücklich zu machen, das in Duisburg auf einem schwierigen Grundstück entstehen musste.

1 Was war das Besondere an der Bauaufgabe?
Ein polygonal geschnittenes und moderat großes Grundstück innerhalb eines sehr großen Blockinnenbereichs sollte gemäß den strengen Auflagen eines Bebauungsplans in Form eines Reihenhauses für eine vierköpfige Familie bebaut werden. Als erstes Gebäude auf diesem Grund und im Rahmen dieses Bebauungsplans.

2 Wie haben die Bauherren Ihr Büro gefunden?
Die Bauherren kamen über eine Empfehlung auf uns zu.

3 Welche Inspiration hat zu dem Entwurf geführt?
Aufgrund der Lage des Grundstücks mit seiner nach allen Seiten umgebenden Wohnbebauung stellte ich mir das Haus wie einen Turm vor, der für sich stehend einen intimen und gleichwohl hellen und freundlichen Wohncharakter generiert. Dem Schutzbedürfnis der jungen Familie sollte auch der kleine und sorgfältig bepflanzte Garten, der von einer hohen Einfriedung umgeben ist, entsprechen. Innenräumlich war vor allem eine große Nutzungsflexibilität wichtig. Der fließende Grundriss im Mies'schen Sinne mit einer konzentrierten Belichtung, wo diese notwendig ist, war hier Vorbild.

4 Und auf welche Anforderungen, Einschränkungen und Bedingungen musste der Entwurf reagieren?
Neben den Anforderungen des Baurechts bzw. des Bebauungsplans (eingeschossige Bauweise mit Satteldach etc.) waren natürlich die Wünsche der Bauherren zu erfüllen. Zusätzlich zu der von uns für solche Aufgaben geforderten „Wunschliste" für die Ausstattung hatten die Bauherren bei diesem Projekt eine konkrete Vision, wie das zukünftige Gebäude aussehen sollte: Es sollte die Atmosphäre der kalifornischen Architektur der 50er Jahre eines Richard Neutra wiedererwecken. Das heißt: eine Atmosphäre der Offenheit, die Belichtung und der 50er-Jahre-Style waren maßgebend. Unsere Aufgabe war es daher, gemeinsam mit

den Bauherren einen Kompromiss für unseren Breitengrad und vor allem für den städtebaulichen Kontext zu erarbeiten. Die Lösung bestand in einem sehr offenen Einraumgrundriss, ausgebildet als Split-Level, für das Erdgeschoss. Außerdem wünschten die Bauherren ein gesundes Raumklima und eine zeitgemäße und nachhaltige Haustechnik.

5 Wie verlief der Entwurfsprozess und wie die Abstimmung mit den Bauherren?
Mithilfe zahlreicher Entwurfsansätze und Modelle in den Maßstäben 1:500/100/50 wurde ein finaler Entwurf entwickelt, der beantragt und budgetiert wurde. Im weiteren Prozess gab es dann nur marginale Änderungen, so dass die geplanten Kosten eingehalten wurden. Die Abstimmungen verliefen harmonisch und sehr entspannt. Diese Stimmung wirkte sich spürbar positiv auf den Bauprozess aus, so dass ein mängelfreies Gebäude entstehen konnte und somit auch und vor allem: glückliche Bauherren.

↖
Das kleine Grundstück mit polygonalem Grenzverlauf und Ost-West-Ausrichtung wurde bisher als Gartenland genutzt, es liegt in einem von vier Straßen begrenzten Innenbereich. Planungsrechtlich musste das Haus auf der Südgrenze ohne Öffnungen platziert werden.

↖
Die Kubatur des Gebäudes passt sich daher dem Verlauf der Grundstücksgrenzen an. Es entstand ein ungewöhnlich abgeknicktes Volumen mit ungleichschenkeligem Satteldach.

Entwurfsvarianten

Eckig und gerundet: Im Entwurfsprozess wurden diverse Lösungen durchdacht. Die realisierte Anpassung der Kubatur an den Verlauf der Grundstücksgrenzen stellte jedoch die beste Lösung dar, weil sie die nutzbare Fläche optimiert.

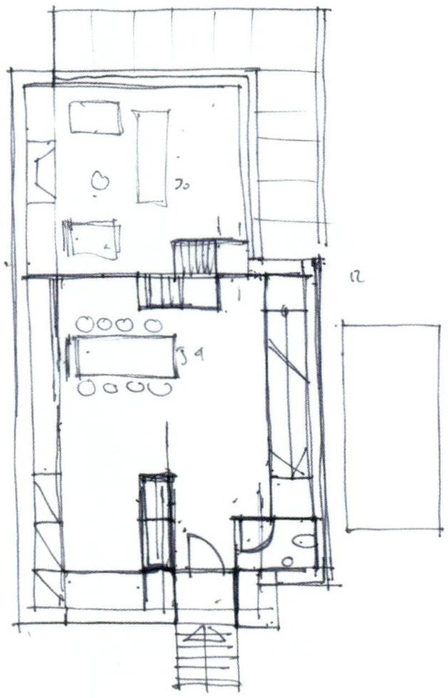

Variante 1

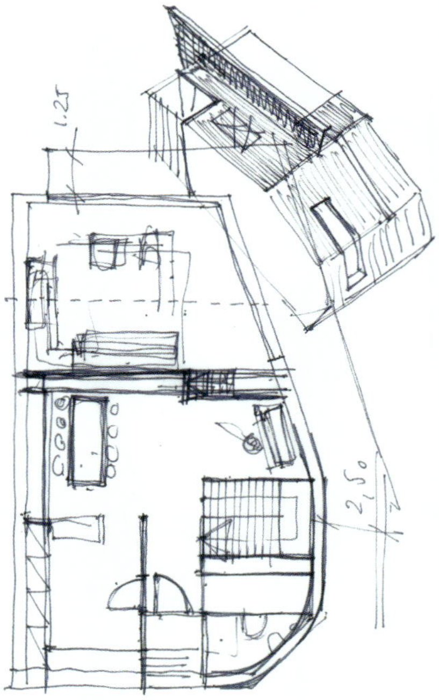

Variante 2

↗
Um die grenzständige und geschlossene Südfassade zu kompensieren, wurde die Gartenfassade komplett geöffnet. Nach Norden wurde ein Oberlichtband eingebaut.

↖
Das Erdgeschoss besteht aus einem Raum, in dem gewohnt, gekocht und gegessen wird. Die Absenkung des Wohnbereichs sorgt für Großzügigkeit.

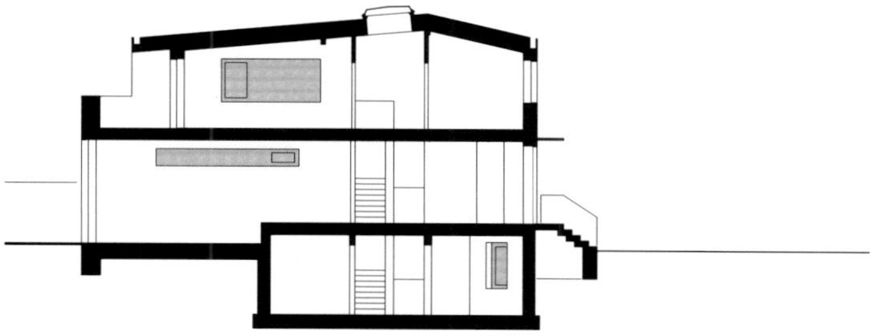

Längsschnitt

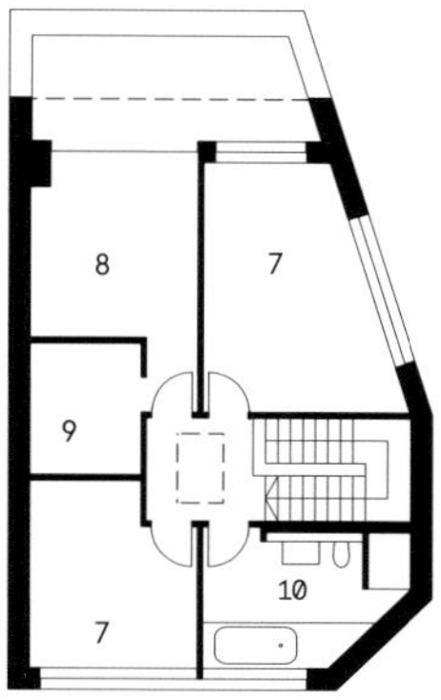

Grundriss/Obergeschoss

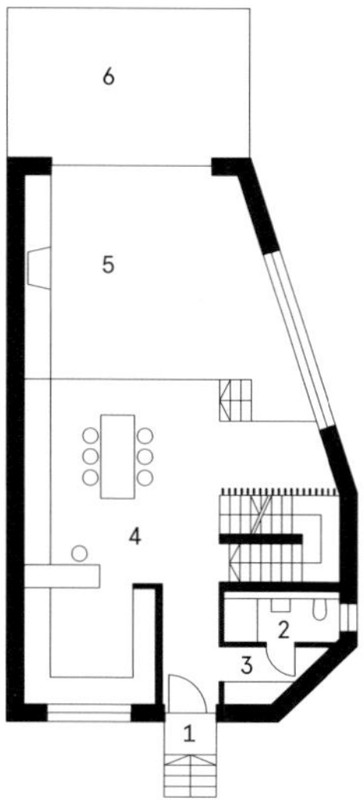

Grundriss/Erdgeschoss

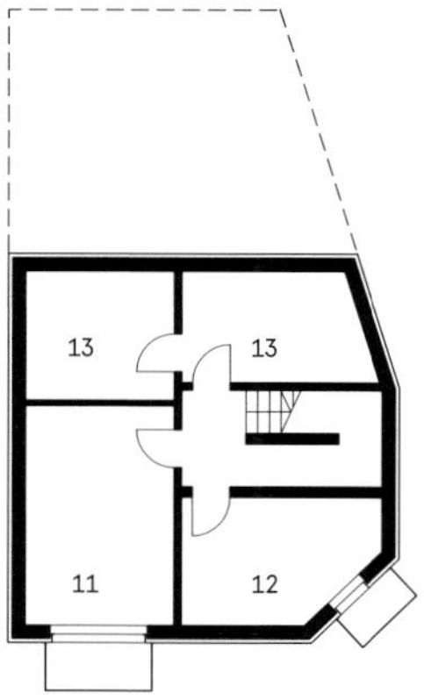

Grundriss/Untergeschoss

Maßstab:
M 1:200

1 Zugang/Eingang
2 WC
3 Garderobe
4 Kochen/Essen
5 Wohnen
6 Terrasse
7 Kind
8 Eltern
9 Ankleide
10 Bad
11 Studio
12 Heizung
13 Abstellraum

Standort:
Duisburg

Anzahl der Bewohner:
4

Wohnfläche (m^2):
214

Grundstücksgröße (m^2):
315

Zusätzliche Nutzfläche (m^2):
34

Bauweise:
massiv/mit Perlite gefüllte Hohllochziegel

Energiestandard:
KfW 70

Fertigstellung:
2014

Georg Döring Architekten BDA, Düsseldorf

1962 in Düsseldorf geboren
Studium an der TU Braunschweig, ETH Zürich, TH Darmstadt
1988 – 1992 Praktika bei HPP Düsseldorf/Frankfurt a. M., Prof. Heinz Mohl, Itten + Brechbühl, Wolfgang Döring
1992 Diplom
1992 – 1993 Mitarbeit im Architekturbüro Murphy/Jahn, Chicago
1993 – 1995 Mitarbeit im Architekturbüro Wolfgang Döring
1995 Mitarbeit im Architekturbüro HPP
1995 – 1999 Juniorpartner im Planungsbüro Kiemle Kreidt in Düsseldorf
1999 Gründung des Architekturbüros in Düsseldorf

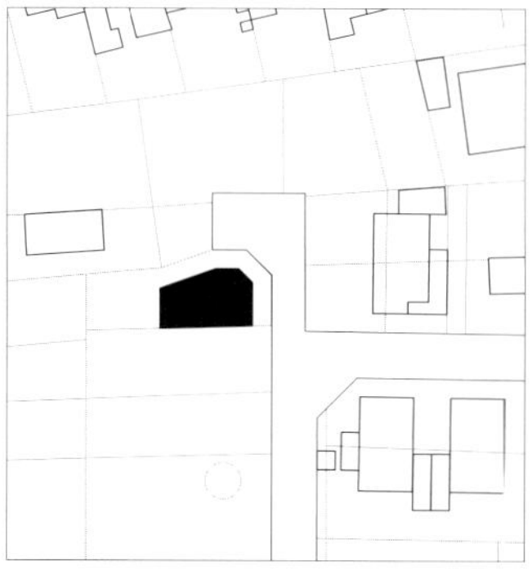

Lageplan/M 1:2000

Dem Dorf verbunden

Innerhalb des historischen Ortskerns von Budenheim sollte ein bestehendes Gebäude für eine Familie mit zwei Kindern umgebaut und erweitert werden. Vom Altbau blieben: die Außenmauern im Südwesten.

Das Projekt begann zunächst an anderen Orten. Mit Christina und Dirk, Freunde aus vergangenen Hausgemeinschaftstagen, schaute ich verschiedene Häuser und Grundstücke an, die jedoch alle nicht geeignet erschienen. Irgendwann standen wir dann im Garten der Bergstraße 12, mitten im historischen Ortskern von Budenheim unter einem verwilderten Nussbaum. Das Haus, nur ein Geschoss mit ausgebautem Dach, war heruntergekommen, lange war hier nichts mehr investiert worden. Nur wenig der bestehenden, meist maroden Bausubstanz konnte Teil des neuen Gebäudes werden und doch war genau dieser Bestand die Basis für den Neubau. Die Figur aus kleinem Wohnhaus, der dahinterliegenden Werkstatt und dem Holzschuppen lieferte nämlich das räumliche Konzept für das neue, aus zwei Gebäudeteilen bestehende Haus. An der Grundstücksgrenze im Norden angeordnet, bildete der Bestand einen kleinen Gartenhof um dem Nussbaum und nutzte die bebauten und nicht bebauten Bereiche des kleinen, 231 Quadratmeter messenden Grundstücks ideal.

Das zuständige Bauaufsichtsamt sah das allerdings anders. Man müsse den Neubau mit einem Grenzabstand von rundum drei Metern entwickeln, so die Stellungnahme. Dabei stellte das bestehende Wohnhaus ein Ensemble mit drei gleichen Baukörpern in einer Reihe dar, ein selbstverständlicher Teil der Struktur des historischen Ortskerns. Nur die Einverständniserklärung aller Nachbarn konnte das Bauamt überzeugen. Was nutzt schon ein Haus, wenn man darin im Streit mit den Nachbarn leben muss ...

Die räumlichen Bedingungen waren also im Ort angelegt, in den jetzt das Raumprogramm der jungen Familie mit zwei Kindern hineinwachsen musste, Ort und Aufgabe als Parameter für die Form. In einer Reihe von Planungsbesprechungen wurde das Konzept konkretisiert. Kern des Hauskonzepts ist die Wohnküche: ein hoher, heller Raum, der mit einer großen Schiebetür mit dem Gartenhof verbunden werden kann. Im Hof steht nach wie vor der Nussbaum, der mittlerweile durch Dirk, den Landschaftsarchitekten, kultiviert wurde. An die Wohnküche schließen sich, durch einen kleinen Flur erreichbar, die beiden Kinderzimmer an, die jeweils über eine obere Ebene im Dachraum verfügen. Der Eingangsbereich verbindet das Wohnküchen- und Kinderhaus mit dem kleinen Elternhaus. Auf zwei Ebenen sind hier Büro und Schlafzimmer organisiert. Die Lage des Eingangs würde eine unabhängige Nutzung der beiden Gebäudeteile ermöglichen, dies war eine weitere wichtige Bedingung für das Konzept. Ein kleines, anpassungsfähiges Lebenszyklushaus also, das Veränderungen zulässt. Im Elternteil könnte später eine Pflegekraft wohnen, eine Vermietung ist denkbar, Rückzug ist möglich – wer weiß, was in 20 Jahren ist?

Wenn die erste Bedingung der Ort gestellt hat, die zweite Bedingung – die Anpassungsfähigkeit – der Architekt ins Spiel gebracht hat, so kam die wesentliche, dritte Anforderung von der Bauherrschaft: das Einhalten des Budgets. 220.000 Euro standen einschließlich der Umsatzsteuer für die Baukosten zur Verfügung. Darauf mussten der Einsatz des Materials, die Details, die Ausführung ausgerichtet werden. Einfach geschalte Sichtbetondecken, Stahlbinder für das Dachtragwerk, nicht lackiert, einschaliges Hochlochziegelmauerwerk, Kalkputz. Und auch wenn das Budget knapp war, wurde auf die Qualität des Materials geachtet: Eichenparkett wurde in der Wohnküche verlegt, in den Kinderzimmern und im Elternbereich, Schiefer-Natursteinböden liegen in Flur und Bad.

Angemessenheit war das Leitmotiv. Das Resultat: 122 Quadratmeter hochwertige Wohnfläche, nach Süden und Westen in den Gartenhof orientiert, in unmittelbarer Nachbarschaft zum „Wein-Klein", dem Treffpunkt im Quartier, alle notwendigen Geschäfte in der Nähe, kaum Verkehr vor der Tür, der Landschaftsraum Rhein zu Fuß erreichbar. Kein Neubaugebiet kann das bieten – was will Familie mehr. Wichtigstes Resultat für den Architekten nach zwei Jahren gemeinsamen Planens und Bauens: Die Freundschaft hat gehalten.

↗
Die Sanierung des Bestands hätte sich nicht gelohnt, ein Neubau wäre nur als freistehendes Haus genehmigt worden und hätte kaum Garten übrig gelassen. Durch die Nutzung der alten Mauern entlang der Grundstücksgrenze ist ein passabler Innenhof entstanden.

→
Der kurze Schenkel des L-förmigen Gebäudes wird von den Erwachsenen genutzt. Eine Treppe führt vom Arbeitszimmer ins Elternschlafzimmer.

Entwurfsvariante

Die Figuration des Grundrisses ließ keinen Spielraum. Das Budget entschied (mit) über Material, Konstruktion, Details. Heute öffnet sich die Wohnküche mit Schiebetüren in den Hof.

↖
Filigrane Stahlbinder tragen die Firstpfette. Das Dach durfte um 80 Zentimeter angehoben werden.
←
Der Wohn- und Essbereich orientiert sich zum Innenhof. Das danebenliegende Badezimmer verbindet mit dem zweigeschossigen Baukörper.

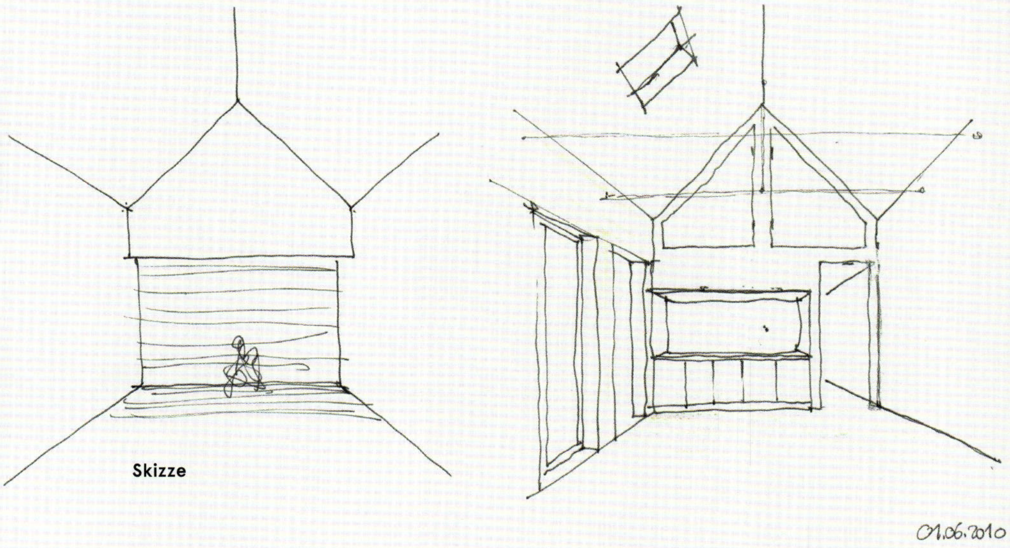

Skizze

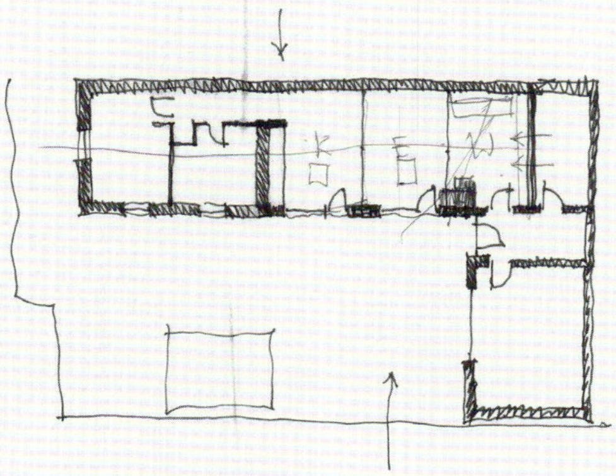

Skizze/Erdgeschoss

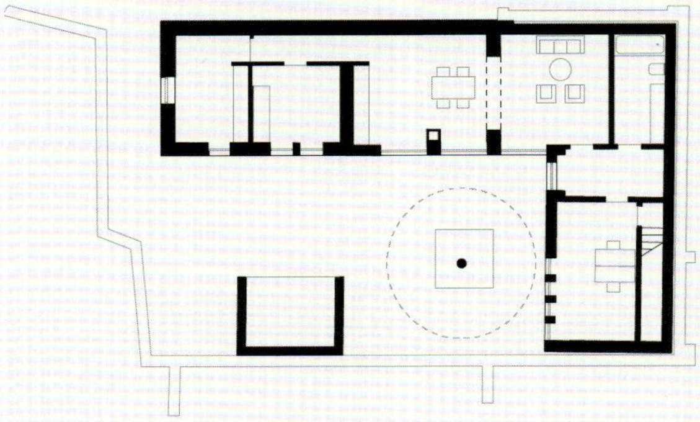

Variante 1/Erdgeschoss

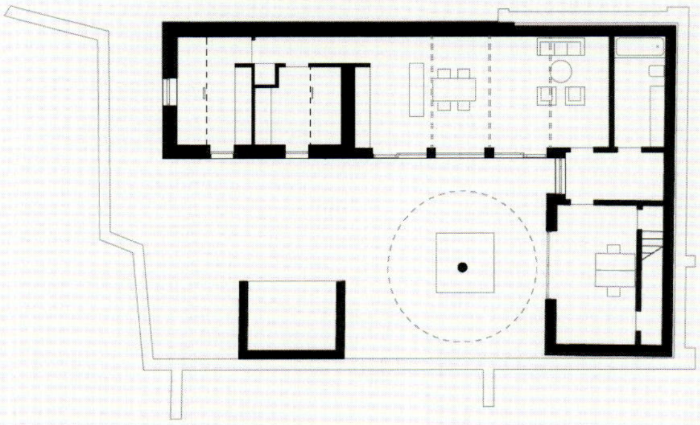

Variante 2/Erdgeschoss

Schnitt

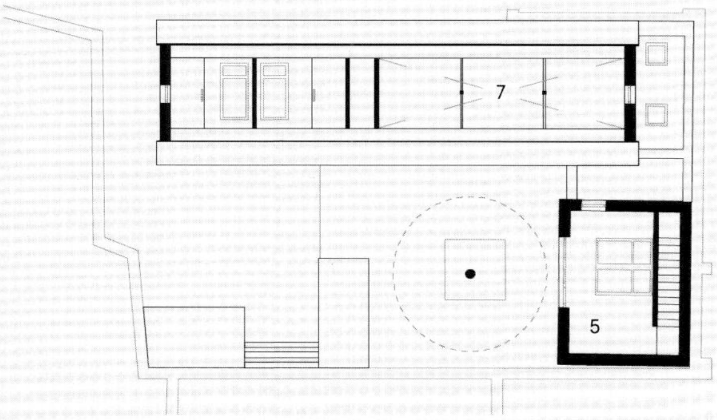

Grundriss/Obergeschoss

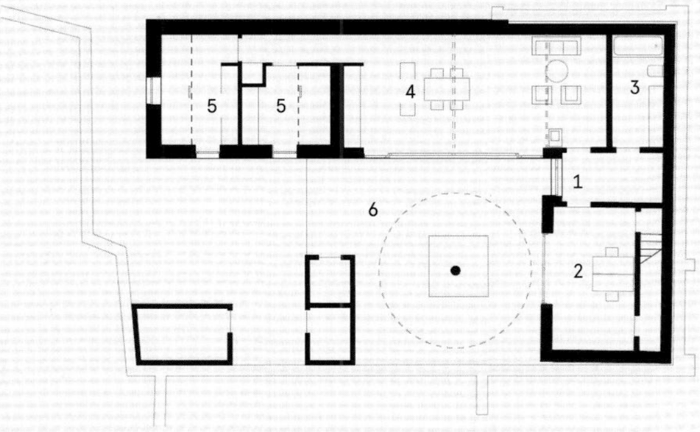

Grundriss/Erdgeschoss

Standort:
Budenheim

Anzahl der Bewohner:
4

Wohnfläche (m^2):
137

Grundstücksgröße (m^2):
231

Bauweise:
massiv

Baukosten:
234.000 Euro

Energiestandard:
EnEV 2009

Fertigstellung:
2014

Maßstab:
M 1:200

1 Zugang/Eingang
2 Arbeiten
3 Bad/WC
4 Kochen/Essen/Wohnen
5 Schlafen
6 Innenhof
7 Luftraum

Heinrich Lessing Architekt BDA, Mainz

1965 geboren in Eltville im Rheingau
1988 – 1995 Architekturstudium FH-Mainz – Diplom
1995 Mitarbeit Büro Brandi + Partner, Göttingen/Berlin
Büro Prof. Benita v. Perbandt, Wilhelm Zuschlag, Frankfurt am Main
1996 – 1998 Mitarbeit Stadtplanungsamt Mainz
1998 – 1999 Mitarbeit Büro Schoyerer Möbius Architekten, Mainz
1999 Gründung Architekturbüro Heinrich Lessing
2007 – 2013 Fachhochschule Frankfurt am Main, Lehraufträge Entwerfen im Bachelor-, Master- und Diplomstudiengang
2010 – 2011 Fachhochschule Mainz, Lehraufträge Entwerfen und Baukonstruktion im Bachelor und Diplomstudiengang
2013 – 2015 Vertretungsprofessur Fachgebiet Baukonstruktion, Fachhochschule Frankfurt
seit 2015 Professor für Baukonstruktion und Entwerfen an der Frankfurt University of Applied Sciences

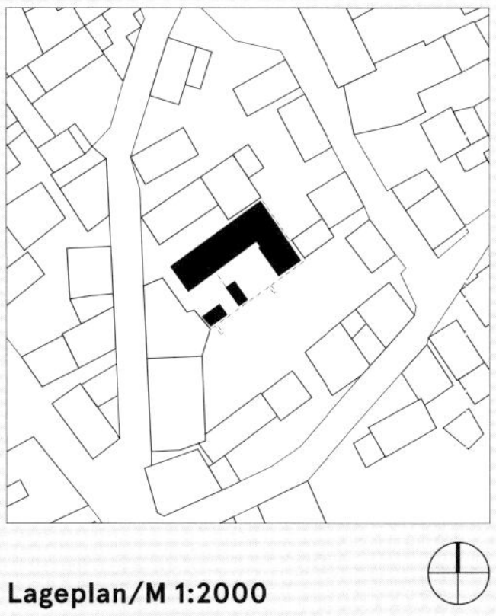

Lageplan/M 1:2000

Ortstermin

Um- und Neubau in Budenheim

Man könnte enttäuscht sein, wenn man den von bescheiden sanierten Nachbarhäusern umstellten und hinter einem unansehnlichen Schuppen verborgenen Neubau entdeckt. Zur Straße zeigt er sich nur mit einer Schulter, ein giftgrünes Hoftor hindert den Einblick – „das ist nicht von mir", versichert der Architekt Heinrich Lessing. Und dennoch, hier wurde alles richtig gemacht, dieses sensible kleine Werk demonstriert beispielhaft, wie man den mageren Ort instand setzen, weiterbauen und mit überschaubarem Budget für eine junge Familie Wohnqualität erreichen kann.

Bleiben – mitten im Dorf

Die Bauherrschaft wohnte schon zuvor in Budenheim. Sie wollte bleiben, mitten im Dorf, und keinen Neubau am Ortsrand bestellen. Also schaute man sich nach einem alten Haus um. Sehr lange, sieben Jahre. „Heinrich sagte immer: Schönes Objekt – zum Weitersuchen", wenn wieder etwas Unpassendes angeboten wurde, erinnert sich der Bauherr. „Das waren immer gute Häuser", feixt der Architekt, „wir hatten dafür nur keine Zeit im Büro". Dass er

„Die Bauherrin kenne ich noch aus meiner WG, das ist 20 Jahre her."

den Auftrag bekam, war naheliegend: „Die Bauherrin kenne ich noch aus meiner WG, das ist 20 Jahre her." Schließlich hatte man ein altes Wohnhäuschen mit Schuppen und einem Nussbaum entdeckt und sich zum Kauf entschlossen. Das Grundstück misst knapp 250 Quadratmeter, wovon jetzt etwa die Hälfte überbaut ist. Inzwischen legt der Bauherr, selbst Garten- und Freiraumplaner, den Innenhof an, eine Art zweites Praktikum. Auch zwei Häuschen als Abstellräume und für eine zweite Nasszelle hat er selbst gebaut. Der Architekt ist skeptisch, er hätte sich einen einfachen Monolith vorgestellt. Aber der Bauherr beruhigt: „Die rote Verbretterung wird noch grau!" Na, gut, „irgendwann muss man das Baby abgeben", resigniert der Architekt. Immerhin entspricht die gezimmerte Kleinteiligkeit der Umgebung.

Gesprächsnotiz:
Architekturbüro Heinrich Lessing

Start:
Hauptstraße 17–19, Gebäude Nr. 6324, Mainz

Mittwoch, 21. Oktober 2015
16.00 Uhr
Lessing holt mich am Bahnhof ab. Erst Streuselkuchen kaufen, Kaffee im Büro. Eine Art Kreativquartier in Mombach, ehemals Waggonfabrik. Jetzt Künstlerateliers, Möbelhändler, Kletterhalle. L. teilt Büro mit Kollegen. Alles unprätentiös, drin Kicker und Fahrrad, draußen Toiletten.

17.00 Uhr
Fahrt nach Budenheim. Unerwartet, dass in dem Kaff irgendwo Architektur verborgen sein könnte. Sie liegt hinter einem grünen Hoftor. Bauherr, ein Garten- und Freiraumplaner, pflastert gerade den Hof, seine Frau bei der Bügelwäsche. Seit Jahrzehnten mit Architekt befreundet. Rundgang durch alle Räume, einfach, winklig, gut. Normaler Alltag, alles im grünen Bereich. Fotograf war schon vorher da.

Aus der erhaltenen Außenmauer das neue Haus entwickeln

Aber von vorne. Das erworbene alte Haus, so hatte sich rasch herausgestellt, lohnte es nicht zu sanieren. Einen Neubau hätte die Gemeinde ohne Weiteres genehmigt, aber „sie wollte ein freistehendes Haus mit rundherum drei Metern Grenzabstand", erläutert der Architekt. So eine Bebauung hätte nur einen kaum nutzbaren Gartenstreifen übrig gelassen und das dicht gewachsene, ja heillos gewucherte Dorf als fremder Solitär gestört. „Der Ortskern ist so gewachsen, dass sich jedes Haus an ein anderes lehnt", zeigt der Architekt auf dem Lageplan. Deshalb handelte er mit der Behörde aus, den alten Kotten nur teilweise abzutragen und aus den erhaltenen Außenmauern im Südwesten ein neues Haus zu entwickeln. Das wurde schließlich genehmigt und auch von den Nachbarn akzeptiert. Nun steht der Neubau platzsparend auf der Grundstücksgrenze, nach Süden geöffnet, ein Winkel, der wie ehemals die Parzelle säumt. Durch die kleinen Zubauten sind ein Wohnatrium oben und zwei Stufen tiefer ein Zugangshof definiert. Dort ist Pflaster vorgesehen, um den Nussbaum liegt eine Schraffur aus Natursteinplatten und Split. Innen- und Außenraum sind eng miteinander verknüpft.

Flur und Badezimmer vermitteln als Gelenk

Die alten Bruchsteinaußenwände des Haupthauses wurden auf der fensterlosen Rückseite gedämmt, sie setzen sich als 36,5 Zentimeter Poroton-Mauerwerk fort. Ein Ringanker stabili-

siert die eingeschossige Konstruktion, über der zwei filigrane, innen sichtbare Stahlbinder die Firstpfette tragen. Sie gliedern den Raum als grafische Zäsur. Das Dach durfte um 80 Zentimeter angehoben werden. Der kürzere Hausschenkel hat zwei Geschosse, ein Gelenk mit Flur und Badezimmer vermittelt zwischen den ungleichen Kubaturen. Die Genehmigung reicht auf 2009 zurück, insofern darf das Haus ohne dras tische Dämmung auskommen, die großformatigen Lärchenholz-Schiebetüren des Wohnraums sind nur zweifach verglast. Das Dach ist hochwertig gedämmt.

„Der Ortskern ist so gewachsen, dass sich jedes Haus an ein anderes lehnt.“

Es wurde immer weiter reduziert

Für den Grundriss gab es keine Alternativen, der beschränkte Platz verführte nicht zu exaltierten Ausflüchten. Nur im Detail, im Erhalt der alten Bausubstanz, beim Dachtragwerk und den Fenstern veränderten sich die ersten Skizzen. „Wir sind einfacher geworden“, erinnert sich der Architekt, „wir versuchten immer weiter zu reduzieren.“ Der große, bis unter den First reichende Wohnraum mit Küche bildet den Mittelpunkt der Familie. Die beiden Kinderzimmer, jeweils mit einer Schlaf- oder Spielempore, schließen daran an. Dann werden die heranwachsenden Kinder auch noch kontrolliert, wendet der Besucher ein. „Die verschwinden durch die Terrassentüren, da kommen die schon irgendwann drauf“, grinst die Mutter.

Die Eltern können sich zur anderen Seite des Eingangsflurs zurückziehen. Dieser Trakt ließe sich später einmal unabhängig vermieten. Ein Arbeitszimmer im Erdgeschoss birgt die Treppe zum oberen Schlafraum, der sich mit einer passablen Verglasung zur Krone des Nussbaums öffnet. Eine kleine Gitterbrüstung vor der Fenstertür beweist die Sorgfalt des Architekten. Die Decken zeigen ungeniert den groben Beton, die Maserung der Seekieferschalung samt der abgelösten Spachtelung, „um die Kosten im Rahmen zu halten“, sagt Lessing. Auch das wird akzeptiert: „Da hat sich sogar ein Blatt auf der Schalung abgedrückt“, amüsiert sich die Bauherrin. Und der Lüster aus Kristallglas lässt erkennen: Die nehmen den Beton ernst. Auf dem Boden liegt dunkles Eichenparkett, Naturschiefer in Bad und Flur, darunter die Fußbodenheizung, die sich in der Wand fortsetzt.
Was noch fehlt? Die Bauherrin hat es parat:

ein Kamin im Wohnraum, der wurde schon mitgeplant, darüber eine Galerie, vielleicht eine Sauna im Hof, eine Dachbegrünung – „Wenn der Lottogewinn dann kommt …“ Ein kleiner (alter) Keller lässt sich durch eine Tapetentür über eine Leiter erreichen. „Da muss man sich gut überlegen, wann man den Wein holt“, scherzt der Bauherr.

Wolfgang Bachmann

„Wir sind einfacher geworden“, erinnert sich der Architekt, „wir versuchten immer weiter zu reduzieren.“

Einfach simpel

Am Rand des Killesbergs auf dem Gelände des ehemaligen Stuttgarter Messegeländes steht ein Haus, das aussieht, als hätten Kinder es gezeichnet. Entworfen hat es der Architekt für seine Familie.

1 Was war das Besondere an der Bauaufgabe?
Das Besondere entsteht bei diesem Projekt im Zusammenspiel von einer recht traditionellen Hausform und der modernen innenräumlichen Konzeption.

2 Wie haben die Bauherren Ihr Büro gefunden?
Da waren wir uns schnell einig: Wir entwerfen für uns selbst!

3 Welche Inspiration hat zu dem Entwurf geführt?
Zum einen wollten wir den „offenen Raum". Das Thema, das sich aus dieser Prämisse entwickelte, war das „gestapelte Loft". Dabei sollte das äußere Erscheinungsbild ganz simpel sein: ein Haus mit vier Wänden und einem Dach. Ohne Vor- und Rücksprünge. Im Inneren wünschten wir uns jedoch eine moderne Raumkonzeption, Innenraum und Außenraum in einem, „der Raum um uns und der Raum in uns".

4 Auf welche Anforderungen, Einschränkungen und Bedingungen musste der Entwurf reagieren?
Die Anforderungen ergaben sich aus dem Bebauungsplan. Die Bedingungen waren jedoch keine außergewöhnlichen.

5 Wie verlief der Entwurfsprozess und wie die Abstimmung mit den Bauherren?
Er war sehr behutsam. Wir haben lange diskutiert. Die Entwicklung der inneren Raumkonzeption, die Stellung der Kuben und die Materialien und Oberflächen sind heute die Antworten auf Fragen, die wir an uns selbst gerichtet haben.

↗
Bewusst nimmt sich das Haus des Architekten inmitten einer überladenen Nachbarschaft gestalterisch zurück. Das Satteldach wurde geziegelt, der Baukörper in den braunroten Tönen des naheliegenden ehemaligen Sandsteinbruchs verputzt.

→
Die außen bündig sitzenden Fenster mit schmalen Rahmenprofilen lassen die Hülle wie eine Haut erscheinen. Sie kann auf der Südseite von außenliegenden Vorhängen geschlossen werden.

↗
→
Das Haus ist im Inneren als gestapeltes Loft konzipiert. Die Treppe ist Wand ebenso wie Möbel.

↗
Decken sind aus Sichtbeton gefertigt, alle Böden wurden mit einer zementären Spachtelung auf Anhydridestrich ausgeführt.

↖
Eingestellte Körper mit unterschiedlichen Oberflächen – Weißtanne, MDF, Tafellack, Filz und Linoleum – wirken wie Häuser im Haus.

Längsschnitt

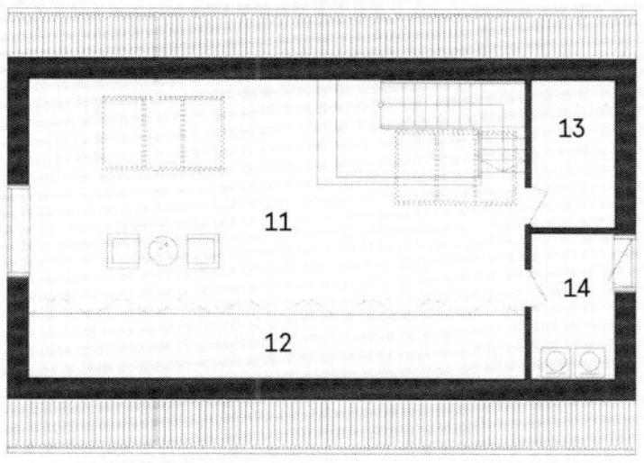

Grundriss/Dachgeschoss

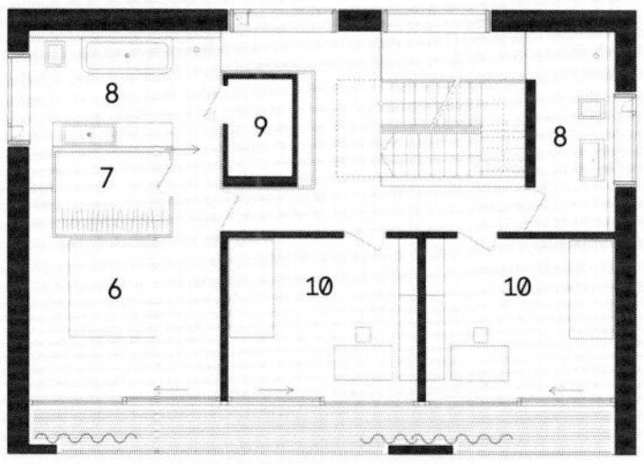

Grundriss/Obergeschoss

Grundriss/Erdgeschoss

Standort:
Stuttgart

Anzahl der Bewohner:
4

Wohnfläche (m²):
221

Grundstücksgröße (m²):
474

Zusätzliche Nutzfläche (m²):
13

Bauweise:
massiv

Baukosten:
530.000 Euro

Energiestandard:
KfW 70

Fertigstellung:
2014

Maßstab:
M 1:200

1 Wohnen
2 Essen/Kochen
3 Eingang/Garderobe
4 WC
5 Musik/Lesen
6 Schlafen
7 Ankleide
8 Bad
9 Sauna
10 Kind
11 Arbeiten/Spielen
12 Lager
13 Technik
14 Waschen

Lenz Architekten BDA, Stuttgart

Professor Josef Lenz
Architekturstudium an der Universität Stuttgart und Università Ca'Foscari di Venezia
1983 Diplom an der Universität Stuttgart
1984 – 1987 Freie Mitarbeit Prof. H.G. Merz, Stuttgart/ Berlin und Bidlingmeier & Egenhofer, Stuttgart
Prof. Dieter Herrmann, Stuttgart
1987 – 1991 Assistenz Universität Stuttgart, Institut für Baukonstruktion und Entwerfen Prof. Peter Sulzer, Prof. Peter Hübner
seit 1991 Professur für Entwerfen, Gestalten und Konstruieren an der HTWG Konstanz
seit 1991 Tätigkeit als Architekt
Forschungsaufenthalte:
1996 Amsterdam, Universität Delft
2003 Universität Sevilla

Farnaz Zia-Azari
Architekturstudium an der HTWG Konstanz, Kunsthochschule Berlin, Universität Kassel und Universität Stuttgart
2002 Diplom an der Universität Stuttgart
Mitarbeit:
Prof. Ansgar Lamott, Stuttgart
Prof. Antonio Barrionuevo, Sevilla
Prof. Josef Lenz, Stuttgart

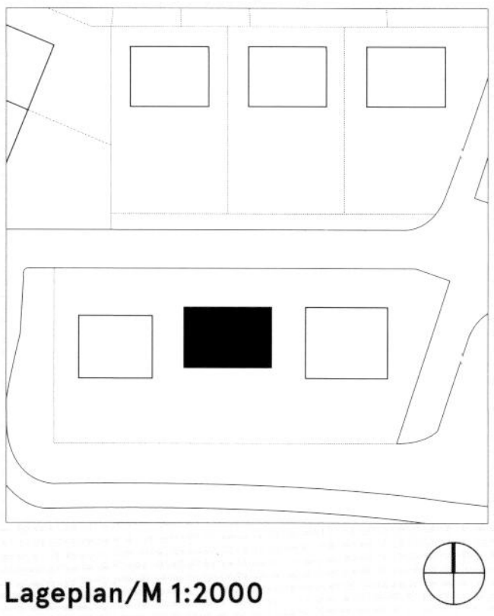

Lageplan/M 1:2000

Sonnenfänger

Blick gen Norden, die Straße im Süden: In das Haus der jungen Familie im Mittelrheinland musste vor allem viel Sonne eingeplant werden.

1 Was war das Besondere an der Bauaufgabe?
Jedes Einfamilienhaus ist etwas Besonderes, da es individuell auf die Bewohner zugeschnitten ist, die wir beim größeren Wohnungsbau ja gar nicht kennenlernen. Wir versuchen daher immer, in die Psychologie der Bauherren einzutauchen, nach dem Motto: Legt euch mal auf die Couch und erzählt, wie ihr lebt ... Wie sind eure Abläufe, wo verbringt ihr mit welchen Tätigkeiten wie viel Zeit, welche Räume sind euch wichtig, wie bewegt ihr euch im Haus, wie ist der Bezug nach draußen, seid ihr intro- oder extrovertiert, Voyeure oder exhibitionistisch veranlagt, Familienmenschen oder Eigenbrötler, wie verbindet ihr Wohnen und Arbeiten, was macht ihr in eurer freien Zeit, ladet ihr oft Freunde ein oder seid ihr lieber allein? Diese und ähnliche Fragen haben wir gestellt. Gleichzeitig ist der Ort jedes Mal ein anderer, seine Atmosphäre, das Licht, die Geräusche, Ausblicke, Farben, Nachbarn. Bauen wir in einem ruralen, suburbanen oder urbanen Kontext, wo ist der Horizont, gibt es in der Nähe Wasser, welche Vegetation dominiert vor Ort? Die Planung ist dann eine Kreuzung beider Analysen und naturgemäß wird jedes Haus sehr unterschiedlich, auch wenn wir durchaus verschiedene „konzeptuelle Obsessionen" haben.

2 Wie haben die Bauherren Ihr Büro gefunden?
Beide sind Bekannte von mir.

3 Welche Inspiration hat zu dem Entwurf geführt?
Zuerst die Auseinandersetzung mit den Bauherren und den Charakteristika des Ortes. Und dann natürlich unsere kontinuierliche Arbeit an den drei Schwerpunktthemen des Büros: „Topologie", „Topografie" und „Energie". Lassen Sie mich kurz ausführen: Topologie: Damit meinen wir bei diesem Haus das Raumkontinuum der Gemeinschaftsräume, der Räume des Treffens, Spielens, Kochens, Essens ... einerseits und andererseits der Eltern und der Kinder, die jeweils über ihre eigene Brücke in ihre Ankleiden und Bäder gelangen und von da aus in die Gemeinschaftsräume. Topografie: Wie im 19. Jahrhundert oft geschehen, wurde hier der Garten mit Stützmauern, verschiedenen Ebenen und Vegetationen angelegt, bevor das Haus geplant wurde. Das Haus schmiegt sich jetzt ganz natürlich an den Hang. Energie: Primär ging es natürlich darum, die Sonne einzufangen. Die Dimension und Ausrichtung des „Sonnenfensters" zur Straße hin wurde nach dem Sonnenverlauf berechnet, so dass es von Herbst bis Frühling zu einer maximalen Einstrahlung kommt, während im Sommer die Einstrahlung im vorderen Bereich „hängen" bleibt. Der Rest ist Technik ...

4 Und auf welche Anforderungen, Einschränkungen und Bedingungen musste der Entwurf reagieren?
Schwierig war, dass das Hanggrundstück gen Norden verläuft, also keine Sonneneinstrahlung dort besteht, wo man das Haus naturgemäß öffnen will. Während gen Süden hin die Straße verläuft und andere Häuser stehen. Hohe Sonneneinstrahlung besteht also, wo man das Haus eher schließen möchte. Das war der größte und schönste Widerspruch. Ansonsten gab es außer finanziellen Einschränkungen (eigentlich war eine Sichtbetonschale im vorderen Bereich und ein Holzbau im hinteren Bereich geplant) keine. Das Grundstück liegt in einem §34-Gebiet, sprich, wir waren planerisch sehr frei und haben generell auch eine Bauverwaltung vor Ort, sowohl in der Stadt als auch im Kreis, die uns sehr viele Freiheiten gibt.

5 Wie verlief der Entwurfsprozess und wie die Abstimmung mit den Bauherren?
Sehr angenehm, die Bauherren kannten ein anderes Haus von uns in der Nähe, das ihnen sehr gefallen hat. Sie vertrauten uns voll und ganz, was die Planung betrifft und kamen nicht mit irgendwelchen Bildern oder Ähnlichem an, ich habe ihnen auch keine anderen Referenzobjekte gezeigt. Das Projekt hat dann einen längeren Planungsprozess durchlaufen und auch eine Metamorphose durchgemacht: Ursprünglich wurde eine Abfolge von Stützmauern geplant, zwischen denen die Volumen hingen ... Das war den Bauherren allerdings doch zu exzentrisch ... Wir planen von Anfang an dreidimensional, also mit 3D-Modellen, die kontinuierlich angepasst werden, und mit physischen Modellen, von denen wir für dieses Projekt fünf oder sechs angefertigt haben. Renderings versuchen wir zu vermeiden, viel lieber zeichnen wir frei, um uns nicht zu früh zu fest zu legen. Und klar: Materialproben haben wir regelmäßig vorgelegt.

↗
Das Hanggrundstück bietet im Norden Ausblick übers Rheintal, nach Süden sollte die Fassade möglichst geschlossen bleiben. In die straßenbegleitende Mauer wurde daher ein acht Meter breites Sonnenfenster eingepasst.

→
Der Baukörper wurde so eingeschnitten, dass die Sonne von Herbst bis Frühling diagonal durch das Haus bis in den tiefer liegenden Wohnraum scheint.

↗
Die Dorf- oder Stadtmauer, über die einzelne Baukörper herausstoßen, ist ein häufiges Motiv in den dicht besiedelten Gemeinden im mittleren Rheinland. Es wird hier aufgegriffen und neu interpretiert.

↗
Im Mittelpunkt liegt die Küche. Durch die Öffnungen fällt Sonne, der Blick ins Tal bleibt.

↗
Die Aufteilung folgt einem einfachen Prinzip: ein schmaler Riegel, in dem die dienenden Funktionen untergebracht sind, ein breiterer Riegel, der im Gartengeschoss den Wohnbereich und im Obergeschoss die Schlafzimmer beherbergt.

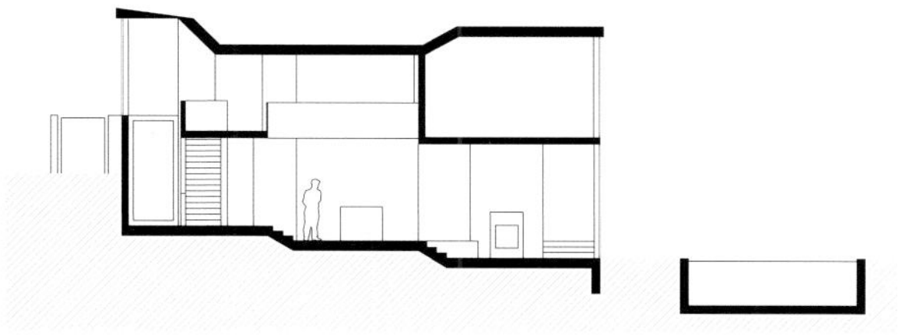

Längsschnitt

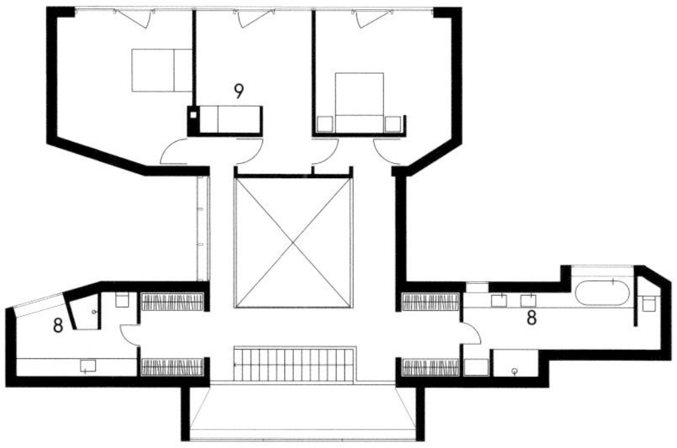

Grundriss/Dachgeschoss

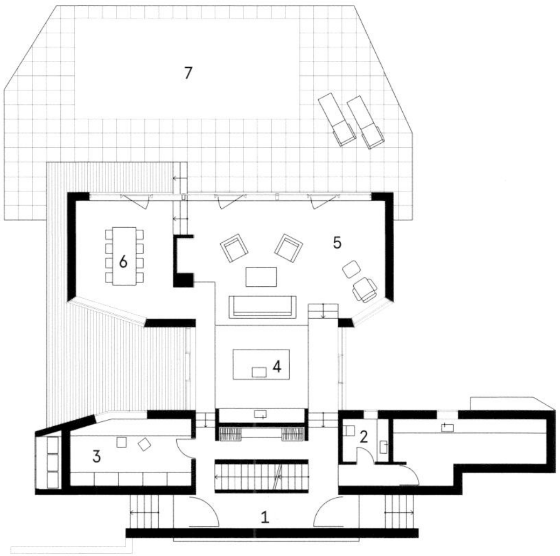

Grundriss/Erdgeschoss

Standort:
Sinzig

Anzahl der Bewohner:
4

Wohnfläche (m²):
280

Grundstücksgröße (m²):
1.210

Zusätzliche Nutzfläche:
40

Bauweise:
massiv

Fertigstellung:
2013

Maßstab:
M 1:200

1 Zugang/Eingang
2 WC
3 Arbeiten
4 Kochen
5 Wohnen
6 Essen
7 Pool
8 Bad
9 Schlafen

Hertweck Devernois, Remagen/Versailles

Florian Hertweck, Architecte DPLG associé
Eingetragen in die Architektenkammern von Rheinland-Pfalz und Paris ist er Ansprechpartner für Projekte im deutschsprachigen Raum. Nach seinem Architekturdiplom im Jahr 2001 absolviert er einen Master in moderner und zeitgenössischer Architekturgeschichte an der Sorbonne und reicht dort (sowie an der Universität Paderborn) 2007 eine Dissertation zum Thema Berliner Architekturstreit ein (2010 erschienen).
Seit 2005 lehrt er Architekturentwurf, Architekturtheorie und Städtebau, zuerst als Visiting Professor an der Ecole Nationale Supérieure d'Architecture Paris-Malaquais und seit 2009 als Professor in Versailles, wo er den Masterstudiengang Ecological Urbanism leitet.

Pierre A. Devernois, Architecte DPLG associé
Nach seinem Architekturdiplom im Jahr 2001 komplettiert Pierre A. Devernois seine Ausbildung am Pariser Conservatoire des Arts et Métiers und beim Architekturhistoriker Roberto Gargiani in Rom.
Im Jahr 2000 beginnt er eine siebenjährige Mitarbeit im Pariser Büro von Patrick Berger. Als Mitglied der Pariser Architektenkammer (seit 2003) gründet er mit Florian Hertweck im Jahr 2008 das Büro Hertweck Devernois Architekten Städtebauer (seit 2010 als GmbH).

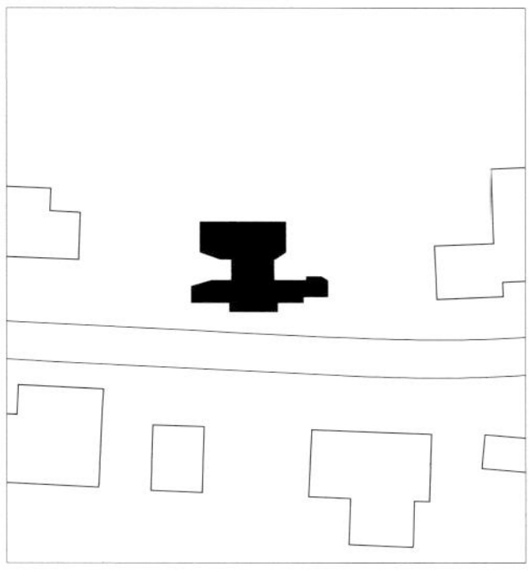

Lageplan/M 1:2000

Fremdkörper

Uniforme Satteldachhäuser prägen das Umfeld des Neubaus im Vorarlberger Rheintal. Eine umlaufende Mauer um den neuen Bungalow sorgt für Sichtschutz.

1 **Was war das Besondere an der Bauaufgabe?**
Einerseits die Lage und der Zuschnitt des Grundstücks. Es ist nord- und südseitig von Privatzufahrten und westseitig vom öffentlichen Verkehrsraum begrenzt. Die Grundstücksdimensionen von etwa 36 Metern in der Tiefe bei einer variierenden Breite zwischen 10,8 und 12,6 Meter verlangten nach einer sehr spezifischen baulichen Reaktion. Und andererseits die sehr aufgeschlossene Bauherrschaft. Von Beginn an begriffen sie Architektur nicht als reines Mittel zum Zweck, sondern sie wussten, dass gute Architektur mehr leisten kann und auch soll.

2 **Wie haben die Bauherren Ihr Büro gefunden?**
Über eine Publikation im Buch „Innenleben Vorarlberg".

3 **Welche Inspiration hat zu dem Entwurf geführt?**
Von Beginn an stellten wir uns ein Haus vor, das das Grundstück maximal besetzt. Es sollten keine Rest- oder Abstandsflächen entstehen, die so bezeichnend für das bauliche Umfeld sind. Und das Haus sollte bewusst der eher kleinstädtischen Ausprägung der Nachbargebäude entgegentreten.

4 **Und auf welche Anforderungen, Einschränkungen und Bedingungen musste der Entwurf reagieren?**
Nicht nur die Dimensionen des Grundstücks waren herausfordernd, die Bodenbeschaffenheit war es ebenfalls. Es mussten spezielle Gründungsmaßnahmen getroffen werden, die natürlich das Budget belasteten. Solche Rahmenbedingungen gehören unser Meinung nach aber zum „architektonischen Tagesgeschäft". Und es ist die Herausforderung, unter den gegebenen Rahmenbedingungen gemeinsam mit den Bauherren die beste Lösung zu erarbeiten.

5 **Wie verlief der Entwurfsprozess und wie die Abstimmung mit den Bauherren?**
Vor der ersten Präsentation haben wir sehr intensiv gearbeitet. Das sorgfältige Untersuchen unterschiedlicher Lösungsansätze diente nicht nur intern der Untermauerung des vorgeschlagenen Entwurfs. Es lieferte den Bauherren auch die Argumente, die sie für das Projekt begeisterten. In der weiteren Folge wurde die Planung von Besprechung zu Besprechung verfeinert. Die Diskussionen mit den Bauherren verliefen stets auf Augenhöhe, was eine gute Vertrauensbasis für alle anstehenden Entscheidungen schafft – immer auf der Suche nach der besten Lösung im Spannungsfeld zwischen Gestaltung und Kosten.

↖
Lage und Zuschnitt des etwa 36 Meter tiefen, zulaufenden Grundstücks waren schwierig, es ist auf drei Seiten von Wegen umgeben. Daher besetzt das Haus die größtmöglich bebaubare Fläche und umgibt sich mit einer Mauer.

↗
Das Haus wirkt nach außen verschlossen, es öffnet sich nach innen. Zentrum ist das nach Süden orientierte Atrium. Es kann über Schiebefenster mit dem Wohn- und Essbereich verbunden werden.

→
Ein schmaler L-förmiger Hof verbindet die restlichen Außenräume. Die Dachterrasse sorgt für weitere Freiflächen.

↗
→
↓
Stahlbeton ist sowohl konstruktives als auch gestalterisches Element. Die Fenster sind in unbehandeltem Eichenholz ausgeführt.

→
Wände und Decken wurden in Trockenbauweise erstellt und in einem warmen Weiß gestrichen. Die meisten Böden sind als Anhydridestrich mit gelbem Farbstoffzuschlag ausgeführt.

Standort:
A-Dornbirn

Anzahl der Bewohner:
4

Wohnfläche (m²):
145

Grundstücksgröße (m²):
544

Zusätzliche Nutzfläche (m²):
153 (Garage, Innenhof, Gartenhof)

Bauweise:
massiv, Sichtbeton

Fertigstellung:
2014

Maßstab:
M 1:200

1 Zugang/Eingang
2 Garderobe
3 Abstellraum
4 Arbeiten
5 WC
6 Kochen/Essen
7 Innenhof
8 Gartenhof
9 Schlafen
10 Bad
11 Wohnen

Bechter Zaffignani Architekten ZT GmbH, Bregenz

Rene Bechter Architekt, Dipl.-Ing.
1971 geboren in Dornbirn
1990 Studium der Architektur in Innsbruck und Wien
1998 Diplom bei Volker Giencke
2001 freier Mitarbeiter bei Marte.Marte Architekten, Weiler
2003 freier Mitarbeiter bei Baumschlager & Eberle, Lochau
2004 Bürositz in Bregenz
2004 Staatlich befugter und beeideter Ziviltechniker

Michelangelo Zaffignani Architekt, <
1967 geboren in Dornbirn
1989 Studium der Architektur in Innsbruck
1997 Diplom bei Rainer Köberl
1994 freie Mitarbeit bei Marte.Marte Architekten, Weiler
1999 selbstständig als Bürogemeinschaft aix architects
2005 Staatlich befugter und beeideter Ziviltechniker
2006 Gastkritik Entwerfen VI, Hochschule für Architektur, Vaduz

seit 2009 Bechter Zaffignani Architekten ZT GmbH

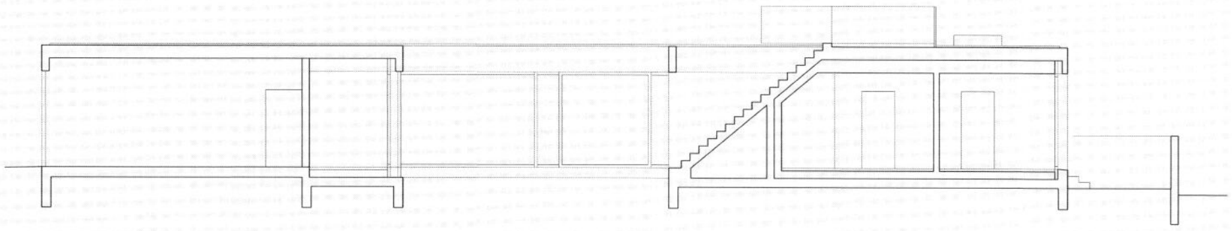

Längsschnitt

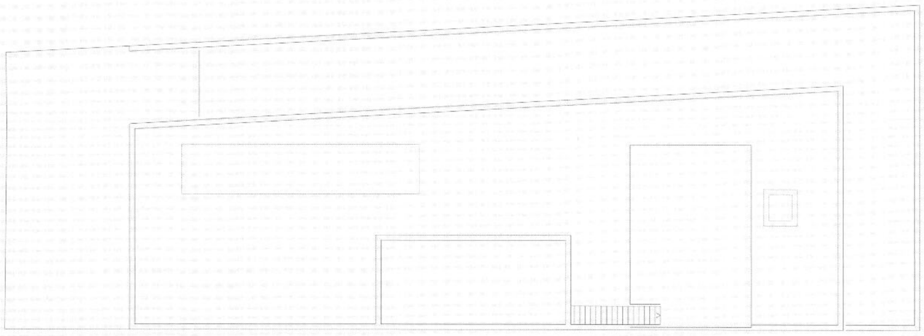

Dachaufsicht

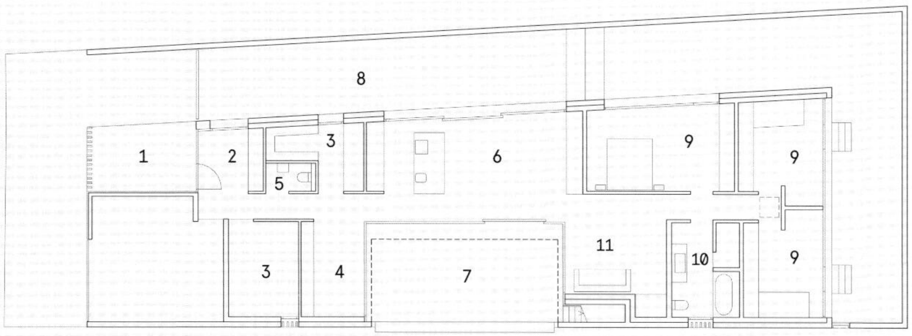

Grundriss/Erdgeschoss

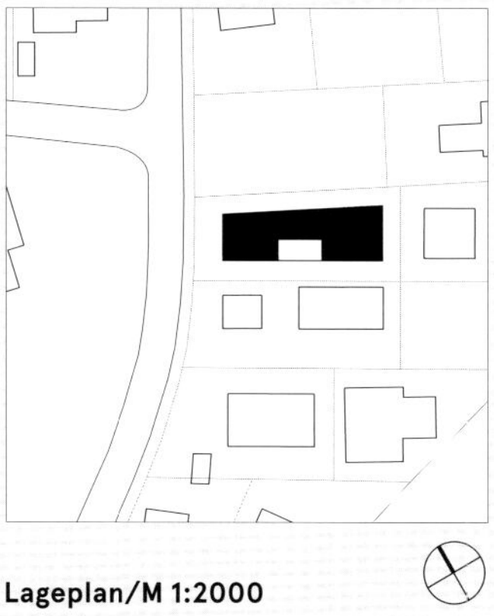

Lageplan/M 1:2000

Betonbaumhaus

Mit Blick auf Linz entstand ein Ensemble aus differenziert gestaltetem Sichtbeton: geschliffen, mit sichtbarer Maserung, hell, dunkel, aufgeraut. Sowie: ökologisch und ästhetisch.

1 Was war das Besondere an der Bauaufgabe?
Meine Frau war die Bauherrin, und ich Bauherr und Architekt in einer Person. Interessant war es, sich über die eigenen Wohnbedürfnisse und die der Familie ganz konkret Gedanken zu machen.

2 Wie haben die Bauherren Ihr Büro gefunden?
Sie hat mich geheiratet! (Schon lange vor unserem Hausbau.)

3 Welche Inspiration hat zu dem Entwurf geführt?
Der Entwurf nimmt die Idee der umliegenden Punkthäuser auf und interpretiert diese selbstbewusst auf zeitgemäße Art. Die Wahl von Sichtbeton für die Fassaden stand nicht von vornherein fest. Auch schwarzes Holz wäre denkbar gewesen, das ja an einigen alten Häusern in der Umgebung verwendet wurde. Unser Ziel war es aber, sich ein wenig von der lokalen, jüngeren Tradition abzusetzen. Und einen Baukörper zu realisieren, der zeigt, was er ist. Bei Sichtbeton spielt allerdings auch immer der Zufall eine Rolle: Die Schalungsplatten aus weichem Holz bildeten feine Maserungen, das Schalungsöl an manchen Stellen leicht glänzende Stellen an der Oberfläche. Wir verwendeten zudem noch andere Bearbeitungsarten von Beton. So wurde der Innenhof geschliffen, ebenso wie der Estrich im Haus, manche Stellen wurden zudem mit Besenstrich rauer gemacht. Außerdem stehen zwei längliche Betontröge im Innenhof. Einer wird als Trinkwasserquelle, zur Abkühlung und als Spielort verwendet, der andere als Hochbeet. Dieser Raum lebt, er ist uns wertvoller Aufenthaltsbereich im Freien und Eingangsbereich des Hauses, innen und außen verschmelzen hier.

4 Und auf welche Anforderungen, Einschränkungen und Bedingungen musste der Entwurf reagieren?
Hangneigung, Waldrand, Nachbarhaus, Fernblick und Zugang von der Straße, das waren die bestimmenden Einflüsse. So entstand ein Ensemble mit einem dreigeschossigen Haupthaus und einem vorgelagerten eingeschossigen Nebengebäude. Zwischen den vertikalen und horizontal ausgerichteten Körpern liegt der geschützte Innenhof. Innen waren uns Klarheit und Wärme wichtig. Die Eingangshalle mit ihrer filigranen

Stahltreppe gewährt aus der Mittelebene sofort Blicke ins Ober- und Untergeschoss. Vor allem aber ist sie Raum ohne vorgegebene Funktion. Spielzimmer, Turnsaal, Partylocation, Werkstatt, Büro und viele andere Möglichkeiten bietet dieses Zentrum im Haus. Im Moment wird es übrigens von unseren kleinen Söhnen, deren Schlafbereiche direkt anschließen, und deren Freunden „bespielt". Im oberen Geschoss befinden sich die offene Küche, der anschließende Essplatz, und, etwas erhöht, der Wohnbereich, der bei Bedarf durch Vorhänge vom restlichen Raum abgetrennt werden kann. Große, sorgfältig gesetzte Öffnungen fangen hier die Blicke auf die Stadt und das Licht zu unterschiedlichen Tageszeiten ein. Und die Baumkronen des anschließenden Waldes vermitteln das Gefühl vom Leben in einem Baumhaus.

5 Wie verlief der Entwurfsprozess und wie die Abstimmung mit den Bauherren?
Wenn man mit und für die eigene Frau – die Kinder waren zum Planungszeitraum noch zu klein, um sie zu involvieren – ein Haus plant, ist die Betreuung natürlich sehr viel intensiver. Wir haben das Raumprogramm gemeinsam entwickelt, viele, viele Studien miteinander diskutiert, Ideen gemeinsam erdacht, Ideen gemeinsam wieder verworfen. Und dabei nie gestritten, sondern waren und sind bis jetzt (was unser Haus betrifft) immer einer Meinung!

↗
Das Haus liegt am Fuß des Pöstlingbergs und bietet einen großartigen Blick auf Linz. Der Sichtbetonbau interpretiert die umliegenden Punkthäuser. Zwischen dem dreigeschossigen Haupthaus und einem vorgelagerten eingeschossigen Nebengebäude liegt ein geschützter Innenhof.

→
Die sanfte Topografie der Wiesenhänge ist charakteristisch für den Ort und wird beibehalten. Es entsteht eine Abfolge aus Ebenen und Böschungen.

↗
Der Sichtbeton wird in zwei regionalen Varianten verwendet: der hellere Kirchdorfer Zement für das Haus, der dunklere Gmundner Beton für die Nebengebäude an der Straße.

→
Man betritt das Haus in der mittleren Ebene in einem hohen Raum ohne vorgegebene Funktion. Eine filigrane Stahltreppe verbindet die Geschosse.

↖
Im Obergeschoss liegen die offene Küche, der Essplatz, und, etwas erhöht, der Wohnbereich, der durch Vorhänge abgeteilt werden kann. Das Elternbad befindet sich im unteren Geschoss.

Varianten/Querschnitt

Entwurfsvariante

Selbstbewusst interpretiert der Entwurf die Form der umgebenden Punkthäuser. Zahlreiche Möglichkeiten wurden diskutiert, bis auch die Öffnungen für die Architektenfamilie passten.

→
Roher Sichtbeton an Decken und Wänden, geschliffener Beton auf dem Boden, unbehandeltes Tannenholz für die Böden in den Schlafräumen, Möbel und den außenliegenden Sonnenschutz sowie schwarzer Stahl können in Würde altern.

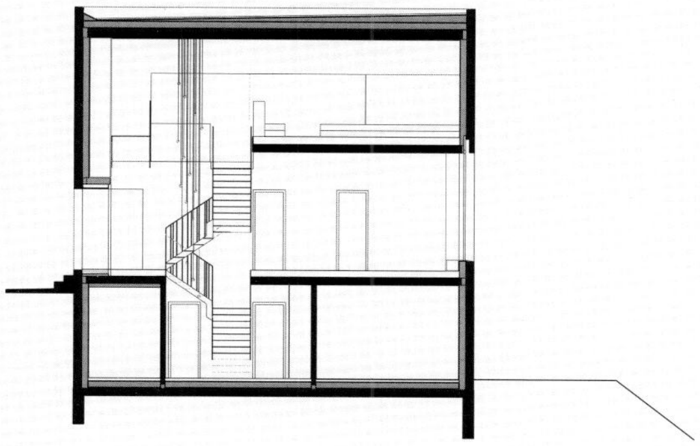

Schnitt

Grundriss/Obergeschoss

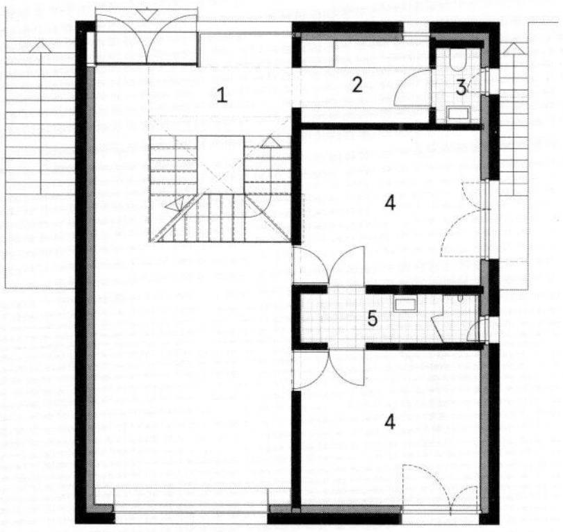

Grundriss/Erdgeschoss

Grundriss/Untergeschoss

Maßstab:
M 1:200

1 Zugang/Eingang
2 Garderobe
3 WC
4 Kind
5 Bad
6 Kochen/Essen/Wohnen
7 Schlafen

Standort:
A-Linz

Anzahl der Bewohner:
4

Wohnfläche (m²):
212

Grundstücksgröße (m²):
792

Zusätzliche Nutzfläche (m²):
90

Bauweise:
Sichtbeton

Baukosten:
550.000 Euro

Fertigstellung:
2014

Caspar Wichert Architektur, Linz

DI Sybille Caspar
1970 geboren
Studium an der TU Wien
Mitarbeit in Architekturbüros in Wien und Linz
seit 1995 gemeinsame Projekte mit Paul Wichert

DI Paul Wichert
1972 geboren
Studium an der TU Wien
Mitarbeit in Architekturbüros in Wien und Linz
seit 1995 gemeinsame Projekte mit Sybille Caspar

2015 Gründung des gemeinsamen Büros mit Sitz in Wien und Linz

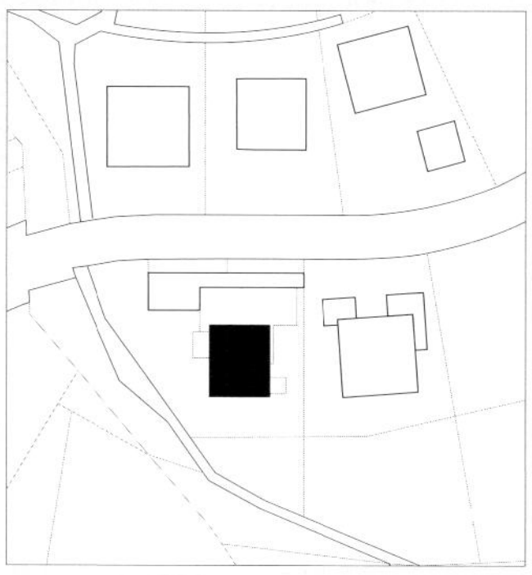

Lageplan/M 1:2000

Mein Haus, das hat fünf Ecken

Alter Baumbestand und der Wunsch nach einer verschattungsfreien Südseite sorgten für die kompakte, fünfeckige Form des Passivhauses.

1 Was war das Besondere an der Bauaufgabe?
Ein größerer Bauplatz wurde geteilt. Das sich auf dem neu entstandenen Grundstück befindende Bestandsgebäude wurde abgerissen, da der Altbau eine ungünstige Lage hatte und eine energetische Sanierung nicht wirtschaftlich gewesen wäre. Entwurfsbestimmend beim Neubau war dann zum einen der überwiegend aus Eichen bestehende alte Baumbestand entlang der nördlichen Grundstücksgrenze. Um diesen zu schützen, mussten das Wohnhaus und das Nebengebäude mit genügend Abstand zu den Bäumen auf dem Grundstück platziert werden. Zum anderen sollte für das energieeffiziente Haus auch südseitig – zum Nachbarhaus hin – genügend Platz geschaffen werden. Diese Vorgaben konnten umgesetzt werden, indem das Gebäude exakt an die vorgegebene und einzuhaltende nördliche Baugrenze gesetzt wurde. Da der Verlauf dieser Grenze nicht rechtwinklig war, entstand eine fünfeckige Grundrissform für ein Passivhaus mit verschattungsfreier Südseite.

2 Wie haben die Bauherren Ihr Büro gefunden?
Der Wunsch nach einem energieeffizienten und ökologischen Gebäude hat die Bauherrschaft zu uns geführt. Die ersten Informationen sammelten die Bauherren übers Internet. Nach Gesprächen mit verschiedenen Architekten haben sie sich dann für unser Büro entschieden.

3 Welche Inspiration hat zu dem Entwurf geführt?
Es war weniger eine Inspiration als eine in erster Linie pragmatische Herangehensweise bezüglich der oben beschriebenen Einschränkungen. Vorrangig war zudem der Wunsch der Bauherren nach einem nachhaltigen, nahezu energieautarken Gebäude.

4 Wie verlief der Entwurfsprozess und wie die Abstimmung mit den Bauherren?
Sehr gut! Anfangs war die Bauherrschaft ein wenig skeptisch, was den fünfeckigen Grundriss angeht. Spätestens nach Fertigstellung des Gebäudes waren sie jedoch rundum zufrieden. Modelle und Renderings gab es beim Entwurfsprozess keine. Lediglich bei der Holzverkleidung haben sich die Bauherren eine vergleichbare, bereits fertiggestellte Fassade eines anderen Hauses vorher angeschaut.

↗
Das ökologische Holzhaus befindet sich östlich von Nürnberg nahe des Pegnitztals und des Reichswalds. Der vormals größere Bauplatz wurde geteilt, das neue Haus auf der Baugrenze platziert.

→
Auf der Nordwestseite ergänzt ein Nebengebäude das Wohnhaus. Es ist ebenso wie das Haupthaus mit Weißtanne verkleidet. Wert wurde auf die Verwendung von umweltfreundlichen und regenerativen Baustoffen gelegt. Vom Tragwerk über Dämmmaterialien bis hin zum Interieur dominiert daher Holz.

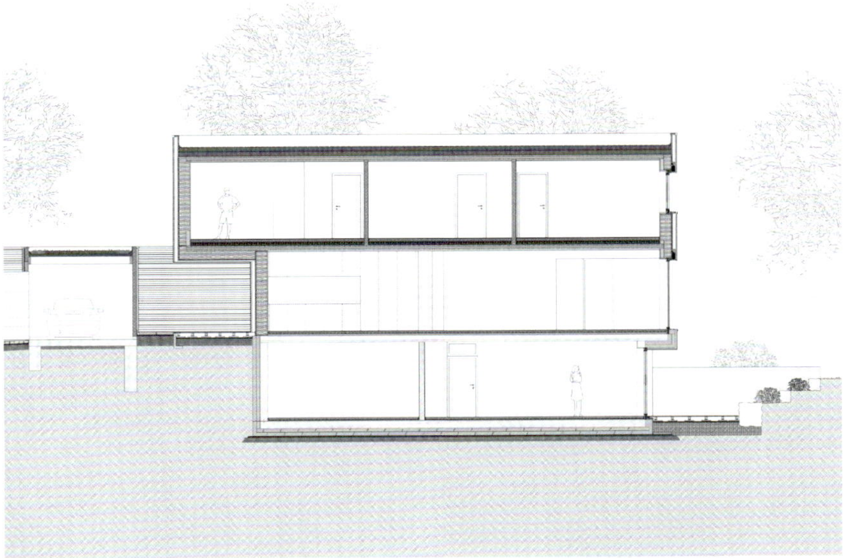

Längsschnitt

↗
Große Hebeschiebetüren führen auf die umlaufende Terrasse. Die Landhausdielen sind ebenso wie die Terrassendielen aus Eiche, die aus nachhaltiger Forstwirtschaft stammt. Auch für die Haustechnik kamen nur erneuerbare Energien zum Einsatz.

→
Im Obergeschoss liegen die Schlafräume, das Kellergeschoss kann als Einliegerwohnung genutzt werden.

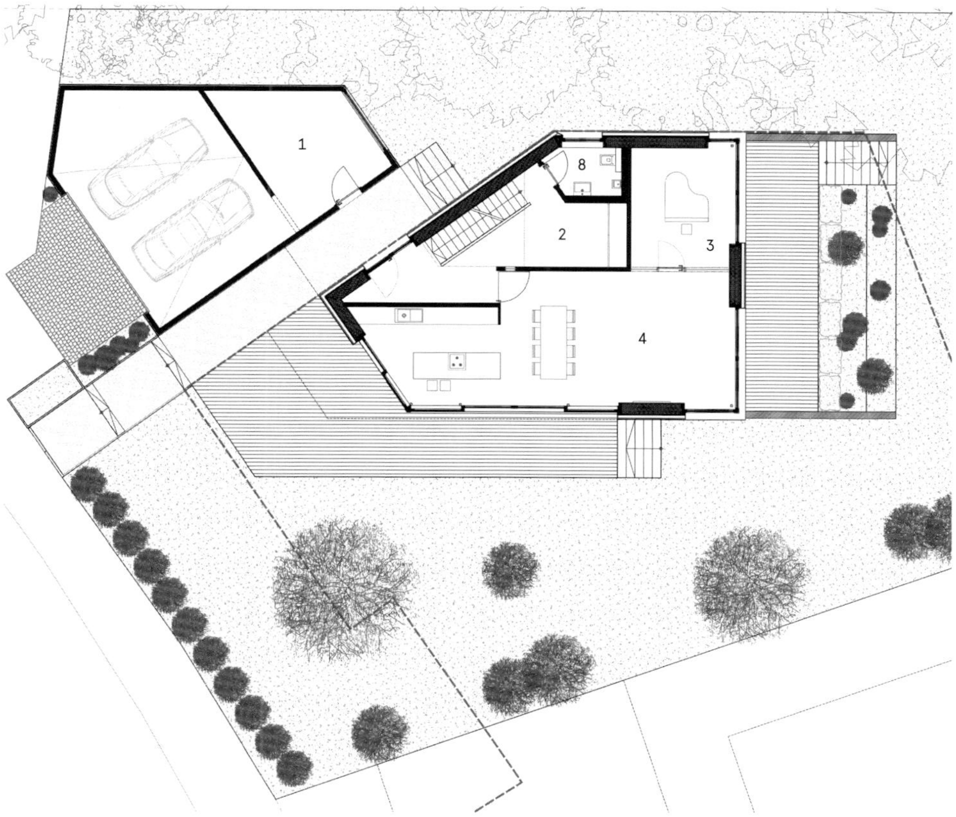

Grundriss/Erdgeschoss

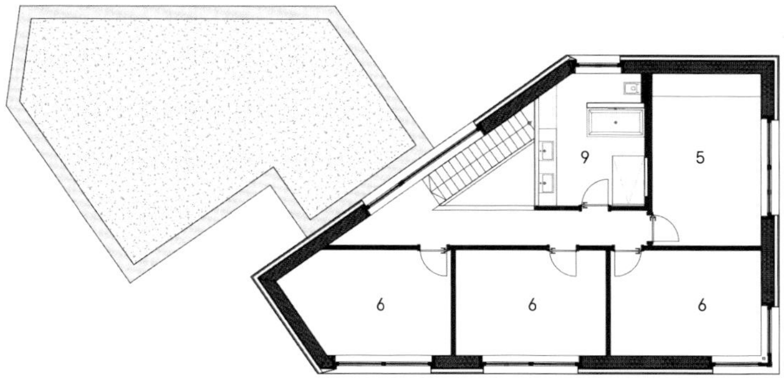

Grundriss/Obergeschoss

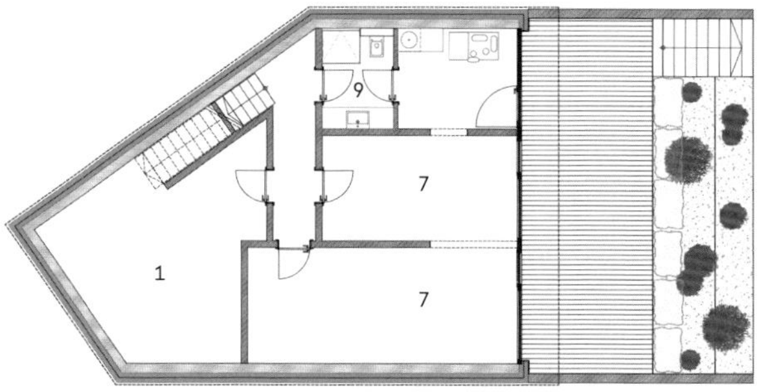

Grundriss/Kellergeschoss

Maßstab:
M 1:200

1 Abstell/Garage
2 Eingang/Garderobe
3 Musik
4 Kochen/Essen/Wohnen
5 Eltern
6 Kind
7 Einlieger
8 WC
9 Bad

Standort:
Nürnberg

Anzahl der Bewohner:
4

Wohnfläche (m²):
230

Grundstücksgröße (m²):
970

Zusätzliche Nutzfläche (m²):
35

Bauweise:
Keller WU-Beton, Ziegel
EG/OG Brettsperrholzelemente,
Holzrahmenbau

Energiestandard:
Plusenergie-Passivhaus

Fertigstellung:
2013

passivhaus-eco® ARCHITEKTURBÜRO, Betzenstein

entwickelt kreative und individuelle Lösungen innerhalb eines ganzheitlichen Planungsansatzes, der sowohl funktionale und ästhetische Ansprüche als auch ökologische und ökonomische Aspekte berücksichtigt.

Lageplan/M 1:2000

Zurück in die Kindheit

Das alte Kellerstöckl im Westen von Graz wurde lange als Wochenendhaus genutzt. Ihm wurde ein verwandter Baukörper an die Westseite gestellt, so dass sich heute in dem Paarhof komfortabel leben lässt.

1 Was war das Besondere an der Bauaufgabe?
Ausgangspunkt für den Um- und Ausbau des Hauses ist ein renoviertes Kellerstöckl mit dem Vulgonamen „Paulandwinzer", das sich seit Generationen im Besitz der Bauherren befindet. Das Haus liegt idyllisch in der Nähe von Graz auf einem Südwesthang mit Blick auf das steirische Hügel- und Bergland. In der Kindheit der Bauherrin wurde es als Wochenendhaus genutzt und es war ihr erklärter Wunsch, als Erwachsene in dem Haus zu leben – dafür war es aber eindeutig zu klein. Das historische Blockhaus mit Satteldach steht auf einem als Freiland gewidmeten Grund. Laut Raumordnung war die Verdoppelung der ursprünglichen Nutzfläche möglich, wobei die Erweiterung mit dem Bestand baulich verbunden sein musste. Die größte Herausforderung bestand vielleicht darin, diesen in sich ruhenden und auf seine Weise vollendeten Ort überhaupt gestalterisch anzugreifen.

2 Wie haben die Bauherren Ihr Büro gefunden?
Wir kannten den Vater der Bauherrin, einen Statiker, durch ein gemeinsames Projekt. Obwohl der erfahrene Statiker mit vielen etablierten Architekturbüros zusammengearbeitet hatte, legte er damals durch seine Empfehlung das Schicksal des „Paulandwinzer" in unsere Hände.

3 Welche Inspiration hat zu dem Entwurf geführt?
Wir haben verschiedene Möglichkeiten einer Erweiterung erarbeitet und verworfen. Letztendlich haben wir das alte Gebäude bewahrt und in die idealtypische Anordnung eines Paarhofes überführt. Dazu haben wir dem Kellerstöckl einen eigenständigen Baukörper an der Westseite angegliedert. So sind zwei zweigeschossige, in Form und Materialität verwandte, firstparallele Bauten entstanden, die über einen gläsernen, kubischen Wohnraum zu einer funktionalen Einheit werden. Dieses Verbindungselement dient zugleich als Haupteingang. Der Neubau richtet sich zu seinem alten Verwandten aus und öffnet sich zugleich der Landschaft.

4 Und auf welche Anforderungen, Einschränkungen und Bedingungen musste der Entwurf reagieren?
Der Altbestand mit der gemütlichen Bauernstube, dem Kachelofen und der alten Holzdecke sollte ebenso erhalten bleiben wie die alte Holzfassade und die Weinlaube mit ihrem Blick in das hügelige Umland. Während der neue Teil des Hauses die historische Struktur durch neue räumliche Qualitäten ergänzen sollte: Er sollte von natürlichem Licht durchflutet sein, hohe Raumhöhen aufweisen und über einen offenen Wohnbereich, eine große Terrasse sowie ein Bad mit Saunabereich verfügen. Die Bauherren wünschten sich zudem eine ökologische Heizform ohne Feinstaubemissionen.

5 Wie verlief der Entwurfsprozess und wie die Abstimmung mit den Bauherren?
Gemeinsam mit den Bauherren haben wir in einer längeren Planungsphase ein Gesamtkonzept erarbeitet, mit dem Ziel, alt und modern als kontrastierende Teile einer funktionalen und optischen Einheit harmonisch ins Landschaftsbild einzufügen. Es bestand niemals Zeitdruck. Und in keinem Moment wurde an dem Vorhaben gezweifelt. So war es möglich, in zahlreichen Gesprächen eine gemeinsame Linie zu finden und den Entwurf auch bis ins Detail in sehr hoher Qualität umzusetzen.

↗
Dem charmanten historischen Kellerstöckl steht ein in Form und Material entsprechender Neubau zur Seite. Ein gläserner Wohnraum verbindet die beiden Häuser miteinander und markiert den Eingang.

→
Der Erweiterungsbau ist licht und offen. Bad und Sauna finden im Keller Platz. Der zugehörige Außenraum wird von der darüberliegencen Terrasse geschützt.

←
Gläsern schließt das neue Haus an das alte Kellerstöckl an. So bezeichnet man in Österreich landwirtschaftlich genutzte Gebäude, vor allem im Weinbaugebiet.

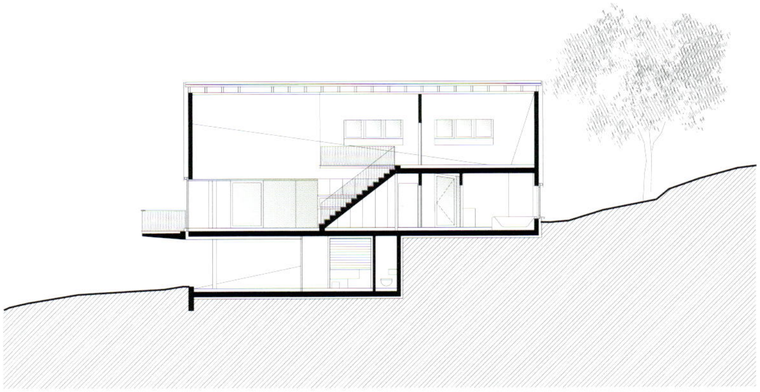

Längsschnitt

↗ →
Modern und zurückhaltend wurden die neuen Innenräume gestaltet, die sich großzügig in die Landschaft öffnen. Wer es gemütlich möchte, geht in die alte Stube.

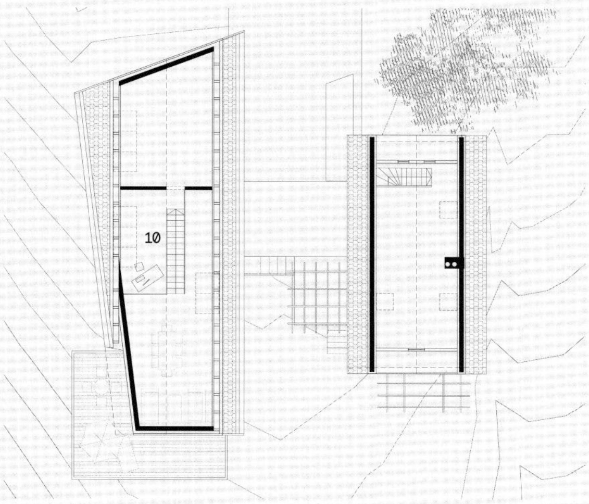

Grundriss/Obergeschoss

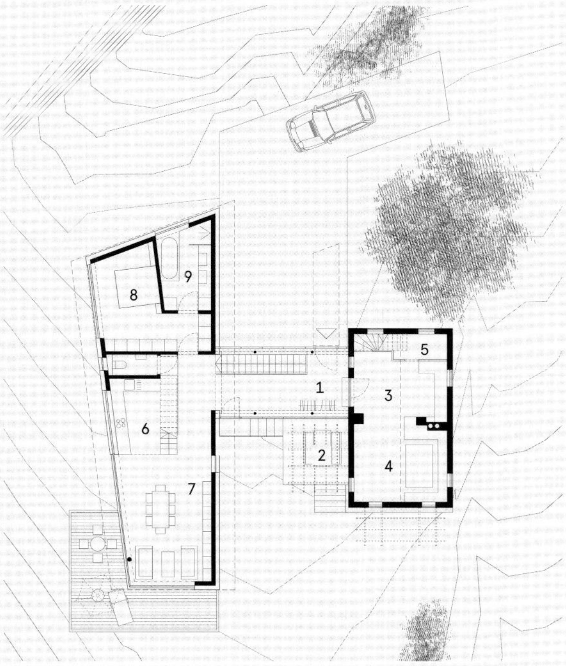

Grundriss/Erdgeschoss

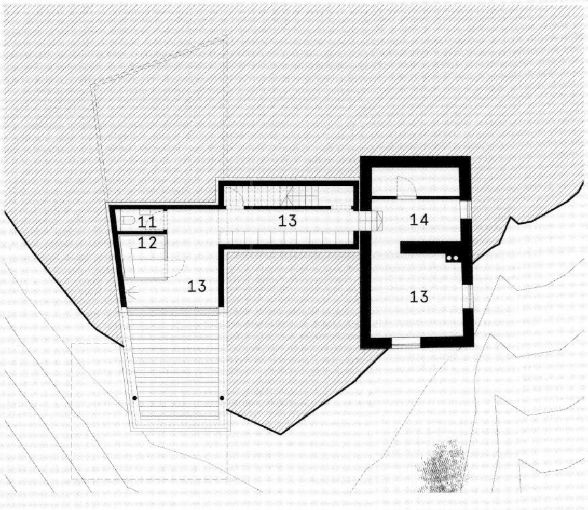

Grundriss/Kellergeschoss

Standort:
A-Oberberg (Hitzendorf)

Anzahl der Bewohner:
2

Wohnfläche (m²):
199

Grundstücksgröße (m²):
2.741

Zusätzliche Nutzfläche (m²):
62

Bauweise:
Mischbauweise (Massiv und Holzvorsatzschale)

Energiestandard:
Niedrigenergiehaus

Fertigstellung:
2012

Maßstab:
M 1:200

1 Zugang/Eingang
2 Laube
3 Küche (alt)
4 Stube
5 WC (alt)
6 Küche
7 Essen/Wohnen
8 Schlafen
9 Bad
10 Wohnen
11 WC
12 Sauna
13 Lager
14 Technik

Hope of Glory – HoGarchitektur ZT GmbH, Graz

Martin Emmerer
1976 geboren in Graz
Studium der Architektur an der TU Graz
2002 Gründung des Visualisierungslabels „Erscheinungsbild"
2006 Lehrbeauftragter für Entwerfen an der TU Graz
2015 Dissertation

Hansjörg Luser
1944 geboren in Bregenz
Studium der Architektur an der TU Graz
1979 Lehrtätigkeit an der TU und KF Universität Graz
1981 Eintritt in Stadtverwaltung, seit 1993 Leitung des Amtes für Stadtentwicklung und Stadterhaltung
seit 1996 Arbeitsschwerpunkt im Bereich von EU-geförderten integrierten Stadt(teil)entwicklungsprogrammen

Clemens Luser
1973 geboren in Salzburg
Studium der Architektur an der TU Graz, École d'Architecture de Montpellier und an der Escuela Técnica Superior de Arquitectura de Barcelona
2000 – 2004 Zusammenarbeit mit den Büros Innocad und Peter Zinganel in Graz und Mathias Klotz in Santiago
2006 – 2008 Lehrbeauftragter an der TU Graz

Hope of Glory wurde 2006 von Martin Emmerer, Clemens Luser und Hansjörg Luser gegründet.

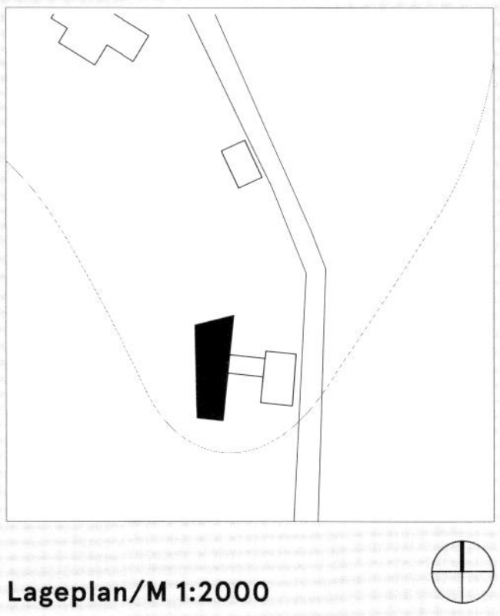

Lageplan/M 1:2000

Gartenstadt reloaded

Das neue Haus im Münchner Osten ersetzt einen Vorgängerbau, dem (nicht nur) der Bezug zum Garten fehlte.

1 Was war das Besondere an der Bauaufgabe?
Wir wollten trotz begrenzter Möglichkeiten - Budget und Baurecht waren eingeschränkt - ein Haus realisieren, das eine gewisse Großzügigkeit erreicht und dem Ort entspricht. Auf dem Grundstück stand bereits ein altes Gebäude. Wir haben uns lange und intensiv damit beschäftigt, ob bzw. wie es sich rechnen könnte, den Bestand zu erhalten. Doch wir kamen gemeinsam mit den Bauherren zu dem Ergebnis, dass aufgrund der schlechten und funktional schlecht nutzbaren Substanz Abriss und Neubau sinnvoller sind als Erhalt und Umbau. Im Altbau waren die Räume kleine Zellen, der Garten war nicht integriert. Mit dem Neubau sollte genau das Gegenteil erreicht werden.

2 Wie haben die Bauherren Ihr Büro gefunden?
Der Bauherr ist der Bruder eines Kommilitonen von mir und Anwalt für Baurecht. Wir kannten uns daher schon länger.

3 Welche Inspiration hat zu dem Entwurf geführt?
Es war relativ schnell klar, dass wir das Grundstück im hinteren Teil zwischen den Nachbarhäusern bebauen werden. Dort stand auch der Altbau. Aufgrund des herrschenden Baurechts und des gedeckelten Budgets entwickelte sich das Haus als schmaler, hoher Baukörper. Bei mir entstand früh das Bild eines „Südwestregals".

4 Und auf welche Anforderungen, Einschränkungen und Bedingungen musste der Entwurf reagieren?
Der Neubau sollte gegenüber dem Altbestand hinsichtlich der Funktionalität und natürlich auch der Wohnqualität deutlich verbessert werden. Einschränkungen waren das Baurecht, also Höhe und Breite, und dass das Gebäude kleiner als der Altbestand werden sollte. Licht und die Einbeziehung des Gartens waren weitere Bedingungen, die umgesetzt werden sollten.

5 Wie verlief der Entwurfsprozess und wie die Abstimmung mit den Bauherren?
Zuerst wurde geklärt, wie der Alltag der Familie aussieht und welche räumlichen Bedürfnisse in dem Haus erfüllt werden sollten. Danach gestalteten wir den ersten Entwurf. Auf seiner Grundlage wurden mehrere Varianten erarbeitet. Der letzte Stand wurde dann genehmigt und ausgeführt. Die Abstimmung mit den Bauherren lief sehr gut und zeitlich stringent, da sie damals in der Nähe meines Büros wohnten. Dass das Gebäude zeitgenössisch und progressiv werden würde, stand immer fest und war für die Bauherren ein Wunsch, dem ich natürlich sehr gerne entsprochen habe.

↗
Die Grundstücksausrichtung nach Südwesten und das Baurecht bestimmen die Stellung des Gebäudes auf dem Grundstück: Es wurde so weit wie möglich von der Straße abgerückt, damit der Garten möglichst groß blieb.

↗
Großzügig öffnet sich das Haus nach Südwesten, um Licht einzufangen.

→
Der Holzrahmenbau mit Massivholzwänden im Dachgeschoss wurde kompakt geplant und ist somit nachhaltig und energiesparend.

Entwurfsvariante

Die Form hat sich nicht verändert, die innere Aufteilung schon: Der realisierte Grundriss wirkt großzügiger als die Vorentwürfe.

↗
Die Treppe wurde als Skulptur freigestellt. Eine Brücke verbindet die Kinderzimmer im Dachgeschoss.

↖
Das Erdgeschoss ist in unterschiedliche Ebenen gestaffelt, das Wohnzimmer in zwei Bereiche aufgeteilt, einen im Erdgeschoss und einen weiteren im Obergeschoss.

Variante/Dachgeschoss

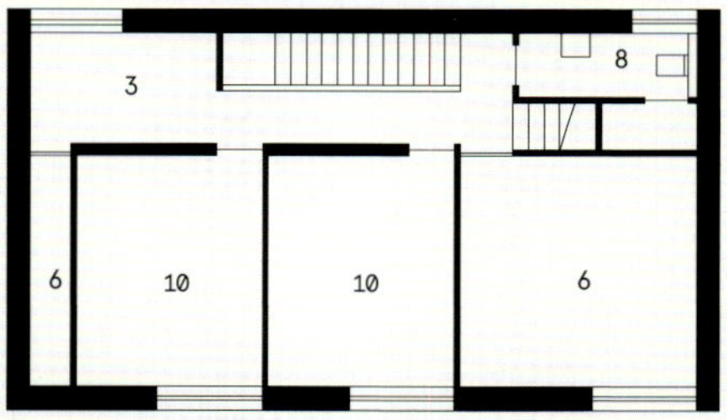

Variante/Obergeschoss

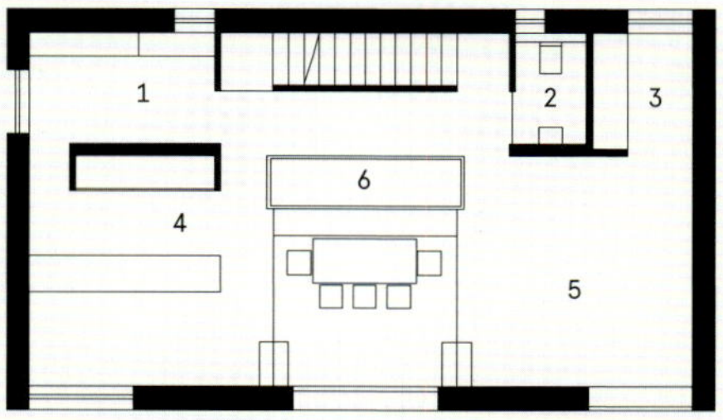

Variante/Erdgeschoss

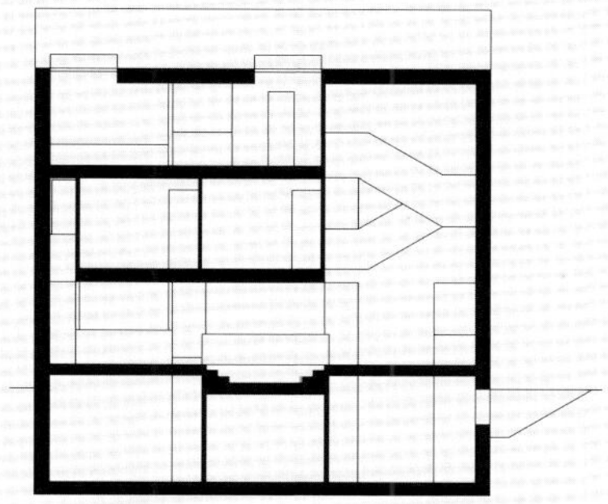

Längsschnitt

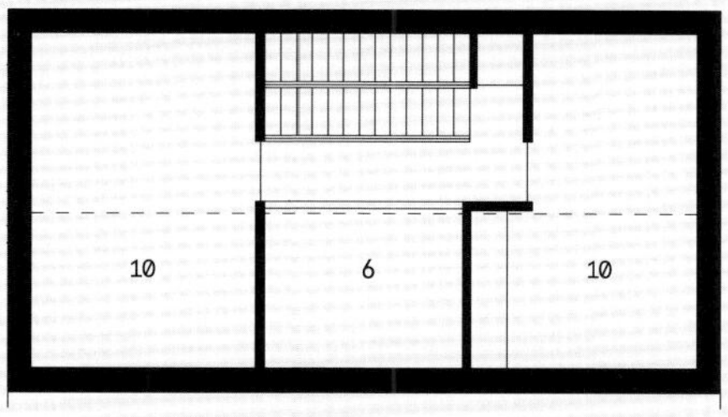

Grundriss/Dachgeschoss

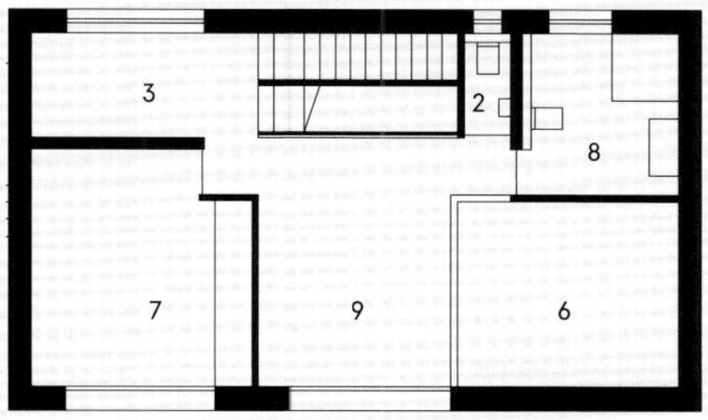

Grundriss/Obergeschoss

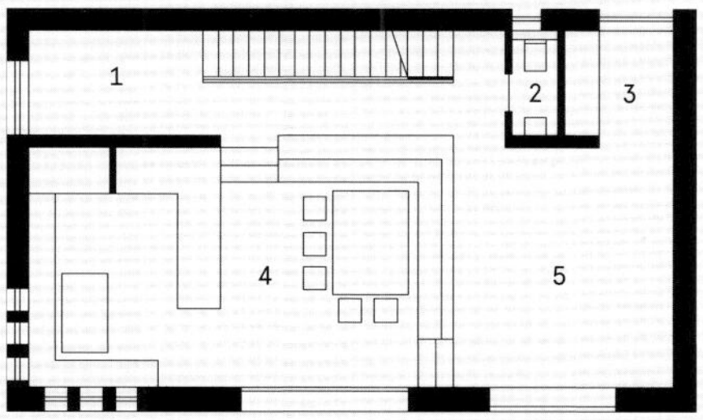

Grundriss/Erdgeschoss

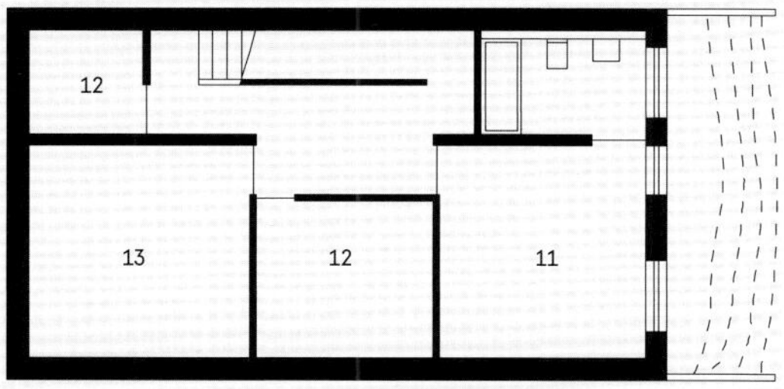

Grundriss/Untergeschoss

Standort:
München

Anzahl der Bewohner:
4

Wohnfläche (m²):
136

Grundstücksgröße (m²):
756

Zusätzliche Nutzfläche:
17

Bauweise:
Holzrahmenbau, Massivholzwände, Keller massiv Beton

Energiestandard:
EnEV 2013

Fertigstellung:
2014

Maßstab:
M 1:200

1 Zugang/Eingang
2 WC
3 Büro
4 Kochen/Essen
5 Wohnen
6 Luftraum
7 Eltern
8 Bad
9 Unterhaltung
10 Kind
11 Gast
12 Lager
13 Haustechnik

studio RAUCH architektur, München

Dipl.-Ing. Stephan Rauch, Architekt,
M.Sc. Climadesign
1976 geboren in Schwabmünchen
1999 – 2004 Studium der Architektur, FH München
2005 – 2009 selbstständiger Planer
2006 – 2009 Journalist beim Bayerischen Fernsehen, u.a. Redaktion „Traumhäuser"
seit 2009 Masterstudium Climadesign TU München
ab 2009 Bürogründung Studio Rauch
2012 Assistenz TU München, Lehrstuhl Holzbau Professor Hermann Kaufmann
Assistenz TU München, Lehrstuhl Baukonstruktion und Baustoffkunde Professor Florian Musso
Lehrauftrag FH München, Lehrstuhl Baukonstruktion und Bauklimatik Professor Clemens Richarz

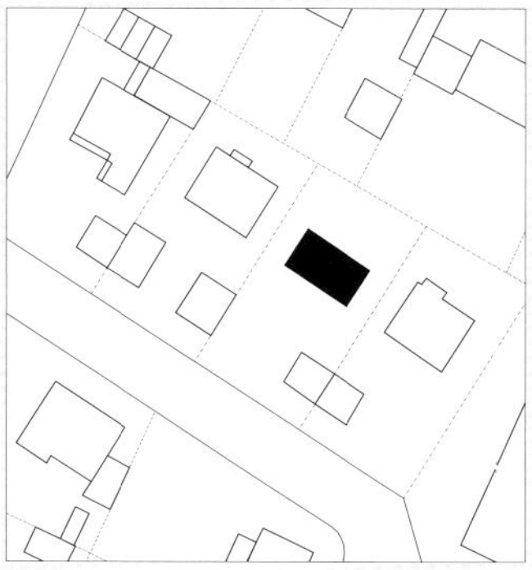

Lageplan/M 1:2000

Irritation statt Konformität

Die baurechtliche Festsetzung auf zwei Vollgeschosse sowie eine Dachneigung von 35 Grad lassen bei Stuttgart ein ungewöhnliches Haus für eine Familie mit zwei Kindern und zwei Hunden entstehen.

1 Was war das Besondere an der Bauaufgabe?
Herausfordernd war es, in einem klassischen Neubaugebiet das vorgegebene Baurecht – eingeschossige Bebauung mit 35 Grad geneigtem Satteldach – entsprechend auszuloten und ein kleines, aber spezielles Einfamilienhaus zu entwerfen.

2 Wie haben die Bauherren Ihr Büro gefunden?
Wir fanden uns vor vielen Jahren schon, lange vor dem konkreten Hausbau, über das Internet. Den Ausschlag gab die Begeisterung über unsere ersten gebauten Einfamilienhäuser. Von einem damals geplanten Grundstückskauf hatten wir abgeraten, aber Jahre später kamen die Bauherren und meinten, nun hätten sie das passende Grundstück…

3 Welche Inspiration hat zu dem Entwurf geführt?
Der Wunsch der Bauherrschaft nach einer weitestmöglichen überdachten Außenterrasse – die Bauherren möchten ganzjährig grillen – in Kombination mit der baurechtlich zulässigen Dachform ergab ein einseitig verzogenes Satteldach, das dem Haus seine formale Besonderheit und Einzigartigkeit im Kontext des Neubaugebiets verleiht.

4 Und auf welche Anforderungen, Einschränkungen und Bedingungen musste der Entwurf reagieren?
Die Bauherrschaft kam mit einem außergewöhnlichen Briefing zu uns: einer über die Jahre zusammengestellten Broschüre mit allerlei Analogiebildern und Wünschen, vom flächenbündigen, grifflosen, eingelassenen Einbaumöbel über bereits ausgewählte Einbautische und Leuchten, versenkbare Mülltonnen bis hin zu einer Hundewaschanlage für ihre beiden Hunde. Teil des Briefings für das Haus war demzufolge auch eine Hundeschleuse mit Einbau dieser Waschanlage. Im Dachgeschoss sollten der Eltern- und der Kinderbereich sichtbar getrennt sein. Und – wie schon erwähnt: Ein geschützter, ganzjährig nutzbarer Grillplatz mit festem Gasanschluss im Freien war Vorgabe.

5 Wie verlief der Entwurfsprozess und wie die Abstimmung mit den Bauherren?
Die Begeisterung und der Stolz der Bauherrschaft für beziehungsweise auf das werdende eigene Haus war außergewöhnlich. Beides ist sicher der schon jahrelangen Beschäftigung mit dem Hausbau geschuldet. Insofern war es ein spannender, positiver und stets wertschätzender Entwurfsprozess.

↗
→
In Form und Materialität setzt sich das Gebäude ab von den Fertighäusern des Neubaugebiets, das an Felder und Wiesen grenzt. Alle Wohn- und Schlafräume orientieren sich zur schwäbischen Alb.

→
Die Irritation entsteht durch das einseitig weitergeführte Giebeldach aus anthrazitfarbenen Betonziegeln mit flächenbündig integrierter Photovoltaikanlage. Es überdacht die Südterrasse. Tiefe Einschnitte in der herausgezogenen Dachfläche geben Dachterrassen Raum.

↗
Im Zentrum entsteht über die komplette Höhe ein schmaler Luftraum. Er separiert die Bereiche von Eltern und Kindern.

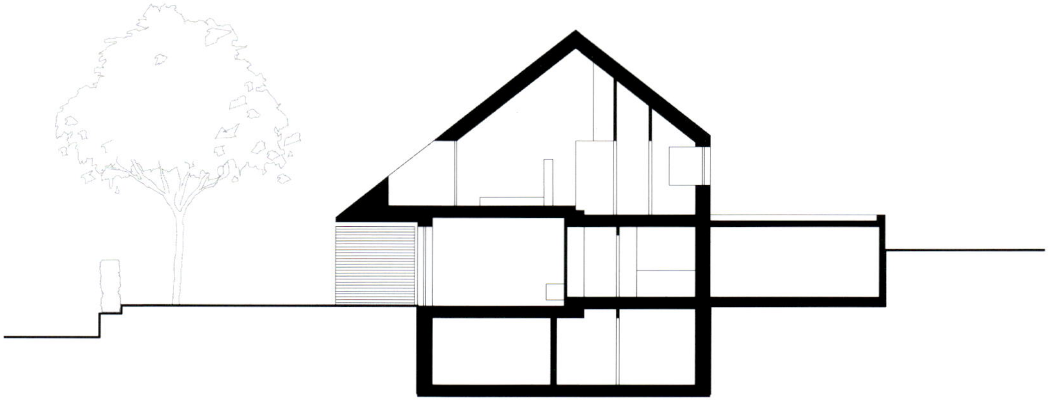

Längsschnitt

↗
Sambatreppen führen von den Kinderzimmern auf die Schlafgalerien unter dem Dach.

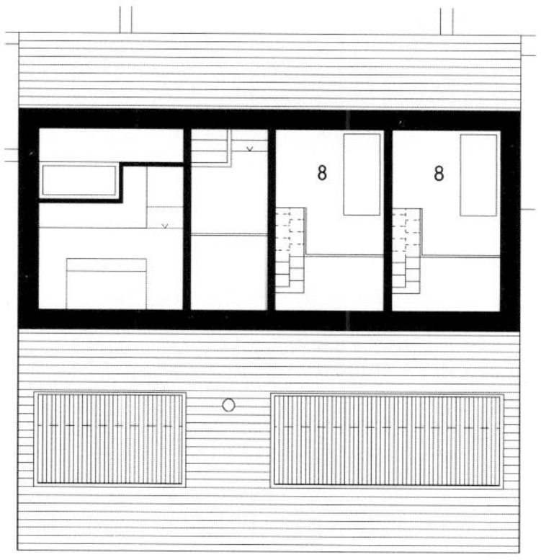

Dachgeschoss

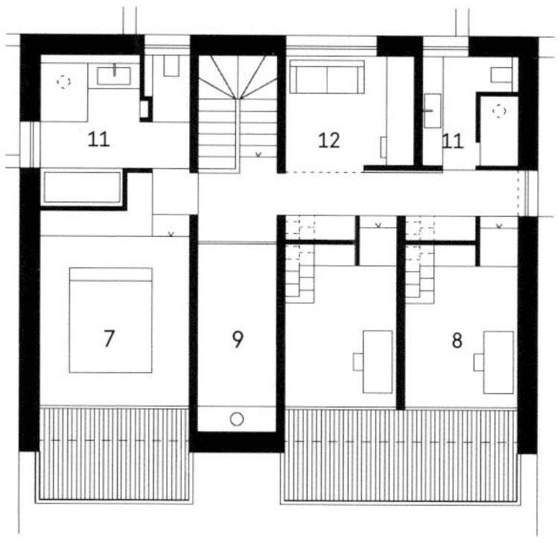

Obergeschoss

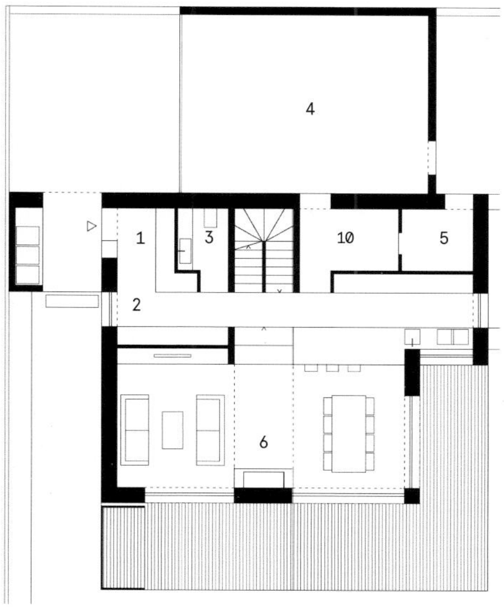

Erdgeschoss

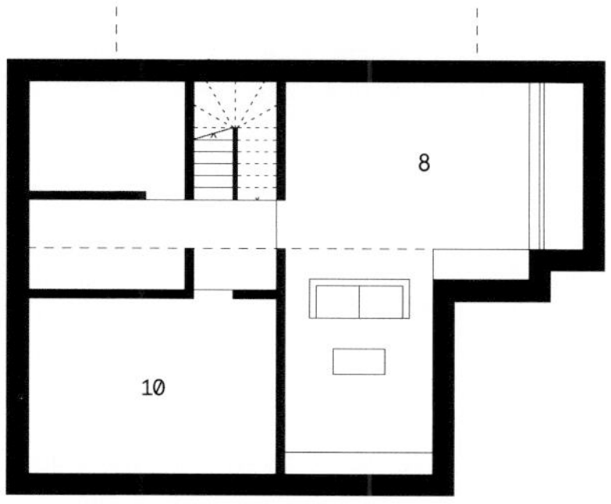

Untergeschoss

Standort:
Ostfildern

Anzahl der Bewohner:
4

Wohnfläche (m²):
240

Grundstücksgröße (m²):
530

Zusätzliche Nutzfläche (m²):
45

Fertigstellung:
2014

Maßstab:
M 1:200

1 Zugang/Eingang
2 Garderobe
3 WC
4 Garage
5 Hundeschleuse mit Waschanlage
6 Kochen/Essen/Wohnen
7 Eltern
8 Kinder
9 Luftraum
10 Vorrat/Abstell
11 Bad
12 Gast/Arbeiten

Bottega + Ehrhardt Architekten, Stuttgart

Giorgio Bottega
1967 geboren in Rosenfeld
1989 - 1995 Hochschule für Technik Stuttgart
1994 UPC ETS Arquitectura - Barcelona
1989 - 1997 Diverse Architekturbüros in Stuttgart und Locarno
2006 Universität Stuttgart - Dozent für Entwerfen, Institut für Wohnen und Entwerfen Prof. Thomas Jocher

Henning Ehrhardt
1966 geboren in Stuttgart
1986 - 1991 Universität Stuttgart
1989 - 1990 ETH Zürich
1989 - 1997 Diverse Architekturbüros in Stuttgart, München, Zürich und New York
1995 - 2006 Universität Stuttgart - Dozent für Entwerfen, Institut für Innenraumgestaltung und Entwerfen Prof. Boris Podrecca
2006 Universität Stuttgart - Gastprofessur, Institut für Innenraumgestaltung und Entwerfen Prof. Franziska Ullmann

1998 - 2007 Bottega + Ehrhardt Architekten
seit 2007 Bottega + Ehrhardt Architekten GmbH

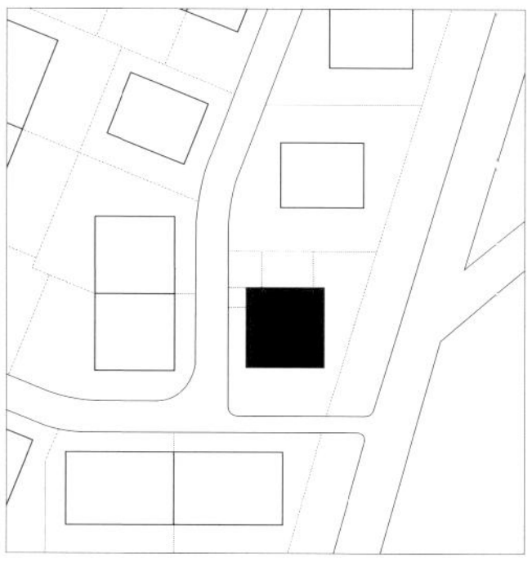

Lageplan/M 1:2000

Ortstermin

Kompakte Eleganz in Ostfildern-Kemnat

Das Grundstück ist dann doch attraktiver, als man beim Näherkommen durch einen dieser heillos wuchernden Einfamilienhaus-Zoos erwartet hatte. Es genießt die Randlage mit schönem Blick nach Süden über die Fildern auf die Schwäbische Alb. Eine Staffel aus Regenrückhaltebecken säumt die Felder, an die das Hanggrundstück anschließt. Was beim Haus auffällt, ist das asymmetrische, keilförmig zum Garten auskragende Satteldach mit der vorschriftsmäßigen 35-Grad-Neigung. Es schützt die breite Terrasse, unter der die Familie einen formidablen Gasgrill installiert hat. Zwei Freisitze sind auch in die flachen Betonziegelflächen eingeschnitten, die sich bündig als unscheinbare Photovoltaikelemente fortsetzen. Diese Lösung ließ sich der Genehmigungsbehörde abhandeln, da die Kubatur genau der Größe eines statthaften Anbaus entspricht. Der hohe Gitterzaun um die Parzelle ist dem Auslauf zweier Bordeauxdoggen geschuldet. Die Fassaden sind anthrazit verputzt, ein beruhigender Regelverstoß in dem vielfältigen Einerlei der Umgebung. „Es ist ein Wärmedämm-

verbundsystem, das mögen wir eigentlich nicht so", gesteht der Architekt Henning Ehrhardt. Es war die Konsequenz aus dem stützenfreien Terrassendeck, weshalb die Giebelwände des Hauses als Betonkonstruktion ausgeführt werden mussten.

Gesprächsnotiz:

Architekturbüro Bottega + Ehrhardt Architekten

Freitag, 20. November 2015
13:00 Uhr:

Treffpunkt Hauptbahnhof Stuttgart, Hotel Graf Zeppelin.

14:00 Uhr:

Ankunft Ostfildern-Kemnat. Frau und Herr G. sind beide da, außerdem zwei furchteinflößende Bordeauxdoggen. Garten deshalb als Raubtiergehege angelegt, Terrassentür zum Glück fest zu. Bauherr erläutert Haustechnik, was man alles über Handy oder Screens schalten kann. Hätte ich so was vermisst? Gibt Espresso, Maschine in Küchenwand integriert. Erstaunlich, wie glatt und glänzend sich inzwischen Kochstellen fertigen lassen, alles wie aus dem Katalog, kein Kratzer, kein Fett, keine Brösel. Ästhetik und Hygiene, klar, wenn man ein Sanitätshaus führt. Bauherrin zeigt Ordner, der Vorbereitung auf Hausbau beispielhaft dokumentiert. Als hätte man den Entwurf zusammen erarbeitet. Haben aber Architektenvorschlägen vertraut: „Wenn Sie das sagen ..." Fahrt ins Architekturbüro. Senefelder Straße 77A, Stuttgart. Ein Gewerbebau im Hof, in ehem. Schreinerei jetzt gereihte Zeichentische, daneben großes Archiv mit Produktmustern. Henning Ehrhardt zeigt Modell Haus G. mit abnehmbarem Dach.

Die Bauherren haben die Haltung der Architekten verstanden

Bereits in der seitlichen Eingangsnische erkennt man die praktische Ordnung, mit der die Architekten alle notwendigen Einrichtungen präzise installiert haben. Sie setzt sich innen fort, und man spürt, dass die Bauherrschaft die Räson der Planer begriffen hat. „Sie ließ sich mitnehmen", erinnert sich der Architekt, „da war fast schon Ehrfurcht zu spüren, wenn wir etwas vorgeschlagen haben". Aber, fügt er verschmitzt hinzu, „die Begehrlichkeiten sind mit

„Das war fantastisch"

dem Baufortschritt gewachsen. Umgekehrt ist es selten, dass Bauherren auf etwas verzichten, wenn sie sehen, was möglich ist."

Ein Ordner voll mit allem, was für das Haus wichtig erschien

Zusammengefunden hat man über den Bruder des Bauherrn, der ein besonderes Interesse für Kunst, Galerien und Architektur pflegt. Er hat seiner bauwilligen Verwandtschaft Bottega + Ehrhardt vorgeschlagen. „Das war genau der Stil, den wir haben wollten", erkannte die Familie, nachdem sie die Website der Architekten studiert hatte.

Man nahm Kontakt auf, zunächst noch wegen eines anderen Grundstücks. Erst Jahre später traf man sich wieder, wobei die Version des Architekten besonders einprägsam ist: „Ich lag wegen einer Meniskusoperation im Krankenhaus. Da kam er und brachte mir meine Krücken" – der Bauherr, er ist Orthopädietechniker und führt ein Sanitätshaus. Von da an ging es bergauf – mit dem Knie und einem konkreten Auftrag für ein neues Grundstück. Die Familie war inzwischen bestens präpariert. „Ich hatte einen ganzen Ordner zusammengestellt, was uns für unser Haus wichtig erschien", erzählt der Bauherr. „Das war fantastisch", bestätigt der Architekt, „lauter brauchbare Analogien: John Pawson pur, Minimalismus! Dazu eine Auflistung technischer Details und Fotos aus Architekturzeitschriften

„Lauter brauchbare Analogien: John Pawson pur, Minimalismus!"

Man merkte, die hatten sich jahrelang mit dem Thema Neubau beschäftigt." Weiß, glatt, scharfkantig, möglichst alles integriert, so die durchgängigen Attribute. Wichtig war dabei, ein ebenerdiges Haus mit breiten Türen zu bekommen, da machte sich die berufliche Orientierung des Bauherrn bemerkbar.

Da aber das Grundstück abfällt, ließ sich das nicht genau verwirklichen, zumal die Architekten gerne die Chance wahrnahmen, dem Wohnraum durch eine Absenkung des Bodens und Stufen in den darüberliegenden Schlafräumen eine repräsentative Dimension zu geben. Sie zeichneten beide Versionen und bauten Modelle – und die Bauherrschaft erkannte die spannendere Qualität des Alternativvorschlags. „Hier haben wir schon Halloween-Party gefeiert", strahlt die Bauherrin. Ja, man hat viel Besuch, das passt.

Beispielhaft: Der Flachbildschirm verschwindet hinter einem Gemälde

Auf beiden Ebenen ist der Grundriss um eine Raumachse entwickelt, sie teilt aber nicht als langweiliger Flur, sondern mündet seitlich in offene Räume. Im Erdgeschoss trennt nur ein Tresen die elegante Hightech-Küche von der Wohnhalle, die über dem breiten Kamin bis unter den Dachfirst reicht. Links steht unverrückbar ein massiver Esstisch, der auch einen Rübezahl aushalten würde (inzwischen flankiert von zarten Acrylglasstühlen), rechts lädt eine Polstergruppe ein. Das teure Leuchtenbündel von Droog („85 lamps", Rody Graumans) hatten Freunde wegen der vielen Klemmen für ein Baustellenprovisorium gehalten, fanden es aber originell und meinten, das könnte man ruhig hängen lassen. Der Bauherr hatte den Lüster irgendwann entdeckt und beschlossen, „wenn wir einmal ein Haus bauen, dann kommt der rein". Beispielhaft für die zahllosen glatt in die Wände eingelassenen Schränke mag die Lösung mit dem Fernseher gelten. Der Flachbildschirm verschwindet in einer Nische, die von einem Gemälde verdeckt wird. Über Handy oder Touchscreens, womit sich die gesamte Licht- und Medienregie steuern lässt, wird er nach oben bewegt.

Im ganzen Haus gibt es einen durchgehenden Belag aus dunklen Feinsteinzeugplatten – eine Alternative, weil man sich wegen der Hunde an keinen glatten Estrich wagen wollte. Die Treppe wendelt sich in einer Nische, sie endet im Obergeschoss mit einer Aussichtskanzel in den Wohnbereich. Diese Zäsur trennt den Eltern- vom Kinderbereich. Wobei einmal ein

„Das Haus bleibt bis unter den Giebel spürbar"

hohes, durch eine Ankleiderückwand geteiltes Schlafzimmer entsteht, ein andermal die Höhe durch Schlafgalerien genutzt wird. Dorthin klettern die Kinder über eine Sambatreppe neben ihrem Einbauschrank. „Das Haus bleibt bis unter den Giebel spürbar", zeigt der Architekt. Ein Arbeits- oder Gästezimmer erweitert den Flur, es lässt sich mit einer raumhohen Schiebewand schließen.

Im Untergeschoss gibt es einen Mehrzweck-Spielraum für die Kinder, in den ein riesiges Graffiti aus dem Lichtschacht grinst. Auch die Hunde wurden berücksichtigt, sie kommen durch eine Schleuse ins Haus, wo man sie in einer Wanne abduschen kann. „Sie sind Familienmitglieder", sagt der Bauherr. Was man nicht sieht, ist die fortschrittliche Gebäudetechnik, Bussteuerung, Wärmepumpe, -rückgewinnung, Photovoltaik. „Wenn die Batterien leistungsfähiger sind, können wir unseren Solarstrom selbst nutzen. Wenn man neu baut, investiert man das", erläutert er die Haustechnik, „dann muss man später nicht das Dach aufreißen."

Das Haus erfüllt etwa den KfW 40-Standard. Die vielen bündig und ohne sichtbare Beschläge hergestellten Einbauten liegen weit über jedem Standard. „Als wir zusammenzogen", erinnert sich der Bauherr, „haben wir günstig mit IKEA gewohnt. Aber wir wussten, das ist nicht die Endhaltestelle." Jetzt hat man in Architektur investiert und sich in schicken Räumen akkurat eingerichtet. Nur die Handwerker kamen noch aus dem Ort.

Wolfgang Bachmann

Nutzungseffizient

Das Plusenergiehaus in der Winzergemeinde Kasel im Ruwertal wird momentan als Büro genutzt und kann zum Wohnhaus umfunktioniert werden.

1 Was war das Besondere an der Bauaufgabe?
Es galt, ein Haus zu entwerfen, das mit geringstmöglichem Umbauaufwand zwei verschiedene Nutzungen erlaubt: Es sollte zum einen als Architekturbüro für etwa zehn bis zwölf Mitarbeiter genutzt werden können, zum anderen als Wohnhaus. Der Ausbau sollte zunächst als Büro erfolgen, um später durch Hinzufügung eines Badezimmers und einer Küche zum Wohnhaus umgebaut werden zu können. Und das in einem Haus in Passivhausqualität.

2 Wie haben die Bauherren Ihr Büro gefunden?
Auf kurzem Wege: Die Bauherrinnen sind jeweils mit einem der Büroinhaber verheiratet.

3 Welche Inspiration hat zu dem Entwurf geführt?
Den Bauherrinnen lag ebenso wie den Architekten daran, die regionaltypische Bauweise zeitgemäß umzusetzen. Für die Region charakteristisch sind Naturschiefer und Holz als Baumaterialien. Diese führten in Verbindung mit großzügigen Fensterflächen zu einem einfachen, kompakten Baukörper mit Satteldach, der sich selbstbewusst in das dörfliche Umfeld einfügt.

4 Und auf welche Anforderungen, Einschränkungen und Bedingungen musste der Entwurf reagieren?
Die mögliche Nutzung sowohl als Büro- als auch als Wohnhaus war die Grundanforderung, wir haben also von Beginn an eine Variante gleich mitgeplant. Um angenehm arbeiten und dann natürlich auch wohnen zu können, sollte möglichst viel Tageslicht ins Gebäude fallen. Das Grundstück liegt jedoch an einer viel befahrenen Durchgangsstraße, weshalb auch auf den Schallschutz besonders geachtet werden musste. Das Erdgeschoss sollte dank großer Glasflächen scheinbar nahtlos in den Außenraum übergehen. Die Unterhaltungskosten wollten wir durch die hochwärmegedämmte Passivhausbauweise und die beständigen, pflegeleichten Außenbauteile – Holz, Glas und Schiefer – möglichst niedrig halten. Und nicht zuletzt: Natürlich musste der Bau des Hauses innerhalb eines bestimmten Zeit- und Finanzbudgets realisiert werden.

5 Wie verlief der Entwurfsprozess und wie die Abstimmung mit den Bauherren?
Auch der Entwurfs- und Abstimmungsprozess konnten auf kurzem Weg stattfinden. Durch die private Verbindung wurden viele Fragen unkompliziert, quasi „nebenbei" besprochen. Regelmäßige Besprechungstermine, wie bei anderen Projekten selbstverständlich, gab es daher nur selten.

↖
Das Haus reiht sich als zweigeschossiges, giebelständiges Gebäude mit Satteldach in die dörfliche Struktur ein. Der langgestreckte Baukörper wurde als Massivholzkonstruktion auf einer Betonbodenplatte errichtet. Als Fassadenmaterialien kommen regionale Baustoffe zum Einsatz: Eiche und Schiefer, der in einem nahen Steinbruch als Bruchsteinmauerwerk gebrochen wurde.

→
Im Obergeschoss sind Erker angeordnet, die im Innenraum den Blick lenken und auch als Sitznischen genutzt werden können. Die mit Vakuumpaneelen gedämmten Elemente sind mit Kupfer verkleidet und gliedern die Südfassade.

Entwurfsvariante

Planen mit Weitsicht: Die spätere Nutzung als Wohnhaus ist von Anfang an vorgesehen.

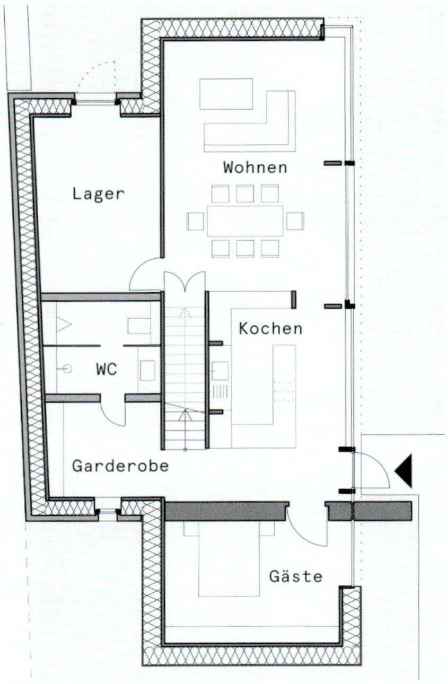

Variante Wohnnutzung Grundriss/Erdgeschoss

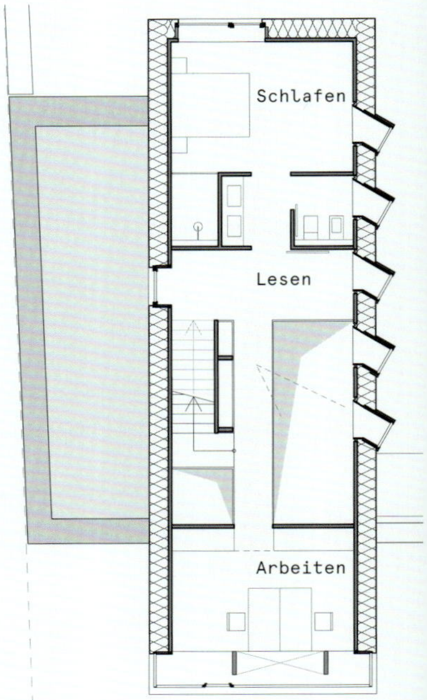

Variante Wohnnutzung Grundriss/Obergeschoss

↗ →
Die Dachflächen werden den Himmelsrichtungen entsprechend behandelt: Kupfer im Norden, Photovoltaik im Süden. Die Innenräume sind mit Holz und Schiefer gestaltet.

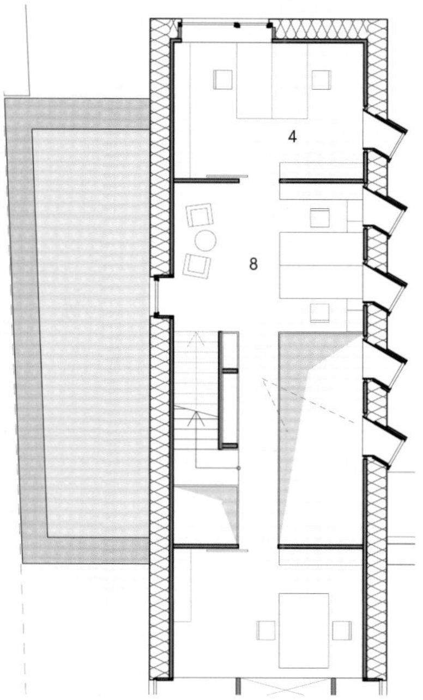

Grundriss/Obergeschoss

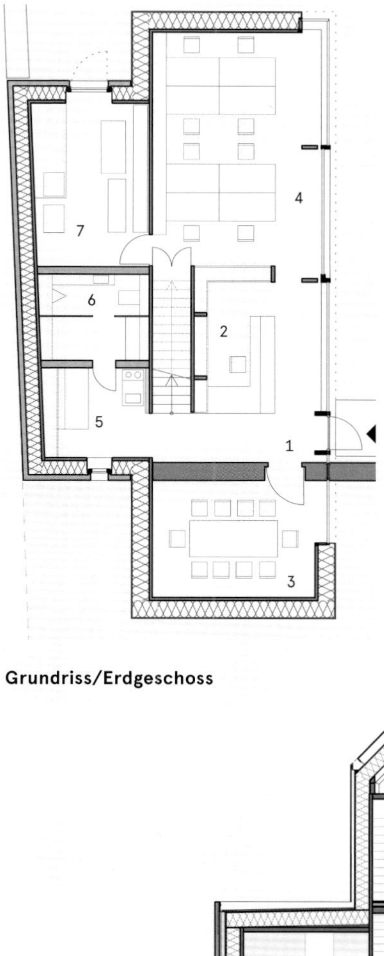

Grundriss/Erdgeschoss

Längsschnitt

Standort:
Kasel

Anzahl der Bewohner:
geplant für 4 Personen, wird zurzeit als Büro genutzt

Wohnfläche (m²):
188

Grundstücksgröße (m²):
666

Zusätzliche Nutzfläche (m²):
39

Bauweise:
Holzmassivbau

Energiestandard:
Passivhaus

Fertigstellung:
2009

Maßstab:
M 1:200

1 Zugang/Eingang
2 Empfang
3 Besprechung
4 Arbeiten
5 Personal
6 WC
7 Server
8 Galerie

ARCHITEKTEN STEIN HEMMES WIRTZ, Kasel, Frankfurt am Main, Saarbrücken

Hans-Jürgen Stein, Architekt BDA
1983 - 1989 Bauingenieurstudium, Architekturstudium
1992 - 2000 Architekten Bach + Stein, Trier
seit 2000 Architekten Stein + Hemmes, Kasel

Thomas Hemmes, Architekt BDA
1987 - 1992 FH Rheinland-Pfalz, Architekturstudium
1988 - 2000 Architekturbüro Kolz, Reinsfeld
2000 Architekturbüro Stein + Hemmes in Kasel
seit 2001 geprüfter Sicherheits- und Gesundheitsschutzkoordinator
2005 - 2006 Gutachterschulung Schäden an Gebäuden
seit 2008 Gebäudeenergieberater

Roger Wirtz, Dipl.-Ing. Architekt
1997 - 1999 Ausbildung zum Bauzeichner bei Architekten Bach + Stein, Trier
1999 - 2006 TU Darmstadt, Architekturstudium
1999 - 2006 freie Mitarbeit bei Architekten Stein + Hemmes, Kasel
2003 - 2005 freie Mitarbeit bei Studio b Inneneinrichtungen, Darmstadt
2005 Auslandspraktikum querkraft Architekten, Wien
2006 - 2010 Mitarbeit bei Jo. Franzke Architekten, Frankfurt am Main
seit 2008 zertifizierter Passivhausplaner

seit 2010 ARCHITEKTEN STEIN HEMMES WIRTZ, Gründung Bürostandort Frankfurt

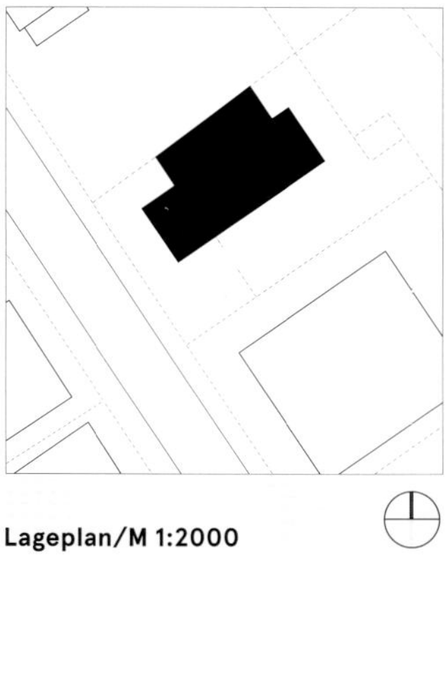

Lageplan/M 1:2000

6 x 6 x 6

Dass eine kleine Bauaufgabe dem Architekten wenig Arbeit macht, ist ein Irrglaube. Das Gegenteil ist richtig. Doch die Mühe lohnt sich, sowohl für den Bauherrn als auch den Planer.

1 Was war das Besondere an der Bauaufgabe?
Im rückwärtigen Garten des Wohnhauses sollte die bereits zu einer kleinen Sauna umgebaute Garage aufgestockt und energetisch aufgerüstet werden. Aufgrund der schlechten Bausubstanz, der schwierigen Lage des Altbestandes, der geringen Größe des Bauvolumens sowie der Auslastung meines Büros war – ich gebe es zu – von meiner Seite zuerst keine Bereitschaft vorhanden, den Auftrag anzunehmen. Die freundliche und aufgeschlossene Art beider Bauherren hat mich letztendlich dann aber doch überzeugt und im Winter 2012 wurde die Zusammenarbeit bei einem Glas Rotwein besiegelt. Fortan flossen unzählige Stunden in das Projekt, um auf kleinstem Raum optimale Nutzungsmöglichkeiten zu schaffen. Ein kleiner Ansporn war sicherlich auch die unmittelbare Nachbarschaft zu dem architektonisch sehr anspruchsvollen dreigeschossigen Flachdachputzbau meines ehemaligen Arbeitgebers …

2 Wie haben die Bauherren Ihr Büro gefunden?
Bei einer Ausstellung zum Bauherrenpreis der Architektenkammer Bremen im Jahr 2012 wurde die Familie auf mein Büro aufmerksam. Obwohl ich dort keine Auszeichnung erhalten habe, hat sich die Bauherrin direkt an mich gewandt, um mich kennenzulernen und einen möglichen Umbau zu besprechen.

3 Welche Inspiration hat zu dem Entwurf geführt?
Die Bauherren wünschten sich eine zeitlose und klare Form, gebaut mit natürlichen Materialien und optimaler Ausnutzung des Sonnenlichtes. Eine Eigentumswohnung wurde besichtigt, um eine Vorstellung vom Bauherrenwunsch zu erhalten. Architekten müssen auch zuhören können.

4 Und auf welche Anforderungen, Einschränkungen und Bedingungen musste der Entwurf reagieren?
Klare Vorgaben seitens der Bauherren bezüglich des Raumprogramms waren eine große Hilfe. Besonderes Augenmerk lag auf ökologischen Aspekten mit effizienter Dämmung, Dreifachverglasung und dezentraler Lüftungsanlage mit Wärmerückgewinnung. Baurechtlich hätte der Neubau nicht viel größer ausfallen dürfen, wurde vom Bauamt nach einem Vorgespräch aber schnell genehmigt. Konstruktiv und statisch wiederum war er eine Herausforderung. Der für diesen Stadtteil bekannte schlechte Boden hielt zudem eine Überraschung in Form einer Fliegerbombe parat, die nach fast 70 Jahren vom Kampfmittelräumdienst entsorgt werden musste. Bedingt durch die abgewandte Lage zur Straße war die Baustellenlogistik für Abbruch und Neubau zudem stark beeinträchtigt und beeinflusste natürlich auch die Baukosten. Zum Teil konnte nur mit Schubkarre gearbeitet werden … Da die Bauherren sich dieser Problematik allerdings bewusst gewesen waren, verloren sie weder Mut noch Lust, das gemeinsame Ziel zu erreichen.

5 Wie verlief der Entwurfsprozess und wie die Abstimmung mit den Bauherren?
Nach ersten Skizzen von der ursprünglich gewünschten Aufstockung mit Lichtstudien zur Verschattung des restlichen Grundstücks wurde gemeinsam der Abbruch beschlossen. Das Freistellen ermöglichte ausreichend Lichteinfall im Wohnhaus und im Garten. Es entstand eine kompakte Form in zweigeschossiger Holzständerbauweise in den Abmessungen 6 x 6 x 6 Meter. Der Bauherr kramte sofort enthusiastisch im Keller nach alten Legosteinen, um den Vorentwurf im Maßstab 1:50 nachzubauen! Bei gemeinsamer Bastelei am Modell wurden unterschiedliche Ideen diskutiert, verworfen und weiterentwickelt. Die Fassadenverkleidung wurde gemeinsam bemustert, das Budget überprüft. Diverse Variationen wurden als Rendering vorgestellt und diskutiert. Der lichtdurchflutete Wohnbereich im Erdgeschoss öffnet sich nun großzügig zum Garten. Das Obergeschoss beherbergt den Schlaf- und Wellnessbereich mit Sauna und Treppenaufgang zur Dachterrasse. Beim Tag der Architektur 2014 wurde das Projekt übrigens stolz vorgestellt, mehr als 300 Personen quetschten sich durch das kleine Gebäude, was mich, aber nicht die Bauherren beunruhigte. Besonders schön war auch ein anerkennendes Schulterklopfen meines ehemaligen Chefs.

↗
Die Dachterrasse ermöglicht einen überhöhten Blick in den Garten.

↖
Im Garten des Bremer Wohnhauses entstand anstelle der Garage ein zweigeschossiger Kubus. Platz findet dort der Wellnessbereich mit Sauna.

→
Das kleine Gebäude wurde in Holzständerbauweise geplant und errichtet.

↗
Das bestehende Einfamilienhaus in Bremen lässt nicht vermuten, dass im Garten ein energieeffizienter, sorgfältig detaillierter und architektonisch anspruchsvoller Kubus entstanden ist.

↗
Die hocheffiziente Dämmung trägt ebenso wie eine dezentrale Lüftungsanlage mit Wärmerückgewinnung zum sparsamen Verbrauch bei.

←
Eine Fußbodenheizung erwärmt die Massivholzdielen. Die Fenster sind dreifachverglast.

Längsschnitt

Standort:
Bremen

Anzahl der Bewohner:
2

Wohnfläche (m²):
49

Grundstücksgröße (m²):
872

Zusätzliche Nutzfläche:
32

Bauweise:
Holzständerbau

Energiestandard:
Unterschreitung EnEV um 25,1 %

Fertigstellung:
2013

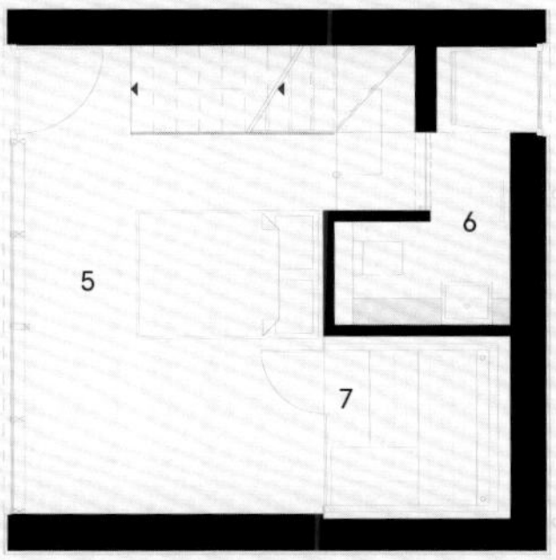

Grundriss/Obergeschoss

Maßstab:
M 1:200

1 Zugang/Eingang
2 Pantry
3 Wohnen/Essen
4 WC
5 Schlafen
6 Bad
7 Sauna

Theis Janssen Architekt BDA, Bremen

1966 geboren in Oldenburg
1996 Diplom TU Braunschweig
1996 - 2004 Arch. Ulf Sommer, Prof. Müller-Menckens, Arch. Beichler + Vogt
seit 2004 freischaffender Architekt
2009 WS, Lehrauftrag Entwerfen III, HS Bremen
2014 WS, Lehrauftrag Entwerfen I, HS Bremen

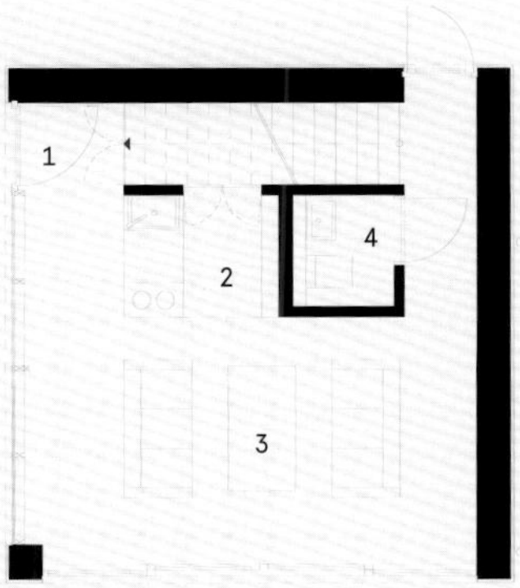

Grundriss/Erdgeschoss

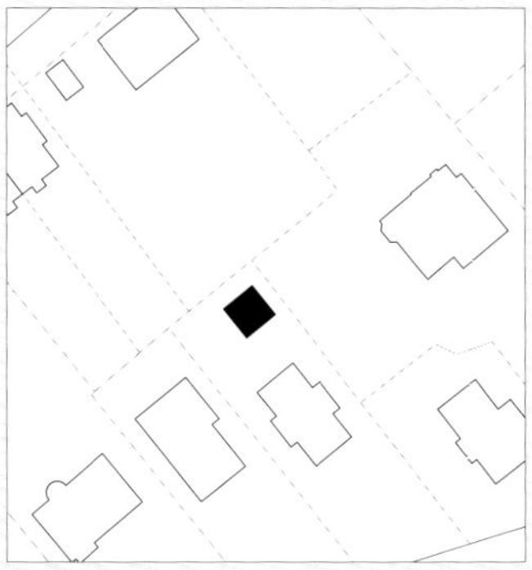

Lageplan/M 1:2000

Im Gleichgewicht

Horizontal fügen sich in Potsdam zwei Kuben zu einer Villa. Vertikal strecken sich rundherum märkische Kiefern in die Höhe.

1 Was war das Besondere an der Bauaufgabe?
Wir hatten relativ freie Hand! Der Bauherr wünschte ein „modernes Haus" und hatte das Grundstück bereits erworben. Was genau „modern" bedeutet, ist natürlich ein sehr subjektiver Begriff. Ihn einzukreisen war die erste und – was den Entwurf betrifft – umfangreichste Aufgabe.

2 Welche Inspiration hat zu dem Entwurf geführt?
Es gab von Anfang an ein starkes Bild: Der horizontal gelagerte kubische Bau hinter den markanten Vertikalen der märkischen Kiefern. Dieses Bild hat alle gestalterischen Entwicklungen überlebt – und übrigens auch alle Aktivitäten eines übereifrigen Grundbauers ... Und dieses Bild ist nun in der gebauten Realität auch der erste Eindruck, den man vom Haus bekommt. Relativ früh war klar, dass die äußerst simple Stapelung von zwei gleichen, gegeneinander verschobenen Volumina als „Typus", wenn man dies so nennen will, räumlich und funktional vieles von dem, was dem Bauherrn an vagen Nutzungsansprüchen vorschwebte, zu erfüllen vermag. Das formale Gleichgewicht jedoch kam erst zustande durch die dramatische Überzeichnung der Verschiebung beider Kuben, gewissermaßen mit der labilen Balance, in der sich die Form nun befindet.

3 Und auf welche Anforderungen, Einschränkungen und Bedingungen musste der Entwurf reagieren?
Schatz und Hypothek des Grundstücks gleichermaßen ist der intensive, großkronige Baumbestand. Das Grundstück war planungsrechtlich und faktisch Wald. Die Verortung des Hauses geschah deshalb nicht nur, um das vorgenannte Leitbild zu verwirklichen, sondern hauptsächlich unter der Maßgabe, den Baumbestand weitestmöglich zu schützen. Hinzu kam, dass im rückwärtig angrenzenden Wald kurz nach Erwerb des Grundstücks eine Lichtung gerodet wurde. Jetzt steht das Haus zur Straße abgeschirmt durch alte Bäume, zum Wald auf der Rückseite an einer Lichtung.
Zwei Hürden gab es dann auf dem Weg vom Plan zum Bau zu meistern. Zum einen mussten wir mitten in der Vergabe auf eine Budgetänderung reagieren. Statt des zunächst favorisierten Kolumba-Ziegels kam daraufhin ein deutlich günstigerer Verblendstein mit anderen Abmessungen zum Einsatz,

außerdem wurde an Stelle der schwellenlosen Schiebefenster ein eher konventionelles Fassadensystem ausgeführt. Diese Entscheidungen fielen nach Fertigstellung des Rohbaus und mussten in diesen integriert werden. Zum anderen sorgte die schwierige Abstimmung mit einem Nachbarn dafür, dass während des Baus von Luftwärmepumpen auf Geothermie umgeschwenkt werden musste.

4 Wie verlief der Entwurfsprozess und wie die Abstimmung mit den Bauherren?
Da sich der Bauherr häufig im Ausland aufhielt, gab es relativ wenige, dafür aber konzentrierte Termine, in denen unsere Ergebnisse präsentiert und das weitere Vorgehen abgestimmt wurde. Unsere Hilfestellung für den Bauherrn, den Begriff „modernes Haus" – der allererste von ihm formulierte Wunsch – klarer zu definieren, bestand in einer Serie von vier unterschiedlichen Entwürfen, aus denen dann per Ausschluss und Weiterentwicklung letztendlich das gebaute „Endprodukt" entstand. Die innere Organisation des Hauses entwickelte sich zunächst aus der Nutzungsstapelung Wellness im Untergeschoss, Repräsentation im Erdgeschoss und privaten Rückzugsräumen im Obergeschoss. Diese unterschiedlich strukturierten Welten werden formal und räumlich über die freistehende Wendeltreppe miteinander verbunden.

↖
Das großzügige Einfamilienhaus liegt im hinteren Teil eines länglichen Grundstücks, in ruhiger Lage und inmitten eines hohen Baumbestands. Auf dem mit Ziegeln verblendeten Erdgeschoss sitzt ein Stahlkubus auf. Die Überschneidung der beiden Geschosse liegt bei nur 70 Quadratmeter.

←
Die extreme Auskragung sorgt nicht nur für Staunen, sondern auch für eine weitläufige Terrasse im Obergeschoss. An der Südseite des Hauses entsteht zudem ein vielseitig nutzbarer Vorplatz.

Entwurfsvariante

Die Aufteilung in drei Bereiche: Wellness im Untergeschoss, Wohnnutzung im Erdgeschoss und die privaten Räume im Obergeschoss galt für alle Entwürfe. Eine besondere Rolle kam der repräsentativen Treppe zu, die Verschiebung von zwei Volumina und damit die charakteristische Form des realisierten Baus allerdings ergab sich erst im Lauf der Auseinandersetzung mit der Aufgabe.

↖
←
Die gesamte Innenausstattung bleibt hell, zurückhaltend und auf markante Details reduziert. Die skulpturale Wendeltreppe mit ihren tragenden, geländerhohen Wangen ist sowohl funktional als auch formal das verbindende Element zwischen den Geschossen. Ein Kamin schafft wohnliche Atmosphäre.

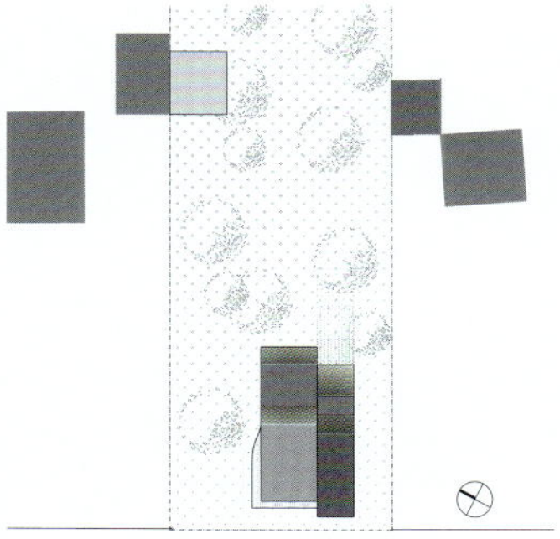

Variante 1

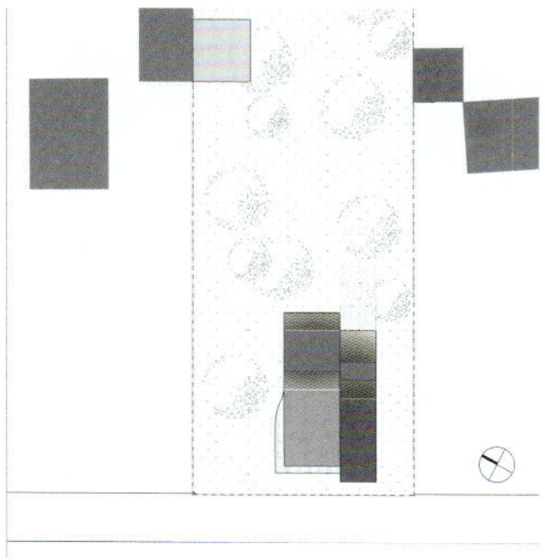

Variante 2

↗
Das Erdgeschoss wird von tiefen Einschnitten gegliedert, hier: der Eingang. Es nimmt den Wohn- und Essbereich, Küche, Arbeitszimmer, Garderobe, Gäste-WC und einen Hauswirtschaftsraum auf.

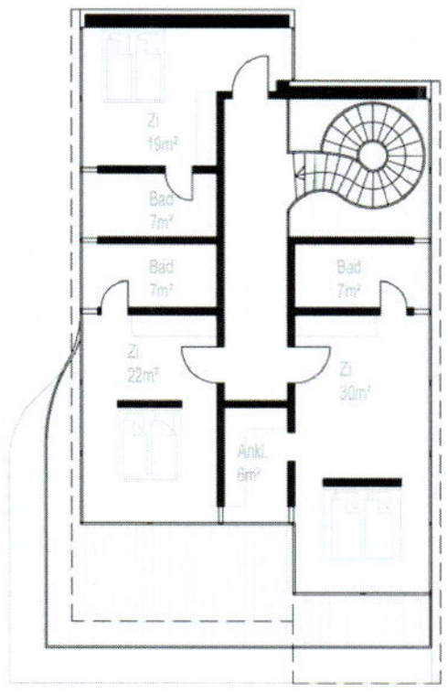

Variante 1/Obergeschoss

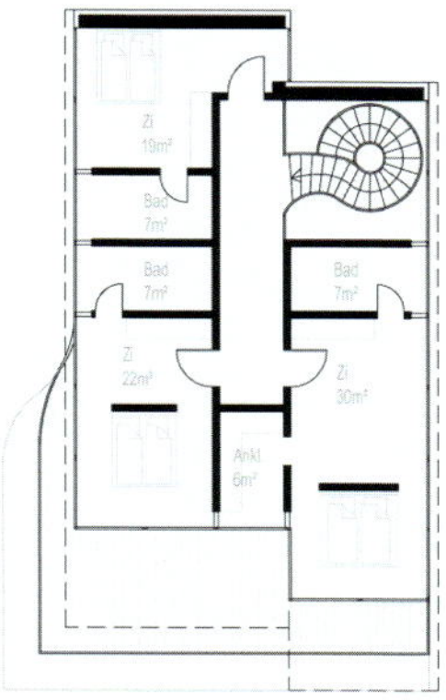

Variante 2/Obergeschoss

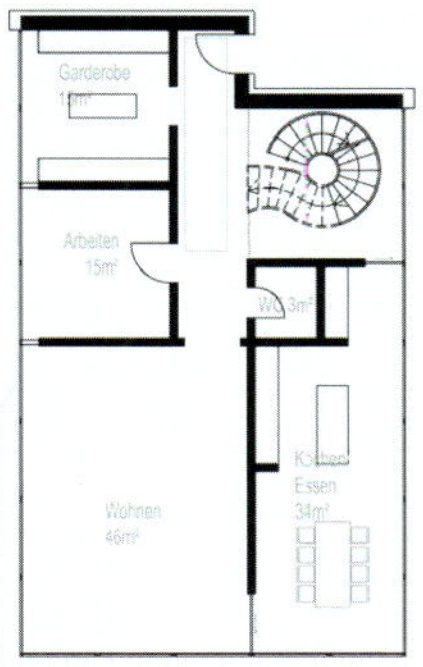

Variante 1/Erdgeschoss

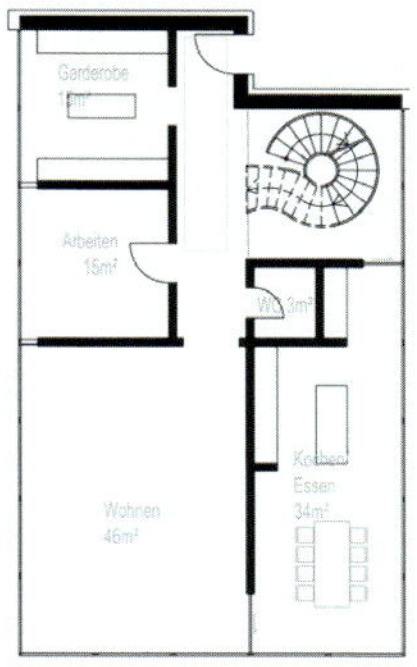

Variante 2/Erdgeschoss

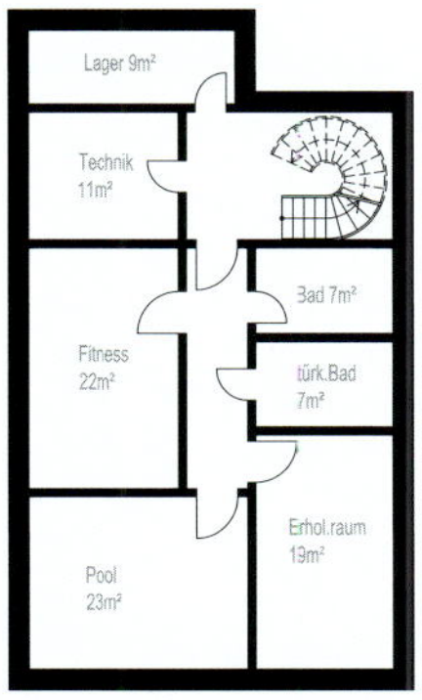

Variante 1/Untergeschoss

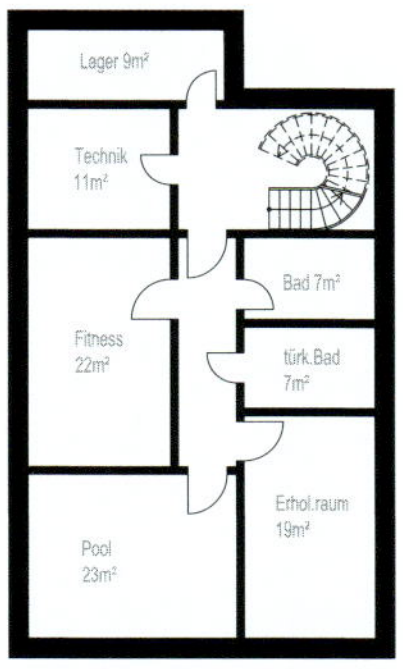

Variante 2/Untergeschoss

↗
Der massive Sockel schimmert in dunklem Rot, silbern strahlt der oben aufsitzende Kubus. Er ist zu allen Seiten geschosshoch verglast und bietet Aussicht auf Garten und Wald.

Entwurfsvariante

Vier Entwürfe präsentierte das Büro, eine charaktervolle Treppe verband bei jeder Variante die gestapelten Nutzungen. Die gestalterisch außergewöhnlichste Form entsprach am besten der Vorstellung des Bauherrn von einem „modernen Haus" und wurde gebaut.

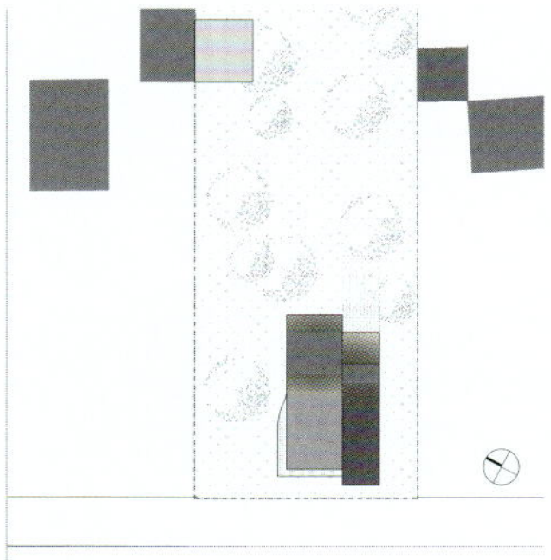

Variante 3

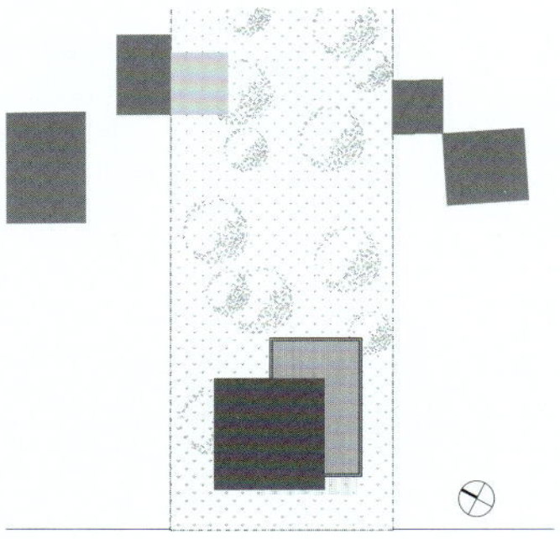

Variante 4

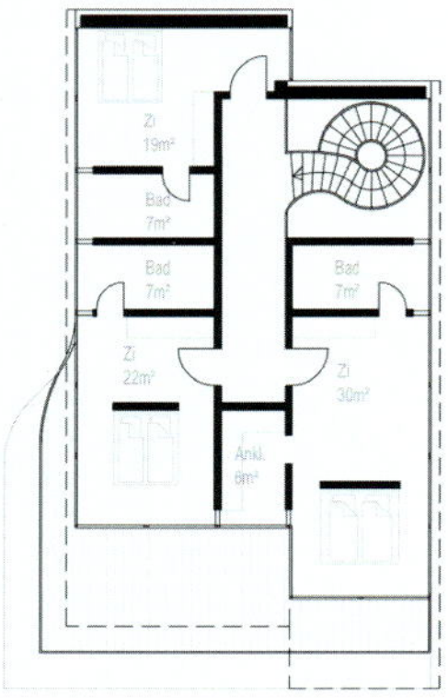

Variante 3/Obergeschoss

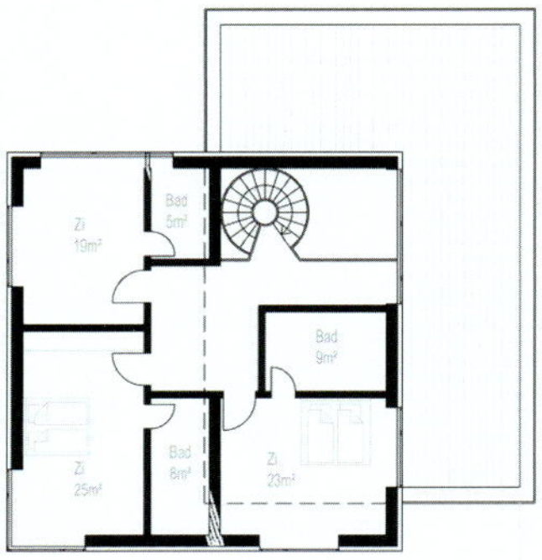

Variante 4/Obergeschoss

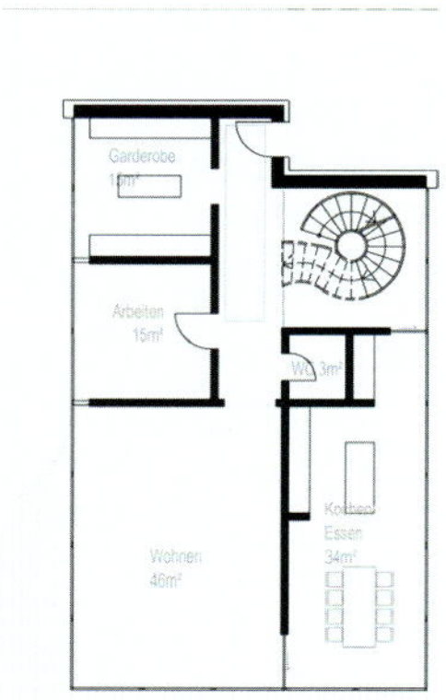

Variante 3/Erdgeschoss

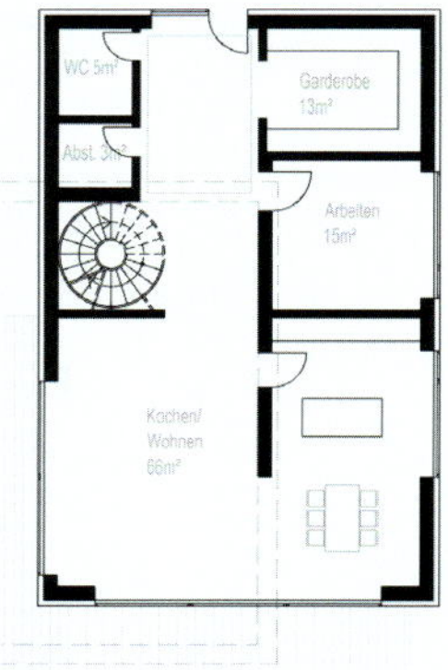

Variante 4/Erdgeschoss

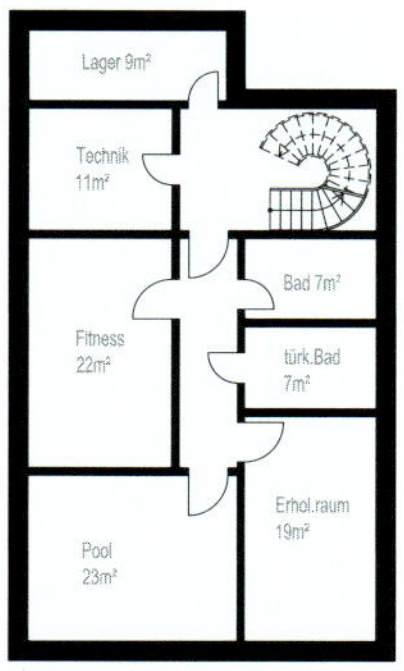

Variante 3/Untergeschoss

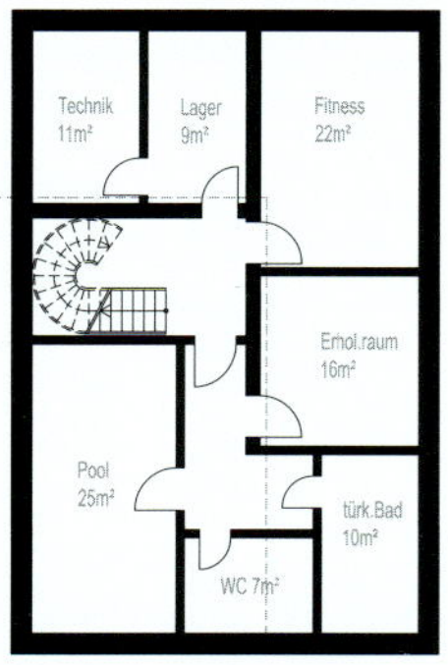

Variante 4/Untergeschoss

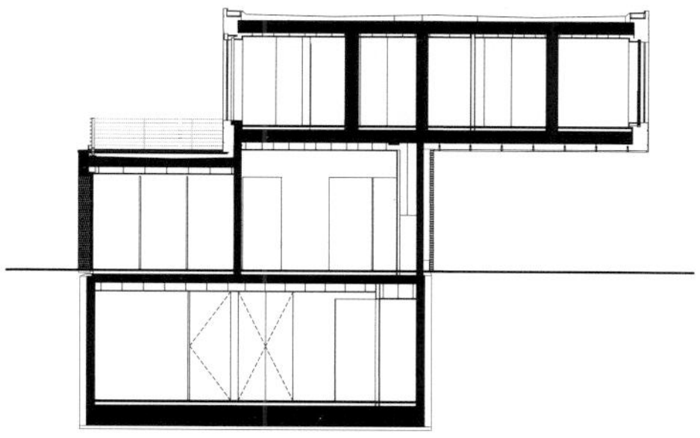

Längsschnitt

Standort:
Potsdam

Anzahl der Bewohner:
3

Wohnfläche (m²):
349

Grundstücksgröße (m²):
1.500

Bauweise:
UG und EG massiv, OG Stahlbau

Fertigstellung:
2015

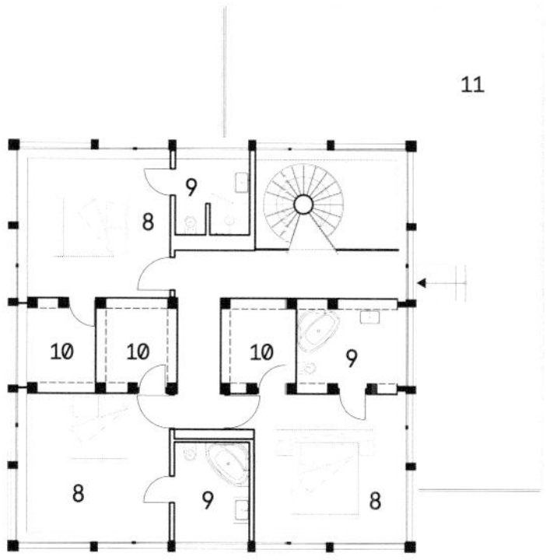

Grundriss/Obergeschoss

Maßstab:
M 1:200

1 Zugang/Eingang
2 Garderobe
3 Arbeiten
4 Kochen/Essen
5 Wohnen
6 WC
7 Hauswirtschaft
8 Schlafen
9 Bad
10 Ankleide
11 Terrasse
12 Fitness
13 Wellness
14 Pool
15 Technik
16 Lager

nps tchoban voss GmbH & Co. KG, Berlin

Dipl.-Ing. Architekt BDA Sergei Tchoban
1962 geboren in Leningrad (Sankt Petersburg), Russland
1973 Höhere Kunstschule in Sankt Petersburg
1980 Architekturstudium an der Russischen Akademie der Künste, Sankt Petersburg
1986 Diplom, Tätigkeit als freischaffender und angestellter Architekt in Russland
1991 Umsiedelung nach Deutschland
1992 Angestellter Architekt bei Nietz Prasch Sigl
1995 Partner bei Nietz Prasch Sigl Partner Architekten BDA
2003 nps tchoban voss Hamburg Berlin Dresden
2006 Gründung SPEECH Tchoban & Kuznetsov, Moskau
2009 Gründung der Tchoban Foundation – Museum für Architekturzeichnung, Berlin
2010 Gründung ST Design, Berlin

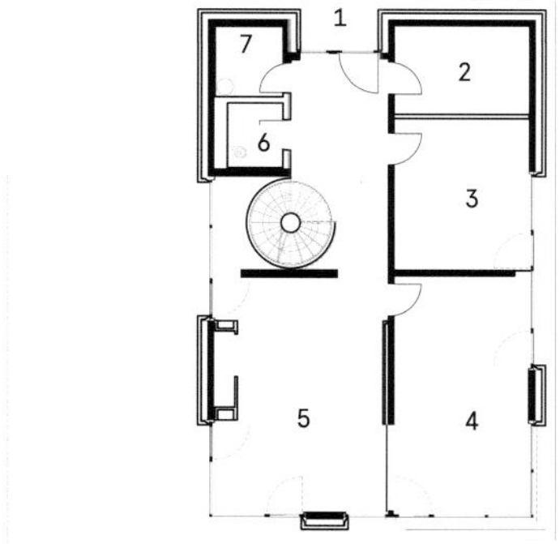

Grundriss/Erdgeschoss

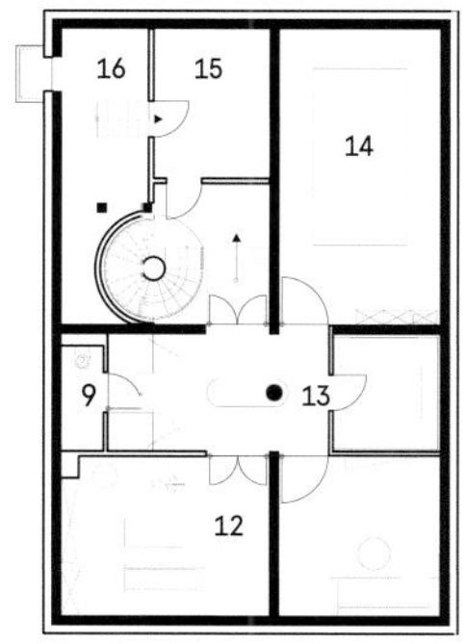

Grundriss/Untergeschoss

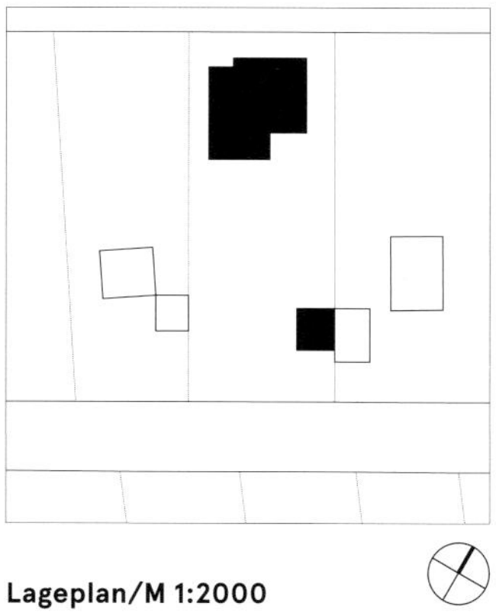

Lageplan/M 1:2000

Festscheune

Das lange, schlanke Haus im Saarland ist Rückzugsort einer jungen Familie und bietet Platz zum Feiern.

1 Was war das Besondere an der Bauaufgabe?
Private Wohnhäuser empfinden wir immer als „besonders“: Sämtliche Rahmenbedingungen sind individuell und müssen zunächst gemeinsam mit den Bauherren herausgearbeitet werden. Nach mehreren Jahren im großen und fernen Berlin war es bei diesem Projekt der Wunsch der Bauherren, wieder in die alte Heimat zurückzukehren und ein Leben im ländlichen Raum zu führen. Dementsprechend fiel die Wahl des Grundstücks auf diesen Ort, der etwas oberhalb eines kleinen Städtchens ganz am Rand der Siedlung unmittelbar an Wälder und Wiesen angrenzt. Es sollte ein offenes Haus für die Kinder und Freunde aus der Nachbarschaft werden, ein Haus mit Gummistiefeln vor der Tür und einem großen Hund im Garten. Das alles in robuster Bauweise und mit überschaubarem Budget.

2 Wie haben die Bauherren Ihr Büro gefunden?
Das war in diesem Fall recht einfach, denn die Bauherren sind mein Bruder und seine Frau. Auch wenn es natürlich gewisse Risiken birgt, für Mitglieder der eigenen Familie zu bauen, haben wir uns darauf eingelassen. Die Zusammenarbeit an dem Projekt war immer wieder (im besten Sinne) anstrengend und forderte viele Auseinandersetzungen. Die „große Linie“ stand jedoch sehr früh fest und erwies sich als so tragfähig, dass sie stets die Lösung der meisten Probleme bereits in sich trug. Heute feiern wir in diesem Haus gemeinsam große Familienfeste.

3 Welche Inspiration hat zu dem Entwurf geführt?
Wir haben den Entwurfsansatz eher aus den Bedingungen des Ortes und den Vorstellungen und Vorgaben der Bauherren herausgelesen. Durch die Nähe zu den teilweise landwirtschaftlich genutzten Flächen entstand das Bild vom „Haus unter einem Dach“. Durch die Verwendung einfacher Materialien (Holzfassade, Wellplatten, Beton) wirkt es schlicht und robust, die lange Firstlinie erinnert an eine Scheune. In diesem Sinne ist auch die „Garage“ als offener Unterstand und Eingang angelegt, dem am anderen Ende des Hauses der gleiche zweigeschossige Raum als Wohnzimmer gegenüber liegt. Dazwischen reihen sich die kleineren Räume mit Zugang zum Flur bzw. zur außenliegenden Veranda auf. Genauso wie das Wohnzimmer den Treffpunkt und die Schnittstelle zu Küche und Garten bildet, hat auch die „Eingangshalle“ eine wichtige Bedeutung: Sie dient nicht nur den Autos als Unterstand, sondern bietet an diesem recht rauen und windigen Ort auch Raum für Nachbarschaftsfeste, besagte Gummistiefel oder im Winter den Platz für Schlitten und Schneeschuhe. Unter dem Dach wollten wir die privatesten Räume anordnen: die Schlaf- und Kinderzimmer sowie das Bad. Zwei schmale Stiegen führen nach oben und ersparen einen zusätzlichen Flur. Hier wechselt auch die Materialwelt: Herrschen im Erdgeschoss im Innenraum sichtbarer, von Hand geglätteter Estrich und weiße Wände vor, so wird das Obergeschoss vom Holz an den Dachschrägen und dem Dielenboden geprägt.

4 Und auf welche Anforderungen, Einschränkungen und Bedingungen musste der Entwurf reagieren?
Zunächst einmal gab es das recht lange, aber schmale Grundstück mit deutlichem Gefälle. Darauf haben wir mit der Wahl eines langen, gestreckten Baukörpers und einer adäquaten Gründung reagiert. So konnten wir den Aufwand für Erdarbeiten minimieren und das Grundstück in seiner Größe und seiner Exposition, also der Himmelsrichtung und dem Fernblick vom Wohnzimmer aus, am besten ausnutzen. Die weiteren Vorgaben aus dem Bebauungsplan haben uns beim Entwurf nicht eingeschränkt. Grundsätzlich galt es, bei der Umsetzung des Projekts ein überschaubares Budget streng einzuhalten. Wir haben dies durch den Einsatz sowohl sehr günstiger als auch vereinzelt besonderer Materialien und Details erreicht. Hier war oft der Vertrauensvorschuss der Bauherren sehr hilfreich.

5 Wie verlief der Entwurfsprozess und wie die Abstimmung mit den Bauherren?
Glücklicherweise konnten unsere ersten Skizzen die Bauherren schon überzeugen, in allen grundsätzlichen Fragen gab es eine Übereinstimmung. Somit war es möglich, in den weiteren Schritten anhand von Zeichnungen und Modellen viele Details gemeinsam abzustimmen. Da es nur wenige Materialien bei diesem Projekt gibt, haben wir uns auch viel Mühe mit der Bemusterung gegeben.

↗
Der schlanke Baukörper nutzt das Grundstück gut aus. Seine Struktur ist nahezu doppelt symmetrisch. Auf beiden Seiten des Hauses liegen „Hallen“, die den gesamten Querschnitt ausfüllen: der Zugang zum Haus mit Unterstand für Fahrzeuge sowie das Wohnzimmer.

→
Zwei Streifenfundamente tragen eine „Tischplatte“ aus Beton. Das Haus ist in Holzrahmenbauweise mit Brettstapeldecke konstruiert. Holz und Faserzement-Wellplatten zitieren das landwirtschaftliche Bauen und ermöglichten Eigenleistung.

←
Der lange Flur auf der Bergseite und sein Pendant auf der Talseite, die Loggia, rahmen die Räume in der Gebäudelängsachse. Im Erdgeschoss stößt geglätteter Estrich an weiße Wände, im Obergeschoss prägt Holz den Charakter.

Entwurfsvariante

Die schmale Form, begrenzt von jeweils einer „Halle", stand früh fest. Die Entscheidung, Eltern und Kindern jeweils einen eigenen Aufgang ins Obergeschoss zuzugestehen, wuchs im Laufe der Planung.

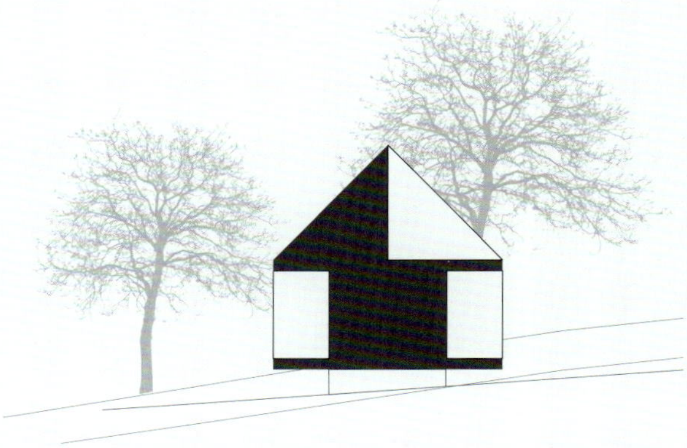

Variante /Konzeptschnitt

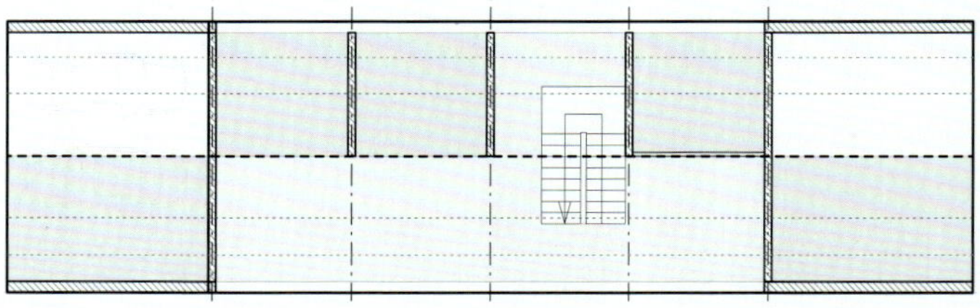

erste Ideen/Obergeschoss

←
Zwei einläufige Treppen erschließen jeweils die Bereiche für Eltern und Kinder unter dem Dach. Das Bad ist als Durchgangszimmer konzipiert.

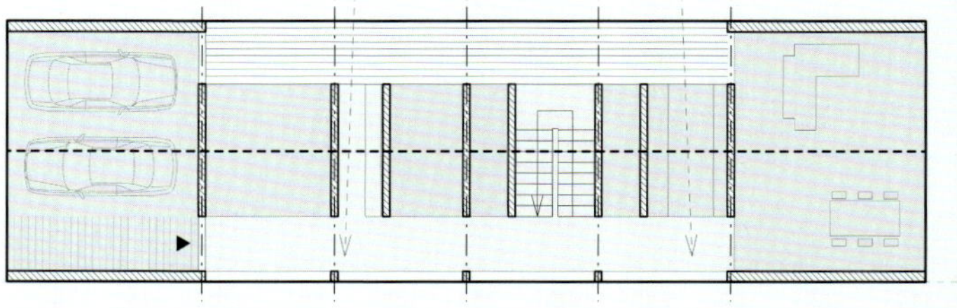

Variante/Erdgeschoss

Standort:
Ottweiler

Anzahl der Bewohner:
3

Wohnfläche (m²):
198

Grundstücksgröße (m²):
865

Bauweise:
Holzrahmenbau

Baukosten:
430.000 Euro

Fertigstellung:
2014

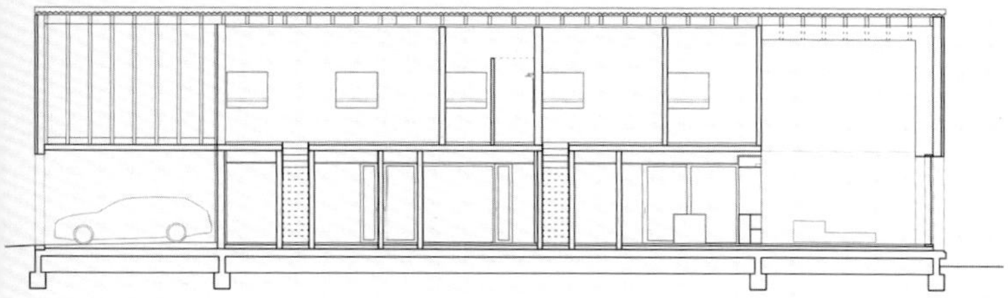

Längsschnitt

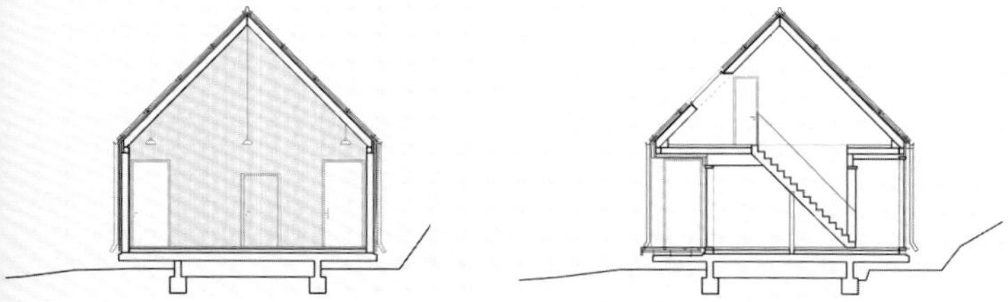

Querschnitte

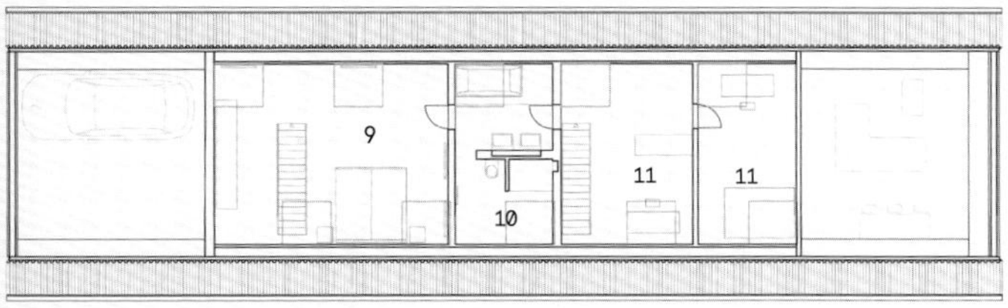

Grundriss/Obergeschoss

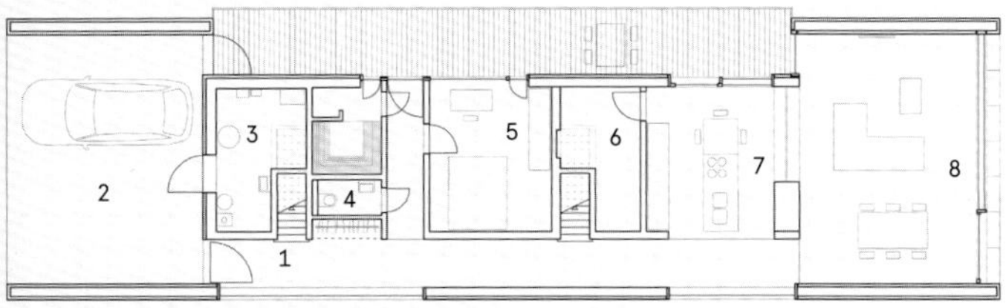

Grundriss/Erdgeschoss

Maßstab:
M 1:200

1 Zugang/Eingang
2 Eingangshalle
3 Hauswirtschaft
4 WC
5 Gast/Arbeiten
6 Abstellen
7 Kochen
8 Wohnen
9 Eltern
10 Bad
11 Kind

BAYER UND STROBEL ARCHITEKTEN, Kaiserslautern

Dipl.-Ing. Gunther Bayer, Architekt BDA
1971 geboren in Kaiserslautern
1992 - 95 Lehre Steinmetz/Steinbildhauer
1996 - 2003 Studium Architektur TU Kaiserslautern
2003 Diplom TU Kaiserslautern
2004 - 2006 Lehrauftrag Entwerfen mit konstruktivem Schwerpunkt, HTW Saarbrücken

Dipl.-Ing Peter Strobel, Architekt BDA
1975 geboren in Neunkirchen
1996 - 2003 Studium Architektur TU Kaiserslautern
2003 Diplom TU Kaiserslautern
2004 - 2007 wissenschaftlicher Mitarbeiter Lehrgebiet Entwerfen und Grundlagen der Hochbaukonstruktion, Prof. Wolfgang Lorch, TU Darmstadt

2006 Bürogründung Bayer & Strobel Architekten

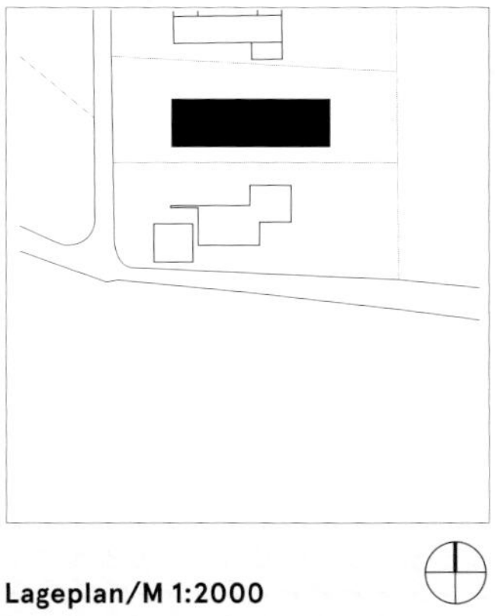

Lageplan/M 1:2000

Baumhaus über Wien

Trotz strenger Vorgaben bietet das Kleingartenhaus nicht nur großartige Ausblicke, sondern auch die Raumhöhe einer Wiener Gründerzeitwohnung.

1 Was war das Besondere an der Bauaufgabe?
In Wien gelten sehr enge Vorgaben für den Bau eines Kleingartenhauses. So darf beispielsweise die Bruttogrundfläche nur maximal 50 Quadratmeter betragen. Zudem gilt eine Maximalhöhe von 5,5 Meter für das Gebäude, die Balkonfläche ist genau fixiert und sogar die Größe des Kellers. Unter diesen Umständen ein Haus zu planen, das dennoch eine gewisse Großzügigkeit vermitteln kann, war die große Herausforderung bei diesem Projekt.

2 Wie haben die Bauherren Ihr Büro gefunden?
Der Kontakt entstand über einen Zimmerermeister, mit dem wir bereits des Öfteren zusammengearbeitet haben. Als die Bauherren ihn im Bregenzerwald besuchten, gab er ihnen meine Wiener Büroadresse. Da wir aber sowohl in Vorarlberg als auch in Wien Büros haben, war die Kommunikation mit den zum großen Teil aus dem Bregenzerwald stammenden Firmen sehr gut. So konnte das Haus perfekt vorfabriziert werden, über 600 Kilometer in die Bundeshauptstadt transportiert und in nur wenigen Tagen aufgerichtet werden. Das hätte mit Wiener Bauunternehmern bzw. Handwerkern vermutlich nicht so reibungslos geklappt.

3 Welche Inspiration hat zu dem Entwurf geführt?
Das Haus sollte unter all den unzähligen Skurrilitäten, die in so einem Kleingartengebiet vorkommen, zurückhaltend und reduziert wirken. Die Bauherren hatten sich auf mehreren Reisen in den Bregenzerwald von der dortigen Architektur inspirieren lassen.

4 Und auf welche Anforderungen, Einschränkungen und Bedingungen musste der Entwurf reagieren?
Abgesehen von den Kleingartenhausvorgaben sollte der alte Kirschbaum unbedingt erhalten und natürlich der großartige Blick über ganz Wien ins Innere geholt werden. Zudem gab es aber auch den Wunsch, zumindest teilweise die üppige Raumhöhe einer Wiener Gründerzeitwohnung zu erreichen. Kein leichtes Unterfangen bei einem Kleingartenhaus ...

5 Wie verlief der Entwurfsprozess und wie die Abstimmung mit den Bauherren?
Der Planungsverlauf war äußerst gemächlich – die Bauherren ließen sich viel Zeit mit den Entscheidungen. Und sie waren sehr bestimmt: Als Grundlage für den Entwurf diente uns ein vom Bauherrn erstelltes Briefing mit über 100 A4-Seiten.

↖
Das als Hauptwohnsitz für ein Wiener Ehepaar konzipierte Kleingartenhaus nutzt die baurechtlichen Vorschriften (max. 50 Quadratmeter bebaute Fläche, max. 30 Quadratmeter unterkellerte Terrasse, 5,5 Meter max. Bauhöhe) aus. Durch die leichte Hanglage ist das Untergeschoss ein vollwertig belichtetes Geschoss.

→
Raumhöhen von teilweise über vier Metern und große Fensteröffnungen schaffen trotz des beengten Platzes Großzügigkeit und erlauben den Blick vorbei am alten Kirschbaum über das gesamte Stadtgebiet von Wien.

↗
Der durch eine Palisadenwand aus Massivholz halboffen gehaltene Treppenraum ist gleichzeitig die Bibliothek. Stufen aus massiver Weißtanne dienen als Sitzmöbel.

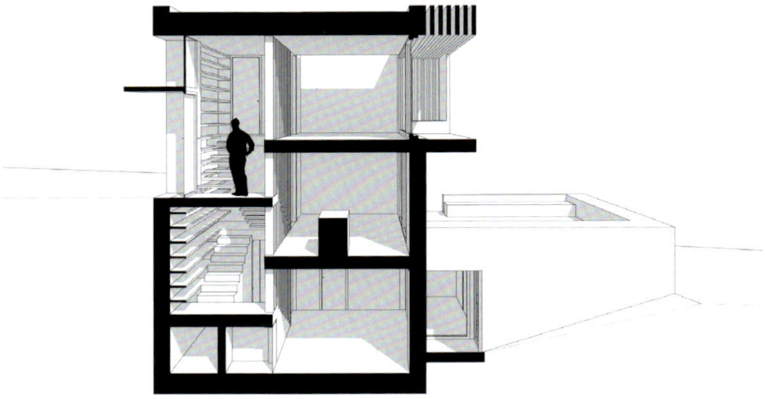

Querschnitt 1

↗
Die Obergeschosse sind als vorgefertigte Holzriegelelemente mit Massivholzdecken im Niedrigenergiestandard errichtet. Wände und Decken wurden aus astfreier Weißtanne handwerklich perfekt gefertigt.

Querschnitt 2

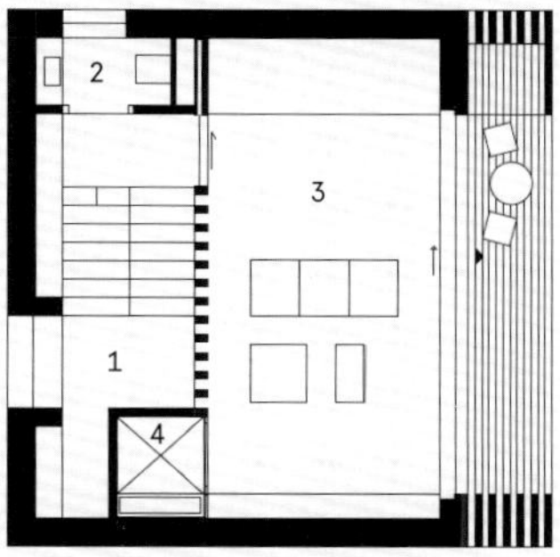

Grundriss/Obergeschoss

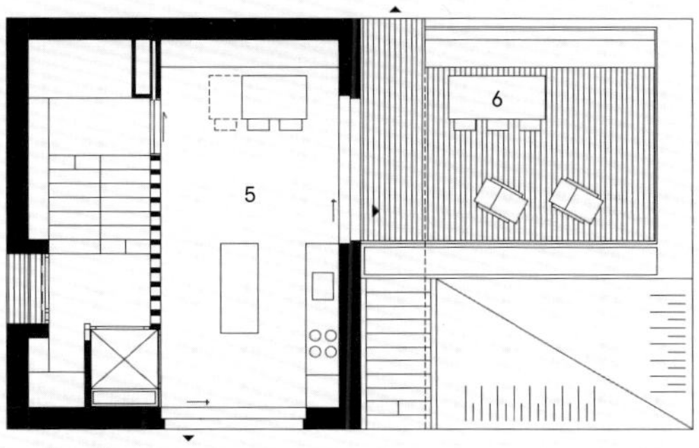

Grundriss/Erdgeschoss

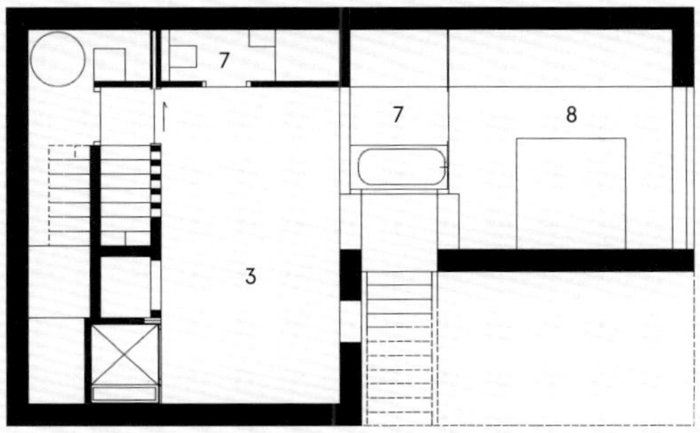

Grundriss/Untergeschoss

Maßstab:
M 1:200

1 Zugang/Eingang
2 WC
3 Wohnen
4 Aufzug
5 Kochen/Essen
6 Terrasse
7 Bad
8 Schlafen

Standort:
A-Wien

Anzahl der Bewohner:
2

Grundstücksgröße (m²):
328

Wohnfläche (m²):
120

Bauweise:
Holzriegelbau

Energiestandard:
Niedrigenergiehaus

Fertigstellung:
2015

juri troy architects, Wien

1972 geboren in Bregenz
Steinmetz- und Hochbauausbildung in Vorarlberg
Studium an der TU Innsbruck
Studium an der Akademie der Bildenden Künste Wien
2003 Gründung des eigenen Büros in Wien
Lehrauftrag: Gestaltungslehre, TU Wien
Projektbezogene Partnerschaft mit Matthias Hein, Bregenz (HEIN-TROY Architekten)
2011 juri troy architects Wien_Bregenz
Lehrauftrag: Raumgestaltung und nachhaltiges Entwerfen TU Wien,
Lehrauftrag: Green Building, FH Campus Wien
Mitglied der Kunstkommission des Landes Vorarlberg
Mitglied der Vorarlberger Holzbaukunst
Staatlich befugter und beeideter Ziviltechniker

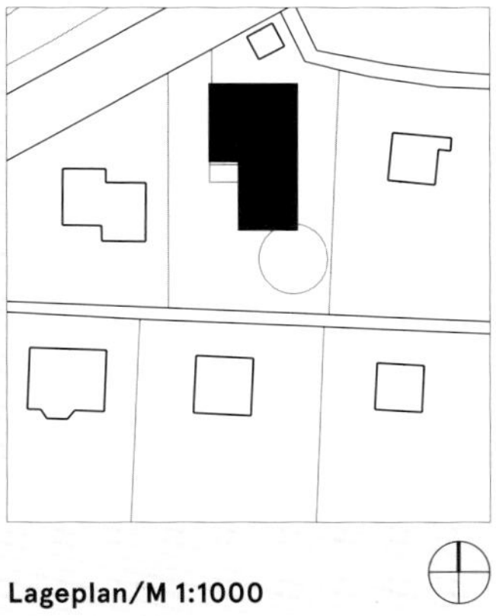

Lageplan/M 1:1000

Form vollendet

Die Aufstockung eines Hauses aus den 70er Jahren komplettiert das Gebäude und sorgt endlich für Ausblick.

1 Was war das Besondere an der Bauaufgabe?
Der Reiz dieser Aufgabe bestand darin, mit der baulichen Ergänzung eine architektonisch überzeugende Gesamtform zu entwickeln. Das Wohnhaus aus den 70er Jahren strahlte etwas Schematisches aus. Es wirkte formal unfertig. Dieser Zustand konnte mit der Aufstockung geklärt werden, das Haus sieht nun stimmig aus.

2 Wie haben die Bauherren Ihr Büro gefunden?
Sie kannten unsere Arbeit aus Publikationen. Wir entwickelten dann in einer ersten Konzeptphase einen Entwurfsansatz, der sie überzeugte.

3 Welche Inspiration hat zu dem Entwurf geführt?
Sicherlich fanden wir die wesentlichen Themen direkt vor Ort. Einerseits war da die außerordentliche topografische Lage: Das Haus steht an erhöhter Hanglage und orientiert sich zur Mitte des lang gestreckten Seebeckens des Zürichsees. Durch die geografische Krümmung des Sees wird die Panoramasituation noch verstärkt, überall wo man hinsieht, erblickt man Seenlandschaft. Man fühlt sich „mitten drin". Und dann schaut man irritiert auf das Bestandshaus und fragt sich, warum das Potenzial der Beziehung zwischen Haus und Landschaft nicht einmal annähernd ausgeschöpft wurde... So ist dann dieser krönende Panoramaaufbau entstanden, der dies endlich tut.

4 Und auf welche Anforderungen, Einschränkungen und Bedingungen musste der Entwurf reagieren?
Trotz der typologisch ganz neuen Gestaltung musste der Aufbau natürlich auf den Bestand reagieren und soll mit ihm kommunizieren. Das war die Bedingung, die wir erfüllen mussten. Und natürlich gab es etliche Einschränkungen durch die lokalen Gesetzesbestimmungen. Aber diese Einschränkungen führen schließlich immer zu intensiven Auseinandersetzungen, von denen ein Entwurf auch profitieren kann.

5 Wie verlief der Entwurfsprozess und wie die Abstimmung mit den Bauherren?
Wir standen in engem Dialog mit der Bauherrschaft, besonders was die Materialität und die Details betraf. Erst anhand der intensiven Auseinandersetzung mit verschiedenen Varianten konnte beispielsweise die Entscheidung für die Fassade aus hellem Metall getroffen werden. Durch sie verschmelzen Bestand und Aufbau nun zu einer architektonischen Gesamtform. Zudem ist zu sagen, dass tatsächlich erst im Dialog die wirklich spezifischen Ideen entstanden sind, die dem Entwurf etwas Unverwechselbares geben. So hat der Wunsch nach einer japanischen Sitzbadewanne in Hinoki-Holz, einer japanischen Zypressenart, schlussendlich zum Direktimport dieses Holzes geführt, um den gesamten Innenausbau damit umzusetzen. Zusätzlich zu der exotischen Wirkung verströmt das Holz nun einen lieblichen Duft im ganzen Haus.

↖
Das bestehende Einfamilienhaus wurde 1966 erbaut und seitdem bewohnt. Durch die überhöhte Hanglage hat man vom Grundstück aus eine einmalige Sicht.

↗
Das Haus in Massivbauweise nimmt die Hangtopografie auf und staffelt sich in den Berg hinein. Der Grundkörper wurde um eine Attikaetage ergänzt, um der kinderreichen Familie mehr Wohnraum zu bieten.

→
Der mäandrierende Glasaufbau wurde um ein raumhaltiges Dach ergänzt, das sich durch weit ausladende Bügelkonstruktionen über die Grundform des Hauses dehnt. Die konstruktiven Elemente wurden mit weiß beschichteten Aluminiumplatten verkleidet.

↗
Massive Raumkörper aus Ortbeton beinhalten die Funktionsbereiche Bad, Küche, Treppe. Zur Auskleidung der „Räumlinge" wurde japanisches Hinoki-Holz verwendet. Dach und Fassade sind als Leichtbaukonstruktion ausgeführt. Die Holzstruktur ist weiß lasiert.

↗
→
Der hell gegossene Terrazzo tritt in Dialog mit dem Dach und verleiht dem pavillonartigen Aufbau Großzügigkeit.

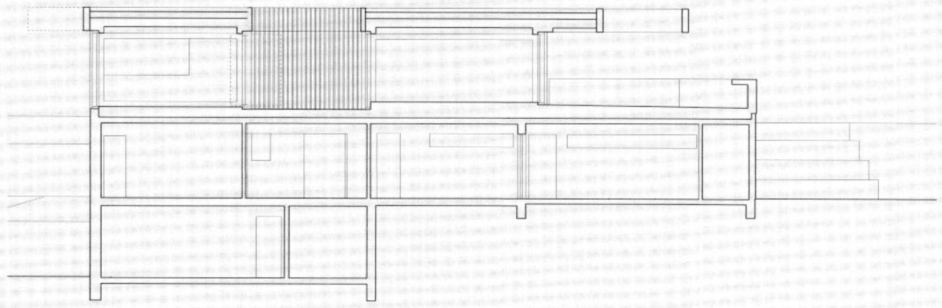

Schnitt 1

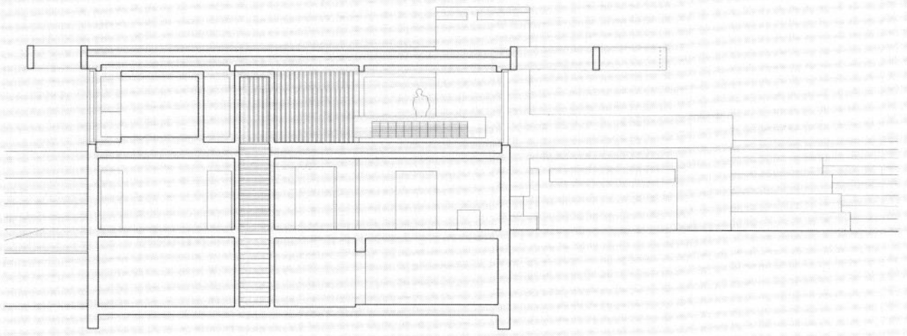

Schnitt 2

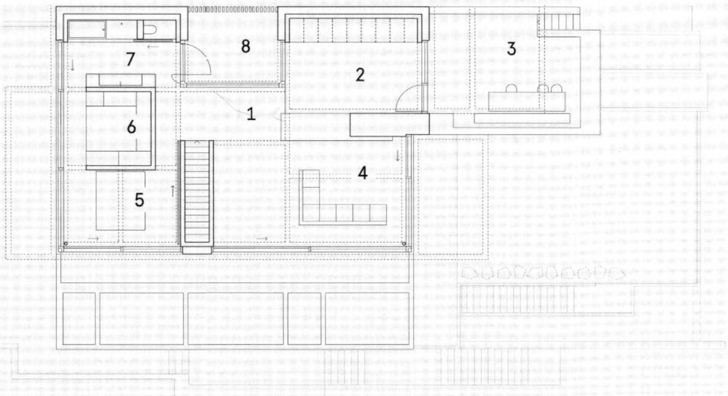

Grundriss

Standort:
CH-Meilen

Anzahl der Bewohner:
6

Wohnfläche (m²):
116 (Aufbau Dachgeschoss)

Grundstücksgröße (m²):
971

Zusätzliche Nutzfläche (m²):
EG 154, OG 144

Bauweise:
Beton-/Holzbauweise

Fertigstellung:
2014

Maßstab:
M 1:400

1 Zugang/Eingang
2 Kochen
3 Außensitzplatz
4 Wohnen
5 Schlafen
6 Ankleide
7 Bad
8 Innenhof/Außendusche

Buchner Bründler AG Architekten, BSA SIA, Basel

Daniel Buchner
1967 geboren in Berneck, Schweiz
1993 Architekturdiplom Ingenieurschule beider Basel
1994 Mitarbeit im Büro Morger & Degelo, Basel
2008 Gastprofessur Ecole Polytechnique Fédérale EPF Lausanne, Masterstudium
2009 Gastprofessur Ecole Polytechnique Fédérale EPF Lausanne, Bachelorstudium
2010 Gastdozent ETH Zürich

Andreas Bründler
1967 geboren in Sins, Schweiz
1993 Architekturdiplom Ingenieurschule beider Basel
1994 Mitarbeit im Büro Miller & Maranta, Basel
2008 Gastprofessur Ecole Polytechnique Fédérale EPF Lausanne, Masterstudium
2009 Gastprofessur Ecole Polytechnique Fédérale EPF Lausanne, Bachelorstudium
2010 Gastdozent ETH Zürich

1997 Gründung Buchner Bründler AG Architekten

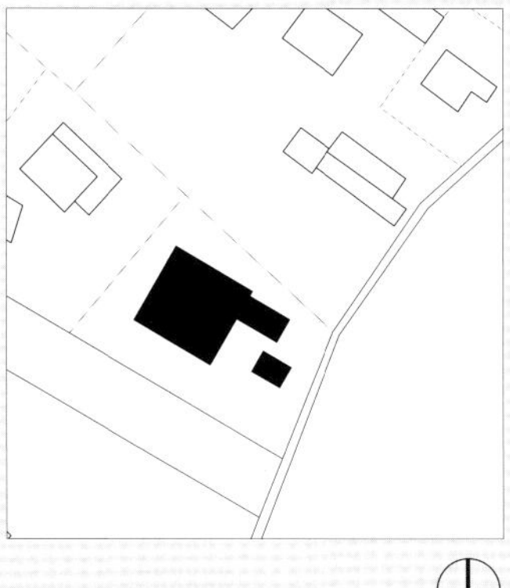

Lageplan/M 1:2000

Die Dolomiten im Blick

Passend für die Gegenwart, ausgerichtet auf die Zukunft: Das Haus oberhalb von St. Ulrich lässt sich ohne großen Aufwand verändern.

1 Was war das Besondere an der Bauaufgabe?
Ganz klar, das Grundstück! Ein steiler Hang mit 33 Meter Höhenunterschied auf einer Länge von 54 Metern. Es richtet sich nach Süden aus und der Ausblick ist großartig.

2 Wie haben die Bauherren Ihr Büro gefunden?
Wir kennen uns bereits seit langem. Der Bauherr war mein Skilehrer, als ich noch ein Kind war.

3 Welche Inspiration hat zu dem Entwurf geführt?
Wir hatten bei diesem Projekt die Vorstellung im Kopf, dass wir einen leichten Körper auf die harte Erde setzen wollten. Daher entwickelten wir einen eingegrabenen Baukörper aus rot eingefärbtem Sichtbeton, ähnlich dem roten Grödner Sandstein, aus dem der Boden des Grundstücks besteht. Darauf sitzt ein Holzbaukörper mit einer sägerauen Holzfassade und großen Verglasungen, der ebenso wie die Dacheindeckung mit einem Holzlattenrost verkleidet ist.

4 Und auf welche Anforderungen, Einschränkungen und Bedingungen musste der Entwurf reagieren?
Das Grundstück sollte in seiner so eigenen Topografie möglichst wenig verändert werden, trotzdem bestand der Wunsch nach einem ebenen Freibereich. Außerdem mussten wir ein Wohnkonzept gestalten, das ohne großen Aufwand auf die Veränderungen der Familiensituation reagieren kann. Die große Wohnung ist geeignet für die Familie heute mit Kleinkindern. Die kleine Einliegerwohnung kann stufenweise vergrößert werden, sobald die Kinder mehr Eigenständigkeit wünschen und brauchen. Der Kontakt zwischen diesen beiden Einheiten ist durch eine interne Verbindung einfach möglich. Die zuerst kleine Wohneinheit kann irgendwann sogar so weit wachsen, dass dort ein Kind eine vollwertige Wohnung für seine eigene zukünftige Familie erhält, während die Großeltern eine kompakte Wohnung auf einer Ebene bewohnen.

5 Wie verlief der Entwurfsprozess und wie die Abstimmung mit den Bauherren?
Der Planungsprozess dauerte auf Wunsch des Bauherren sehr lange, nämlich sieben Jahre. Während wir den Grundriss kontinuierlich weiterentwickelt haben, war das Vorgehen bei der Gestaltung des Baukörpers anders. Hier haben wir unterschiedliche Lösungen für die Baukörper- und die Dachform vorgestellt. Der Bauherr hat die Entwürfe in aller Ruhe betrachtet und wir haben gemeinsam verschiedene Projekte besichtigt. Gleichzeitig begann auch die Diskussion über die Materialien. Anfangs brachte der Bauherr auch noch eigene Skizzen mit sowie Fotos. Dann habe ich als Architekt Zeichnungen und Renderings erstellt. Materialproben haben wir den gesamten Entwurfsprozess über anfertigen lassen.

↖
Eckeinschnitte und Rücksprünge im Baukörper definieren die verglasten Öffnungen. Das Haus besetzt ein steiles Hanggrundstück, das ins Dorf führt. Der Blick richtet sich nach Süden auf die Dolomiten. Der massive Sockel auf dem Felshang wurde in eingefärbtem Beton errichtet. Oberirdisch ist das an der Waldgrenze gelegene Bauwerk ein Holzhaus mit Fassade und Dach aus sägerauem Lärchenholz.

←
Massivholzböden aus Lärche sorgen für Wärme, Grau- und Schwarztöne, geometrisch gesetzt, nehmen dem Holz das allzu Heimelige.

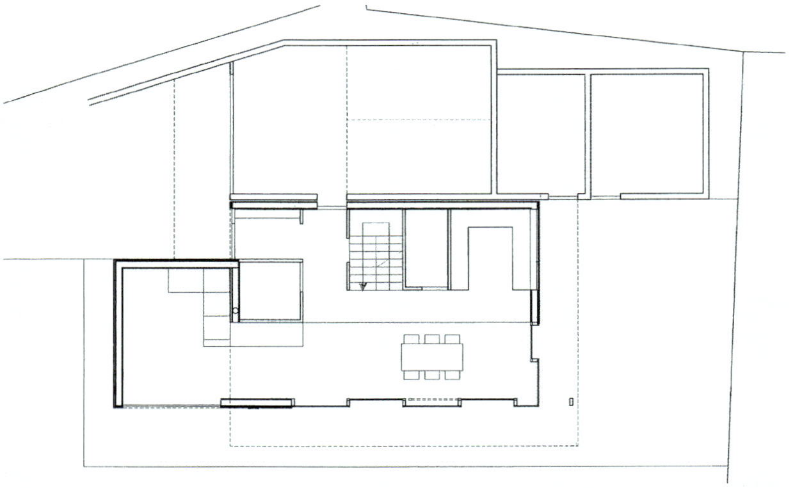

Variante/Erdgeschoss

Entwurfsvariante

In sieben Jahren Planungszeit kann viel passieren: Der realisierte Grundriss ist länger und schmaler als die vorherigen Entwürfe, die Aufteilung der Räume klar strukturiert.

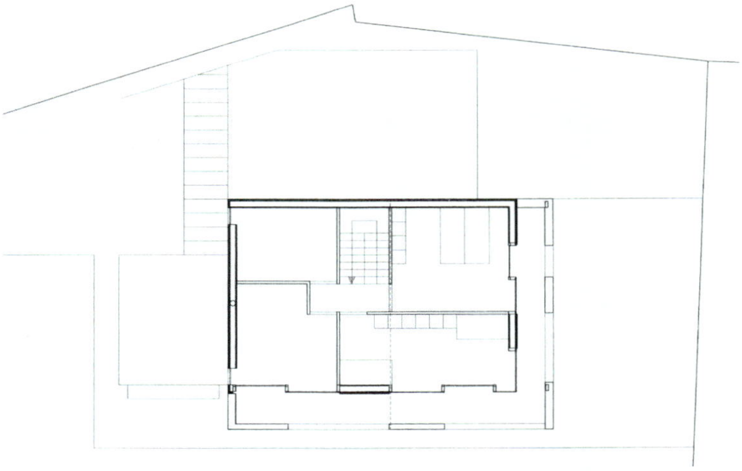

Variante/Untergeschoss

↗
Das Bad wurde aus schwarzem Sichtbeton gefertigt. Holz liegt auf dem Boden.

→
Dreifachverglasungen, eine hochwärmedämmende Gebäudehülle und eine kontrollierte Belüftung führen zu einer sparsamen Energiebilanz trotz des kalten Klimas.

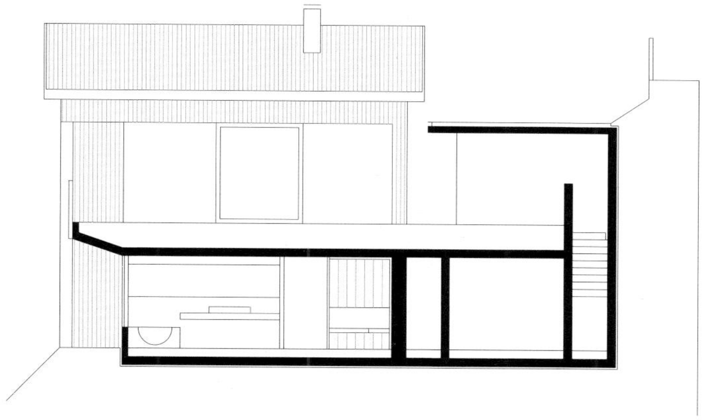

Schnitt

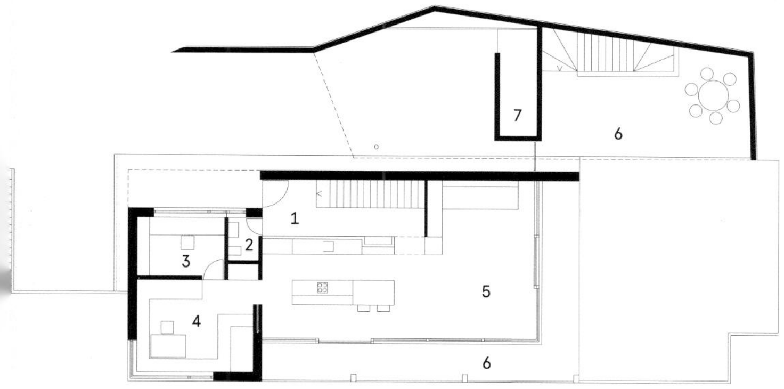

Grundriss/Erdgeschoss

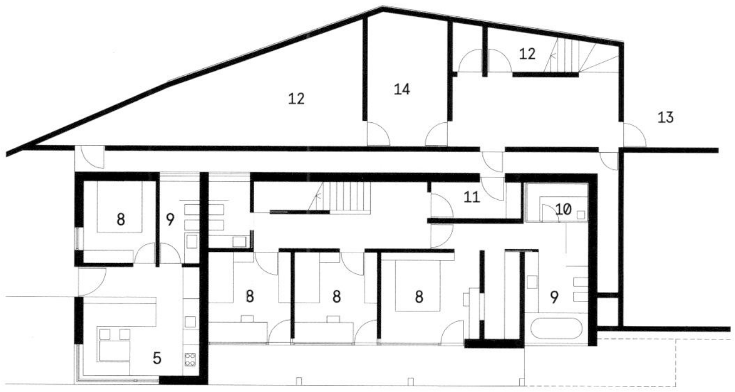

Grundriss/Untergeschoss

Maßstab:
M 1:200

1 Zugang/Eingang
2 WC
3 Arbeiten
4 Stube
5 Kochen/Essen/Wohnen
6 Terrasse
7 Lager
8 Schlafen
9 Bad
10 Sauna
11 Waschen
12 Keller
13 Felsenkeller
14 Heizraum

Standort:
I-St. Ulrich

Anzahl der Bewohner:
4

Wohnfläche (m²):
175

Grundstücksgröße (m²):
1.867

Zusätzliche Nutzfläche:
35 (Einliegerwohnung)

Bauweise:
Holzbauweise

Energiestandard:
Klimahaus A

Fertigstellung:
2012

Architekten Mahlknecht Comploi, Brixen

Igor Comploi
Architekturstudium an der TU in Innsbruck, Diplom 2004
1999 – 2006 Architekt im Architekturbüro Siegfried Delueg in Brixen

Thomas Mahlknecht
Architekturstudium an der TU in Wien, Diplom 1999
1999 – 2006 Architekt im Architekturbüro Siegfried Delueg in Brixen

seit 2006: Gemeinsames Architekturbüro mit Sitz in St. Ulrich und Brixen

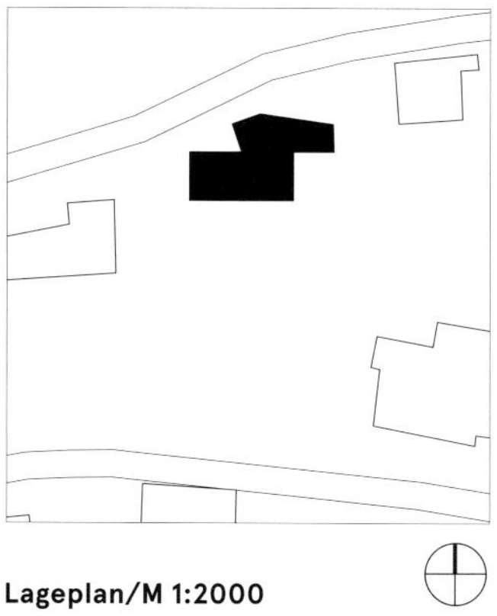

Lageplan/M 1:2000

Gut und günstig

In Bisamberg, am erweiterten Stadtrand von Wien, entstand das eigentlich Unmögliche: ein großzügiges, nachhaltiges, wandelbares Low-Budget-Haus.

1 Was war das Besondere an der Bauaufgabe?
Die Bauherren, eine junge Familie, befanden sich in einer ähnlichen Situation wie wir selbst und haben sich den Wunsch erfüllt, von der Stadt aufs Land zu ziehen. Unsere Aufgabe war es, einen Rückzugsort inmitten einer äußerst dichten Einfamilienhausbebauung zu schaffen, der kommunikativ ist und trotzdem für die notwendige Privatheit sorgt.

2 Wie haben die Bauherren Ihr Büro gefunden?
Eine befreundete Familie hat uns weiterempfohlen.

3 Welche Inspiration hat zu dem Entwurf geführt?
Wir haben das Haus von innen heraus entwickelt. Die Vorstellungen und Wünsche der jungen Familie zusammen mit den ortsspezifischen Qualitäten bildeten die Grundlage für unsere ersten Ideen. Wir wollten die Qualitäten und Stimmungen des Ortes erhalten und verborgene Potenziale aufdecken.

4 Und auf welche Anforderungen, Einschränkungen und Bedingungen musste der Entwurf reagieren?
Um in der heutigen Zeit ein Einfamilienhaus nachhaltig zu bauen, ist es nicht genug, ökologische Materialien zu verwenden und vielleicht mit alternativen Energien zu heizen. Nachhaltigkeit bedeutet für uns vielmehr, sicherzustellen, dass das Haus über Generationen und verschiedenste Lebensmodelle hinaus auch zukünftig funktioniert. Daher sollte das Gebäude erweiterbar sein, in zumindest zwei Wohneinheiten teilbar sein und das Arbeiten von zuhause aus erlauben.

5 Wie verlief der Entwurfsprozess und wie die Abstimmung mit den Bauherren?
Die Idee des Hofhauses wurde sofort für gut befunden, da es dadurch möglich wurde, „aus weniger (Raum) mehr (Raum)" zu schaffen. Der massive Ziegel ohne zusätzliche Dämmung gefiel den Bauherren, weil es ein traditionelles Material ist und wir auf kostenintensive Anschlussdetails verzichten konnten. Während der Planungsphase haben wir zudem bereits möglichst früh den Bauherren Oberflächen und Materialmuster vorgestellt. Dadurch hat sich die Ästhetik des Hauses quasi parallel mitentwickelt.

↖
Das Gebäude wurde als Hofhaus konzipiert. Der L-förmige Grundriss bietet vielfältige Raumbezüge. Zusammen mit Garage und Werkstatt entsteht ein Kontinuum rund um den Innenhof. Konstruiert wurde das Haus aus Mauerwerk und einem konventionellen Holzsparrendach mit Doppelstehfalzdeckung aus Metallbahnen. Die 50 Zentimeter dicke Ziegelwand wurde außen und innen verputzt und sorgt für ein optimales Raumklima ohne zusätzliche Dämmung.

↖
Die abweisende Haltung der straßenseitigen Fassade drückt den Wunsch nach einem Rückzugsort am Stadtrand von Wien aus.

↖
Die Bauherren wünschten sich ein kostengünstiges Haus mit einem Maximum an räumlichen Qualitäten. Die Werkstatt kann bei Bedarf zu einer Kleinwohnung mit Verbindung zum Obergeschoss ausgebaut werden.

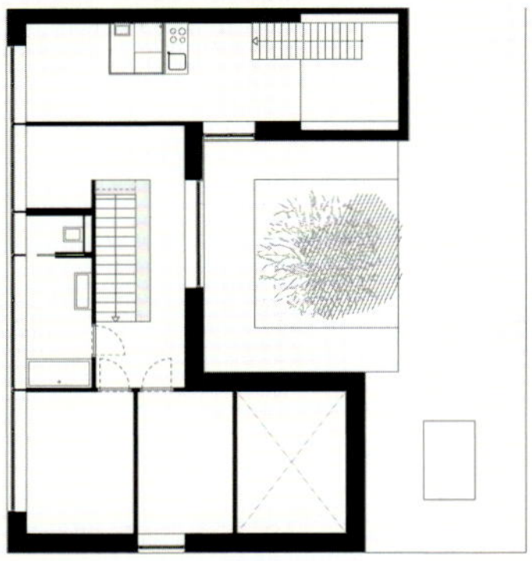

Variante/Obergeschoss

Maßstab:
M 1:200

1 Zugang/Eingang
2 Gast
3 Bad
4 Abstellraum
5 Kochen/Essen/Wohnen
6 Arbeiten
7 Garage
8 Lager
9 Schlafen
10 Hof/Terrasse

Entwurfsvariante

Less is more: Auf die zweite Treppe konnte bei der Realisation verzichtet werden.

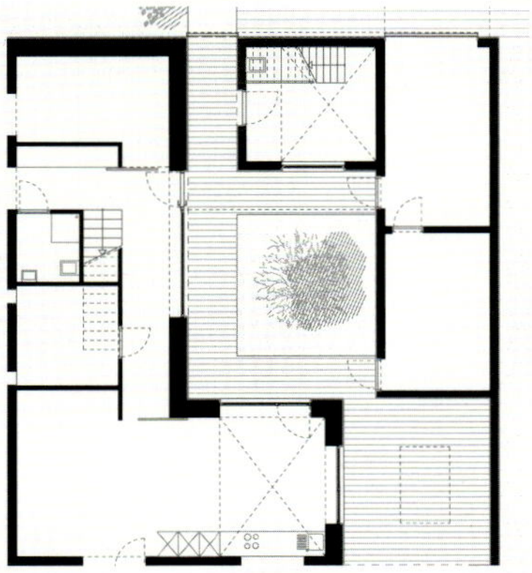

Variante/Erdgeschoss

↗
Der hohe gartenseitige Küchenraum bildet das Herzstück des Wohnhauses und erhält durch den überdachten Terrassenraum eine Erweiterung nach außen. Im Obergeschoss liegen die privaten Räume.

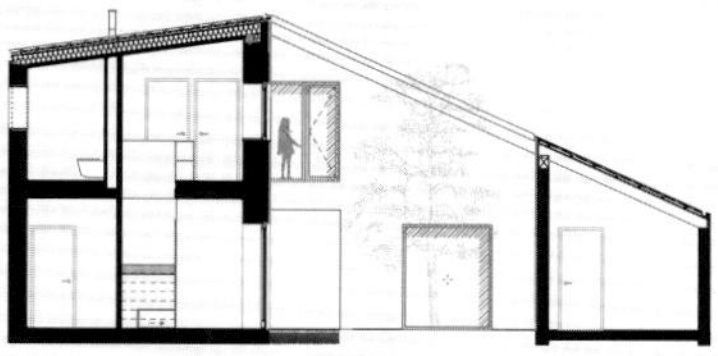

Längsschnitt

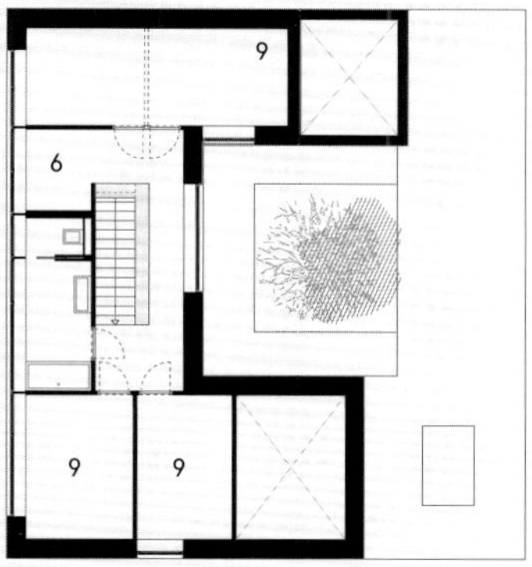

Grundriss/Obergeschoss

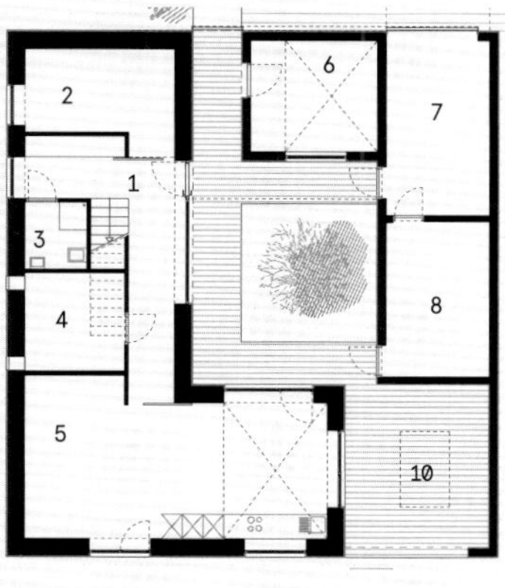

Grundriss/Erdgeschoss

Standort:
A-Bisamberg

Anzahl der Bewohner:
5

Wohnfläche (m²):
140

Grundstücksgröße (m²):
740

Zusätzliche Nutzfläche (m²):
40

Bauweise:
monolithisches Mauerwerk (Ziegel innen und außen verputzt)

Baukosten:
340.000 Euro

Energiestandard:
Niedrigenergiehaus

Fertigstellung:
2014

TRIENDL UND FESSLER ARCHITEKTEN ZT OG, Wien/Innsbruck

Dipl.-Ing. DI Karin Triendl, Architekt
1973 geboren in Innsbruck
1993 Architekturstudium an der TU Innsbruck / UTA Arlington Texas, Diplom an der TU Delft NL
2000 Projektleitung WEST 8 Rotterdam NL und Krischanitz ZT GmbH Wien
Tätigkeit als freie Journalistin/Lehrbeauftragte TU Wien, Abteilung für Hochbau und Entwerfen

Dipl.-Ing. DI Patrick Fessler, Architekt
1972 geboren in Innsbruck
1993 Architekturstudium an der TU Innsbruck/ Bartlett School of Architecture, Diplom University of East London GB
2003 Projektleitung Krischanitz ZT GmbH Wien
Lehrbeauftragter an der TU Wien, Abteilung für Hochbau und Entwerfen

2007 Gründung Triendl und Fessler Architekten Wien/Innsbruck

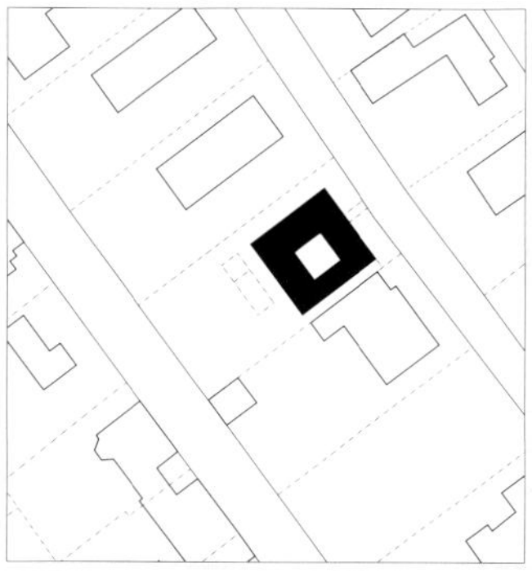

Lageplan/M 1:2000

Individualität mal zwei

Zwei Brüder bauen auf zwei benachbarten Grundstücken mit identischem Raumprogramm. Es entstehen: zwei individuelle Häuser.

1 Was war das Besondere an der Bauaufgabe?
Ich sollte zeitgleich zwei Einfamilienhäuser mit identischem Raumprogramm und Budget auf benachbarten Grundstücken für zwei Brüder und deren jeweils vierköpfige Familien planen. Beide Brüder sind Statiker im gemeinsamen Büro, beide teilten zudem den Wunsch nach einem Haus in moderner Architektursprache. Es stellte sich daher die Frage, wie bei soviel Gemeinsamkeit individuelle Lösungen möglich werden. Außerdem ging es darum, inwieweit dann doch variierenden Vorstellungen der beiden Familien von Wohnen entsprochen werden kann und nicht zuletzt auch die Frage von Öffnung bzw. Abgrenzung der Häuser und deren Bewohner voneinander. Letztlich waren die unterschiedlichen Tätigkeitsschwerpunkte der beiden Statiker, und die sich unterscheidenden Randbedingungen beider Grundstücke dann der Ausgangspunkt für den Entwurf.
Beide Häuser sind – so gesehen – gebaute Grundrissvarianten, die sich aus der Abwägung von Individualität/Autonomie sowie Gemeinsamem/Verbindendem ergaben.

2 Wie haben die Bauherren Ihr Büro gefunden?
Wir haben bereits andere Projekte gemeinsam bearbeitet und sie kennen meine Architektur. Da diese ihren Vorstellungen entsprach, lag es nahe, dass mein Büro die Planung übernimmt.

3 Welche Inspiration hat zu dem Entwurf geführt?
Der Ort ist ein besonderer: Ein kleines Flüsschen fließt mitten durch ein Dorf unweit von Ulm und schafft flache Auen vor einem kleinen Bergrücken, der bekrönt wird von Kirche, barockem Pfarrhof, Rathaus und Schule. Hier, mitten im Dorf mit teilweise noch landwirtschaftlich geprägter Struktur, ist das Baugebiet. In die flachen Auen des Flüsschens Weihung fügen sich meiner Meinung nach flach lagernde, horizontale Baukörper am harmonischsten ein, so dass sich die Gliederung der Baukörper in einen massiven Sockel mit aufgesetztem, leichtem Aufbau anbot. Nebenbei erreichte ich so auch die gewünschte Differenzierung der beiden Häuser: Sie sind verschieden konstruiert und unterscheiden sich in der Materialität des aufgesetzten Obergeschosses.

4 Auf welche Anforderungen, Einschränkungen und Bedingungen musste der Entwurf reagieren?
Dem Wunsch nach den ursprünglich geplanten begrünten Flachdächern hat die Baurechtsbehörde nicht entsprochen. Wir konnten als Kompromiss ein nach Süden „geöffnetes" Pultdach bauen. Zudem war durch die Höhenmarke eines prognostizierten Jahrhunderthochwassers die Erdgeschossfußbodenhöhe im Bebauungsplan vorgegeben.

5 Wie verlief der Entwurfsprozess und wie die Abstimmung mit den Bauherren?
Die Bauherren hatten ein paar Ideen zum Material und natürlich ein Raumprogramm. Auf dieser Grundlage wurden im Büro von verschiedenen Mitarbeitern Stegreifentwürfe erarbeitet, die dann mit den Bauherren diskutiert wurden. Nachdem ein Konzept überzeugt hatte, wurde dieses weiter ausgearbeitet und als Modell M 1:200 gebaut, sowie Flächen und Kosten ermittelt. In der Planungsphase gab es dann sowohl separate Abstimmungstermine mit dem jeweiligen Projektleiter als auch Treffen mit beiden Bauherren, an denen in der Bauphase auch das mit der Bauleitung betraute ortsansässige Architekturbüro Herrmann teilnahm.

↗
Haus H rückt so nah wie möglich an die Erschließungsstraße im Norden, so dass der Garten maximal groß wird. Das verputzte Sockelgeschoss verbindet das Haus optisch mit seinem Bruderhaus, die Garage wurde in den Baukörper integriert.

→
Die längs angeordnete zweigeschossige Eingangshalle in Haus R lässt der Treppe mit ihren frei auskragenden Betonstufen großzügigen Raum.

↗
Das Obergeschoss von Haus H wurde in Holzrahmenbauweise errichtet und außen mit einer vertikalen Holzlattung versehen. Hier liegen die privaten Rückzugsräume.

↗
In Haus H sorgen gelber Juramarmor sowie Trittstufen und Fensterflügel aus Eiche für einen wohnlichen Charakter. Sichtbeton, schwarz lackierte Holz-Alu-Rahmen sowie dunkler Kalkstein schaffen in Haus R eine moderne Atmosphäre.

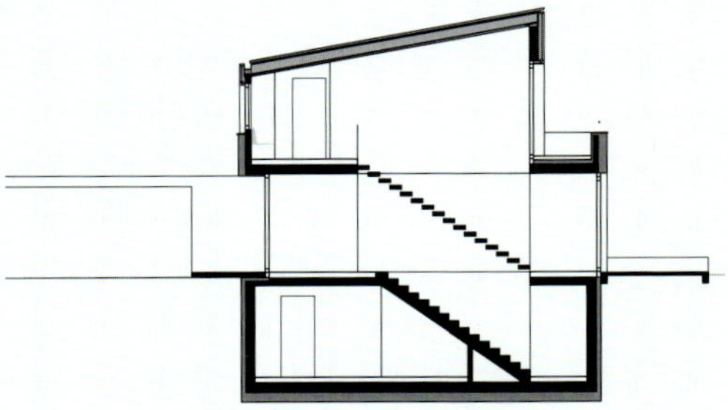

Querschnitt Haus R

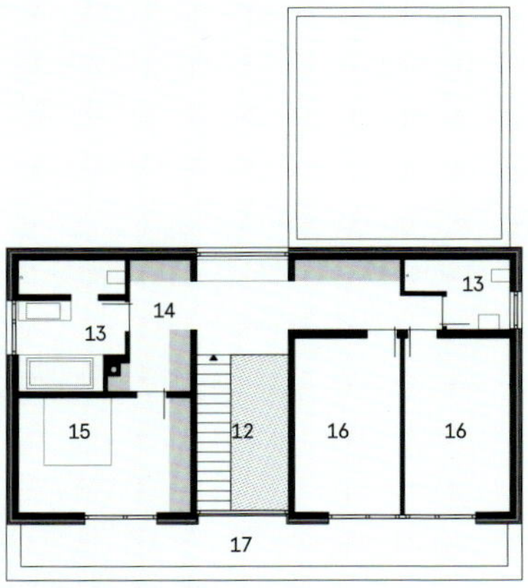

Grundriss/Obergeschoss Haus R

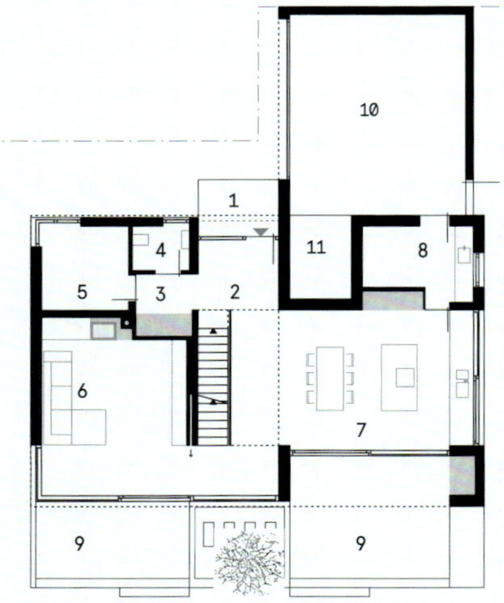

Grundriss/Erdgeschoss Haus R

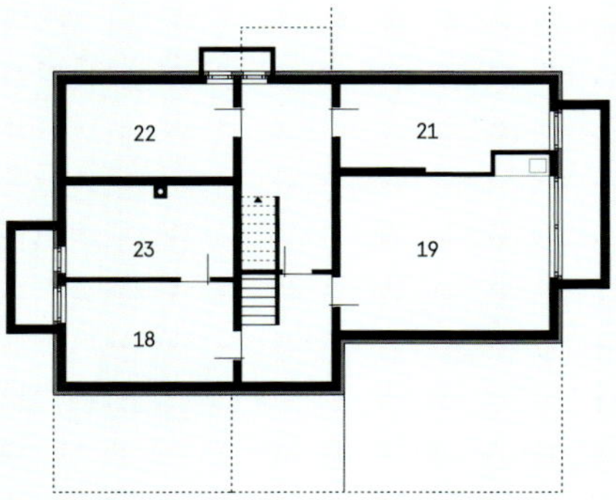

Grundriss/Untergeschoss Haus R

Maßstab:
M 1:200

1 Terrasse
2 Halle
3 Garderobe
4 WC
5 Gast
6 Wohnen
7 Kochen/Essen
8 Kammer
9 Terrasse
10 Garage/Garten
11 Gartenraum
12 Luftraum
13 Bad
14 Ankleide
15 Eltern
16 Kind
17 Dachterrasse
18 Arbeiten
19 Hobby
20 Sauna
21 Lager
22 Technik
23 Waschen

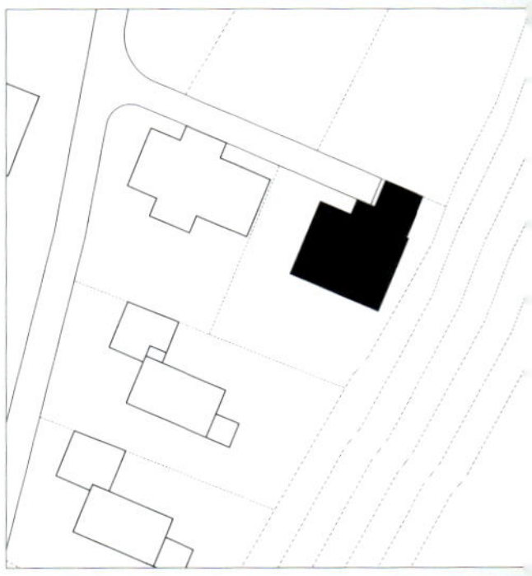

Lageplan/M 1:2000

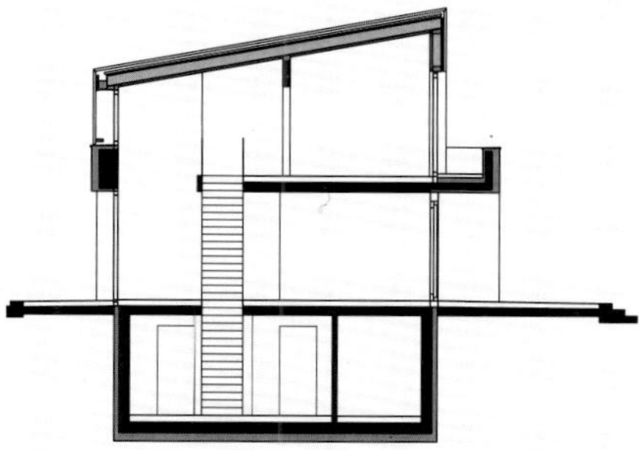

Querschnitt Haus H

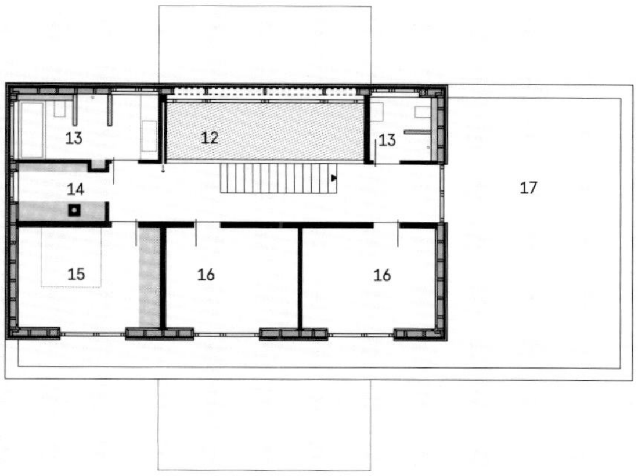

Grundriss/Obergeschoss Haus H

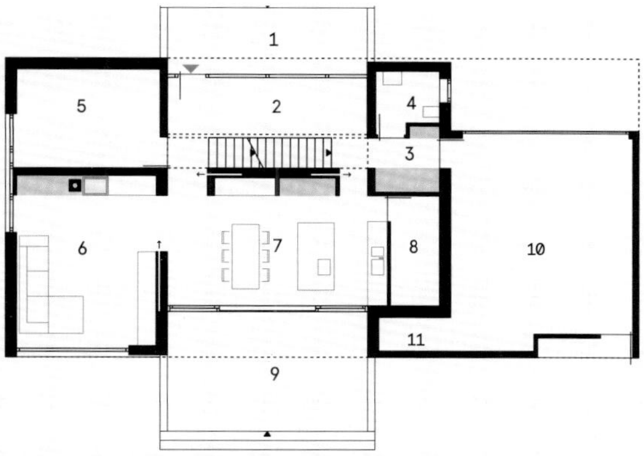

Grundriss/Erdgeschoss Haus H

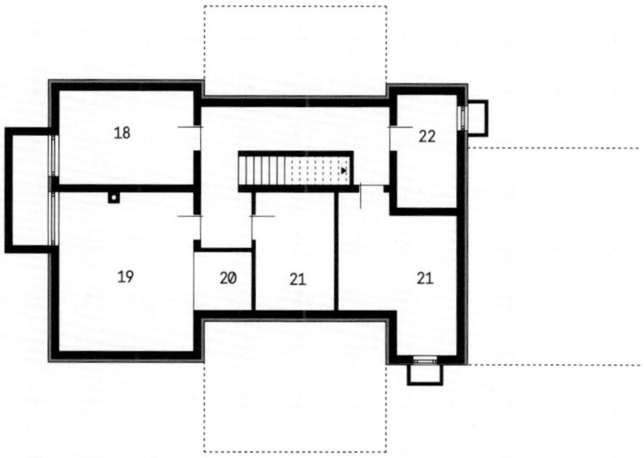

Grundriss/Untergeschoss Haus H

Standort:
Illerkirchberg

Anzahl der Bewohner:
Haus R:4/Haus H:4

Wohnfläche (m²):
247/240

Grundstücksgröße (m²):
787/760

Bauweise:
massiv /
massiv, EG und OG Holzständerbauweise

Baukosten:
530.000 Euro/505.000 Euro

Energiestandard:
KfW 70

Fertigstellung:
2012

Ralf P. Häussler Freier Architekt BDA, Stuttgart

geboren 1964 in Ulm/Donau, studierte Architektur an der Universität Stuttgart und an der London South Bank University und war Architekt im Büro von James Stirling, Michael Wilford and Associates, bevor er sich 1998 selbstständig machte.
2004 begründete er die Büropartnerschaft „CCR Architekten GbR" mit und firmiert seit 2008 unter „Ralf P. Häussler Freier Architekt BDA".

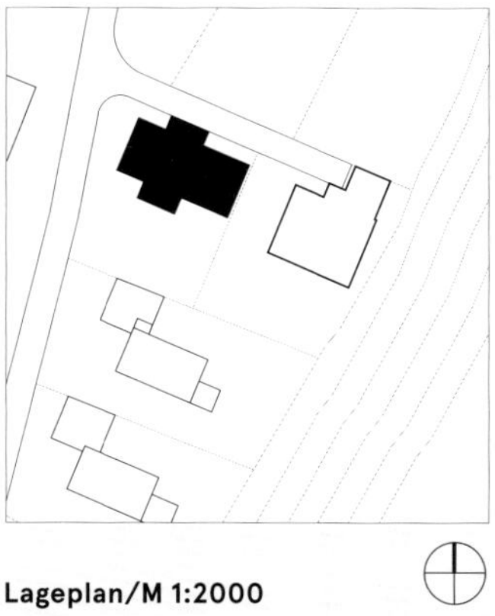

Lageplan/M 1:2000

BauKunstWerk

Inspiriert von Werken Eduardo Chillidas entstand in Nienstädt ein Anbau an einen Walmdachbungalow, in dem man nicht nur angenehm wohnen kann. Der kubische Raum ist zudem Ausstellungsfläche für Möbelklassiker.

1 Was war das Besondere an der Bauaufgabe?
Ausgangspunkt war ein 90er-Jahre-Walmdachbungalow ohne architektonischen Anspruch. Der Eigentümer und Bauherr, der mit gebrauchten Möbel- und Designklassikern der Moderne handelt, wollte eine anspruchsvollere Erweiterung für sein Haus. Das Wohnzimmer sollte neben seiner Wohnfunktion auch zu Präsentationszwecken eben dieser Klassiker dienen. Die Erweiterung war allerdings durch den Zuschnitt des Grundstücks begrenzt und wir mussten das Maximum an Bebauung herausholen.

2 Wie haben die Bauherren Ihr Büro gefunden?
Der Bauherr stand eines schönen Tages vor meiner Tür und fragte mich, ob ich ihm einen Anbau an sein Haus planen würde. Dabei überreichte er mir eine selbst angefertigte Skizze. Die hat jedoch nichts mehr mit dem zu tun, was dann entstanden ist.

3 Welche Inspiration hat zu dem Entwurf geführt?
Der Wunsch nach einem hohen zentralen Raum zum Wohnen und Präsentieren der Möbelklassiker legte die Idee nahe, einen kubischen, zweigeschossigen Anbau zu entwickeln. Also etwas völlig Gegensätzliches zum bestehenden Haus. Aus dieser Gegensätzlichkeit entstand dann die Koppelung, oder besser gesagt, Entkoppelung der beiden Gebäude über eine „Fuge". So konnte das Bungalowdach unangetastet bleiben, beide Gebäude behalten eine gewisse Eigenständigkeit. Die Fassadengestaltung wurde inspiriert von den Arbeiten des spanischen Künstlers Eduardo Chillida, vor allem von den Kunstwerken „Oxido G252" aus dem Jahr 1992 und „Gravitation" von 1996. Daraus ergaben sich speziell für den zweigeschossigen Wohn- und Präsentationsraum spannend choreografierte Öffnungen mit Aus- und Einblicken und wechselnden Belichtungssituationen.

4 Und auf welche Anforderungen, Einschränkungen und Bedingungen musste der Entwurf reagieren?
Zum einen war die erlaubte Bebauung dem §34 NBauO, Ortsüblichkeit, unterworfen. Das heißt: Form und Erscheinung müssen dem Vorhandenen entsprechen. Was bedeutete, dass wir die Merkmale des Entwurfs vor Ort wieder finden mussten, wenn auch etwas abstrakt. In unserem Fall erforderte das ein hohes Maß an Interpretation ... Zum anderen war das Grundstück nicht gerade groß, so dass wir bis an die Grenzen des Möglichen gehen und alles in enger Zusammenarbeit mit dem Bauamt abstimmen mussten.

5 Wie verlief der Entwurfsprozess und wie die Abstimmung mit den Bauherren?
Bevor überhaupt ein erster Strich gemacht wurde, reifte die Idee im Kopf. Denn Architektur findet im Kopf statt, alles Weitere ist dann Mittel zum Ausdruck des Gedachten. Die Formfindung, Fassadengestaltung und Materialität wurden über Skizzen, Modelle und Materialproben erarbeitet. Die Inspiration durch die Werke Chillidas führte zu einer Fassade aus Stein, was dann folgerichtig in die Massivbauweise mündete.

↗
Der Wittmunder Torfbrandklinker wurde aufgrund seiner Farbigkeit und starken Haptik gewählt. Um sich abzusichern, welches Material sie bekommen, besichtigten die Bauherren den Herstellungsprozess des Klinkers in Nenndorf.

↖
Ungewöhnlich gesetzte Öffnungen, weite Durchblicke und mehrgeschossige Räume sorgen für ein komplett anderes Wohnerlebnis als im Bungalow.

←
Im kleinteiligen Bestandsgebäude sind die dienenden und die Individualräume verblieben. Im Erweiterungsbau findet der zweigeschossige Wohnraum mit angrenzendem Küchenbereich und die Arbeitsgalerie im Obergeschoss Platz.

↖
Die Kunstwerke „Oxido G252“ von 1992 und „Gravitation“ von 1996 des spanischen Künstlers Eduardo Chillida (1924–2002) inspirierten den Architekten bei der Gestaltung der Oberflächen und Fassadenöffnungen.

↗
Glatte Wand- und Bodenflächen treffen an Schattenfugen aufeinander.

→
Die Technik wurde versteckt, Licht fällt durch die über das gesamte Volumen verteilten Fenster ein.
Die präzisen Einschnitte liegen nur eine Steinbreite hinter der Fassade.

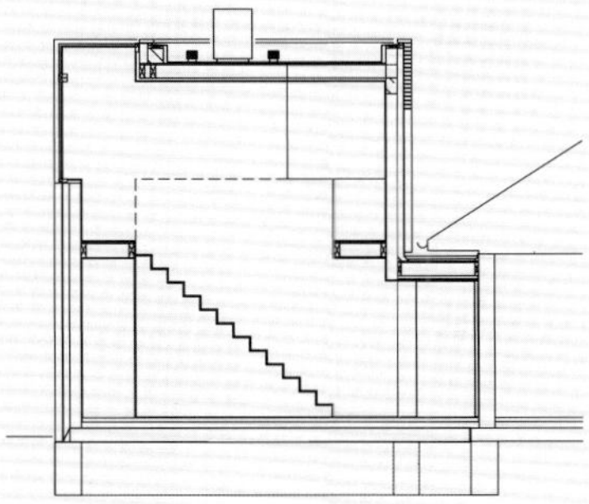

Querschnitt

Maßstab:
M 1:200

1 Übergang
2 Wohnen
3 Küche
4 Arbeiten

Standort:
Nienstädt

Anzahl der Bewohner:
4

Wohnfläche (m²):
109

Grundstücksgröße (m²):
650

Bauweise:
massiv

Baukosten:
130.000 Euro

Fertigstellung:
2013

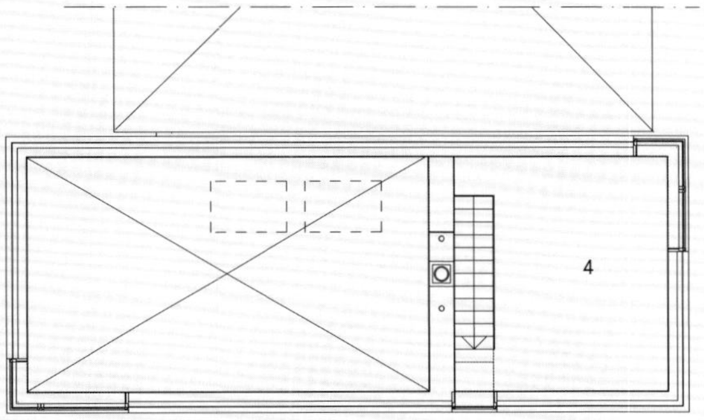

Grundriss/Obergeschoss

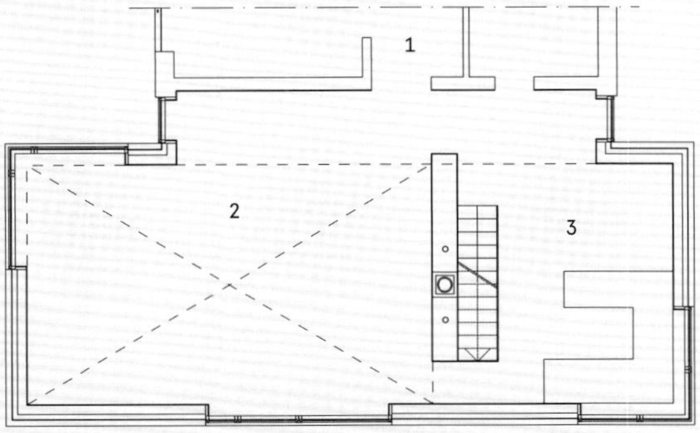

Grundriss/Erdgeschoss

Matti Schmalohr DI Architekt BDA DWB, Bückeburg

1983 – 1986 Ausbildung zum Möbeltischler
1990 – 1995 Studium der Architektur an der FH Bielefeld Abt. Minden
1995 – 1998 Mitarbeit in verschiedenen Architekturbüros
seit 1998 freischaffender Architekt
1999 – 2003 Studium der Architektur an der Universität Hannover
seit 2005 Dozent an der HAWK Hochschule für angewandte Wissenschaft und Kunst in Hildesheim für Entwerfen, Gebäudelehre und Baukonstruktion

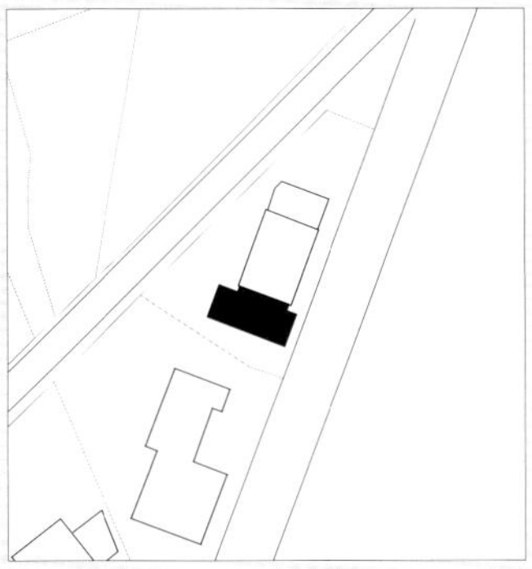

Lageplan/M 1:2000

Ortstermin

Ein Anbau in Nienstädt

Betrachtet man die Fotos des Hauses nur flüchtig und lässt sich von der skulpturalen Kraft des rauen Ziegelrechtkants faszinieren, entgeht einem leicht, dass es sich um einen Anbau handelt. Wobei auch dieser zierliche Begriff nicht richtig trifft, denn das angefügte Gebäude ist höher, tiefer und überhaupt beherrschend, es stellt sich wie eine Festung neben den vorhandenen Walmdachbungalow, dessen Wohnfläche es erweitert. Architekten traut man zu, dass sie ungeniert eine Haltung zeigen, dass sie drastisch einen Neuanfang setzen. Aber wie kommt ein Bauherr dazu, sich ein paar Meter neben seiner Zwergvilla mit schnörkeliger Haustür ein Fanal der Moderne zu stellen, zumal kaum 20 Jahre zwischen den beiden Aufträgen liegen?

Aufwärtsentwicklung zu ernst zu nehmender Architektur

Der Bauherr lacht, wenn man ihn auf das alte Haus anspricht: „So geht das eben mit der Zeit. Damals, da war ich ja noch klein.“ Es gibt sie also doch, die Aufwärtsentwicklung, das

„Da sind wir zusammen gesessen, und dann ist das so entstanden.“

Interesse an ernst zu nehmender Architektur. Die Idee, die Wohnumgebung für seine Familie mit einem völlig anders gearteten Anbau zu vergrößern, kam von ihm selbst. Davon hatte er eine ziemlich genaue Vorstellung: „eine Art Würfel“. Er brauchte nur noch einen Architekten aus der Umgebung, „zu dem das passt und dem das Spaß machen würde.“ Im Internet forschte er nach einem passenden Kandidaten, dem er seine aufgezeichnete Idee präsentieren wollte. Schließlich besuchte er mit seiner Skizze Matti Schmalohr.

Gesprächsnotiz:
Architekturbüro Matti Schmalohr

Start:
Röcker Straße 5, Bückeburg

Montag, 30. November 2015
15:30 Uhr:
Elender Regen, fast dunkel. Architekt hat mich schon kommen sehen, wer ist auch sonst bei dem Wetter in der Prärie unterwegs? Rasch zum Haus in Nienstädt.

Überraschung. Das auf Fotos verschwiegene alte Haus, an das angebaut wurde, prägt den Eindruck entscheidend. Bauherr macht auf. Ungewöhnliches Wohn- und Schaubiotop im Neubau, Möbelausstellung für Internethandel. Alles kleiner als erwartet, Galerie noch im Ausbaustadium. Bauherr erzählt jetzt ganz entspannt, hat wohl zuvor mit Architekten Gewährleistungsfragen der Handwerker geklärt. Witzig, wie Beteiligte zusammengekommen sind.

Zurück ins Architekturbüro, das nahtlos an die Weinhandlung des Schwiegervaters anschließt. Schmalohr erläutert Planung des Hauses in Nienstädt, zeigt Papiermodelle, anhand derer die Fensteröffnungen ermittelt wurden. Der große schwarze Hund kennt das schon, rollt sich in seinen Korb, neben dem eine Bratwurstreklame leuchtet.

Eine Bühne für das Wohnen mit Klassikern

Ergänzen muss man, dass es einen einleuchtenden Anlass gab. Der Bauherr handelt mit Möbelklassikern. Für die brauchte er eine passable Umgebung, um sie zu zeigen und zu fotografieren. Der Neubau, der nun Wohnraum, Küche, Essplatz und eine Arbeitsgalerie bietet, ist sozusagen die Bühne, der Vorführraum, in dem die Familie das Wohnen mit den Möbeln, Leuchten und Accessoires bekannter Architekten und Designer demonstriert.

Der Eingang liegt nach wie vor ungeniert im alten Haus, unter dessen bewahrtem Walmdach lediglich eine gläserne Fuge zum neuen Showroom vermittelt, der sich über die ganze Haustiefe zur vorhandenen Außenwand öffnet. „Das Dach hat ja immer funktioniert“, erklärt der Bauherr die Entscheidung, das wollte man nicht aufschneiden. Also stellte man den Kubus einfach daneben, nur ein wenig anders, nachdem sich der Architekt professionell mit den Vorgaben beschäftigt hatte.

Ein weiterer Wunsch des Bauherrn war, der Anbau sollte Übereck-Verglasungen erhalten. Dafür hat der Architekt, als das Gehäuse im Umriss festgelegt war, verschiedene Varianten als Papiermodelle angefertigt. Eine Plastik von Eduardo Chillida diente als inspirierender Anhaltspunkt. Dass die Fassade aus roten Vormauerziegeln besteht, war dagegen nicht von vornherein klar. „Die hat meine Frau in einer Zeitschrift entdeckt“, erzählt der Bauherr, dem das erst mal langweilig vorkam, „ich mochte Klinker noch nie“. Aber dann ist man in das Ziegelwerk gefahren,

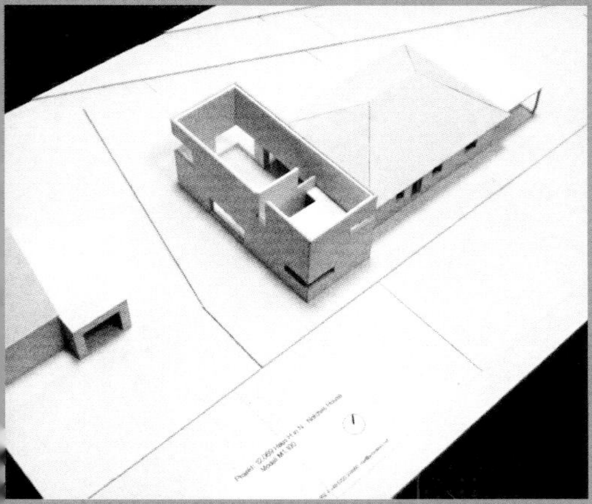

hat sich die unregelmäßigen Torfbrandscherben und damit gemauerte Häuser angesehen und schließlich wurde daraus ein Thema: „Es ist ein außergewöhnlicher Klinker“, gesteht er inzwischen. Hinter der 11,5-Zentimeter-Steinschicht folgt nach einer Entwässerungsfuge die Kerndämmung, dann das tragende Mauerwerk aus 17,5-Zentimeter-Hochlochziegeln, die weiß verputzt sind.

Davon hatte er eine ziemlich genaue Vorstellung: „eine Art Würfel“. Er brauchte nur noch einen Architekten aus der Umgebung, „zu dem das passt und dem das Spaß machen würde.“

Ein Ausstellungsraum – vom Boden bis zur Decke

Der Innenraum wird beherrscht von einer über zwei Geschosse reichenden atelierartigen Wohnhalle. Die Öffnungen sind entsprechend bevorzugter Ausblicke oder nach der Belichtung eingeschnitten, sie geben keinen Anhaltspunkt über die Geschosshöhen. „Da sind wir zusammengesessen und dann ist das so entstanden“, erinnert sich der Bauherr. Einmal greift die Übereckverglasung auch über die Dachkante, außerdem bringen zwei Dachflächenfenster Licht von oben. Die Fenster des dänischen Herstellers öffnen nach außen oder sind fest verglast. „Das Schöne ist“, erläutert der Architekt, „dass man sie flächenbündig einbauen kann“. Dunkle Aluminium-, weiße Kunststoff- und Holzprofile schließen glatt an den Gipsputz an.

„Es ist ein außergewöhnlicher Klinker.“

Die Treppe zur Galerie hängt als Schreinerkonstruktion wie ein Kasten über dem Boden, der mit einem glatten grauen Kunststoffspachtel versehen ist. Auch das entspricht der Erwartung an einen Ausstellungsraum. Selbst die schwarzen Bakelitschalter passen zur Umgebung. „Ich bin nicht so ein Technik-Freak“, sagt der Architekt, dem Bauherrn gefiel die Wahl, da war man schnell beisammen. Nur die Küche entspricht nicht dem ursprünglichen Plan. Statt den Ausblick beim Essen zu genießen, wollte man lieber mit den Arbeitsflächen an die Fenster anschließen. Am Altbau wird man nicht viel ändern, „die Fliesen kommen irgendwann raus, vielleicht kriegt man Parkett rein“, stellt der Bauherr in Aussicht. Möglich, dass die Fassade dann anthrazit gestrichen wird.

Ein janusköpfiges Gebäude, ein Lehrstück, keine Masche

Eine besondere Herausforderung waren die Herstellung und der Bauablauf. Der Bauherr erhielt vom Architekten in erster Linie eine Massenermittlung, danach hat er die Materialien selbst bestellt und die vom Architekten vorgeschlagenen Handwerker beauftragt. So ließen sich Kosten sparen. Für die Fassade gab es lediglich eine ungefähre Regel, wann die Binder in den Läuferverband eingefügt und wie die unregelmäßigen, narbigen Brände verteilt werden sollten. Nun steht das janusköpfige Gehäuse fertig als Lehrstück da: einmal als bürgerliche Tracht, das andere Mal wie ein moderner, rau rechts gestrickter Pullover. Deshalb sollte man aber nicht von Masche sprechen.

Wolfgang Bachmann

Leben in der Dachhaut

Ein Hanggrundstück mit großartigem Blick und ein stark beschränktes Budget: Unaufgeregt aber überzeugend macht das kleine Haus das Beste aus beiden Vorgaben.

1 **Was war das Besondere an der Bauaufgabe?**
Die Lage, ganz klar! Natürlich ist es immer der Ort, der ein Gebäude bestimmt, aber in diesem Fall ganz besonders. Das Haus liegt am Hang. Wir haben es so geplant, dass es trotz der umgebenden Bebauung freien Blick auf die Alpen und auf das Dorf Valeyres-sous-Rances hat.

2 **Wie haben die Bauherren Ihr Büro gefunden?**
Es sind Freunde. Eigentlich soll man ja vorsichtig sein, für Freunde und Familie zu arbeiten. Aber es hat großartig funktioniert.

3 **Welche Inspiration hat zu dem Entwurf geführt?**
Wir haben uns bemüht, die Qualitäten des Grundstücks zu erhalten und mit dem Gebäude nicht zu zerstören, sondern zu verstärken. Daher öffnen sich die Wohnräume in die Landschaft und zum Himmel. Ganz bewusst haben wir das Haus zudem komplett mit Dachziegeln verkleidet. Diese „Haut" zitiert und interpretiert das Material, mit dem sämtliche Dächer im Dorf gedeckt sind.

4 **Und auf welche Anforderungen, Einschränkungen und Bedingungen musste der Entwurf reagieren?**
Das Budget war wirklich eingeschränkt. Dank der Split-Level-Bauweise konnten wir die Erdarbeiten reduzieren – und damit die Kosten.

5 **Wie verlief der Entwurfsprozess und wie die Abstimmung mit den Bauherren?**
Die Organisation des Grundrisses richtet sich exakt nach den Anforderungen, die der Alltag der Bauherrenfamilie erfordert. Vor allem sollte es möglich sein, dass der Vater das Haus verlassen kann, ohne die Kinder zu stören. Und das kann er jetzt!

↖
Knapp 600 Einwohner leben in Valeyres-sous-Rances im Schweizer Kanton Waadt. Die Dächer im Dorf sind mit Ziegeln gedeckt. Die Verwendung der hölzernen Dachziegel als Fassadenmaterial sorgt dafür, dass sich das neue Haus in die gewachsene Umgebung einfügt, ohne seinen zeitgemäßen architektonischen Anspruch zu verleugnen.

←
Ein schöner Ausblick und gut proportionierte, klare Räume: Mehr braucht es nicht, um sich wohlzufühlen.

→
Die Split-Level-Bauweise sparte Kosten. Vom Eingang führen Stufen herunter in den Wohnbereich und den darunterliegenden Schlaftrakt.

↗ →
Sparsamkeit bestimmt auch das Interieur. Behaglich ist es trotzdem, ganz offensichtlich auch für den von Charles und Ray Eames entdeckten, nicht entworfenen „House Bird“.

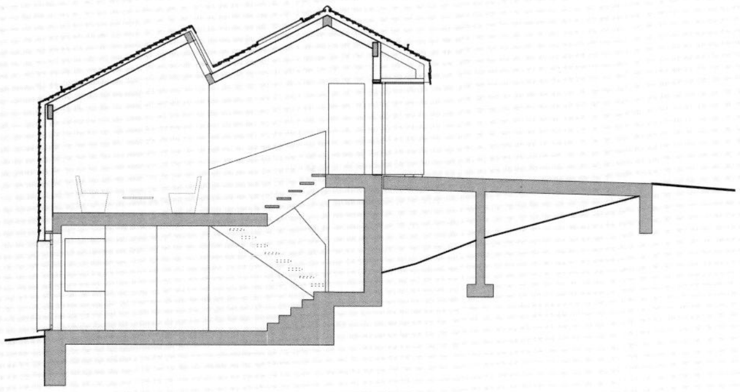

Längsschnitt

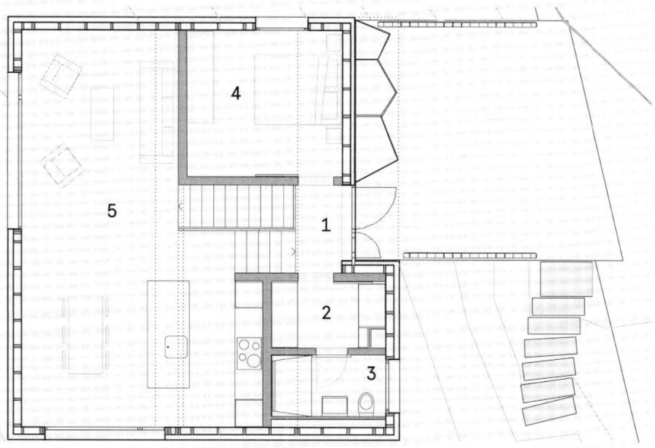

Grundriss/Straßenniveau

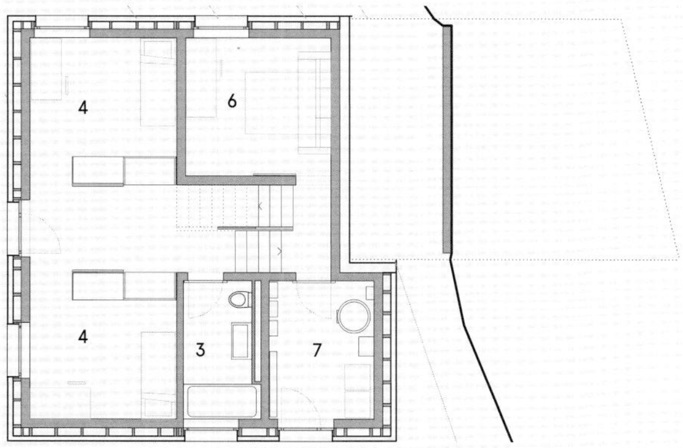

Grundriss/Erdgeschoss

Standort:
CH-Valeyres-sous-Rances

Anzahl der Bewohner:
4

Wohnfläche (m²):
122

Grundstücksgröße (m²):
835

Bauweise:
Stahlbeton/Holz

Baukosten:
63.750 SFR

Energiestandard:
entspricht Minergie

Fertigstellung:
2013

Maßstab:
M 1:200

1 Zugang/Eingang
2 Ankleide
3 Bad
4 Schlafen
5 Kochen/Essen/Wohnen
6 Schlafen/Arbeiten
7 Technik

bunq sa, Nyon und Corsier

Laurent Gaille, Architekt IAUG
1977 geboren
Ausbildung als Hochbauzeichner, dann an der Ecole d'Ingénieur in Genf, Diplom 2007
Sechs Jahre wissenschaftlicher Assistent
2009 und 2010 Dozent an der Ecole d'Ingénieur, Genf

Cyril Lecoultre, Architekt HES-Master
geboren 1976
2001 Diplom HES
2001 – 2005 Mitarbeiter im Büro Galletti & Matter
2005 und 2006 Assistent an der Ecole d'Ingénieur, Genf
2008 Diplom BFH-Master
2009 und 2010 Dozent an der Ecole d'Ingénieur, Genf
2010 – 2013 Assistent an der EPFL

Julien Grisel, Architekt EPFL
geboren 1973
1998 Diplom EPFL
2004 3ème cycle DEA in nachhaltiger Stadtentwicklung
2010 Doktorand an der EPFL
Mitarbeiter in verschiedenen Büros, u.a. bei Tardin & Pittet und Galletti & Matter
Seit 2015 Dozent an der Hochschule für Technik und Architektur in Freiburg

Philipe Gloor, Architekt HES
1977 geboren
2002 Diplom
Mitarbeiter in verschiedenen Büros, vor allem bei Galletti & Matter
2009 – 2013 Dozent an der Ecole d'Ingénieur in Genf
Seit 2013 Dozent an der Hochschule für Technik und Architektur in Freiburg

2007 bunq (GmbH 2008)

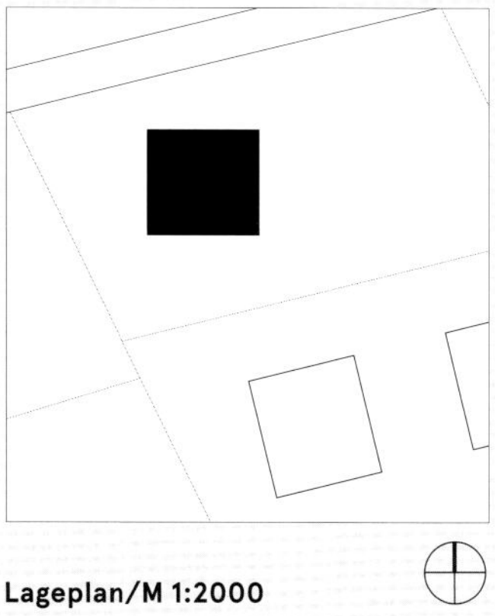

Lageplan/M 1:2000

Volumen in der Landschaft

Präzise Ausblicke rahmen die Blicke in die Eifel. Im Inneren ist sowohl Rückzug als auch Miteinander möglich.

1 **Was war das Besondere an der Bauaufgabe?**
Wichtig war uns die richtige Positionierung des Baukörpers auf dem Hanggrundstück, seine Einbindung in die Landschaft und die Topografie, die richtige Ausrichtung zu den Himmelsrichtungen und in die Umgebung: Das Haus sollte die vielen reizvollen Ausblicke, die der Bauplatz bietet, einfangen und verstärken. Gelungen ist das durch den abgetreppten Baukörper, der auf unterschiedlichen Ebenen und dank differenzierter Außenflächen die umgebende Natur jetzt erlebbar macht.

2 **Wie haben die Bauherren Ihr Büro gefunden?**
Unsere Bauherren sind durch eine Veröffentlichung eines unserer älteren Bauvorhaben in einer Architekturzeitschrift auf unser Büro aufmerksam geworden.

3 **Welche Inspiration hat zu dem Entwurf geführt?**
Die Idee einer plastischen, monolithischen Bauform, die sich dicht an den Hang schmiegt, hat den Entwurfsprozess bestimmt. Das gezielte „Herausnehmen" von Volumen aus diesem Monolithen schafft die Verbindung zur Umgebung und die Zuordnung der unterschiedlichen Nutzungsbereiche.

4 **Und auf welche Anforderungen, Einschränkungen und Bedingungen musste der Entwurf reagieren?**
Der Schwerpunkt beim Entwerfen lag klar auf dem Umgang mit der Topografie – schließlich sollten die großartigen Qualitäten des in Teilen bewaldeten Grundstücks erhalten bleiben …

5 **Wie verlief der Entwurfsprozess und wie die Abstimmung mit den Bauherren?**
Der gesamte Entwurfs- und Abstimmungsprozess mit den Bauherren war geprägt von einer sehr konstruktiven und befruchtenden Zusammenarbeit. Viele der Wünsche und Gedanken unserer Bauherren – und natürlich auch ihre Bedenken – haben immer wieder zu stimmigen Lösungen geführt, sei es in der Grundrissanordnung oder der Materialwahl. Durch den intensiven Austausch und die wechselseitigen Anregungen ist erst das Gesamtbild entstanden.

←
Das weitläufige Grundstück liegt außerhalb einer Ortschaft in der Eifel. Das neue Wohnhaus steht an gleicher Stelle eines ehemaligen Hauses auf einem Hügel mit Ausblicken nach Süden und Westen.

←
Die kubische Form des Hauses wird durch den horizontal strukturierten, grau gefärbten Außenputz unterstrichen.

→
Die zweiläufige Treppe mit einem als Band gestalteten Geländer verbindet die drei Etagen.

←
Die Kubatur des Baus fügt sich durch die abgetreppten Ebenen in die Topografie. Auf jeder Ebene entstehen Dachterrassen, von denen die umgebende Landschaft erlebt werden kann.

→
Auf der Hauptwohnebene befinden sich Eingang mit Garderobe und Gäste-WC, das Wohnzimmer mit Kamin und die große Küche mit angeschlossenem Essbereich. Die Räume umschließen eine Dachterrasse.

←
Die zur Hälfte im Hang liegende untere Ebene nimmt die Kinderzimmer auf, die Sauna mit Außenbereich (hier: die Dusche), das Gästezimmer sowie Kellerräume.

→
Im Inneren sorgen maßgefertigte Einbaumöbel aus Eichenholz für Wärme und Wertigkeit. Die Wände sind mit rauem Lehm verputzt.

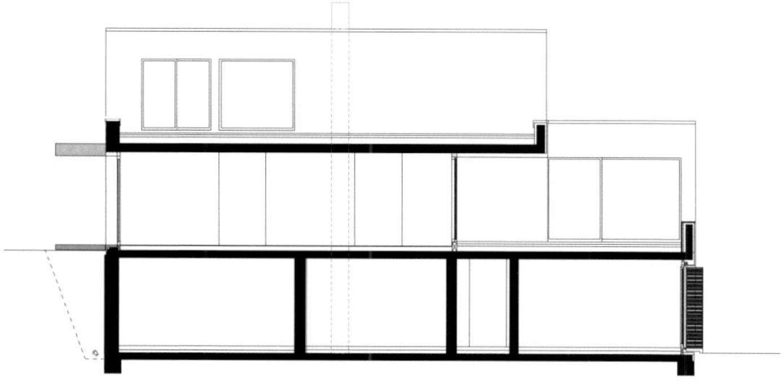

Längsschnitt

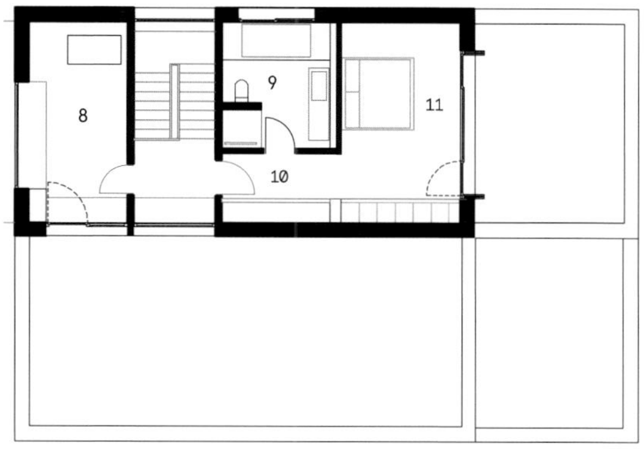

Grundriss/Obergeschoss

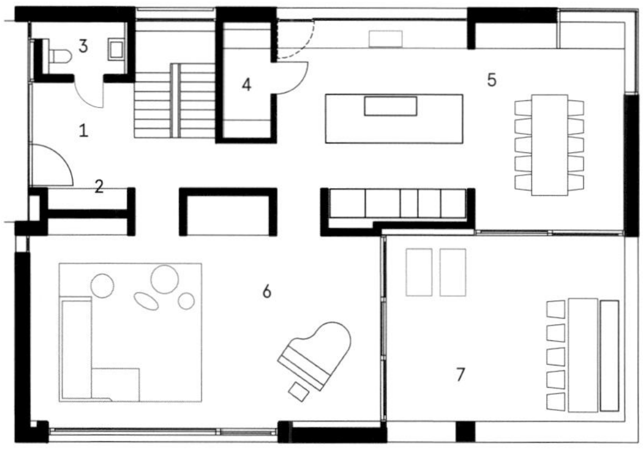

Grundriss/Erdgeschoss

Grundriss/Untergeschoss

Maßstab:
M 1:200

1 Zugang/Eingang
2 Gaderobe
3 WC
4 Vorrat
5 Kochen/Essen
6 Wohnen
7 Freisitz
8 Arbeiten
9 Bad
10 Ankleide
11 Schlafen
12 Hobby
13 Gast
14 Sauna
15 Kind
16 Technik
17 Lager
18 Hauswirtschaft

Standort:
Euskirchen

Anzahl der Bewohner:
4

Wohnfläche (m²):
350

Grundstücksgröße (m²):
3.200

Zusätzliche Nutzfläche:
30

Bauweise:
massiv

Energiestandard:
KfW 70

Fertigstellung:
2014

Kröger-Daniels Architekten mit Julia Burbach, Köln

Dipl.-Ing. Katharina Kröger-Daniels, Architektin, BDA
Studium FH Detmold
1984 Mitarbeit Allerkamp + Niehaus, Brakel
1986 Mitarbeit im Büro Schweizer, Bonn
seit 1993 selbstständig als Architektin: Kröger-Daniels Architekten

Julia Burbach, Architektin, Gutachterin für Immobilienbewertung
Studium RWTH Aachen
1996 Mitarbeit im Büro Eric Owen Moss, Los Angeles
1999 Mitarbeit im Büro Martini Architekten, Bonn
2004 Mitarbeit im Büro Schulte Architekten, Köln
seit 2006 im Büro Kröger-Daniels, Köln

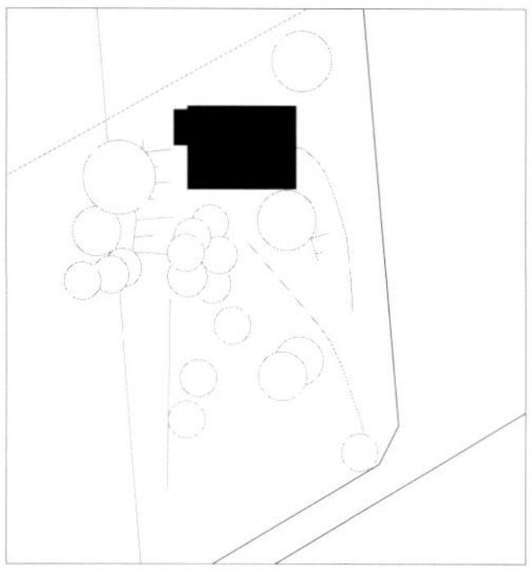

Lageplan/M 1:2000

The Wall

Ziegel ist ein verbreitetes Baumaterial im Münsterland. Für sein eigenes Haus setzte der Architekt besonders hohe Maßstäbe an Ausführung und Detaillierung.

1 Was war das Besondere an der Bauaufgabe?
Zunächst war es die Grundstücksfindung: Da in Haltern am See nahezu ausschließlich Grundstücke in Neubaugebieten zur Verfügung standen, mussten wir erst einmal die wenigen Grundstücke in gewachsener Struktur finden und analysieren. Da ein Hauptkriterium eine einfache Kubatur in Form eines Volumens mit Flachdach war, die Bebauungspläne aber kein Flachdach vorsahen, kam nur ein Grundstück in Frage, bei dem der Bebauungsplan hinsichtlich der gewünschten Rahmenbedingungen geändert werden sollte. Der Entwurf wurde dem Planungsamt vorgestellt, mit dem Ergebnis, dass bei Einreichung eine Veränderungssperre beschlossen wurde! Von einer weiteren Bearbeitung haben wir dann abgesehen ... Wir suchten dann nach Bestandsimmobilien. Aufgrund der hohen Immobilienpreise wurden ein Abriss und Neubau ebenfalls verworfen und wir fanden nach zahlreichen Besichtigungen ein älteres Haus. Ein Wochenende lag noch vor der schriftlichen Zusage. Und dann führte Glück und Zufall zum jetzigen Grundstück.

2 Wie haben die Bauherren Ihr Büro gefunden?
Bauherrin und Architekt fanden sich bereits vor fünf Jahren während des Studiums und bewohnen mittlerweile mit einem Sohn und einer Tochter ein Haus auf besagtem Grundstück.

3 Welche Inspiration hat zu dem Entwurf geführt?
Die Vorstellungen waren bereits über einen längeren Zeitraum gewachsen. Schlicht und einfach sollte es werden. Mehrere große wie kleine Gebäude wurden besucht und dienten als Inspirationsquellen. Mies van der Rohes Haus Lange und Haus Esters in Krefeld gaben den Ausschlag für das Material Ziegel, das uns durch seine schlichte Schönheit begeisterte. Und in München haben wir Details studiert, das von Andreas Meck geplante Dominikuszentrum war Vorbild für die monolithische Struktur des Gebäudes.

4 Und auf welche Anforderungen, Einschränkungen und Bedingungen musste der Entwurf reagieren?
Das Grundstück lag direkt an einem Bahnübergang, der im Zuge der Baumaßnahme geschlossen wurde, die Straße wurde zur Sackgasse. Als letztes Haus mit einer Grundfläche im Norden konnte das Gebäude bis auf drei Meter an die Grenze gesetzt werden. Wir haben den Baukörper quer zur Straße ausgerichtet, so dass der Garten im Süden maximal groß blieb. Die Aufenthaltsräume orientieren sich nach Süden, im Norden liegt nur der Eingang. Bei Spaziergängern führt das bisweilen zu Irritationen: Bunker, Bahnhofshalle, gewollte Hässlichkeit sind Begriffe, die wir hören... Die Bahnlinie im Westen erforderte eine klare Anordnung der Räume. Im Westen Musikzimmer und Arbeitsraum sowie Kinderbad, Schlafen und Bad nach Osten und Süden. Der offene Wohn-Essraum ist ebenso wie die Kinderzimmer nach Süden ausgerichtet. Um die Großzügigkeit zu unterstützen, wurden zum Teil 8,50 Meter große Verglasungen eingebaut. Die Galerie sowie das Kinderbad hingegen werden nur über Oberlichter belichtet und verstärken den geschlossenen Charakter der Nordwand.

5 Wie verlief der Entwurfsprozess und wie die Abstimmung mit den Bauherren?
Wenn es sein musste, wurde noch am Abend bei einem Glas Wein diskutiert – allerdings kam das nicht oft vor.

↗
Ziegel stand als Material früh fest. Alle Details wurden dann so entwickelt, dass auf Bleche verzichtet werden kann: Das Haus kommt ohne Attika, Fensterbänke und Dehnungsfugen aus.

→
„Bunker“, sagen Spaziergänger beim Anblick der bis auf den Eingang geschlossenen Nordwand. „The Wall“ heißt sie bei der Architektenfamilie. Vor allem jedoch schützt sie vor Lärm.

↗
→
8,50 Meter große Verglasungen öffnen sich vom Wohnbereich in den Garten. Die Öffnung in der Küche gestattet den Blick auf das benachbarte Fachwerkhaus.

↗
Im Obergeschoss wurden die privaten Räume – Kinderzimmer, Kinderbad, Arbeitszimmer sowie Elternschlafzimmer mit integriertem Bad – untergebracht.

↖
Drei Oberlichter sorgen im Flur für indirektes Licht.

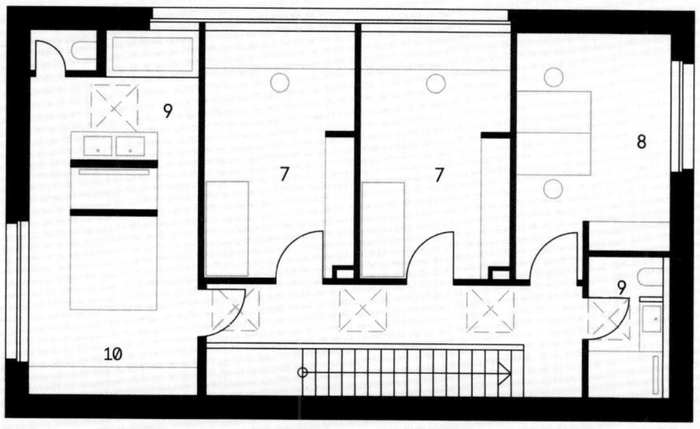

Grundriss/Obergeschoss

Maßstab:
M 1:200

1 Zugang/Eingang
2 WC
3 Abstell
4 Musik
5 Hauswirtschaft
6 Kochen/Essen/Wohnen
7 Kind
8 Arbeiten
9 Bad
10 Eltern

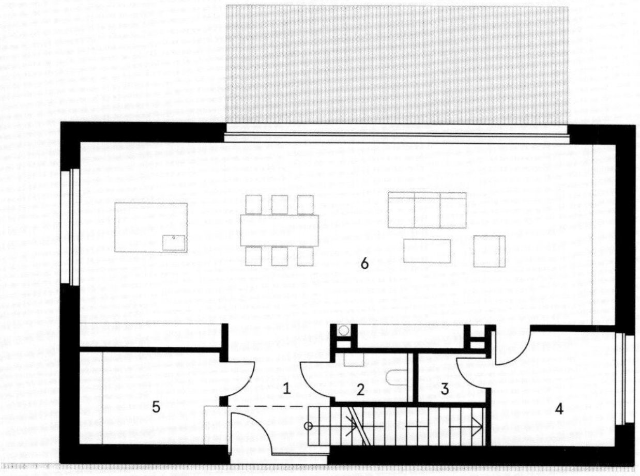

Grundriss/Erdgeschoss

Standort:
Haltern am See

Anzahl der Bewohner:
4

Wohnfläche (m²):
196

Grundstücksgröße (m²):
677

Bauweise:
massiv

Baukosten:
250.000 Euro

Energiestandard:
KfW 55

Fertigstellung:
2014

quadrat + architekten, Lünen

Dipl.-Ing. Alexander Pick, Architekt
2007 Diplom an der TU Dortmund, Studiengang Architektur und Städtebau
2007 – 2008 Bürogründung quadrat + GmbH mit Dipl.-Ing. Arch. Thomas Köster, Lünen
seit 2008 geschäftsführender Gesellschafter der quadrat + architektengesellschaft mbH zusammen mit Büropartner Dipl.-Ing. Arch. Thomas Köster
seit 2011 wissenschaftlicher Mitarbeiter Fachgebiet Konstruktives Gestalten und Baukonstruktion, TU Darmstadt
WS 2013/2014 Lehrauftrag im Fach Konstruktives Gestalten, TU Darmstadt

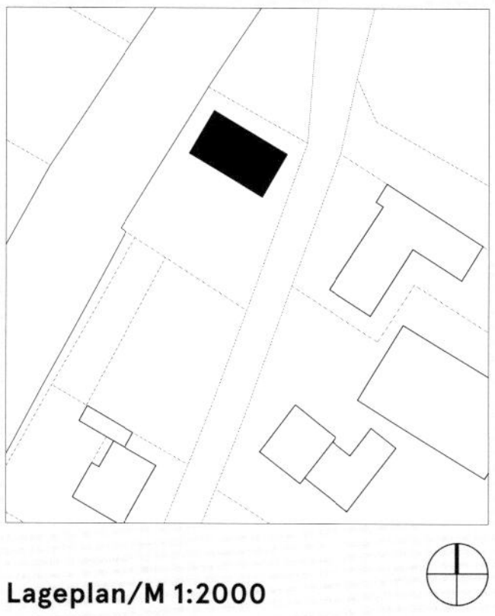

Lageplan/M 1:2000

Raumlandschaft im Landschaftsraum

In Dornbirn entstand ein klar strukturiertes Einfamilienhaus mit differenzierten Außenbezügen.

1 **Was war das Besondere an der Bauaufgabe?**
In unmittelbarer Nähe zu einem idyllischen Bach im nordöstlichen Stadtgebiet von Dornbirn liegt das Grundstück an einer Weggabelung. Diese erschließt nördlich das umliegende, durchgrünte und zugleich heterogene Wohngebiet, im Süden eröffnet sie jedoch einen Weg entlang des natürlichen Gewässers. Auf diesen naturräumlichen und städtebaulichen Kontext galt es zu reagieren. Im Fokus stand zudem, eine individuelle, in Raum übersetzte Antwort auf die Vorgaben der Bauherren zu finden sowie ökologische Aspekte in das Konzept einzubinden.

2 **Wie haben die Bauherren Ihr Büro gefunden?**
Seit einigen Jahren verbindet uns eine Freundschaft. Als die Suche der Bauherrenfamilie nach einem Architekten begann, haben wir uns zusammen einige von meinem Büro bereits realisierte Gebäude angesehen und rasch festgestellt, dass ein gemeinsames Entwickeln des Hauses sehr spannend werden könnte.

3 **Welche Inspiration hat zu dem Entwurf geführt?**
Hier hat sicher die spezielle Lage des Grundstückes eine zentrale Rolle gespielt. Vor allem das genaue Beobachten der Lichtverhältnisse auf dem Grundstück sowie das sorgfältige Überprüfen, welche Ausblicke man in das Haus holen möchte, wo man sich zur Natur hin öffnet und in welchen Bereichen sich eher geschützte Rückzugsbereiche befinden sollen, haben den Entwurf bestimmt. Durch diese Differenzierung haben sich beispielsweise auch die unterschiedlichen Terrassen, die offene Galerie oder der fächerartig umschlossene, innenliegende Terrassenhof ergeben, der den Blick in den nächtlichen Sternenhimmel freigibt. Die Verbindung dieser Orte mit jeweils unterschiedlichen Aufenthaltsqualitäten zueinander hat dann die vielfältige räumliche Landschaft aus Innen- und Außenbereichen ergeben. Der Lebendigkeit des Raumes steht eine ruhige Klarheit bei der Wahl der Materialien gegenüber: Durchgehend sehr reduziert prägen weiße Oberflächen, Holz und Lehm die Atmosphäre. Die Bauherren stellten sich eine archetypische Hausform vor. Dieser Wunsch kam meiner Intention, auf diesen Ort mit einem typologisch unaufgeregten, klaren Baukörper zu reagieren, sehr entgegen.

4 **Und auf welche Anforderungen, Einschränkungen und Bedingungen musste der Entwurf reagieren?**
Auch hier haben wieder die Gegebenheiten des Grundstücks eine Rolle gespielt. Dabei waren auch behördliche Vorgaben aufgrund der Nähe zum natürlichen Gewässer zu berücksichtigen.

5 **Wie verlief der Entwurfsprozess und wie die Abstimmung mit den Bauherren?**
Durch die ausführlichen Planungsgespräche waren die Bauherren aktiv in den Entwurfsprozess eingebunden. Auch über Modelle, Bilder und Pläne wurde kommuniziert. Aus dem Dialog haben sich immer wieder neue Aspekte ergeben, die zu spannenden Ergebnissen geführt haben. Es war ein sehr bereichernder, produktiver Prozess – für beide Seiten.

↗
Das Grundstück liegt an einer Weggabelung, die ein heterogenes, durchgrüntes Wohngebiet erschließt. Vom Garten aus hat man Blick und Zugang zum Haselstauder Bach.

↗
Der unaufgeregte, sorgfältig durchdachte Baukörper reagiert mit einer räumlichen Landschaft aus Innen- und Außenbereichen sowie aus Ein- und Zweigeschossigkeit auf die naturräumliche und städtebauliche Situation.

→
Vorgelagerte Terrassen schützen vor sommerlicher Überhitzung und erweitern den Innenraum über die großzügigen Verglasungen. Während im Gartengeschoss eine tief eingeschnittene Terrasse den Übergang in den Grünbereich bildet, ermöglicht der Hof sichtgeschützten Aufenthalt unter freiem Himmel.

→
Weiße Oberflächen, Lehm und Holz sind die prägenden Materialien im Inneren. Vertikale, in der Tiefe angeschrägte Fichtenlatten umhüllen außen das Haus und lassen die Fassade je nach Lichteinfall lebendig erscheinen.

↖ ↗
Ein großzügiger Luftraum verbindet die beiden Geschosse auch vertikal miteinander. Die kontrollierte Wohnraumlüftung, der Stampflehmofen sowie eine massive Lehmwand sorgen für ein angenehmes Wohnklima.

←
Bewusst gesetzte Blickbeziehungen sowie Filterelemente aus Holz, Textil und Glas ermöglichen unterschiedliche Aufenthaltsqualitäten – vom offenen Raum bis hin zur geschützten Rückzugsmöglichkeit.

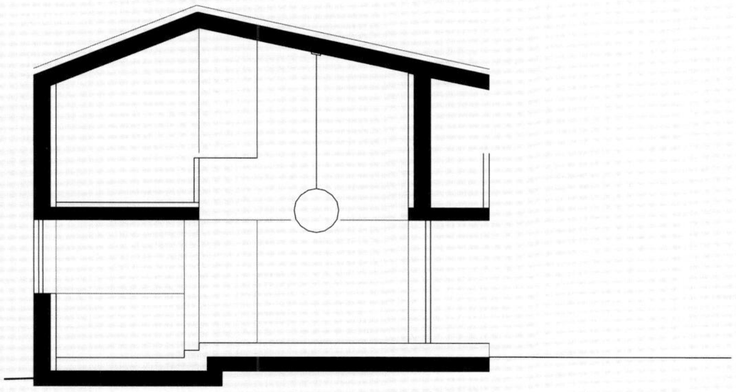

Schnitt

Grundriss/Obergeschoss

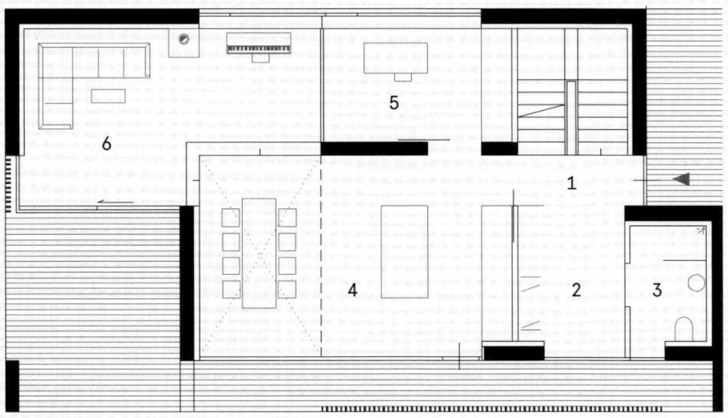

Grundriss/Erdgeschoss

Maßstab:
M 1:200

1 Zugang/Eingang
2 Garderobe
3 Bad
4 Kochen/Essen
5 Arbeiten
6 Wohnen
7 Kind
8 Luftraum
9 Schlafen

Standort:
A-Dornbirn

Anzahl der Bewohner:
4

Wohnfläche (m^2):
149

Grundstücksgröße (m^2):
800

Zusätzliche Nutzfläche (m^2):
42

Bauweise:
Holzelementbauweise auf massivem Sockel

Energiestandard:
Niedrigenergiehaus

Fertigstellung:
2014

HELENA WEBER ARCHITEKTIN ZT, Dornbirn

Studium der Musik mit Konzertfach Violine an der Kunstuniversität Graz sowie Studium der Architektur an der TU Graz und an der University of Oulu, Finnland. Tätigkeit in diversen Architekturbüros in Berlin, Dornbirn und Graz, u.a. als Projektleiterin bei Prof. Arch. Klaus Kada, von 2003 bis 2005 freischaffende Architektin in Málaga (Spanien). Seit 2008 selbstständige Architektin in Dornbirn; staatlich befugte und beeidete Ziviltechnikerin (seit 2011).

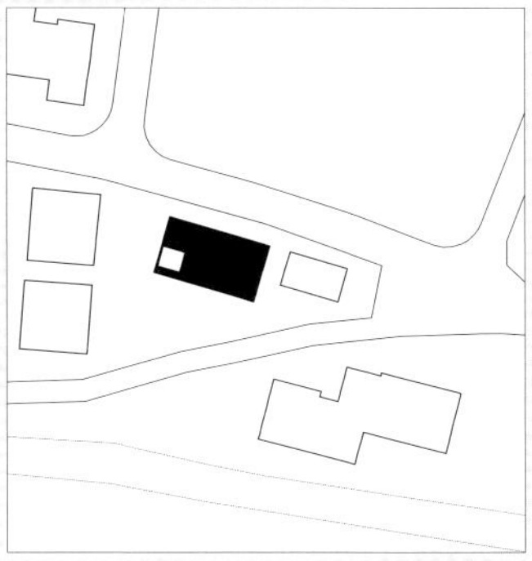

Lageplan/M 1:2000

Familienfreundlich

Ein Grundstück, vier Erwachsene, sechs Kinder und einige Bäume können zu zahllosen Problemen führen. Oder zu einem Doppelhaus mit zwei privaten Außenbereichen.

1 Was war das Besondere an der Bauaufgabe?
Besonders und besonders wichtig war uns, die eher konventionelle Aufgabe „zwei Doppelhaushälften für zwei Familien" auf schmalem Grundstück architektonisch zeitgemäß zu lösen. Und natürlich: sämtliche Bedürfnisse von zehn Hausbewohnern unter einen Hut zu bekommen.

2 Wie haben die Bauherren Ihr Büro gefunden?
Die Bauherren haben über ein Bauträgerangebot für das Grundstück zusammengefunden. Aufgrund schwieriger planerischer Grundvoraussetzungen wurde das Grundstück ohne Planung freigegeben. Eine der Bauparteien war durch ein realisiertes Projekt auf uns aufmerksam geworden. Die andere Bauherrenfamilie kannte uns durch Bauten in der Nachbarschaft.

3 Welche Inspiration hat zu dem Entwurf geführt?
Das Grundstück hat einen wirklich wunderschönen alten Baumbestand, der weitestgehend erhalten werden sollte. Außerdem sollten die Doppelhaushälften trotz des schmalen Grundstücks bei optimaler Flächenausnutzung durch großzügige Öffnungen möglichst viel Licht abbekommen und ein Verschmelzen von Innen- und Außenraum ermöglichen. Und last, but not least war es wichtig, dass jedes der Häuser ein ausreichendes Maß an Privatsphäre genießt. Aufgrund dieser Vorgaben rutschte die westliche Haushälfte wegen eines großen Laubbaums im Norden und der Nachbarbebauung im Westen um die Terrassentiefe weiter nach Süden. Dieser Versatz gliedert den Baukörper mit dem Erfolg, dass dieser nicht zu massiv wirkt. Und: Sämtliche Terrassen sind voreinander sichtgeschützt. Die Fassade aus sägerauem, vorvergrautem Fichtenholz lässt das Haus dann mit der umgebenden Natur verschmelzen.

4 Auf welche Anforderungen, Einschränkungen und Bedingungen musste der Entwurf reagieren?
Das Grundstück ist sehr schmal. Zudem machte die Naturschutzbehörde große Einschränkungen für die Bebaubarkeit. Hier wollten zwei Familien mit je drei Kindern mit einem Budget, das nicht wesentlich höher als das Bauträgerangebot sein durfte, unterkommen ...

5 Wie verlief der Entwurfsprozess und wie die Abstimmung mit den Bauherren?
Wir brauchten einen gemeinsamen Nenner für die Ansprüche und Wünsche beider Parteien und mussten – und haben! – schnell einen Konsens gefunden: In den Häusern gibt es zwei Grundrissvariationen. Links ein komplett offenes, loftartiges Wohnzimmer. Rechts ein abgeschlossener Garderobenbereich, eine abgeschlossene Küche und eine abgeschlossene Kellertreppe. Beide Bauherrenparteien ließen sich für das Konzept begeistern, so dass der Entwurfsprozess sehr harmonisch funktionierte.

↗
Lang und schmal verschieben sich die beiden Haushälften gegeneinander.

→
Die Fassaden leben von dem Kontrast aus großen Fensterflächen mit alueloxierten Profilen und der Verkleidung aus sägerauen, mit Pigmentfarbe behandelten Brettern unterschiedlicher Breite.

↖ →
Das Bücherregal im Treppenauge reicht bis ins Dachgeschoss. Es ist zudem ein Geländer und Raumteiler.

→
Das Erdgeschoss der westlichen Haushälfte ist ein großzügiger Raum.

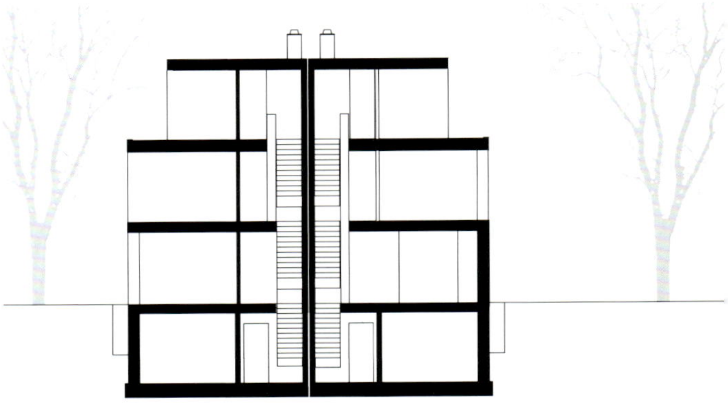

Querschnitt

↖
←
Das östliche Doppelhaus ist konventioneller organisiert. Der Wohnqualität tut die gebaute Variante keinen Abbruch.

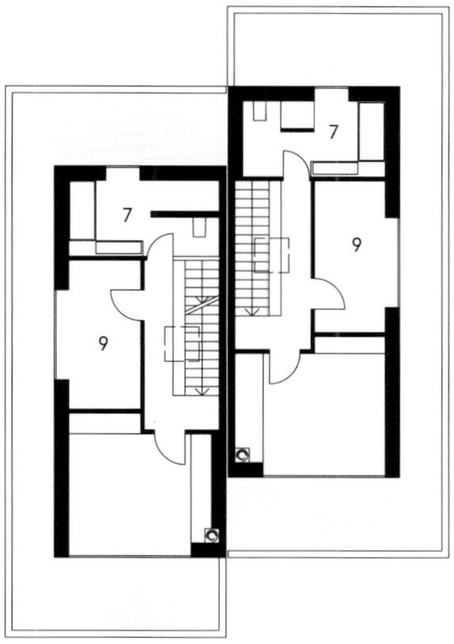

Dachgeschoss

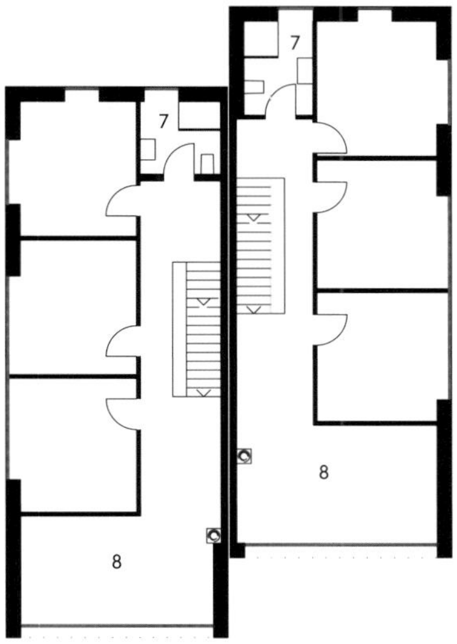

Obergeschoss

Standort:
München

Anzahl der Bewohner:
2 x 5

Wohnfläche (m²):
2 x 213,5

Zusätzliche Nutzfläche (m²):
2 x 82

Bauweise:
Betonfertigbau, holzverschalt

Fertigstellung:
2013

Maßstab:
M 1:200

1 Zugang/Eingang
2 Garderobe
3 WC
4 Kcchen/Essen/Wohnen
5 Kcchen
6 Essen/Wohnen
7 Bad
8 Kinder
9 Eltern
10 Hcbby/Lager/Technik

Jacob & Spreng Architekten GmbH, München

Christoph Jacob
1968 geboren in München
1995 Diplom Architektur FH München
1999 Eintragung Bayerische Architektenkammer
1995–2003 selbstständiger Architekt,
Mitarbeit Architekturbüro Eberhard v. Angerer
2004 Bürogründung christoph jacob architecture

Bettina Spreng
1968 geboren in München
1992 Diplom Innenarchitektur FH Rosenheim
1996 Diplom Architektur FH München
2004 Eintragung Bayerische Architektenkammer
1993–2012 selbstständiger Architekt,
Mitarbeit Architekturbüro Maier Neuberger Projekte,
Mitarbeit Architekturbüro Prof. Fred Angerer,
Mitarbeiter Architekturbüro Ulrich Kraus

2013 Bürogründung Jacob & Spreng Architekten GmbH

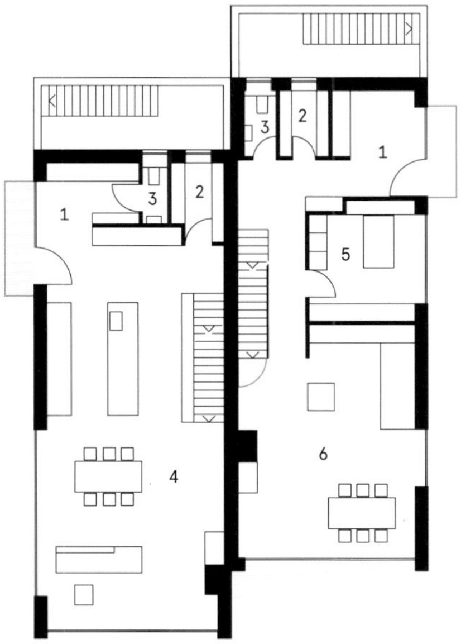

Erdgeschoss

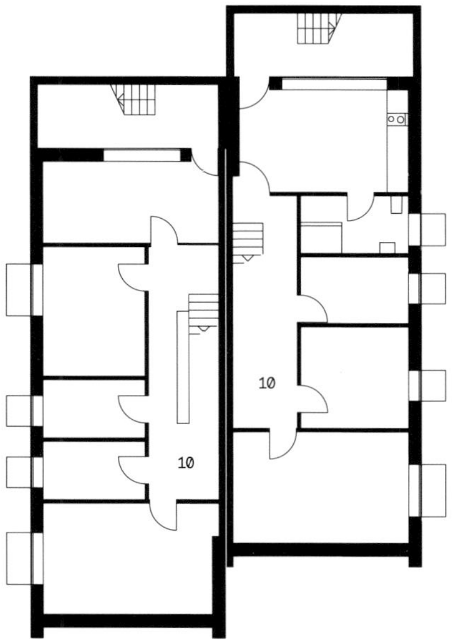

Kellergeschoss

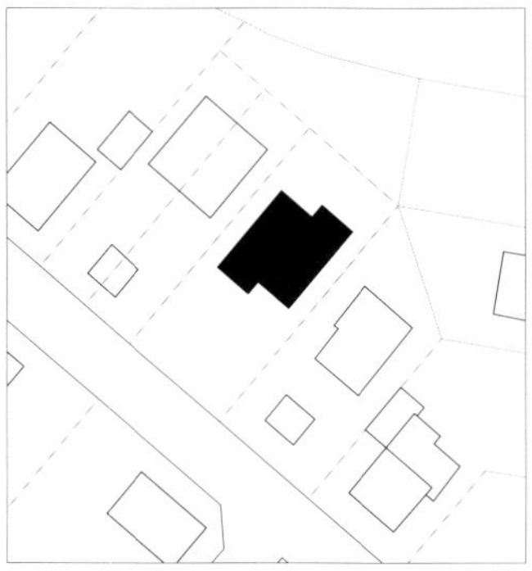

Lageplan/M 1:2000

Dorferneuerung

Der Bestand: Ein leerstehendes Fachwerkhaus aus dem 19. Jahrhundert, die Reste einer abgebrannten Scheune sowie Vieh- und Wirtschaftsgebäude aus den 30er und 60er Jahren. Daraus entstanden ist ein zeitgemäßer, eleganter Zweiseithof.

1 Was war das Besondere an der Bauaufgabe?

Die Herausforderung lag darin, innerhalb der heterogenen Struktur des Gesamtensembles – ein leerstehendes Fachwerkhaus aus dem 19. Jahrhundert, die Reste einer durch Brand zerstörten Scheune sowie Vieh- und Wirtschaftsgebäude der 1930er und 1960er Jahre – die ursprüngliche Struktur des Zweiseithofes wieder erkennbar werden zu lassen. Das Konzept der baulichen und freiräumlichen Erweiterung um das zu sanierende Fachwerkhaus sollte diese sichtbar machen, neu interpretieren und in eine zeitgemäße Wohnform führen. Da der Bauherr keine konkrete Vorstellung zu Größe und Disposition eines Erweiterungsgebäudes gemacht hatte, konnten wir mit großer Freiheit das Konzept, die Gestalt und Materialität entwickeln.

2 Wie haben die Bauherren Ihr Büro gefunden?

Der Bauherr ist durch den persönlichen Kontakt eines Familienmitglieds auf meine Arbeiten aufmerksam geworden.

3 Welche Inspiration hat zu dem Entwurf geführt?

Der Entwurf ist durch die Analyse und Auseinandersetzung mit dem Genius Loci der ländlich geprägten Siedlungsstruktur der östlichen Hocheifel entstanden. Die Landschaft ist geprägt durch die Viehwirtschaft und somit durch die ursprünglich in der Landwirtschaft verankerten Haus- und Hofformen. Neben dem so genannten Trierer Einhaus – einem quergeteilten Einheitshof, bei dem Wohnhaus, Stallungen und Scheune unter einem Dach liegen – finden sich in der näheren Umgebung Zweiseithöfe aus Wohn- und Wirtschaftsgebäude und historische Fachwerkhäuser. Inspiration bei der Konzeptfindung war uns der Zweiseithof, der einen zur Straße orientierten halböffentlichen Freiraum und einen zur Landschaft orientierten hinteren, sehr privaten Platz generiert. Innenräumlich haben uns die ehemaligen Tennen dazu angeregt, die Räume geschossübergreifend zu gestalten.

4 Und auf welche Anforderungen, Einschränkungen und Bedingungen musste der Entwurf reagieren?

Wichtig war, dass die beiden Gebäudeteile Fachwerkhaus und Erweiterungsbau einerseits unabhängig voneinander als eigenständige Einheiten genutzt werden können, andererseits aber auch koppelbar sind. Die gesamte Struktur ist daher in der Grundrissdisposition und technischen Ausstattung so ausgelegt, dass sowohl eine als auch zwei Einheiten zu nutzen sind. Es war zudem eine Bedingung des Bauherrn, dass die Umsetzung des Konzepts in verschiedenen Bauabschnitten durchgeführt wird. So wurden als Erstes die Wirtschaftsgebäude aus den 30er und 60er Jahren abgerissen, das Fachwerkhaus saniert und der Verbindungsbaukörper, in dem sich die Technik und die vertikale Erschließung befinden, erstellt. Im zweiten Bauabschnitt folgte der größere Teil des Erweiterungsgebäudes und im dritten die hinteren und vorderen Zugänge und Außenanlagen. Insgesamt betrug die Bauzeit sechs Jahre.

5 Wie verlief der Entwurfsprozess und wie die Abstimmung mit den Bauherren?

Der Bauherr ließ sich von vornherein auf die typologische Betrachtungsweise der vorhandenen Siedlungsstrukturen und deren Interpretation ein. Es gab keine Anforderungen hinsichtlich eines Raumprogramms, lediglich die Angabe, dass beide Einheiten unabhängig voneinander nutzbar sein müssen. Aufgrund der Dauer des Ausführungsprozesses gab es insgesamt drei planungsreife Entwurfsvarianten. Die ersten beiden Varianten wurden auf meinen Wunsch hin verworfen. Der Bauherr empfand das Verwerfen bereits bestehender Entwürfe als Bereicherung seines Architekturverständnisses und als zielbringend. Die Abstimmung erfolgte in der Regel in zwei bis vier intensiven Arbeitsgesprächen pro Jahr, in denen Entwürfe, Ausführungs- und Detailpläne, Vertragsangelegenheiten, Materialien, Arbeitsproben, Einrichtungen etc. diskutiert wurden.

↗
Das Haus befindet sich in einem Eifel-Dorf mit etwa 300 Einwohnern in unmittelbarer Nähe zum Nürburgring. Ein baufälliger Stall und Teile der zerstörten Scheune wurden abgerissen, das Fachwerkhaus aus dem 19. Jahrhundert kernsaniert.

↗
Das Erweiterungsgebäude steht anstelle von Stall und Scheune. Die zentrale Küche ist das Verbindungselement zwischen Alt- und Neubau.

↗
Alt und neu verstehen sich: Im sanierten Fachwerkhaus treffen Relikte aus dem 19. Jahrhundert auf die Moderne, im Erweiterungsbau sorgen große Fenster dafür, dass man die Historie im Blick behält.

↗ →
Aus dem historischen vorderen Wirtschaftshof und dem hinteren Vieh- und Bauerngarten sind ein zur Straße orientierter halböffentlicher Garten und ein zur Landschaft geöffneter, privater Platz entstanden.

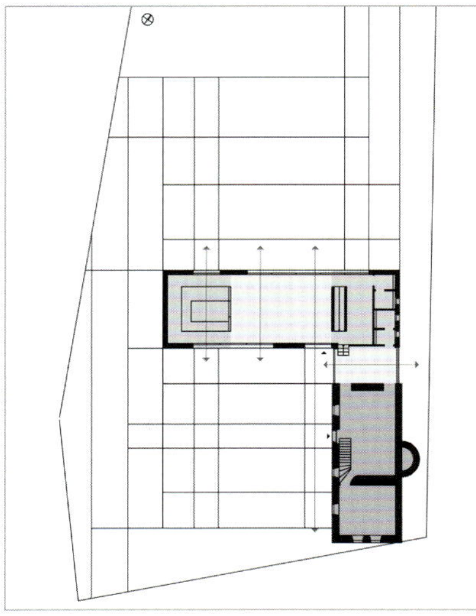

Hof nach Umbau 2013

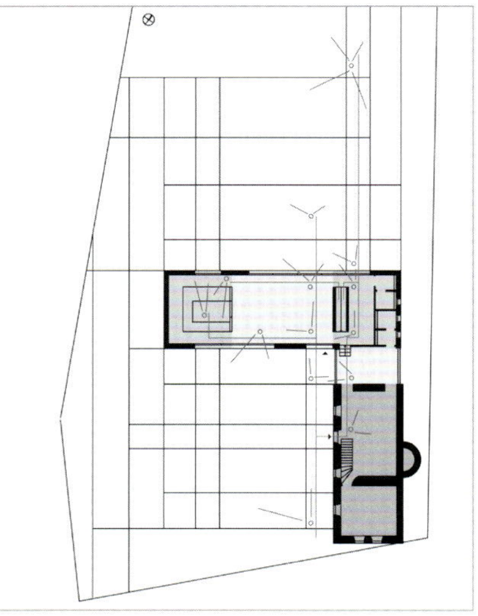

Wege und Sichten

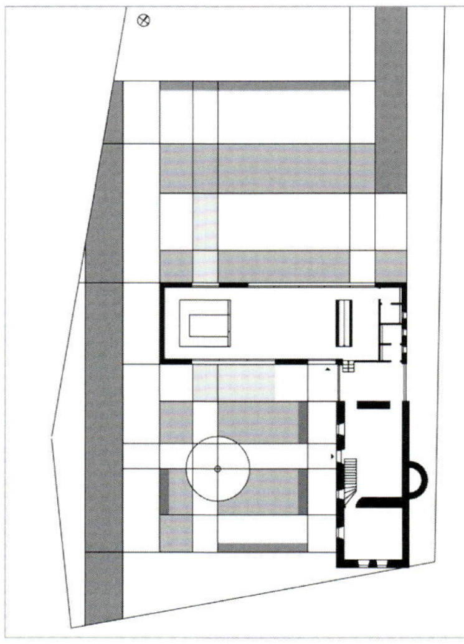

Freiräume und Grün

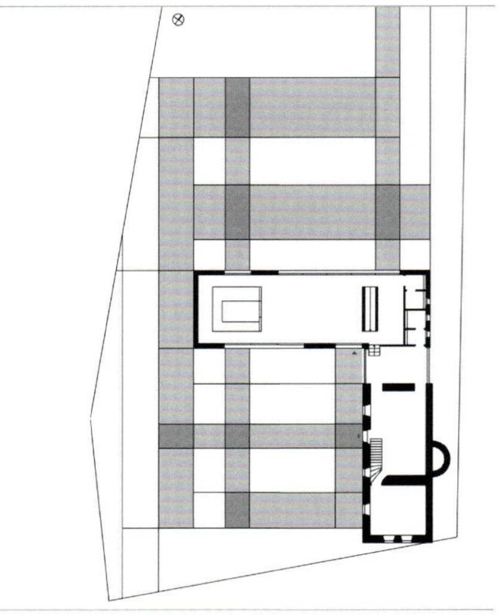

Wege und Plätze

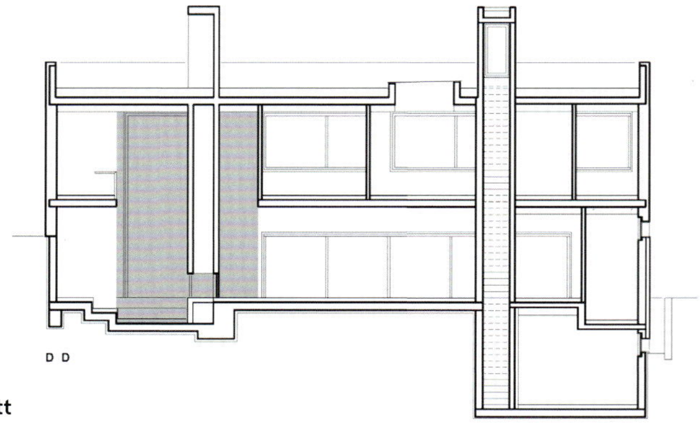

Längsschnitt

↗
Das Badezimmer mit freistehender Badewanne hat auch noch Platz für die Sauna.

→
Die zweigeschossige, farbenfrohe Sitzmulde an der Feuerstelle nimmt die Höhe der ehemaligen Tenne auf.

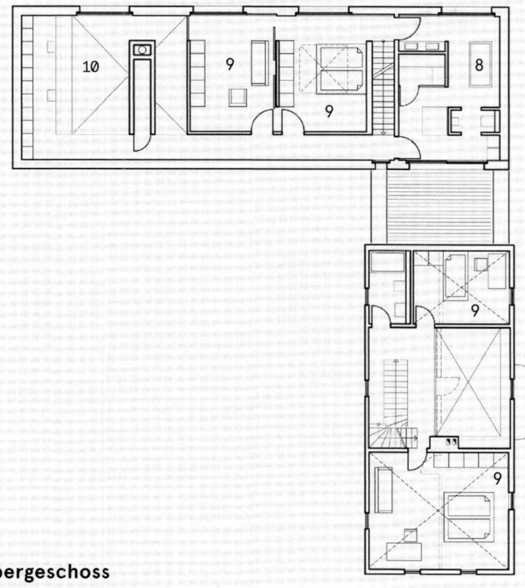

Grundriss/Obergeschoss

Standort:
Hocheifel

Anzahl der Bewohner:
2

Wohnfläche (m²):
202 (Erweiterung)
124 (Fachwerkhaus)

Grundstücksgröße (m²):
1.477

Zusätzliche Nutzfläche (m²):
41

Bauweise:
massiv

Energiestandard:
Niedrigenergiehaus

Fertigstellung:
2014

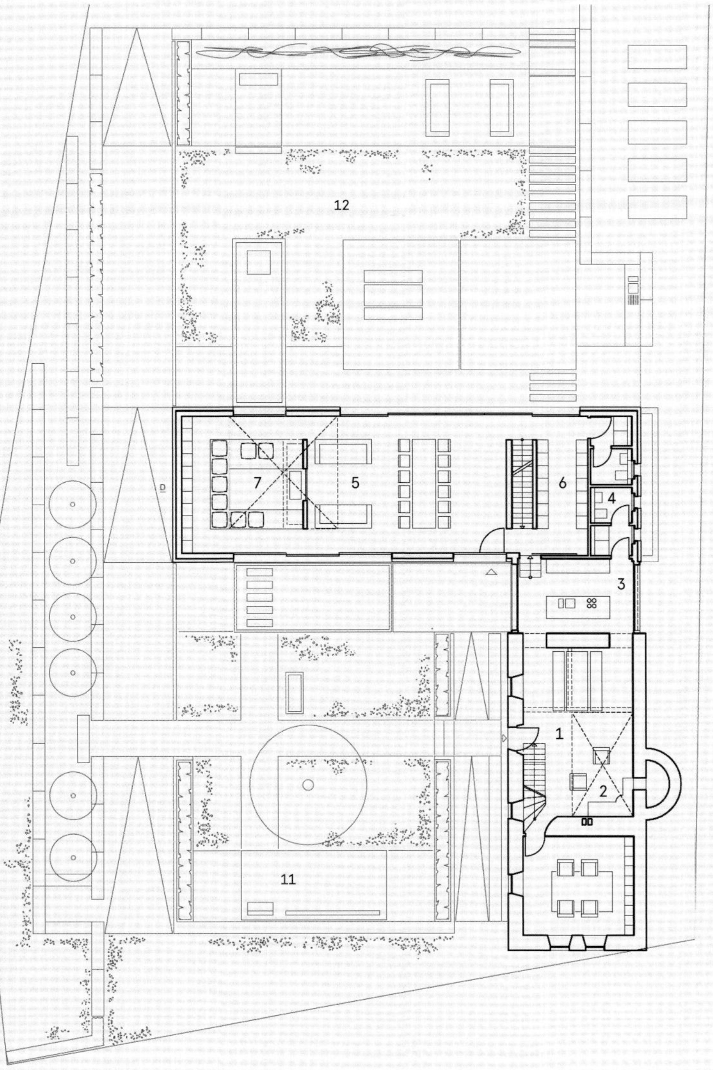

Grundriss/Erdgeschoss

Maßstab:
M 1:200

1 Zugang/Eingang
2 Halle
3 Kochen
4 Bad/WC
5 Essen/Wohnen
6 Garderobe
7 Bibliothek
8 Bad/Sauna
9 Schlafen
10 Arbeiten
11 Garten
12 Platz

THOMÉ ARCHITEKTEN, Koblenz

Peter Thomé Architekt BDA
1997 Architekturstudium Fachhochschule Aachen
1997 Wettbewerbsarchitekt in Maastricht
1998 Mitarbeiter Hochschule Koblenz
2007 Thomé Architekten
2014 Vertretungsprofessur Hochschule Bochum

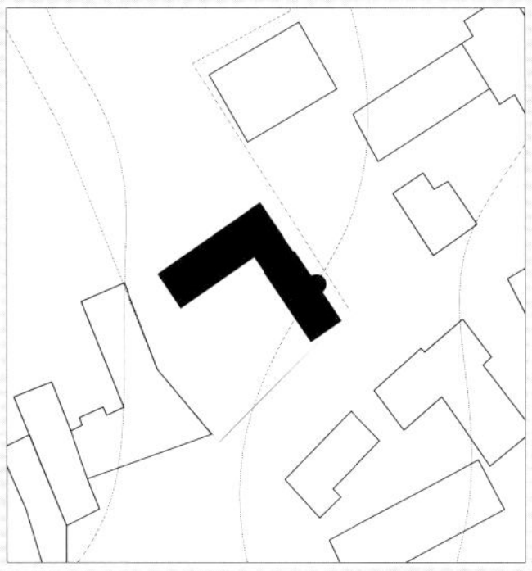

Lageplan/M 1:2000

Wohnen 2.0

In der Nähe des Bieler Sees entstand ein selbstbewusstes Wohn- und Lebens-Statement mit Mut zum puren Material.

1 **Was war das Besondere an der Bauaufgabe?**
Die Bauherrschaft hatte den Wunsch, ihr „Wohnen und Leben" weiterzuentwickeln und zeigte sich dementsprechend offen gegenüber nicht alltäglichen Ansätzen und dem ein oder anderen Wagnis hinsichtlich der Grundrissorganisation, Konstruktion und Materialität. So konnten kontrastierende Raumabfolgen – vom „düsteren" Korridor über den luftig offenen Kommunikationsbereich bis zur klosterartigen Zellenstruktur der Individualbereiche entstehen. Auch konstruktiv wurden spezifische Details entwickelt, wie etwa die Lagerung der bis zu 700 Kilogramm schweren, rahmenlosen Glasfronten in einer blanken Betonaussparung.
Bei der Materialität lag der Fokus auf der Unbehandeltheit, der „Ehrlichkeit" der Oberflächen. Wir wollten nichts kaschieren oder verstecken, im ganzen Haus findet sich keine einzige Gipserarbeit. Die Struktur des Materials und das daran ablesbare Handwerk sind Schmuck und Ornament. In Zusammenarbeit mit dem Bauunternehmer entstanden Experimente wie die in Schalungstyp 2 gegossene, aus der Betonstruktur herauswachsende Betonbadewanne sowie weitere vor Ort gegossene Einrichtungsgegenstände.
Ein wichtiger Aspekt war auch, dass die Bauherrschaft bereits einige Arbeiten in Zusammenarbeit mit dem ausführenden Schreiner realisiert hatte und dadurch auch hier ein besonderes Vertrauensverhältnis und die Bereitschaft zum Experiment vorhanden waren.

2 **Wie haben die Bauherren Ihr Büro gefunden?**
Mit der Bauherrschaft verbindet uns eine langjährige Bekanntschaft. Zudem hatte sie mit uns bereits im Jahr 2000 ihr erstes Einfamilienhaus gebaut. Das neue Wohnhaus sollte nun den veränderten Anforderungen, insbesondere einer in der Anzahl stark gewachsenen Familie, Rechnung tragen. Als Grundstück konnte eine unweit des ersten Hauses gelegene Bauparzelle erworben werden.

3 **Welche Inspiration hat zu dem Entwurf geführt?**
Inspirierend war sicher die bestehende „wilde" Natur auf dem Grundstück und in der nächsten Umgebung. Die Idee lag nahe, die Qualität und Kraft des Ortes zu bewahren und mit einer möglichst starken Beziehung von innen und außen für das Wohngefühl nutzbar zu machen. Daher wurden auch die Materialien möglichst natürlich und möglichst roh gewählt.

4 **Und auf welche Anforderungen, Einschränkungen und Bedingungen musste der Entwurf reagieren?**
Das Projekt durchlief eine schwierige und langwierige Genehmigungsphase, da die baurechtlichen Vorgaben für das Grundstück unzureichend und unklar waren. Aufgrund dessen kam es zu verschiedenen Projektanpassungen. Einige räumliche Vorschläge durften schlichtweg nicht umgesetzt werden. Ein Beispiel: Ursprünglich waren die gartenseitigen Betonstützen an der Vorderkante des Vordachs geplant, was den Innenraum optisch breiter gemacht und das Verwischen der Grenze zwischen Innen und Außen noch weiter verstärkt hätte. Doch auf der Konzeptebene ist das Haus davon unberührt geblieben.

5 **Wie verlief der Entwurfsprozess und wie die Abstimmung mit den Bauherren?**
Der Entwurfsprozess war geprägt von dem gegenseitigen Vertrauen, das sich durch die Bearbeitung des gemeinsam umgesetzten Vorgänger-Wohnhauses entwickelt hatte. Beim zweiten Wohnhaus konnte und wollte die Bauherrschaft ihre Anforderungen und Wünsche an das Wohnen noch grundlegender und radikaler formulieren. Wie immer wurden Entwurfsstadien am Modell entwickelt und überprüft. Die Materialität des Hauses war wichtig und bestimmend und durchlief im Planungsprozess eine lebendige Entwicklung: So beeinflusste eine Anpassung des Materials die Umstellung der Gesamtkonzeption des Hauses und umgekehrt. Denn das eine bedingt nun einmal das andere. Die Bauherrschaft stand im gesamten Planungsprozess immer zu 100 Prozent hinter diesen Schritten – mit allen Konsequenzen.

↖
Das Einfamilienhaus folgt einer klassischen Gliederung auf zwei Geschossen: Das L-förmige Erdgeschoss, das die Tagesbereiche aufnimmt, bildet einen massiven Sockel. Darüberliegend beherbergt ein klares Volumen aus Holz die Individualräume der fünfköpfigen Familie.

↗
Lage und Organisation des Grundrisses antworten auf die ungleiche Verteilung der Außenraumqualitäten: Auf der Nordostseite befinden sich ein Baugebiet und die Verkehrserschließung, auf der Südwestseite der große Garten mit Ausblick auf die Auenwälder des nahen Sees. Daher präsentiert sich das Gebäude dem Ankommenden geschlossen.

↗
↓
Die Materialität ist einfach und reduziert. Während im Erdgeschoss Beton dominiert, ist das Obergeschoss in dunklem, sägerauem Holz gehalten.

↗
←
Die Ausblicke sind mit schwarzen Passepartouts gerahmt. Alle Böden wurden aus imprägniertem, geschliffenem Hartbeton hergestellt. Handläufe, Türdrücker und Lampen aus Messing veredeln das rohe Interieur.

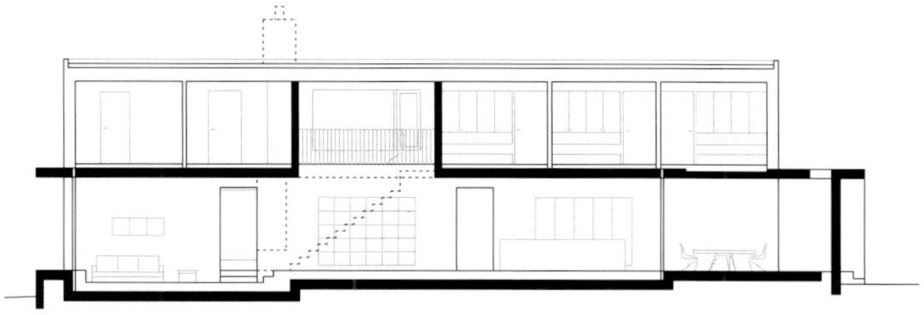

Längsschnitt

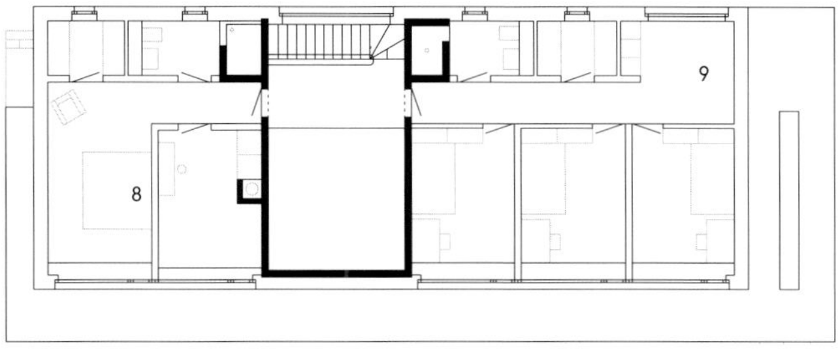

Grundriss/Obergeschoss

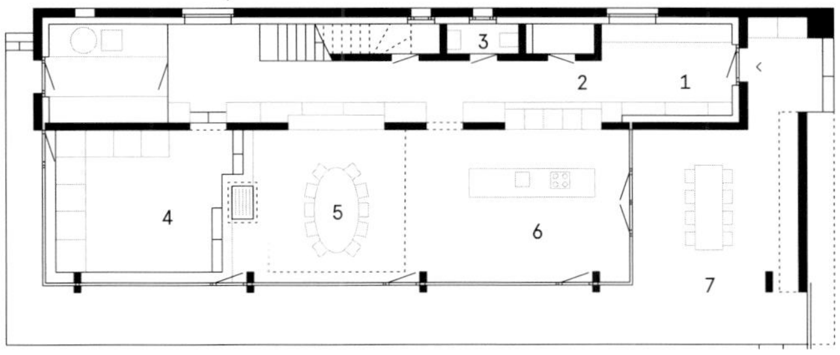

Grundriss/Erdgeschoss

Maßstab:
M 1:200

1 Zugang/Eingang
2 Garderobe
3 WC
4 Wohnen
5 Essen
6 Kochen
7 Terrasse
8 Eltern
9 Kinder

Standort:
CH-Ipsach

Anzahl der Bewohner:
5

Wohnfläche (m²):
260

Grundstücksgröße (m²):
2.700

Bauweise:
massiv/Holzelementbau

Baukosten:
1.466.000 SFR

Energiestandard:
den Vorgaben des Kantons Bern entsprechend

Fertigstellung:
2014

:mlzd, Biel

:mlzd – mit Liebe zum Detail – wurde 1997 in Biel gegründet und steht für ein vielseitiges Architektenkollektiv, in dem derzeit rund 30 Mitarbeiter beschäftigt sind.

Partner: Claude Marbach, Pat Tanner, Daniele Di Giacinto, David Locher, Andreas Frank

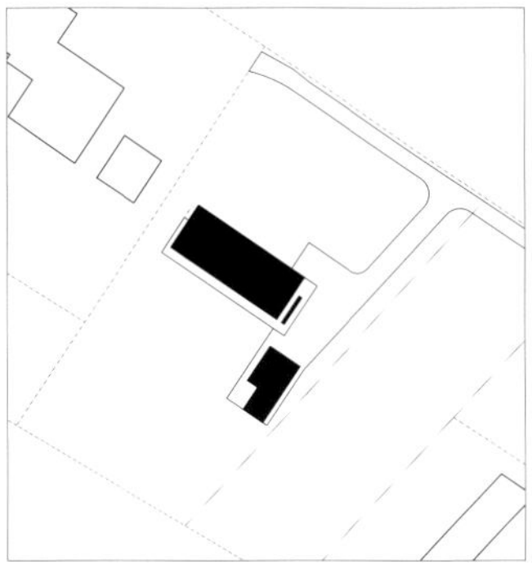

Lageplan/M 1:2000

Alt bleibt Alt und wird doch Neu

1936 erdachte Sep Ruf ein Haus für den Schriftsteller Josef Martin Bauer. Heute lebt dort wieder eine junge Familie.

Bei diesem Projekt lag die Besonderheit in der Auseinandersetzung mit dem Frühwerk von Sep Ruf. Dabei zeigte sich schnell, dass der vorhandene Grundriss so robust und qualitätvoll ist, dass er sich bereits sehr gut für die Wohnvorstellungen der Bauherrschaft eignet. Einziger Eingriff war deshalb die Schaffung einer räumlichen Verbindung zwischen Küche und Essbereich.
Die Bauherrschaft war über eine Empfehlung und ein vorangegangenes Bauvorhaben in Dorfen auf uns gestoßen. Da die Bauherrin selber auch Architektin ist, verliefen die Abstimmungen immer sehr konstruktiv. Die große Qualität und Anziehungskraft des von Sep Ruf entworfenen Hauses lässt sich übrigens auch daran erkennen, dass die Bauherrschaft vor dem Erwerb des Hauses gar keinen Bezug zu Dorfen hatte. Sie entschieden sich wegen des Gebäudes für den neuen Wohnort Dorfen.
Die Materialität und Ausstattung und somit die Raumstimmung war weitestgehend durch die erhaltenen Elemente vorgegeben. Hier ging es uns vor allem um die Entwicklung geeigneter Renovierungstechniken, um diese behutsam zu überarbeiten und dabei – wie von der Bauherrschaft gewünscht – ein Maximum an Gebrauchsspuren zu erhalten.
Während wir bei diesem Renovierungsprozess im Inneren des Hauses sogar über die Vorgaben des Denkmalschutzes hinausgingen – beispielsweise wurden auch die Bäder beibehalten – war bezüglich der Gebäudehülle ein intensiver und teilweise auch zäher Abstimmungsprozess mit der Denkmalpflege notwendig. Das Hauptproblem war, abgesehen von dem sehr schlechten Zustand der Gebäudehülle, der Wunsch der Bauherren, das Gebäude auch energetisch zu modernisieren. Hier musste die Denkmalpflege erst überzeugt werden, dass die Fassade trotz außenliegender Dämmung gemäß ihrem ursprünglichen Aufbau rekonstruiert werden kann.

↗
Das Haus besteht aus zwei eingeschossigen Baukörpern mit Satteldach, die in Form eines Z angeordnet sind.

→
Das Gebäude stand über viele Jahre leer und verfiel. Ziel der Sanierung war die behutsame Wiederherstellung in Anlehnung an den Originalzustand. Die vorhandene Ausstattung, wie hier das Treppenhaus, sollte weitestgehend erhalten werden.

↗
Die Küche ebenso wie Bad und WC behielten auch nach der Sanierung ihren ursprünglichen Charme.

↗
Wohn- und Essraum waren vermutlich getrennt. Die jetzige Verbindung zwischen Küche und Essen blieb der einzige notwendige räumliche Eingriff.

↖
Dringend notwendige Maßnahmen zum Erhalt des Bestands wurden jahrelang unterlassen. Der Zustand war entsprechend. Auch bei der Sanierung der Gebäudehülle sollten die das Gebäude prägenden Details beibehalten werden. Besonders charakteristisch sind die fast putzbündigen Fensteranschlüsse und die knappe Ausbildung von Traufe und Ortgang ohne Dachüberstände.

←
Die in den 50er Jahren veränderten Fensteröffnungen wurden wieder verkleinert und erhielten Holzkastenfenster und Fensterläden. Für die Außendämmung wurde ein Dämmsystem auf Basis des Dämmstoffs Multipor (Mineralschaum) gewählt.

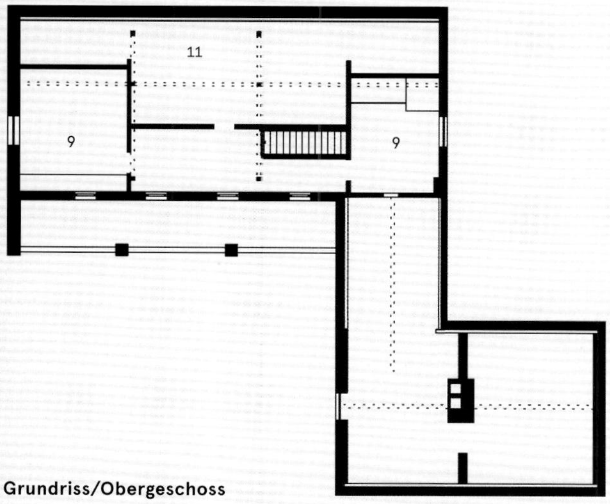

Grundriss/Obergeschoss

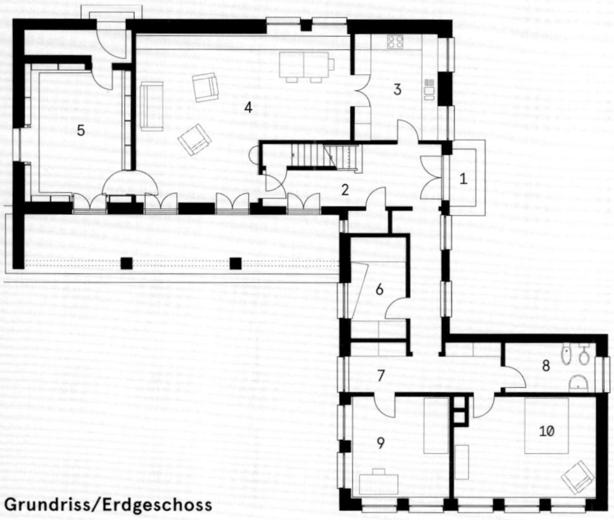

Grundriss/Erdgeschoss

Standort:
Dorfen

Anzahl der Bewohner:
5

Wohnfläche (m²):
202

Grundstücksgröße (m²):
1.245

Zusätzliche Nutzfläche (m²):
97

Bauweise:
massiv, mineralische Außendämmung

Energiestandard:
KfW-Effizienzhaus Baudenkmal

Fertigstellung:
2014

Maßstab:
M 1:200

1 Zugang/Eingang
2 Diele
3 Küche
4 Wohnen/Essen
5 Bibliothek
6 Gast/Kind
7 Ankleide
8 Bad
9 Kind
10 Eltern
11 Speicher

4architekten, München

Agnes Förster (1976, geboren in Jena), Dr.-Ing. Architektin und Stadtplanerin, studierte an der TU München und der EPF Lausanne Architektur. Erste Berufserfahrungen sammelte sie von 2000 bis 2001 im Architekturbüro Herzog & de Meuron.

Markus Wassmer (1959, geboren in CH-Heiden), Architekt ETH, absolvierte von 1980 – 1987 sein Studium der Architektur an der ETH Zürich. Dort lehrte er von 1988 bis 1991 als Entwurfsassistent. Seit 1989 arbeitet er im Bereich Bausysteme gemeinsam mit Matthias Bräm, Lausanne. 1997 – 1999 war er Projektleiter im Architekturbüro Herzog & de Meuron am Innenstadtprojekt Fünf Höfe in München, von 1999 – 2005 wissenschaftlicher Assistent am Lehrstuhl für Entwurfsmethodik der TU München.

Susanna Knopp (1965, geboren in München), Architektin ETH, absolvierte von 1985 - 1994 ihr Studium der Architektur an der TU Berlin und der ETH Zürich. 1997 – 2000 war sie als Architektin im Architekturbüro Herzog & de Meuron tätig. Von 2005 – 2008 unterrichtete sie als wissenschaftliche Assistentin am Lehrstuhl für Entwurfsmethodik der TU München.

Jan Kurz (1974, geboren in München), Dipl.-Ing. Architekt, absolvierte von 1996 – 2003 sein Studium der Architektur an der TU München. 1999 – 2000 war er Mitarbeiter im Architekturbüro Herzog & de Meuron.

4architekten wurde im Jahr 2003 gegründet.

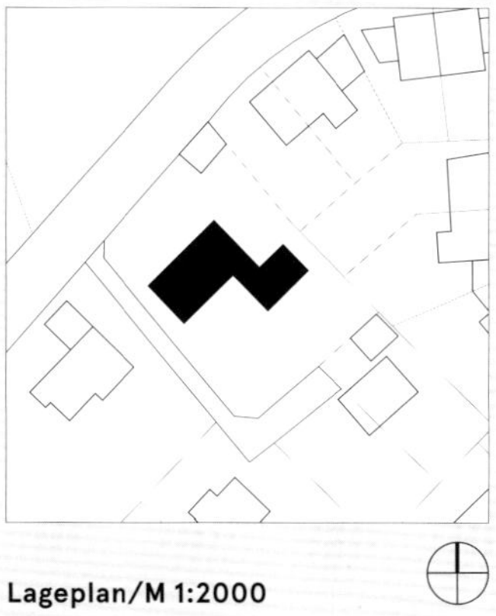

Lageplan/M 1:2000

Gut bürgerlich

In Köln entstand ein Einfamilienhaus, das wirkt, als wäre es immer schon da gewesen. Es ermöglicht zeitgemäßes Wohnen und gibt der Nachbarschaft endlich ein Gesicht.

1 Was war das Besondere an der Bauaufgabe?
Das Grundstück liegt in wenig ansprechender, unscheinbarer Nachbarschaft in der Agglomeration Kölns. Dort sollte trotz engem Kostenrahmen hohe architektonische Qualität entstehen.

2 Wie haben die Bauherren Ihr Büro gefunden?
Der erste Kontakt entstand als Ergebnis einer Internetrecherche seitens der Bauherren. Dabei ging es allerdings noch um ein anderes Grundstück, von dem ich jedoch abgeraten hatte. Neben der Beratung zum Grundstückskauf wurden bei den Gesprächen auch erste Vorstellungen ausgetauscht. Zur Zusammenarbeit kam es ein Dreivierteljahr später mit dem dann ausgewählten Grundstück.

3 Welche Inspiration hat zu dem Entwurf geführt?
Die Vorstellung eines auf die wesentlichen architektonischen Merkmale reduzierten Hauses als Antwort auf ein gesichtsloses bauliches Umfeld. Nicht mehr und nicht weniger.

4 Und auf welche Anforderungen, Einschränkungen und Bedingungen musste der Entwurf reagieren?
Eine Herausforderung war die wenig inspirierende Nachbarbebauung. Das Grundstück hat zudem nur eine geringe Tiefe. Und das Budget war beschränkt. Daher haben wir auf einen Keller verzichtet.

5 Wie verlief der Entwurfsprozess und wie die Abstimmung mit den Bauherren?
Zu Beginn wurden erst einmal sämtliche Ideen, Vorstellungen und Erwartungen gesammelt und geordnet. Die Bauherren erstellten für ihre Wünsche einen Anforderungskatalog in Textform, also ohne Bilder oder Zeitschriftenausschnitte. Darin fanden sich neben ganz konkreten Vorstellungen unter anderem auch eher abstrakte Begriffe wie: zeitloses Design und klassische Architektur. Und: die 20er/30er Jahre des letzten Jahrhunderts.
Für verschiedene Varianten wurden Entwurfsskizzen angefertigt. Der jeweilige Planungsstand wurde dann bei persönlichen Treffen vorgestellt, abgestimmt und weiter ausgearbeitet. Zusätzlich unterstützten Renderings und Materialproben den Prozess. Wichtig war sowohl uns als auch den Bauherren die intensive Beratung, damit auch wirklich eine individuelle Lösung entstehen konnte.

↖
Das neue Haus schließt eine Lücke in der Reihe bestehender Bauten. Das Sockelgeschoss bindet die zurückspringende Garage ein und leitet in den Garten über.

←
Der Eingang liegt in einer einladenden Nische, das Rot der Tür zitiert - wie das gesamte Haus - die Baugeschichte. Die Anlehnung an die klassische Architektur der 20er/30er Jahre war ein Wunsch der Bauherren. Die zeitgemäße Umsetzung gibt dem Gebäude etwas solide Zeitloses.

Entwurfsvariante

Verschiedene Varianten wurden skizziert und durchgeplant. Die Trennung von Wohnhaus und Garage sorgt im realisierten Entwurf dafür, dass der Eingang einen geschützten Vorbereich erhält und der Garten eine Fassung.

Skizzen

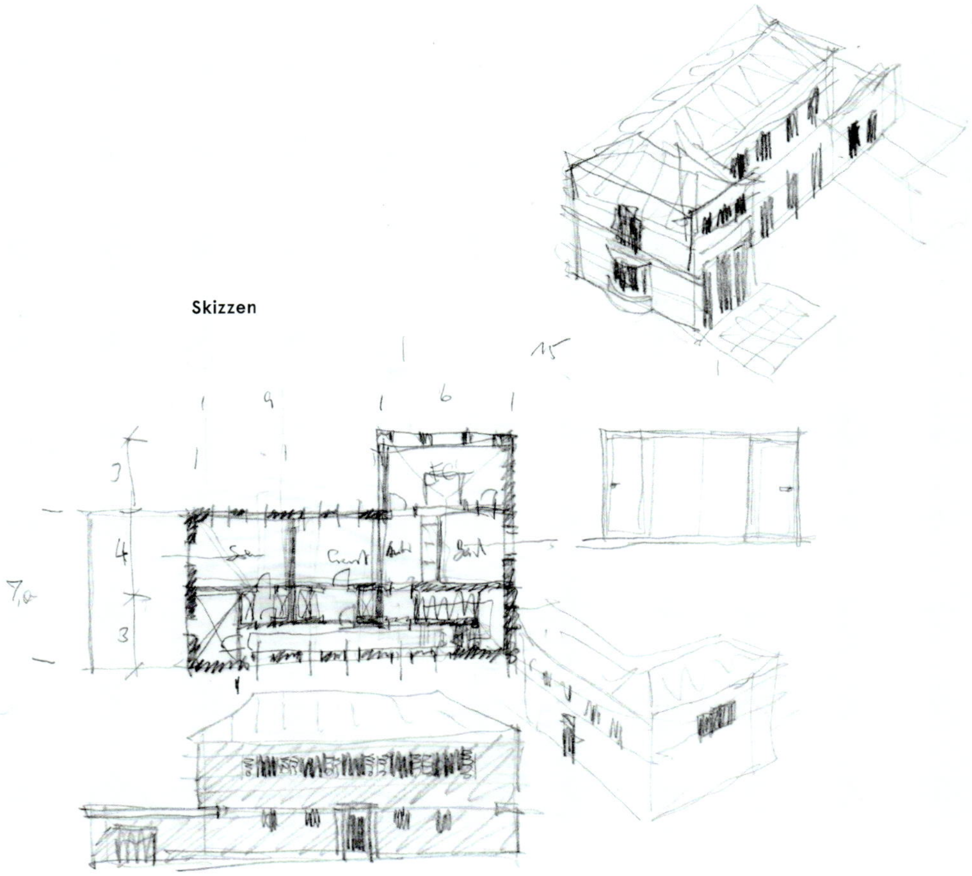

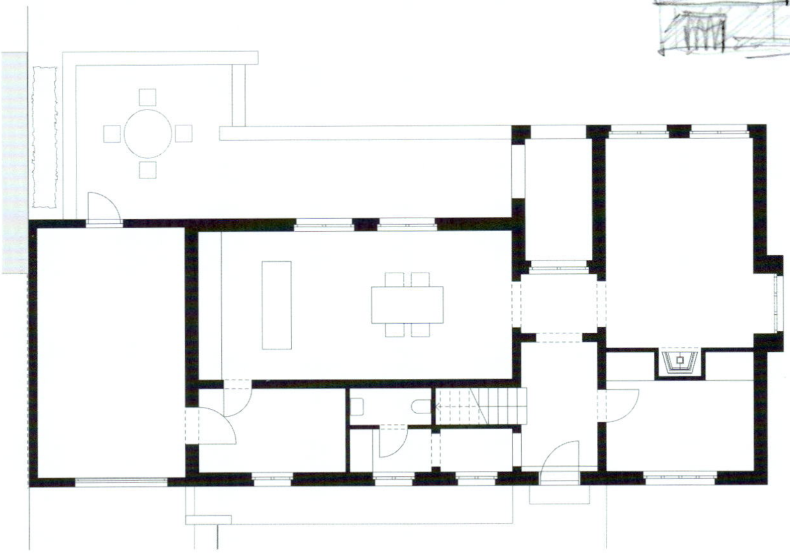

Variante/Erdgeschoss

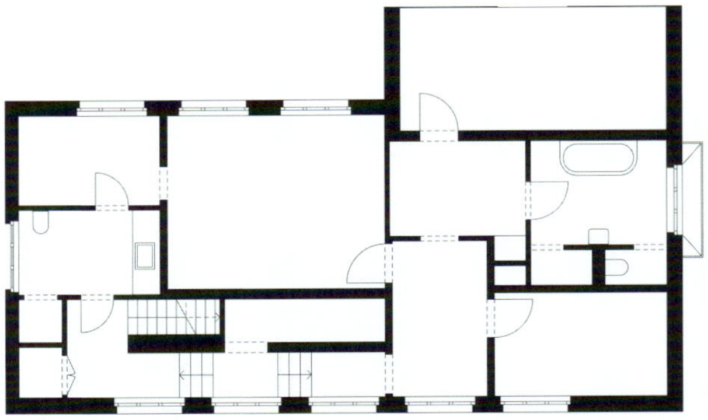

Variante/Obergeschoss

← Zweischalige Querwände im Erdgeschoss nehmen Einbauten auf, die Wohnküche ist der Mittelpunkt des Hauses.

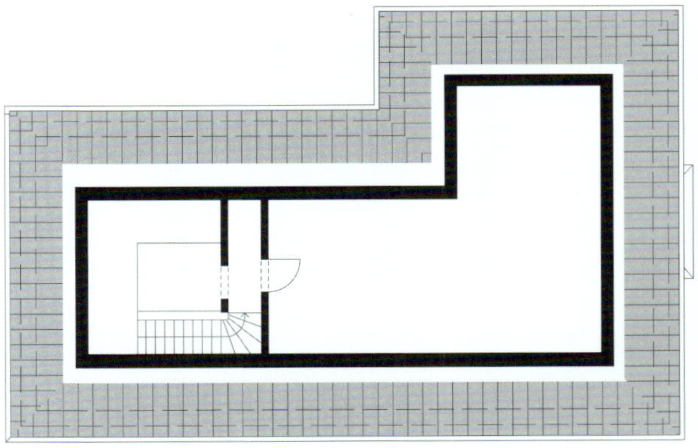

Variante/Dachgeschoss

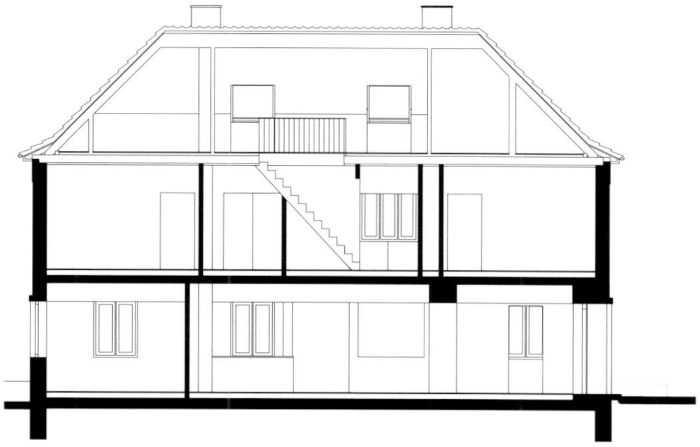

Längsschnitt

Standort:
Köln

Anzahl der Bewohner:
3

Wohnfläche (m²):
175

Grundstücksgröße (m²):
410

Zusätzliche Nutzfläche (m²):
35

Bauweise:
massiv

Energiestandard:
KfW 70/EnEV 2009

Fertigstellung:
2012

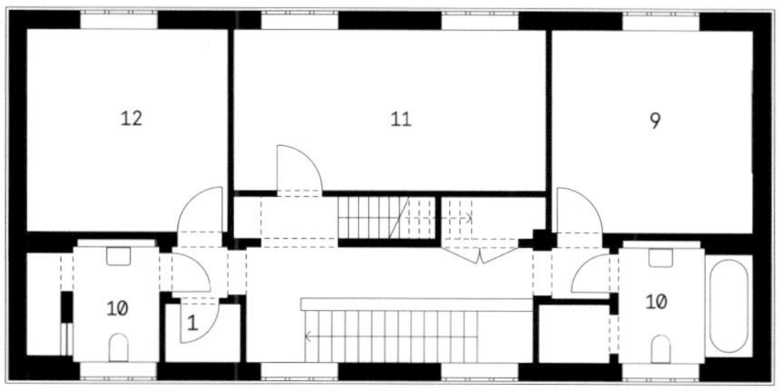

Grundriss/Obergeschoss

Maßstab:
M 1:200

1 Zugang/Eingang
2 Büro
3 WC
4 Garderobe
5 Küche
6 Hauswirtschaft
7 Wohnen
8 Garage
9 Schlafen
10 Bad
11 Kind
12 Gast

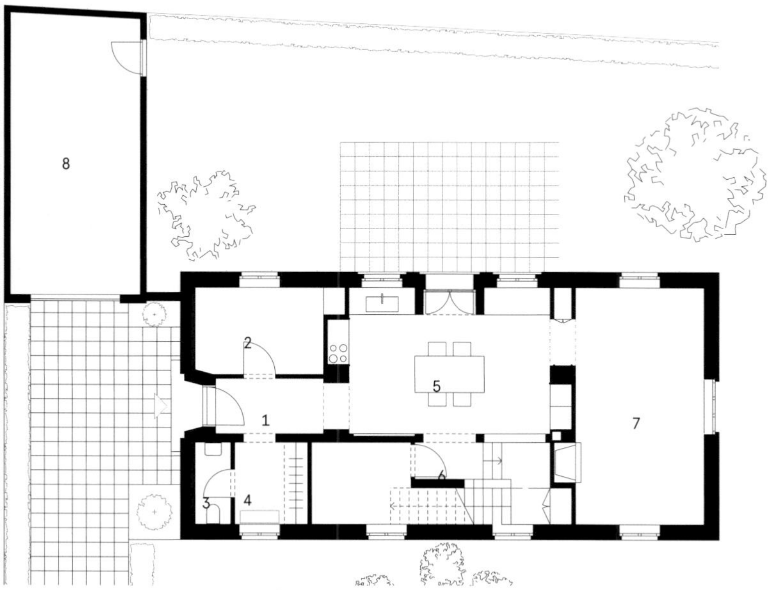

Grundriss/Erdgeschoss

AXEL STEUDEL ARCHITEKT, Köln

1966 geboren
Studium der Architektur an der TU München
Architekt im Büro Professor O. M. Ungers in Köln
Gründung des Architekturbüros
AXEL STEUDEL ARCHITEKT in Köln

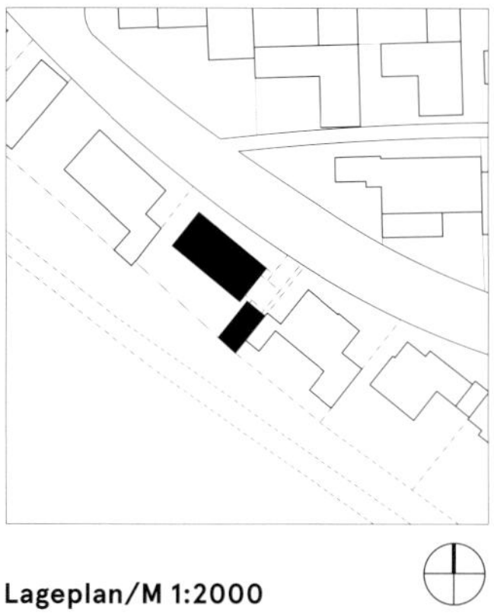

Lageplan/M 1:2000

Ortstermin

Eine Stadtvilla in Köln

Vielleicht liegt es daran, dass der Bauherr von Beruf Ingenieur ist und ihm das Systematisch-Rationale liegt. „Ich bin einer, der sich gerne durch Listen wühlt", feixt er. Um seinen Architekten zu finden, hat er das Internet durchforscht, die Webseiten der Kölner Kollegen aufgerufen, bewertet, eingegrenzt, ausgewählt. Schließlich entschied er sich zusammen mit seiner Frau, Axel Steudel anzusprechen. „Wir hatten bestimmte stilistische Vorstellungen", fährt er fort. Ein gebautes Haus des Architekten hatte man nicht gekannt, war auch nicht hundertprozentig festgelegt, aber die Typologie der klassischen Stadt-Villa, wie sie in Steudels Portfolio in vielen Varianten vertreten ist, wurde weiter verfolgt. Zunächst ging es noch um ein anderes Grundstück, von dem der Architekt aber abgeraten hat. Erst geraume Zeit später traf man sich wieder und konnte sich dann gemeinsam auf eine Planung für eine schmale Parzelle im Kölner Norden verständigen.

Der Bauherr brachte keine (Vor-)Bilder mit, er hatte lediglich abstrakte Begriffe auf einer Wunschliste notiert, zum Beispiel: hohe Räume, Einbauschränke, Kassettentüren (auf die man später aus Kostengründen verzichtete). Wie diese Forderungen einvernehmlich Gestalt annehmen und Räume bilden würden, überließen sie dem Geschick des Architekten. Der erinnert sich: „Es war ein Prozess, ich konnte nicht sofort die perfekte Lösung anbieten." Nennen wir es parametrisches Entwerfen – allerdings ohne das Modellierungssystem eines CAD-Programms.

Gesprächsnotiz:
Architekturbüro Axel Steudel

Start:
Aachener Straße 637, Köln

Freitag, 13. November 2015
15.00 Uhr
Steudel baut die Brogues unter den EFHs. Kein Wunder, das eigene Büro in einem Stadthaus von 1930, Ziegelsockel, OG weiß verputzt, Sprossenfenster. Wohnliches Büro, Biedermeierstühle, Holztisch in der Küche. Rasch einen Tee.

16.30 Uhr
Zusammen zum Bauherrn. Seine Frau ist verhindert, Steudel versichert, dass beide beim Hausbau „eine ähnliche Auffassung teilen". Noch hell genug, um die Gartenansichten zu erleben. Bauherr erläutert Erwartungen an die Architektur. Ließ sich wohl alles mit der Ratio des Ingenieurs vereinen: Interpretation klassischer Funktionen, Steudels handwerkliche Schmuckmotive, Einhaltung des Budgets – Aneignung durch die Familie. Scheint, als hätte es Spaß gemacht, Denk- und Arbeitsweise eines Architekten kennenzulernen und als Lohn ein eigenes Haus zu erhalten.

Ein Neubau, als sei er schon immer da gewesen

Das Grundstück, der ehemalige Garten des Nachbarhauses zur Linken, hatte eine wirtschaftliche Größe. Zur Rückseite wird es von einem begrünten Wall begrenzt, zur Straße von einer vorhandenen Ziegelmauer und einer Hecke, selbst drei hohe Kiefern überlebten die Baumaßnahme und stehen nun dicht vor der Fassade. In diesem Passepartout des Alltäglichen steht der Neubau, als sei er schon immer

„Wir würden es nicht anders machen."

da gewesen, ja, als wäre er eigentlich der Altvordere, der mit seinem gemütlich aufgesetzten Walmdach und dem dunklen Kratzputzsockel unter dem schmückenden Gurtband die lokkere Ordnung der 1960er Jahre maßregelt. Durch die täuschende Fassadenteilung wird das Obergeschoss mit stattlicher Höhe abgebildet, auch die breiteren dreiteiligen Fenster tragen dazu bei, ein klassisch lagerndes Bürgerhaus zu erkennen. Der Eingang an der sonst fensterlosen Flanke liegt in einer einladenden Nische, mit ihrer roten Tür erinnert sie an Bruno Tauts Wohnbauten. Im Garten erhielt die symmetrische Fassade ein Portalmotiv, was samt den zurückgesetzten Fenstern der flachen Front eine tektonische Anmutung gibt.

Die ersten Entwürfe waren zu groß und zu teuer

„Das Grundstück ist nicht sehr groß", bedauert der Bauherr, aber durch die Topografie und vorhandene Mauern erhält es eine angenehme Intimität. Die Planung hat sich deshalb variantenreich dem Ergebnis angenähert.

„Die umfangreichen Vorstellungen der Bauherrschaft mussten abgestimmt und reduziert werden", erläutert der Architekt, „die ersten Entwürfe waren zu groß und zu teuer". Sie zeigen den Versuch, mit einem winkelförmigen Grundriss eine Balance aus räumlicher Tiefe und nutzbarem Garten zu erhalten. Zunächst war die Garage in das Haus einbezogen, später übernahm sie dann als verschobener Baukörper die Funktion einer schützenden Raumkante. Die innere Erschließung wurde kompakter, Zwischenräume entfielen, die umständliche Großzügigkeit ließ sich wunderbar reduzieren. Dennoch hat die Einsparung der Baukosten zu keiner mageren Architektur geführt.

„Es ist untypisch, aber räumlich interessant, dass man jetzt die große Mitte hat."

Lob der neuen Mitte

Das ausgeführte Haus kokettiert mit einer doppelten Symmetrie. Die seitliche Erschließung ergab keinen langen Flur, sondern führt an Büro und Garderobe/Gäste-WC vorbei in eine zentrale Essküche. „Es ist untypisch", kommentiert der Architekt, „aber räumlich interessant, dass man jetzt die große Mitte hat". Sie lebt davon, dass sich hier alle Wege kreuzen und die Küchenfunktionen ringsum verteilt sind – zum Salat putzen, Kuchen backen, Fleisch garen. „Das hat die Bauherrschaft nicht exakt so bestellt, das ergab sich bei der Zusammenarbeit an den Grundrissen", sagt er rückblickend. „Es ist keine Küche mit kurzen Wegen", resümiert der Bauherr, „hier spielt sich das gesellschaftliche Leben ab, wenn wir Gäste haben. Uns gefällt das sehr gut, man muss nicht umziehen. Es ist gesellig."

Die Symmetrie ist immer wieder spürbar, aber nicht als formale Hierarchie, der sich die Bewohner unterordnen müssen. Sie löst sich vielmehr in Andeutungen auf – Portale werden zu Nischen oder Gewänden –, die dem Raum eine Ordnung geben. Dazu gehören auch die zahllosen Einbauschränke, die als nützliche Diener zwischen den doppelten Wänden stehen. Sie erzeugen „eine räumliche Substanz", sagt der Architekt, anders als eine dünne Wand. So erhielt der Bauherr für seine Kommunikations- und Unterhaltungselektronik ein kleines Kabinett: „Das freut mich immer wieder." Ein glatter Fries gliedert die fast drei Meter hohen Flächen. Ein Glanzpunkt ist die Lösung der in ein Gehäuse eingebetteten Treppe, sie öffnet sich wie ein begehbares Möbel

über einem Zwischenpodest. Man kann auf den Holzstufen und auf dem anschließenden Fenstersims sitzen oder an der Brüstung lehnen: Die Architektur spricht mit ihren Nutzern, sie liefert ihnen Geborgenheit. Bauhistoriker werden an Lutyens und Loos denken.

Stimmigkeit statt Repräsentation

Das Wohnzimmer ist ein separater, kleiner Raum. „Man denkt immer, das muss repräsentativ sein, das haben wir nicht. Auch keinen Keller, obwohl das naheliegt. Aber das fehlt uns nicht", erläutert der Bauherr den Grundriss. Man vermisst auch nicht die breite verglaste Schiebetür, wie sie sonst obligatorisch zu einem Wohnzimmer gehört. „Es gibt genügend Licht", entkräftet er den Einwand, ihm war es wichtiger, dass er eine stimmige Architektur erhält. Und da hatte die Räson der Fassade eben Konsequenzen für den Innenraum. Im Obergeschoss liegt mittig das Kinderzimmer, Gäste- und Elternzimmer besetzen die Stirnseiten, davor die Bäder, was eine klare Zonierung ergibt. Eine schmale Stiege führt ins Dachgeschoss, das später einmal ausgebaut wird.

Der Architekt machte Vorschläge, die Bauherren ließen sich leiten

Was der Bauherr anders machen würde? Die Familie hat das Haus in Besitz genommen. „Wir haben uns daran gewöhnt. Man muss sich umstellen, wenn man offen baut. Hier ist alles sehr kommunikativ. Wenn Gäste da sind und der Sohn früher ins Bett muss, das könnte schon stören, aber oben sind schalldämmende Türen. Es hat Vor- und Nachteile. Wir würden es im Grunde nicht anders machen." Das Bauen war von einer klassischen Arbeitsteilung bestimmt. Der Architekt machte Vorschläge, „wir haben uns leiten lassen, er war der Fachmann", bestätigt der Bauherr.

Das Ergebnis ist ein solides Haus, gemauert aus Hochlochziegeln mit dreifach verglasten Holzfenstern, auf den Böden Eichendielen, lichtgraues Kleinmosaik in den Bädern (nach Fliesenplan verlegt!) und polierte Gropius-Klinken an den stumpf einschlagenden Türen. Alles Attribute, wie sie stimmig zusammenkommen, wenn man sich auf eine klare Haltung verständigt.

„Wir haben uns daran gewöhnt. Man muss sich umstellen, wenn man offen baut. Hier ist alles sehr kommunikativ."

Wolfgang Bachmann

In Dünen gestrandet

Das Ferienhaus in St. Peter-Ording für bis zu sechs Personen betreibt Mimikry: Seine Materialien verschwimmen mit der Umgebung.

1 Was war das Besondere an der Bauaufgabe?
Ganz sicher die Lage direkt hinter den Dünen des Naturschutzgebietes in St. Peter Ording. Besonderes Augenmerk lag daher auf der Ausrichtung nach Westen mit Blick durch die charaktervollen Kiefern auf die weite Küstenlandschaft. Dass man sich tatsächlich in einem eher konventionellen Siedlungsgebiet befindet, sollte von innen nicht spürbar sein.
Kochen und Essen sind in der Mitte des Hauses angeordnet, sollten aber nicht den Charakter der „B-Lage" im Haus haben. Ein Luftraum über dem Essbereich, offen zur Galerie im Obergeschoss, wertet daher jetzt die Mitte auf und sorgt für ein Gefühl von Großzügigkeit. Gleichzeitig wollten wir auch die Morgen- und Mittagssonne geschickt einfangen, ohne den Blick auf die Nachbarn zu lenken. Deswegen haben wir ein langgestrecktes Oberlicht über dem Luftraum eingeplant. Der für die Nordsee typische Himmel mit seinem vielfältigen und wechselnden Wolkenbild wirft nun lebendige Schatten in den Wohnbereich.
Auf dem Grundstück haben wir dann mit wilden Gräsern versucht, die Dünenlandschaft weiterzuführen. Ganz abgesehen davon, dass sie die gewünschte Privatsphäre schaffen.

2 Wie haben die Bauherren Ihr Büro gefunden?
Unsere Kinder besuchen die gleiche Schule und unsere Familien waren beide in einem sozialen Arbeitskreis engagiert. Als die Bauherrin zufällig erfuhr, dass ich als selbstständige Architektin tätig bin, wurde sie neugierig und hat auf meiner Website gestöbert. So ist der Funke auch auf professioneller Ebene übergesprungen.

3 Welche Inspiration hat zu dem Entwurf geführt?
Die vielfältigen Schattierungen und Farbnuancen des weitläufigen Nordseestrandes und der Dünen, die bei wechselnden Lichtverhältnissen immer wieder anders, aber immer schön wirken, finden sich in den Materialien der Fassade und der Innenräume wieder.

4 Und auf welche Anforderungen, Einschränkungen und Bedingungen musste der Entwurf reagieren?
Die Form des Gebäudes nutzt das relativ kleine Baufeld mit 8 x 12 Metern, die baurechtlich erlaubte Traufhöhe sowie die Dachform maximal aus. Die Form des Gebäudes war somit von Anfang an festgelegt

5 Wie verlief der Entwurfsprozess und wie die Abstimmung mit den Bauherren?
Wirklich sehr harmonisch. Mit dem Gedanken, die Farbwelt des Strandes zum Leitthema des Hauses zu machen, rannte ich bei den leidenschaftlichen Nordseefans offene Türen ein. Die von mir präferierten und empfohlenen Varianten zu Grundrissen, Fassadengliederungen und Details wurden in der Regel sehr offen aufgenommen. Zum Glück auch meine Idee, das Haus in die Dünen zu betten. Diese Entscheidung wurde von den Bauherren nämlich erst kurz vor Fertigstellung gefällt.

↖ ↗
In den Dünen des Wattenmeeres auf der Halbinsel Eiderstedt liegt das Ferienhaus, in dem auch Hunde willkommen sind. Die Farben des Strandes finden sich in der kalkfarbenen Steinfassade und in den schiefergrauen Holzrahmen der Fenster wieder.

↖
Auch in den Innenräumen bezieht sich das Haus auf die Umgebung: Sandfarbene Fliesen und weiß gekalkte Eichendielen sorgen für eine Raumstimmung, die die wechselnden Farben des Nordseestrands ins Haus holt.

↗
Nach Südwesten öffnet sich das Haus mit seiner vollständig verglasten Rückseite zu den Dünen. Weite und Klarheit der norddeutschen Landschaft spiegeln sich in den offenen, lichtdurchfluteten Räumen.

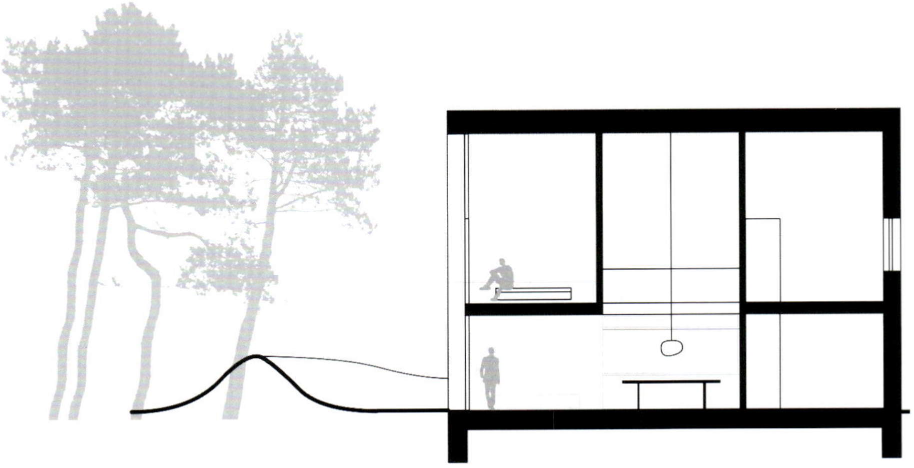

Längsschnitt

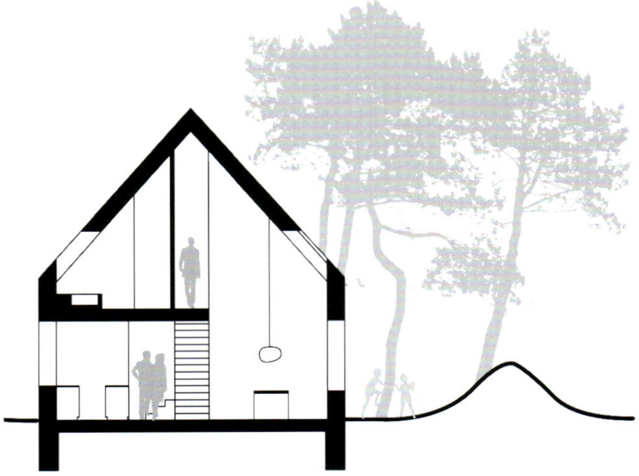

Querschnitt

↗ →
Über dem Essbereich hat der großzügige Wohnraum eine Deckenhöhe von sieben Metern.

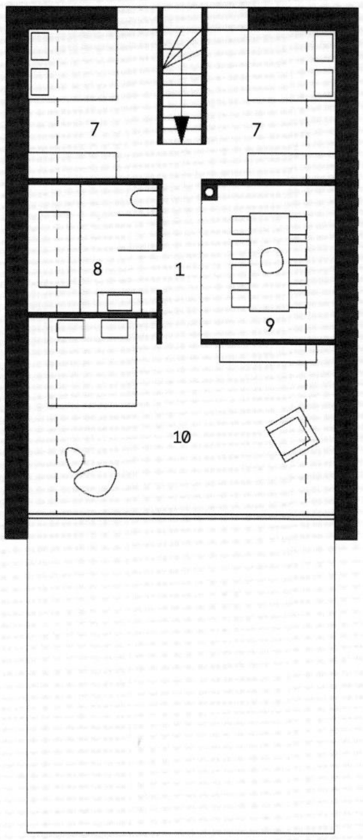

Maßstab:
M 1:200

1 Zugang/Eingang
2 Technik
3 WC
4 Kochen/Essen
5 Wohnen
6 Terrasse
7 Zimmer
8 Bad
9 Luftraum
10 Galerie
11 Grasdüne

Grundriss/Dachgeschoss

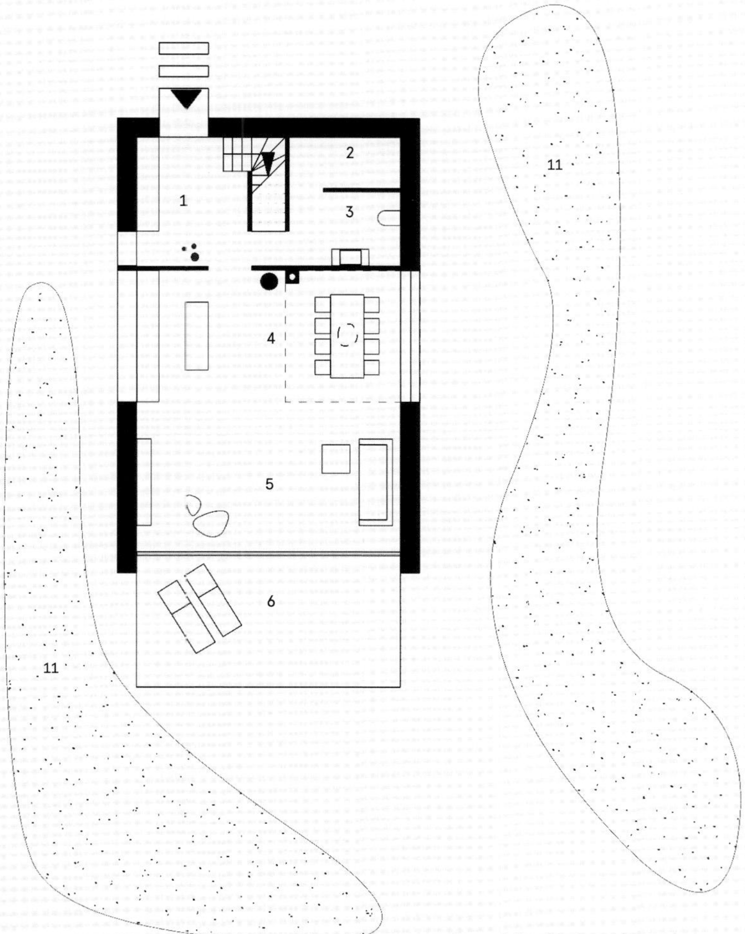

Grundriss/Erdgeschoss

Standort:
St. Peter-Ording

Anzahl der Bewohner:
max. 6

Wohnfläche (m²):
122

Grundstücksgröße (m²):
1.582

Zusätzliche Nutzfläche (m²):
8

Bauweise:
massiv

Fertigstellung:
2014

BUB architekten bda

Alexandra Bub, Hamburg
1990 – 1998 Studium der Architektur TU Darmstadt
1996 – 1997 Stipendium an der Escuela Tecnica Superiore de Arquitectura Barcelona
1998 – 2000 Mitarbeit KHR arkitekter, Kopenhagen
2000 – 2001 Mitarbeit OMA_Rem Koolhaas, Rotterdam
2001 – 2011 UB architekten GbR_Fulda
seit 2011 BUB architekten bda_Alexandra Bub_Hamburg

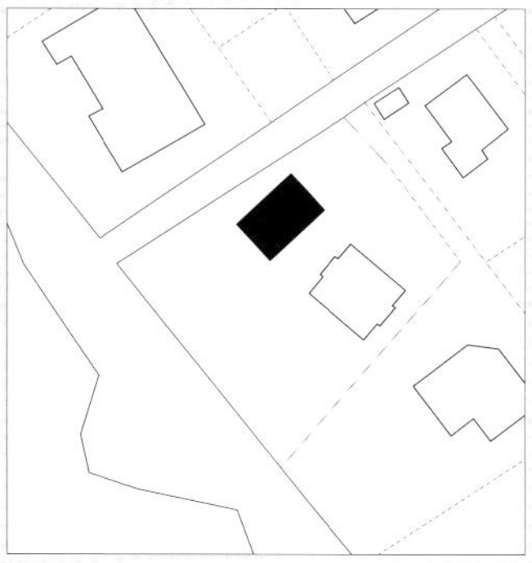

Lageplan/M 1:2000

Haus mit VIP

Die Bedingungen bei dem Neubau in Kempten waren eindeutig: Licht, Sichtbeton, ein Innenhof, ein Dachgarten und die Verwendung von Vakuum-Isolations-Paneelen aus der Produktion des Bauherrn.

1 Was war das Besondere an der Bauaufgabe?
Die Herausforderung war, die Ästhetik und Vorteile einer offenen, lichten Architektur mit hoher Energieeffizienz in Übereinstimmung zu bringen. Diese beiden Aspekte schließen sich im Prinzip aber aus. Selbstverständlich haben wir mit einer Dreischeibenverglasung geplant, doch der hohe Glasanteil in den Fassaden hätte sich bei sonst konventioneller Bauweise negativ auf die Energiebilanz des Gebäudes ausgewirkt. Daher wurden die großen Architekturbeton-Sandwichelemente des gesamten Hauses und das Flachdach mit einer besonders effizienten Vakuumdämmung versehen. Kombiniert mit einer Fußbodenflächenheizung ergibt sich nun der vom Bauherrn gewünschte Niedrigenergiestandard. Zusätzlich tragen die Holzpellets-Zentralheizung und die zentrale Lüftungsanlage mit Wärmerückgewinnung zu einer positiven Energiebilanz bei. Die Anlage mit CO_2-abhängiger Steuerung der Luftwechselrate ist mit einem Erdwärmetauscher ausgestattet, der die angesaugte Zugluft ohne zusätzlichen Energieaufwand temperiert. Die verwendeten Vakuum-Isolations-Paneele (VIP) zeigen zudem eine bis zu sechsfach erhöhte Wärmedämmleistung. Das bedeutet, dass die Außenwände bei dem Einfamilienhaus insgesamt nur 41 Zentimeter stark sind. Das begrünte Flachdach wurde ebenfalls vollständig mit vier Lagen VIP à 20 Millimeter gedämmt. Damit konnte die reduzierte Dämmleistung der Glasflächen ausgeglichen werden, so dass der Neubau insgesamt KfW-55-Standard erreicht. Die Vakuumdämmung vermeidet aber nicht nur Wärmeverluste, sondern hält dem Bauherrn zufolge auch die Sommerhitze draußen, so dass die Innenräume angenehm temperiert bleiben.

2 Wie haben die Bauherren Ihr Büro gefunden?
Die Bauherren hatten den Wunsch, ein Haus komplett in Sandwich-Betonfertigteilen zu errichten, unter Verwendung der im Unternehmen des Bauherrn hergestellten Vakuumdämmung Vacupor. Sie haben sich bei einem Baustoffwerk informiert, mit dem wir zuvor ein Referenzbauvorhaben erstellt hatten. Nach der gemeinsamen Besichtigung waren die Bauherren von der Qualität unserer Architektur überzeugt und erteilten uns den Planungsauftrag.

3 Welche Inspiration hat zu dem Entwurf geführt?
Der Bauherr hatte ein sehr großes Grundstück inklusive Einfamilienhaus erworben und stellte schnell fest, dass ihm das Bauwerk weder bautechnisch noch funktional zusagte. Vorgabe an uns war dann die Planung eines ebenerdigen, lichtdurchfluteten Gebäudes mit Fassaden aus Sichtbeton. Uns beeindruckte der herrliche Blick in die Berge aus dem Obergeschoss. Bei der Größe des Grundstücks nutzten wir daher die Möglichkeit, fast die gesamte bebaute Grundfläche in Form eines nutzbaren Dachgartens zu begrünen und zu entsiegeln.

4 Auf welche Anforderungen, Einschränkungen und Bedingungen musste der Entwurf reagieren?
Der kubische, monolithische Baukörper wird bestimmt durch die Fugen der Betonfertigteile, die großen Fensterfronten und den Volumenausschnitt für den Eingangsbereich. Schon in der Vorplanung mussten aufgrund technischer Rahmenbedingungen in der Werksfertigung sowie Transport und Montage die maximalen Fertigteilplattenabmessungen, Detailausbildungen und Fugenteilungen geklärt werden. Zudem mussten die Standardplattenmaße der Vakuumpaneele und die Lage der Abstandshalter der Betonschalen exakt festgelegt werden. Der Entwurf erreichte bereits daher nahezu Detailplanungsreife.

5 Wie verlief der Entwurfsprozess und wie die Abstimmung mit den Bauherren?
Vor Beginn eines Entwurfsprozesses bitten wir unsere Privatbauherren, ihre Wünsche schriftlich zu formulieren. Meist beginnt an diesem Punkt erst die intensive Auseinandersetzung der Auftraggeber mit ihrem Traumhaus … Im weiteren Verlauf versuchen wir dann, unsere Bauherren in entspannter Atmosphäre kennenzulernen. Denn wir glauben, dass man nur die nötige Inspiration für den Entwurf bekommt, wenn man sich in seine Bauherren einfühlen kann und darf. Erst danach kommt der Stift zum Einsatz und es beginnt der Entwurfsprozess. Bei diesem Projekt waren die Vorgaben klar: viel Licht, Sichtbeton, ein verglaster Innenhof und ein begehbarer Dachgarten. Und natürlich wollte der Bauherr neue energetische Wege gehen und seine eigene Vakuumdämmung einsetzen. Ansonsten hatten wir weitgehend freie Hand.

↖
Der barrierefreie Bungalow ersetzt einen Altbau. Die Wohnräume erhalten über das zentrale, komplett verglaste Atrium Licht. Ein den Innenhof begleitender Gang erschließt die Individualräume.

←
Eine Treppe führt auf den nutzbaren Dachgarten.

↗
Die Oberflächen der Betonfertigteilwände an den Innen- und Außenseiten sind fertigungstechnisch bedingt unterschiedlich: Außen wurde die Oberfläche des eingefärbten Betons gewaschen und mit farbigen Natursteinen-Zuschlägen versetzt.

→
Innen wurden die Oberflächen angesäuert sowie eingefärbt. Innenwände und Decken sind weiß.

↗
←
Der Beton in Kombination mit Eichenholzfenstern mit bronzeeloxierten Aluschalen, geglättetem Kalkputz, Travertinsteinböden und geräuchertem Eichenparkett wirkt ebenso robust wie edel.

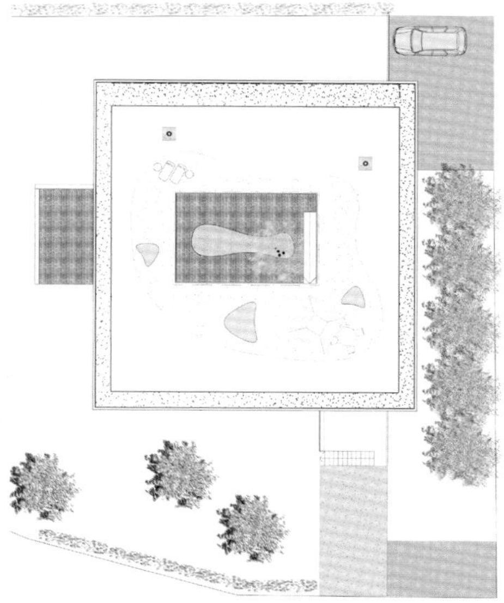

Grundriss/Dachgeschoss

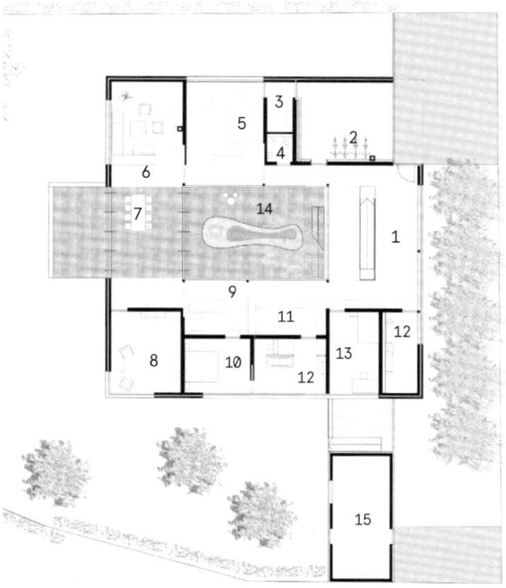

Grundriss/Erdgeschoss

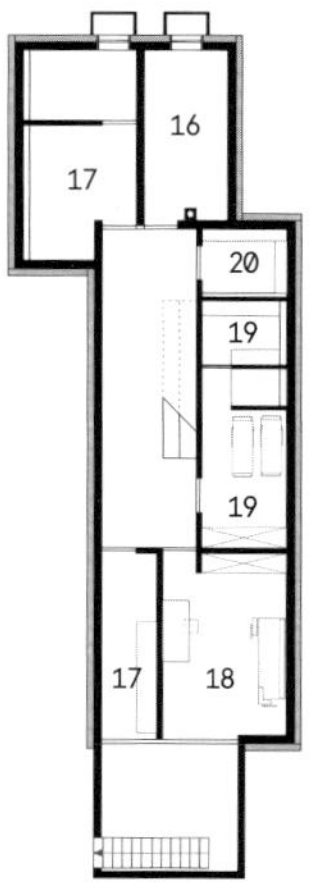

Grundriss/Untergeschoss

Standort:
Kempten

Anzahl der Bewohner:
5

Wohnfläche (m²):
400

Grundstücksgröße (m²):
1.605

Zusätzliche Nutzfläche (m²):
426

Bauweise:
massiv Beton

Energiestandard:
KfW 55

Fertigstellung:
2014

Maßstab:
M 1:200

1 Zugang/Eingang
2 Garage
3 Speisekammer
4 WC
5 Kochen
6 Wohnen/Essen
7 Wintergarten
8 Abstellen
9 Büro
10 Eltern
11 Ankleide
12 Bad
13 Kind
14 Innenhof
15 Abstellraum
16 Pellets/Technik
17 Keller/Waschen
18 Hobby
19 Wellness
20 Wein

F64 Architekten BDA, Kempten

Dipl.-Ing. Martin Kopp, Architekt und Stadtplaner BDA
1970 in Kempten geboren
1990 – 1999 Architekturstudium TU Innsbruck
1996 – 1997 Architekturstudium Ecole d' Architecture Montpellier
seit 2003 Büropartner

Dipl.-Ing. Univ. Philip Leube, Architekt und Stadtplaner BDA
1975 in Böblingen geboren
1997 – 2002 Architekturstudium, TU München
seit 2010 Büropartner

Rainer Lindermayr, Dipl.-Ing. Univ., Architekt und Stadtplaner BDA
1969 geboren in Kapstadt, Südafrika
1986 – 1990 Ausbildung zum Energieanlagenelektroniker
1993 – 1999 Architekturstudium, TU München
seit 2003 Büropartner

Dipl.-Ing. Univ. Thomas Meusburger, Architekt BDA
1968 in Immenstadt geboren
1985 – 1988 Ausbildung zum Schreiner
1990 – 1992 Ausbildung zum Möbelhandelskaufmann
1994 – 2000 Architekturstudium, TU München
seit 2010 Büropartner

Dipl.-Ing. FH Stephan Walter, Architekt und Stadtplaner BDA
1961 in Herrsching am Ammersee geboren
1978 – 1981 Ausbildung zum Elektroinstallateur
1986 – 1989 Physik-Studium Universität Konstanz
1989 – 1994 Architekturstudium HTWG Konstanz
seit 2003 Büropartner

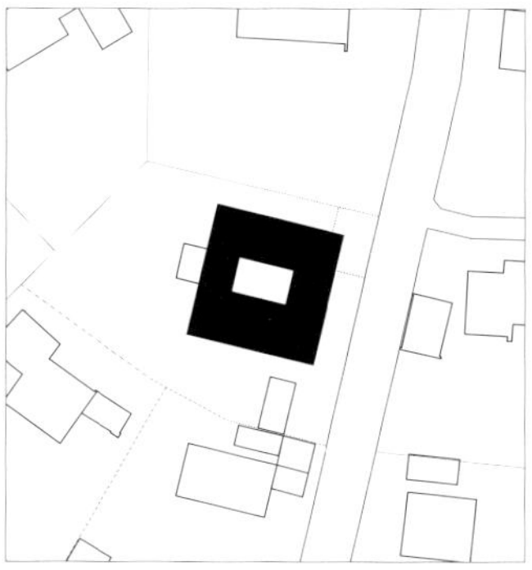

Lageplan/M 1:2000

Hochgewachsen

Holz am Hang in Hof: Unweit von Salzburg reckt sich das kleine Haus aus massivem Brettsperrholz in die Höhe.

1 Was war das Besondere an der Bauaufgabe?
Erst einmal das Grundstück: ein unverwechselbarer Naturraum fernab jeder klassischen Siedlungsstruktur mit einer charakteristischen Topografie. Und dann natürlich ein Bauherr, der bereit war, sich auf unkonventionelle Lösungen einzulassen.

2 Wie haben die Bauherren Ihr Büro gefunden?
Der Bauherr hat unsere Arbeiten schon über Jahre hinweg verfolgt und sich im Vorfeld viel mit dem Thema Architektur auseinandergesetzt. Das erste persönliche Zusammentreffen hat dann das Feuer entfacht, für diesen besonderen Ort gemeinsam den Genius Loci zu suchen.

3 Welche Inspiration hat zu dem Entwurf geführt?
Inspirierend war mit Sicherheit der vorhandene, in sich ruhende Naturraum, der sehr stark identitätsstiftend war. Außerdem die vertikale Baumstruktur. Und ein sehr charmantes, aus baulicher Sicht leider in die Jahre gekommenes, kleines bestehendes Holzhaus, das sich ganz selbstverständlich in die Umgebung integriert.

4 Und auf welche Anforderungen, Einschränkungen und Bedingungen musste der Entwurf reagieren?
Der Entwurf musste auf keine zwingenden Einschränkungen reagieren außer auf jene, die wir uns gemeinsam mit dem Bauherrn auferlegt hatten. Das heißt, wir wollten keine Hochglanzarchitektur, sondern eine spezifische Antwort für den Ort. Und die Investition in „Basics". Das heißt: in Qualität und nicht in „Status". Dazu gehört auch das Hinterfragen von normierten bautechnischen Ausführungen und das Suchen intelligenterer Alternativen für die spezielle Situation. In unserem Fall: 28 Zentimeter starke Massivholzwände ohne zusätzliche Dämmung und eine sichtbare Installationsführung ohne zusätzliche Verkleidung.

5 Wie verlief der Entwurfsprozess und wie die Abstimmung mit den Bauherren?
Nach einer intensiven persönlichen Kennenlernphase unseres Bauherrn – wir fordern ein „persönliches Psychogramm", also eine Darstellung seiner Person – haben wir uns für etwa sechs Wochen lang intensiv mit dem Ort, dem Bauherrn als Persönlichkeit und der Bauaufgabe beschäftigt und auseinandergesetzt und einen Vorentwurf mit Modell ausgearbeitet, der ohne nennenswerte Änderungen gemeinsam mit dem Bauherrn weiterentwickelt und umgesetzt wurde.

↖
Elf Meter beträgt der Höhenunterschied auf dem steil abfallenden Südhang, der von dichtem, hohem Baumbestand geprägt ist. Der Altbestand wurde abgerissen und durch einen Neubau ersetzt, dessen Grundriss vertikal organisiert ist.

↗
Das Haus aus 28 Zentimeter dickem, massivem Brettsperrholz kommt ohne zusätzliche Schichten wie Hinterlüftung, Dämmung oder Vorsatzschale aus.

→
Auf einem Betonsockel sitzt ein Holzbau auf. Die Mischbauweise setzt sich auch im Inneren fort.

↖
↗
←
Die räumlichen Anforderungen der Bauherren gliedern sich in drei etwa gleich große Bereiche: Büro/Arbeit, Wohnen/Leben, Schlafen/Bad/Sauna. Niveauversprünge sorgen für räumliche Differenzierung.

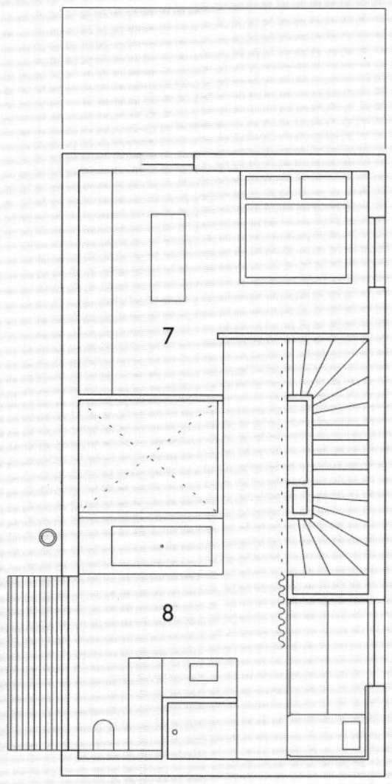

Grundriss/Dachgeschoss

Maßstab:
M 1:200

1 Zugang/Eingang
2 Bad
3 Technik
4 Arbeiten
5 Kochen/Essen
6 Wohnen
7 Schlafen
8 Bad/Wellness

Standort:
A-Hof bei Salzburg

Anzahl der Bewohner:
1 – 2

Wohnfläche (m^2):
141

Grundstücksgröße (m^2):
1.824

Zusätzliche Nutzfläche (m^2):
186

Bauweise:
Holzmassivbau auf Stahlbeton

Fertigstellung:
2014

LP architektur ZT GmbH, Altenmarkt

Dipl.-Ing. Thomas Lechner Architekt
1970, Geboren in Altenmarkt/Pg.
Ausbildung: Architekturstudium TU Graz, Ziviltechniker
Mitglied der Gestaltungsbeiräte Zell am See, Altmünster, Hinterstoder, Vöcklabruck und Gmunden
Präsident der ZV-Zentralvereinigung der Architekten Österreichs, Landesgruppe Salzburg,
Mitglied des Architekturbeirats der BIG
Geschäftsführung LP architektur ZT GmbH

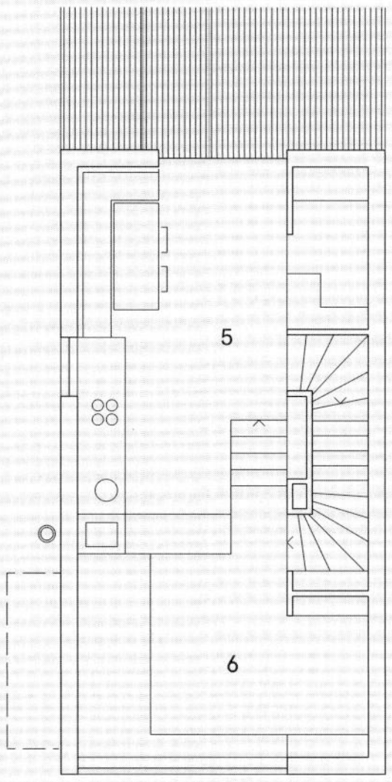

Grundriss/Obergeschoss

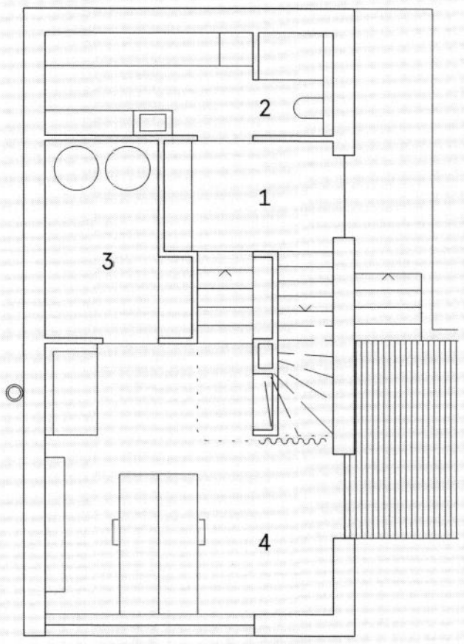

Grundriss/Erdgeschoss

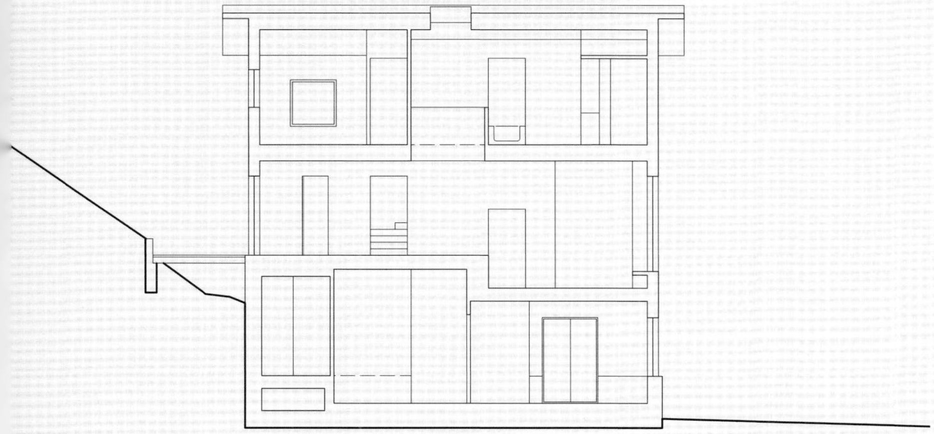

Längsschnitt

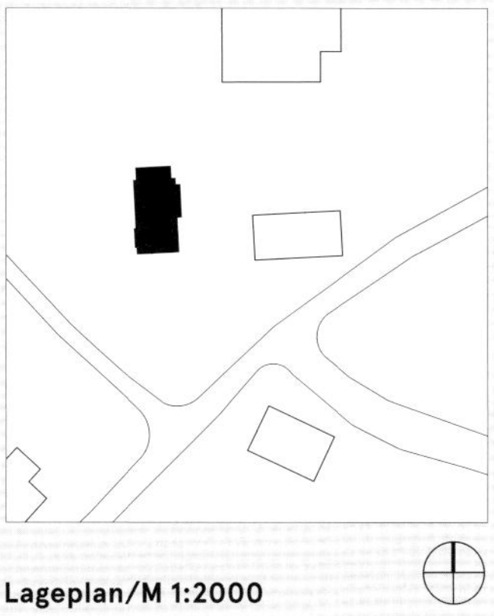

Lageplan/M 1:2000

Unter einem Dach

Wohnen und Arbeiten verbinden sich zu einem Baukörper in Bezau. Die Ungestörtheit der Familie ist trotzdem gegeben.

1 Was war das Besondere an der Bauaufgabe?
Bei der Entwicklung des Projekts mussten wir zwei wesentliche Parameter berücksichtigen: Einerseits den schwierigen, langen und schmalen Zuschnitt des Grundstückes samt seiner Exponiertheit direkt an der Gemeindestraße, andererseits die Verbindung von Wohnhaus und Gewerbeflächen in einem homogenen Baukörper.

2 Wie haben die Bauherren Ihr Büro gefunden?
Sie sind mit uns befreundet.

3 Welche Inspiration hat zu dem Entwurf geführt?
Der Mercedes/8 des Bauherrn aus den 70er Jahren. Das heißt: schlichte, zeitlose Eleganz.

4 Auf welche Anforderungen, Einschränkungen und Bedingungen musste der Entwurf reagieren?
Das zu bebauende Grundstück ist sehr schmal und hat zudem eine äußerst ungünstige Form. Außerdem ist die Präsenz des Schauraumes an der Straße natürlich sehr wichtig. Die Produkte sollen attraktiv in Szene gesetzt werden. Im Gegensatz zum geschäftlichen Bereich des Gebäudes sollte der private Bereich jedoch klar getrennt sein und ungestörtes Wohnen auch während der Geschäftszeiten ermöglichen. Zudem wurde von Seiten der Bauherrschaft ein Holzhaus (zumindest teilweise) gewünscht.

5 Wie verlief der Entwurfsprozess und wie die Abstimmung mit den Bauherren?
Die Bauherren haben uns beim Entwurfsprozess grundsätzlich recht freie Hand gelassen. Wir haben ein kurzes Briefing mit den wichtigsten Angaben über das gewünschte Raumprogramm, bevorzugte Materialien, allgemeine Lebensgewohnheiten, Budgetvorstellungen und Ähnlichem bekommen. Dann haben wir uns von der ersten Präsentation bis zur Baueingabe gemeinsam vorgearbeitet. Alle Planungsschritte wurden mit sämtlichen Plandarstellungen sowie teilweise mit Arbeitsmodellen hinterlegt. Für die Festlegung der Materialien haben wir Muster vorgelegt und auch Referenzprojekte besichtigt.

↖
Der Geschäftsbereich mit Schauraum und Büro öffnet sich über die gesamte Nordfassade zur Straße hin. Südlich des Schauraums sind die privaten Räume über zwei Geschosse organisiert.

←
Die Fassade wird geprägt von der homogenen Verkleidung in Weißtanne und den wenigen, großzügigen Fensteröffnungen. Die Leibungen sind in Kupferblech eingefasst.

Entwurfsvariante

Vier Monate wurde geplant, pro Monat ein Entwurf entwickelt, bis Einreichungsreife bestand. Das schmale Grundstück ließ zwar wenig formale Möglichkeiten zu, zufrieden waren Bauherren und Architekten allerdings erst, als auch die letzten Details stimmten.

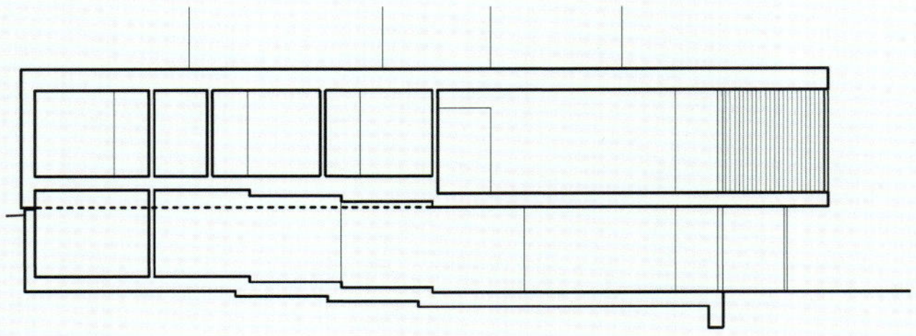

Variante/Längsschnitt
Stand 1. Oktober 2011

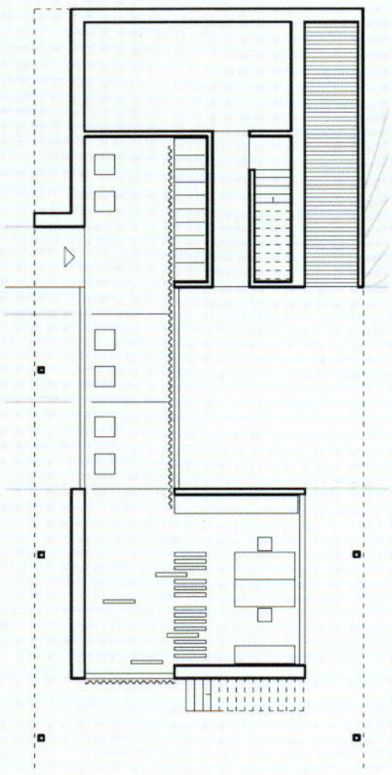

Straßenniveau
Stand 1. Oktober 2011

Bodenniveau

↗
Der Geschäftsbereich ist mit grau durchgefärbten MDF-Platten ausgekleidet. Im Wohn- und Schlafbereich wurde Eichen- und Tannenholz verwendet.

↗
Über die Küche und den Wohnraum im Obergeschoss erreicht man die überdeckte Terrasse.
Im Erdgeschoss befinden sich die Schlafräume, eine Doppelgarage sowie sämtliche Nebenräume.

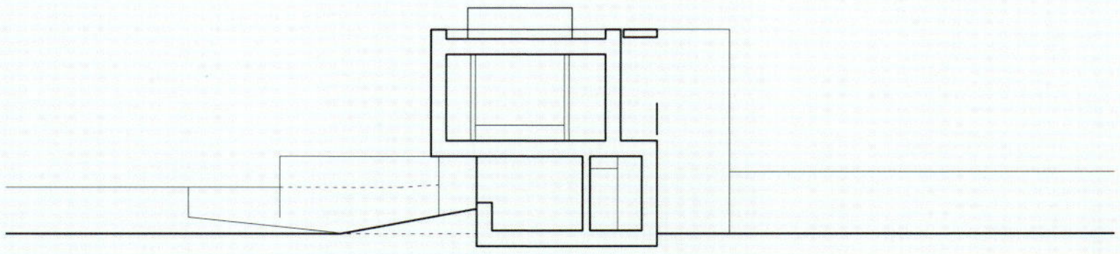

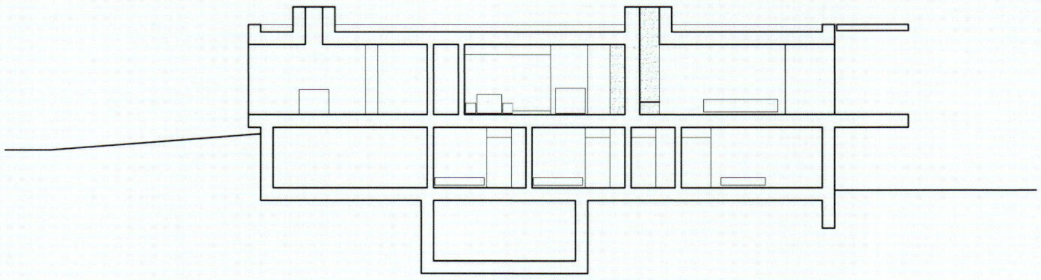

Straßenniveau
Stand 2. November 2011

Standort:
A-Bezau

Wohnfläche (m²):
190

Grundstücksgröße (m²):
590

Bauweise:
Ortbetonmassivbau

Fertigstellung:
2013

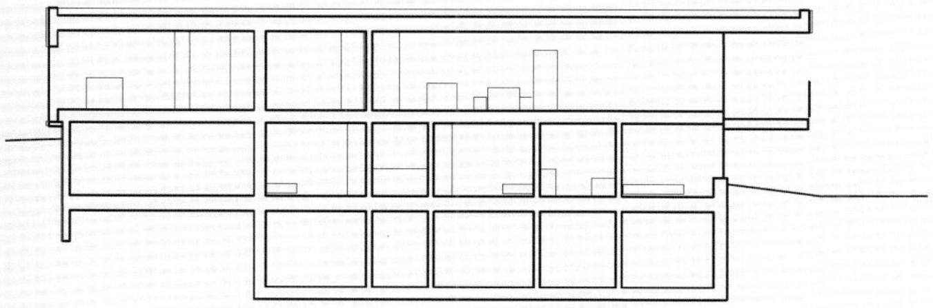

Längsschnitt

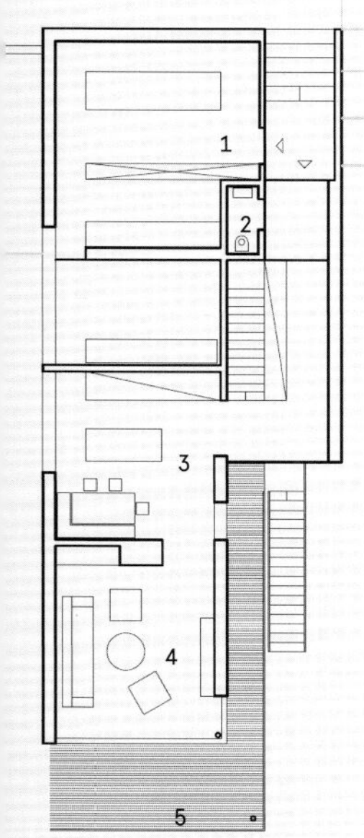

Grundriss/Straßenniveau

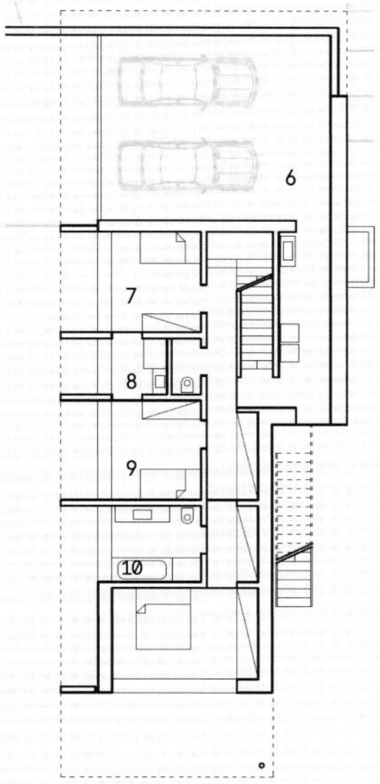

Grundriss/Bodenniveau

Maßstab:
M 1:200

1 Zugang/Schauraum
2 WC
3 Küche
4 Wohnen
5 Terrasse
6 Garage
7 Schlafraum
8 Bad

ao-architekten Innsbruck mit Innauer Matt Architekten, Bezan

Dipl.-Ing. Michael Felder, Architekt
1978 geboren in Au, Vorarlberg
1997–2006 Studium der Architektur an der Leopold Franzens Universität Innsbruck
1999–2009 Mitarbeit im Architekturbüro Andreas Orgler, Innsbruck (A) und Dietmar Feichtinger Architectes, Paris (F)
2009–2011 Mitarbeit bei ao-architekten ZT-GmbH, Innsbruck
seit 2011 Gesellschafter der ao-architekten ZT-GmbH
seit 2013 Lehrauftrag TU Innsbruck, Institut für experimentelle Architektur
2013 Vereidigung Ziviltechniker

Markus Innauer Mag.arch ZT
1980 geboren
2002–2009 Universität für angewandte Kunst, Wien
2005–2006 University of California, Los Angeles
2002 Mitarbeit bei Art Creative, Singapur
2002–2008 Mitarbeit bei Architekt DI Oskar Leo Kaufmann
2009–2012 selbstständige Arbeiten und Kooperationen
2012 Staatlich befugter und beeideter Ziviltechniker

Sven Matt DI ZT
1980 geboren
2000–2003 Technische Universität Innsbruck
2003–2004 Mitarbeit bei Feichtinger Architekten, Paris/Wien
2004–2007 Technische Universität Wien
2004–2012 Mitarbeit bei Arch. Dipl.-Ing. Bernardo Bader, Dornbirn
2012 Staatlich befugter und beeideter Ziviltechniker

2013 Bürogründung Innauer Matt Architekten

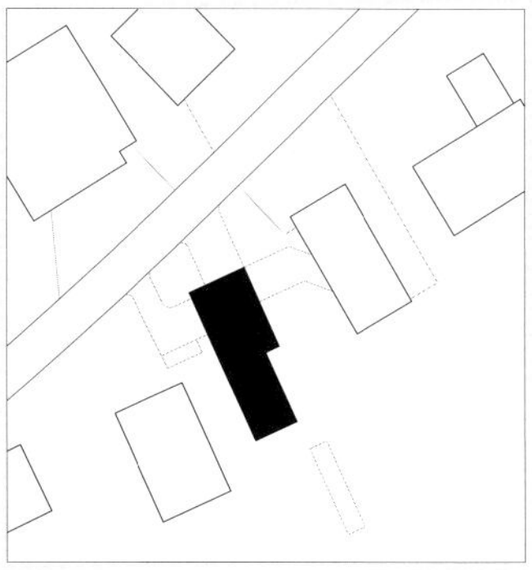

Lageplan/M 1:2000

Raffiniert einfach

Das kleine Refugium mit Blick auf den Groß Glienicker See kommt ohne Stützen und tragende Außenwände aus.

1 Was war das Besondere an der Bauaufgabe?
Sicherlich und ohne Zweifel der Ort. Denn das Grundstück ist einfach einmalig! Gelegen am Südwestende des Groß Glienicker Sees erstreckt sich das steile Hanggrundstück von der Seepromenade bis hinauf zum Standort des Gebäudes. Dabei überwindet das Gelände eine Höhe von mehr als acht Meter und bietet somit – umgeben von grandioser Natur – einen traumhaften Ausblick auf den See. Aber nicht nur der See und die steile Hanglage sprechen für den Standort, sondern auch die Vegetation mit ihren uralten und unter Naturschutz stehenden Kieferngehölzen. Vor 25 Jahren verlief mitten durch das Wasser die innerdeutsche Grenze, die hier Ost- von Westberlin trennte. Dieser ehemalige Schutzwall sorgt für die heutige Artenvielfalt von Flora und Fauna. Nicht zuletzt deshalb gab es von Beginn an die Idee von der großen Dachterrasse.

2 Wie haben die Bauherren Ihr Büro gefunden?
Über die Publikation eines unserer bereits realisierten Bauwerke. Die Bauherrschaft suchte ein Architekturbüro mit Erfahrung im Sichtbetonbau. Mit dem „maison du béton", einem Wohnhaus in Zwickau, haben wir das Interesse an unserer Arbeit geweckt. Da wir aber nicht die einzigen Architekten sind, die ein gewisses Faible sowie Erfahrung mit diesem Baustoff mitbringen, haben sich die Bauherren nach intensiver Recherche mit drei Büros zu konkreten Gesprächen verabredet. Dass die Wahl dann auf uns fiel, ist vermutlich der Tatsache geschuldet, dass wir wohl die einzigen waren, die den Bauherren wirklich zugehört haben und ihnen das Gefühl gaben, ihre Wünsche, Sehnsüchte und Interessen verstanden zu haben.

3 Welche Inspiration hat zu dem Entwurf geführt?
Der Ort, die Natur, die Reflexionen des Wassers, die Vorlieben der Bauherrin für die russische Moderne und den japanischen Minimalismus. Skizzen zu diesem Haus entstanden in der Natur, auf der Veranda unseres Wochenendhauses, das im märkischen Kiefernwald liegt. Dort entwickelte sich dann auch die konkrete Idee, ein Haus zu bauen, das ohne tragende Außenwände und mit einem minimalen Tragsystem auskommt. Ein Haus, das schwer und leicht zugleich ist. Das sich auf dem Grundstück tarnt und versteckt, und gleichwohl präsent ist.

4 Und auf welche Anforderungen, Einschränkungen und Bedingungen musste der Entwurf reagieren?
Aufgrund des zum Teil unter Naturschutz stehenden Grundstücks gab es entsprechende Auflagen und Einschränkungen der Naturschutzbehörde, das konkrete Baufeld und die Erschließung des Grundstücks betreffend. Die engen Vorgaben des Bebauungsplans und die gewünschte Eingeschossigkeit des Gebäudes machten es dann erforderlich, die maximal zulässigen Grenzen bis auf den letzten Millimeter auszunutzen. Unsere eigenen Bedingungen, ein Gebäude ohne tragende Außenwände zu entwickeln und tragende Wände auf ein Minimum zu beschränken, forderten einen hohen konstruktiven Aufwand einschließlich einer vorgespannten Stahlbetondeckenkonstruktion von 36 Zentimetern Stärke. Die extreme Hanglage verkomplizierte zudem den Baustellenbetrieb und die Baustelleneinrichtung. Die Baustelle wurde zu 90 Prozent mit einem großen Turmdrehkran erschlossen, der so hoch sein musste, dass er über den höchsten Baumkronen lag, also bei etwa 45 Metern. Am Tag nach dem Aufbau gab es die erste Klage des Nachbarn, der durch den Kranausleger seinen Lufthoheitsraum beeinträchtigt sah … Die Klage wurde im Eilverfahren vor Gericht abgewiesen und wir konnten weiterbauen.

5 Wie verlief der Entwurfsprozess und wie die Abstimmung mit den Bauherren?
Das kann ich mit einem Wort beschreiben: traumhaft. Es passiert nicht oft, dass unserer Branche hundertprozentiges Vertrauen entgegengebracht wird. Hier war es jedoch so. Die Bauherrin trug unsere Konzeption in allen Phasen und in aller Konsequenz mit, trotz diverser behördlicher und örtlicher Widrigkeiten. Sie stand immer hinter uns. Auf dieser Grundlage wurden alle Entscheidungen auf Augenhöhe miteinander getroffen.

↖
Lage und Charakteristik des Baugrundstücks könnten kaum schöner sein: Mit großartigem Ausblick erhebt sich das steile Hanggrundstück mit unter Naturschutz stehenden uralten Kiefernbäumen über das Ufer des Groß Glienicker Sees.

↖
Die gläserne Außenhaut des eingeschossigen Gebäudes mit Teilunterkellerung ist zum See hin als vollverglaste Aluminiumkonstruktion ausgeführt. Die anderen drei Seiten wurden aus opakem, grün schimmerndem Industriebauglas mit transluzenter Wärmedämmung gestaltet.

Skizze

↗

Bei dem trapezförmigen Haus tanzt auch die Fassade aus der Reihe. Das Gebäude kommt komplett ohne tragende Außenwände und Stützen aus. In Verbindung mit einer vorgespannten, auskragenden Deckenkonstruktion werden die Kräfte über eine innere tragende Längswand, eine Querwand und drei Stützen abgetragen.

↗

Ein raumhohes Möbelelement aus Seekiefer bietet Platz für Bäder, Küche, Stauflächen sowie die Bibliothek und bildet einen Kontrast zu Beton und Glas. Eine Tür führt von hier auf die Dachterrasse, die die komplette Grundfläche einnimmt.

↖

←

Bis auf die Fassaden sind die Oberflächen der tragenden Bauteile einschließlich des Bodens in Sichtbeton gefertigt.

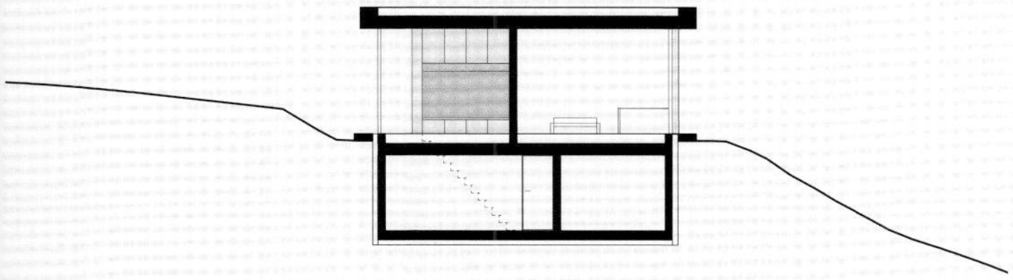

Querschnitt

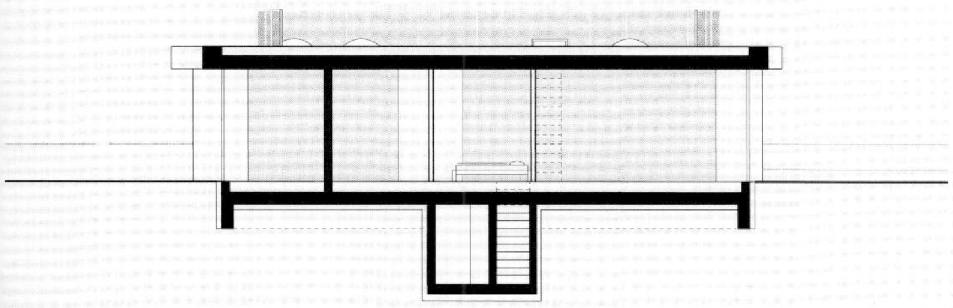

Längsschnitt

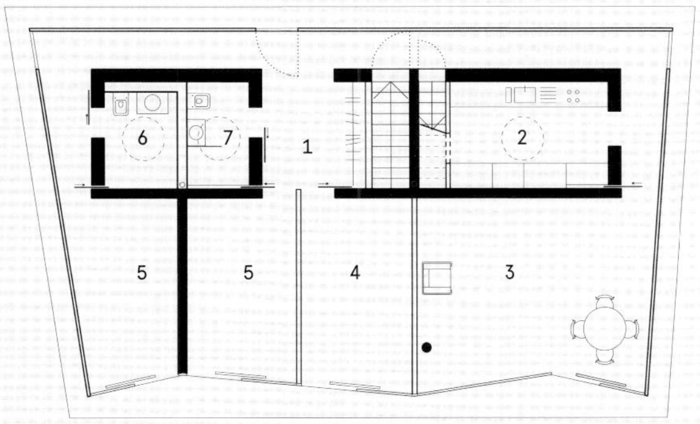

Grundriss/Erdgeschoss

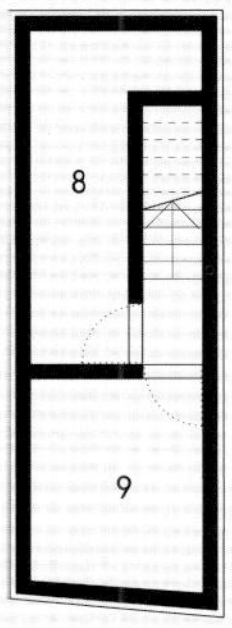

Grundriss/Kellergeschoss

Standort:
Potsdam

Anzahl der Bewohner:
3

Wohnfläche (m^2):
103

Grundstücksgröße (m^2):
791

Zusätzliche Nutzfläche (m^2):
9

Bauweise:
massive Stahlbeton-tragkonstruktion

Fertigstellung:
2015

Maßstab:
M 1:200

1 Zugang/Eingang
2 Küche
3 Wohnen
4 Schlafen
5 Raum
6 Bad
7 Dusche/WC
8 Abstellen
9 Technik

Atelier St, Leipzig

Silvia Schellenberg-Thaut, Freie Architektin BDA
1978 geboren in Borna bei Leipzig
1997 – 2001 Architekturstudium an der WH Zwickau
Mitarbeit bei Appel + Bohne Architekten BDA, Leipzig
Mitarbeit bei T + S Architekten und Ingenieure, Zwickau
2015 Gastprofessur FH Erfurt

Sebastian Thaut, Freier Architekt BDA
1977 geboren in Zwickau
1998 - 2003 Architekturstudium an der WH Zwickau
Mitarbeit Gigon-Guyer Architekten Zürich
Mitarbeit Innenarchitekturbüro Ö-Konzept, Zwickau
Mitarbeit bei T + S Architekten und Ingenieure, Zwickau
2015 Lehrauftrag an der TU Dortmund

Seit 2005 Atelier ST

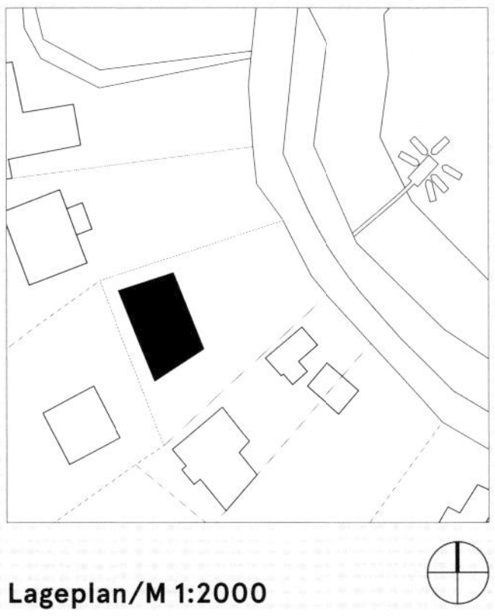

Lageplan/M 1:2000

Komplex kindgerecht

Private Architektenwettbewerbe sind selten. Sie können zu seltenguten Ergebnissen führen, wie bei diesem Haus für eine Familie mit vier Kindern.

1 Was war das Besondere an der Bauaufgabe?
Das Raumprogramm und damit die Anforderungen an das Wohnhaus waren komplex. Neben vier Kinderzimmern und dem Elternschlafzimmer mussten zwei getrennte Arbeitsbereiche als Heimarbeitsplätze sowie ein Gästezimmer und eine Sauna Platz finden. Die Gemeinschaftsbereiche wie Kochen, Essen und Wohnen sollten sich zum Garten orientieren und möglichst offen, hell und gastfreundlich werden. Um die beste Lösung für ihre Bedürfnisse zu finden, beauftragten die Bauherren parallel fünf Architekturbüros mit je einem Vorentwurf. Die Entscheidung fiel zugunsten meines Entwurfs, mit der Auflage der Bauherren, an diesem nichts mehr zu verändern!

2 Wie haben die Bauherren Ihr Büro gefunden?
Unsere Kinder besuchten den gleichen Kindergarten, für den ich ein kleines „Parkhaus" entworfen und gemeinsam mit den Eltern realisiert hatte. In diesem Zuge wurde ich gefragt, ob ich an dem Wettbewerb teilnehmen möchte.

3 Welche Inspiration hat zu dem Entwurf geführt?
Seit meinem ersten Besuch in der Villa Müller von Adolf Loos in Prag beschäftige ich mich mit der Idee des Raumplans. Aber auch die Inszenierung des Weges und die damit verbundene Raumwahrnehmung innerhalb und außerhalb von Gebäuden sind immer wiederkehrende Themen in meinen Entwürfen. Hinzu kommt mein Anspruch, durch eine Flächenoptimierung auch den Ressourcenverbrauch für individuelle Neubauten möglichst zu reduzieren.

4 Auf welche Anforderungen, Einschränkungen und Bedingungen musste der Entwurf reagieren?
Das Baufeld und die maximale Höhe des Wohnhauses waren durch die vorhandenen Nachbargebäude bereits vorgegeben. Ebenso die seitlichen Abstandsflächen von mindestens drei Metern zur Grundstücksgrenze. Die Erschließung musste von Südwesten erfolgen, der Großteil des Gartens und die Freiflächen lagen dadurch im Nordosten. Zwei wesentlich die Gestalt bestimmenden Konsequenzen wurden aus diesen Einschränkungen abgeleitet: Der gemeinsame Wohn-, Koch- und Essbereich wurde vom Eingangsniveau aus einen Meter tiefer gesetzt und auf dieser Ebene direkt mit dem „Kassettengarten" zu einem durchgehenden Raum verbunden. Und über die große Verglasung im zweigeschossigen Garderobenraum wird das Sonnenlicht von Südwesten quer durch das Treppenhaus in den Wohn- und Essbereich geholt.

5 Wie verlief der Entwurfsprozess und wie die Abstimmung mit den Bauherren?
In meinem Büro werden alle Entwurfsprozesse anhand verschiedener Modellstudien entwickelt und überprüft. Bereits zum Vorentwurf für das Wohnhaus PF7 wurde den Bauherren ein Modell im Maßstab 1:100 und ein Strukturmodell im Maßstab 1:50 präsentiert, um die komplexe Ebenenentwicklung und die Raumkomposition räumlich nachvollziehbar zu machen. Nachdem die Bauherren ihre Anforderungen bereits in diesem ersten Entwurfsstadium komplett übersetzt sahen, sollte der Vorentwurf nicht mehr verändert werden. Für die weitere Konkretisierung wurden anhand von Innenraummodellen im Maßstab 1:24 und 1:10 die Materialentscheidungen und die gewünschte Raumatmosphäre gemeinsam diskutiert. Und wir besuchten zusammen bereits fertiggestellte Referenzen.

↗
Das ehemalige Sportgelände in Berlin-Pankow wurde in 13 Flurstücke unterteilt und an private Bauherren verkauft. Der alte Baumbestand und die bestehenden Wohnhäuser aus den 1930er Jahren bestimmen dennoch den Charakter des Quartiers.

↖
←
Das Raumprogramm wird innerhalb der drei Geschosse auf sieben Ebenen verteilt.
Der so genannte Kassettengarten mit Gartenhaus bildet den außenräumlichen Mittelpunkt des Familienlebens.

Entwurfsvariante

Baufeld und maximale Höhe waren vorgegeben, die Anforderungen komplex. Anhand von Skizzen machte sich der Architekt auf die Suche nach dem passenden Raumplan.

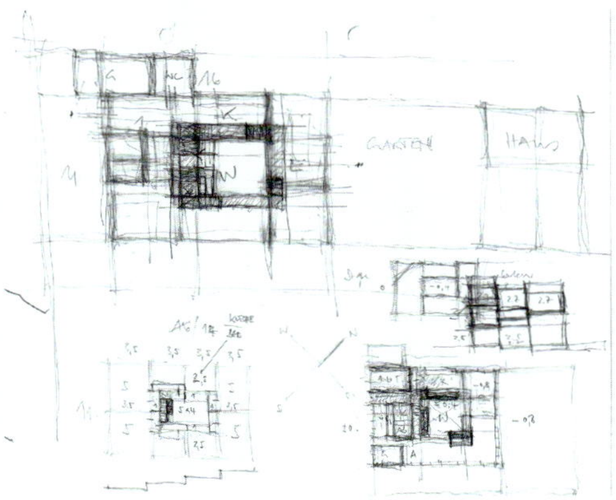

Skizzen

↗
→
Das Raumprogramm ist ambitioniert: Kochen, Essen und Wohnen, fünf Schlafzimmer, zwei Arbeitszimmer, ein Gästezimmer, eine Sauna, ein Kamin. Er ist das Zentrum des Raumkontinuums und zudem Treppe, Sitzbank, Medienschrank und Stauraum.

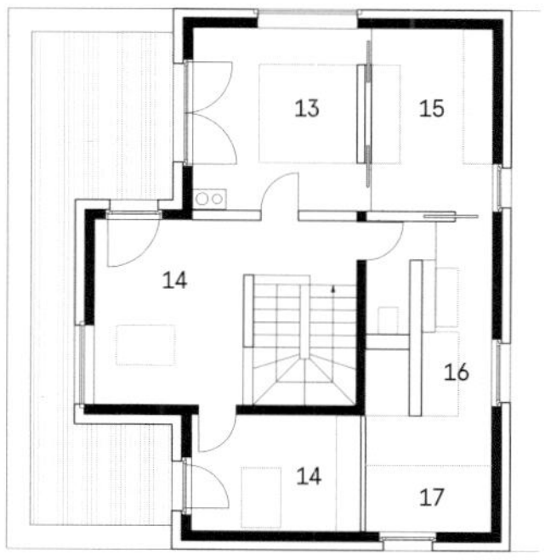

Grundriss/2. Obergeschoss

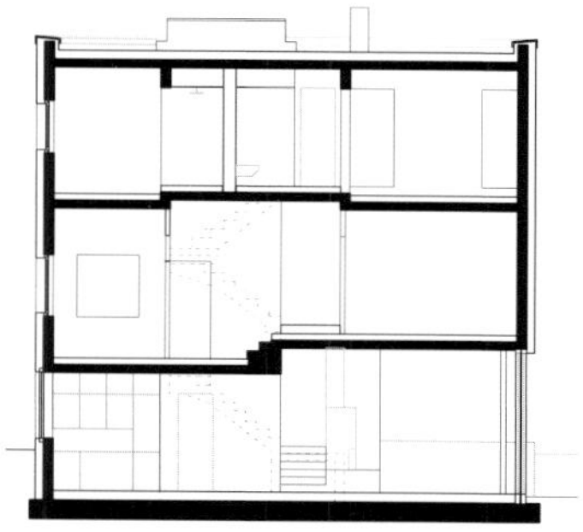

Schnitt

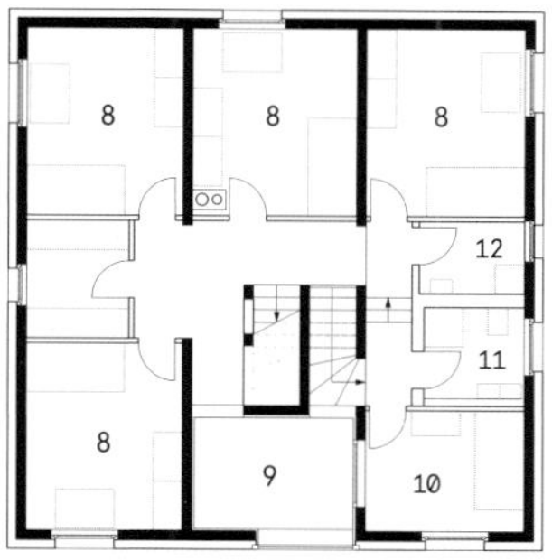

Grundriss/1. Obergeschoss

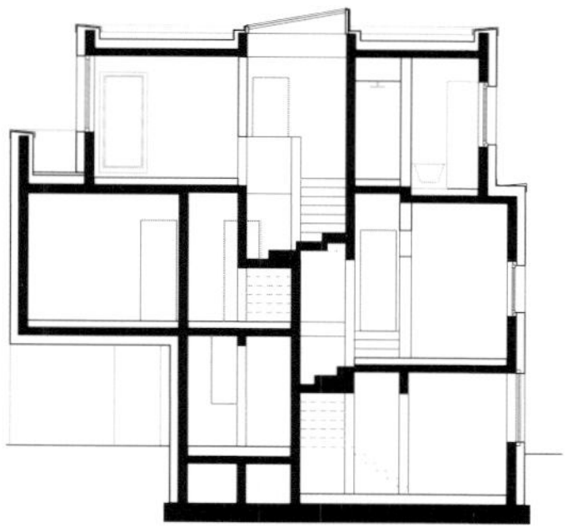

Schnitt

Grundriss/Erdgeschoss

Maßstab:
M 1:200

1 Zugang/Eingang
2 Kochen
3 Speisekammer
4 WC
5 Heizung
6 Essen/Wohnen
7 Gartenhaus
8 Kind
9 Luftraum
10 Gast
11 Bad
12 Hauswirtschaft
13 Eltern
14 Arbeiten
15 Ankleide
16 Bad
17 Sauna

Standort:
Berlin

Anzahl der Bewohner:
6

Wohnfläche (m^2):
220

Grundstücksgröße (m^2):
849

Zusätzliche Nutzfläche (m^2):
37

Bauweise:
Ortbetonmassivbau

Baukosten:
535.000 Euro

Energiestandard:
EnEV 2012

Fertigstellung:
2014

guidoneubeckarchitekt, Berlin

Guido Neubeck studierte Architektur an der Fachhochschule in Würzburg und an der Kunsthochschule in Berlin. Er kooperierte mit den Würzburger Architekturbüros Hetterich Architekten, Kuntz + Manz und mit Reinhold Jäcklein. 2004 begann die erfolgreiche Zusammenarbeit mit Sascha Zander und Christian Roth (zanderroth architekten, berlin). Seit 2008 unterrichtet Guido Neubeck an verschiedenen Technischen Universitäten in Deutschland (TU Kaiserslautern, TU München, TU Berlin).

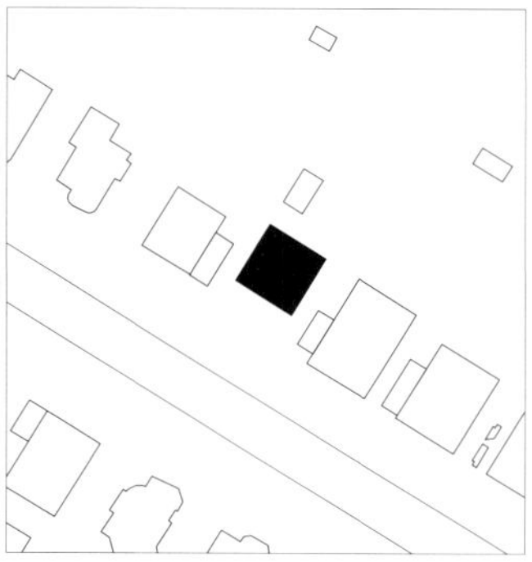

Lageplan/M 1:2000

Brückenbau

Das Vorderhaus mit Hof und Scheune bildet ein typisches Ensemble an der Weinstraße. Nach dem Umbau ist es zudem: zeitgemäß.

1 Was war das Besondere an der Bauaufgabe?
Wichtig war uns, die Scheune als Scheune im dörflichen Kontext zu erhalten und gleichzeitig als modernes Wohngebäude mit neuestem technischen Standard und modernem Innenleben auszustatten.

2 Wie haben die Bauherren Ihr Büro gefunden?
Der Bruder des Bauherrn, der selbst angestellter Architekt ist, hat unser Büro für die Umsetzung des Bauvorhabens empfohlen.

3 Welche Inspiration hat zu dem Entwurf geführt?
Bestimmend war natürlich die vorhandene Scheune. Trotz der Umnutzung zum Wohngebäude wollten wir ihren „Scheunencharakter" erhalten. Das bedeutete, dass die Fassaden zum öffentlichen Raum hin möglichst geschlossen bleiben sollten, während auf der Gartenseite große Öffnungen vorstellbar waren, um ausreichend Belichtungsflächen für die Wohnnutzung zu erhalten. Der Wunsch nach einem nutzbaren Außenraum im Obergeschoss führte zu der Idee, die hangseitige Gebäudeaußenwand der alten Scheune als Stützwand zu verwenden und durch Einrücken einer neuen Fassade einen Außenraum entstehen zu lassen. Naheliegend war es dann, die Atmosphäre einer Scheune im Innenraum bis unter das Dach durch die Installation einer offenen Schlafgalerie und eines großzügigen Luftraums mit eingestellter Treppe und sichtbarer Tragkonstruktion erlebbar zu machen.

4 Und auf welche Anforderungen, Einschränkungen und Bedingungen musste der Entwurf reagieren?
Der Bauherr wollte zuerst die komplette Scheune bis auf den Gewölbekeller abreißen und einen modernen Flachdachbau errichten. Der Bruder des Bauherrn hatte hierzu einen

Vorentwurf angefertigt und als Bauvoranfrage eingereicht. Allerdings lehnten der Denkmalschutz und das zuständige Bauamt ihn ab, weil er sich nicht in die Umgebung einfügte und der Ortsbildsatzung widersprach. Somit war unsere Aufgabe, den Scheunencharakter zu erhalten. Es wurde lediglich zugestanden, das Dach in gleicher Form um etwa 1,50 Meter anzuheben, jedoch ohne die Geometrie des Gebäudes zu verändern.

5 Wie verlief der Entwurfsprozess und wie die Abstimmung mit den Bauherren?
Der Wunsch des Bauherrn war, das Vorderhaus als Kinder- und Gästehaus zu erhalten und die zu errichtende Wohnscheune für die Eltern mit einer Brücke im Obergeschoss zu verbinden. Der Bauherr wollte zudem Essen und Wohnen auf einer Ebene als offene Einheit im Obergeschoss mit Zugang ins Freie umsetzen. Unter dem Dach sollten sich Bad mit Sauna und Schlafbereich befinden. Da der Bauherr in der Stahlbranche tätig ist, wurden wesentliche Teile, wie die Dachkonstruktion, Treppen und Brücke, als Stahlkonstruktion ausgeführt.

↗
→
Die Scheune mit Kellergewölbe und Remise ist hangseitig eingegraben. Die vor dem Kellergewölbe liegenden Vorräume zum Innenhof werden für den Eingang und die Technik genutzt. Das Dach wurde um ca. 1,50 Meter in gleicher Form argehoben. Vorhaus und Wohnscheune sind über eine Stahl-Holz-Brücke miteinander verbunden.

↗
Im Obergeschoss befindet sich der Wohnbereich mit Ausgang zu den oberen Terrassen, im Dachgeschoss, abgeteilt durch eine halbhohe Schrankwand zum Luftraum, liegt der offene Schlafbereich mit abgeschlossenem Bad.

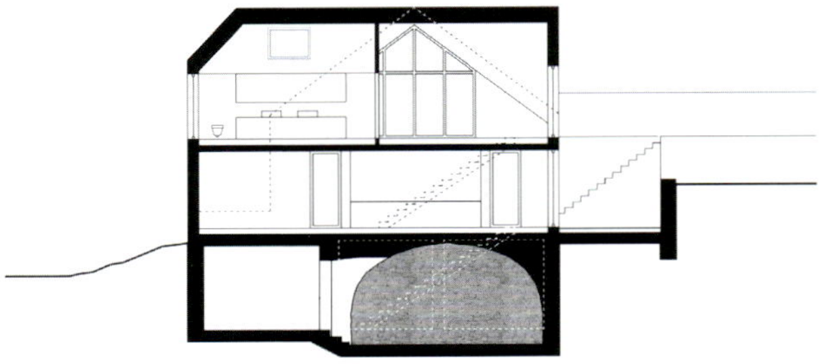

Schnitt/nach Umbau

Schnitt 2

↖
Die Holzbalkendecken liegen auf Stahlunterzügen. Alte Deckenbalken im Wohnbereich wurden wieder aufgearbeitet. Die Verbindungstreppen sind aus Stahl.

Grundriss/Dachgeschoss

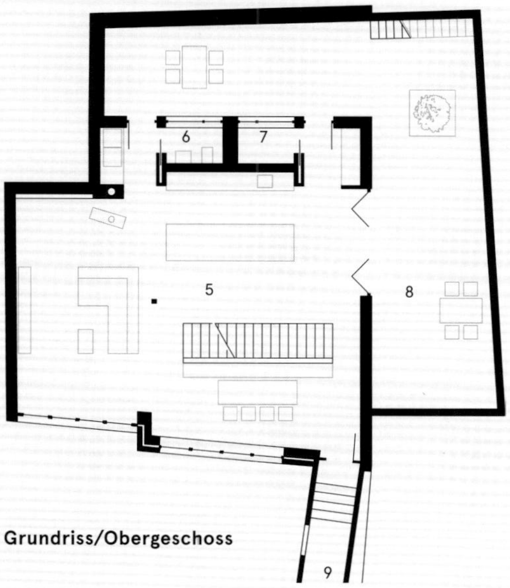

Grundriss/Obergeschoss

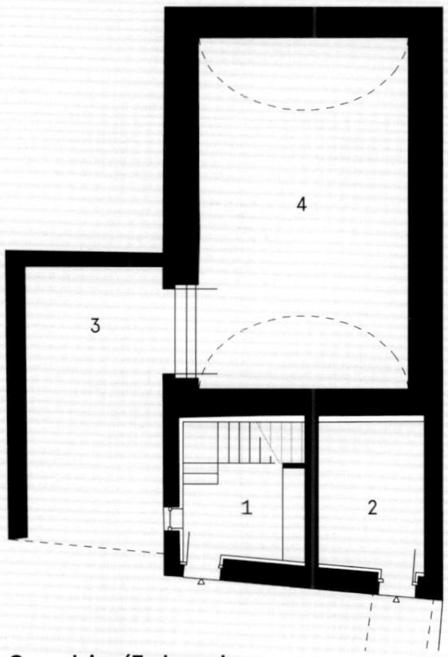

Grundriss/Erdgeschoss

Standort:
Neustadt an der Weinstraße

Anzahl der Bewohner:
2

Wohnfläche (m^2):
216

Grundstücksgröße (m^2):
533

Zusätzliche Nutzfläche (m^2):
14

Bauweise:
massiv

Baukosten:
520.000 Euro

Energiestandard:
KfW 70

Fertigstellung:
2013

Maßstab:
M 1:200

1 Zugang/Eingang
2 Technik
3 Remise
4 Gewölbekeller
5 Kochen/Essen/Wohnen
6 WC
7 Lager
8 Terrasse
9 Brücke
10 Schlafen
11 Luftraum
12 Bad
13 Sauna

Erwin Becker Architekt BDA, Neustadt an der Weinstraße

1957 geboren in Deidesheim an der Weinstraße, Pfalz
Bauzeichnerlehre
1987 Architekturstudium GH-Universität Kassel, freie Mitarbeit im Architekturbüro Szyszkowicz-Kowalski, Graz
1991 Diplom I, GH-Universität Kassel, Projektleitung im Architekturbüro Bieling & Bieling, Kassel
1993 Diplom II GH-Universität Kassel, Projektleitung im Architekturbüro Bohm, Köln
1994 Projektleitung Architekturbüro Prof. Elsa Prochazka, Wien
1995 Trummer & Becker Architekten, Köln
1998 Architekturbüro in Neustadt/Weinstraße, Pfalz
seit 2003 Becker + Schöne Architekten
seit 2012 Erwin Becker Architekt BDA

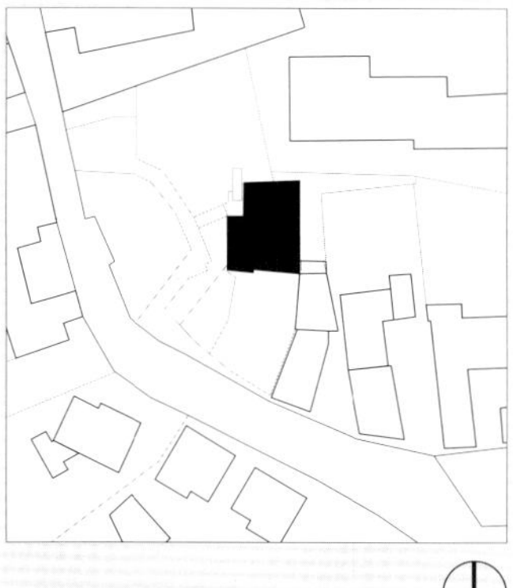

Lageplan/M 1:2000

Ortstermin

Ein Anbau in Gimmeldingen

Der Bruder des Bauherrn ist Architekt. Aber mit ihm hat er nicht gebaut. „Der wollte es nicht machen", sagt er, die Nähe hätte dem Projekt nicht gut getan. Immerhin erhielt er die Empfehlung, an wen er sich wenden könnte. So kam Erwin Becker zu dem Auftrag. Und der kann das gut nachvollziehen: „Für Verwandte baut man nicht gerne. Da fehlt die Distanz." Es ging um eine Art Austragshäusl im Garten, um ein Wohnhaus für die Eltern. Wobei der Diminutiv angesichts der gelungenen Architektur nicht ganz passt und die fast erwachsenen Kinder im alten Vorderhaus noch zum gemeinsamen Haushalt gehören. Ein erster, nicht ausgeführter Entwurf zeigte freilich den Einfluss des Bruders. Sein Vorschlag hätte eine andere Orientierung gehabt und eine großzügige Westterrasse erhalten. Damit war man gewappnet für das Gespräch mit dem Architekten, man wollte ein „modernes Haus mit Flachdach", das sich deutlich von dem vorhandenen mit Satteldach und Erker unterscheidet. „Aber das entsprach nicht der Ortsbildsatzung", erinnert sich der Bauherr, fügt aber rasch hinzu: „Ich bin damit zufrieden, wie es geworden ist."

Die selbstverständliche Vernunft der Planung

Stattdessen nimmt das ausgeführte Haus den Umriss der rückwärtigen Scheune auf, setzt zur Hofseite das gelbe Sandsteinmauerwerk fort, das die Stahlkonstruktion des neuen Biberschwanzdachs allerdings 1,50 Meter höher stemmen darf. Der Eindruck eines traditionellen Gehöfts blieb damit erhalten, die Außenwände und Terrassenmauern stehen auf der Grundstücksgrenze. Innen und außen sind eng miteinander verwoben, man hat mitten im Dorf Ausblicke nach allen vier Seiten, manchmal gefiltert von den eigenen Wänden, so dass keine großen Glasflächen den Maßstab der Umgebung stören. „Das hat mit Denkmalschutz nichts zu tun", erläutert der Architekt die selbstverständliche Vernunft der Planung. Die nach Süden über der offenen Remise eingehängte Verglasung lässt sich durch breite Holzlamellen verhängen, was dem Haus eine mediterrane Anmutung gibt. „Es sollte hell sein, großzügig, mit guten Lichtverhältnissen", fasst der Bauherr seinen Auftrag an den Architekten zusammen. Sein Unternehmen sägt, kantet und schneidet Bleche mit modernster Wasserstrahltechnik, insofern ergab sich auch beim eigenen Haus eine Sympathie für gerade Linien, für Tragwerk und schnörkellosen Stahlbau.

Gesprächsnotiz:
Architekturbüro Erwin Becker

Start:
Haardter Treppenweg 3, Neustadt/W.

Dienstag, 13. Oktober 2015
10:30 Uhr:
Z-a-u-b-e-r-h-a-f-t! Etage in alter Villa, weder renoviert noch renovierungsbedürftig. So möchte man wohnen, verwunschener Garten, Blick über die Stadt. Innen etwas dunkel, WG-tauglich.

11:00 Uhr:
Besuch in Gimmeldingen. Haus war uns schon aufgefallen, gibt gute Weinlokale ein Steinwurf entfernt. Bauherr schon da. Architekt ein Praktiker par excellence, kennt jedes Detail der Ausführung, weiß bewundernswürdig Moderne in dörflichem Maßstab umzusetzen. Führt wie ein Künstler und gleichzeitig Kurator durchs Haus, Bauherr duldet und genießt das Interesse. Hat aber einiges selbstständig weitergebaut, im Sinne des Architekten. Gut so. Soll ich schreiben, dass mir die Stahltreppe zu massiv aufgesattelt vorkommt? Bezug zu Hof und Gartenhang beneidenswert: toskanisch!

Geheimtipp: Gesumpfter Kalk, Eisenberger und Rheinkies

Aber zunächst musste das in den Berghang geschobene Scheunengebäude, dessen Unterbau erhalten und genutzt werden sollte, gesichert werden, zum Teil wurde er nach exaktem Aufmaß abgetragen und neu errichtet. Die alten Mauern ließen sich ohne Betonaussteifung erhalten. Ein großer Gewölbekeller, eine offene Remise und ein Technikraum flankieren den Zugang im Erdgeschoss, das nur eine Diele mit dem Treppenantritt nach oben bietet. Hier wurde das Mauerwerk innenseitig Calcit-gedämmt, darauf steht das Obergeschoss als zweischalige hinterlüftete Konstruktion und bindet eine Betondecke ein. Innen wurden Lehmziegel vermauert, außer die abgebrochenen Sandsteinbossen. Die Mörtelrezeptur aus gesumpftem Kalk, Eisenberger und Rheinkies beschreibt der Architekt wie einen Geheimtipp aus der Gourmetküche. Auch abgetragene Deckenbalken wurden in der neuen Decke über dem Obergeschoss sichtbar eingebaut. Die neuen Ziegelwände sind außen mit einem gelb durchgefärbten Sandputz versehen, man sieht die Handarbeit und freut sich, dass sich mit der Witterung die Farbe verändert. Der Bauablauf auf dem beengten Hanggrundstück, Aushub, Transport und die Geometrie des Neubaus aus vorhandenen und neuen Materialien zu fügen, wären ein eigenes Kapitel wert.

> **„Erstaunlich, was da für ein Außenraum entsteht."**

Einfache, klare Formen, das genügt

Wo ursprünglich die große Scheune gewesen war, öffnet sich im Obergeschoss ein Wohngroßraum für die Familie. Eine aus schwarz verzunderten Blechen gefaltete Stahltreppe führt von der Diele nach oben und setzt sich ins Dachgeschoss als fragile Konstruktion auf einem beheizten Träger fort. Sie erinnert auch akustisch an ein melodisches Instrument. „Wir ziehen keine Schuhe aus", sagt der Bauherr, „hier darf man alles benutzen, mit dem Rost wird man sehen." Die Geländer aus Flachstählen gliedern die Bereiche: eine Sitzbank am Esstisch, eine Stahlstütze als leise Schwelle zum schmäleren Wohnraum mit Kaminofen – an der Decke markiert durch die verwendeten alten Balken –, ein passabler Tresen vor der Nische der Küchenzeile, hinter der sich ein Serviceblock mit dem Aggregat für die kontrollierte Lüftung, WC und Einbauschränke verbergen.

„Es sollte hell sein, großzügig, mit guten Lichtverhältnissen."

Damit gelingt es, einen großen Raum nicht zu verstellen, sondern eine Balance aus funktionaler Ordnung und fließender Offenheit zu inszenieren. Geölte, massive Eichendielen (darunter die Fußbodenheizung) sorgen für gemütliche Bodenhaftung. Aber wenn man genau schaut, entdeckt man immer wieder stützende und verbindende Stahlteile aus dem Repertoire des Unternehmers. Die Holzarbeiten sind vom Schreiner, „selbstgemacht" wirft der Bauherr ein, „die anderen Möbel sind alle neu". Das hat er mit seiner Frau zusammen entschieden, „aber sie kannte schon die Richtung", räumt der Stahlbauer ein. Über dem Esstisch pendelt eine Leuchte wie aus dem Metallbaukasten, sie lässt sich wie das Rückgrat eines Reptils verbiegen. Für solche Details fragt man den Architekten nicht mehr, da hilft das Angebot im Internet. Es war der dritte Versuch, zwei frühere hatten nicht gefallen. „Nach Lampen sucht man sich dumm und dusslig", weiß auch der Architekt. Bilder hängen keine, das soll so bleiben. Der Bauherr schüttelt den Kopf: „Wir wohnen jetzt seit zwei Jahren hier. Ich mag einfache, klare Formen, das genügt."

Zum alten Haus kragt aus dem Wohnraum eine holzverkleidete Brücke, doch die Kinder sind deshalb nicht verbannt. „Meistens machen sie hier ihre Schularbeiten, weil es heller und wärmer ist", erklärt der Bauherr das Familienleben. Um das Haus legt sich ein Terrassenwinkel, der in das Hanggrundstück einschneidet. Er mündet unter einem hohen schützenden Giebeldach mit einer Außendusche, zur Bergseite schließt ein schmaler, von Tomatenpflanzen gesäumter Gartenstreifen an. Ein rostiges Blech stützt ein abgetrepptes Beet. Cortenstahl? Der Bauherr lacht: „Wozu? Das geht doch eh' nie kaputt, irgendwann ist eben ein Millimeter weg." So haben die Bewohner selbst weitergebaut, der Architekt ist einverstanden, als er es jetzt zum ersten Mal sieht: „Erstaunlich, was da für ein Außenraum entsteht." Die ungeniert größeren Fenster zu dieser privaten Rückseite sind aus der Umgebung nicht wahrnehmbar.

Stahlbau in Eigenleistung

Unter der Dachschräge liegt das Elternschlafzimmer. Ein Bett wie ein Riesenfloß beherrscht den offenen Raum, von der Treppe durch einen hinterleuchteten hohen Schrank getrennt. Auch das wieder ein Stahlbau-Artefakt, wie man es nicht im Möbelgeschäft kaufen kann. Das Bett steht, entgegen der Architektenplanung in einer Wandnische. Licht kommt bis unter den Giebel durch eine zur Gartenloggia offene Verglasung. Im großen Bad schließt an die Eichendielen dunkles Feinsteinzeug an. Auf einem 3,50 Meter langen Tresen stehen zwei Waschbecken, begleitet von einem schier endlosen Spiegel. Durch ein schmales Fenster kann man sich aus der Badewanne vergewissern, wo man zuhause ist: im Pfälzer Wald. Die obere klare Scheibe hat der Bauherr durchgesetzt, der Architekt hatte der Außenansicht zuliebe nur satiniertes Glas vorgesehen. „Aber alles darf man auch nicht mitmachen", lacht der Bauherr.

„Aber das entsprach nicht der Ortsbildsatzung. Ich bin damit zufrieden, wie es geworden ist."

Wolfgang Bachmann

Schmal, praktisch, gut

Auf schwierigem Grund in Horgau entstand in kurzer Zeit und mit geringem Budget ein passables Haus für eine kleine Familie.

1 Was war das Besondere an der Bauaufgabe?
Das Besondere waren die Zwänge: ein extrem schmales Grundstück, das ursprünglichfür eine Doppelhaushälfte vorgesehen war traf auf schwierige Gründungsverhältnisse, das heißt Torfböden und einen hohen Grundwasserstand. Dazu kam die geringe Wunschwohnfläche von nur etwa 100 Quadratmetern und ein strenger Budgetrahmen.

2 Wie haben die Bauherren Ihr Büro gefunden?
Die Bauherrin kam auf eine Empfehlung in unser Büro. Im Nachhinein haben wir erfahren, dass für einige größere und bekanntere Architekturbüros aus Augsburg und Umgebung die Bauaufgabe nicht attraktiv genug war, oder besser gesagt, für das vorgesehene Budget nur mit einem (zu) hohen Planungsaufwand umsetzbar gewesen wäre.

3 Welche Inspiration hat zu dem Entwurf geführt?
Bei diesem Projekt waren die Herausforderungen Inspiration genug: Wir wollten trotz der wirklich schwierigen Rahmenbedingungen ein sich in die Umgebung einfügendes Gebäude entwerfen, das die Anforderungen der Bauherren erfüllt, einen eigenen Charakter entwickelt und das Budget einhält.

4 Und auf welche Anforderungen, Einschränkungen und Bedingungen musste der Entwurf reagieren?
Aufgrund der Grundstücksgeometrie und des herrschenden Baurechts war von vornherein klar, dass das Einfamilienhaus außergewöhnlich schmal wird: Die lichte Breite beträgt nur circa 4,20 Meter. Aufgrund der vorhandenen Bodenverhältnisse wurde das Gebäude mit acht Rammpfählen gegründet und in hochwasserangepasster Bauweise ausgeführt.

5 Wie verlief der Entwurfsprozess und wie die Abstimmung mit den Bauherren?
Da unsere Bauherrin dank ihrer beruflichen und privaten Erfahrungen eine hohe Sensibilität und ein feines Gespür für Architektur mitbrachte, verlief der Entwurfsprozess recht zügig und war auch für uns spannend. Das Einfamilienhaus wurde in vorgefertigter Bauweise geplant, so dass die Familie nach 20 Tagen Montage- und Ausbauarbeiten einziehen konnte.

↖
Das Grundstück in der Nähe von Augsburg liegt im Überschwemmungsgebiet. Eigentlich war hier eine Doppelhaushälfte geplant. Etwa 4,90 Meter Breite stand für das Haus zur Verfügung. Die hinterlüftete Holzverkleidung deckt die Regenrinnen und -fallrohre ab. Wand- und Dachelemente wurden vorgefertigt und in wenigen Stunden vor Ort montiert.

←
Aufgrund der herrschenden Bodenverhältnisse wurde eine Pfahlgründung ausgeführt, die Holzrahmenbauweise sparte Kosten und Zeit.

↗
Die Bodenplatte und eine einzige Innenwand sind in Stahlbeton ausgeführt. Die Wand steift das Gebäude aus, trägt die Treppe, teilt Wohn- und Essbereich, speichert Wärme und bietet zahlreiche Elektroanschlüsse.

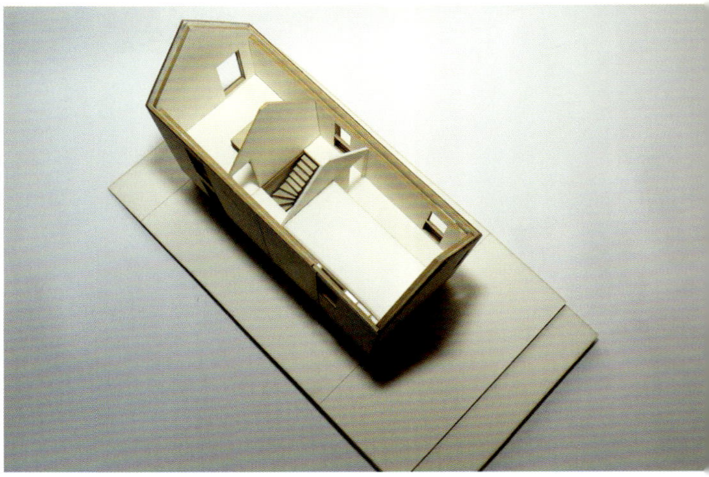

Modell-Studien

↖
Die Fenster folgen einem strengen Raster, verbaut wurden Holzfenster mit Dreischeiben-Wärmeschutzverglasung. Der Innenraum verdankt seine wohnliche Atmosphäre der Sichtbalkendecke und der Holzverkleidung der Wände.

Modell

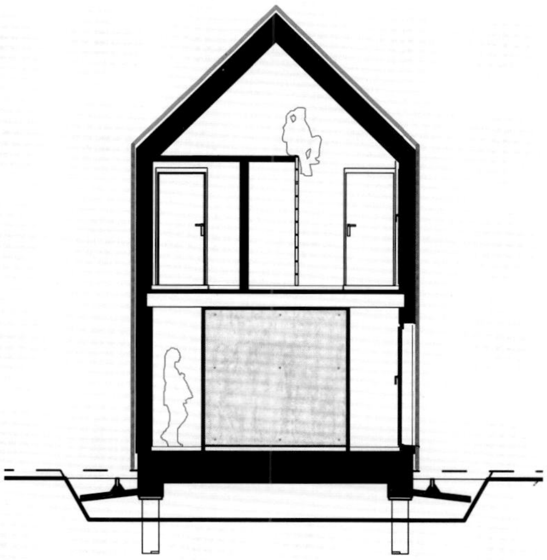

Schnitt

Standort:
Horgau

Anzahl der Bewohner:
3

Wohnfläche (m²):
93

Grundstücksgröße (m²):
416

Zusätzliche Nutzfläche (m²):
3

Bauweise:
Holzständerbauweise

Energiestandard:
Unterschreitung EnEV um 22 %

Fertigstellung:
2013

Grundriss/Obergeschoss

Maßstab:
M 1:200

1 Zugang/Eingang
2 WC
3 Kochen/Essen
4 Wohnen
5 Technik
6 Eltern
7 Kind
8 Bad

ARCHITEKTanBORD, Augsburg

Dipl.-Ing. FH, Viktor Walter, Architekt,
2002 - 2007 Studium Architektur an der HS Augsburg
seit 2007 Lehrbeauftragter für Präsentations-methodik, 3D-Konstruktion und Visualisierung an der HS Augsburg
seit 2012 eigenes Architekturbüro ARCHITEKTanBORD mit Olga Walter, Kunstförderpreis der Stadt Augsburg im Bereich Architektur 2015

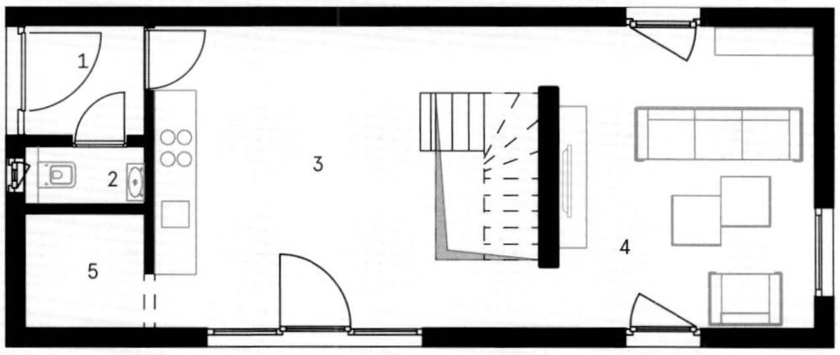

Grundriss/Erdgeschoss

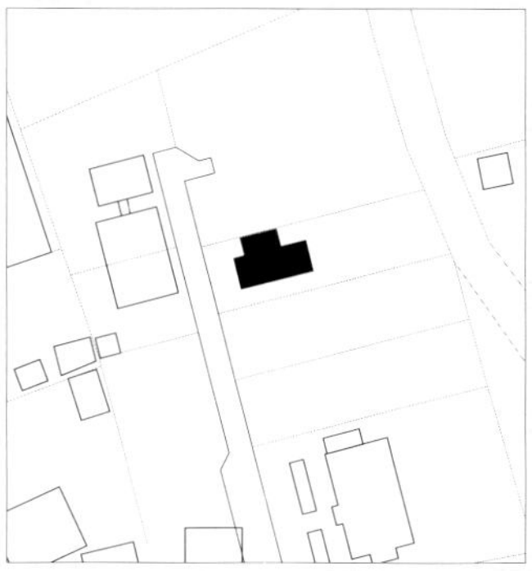

Lageplan/M 1:2000

Less is more

Rohe Materialien und eine einfache Konstruktion sorgen bei dem Ersatzneubau am Bodensee für hohe Wohnqualität.

1 Was war das Besondere an der Bauaufgabe?
Die Ansprüche aus dem Ort und die Auflagen aus dem über 30-jährigen Überbauungsplan – er entspricht in der Deutschschweiz dem deutschen Bebauungsplan - stellten besondere Herausforderungen dar. Zudem galt es natürlich, die Wünsche sowie die straffen Budgetvorgaben der Bauherrschaft zu berücksichtigen.

2 Wie haben die Bauherren Ihr Büro gefunden?
Die Bauherrschaft kommt aus dem direkten Bekanntenkreis. Somit kannte die Bauherrschaft das Büro und meine früheren Arbeiten bereits und entschied sich bewusst für die architektonische Sprache meines Büros.

3 Welche Inspiration hat zu dem Entwurf geführt?
Die Westküste Frankreichs ist eine gemeinsame Sehnsucht der Bauherrschaft und mir. Aus den Erinnerungen und Bildern der regelmäßigen Aufenthalte entlang der rauen Küstenregionen entstanden atmosphärische Stimmungen, die ich in den Entwurf einarbeitete.

4 Und auf welche Anforderungen, Einschränkungen und Bedingungen musste der Entwurf reagieren?
Die große Herausforderung waren tatsächlich die Richtlinien aus dem alten Gestaltungsplan. Sie mussten zeitgemäß interpretiert und zusammen mit den Behörden teilweise neu definiert werden. Das Bauvorhaben war ein so genannter Ersatzneubau, das bedeutet, es ging um die „Neuerrichtung eines gleichartigen Gebäudes an gleicher Stelle und von gleicher Größe, für die gleiche Nutzung". Das Kellergeschoss blieb allerdings bestehen. Daraus ergaben sich Vorgaben für den Grundriss und teilweise auch Zwänge in der Statik, die trotz des knappen Budgets und ohne Verzicht auf gestalterische und räumliche Qualitäten gelöst werden mussten.

5 Wie verlief der Entwurfsprozess und wie die Abstimmung mit den Bauherren?
In enger Absprache und mit einer klaren und detaillierten Bedürfnisabklärung. So hatte ich von Anfang an eine Vorstellung von den Wünschen der Bauherrschaft und der gemeinsame Nenner war schnell gefunden.

↖
Das Grundstück liegt in einem Viertel aus den 60er Jahren. Die Bauherrenfamilie konnte es mit bestehendem Wohnhaus aus der Verwandtschaft erwerben. Ein Umbau kam aufgrund des knappen Budgets nicht infrage. Daher blieb das Fundament mit Untergeschoss bestehen und wurde mit zwei Geschossen in Leichtbauweise erweitert.

←
Die zweistöckige Fassade ist als Holzelementbau in Lärche erstellt. Der Innenraum wurde als Split-Level gestaltet. Die Innenwände sind mit Sperrholzplatten aus französischer Seekiefer ausgekleidet. Das Holz stammt aus einem nachhaltig geforsteten Wald in Westfrankreich, nur wenige Kilometer vom Urlaubsort der Bauherren entfernt.

←
Auch die Küche ist in Seekiefernholz gefertigt, die Oberflächen wurden wassergebeizt. Sämtliche Türen und Einbauten sind vom Architekten für das Haus entworfen.

↗
→
Die klare Trennung von privaten und halb-öffentlichen Räumen war wichtig. Eine Längsachse führt über eine Treppe in den sechs Meter hohen Lebensraum. Die Zugänge und Treppen in der Querachse führen in den privaten Rückzugsbereich mit Schlafzimmern und Büro.

Standort:
CH-Egnach

Anzahl der Bewohner:
3

Wohnfläche (m^2):
185

Zusätzliche Nutzfläche (m^2):
90

Grundstücksgröße (m^2):
681

Bauweise:
Holz-Elementbauweise

Energiestandard:
Minergie-Standard, (ohne Zertifikat)

Fertigstellung:
2015

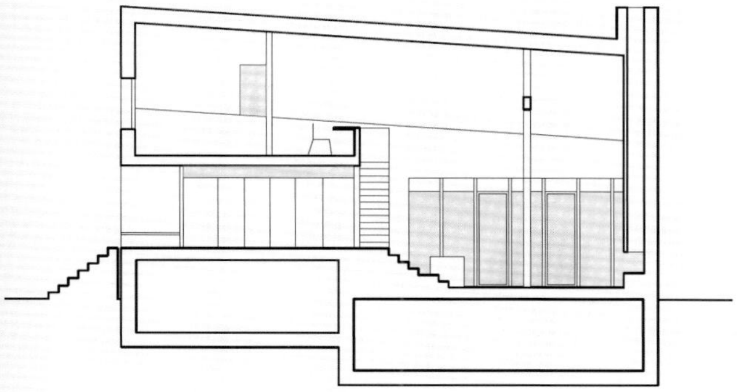

Schnitt

Maßstab:
M 1:200

1 Zugang/Eingang
2 WC
3 Bad
4 Kochen/Essen/Wohnen
5 Schlafen
6 Büro
7 Galerie
8 Waschen
9 Technik
10 Vorrat
11 Wein
12 Keller
13 Räder/Moped
14 Erweiterung Bodenplatte EG

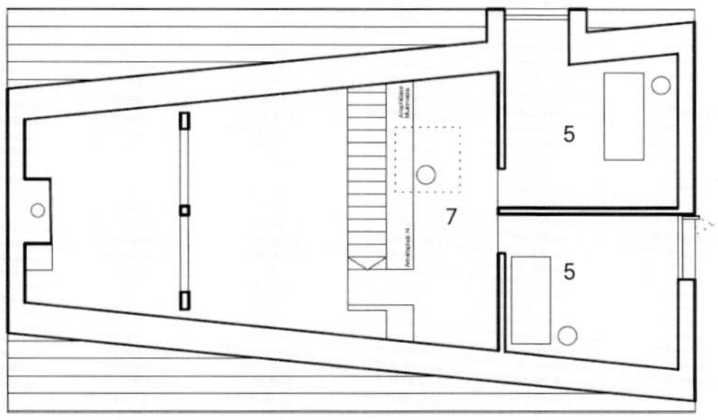

Grundriss/Obergeschoss

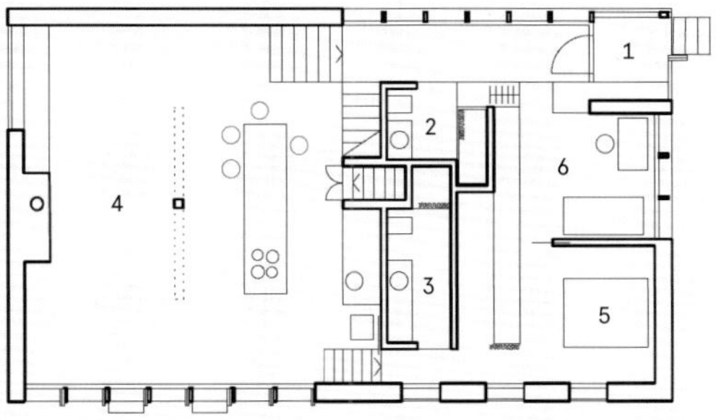

Grundriss/Erdgeschoss

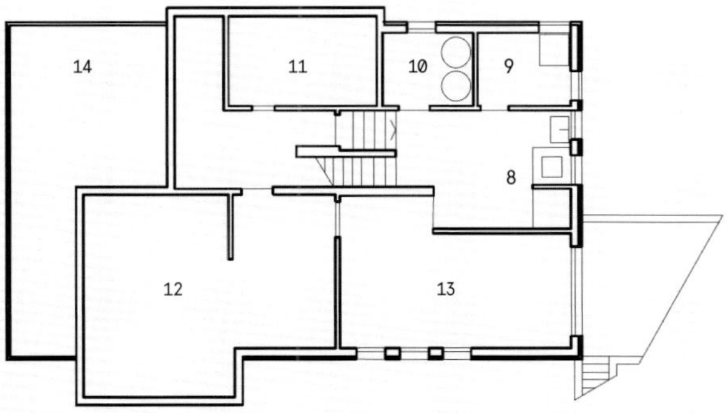

Grundriss/Untergeschoss

Tom Munz Architekt, St. Gallen

Tom Munz ist nach seinem Studium an der Hochschule für angewandte Wissenschaften in St. Gallen und der ETH Zürich in Architekturbüros im In- und Ausland tätig. Ende 2013 gründet er sein Architekturbüro mit Sitz in St. Gallen. Seit 2015 ist Tom Munz zudem Mitglied der Redaktionskommission der Archithese und engagiert sich im Heimatschutz für Baukultur.

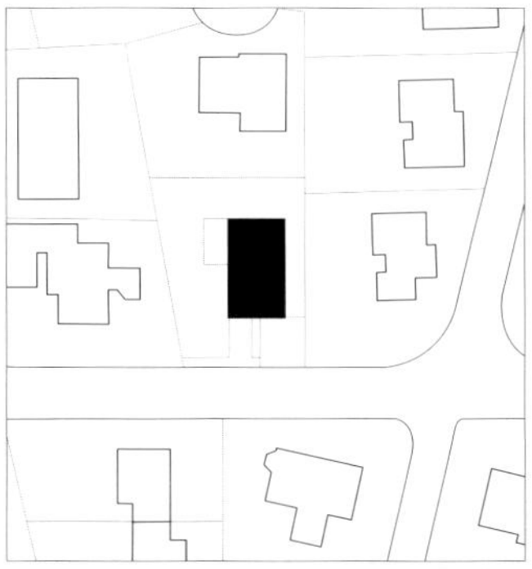

Lageplan/M 1:2000

Doppelt gepackt

Drei Parteien teilen sich in München auf relativ kleinem Grund ein Doppelhaus mit Einliegerwohnung. Aus dem Weg gehen können sie sich dennoch.

1 Was war das Besondere an der Bauaufgabe?

Das Interessante war in diesem Fall die Bauaufgabe selbst: Es ist nicht wirklich einfach, ein recht großes Doppelhaus auf einem bereits bebauten, eher schmalen Grundstück zu positionieren. Dazu kam der Wunsch der Bauherren, einen sozialverträglichen Umgang mit der Bewohnerin des Altbaus, dessen steile Treppe für die ältere Dame zu einem Problem geworden war, zu finden. Die Lösung war, in die eine Doppelhaushälfte eine kleine erdgeschossige Einliegerwohnung zu integrieren. Ein Doppelhaus zeichnet sich in der Regel durch zwei Eingänge, sich wiederholende Grundrisse und Fassaden aus. Dieses Doppelhaus mit Einliegerwohnung dagegen hat nun drei Eingänge und die Grundrisse unterscheiden sich im Ergebnis so stark, dass letztendlich zwei gänzlich unterschiedliche Haushälften Rücken an Rücken stehen. Der Fassade kam damit die Aufgabe zu, aus den beiden Hälften wieder eine gestalterische Einheit zu formen: Weiße Aluminiumlamellen sorgen heute für die charakteristische Erscheinung dieses Wohnhauses und binden Haus und Garage zu einer baulichen Einheit zusammen. Dabei ermöglicht die zweite Haut aus pulverbeschichteten Metallprofilen, die sich wie eine Membran vor die raumhohe Verglasung des Erdgeschosses legt, zusätzlich eine angemessene Distanz zu den vorbeigehenden Passanten, ohne im Inneren auf Tageslicht und Privatsphäre verzichten zu müssen.

2 Wie haben die Bauherren Ihr Büro gefunden?

Die Bauherren kannten das Büro durch frühere Um- und Ausbauten.

3 Welche Inspiration hat zu dem Entwurf geführt?

Die Ambivalenz zwischen der eigentlich suburbanen Umgebung und der durch Nachverdichtung entstandenen städtischen Verhältnisse war von Anfang an ein spannendes Thema. Nicht nur bei den Grundrissen, auch bei der Gestaltung der Außenflächen ging es deshalb darum, auszuloten, wie man einerseits der Idee vom Wohnen im Grünen zeitgemäß begegnen und zugleich der neuen, fast schon urbanen Situation gerecht werden kann.

4 Und auf welche Anforderungen, Einschränkungen und Bedingungen musste der Entwurf reagieren?

Da sich das Grundstück entsprechend §34 BauGB innerhalb der im Zusammenhang bebauten Ortsteile befindet, wurden von der Bauaufsichtsbehörde für den Neubau eine maximale Länge, Breite sowie Trauf- und Firsthöhe entsprechend eines Referenzgebäudes vorgegeben. Auch die Ausrichtung des Gebäudes war vorgeschrieben. Eine Baulinie verläuft unmittelbar an der straßenseitigen Grundstücksgrenze und regelt die Position des Neubaus auf dem Grundstück. Für das Bestandsgebäude im hinteren Geländeteil musste ein Zu- bzw. Rettungsweg geschaffen werden. Und dann galt es noch, die notwendigen Stellplätze auf dem Grundstück nachzuweisen ... Damit war schnell klar, dass von den Gartenanteilen nicht mehr viel übrig bleiben wird. Im Grünen wohnen, war aber natürlich einer der Gründe für den Kauf des Grundstücks, auf Außenbereiche und eine angemessene Privatsphäre sollte auf keinen Fall verzichtet werden. Früh fiel daher die Entscheidung, zusätzlich eingeschnittene Dachterrassen zu integrieren. Um ein gewisses Maß an Privatsphäre bei den engen räumlichen Verhältnissen zu erreichen, wurden die Firste gegeneinander verschoben und die Dachterrassen auf gegenüberliegenden Seiten angeordnet. Die Wohnbereiche im Erdgeschoss wurden zudem um drei Stufen abgetreppt, um mehr Raumhöhe zu erreichen, und durch große Terrassenelemente aus Fertigbeton optisch in den Garten verlängert. Die ebenfalls getreppten Betonelemente sorgen für einen fließenden Übergang zwischen innen und außen und zugleich für eine Sitzgelegenheit im Freien.

5 Wie verlief der Entwurfsprozess und wie die Abstimmung mit den Bauherren?

Der eigentlichen Planung gingen mehrere Gespräche mit den Bauherren voraus, in denen Wünsche und Anforderungen besprochen und das Raumprogramm gemeinsam erarbeitet wurde. Die unterschiedlichen Varianten und Lösungsansätze wurden den Bauherren jeweils in Form von Modellen, Zeichnungen und Visualisierungen präsentiert und ausgiebig diskutiert. Dabei haben auch die Bauherren während des Planungsprozesses immer wieder neue Ideen und Anregungen eingebracht.

↖
Das Doppelhaus mit insgesamt drei Wohneinheiten wurde im Zuge der Nachverdichtung auf einem bereits bebauten Grundstück errichtet. Die sehr kleinen Gärten führten früh zu der Entscheidung, eingeschnittene Dachterrassen zu integrieren. Die Firste wurden gegeneinander verschoben, um Privatsphäre zu schaffen.

↗
Das Dach aus weißem Aluminium bildet einen glänzenden Kontrast zu der matten, weich strukturierten Putzoberfläche der Wände. Die Terrassen wurden zu unterschiedlichen Seiten orientiert.

↗
Die Fassade aus schlanken, pulverbeschichteten Aluminiumprofilen fasst Haus und Garage zu einer baulichen Einheit zusammen. Die zweite Haut schafft zudem eine angemessene Distanz zu Passanten, ohne im Inneren auf Tageslicht und Privatsphäre verzichten zu müssen. Die schlanken Profile sind einem Muster folgend in zwei Ebenen angeordnet. Im Bereich des Garagentores verdichten sie und bilden eine Fläche aus.

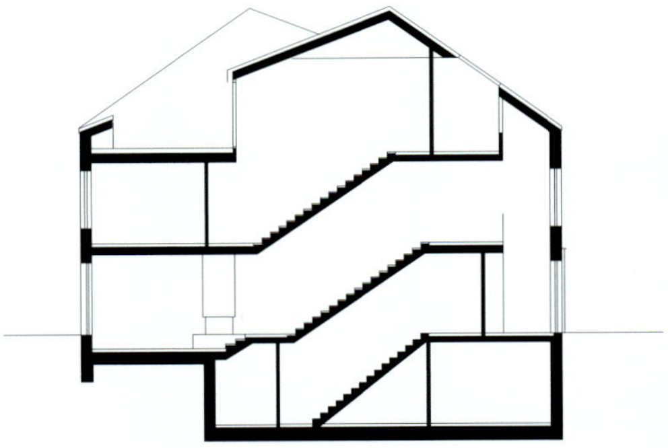

Längsschnitt Haus 1

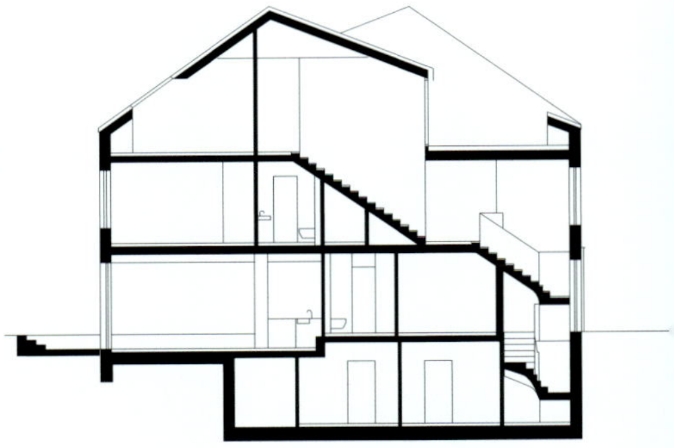

Längsschnitt Haus 2

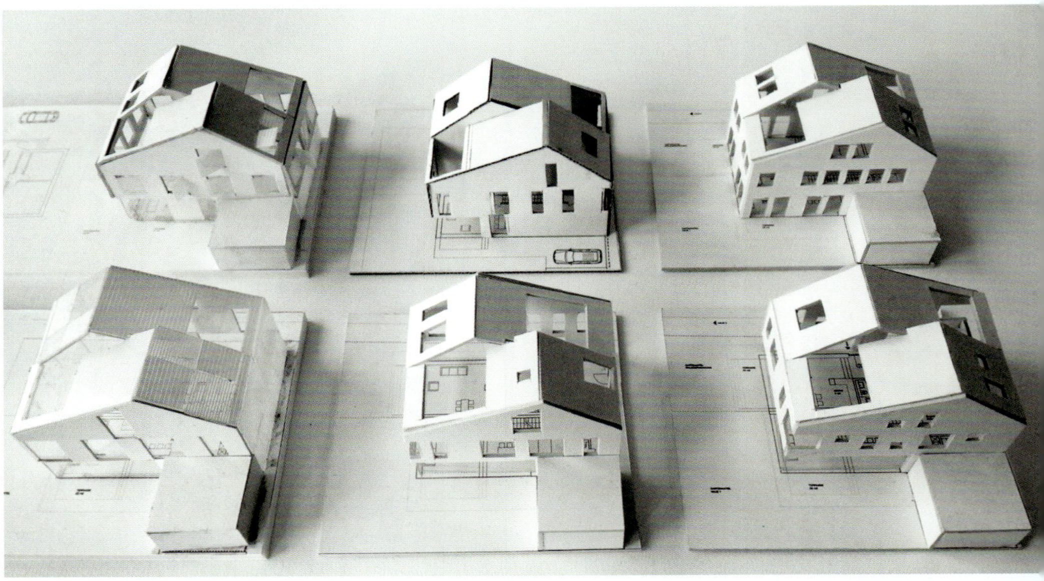

Entwurfsvariante

Modellstudien führten zu dem besten Ergebnis.

↗
→
Die Wohnbereiche im Erdgeschoss sind abgetreppt und werden von den Terrassenelementen aus Fertigbeton optisch in den Garten verlängert. Sie sind zugleich eine Sitzgelegenheit im Freien.

Haus 2

Haus 1

Grundriss/Dachgeschoss

Haus 2

Haus 1

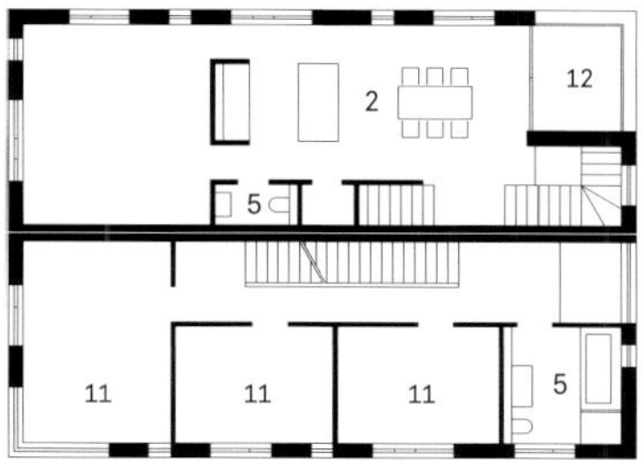

Grundriss/Obergeschoss

Haus 2

Haus 1

Grundriss/Erdgeschoss

Haus 2

Haus 1

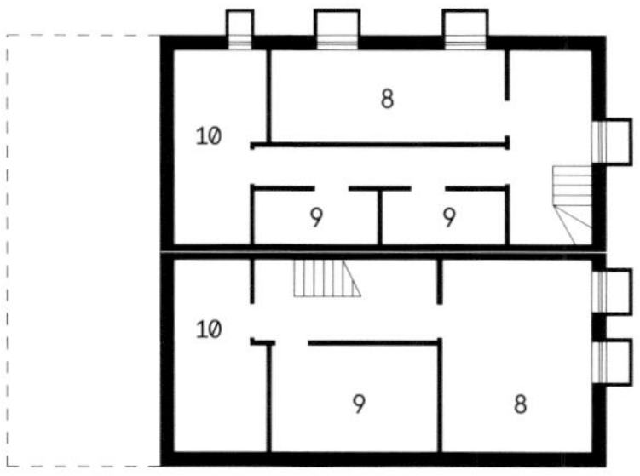

Grundriss/Untergeschoss

Standort:
München

Anzahl der Bewohner:
3 Wohneinheiten

Wohnfläche (m²):
395

Grundstücksgröße (m²):
561 (mit Altbau 970)

Zusätzliche Nutzfläche (m²):
94 + 34 (Garage)

Bauweise:
massiv

Baukosten:
1.043.000 Euro

Energiestandard:
KfW 70

Fertigstellung:
2014

Maßstab:
M 1:200

1 Zugang/Eingang
2 Kochen/Essen/Wohnen
3 Terrasse
4 Schlafen
5 Bad/WC
6 Abstellen
7 Garage
8 Hobby
9 Keller
10 Technik
11 Schlafen
12 Dachterrasse

Tonic Architekten, Berlin

Dipl.-Ing. Almut Helena Seeger, Architektin, Sachverständige für Energieeffizienz von Gebäuden (Eipos)
aufgewachsen in München
1992 – 1990 Ausbildung zur Bauzeichnerin
1994 – 1992 BTU Cottbus
1995 – 1994 Bartlett School of Architecture (UCL) London
1998 – 1995 TU Berlin und HdK Berlin
1999 Diplom TU Berlin
1999 – 2004 Mitarbeit in diversen Architekturbüros in München, Nürnberg, Wien und Berlin
2005 – 2013 wissenschaftliche Mitarbeiterin an der BTU Cottbus, Lehrstuhl Baukonstruktion und Entwerfen
2005 – 2008 Büropartnerin im Büro Task Architekten

seit 2009 Tonic Architekten

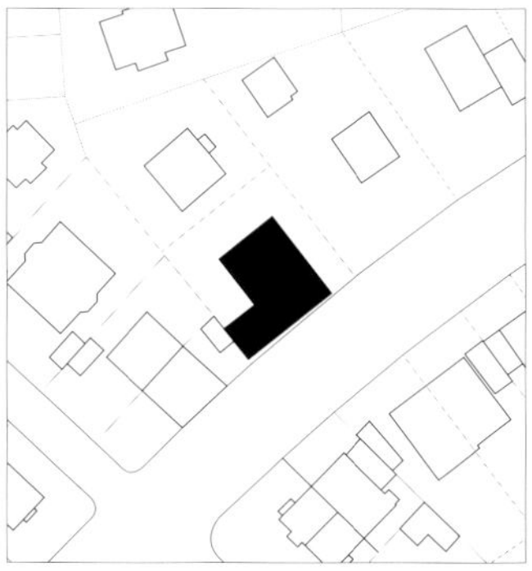

Lageplan/M 1:2000

Dachspitzen vor Bergspitzen

Das Doppelhaus für zwei Schwestern am Ausgang des Schaldarertals in Südtirol wirkt wie ein Haus. Doch Privatsphäre wurde für beide eingeplant.

1 Wie haben die Bauherren Ihr Büro gefunden?
Für die Familie der Bauherrinnen realisierte unser Büro bereits zwei Projekte. Zum einen „strukturen im hang", die Villa P(acherhof), und zum anderen „in die aussicht", einen Weinverkostungsraum für das Weingut Pacherhof. Somit kannten die beiden Schwestern unsere Art Architektur zu entwickeln und konnten sich mit dieser gut identifizieren. Inzwischen ist eine Freundschaft zu der Familie gewachsen, die weit über das Bauen hinausgeht. Und in Diskussionsrunden entwickeln sich bei einem guten Glas hofeigenen Weißwein immer wieder neue Ideen.

2 Was war das Besondere an der Bauaufgabe?
Wir sollten ein etwas anderes Doppelhaus entwickeln für zwei außergewöhnliche Schwestern, die unterschiedlicher nicht sein könnten. Durch eine Parallelverschiebung des Grundrisses ermöglicht der Entwurf daher zwei Häuser unter einem Dach.

3 Welche Inspiration hat zu dem Entwurf geführt?
Die Idee war, das Thema Satteldach und das Detail der überdachten Fenster der naheliegenden Bauernhöfe aufzunehmen und neu zu interpretieren bzw. zu verfremden. Außerdem wurde gewünscht, zwei Wohnungen für zwei Schwestern in einem Gesamtprojekt zu verbinden. Eine Herausforderung war zudem, für jede der zwei Wohnungen einen privaten Garten zu entwerfen. Bei der einen zieht sich nun der Garten im Erdgeschoss bis in den Loggiabereich hinein, bei der anderen öffnet sich das Satteldach zu einer intimen Dachgartenlandschaft.

4 Und auf welche Anforderungen, Einschränkungen und Bedingungen musste der Entwurf reagieren?
Zum einen auf die Anbindung an eine bestehende langgezogene Grenzmauer, die auch im Inneren spürbar wird. Dann die starken Winde, auf die wir mit den geschützten Loggien reagiert haben und das Fassadenband, das den Dachgarten schützt. Zuletzt eine sparsame Bauweise, die zwei gleichwertige Wohnungen umschließt und sich in der Materialwahl widerspiegelt: Betonziegel in Verbindung mit schwarzbrauner Holzlattung.

5 Wie verlief der Entwurfsprozess und wie die Abstimmung mit den Bauherren?
Es war eine gemeinsame Herangehensweise, ein Sich-Herantasten mit zahlreichen Modellstudien, ein Spiel mit Volumen, Zahlen und Proportionen, ein Zulassen von unterschiedlichen Meinungen, ein Abwägen von Für und Wider bei den zwei Wohnungen. Und natürlich das Suchen, welche zu wem passt! Wobei eine der Bauherrinnen stärker in die Formfindung und Materialwahl einbezogen war und die andere in die Verbindung zwischen außen und innen.

←
Satteldächer entsprechen der Baukultur der Gegend. Auch das Motiv der tief eingeschnittenen Fenster entstammt den umliegenden Bauernhöfen.

↗
Private Gärten waren den Schwestern wichtig. Für die eine wurde ein geschützter Außenraum im Erdgeschoss vorgesehen, für die andere ein Dachgarten entwickelt.

↖
Zwei Materialien - Betonstein und schwarz-braune Holzverschalung - machen die zwei Wohnungen für die beiden Bauherrinnen auch von außen ablesbar.

Entwurfsvariante

Ein Dach ist ein Dach ist ein Dach? Weit gefehlt! Bei diesem ungewöhnlichen Doppelhaus waren die Satteldächer der umliegenden Höfe Inspiration und mussten zudem Raum für einen privaten Freiraum schaffen.

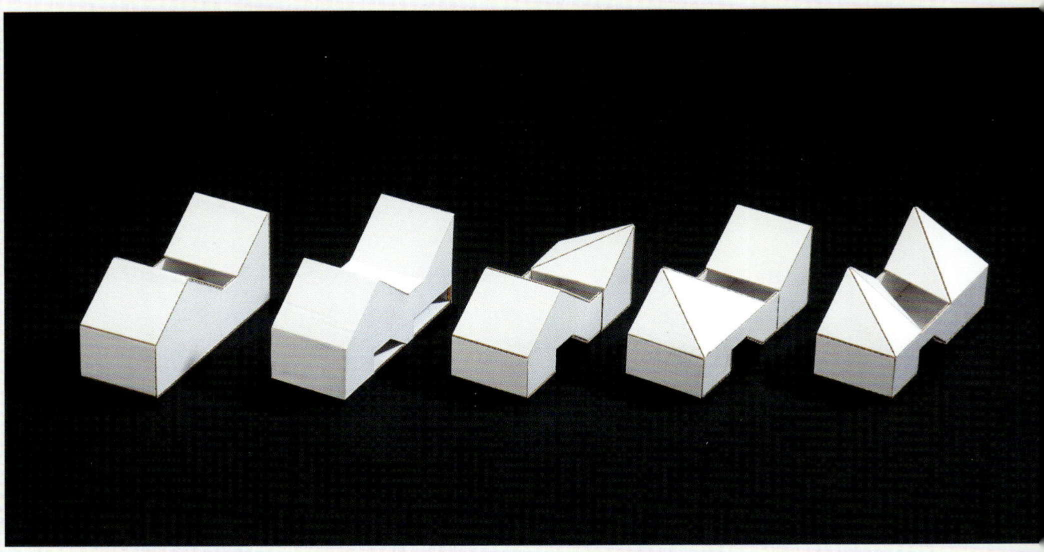

↖
Erst die Parallelverschiebung des Grundrisses stellte Architekten und Bauherrinnen nach intensiver Formfindung zufrieden.

↗
→
Das Innere entspricht dem Äußeren: Schlicht, klar und sparsam wurden die Räume gestaltet.

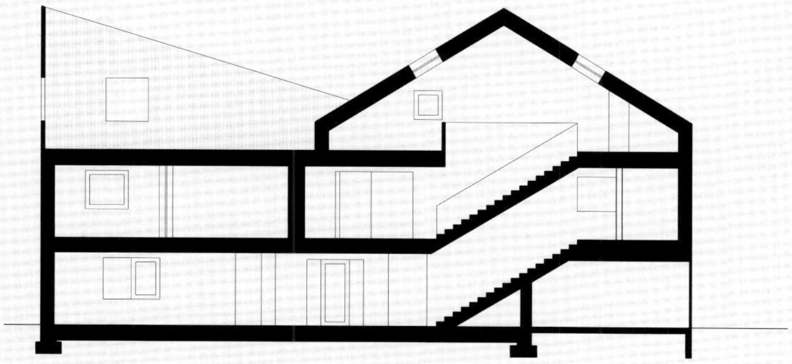

Längsschnitt

Maßstab:
M 1:200

1 Zugang/Eingang
2 Garage
3 Kochen/Essen/Wohnen
4 WC
5 Schlafen
6 Bad
7 Terrasse

Standort:
I-Neustift/Vahrn

Anzahl der Bewohner:
2

Wohnfläche (m²):
262

Grundstücksgröße (m²):
976

zusätzliche Nutzfläche (m²):
205

Bauweise:
Beton/Holz (massiv)

Energiestandard:
Klimahaus A

Fertigstellung:
2014

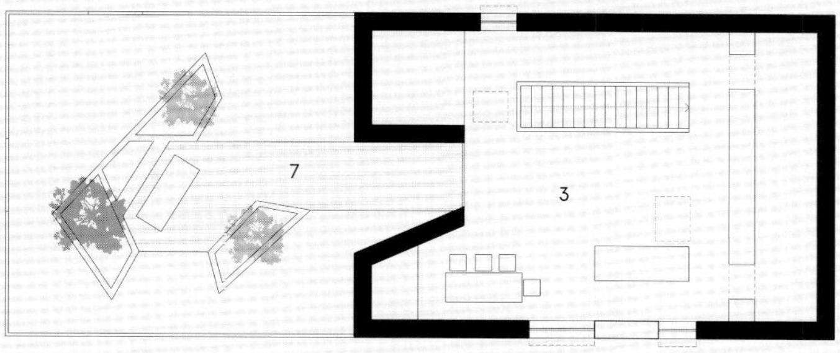

Grundriss/2. Obergeschoss

bergmeisterwolfarchitekten, Brixen

Gerd Bergmeister Architekt
1969 in Brixen geboren
Studium der Architektur an der IUAV Venedig und an der Leopold Franzens Universität in Innsbruck

Michaela Wolf Architektin
1979 in Meran geboren
Studium der Architektur an der Leopold Franzens Universität in Innsbruck, an der Architectural Association in London und am Politecnico Mailand

Landschaftsplanung:
Elisabeth Huber, Bernhard Zingler

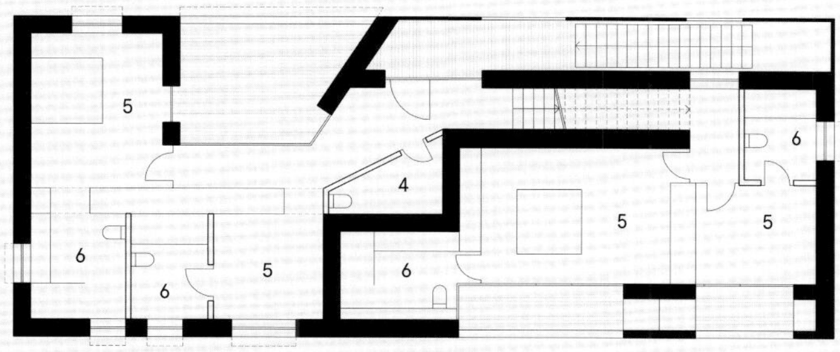

Grundriss/1. Obergeschoss

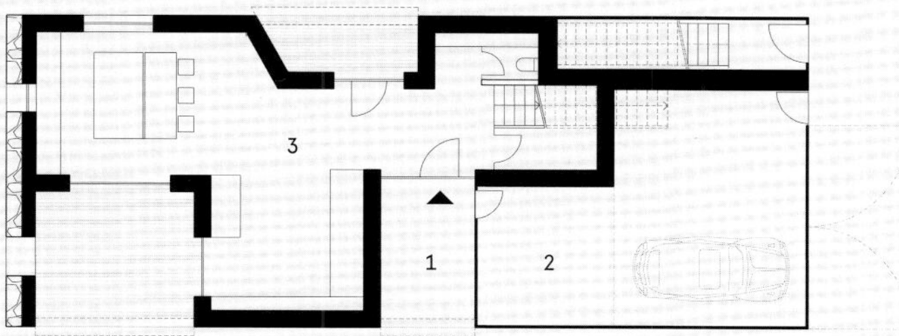

Grundriss/Erdgeschoss

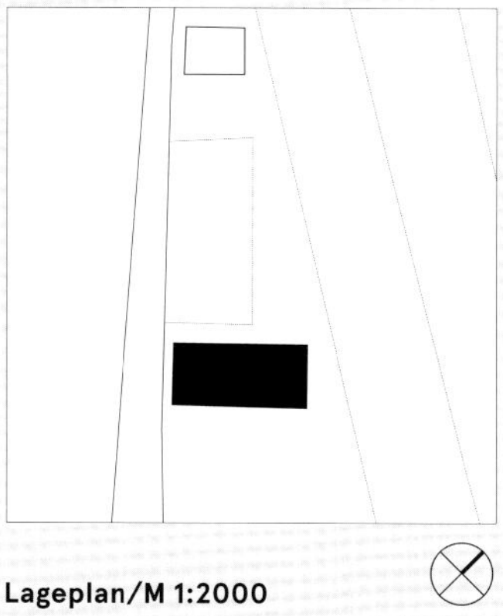

Lageplan/M 1:2000

Betonskulptur nach Maß

Der Bauherr wünschte sich offene Raumabfolgen. Es entstand ein winkelförmiges Haus, innen wie außen nahezu vollständig in Sichtbeton ausgebildet.

1 Was war das Besondere an der Bauaufgabe?
Im Allgemeinen vor allem eine verhältnismäßig komplexe und daher besonders reizvolle Aufgabenstellung, bei der wir gestalterisch große Freiheiten genossen. Konstruktiv war die Vorliebe unserer Bauherren für Sichtbeton sowie deren Bereitschaft, einen konsequenten Einsatz des Materials innen wie außen zuzulassen. Wir haben dann versucht, den Vorgang des Gießens als Maßanfertigung zu interpretieren und seine hohe handwerkliche Qualität durch Präzision zu unterstreichen. So sind etwa die Wandoberflächen und ihre technisch unvermeidliche Gliederung durch Schalungsfugen bewusst gestaltet und auf die Ansichten abgestimmt. Daraus ergab sich beim Entwurfsprozess eine permanente Wechselwirkung zwischen den funktionalen Erfordernissen an die Räume und der Gestaltung der Flächen. Die Sichtbetontechnologie verzeiht keine Fehler ...
Dazu kam der Wunsch der Bauherren, das Haus bis ins kleinste Detail durchzuarbeiten: Einbaulösungen wurden bis in die Einteilung einzelner Schubfächer entworfen, die Außenräume in den Grundriss eingebunden. Tatsächlich herrscht bei diesem Projekt ein ganzheitlicher Ansatz und Anspruch.

2 Wie haben die Bauherren Ihr Büro gefunden?
Die Bauherren stammen aus unserem privaten Umfeld. Die Empfehlungen früherer Bauherren bestätigten sie dann in der Wahl unseres Büros.

3 Welche Inspiration hat zu dem Entwurf geführt?
Am Anfang stehen immer die Wünsche unserer Bauherren – weniger deren konkrete Vorstellungen als vielmehr der Subtext, also ihre „Erzählung vom Wohnen“. Hieraus versuchen wir unsere Leitmotive zu entwickeln. In diesem Fall erwuchs daraus die Suche nach einem raffinierten ästhetischen Rahmen für ein komplexes und geschmeidiges Ineinander funktionaler Abläufe. Trotz des auf den ersten Blick nüchternen Erscheinungsbildes inspirierte uns die inszenierte Noblesse repräsentativer historischer Wohnformen, etwa des 18. Jahrhunderts. Vorbilder der klassischen Moderne – insbesondere der amerikanischen - halfen uns, die Starrheit des historischen Protokolls aufzubrechen. Der Rest ist intensive, unermüdliche Entwurfsarbeit!

4 Auf welche Anforderungen, Einschränkungen und Bedingungen musste der Entwurf reagieren?
Das städtebauliche Umfeld und die Mikrolage im Wohnquartier weisen keine nennenswerten Besonderheiten auf. Allerdings befindet sich das Viertel im Umbruch: Kleine Einfamilienhäuser weichen zunehmend flächenmaximierten Villen und Mehrfamilienhäusern. Uns lag daran, durch geschickte Verteilung des Bauvolumens auf dem Grundstück den ursprünglichen Maßstab zu wahren und den Baukörper trotz seiner Abmessungen in seiner Erscheinung zurückzunehmen. Und obwohl sich unsere Absicht mit den bauplanungsrechtlichen Zielen deckte, hat uns die Verteilung der Baumassen intensive Diskussionen mit der Genehmigungsbehörde beschert ...

5 Wie verlief der Entwurfsprozess und wie die Abstimmung mit den Bauherren?
Wir animieren unsere Bauherren, zu erzählen, uns konkrete wie abstrakte Bilder zu vermitteln, in denen sich ihre Vorstellung von Wohnen wiederfindet. Wir nennen diese Phase scherzhaft „Wunschkonzert“. Hieran haben wir bei diesem Projekt die Ausarbeitung drei sehr unterschiedlicher Entwurfskonzepte angeschlossen, schematische Grundrisse, Modellstudien und Perspektivskizzen, die wir nach wie vor gerne mit der Hand anfertigen. Der Favorit wurde anschließend bei regelmäßig stattfindenden Terminen besprochen, korrigiert, ergänzt und so zu einem abschließenden Vorentwurf verdichtet. Anders als beim manchmal bemühten Bild der Serviettenskizze begreifen wir den Vorentwurf als die entscheidende Entwurfsphase, in der alle Weichen gestellt werden. Zeit und Ausdauer sind uns daher sehr wichtig! Eine weitere Feinabstimmung erfolgte in unterschiedlichem Detaillierungsgrad bis weit in die Ausführungsplanung hinein. Die Wünsche der Bauherren nehmen wir ernst – wir hierarchisieren allerdings und, wenn nötig, stellen sie im Interesse des Ganzen auch mal in Frage oder interpretieren sie anders. Diesmal ergab sich dabei ein besonders konstruktiver Kommunikationsprozess: Sicher ein Verdienst der Bauherren, die ihren Part mit der gleichen Intensität wahrnahmen wie wir.

↖
Das Erdgeschoss öffnet sich großzügig zu einem geschützten Wohnhof. Durch die in alle Richtungen angelegten Blickachsen werden Gebäude und Grundstück auch von innen stets in ihren Gesamtabmessungen erfahrbar.

←
Das stützenfrei auskragende Obergeschoss gewährt im Hof einen regengeschützten Freisitz. An Stelle von Balkonen wurden Patios ausgebildet.

←
Maßfertigung bis ins Detail: Größe und Anordnung der Schal- und Schalhautelemente wurden auf die Lage der Ankerlöcher und die Proportionen des Hauses sowie auf die Gliederung der Fassade abgestimmt.

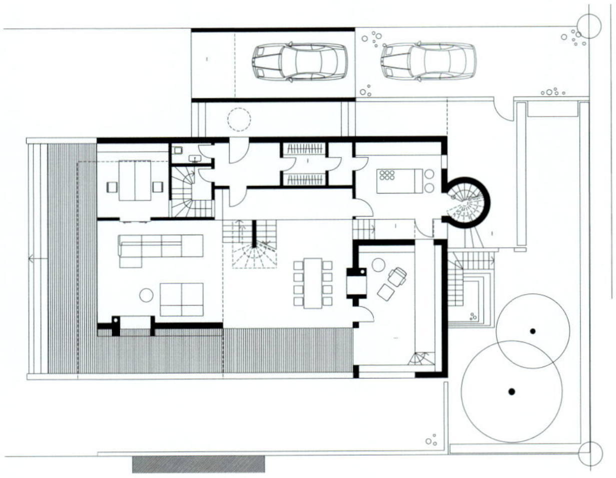

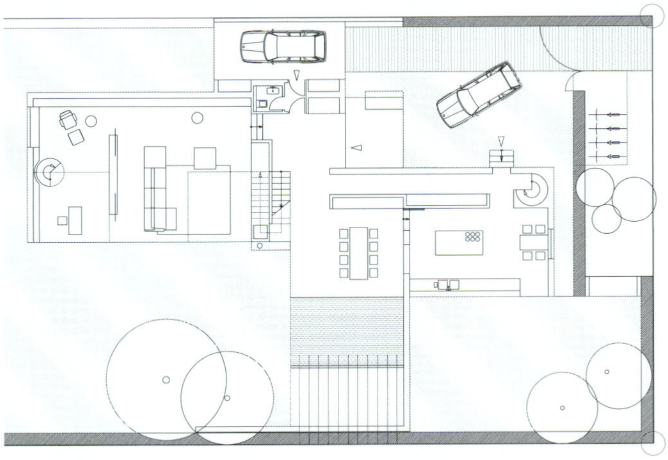

Entwurfsvariante

Ein kompakter Körper und Windmühlenflügel: Auf der Suche nach dem perfekten Grundriss mit perfektem Aufriss wurden drei Varianten intensiv durchdacht und durchgeplant.

Varianten/EG

↗
Das Gebäude ist innen wie außen nahezu vollständig in Sichtbeton ausgeführt. Um die skulpturale Wirkung des Materials zu unterstreichen, wurde mit Ausnahme der Fenster und weniger, gezielt kontrapunktisch gesetzter Fassadenelemente aus Aluminium der Einsatz von Metall vermieden.

→
Die geölten Teakoberflächen der Türen und Möbeleinbauten stellen eine zurückhaltende Materialergänzung dar.

Maßstab:
M 1:200

1 Zugang/Eingang
2 Wohnen
3 Lesen
4 Kochen
5 Essen
6 Hof
7 Schuppen
8 Gartenanlage
9 Lichthof UG
10 Arbeiten
11 Ankleide
12 Schlafen
13 Bad
14 Patio
15 Kind
16 Hobby
17 Gast
18 Waschen
19 Sport
20 Werkstatt
21 Vorrat
22 Technik

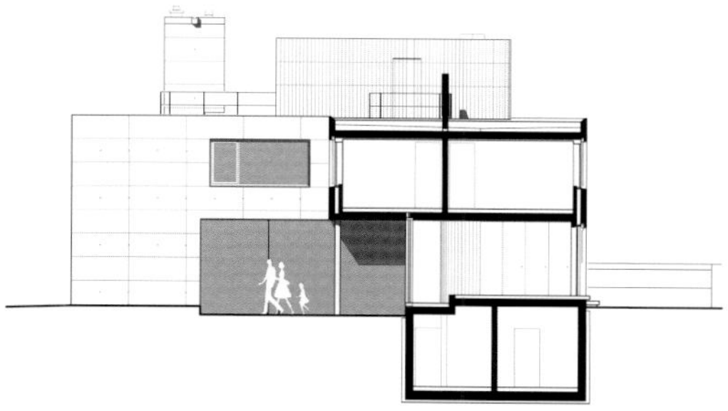

Schnitt

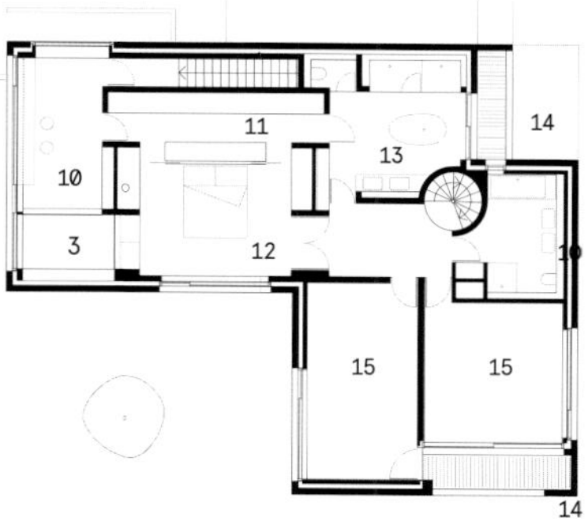

Grundriss/Obergeschoss

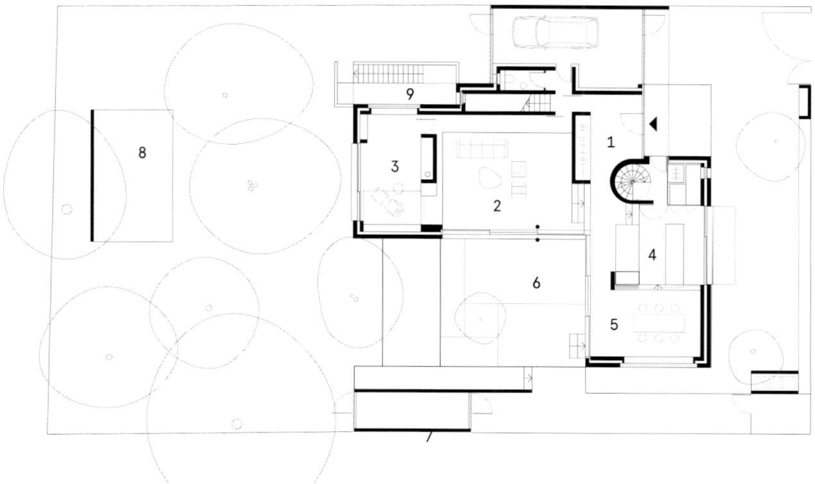

Grundriss/Erdgeschoss

Grundriss/Untergeschoss

Standort:
Oberbayern

Anzahl der Bewohner:
4

Wohnfläche (m²):
270

Grundstücksgröße (m²):
920

Bauweise:
massiv, Sichtbeton

Fertigstellung:
2013

Maio & Maio Architekten, München

Dipl.-Ing. Univ. Gianfranco Maio, Architekt BDA
1970 geboren in München
1989 – 1990 Jurastudium, LMU München
1990 – 1997 Architekturstudium München
1997 – 1998 Goergens + Miklautz Architekten, München
1998 – 2013 Prof. Kiessler, Kiessler + Partner, München
2003 eigenes Büro

Dipl.-Ing. Univ. Katrin Maio (geb. Sommer), Architektin
1974 geboren in München
1994 Prof. Dott. Arch. Domenico Taddei, Florenz
1994 – 2001 Architekturstudium TU München
1998 – 2001 Architekturstudium The Bartlett University College London
2001 – 2003 Prof. Kiessler, Kiessler + Partner, München
2003 – 2006 Reinhard Bauer München
2006 – 2011 Franke Rössel Rieger architekten München
Seit 2004 maio & maio architekten München

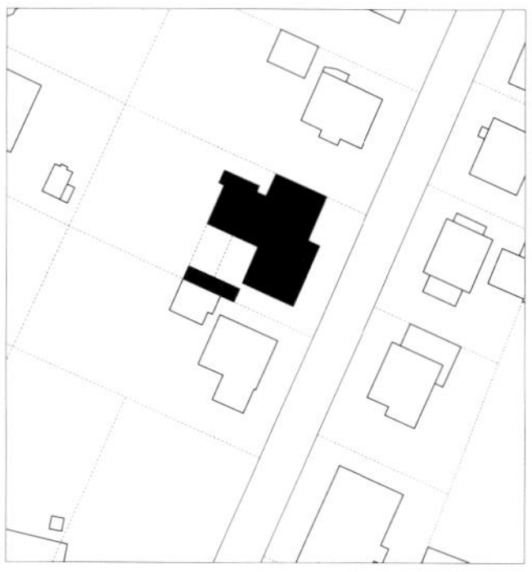

Lageplan/M 1:2000

Schwarzbauten

Ein Wohnhaus, ein Schlafhaus und ein Nebenhaus entwickeln im rheinland-pfälzischen Ort Speicher eine Welt für sich. Patio, Eingangshof und Nutzgarten inklusive.

1 Was war das Besondere an der Bauaufgabe?
Jede Bauaufgabe ist natürlich einzigartig, denn jedes Gebäude sollte auf sein spezifisches Umfeld reagieren und ist eng verbunden mit den Menschen, die an der Entstehung mitgewirkt haben. Dieses Haus wurde in einem 50er-Jahre-Wohngebiet mit großen Gärten und einfachen Wohnhäusern gebaut. Wir platzierten drei Baukörper auf dem ebenen Grundstück um einen Patio und ließen Außenräume entstehen: einen halböffentlichen Hof vor dem Haus, einen privaten Patio und einen Garten- und Werkbereich auf dem rückwärtigen Grundstück.

2 Wie haben die Bauherren Ihr Büro gefunden?
Unsere Bauherren besichtigten eines unserer Häuser. Sie waren begeistert von dessen Charakter und der schwarzen Fassade, so dass sie sich entschlossen, ihr eigenes Haus zu verkaufen und mit uns ein neues Traumhaus zu verwirklichen.

3 Welche Inspiration hat zu dem Entwurf geführt?
Wir erarbeiteten gemeinsam mit den Bauherren die wesentlichen Merkmale ihres neuen Zuhauses, daraus entwickelten wir dann einen maßgeschneiderten Entwurf.

4 Und auf welche Anforderungen, Einschränkungen und Bedingungen musste der Entwurf reagieren?
Das Haus sollte schwarz sein, zeitgemäß und private Bereiche bieten. Den alten Kirschbaum wollten wir unbedingt erhalten. Ansonsten schrieb der Bebauungsplan die geneigte Dachform vor.

5 Wie verlief der Entwurfsprozess und wie die Abstimmung mit den Bauherren?
Anhand von virtuellen Modellen, Mustern und Impressionen diskutierten wir mit den Bauherren unsere Entwürfe. Wir optimierten, feilten und definierten, bis das Erscheinungsbild, die Funktionen und die Baukosten passten.

↗
Das Grundstück, eine flache Wiese, liegt in einem Baugebiet aus den 1960er Jahren. Ringsherum befinden sich große Gärten.

→
Die drei polygonalen Kuben – Wohn-, Schlaf- und Nebenhaus – lagern sich um einen quadratischen Innenhof.

↖
Das Modell des Ensembles hat der Bauherr aus Aluminium gefertigt. Das Zusammenspiel von Innenraum und Außenflächen wird in der Aufsicht besonders deutlich.

↗
Die Konstruktion der Häuser ist massiv.
Die Fassaden sind mit schwarz lasierten sibirischen Lärchenbrettern in unterschiedlichen Breiten verschalt.

Modell

→
Der Wohnraum öffnet sich über zwei Geschosse. Die Fenster wurden aus schwarz eloxiertem Aluminium und lackiertem Holz gefertigt, die Wände sind weiß verputzt, auf den Böden liegt heller Filz oder grauer Sichtbeton. Der Kamin lässt sich drehen.

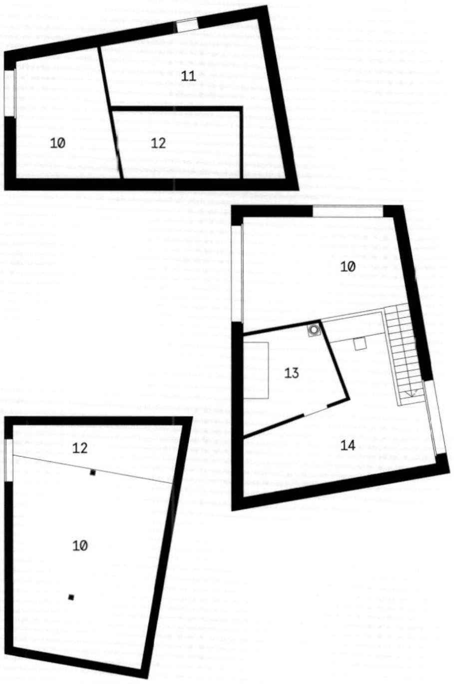

Grundriss/Obergeschoss

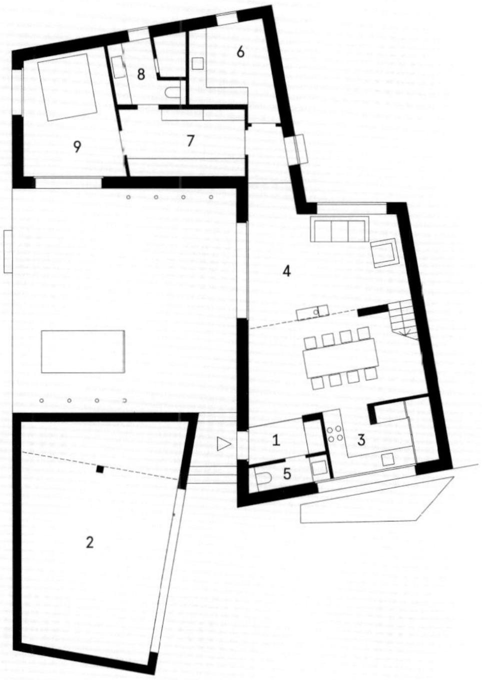

Grundriss/Erdgeschoss

Maßstab:
M 1:200

1 Zugang
2 Garage
3 Kochen
4 Essen/Wohnen
5 WC
6 Hauswirtschaft
7 Ankleide
8 Bad
9 Schlafen
10 Lager
11 Technik
12 Luftraum
13 Gäste
14 Galerie

Standort:
Speicher

Anzahl der Bewohner:
2

Wohnfläche (m²):
124

Grundstücksgröße (m²):
1.069

Zusätzliche Nutzfläche:
114

Bauweise:
massiv

Baukosten:
unter 400.000 Euro

Fertigstellung:
2012

RAINER ROTH ARCHITEKT, Meckel

1968 in der Eifel geboren, lebt und arbeitet Rainer Roth mit Christine Schwickerath seit 1998 in Meckel. Nach seinem Studium an der Fachhochschule Trier arbeitet er von 1994 bis 2005 als projektleitender Architekt und Stadtplaner in Luxemburg. Seit 2005 ist er freischaffender Architekt. Seit 2014 Lehrauftrag für Entwurf im Fachbereich Architektur an der Frankfurt University of Applied Sciences.

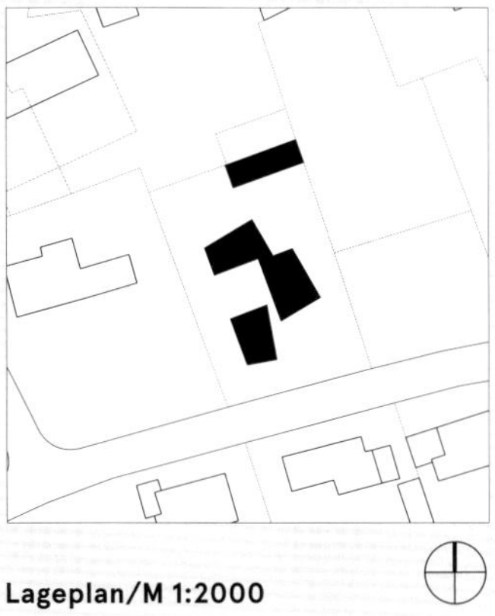

Lageplan/M 1:2000

Ortstermin

Ein Haus für zwei in der Eifel

„Wir wollten ein schwarzes Haus", sagt die Bauherrin. Als Hobby-Psychologe fühlt man sich bemüßigt, nachzubohren. Warum ausgerechnet schwarz? „Weil uns das gut gefällt", antwortet sie lachend. Man hatte einen eigenwilligen Architektenvorschlag vermutet, eine Art reinigende Neutralisation, mit der in der unansehnlich bebauten Nachbarschaft ein ruhiger Kontrast implantiert werden sollte. Aber weit gefehlt. Die Auftraggeber – sie ist Polizistin, er betreibt eine Metallverarbeitung – hatten ein anderes schwarzes Haus des Architekten besucht und sich spontan entschieden: Genau das möchten wir auch!

„Wir wollten ein schwarzes Haus."

Wenn man heute ihr Haus besucht, denkt man, auf so eine Bauherrschaft müssen Architekten stolz sein. Sie haben nicht nur die ungewöhnliche Farbe verstanden, sondern auch die Aneignung der raffinierten Räume mit großer Sensibilität gemeistert. Da steht nichts herum, da wird nichts vollgeräumt oder mit den sonst unvermeidlichen Attributen Gemütlichkeit platziert – stattdessen sieht man, wie die Bewohner Architektur begreifen und einen Wohnraum annehmen. „Die möchten so ästhetisch wohnen", nickt der Architekt Rainer Roth.

Haus bauen, Dorf denken

Doch der Reihe nach. Das kleine Haus besteht aus drei Baukörpern. Als hätte er Snozzis Merksatz für sich übertragen – wenn du das Haus baust, denke an das Dorf –, erläutert der Architekt: „Es ging uns darum, einen Raum auf dem Grundstück zu schaffen."

Also nicht geradewegs ein Haus zum Drumherumlaufen, sondern eines, das mit unterschiedlichen Höfen und Nischen, schließlich

Gesprächsnotiz:
Architekturbüro Rainer Roth

Start:
Schmiedestraße 10b, Meckel

Dienstag, 10. November 2015
10.30 Uhr:
Gottlob gibt's Navis! Eifeldörfer: Alles auf Abstand. Drei neue weiße Häuser mit Pultdächern, „ihre Vorfahren stehen in der Nachbarschaft". In einem das Büro: Neues Wohnen und Werken auf dem Land. Jungvolk arbeitet im EG, darüber der Chef mit Partnerin.

11.00 Uhr:
Nach Speicher mit Rainer Roth und Christine Schwickerath zum schwarzen Haus. Wetter durchwachsen. Alles sehr ländlich, Nachbarhäuser mit sehr privaten Details. Schwarzes Wohngehöft ragt als Fanal aus der Wiese. Bauherrin öffnet. Grundriss wie auf den Zeichnungen, man findet sich sofort zurecht. Sympathische Neutralität, Musterwohnung, könnte sofort einziehen. Bauherrin zeigt massives Metallmodell, das ihr Partner in seiner Firma gegossen hat: unser kleines Haus!
Muss dann gleich zum Dienst.

einem Werkschuppen im Garten innen und außen verbindet. Man könnte die charmant hingestellten Gehäuse als ein Weiterbauen am Ortsgrundriss verstehen. Korrespondierende Pultdächer, die sich zum Eingang neigen, verbinden die Baukörper des kleinen Gehöfts, die unbeheizte Garage und die beiden vor einem kurzen Korridor getrennten Wohn- und Schlafbereiche. Die schrägen Fluchten, spitze, stumpfe und rechte Winkel, ergaben sich aus Rücksicht auf vorhandene Obstbäume, aber man spürt, da steckt auch das Talent des Architekten und seiner Partnerin dahinter, sich von stupiden Zwängen zu lösen. Die Fassaden sind mit schwarz lasierten sibirischen Lärchenbrettern in unterschiedlichen Breiten verkleidet, „die haben die Bauherren selbst montiert", lobt der Architekt. Dahinter liegt eine gedämmte, massiv gemauerte Wand. Betonfertigstufen heben den Eingang über das Grundstück, das sich ohne Einfriedung zur Dorfstraße öffnet.

Das Haus wurde um die Möbel herumgebaut

Hinter der Haustür sieht man durch einen verglasten Windfang. Garderobe und WC sind platzsparend wie ein Cockpit eingefügt, sehr schön im Detail, wie das Fenster genau neben das Waschbecken trifft. Dann erreicht man noch im Niedrigen den Essplatz, von dem rückwärtig die Küche abgeht, während der helle hohe Wohnraum einladend in das Zentrum des Hauses lockt. Die Bauherren hatten den Architekten ihr Raumprogramm beschrieben, „und die Möbel, die wir mitnehmen wollten, drumherum wurde das Haus gebaut", sagt die Bauherrin. Ein drehbarer Kamin, „der auch von der Rückseite anständig aussieht", war ebenfalls wichtig. Ursprünglich wollten sie ein Haus mit Flachdach, aber als sie das Grundstück kannten und sich mit dem Entwurf eingehender auseinandersetzten, ergab sich das Raumgefüge mit dem bis unter das Dach reichenden Wohnraum, in den eine kleine Arbeitsgalerie lugt. Dahinter verbirgt sich noch ein Gästezimmer.

Beton in Tunnelqualität über einem skulpturalen Weißraum

Zum Aufstieg gibt es massive Stufen, ohne Handlauf, wie man es in Architektenhaushalten regelmäßig sieht. „Beton wollten wir auch haben", ergänzt die Bauherrin, als sie den fragenden Blick an die Decke bemerkt. „Die Schaltafelanordnung haben wir natürlich gezeichnet", ergänzt der Architekt, der Beton durfte dann mit Tunnelqualität ausgeführt werden. Leuchten sind integriert, nichts baumelt herum, den schwarzen Lichtstab über dem Esstisch hat der Bauherr selbst gefertigt. Selbst Kabel für die Musikanlage sind unter Putz verlegt. An der hohen Stirnwand hängt ein einziges großes Bild, sonst spürt man den puren skulpturalen Weißraum.

Die großen Fenster, deren schwarze Alurahmen entweder innen oder außen bündig anschließen, sind mit Rollos ausgestattet, die Höhe ist so angesetzt, dass Ausblick und Einblick sich lohnen oder verhindert werden. „Ich hab's nicht gerne, wenn die Fenster mitten in der Wand sitzen, entweder außen oder innen, da wird es plastischer", erklärt der Architekt. Auf dem Boden liegt außer dem angeschliffenen Zementestrich ein grauer Nadelfilz, der ohne Sockelleiste exakt an den aufgehenden Wänden endet. Eine Stufe vor dem trichterförmigen Flur markiert die Schwelle zum Schlafraum, den man durch eine Ankleideschleuse mit Einbauschränken erreicht. „Ich arbeite im Schichtdienst, da muss ich manchmal tagsüber schlafen", sagt die Bauherrin, „da kriege ich hier hinten gar nichts mit." Das Bad gefällt durch seine Nicht-Farben, Schwarz und Weiß, die Fliesen stoßen ohne Eckschienen aufeinander. Alles wirkt handwerklich solide. „Kunststoffkanten geht nicht bei uns", wirft die Partnerin des Architekten ein.

Entstand das Haus ohne Umwege? „Ziemlich, wir haben nur ganz wenig anders haben wollen", erinnert sich die Bauherrin. Die Architekten pflegen ihre Entwürfe als 3D-Animationen zu präsentieren, man kann virtuell durch die Räume spazieren. Änderungswünsche werden aufgenommen und beim nächsten Termin gezeigt. Ein Modell von diesem Haus gibt es nur als niedliche Aluminium-Skulptur. Die hat der Bauherr in seinem Betrieb gegossen. Inzwischen fixiert er alle Häuser des Architekten als massive kleine Modelle, sie stehen auf Betonstelen vor dessen Büro. Sie sind alle silbern. Und schwarz? „Bei Schwarz scheiden sich die Geister, die einen sind begeistert, die anderen finden es furchtbar", gibt uns die Bauherrin mit auf den Weg, „da gibt es nichts dazwischen."

Wolfgang Bachmann

„Ich hab's nicht gerne, wenn die Fenster mitten in der Wand sitzen, entweder außen oder innen, da wird es plastischer."

„Bei Schwarz scheiden sich die Geister, die einen sind begeistert, die anderen finden es furchtbar. Da gibt es nichts dazwischen."

Lückenfüller

Wohnen tun sie dort noch nicht. Doch dem Architekten- und Innenarchitektenehepaar war es ein Anliegen, die Neumarkter Altstadt mit einem eigenwillig passenden Stadtbaustein an der Stadtmauer zu reparieren.

1 Was war das Besondere an der Bauaufgabe?

Jahrelang lag nach Abbruch des maroden Bestandes das Grundstück am Ende der Häuserzeile in der Neumarkter Altstadt brach. Eine kleine Fläche, ohne rechte Winkel, direkt neben der Stadtmauer, Straßen und dem Nachbargebäude. Uns war es eine Herzensangelegenheit, diese städtebauliche Lücke wieder zu füllen und das Ensemble am alten Viehmarkt wieder stimmig zu vervollständigen: eine Art Reparatur an der Altstadt. Daher haben wir das Grundstück von der Stadt selbst erworben und uns der Herausforderung gestellt, auf der schwierigen und beengten Grundstücksform interessanten Wohnraum als Baustein zur Belebung der Altstadt zu schaffen.

2 Und auf welche Anforderungen, Einschränkungen und Bedingungen musste der Entwurf reagieren?

Ziel war es, ein modernes Wohnhaus mit selbstbewusster, eigenwilliger Architektur harmonisch in die Altstadt zu integrieren. Dabei sollte die individuelle Geometrie, die der Form des Grundstücks geschuldet ist, sich nicht als Fremdkörper entwickeln, sondern in Höhen- und Dachentwicklung die historische Häuserzeile abschließen. Vorgaben setzte hier auch ein Höhenentwicklungsplan des Altstadtbereichs der Stadt Neumarkt. Eine besondere Herausforderung war es zudem, möglichst viel Tageslicht bis ins Innere des Gebäudes zu bringen. Schließlich ist die Besonnung durch einen Anbau an das Nachbargebäude sowie die dicht anschließende Stadtmauer extrem eingeschränkt. Offene Grundrisse und ein raumhaltiges Dach sorgen heute für Großzügigkeit. Über die Dachfläche dringt Tageslicht über das Treppenhaus ins Gebäude. So bekommen die Räume nicht nur über Fenster in der Außenwand Tageslicht, sondern auch über den Innenraum aus Treppenhaus und Fluren. Zusätzlich haben wir Dachfenster geplant. So lässt sich etwa aus der Badewanne der Blick in den Himmel genießen, ohne unerwünschte Einblicke befürchten zu müssen. Ansonsten kann man so im Bad auf die Neumarkter Johanneskirche schauen.

Da wir beide selbst Architekten und Innenarchitekten sind, legen wir natürlich auch als eigene Bauherren größten Wert auf hochwertige Materialien, funktionierende Grundrisse mit raffinierten Durch- und Ausblicken, gezielt gesetzte Farbakzente und ausgefeilte Details in allen Bereichen. Selbstverständlich auch bei einem Objekt, das wir erst einmal vermieten.

↗
Selbstbewusst zeigt sich das Wohnhaus, das momentan vermietet wird, im Altstadtgefüge am alten Viehmarkt. Dabei war das Grundstück alles andere als leicht zu bebauen: klein, ohne rechte Winkel und mit wenig direkter Besonnung.

↗
Die Hülle wurde thermisch optimiert, Holzständerbauweise ließ minimale Wandflächen zu, eine Luft-Wärmepumpe sorgt für Warmwasser.

↖
Die Stadtmauer liegt nur einen Steinwurf entfernt. Doch offene Grundrisse und ein raumhaltiges Dach schaffen Großzügigkeit. Fassadenöffnungen und Dachfenster sorgen für ausreichende Belichtung.

Querschnitt

←
Eindeutig heutig wirkt die Stadtreparatur der Lücke. Photovoltaik erzeugt Strom auf dem flachen Dach, das Satteldach passt sich der Umgebung an.

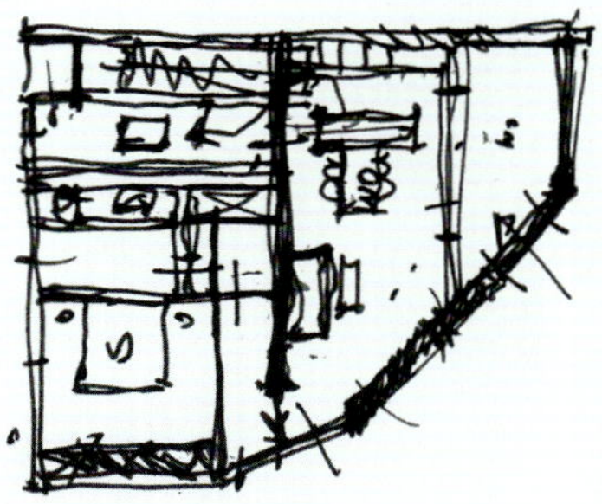

Skizze/Variante

Entwurfsvarianten

Eine einläufige Treppe war einen Entwurf wert.

↗
Einbaumöbel schaffen Großzügigkeit, der Eichenboden geht über in die Wandflächen.

→
Sichtschutz: Aus dem Badezimmer lässt sich der Blick auf die Johanneskirche genießen.

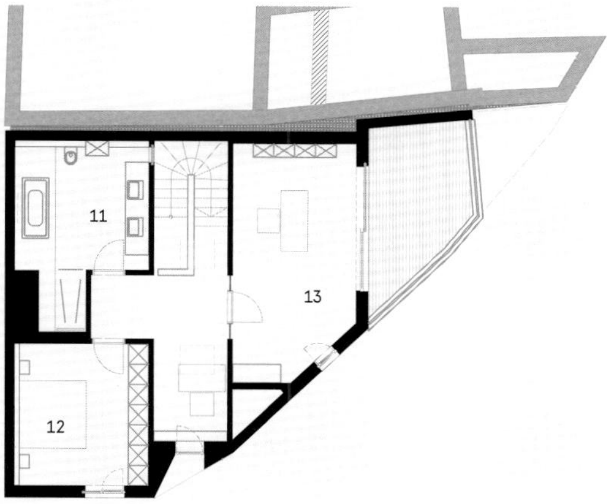

Grundriss/2. Obergeschoss

Standort:
Neumarkt in der Oberpfalz

Wohnfläche (m²):
205

Grundstücksgröße (m²):
126

Zusätzliche Nutzfläche (m²):
35

Energiestandard:
KfW 70

Fertigstellung:
2014

Berschneider + Berschneider Architekten BDA + Innenarchitekten, Pilsach

Gudrun Berschneider
Dipl. Dipl. Ing. (FH) Architektin BDA
Innenarchitektin BDIA
1959 geboren in Neumarkt St. Veit
1982 Diplom Innenarchitektur FH Rosenheim
1984 Zweitstudium Architektur FH Regensburg mit Diplom
seit 1985 freie Mitarbeit im Architektur- und Innenarchitekturbüro Berschneider & Knychalla

Johannes Berschneider
Dipl. Dipl. Ing. (FH) Architekt BDA
Innenarchitekt BDIA
geboren 1952 in Pilsach
1978 Diplom Innenarchitektur FH Rosenheim
1978–1982 tätig bei W. + M. Schlegtendal Architekten BDA, Nürnberg
Zweitstudium Architektur FH Regensburg mit Diplom 1984
seit 1984 freier Architekt mit Architektur- und Innenarchitekturbüro Berschneider & Knychalla
seit 2008 Stadtplaner

seit 2002 Büro Berschneider + Berschneider

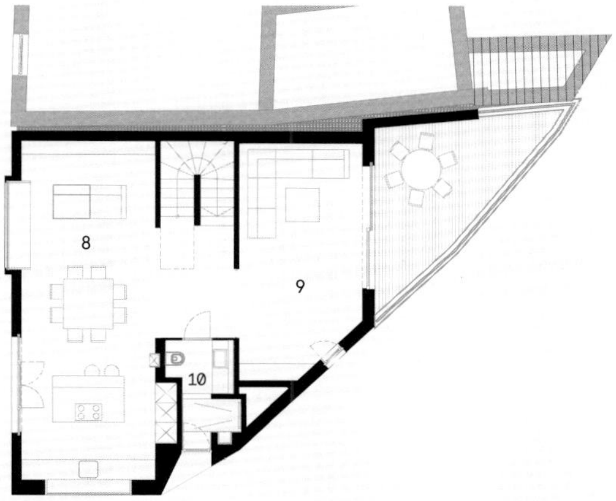

Grundriss/1. Obergeschoss

Maßstab:
M 1:200

1 Zugang/Eingang
2 Abstellraum
3 Putzkammer
4 Garage
5 Garderobe
6 Technik
7 Studio
8 Kochen/Essen
9 Wohnen
10 WC
11 Bad
12 Schlafen
13 Arbeiten

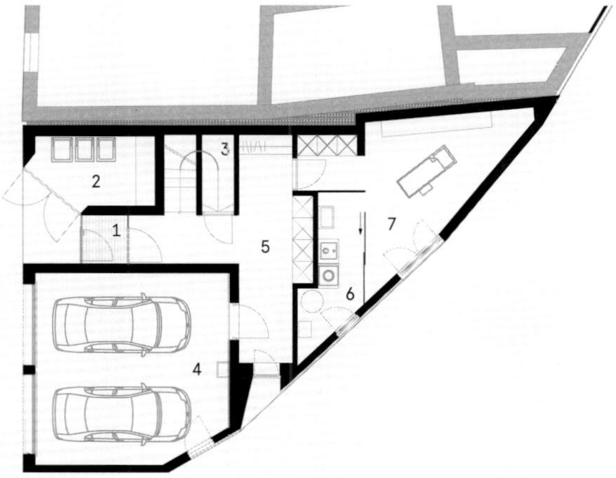

Grundriss/Erdgeschoss

Lageplan/M 1:2000

Schwarz auf Grün

Schlicht und elegant wünschten sich die Bauherren ihr Haus in Fraxern, anpassbar an kommende Anforderungen und errichtet ausschließlich von regionalen Unternehmen.

1 Was war das Besondere an der Bauaufgabe?
Das Besondere war in erster Linie das vorgegebene, relativ steile Hanggrundstück. Die Herausforderung des Entwurfs bestand in der Positionierung und Erschließung des Gebäudes am Hang, seine konstruktive und technische sowie natürlich auch gestalterische Konzeption. Ziel war es, das Gebäude stimmig in den weitläufigen, sehr differenzierten dörflichen Kontext einzubinden.

2 Wie haben die Bauherren Ihr Büro gefunden?
Bekanntschaft haben die Bauherren und wir bereits vor einigen Jahren geschlossen, wir haben die Augenarztpraxis der Bauherren gebaut. Aufgrund der damals guten Zusammenarbeit beauftragten sie uns dann später auch mit der Planung ihres Eigenheims.

3 Welche Inspiration hat zu dem Entwurf geführt?
Vor allem wollten wir das Grundstück optimal ausnutzen. Resultat war dann ein Punktgebäude, das durch seine Positionierung und nordseitige Erschließung ausreichend Platz für ein später folgendes, zweites Projekt bietet. Das galt es zu berücksichtigen.

4 Und auf welche Anforderungen, Einschränkungen und Bedingungen musste der Entwurf reagieren?
Das Budget der Bauherren war beschränkt und an der topografischen Gegebenheit sowie den daraus resultierenden Kosten für die Ausführung des Gebäudes ließ sich nichts einsparen. Trotzdem blieb genügend Spielraum, um auf besondere Wünsche eingehen zu können: So gelang es uns, den Traum von einem eigenen Musikzimmer erfüllen.

5 Wie verlief der Entwurfsprozess und wie die Abstimmung mit den Bauherren?
Die Bauherren legten uns zu Beginn ein Raumfunktionsprogramm vor. Auf dieser Grundlage entwickelten wir unterschiedliche Entwurfskonzepte jeweils inklusive Kosten. Das zur Verfügung stehende Budget bestimmte letztendlich die Wahl des in Frage kommenden Entwurfs. So ergab sich die Größe des Gebäudes, also die Kubatur und Fläche sowie die bautechnische Durchführung – eine Mischbauweise Beton-Holz.
Und was die Innenraumgestaltung angeht, haben die Bauherren anhand von Fotos aus Zeitschriften und Büchern vermittelt, was sie sich für ihr Haus vorstellen. So konnten wir auch in Sachen Materialwahl und Ausführung der Möblierung auf die Vorstellung der Bauherren eingehen und ein rundum „passendes" Haus planen.

↖
Das Haus steht in südlicher Hanglage inmitten von Kirschbäumen etwas oberhalb des Dorfzentrums. Die Geschossigkeit des Hauses reagiert auf den steilen Südhang. Die Kompaktheit gewährleistet, dass später eine weitere Bebauung erfolgen kann.

↖
Die Bauherren stellten sich ein Haus von schlichter Eleganz aus Beton, Holz und Lehm vor, mit der Landschaft im Blick.

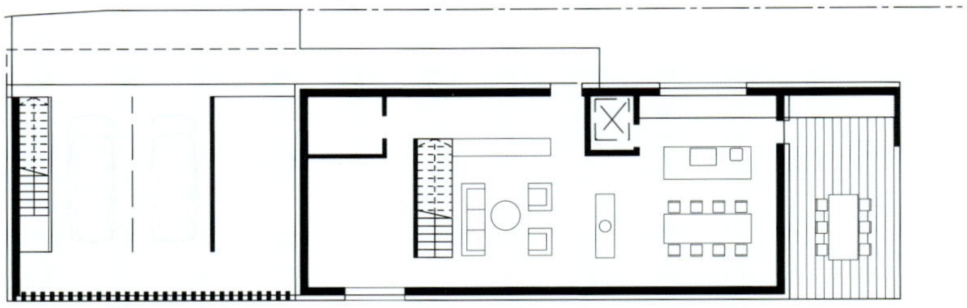

Variante 1/Erdgeschoss/Eingang

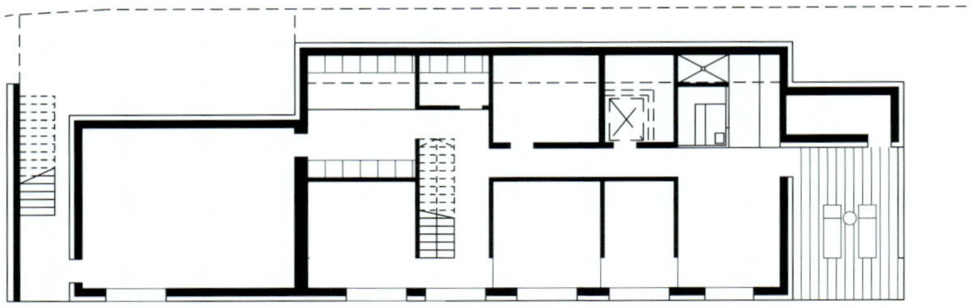

Variante 1/Zwischengeschoss

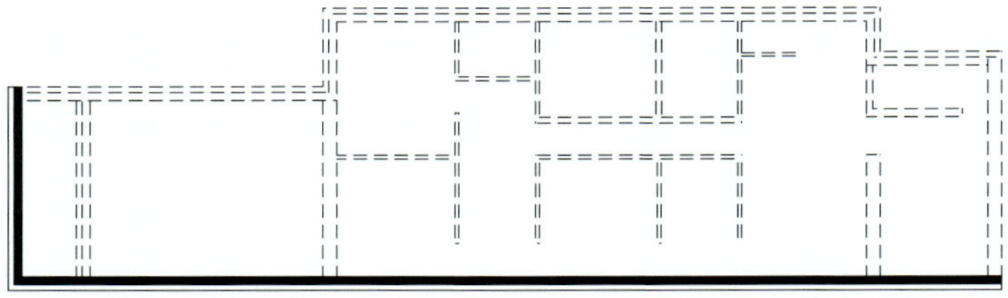

Variante 1/Untergeschoss

↗
Wände und Decken im Untergeschoss wurden in Massivbauweise errichtet, die übrigen Wände und das Dach in Holzkonstruktion, versehen mit einer vertikalen, schwarz lasierten Holzschalung. Die gleichen Holzlatten werden vor einigen Fenstern sowie dem Balkon im ersten Untergeschoss als Sichtfilter eingesetzt.

Entwurfsvariante

Das Budget bestimmte die Entscheidung zugunsten eines kompakten Baukörpers. Er lässt zudem eine Erweiterung zu.

→
Erschlossen wird das Gebäude nordseitig. Das oberste Geschoss ist somit das Eingangsgeschoss.

Maßstab:
M 1:200

1 Zugang/Eingang
2 Garage
3 WC
4 Speisekammer
5 Küche
6 Wohnen/Essen
7 Kind
8 Bad
9 Ankleide
10 Schlafen
11 Sauna
12 Waschküche
13 Musik
14 Arbeiten/Gast
15 Technik
16 Keller
17 Wein

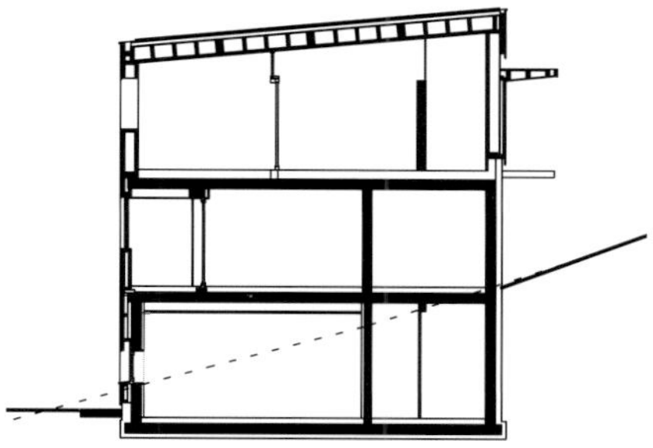

Querschnitt

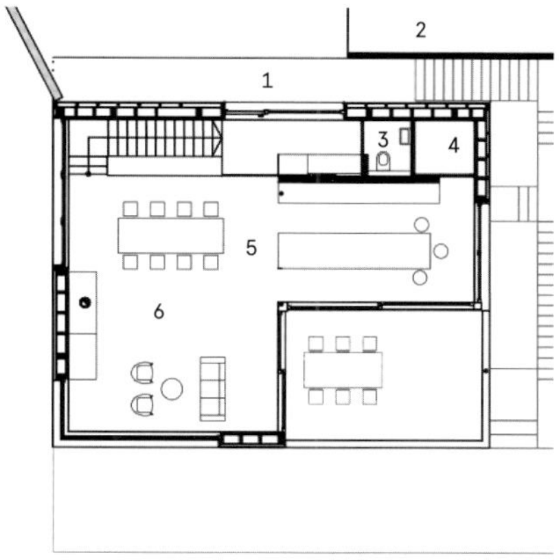

Grundriss/Erdgeschoss

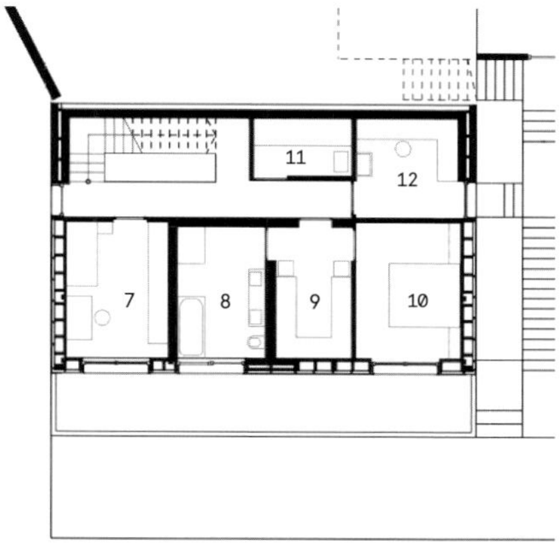

Grundriss/Zwischengeschoss

Grundriss/Untergeschoss

Standort:
A-Fraxern

Anzahl der Bewohner:
3

Wohnfläche (m^2):
153

Grundstücksgröße (m^2):
1.277

Zusätzliche Nutzfläche (m^2):
55

Bauweise:
Keller und Decken Stahlbeton/ Wände EG und Dach Holzkonstruktion

Baukosten:
650.000 Euro

Energiestandard:
Niedrigenergiehaus

Fertigstellung:
2014

DI Christian Lenz ZT GmbH, Schwarzach

1952 geboren in Wien
übersiedelte 1955 nach Dornbirn
1973 - 1981 Architekturstudium an der TU Wien
1982 Gründung des eigenen Architekturbüros in Schwarzach
seit 1984 in Bürogemeinschaft mit Dipl.-Ing. Hermann Kaufmann
ab 1983 auch mit Elmar Gmeiner

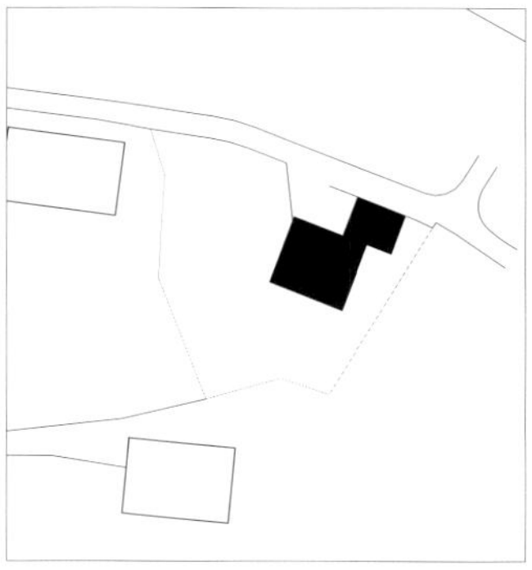

Lageplan/M 1:2000

Offen für Veränderung

Eigentlich wollte der Bauherr von den Architekten ein Fertighaus anpassen lassen. Nun ist die Familie glücklich mit einem maßgeschneiderten Haus.

1 **Was war das Besondere an der Bauaufgabe?**
Ungewöhnlich war die Anfrage des Bauherrn, ob ein bereits gewählter Fertighaustyp auf die Bedürfnisse der Familie und das reservierte Grundstück angepasst werden könne. Wir wussten schnell: Kann er nicht. So war der Grundriss zu beliebig, die Besonderheiten des in einer Neubausiedlung am Hang gelegenen Grundstücks wurden ignoriert und die angegebenen Baukosten erwiesen sich als unrealistisch. Unser Gegenvorschlag war ein individuelles Gesamtkonzept, für das sich die Familie sofort begeistern konnte.

2 **Wie haben die Bauherren Ihr Büro gefunden?**
Ein persönlicher Kontakt zu den Bauherren bestand bereits. Auf dieser Basis kam die Anfrage mit dem Wunsch, Ideen für ihr neues Zuhause zu bekommen.

3 **Welche Inspiration hat zu dem Entwurf geführt?**
Inspiration für dieses Haus waren sicherlich japanische Einfamilienhäuser. Diese sind oftmals radikaler in ihrem Ansatz, bieten aber Anregungen zu Themen wie Privatheit – Gemeinschaft, Kompaktheit und Raumkonfiguration. Auch die Reduziertheit und Alltäglichkeit, die dort einige Projekte ausstrahlen, haben uns beeinflusst.

4 **Auf welche Anforderungen, Einschränkungen und Bedingungen musste der Entwurf reagieren?**
Das Grundstück in einem zentrumsnahen Neubaugebiet ist durch seine Hanglage mit Blick über die Stadt Jena geprägt. Diese Qualität ist jedoch durch die dichte Bebauung stark eingeschränkt. Die Situierung des Gebäudes leitet sich daher aus den Vorgaben der Grundstücksgrenzen, den umgebenden Häusern und der Besonnung ab. Die Fenster wurden so gesetzt, dass möglichst viel Ausblick bleibt und möglichst wenig Nachbarbebauung sichtbar wird. Ein Deckensprung verbindet das unterschiedliche Niveau von Eingangs- und Gartenebene miteinander und sorgt für Großzügigkeit in dem ansonsten räumlich sehr effizienten Haus. Außerdem hat das begrenzte Budget zu einer unkonventionellen Materialwahl und kompakten Räumen geführt.

5 **Wie verlief der Entwurfsprozess und wie die Abstimmung mit den Bauherren?**
Nachdem im Vorentwurf Varianten untersucht und in Form von Plänen und 3D-Modellen präsentiert wurden, entschied sich der Bauherr für den Entwurf, der sich durch eine offene Raumstruktur auszeichnet, aber trotzdem Rückzugsbereiche bietet. Diese Variante wurde im Verlauf der Planung optimiert und als Bauantrag eingereicht. Große Änderungen gab es nicht. Um den Bauherren die Qualitäten der von uns vorgeschlagenen Materialien zu vermitteln, haben wir Muster erstellt und gemeinsam Gebäude besichtigt. Ungewöhnlich bei diesem Projekt war, dass erst auf der Baustelle entschieden wurde, die Struktur offener zu belassen als vorgesehen und eigentlich vorgesehene Trennwände zunächst einmal wegzulassen. Nun experimentieren die Bauherren mit ihrem Haus und finden selber heraus, welche Veränderungen und Anpassungen sie noch benötigen.

↖
Das zentrumsnahe Neubaugebiet ist durch seine Hanglage mit Blick über die Stadt Jena geprägt. Wenn nur die dichte Bebauung nicht wäre… Daher wurden die Fenster so gesetzt, dass die Nachbarbauten möglichst wenig zu sehen sind.

↖
Im Erdgeschoss wird gewohnt, die Kinder finden im Obergeschoss Platz, die Eltern haben das Dach bezogen. Aufgrund der Hanglage hat auch der Keller Aufenthaltsqualität.

↗
↗
Unterschiedliche Deckenhöhen und Einbaumöbel sorgen für Großzügigkeit in dem räumlich sparsamen Haus.

↗
Die Kinder haben das Obergeschoss ganz für sich.

←
Vom Dachgeschoss aus fällt der Blick über Jena. Es ist Rückzugsbereich der Eltern.

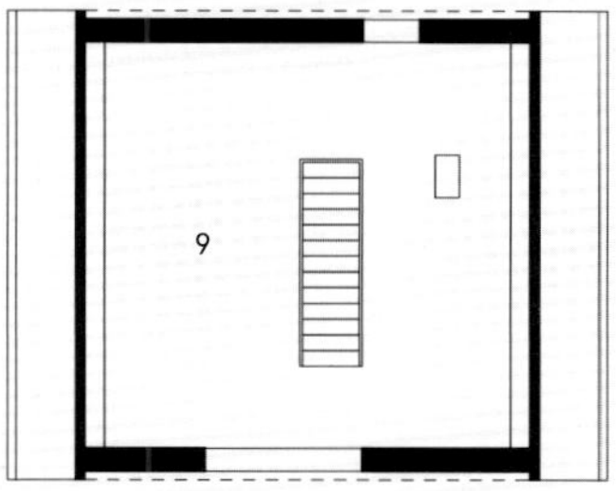

Grundriss/Dachgeschoss

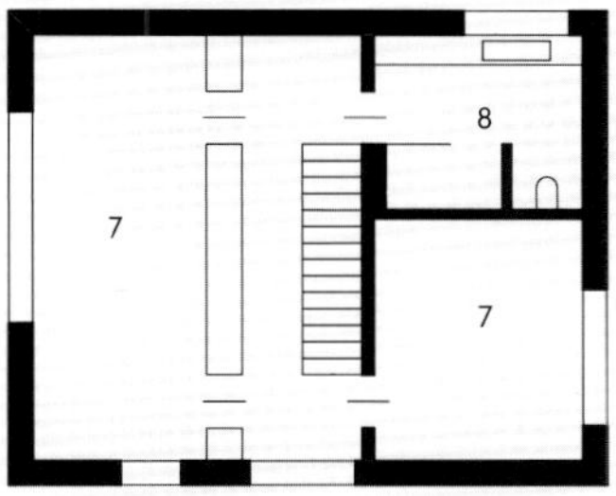

Grundriss/Obergeschoss

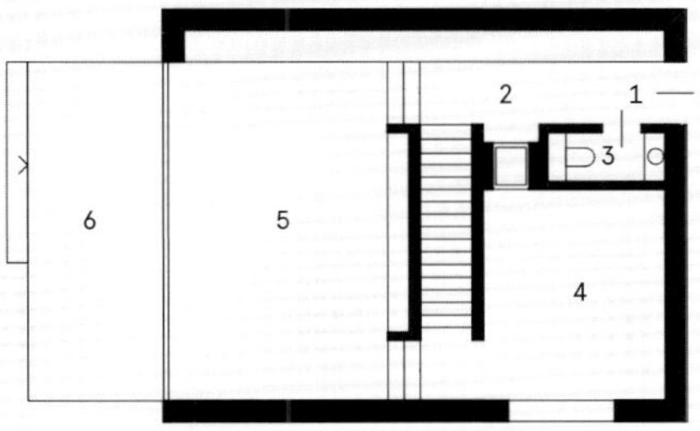

Grundriss/Erdgeschoss

Längsschnitt

Maßstab:
M 1:200

1 Zugang
2 Garderobe
3 WC
4 Wohnen
5 Kochen/Essen
6 Terrasse
7 Kind
8 Bad
9 Eltern

Standort:
Jena

Anzahl der Bewoher:
5

Wohnfläche (m^2):
150

Grundstücksgröße (m^2):
462

Zusätzliche Nutzfläche (m^2):
58

Bauweise:
massiv

Fertigstellung:
2013

Irlenbusch von Hantelmann Architekten, Leipzig

Dipl.-Ing. Kai Irlenbusch, Architekt
1996 – 1998 Ausbildung zum Bauzeichner, Arnstadt
1998 – 2006 Architekturstudium, TU Dresden
2012 Ausbildung zum Sachverständigen für Energieeffizienz von Gebäuden (EIPOS)
Berufliche Erfahrungen sammelte er in Architekturbüros der Schweiz und in Irland sowie im Bootsbau

Dipl. Ing. (FH) Justus von Hantelmann, M.Sc. Architekt
1998 – 2000 Architekturstudium, HTW Dresden
2000 – 2003 Architekturstudium, HTWK Leipzig
2005 – 2007 Studium Europäische Urbanistik, Bauhaus Universität Weimar
2007 – 2013 Lehraufträge an der HTWK Leipzig
Berufliche Erfahrungen sammelte er in Architekturbüros in Deutschland, USA, Australien und Österreich

Seit 2012 Irlenbusch von Hantelmann Architekten

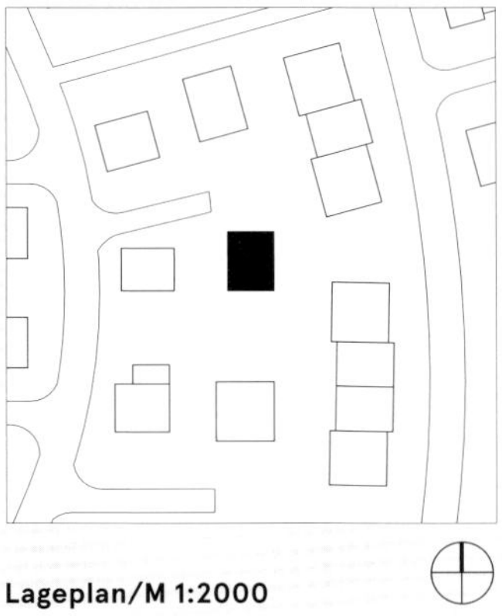

Lageplan/M 1:2000

Wohnen im Bootshaus

Unterschiedliche Bauherren mit unterschiedlichen Vorstellungen, Ansprüchen und Budgets: In der Regel kann daraus kein Ensemble entstehen, das eine Einheit bildet. Am Ammersee gelang die Ausnahme.

1 **Was war das Besondere an der Bauaufgabe?**
Die ehemals große Parzelle am See wurde durch die erbende Generation, zwei Geschwister, geteilt. Ein Geschwisterteil veräußerte seinen Anteil, ein Geschwisterteil blieb und wollte bauen – nach eigenen Vorstellungen und mit kleinem Budget. Der neu gefundene Bauherr wollte auch bauen – nach eigenen Vorstellungen (Ferienhaus, Holzhaus) und mit großem Budget. Die Herausforderung für uns bestand also darin, das Unterschiedliche unter ein Dach zu bringen und eine Gestalt werden zu lassen: ein kleines Haus und ein großes, ein Haus in Massivbauweise und eines in Holzbauweise, ein Haus für den dauernden Aufenthalt und eines für den zeitweiligen, ein teures Haus und ein weniger teures. Ziel war es, ein Ensemble für zwei Bauherren zu entwickeln, mit Unterschieden, die erst auf den zweiten Blick zu erkennen sind.

2 **Wie haben die Bauherren Ihr Büro gefunden?**
Der Bauherr vor Ort kannte die Gebäude, die wir in der näheren Umgebung gebaut haben, der neu gefundene Bauherr entdeckte uns durch Veröffentlichungen.

3 **Welche Inspiration hat zu dem Entwurf geführt?**
Wie so oft: das Spezifische der Bauaufgabe, der Bauherren, des Ortes, der Topografie und der tradierten Bauweise am See. Und die Typologie der nicht weit entfernt liegenden Bootshäuser.

4 **Und auf welche Anforderungen, Einschränkungen und Bedingungen musste der Entwurf reagieren?**
Es gab einen sehr restriktiven Bebauungsplan mit zahlreichen Einschränkungen hinsichtlich Grundfläche, Gebäudeform und Höhenabwicklung der Bauten. Um dennoch Großzügigkeit in den Gebäuden zu erreichen, verlegten wir die Elternbereiche ins Souterrain. Im Erdgeschoss konnte so „loftartiges" Wohnen entstehen, die Kinderzimmer wurden ins Obergeschoss verlegt. Die „Betontische" nutzen die Topografie aus und lassen über eine Fuge Licht ins Untergeschoss. Sie ragen über die Grundfläche der Gebäude hinaus und werden dadurch zu Terrassen. Damit es nicht zu ungewollten Störungen der beiden Parteien kommt, liegen sie jeweils sichtgeschützt. Die gewählte Grundrissorganisation machte es möglich, ins knapp bemessene Obergeschoss vier Kinderzimmer mit zwei Bädern und vier Gästebetten unterzubringen. Alles ein wenig eng, aber ausreichend, um der Nutzung als Ferienhaus zu genügen.

5 **Wie verlief der Entwurfsprozess und wie die Abstimmung mit den Bauherren?**
Wir haben ein Modell im Maßstab 1:200 gebaut, es gab Renderings und zahlreiche gemeinsame und auch bilaterale Gespräche. Die Bauherren waren zudem bereit, ihre Extrempositionen zu mitteln, so dass ein Ganzes entstehen konnte.

↗
Drei leicht asymmetrische Dächer liegen über drei Volumen: dem großen Haus, dem kleineren Haus, dazwischen befinden sich Garagen und Nebenräume. Die Dächer vermitteln die Höhendifferenz.

→
Betontische nutzen die Topografie, so dass Licht ins Souterrain fällt. Das belichtete Untergeschoss beherbergt die Elternbereiche, die Dachgeschosse gehören den Kindern. Dazwischen, im offenen Erdgeschoss, wird gewohnt.

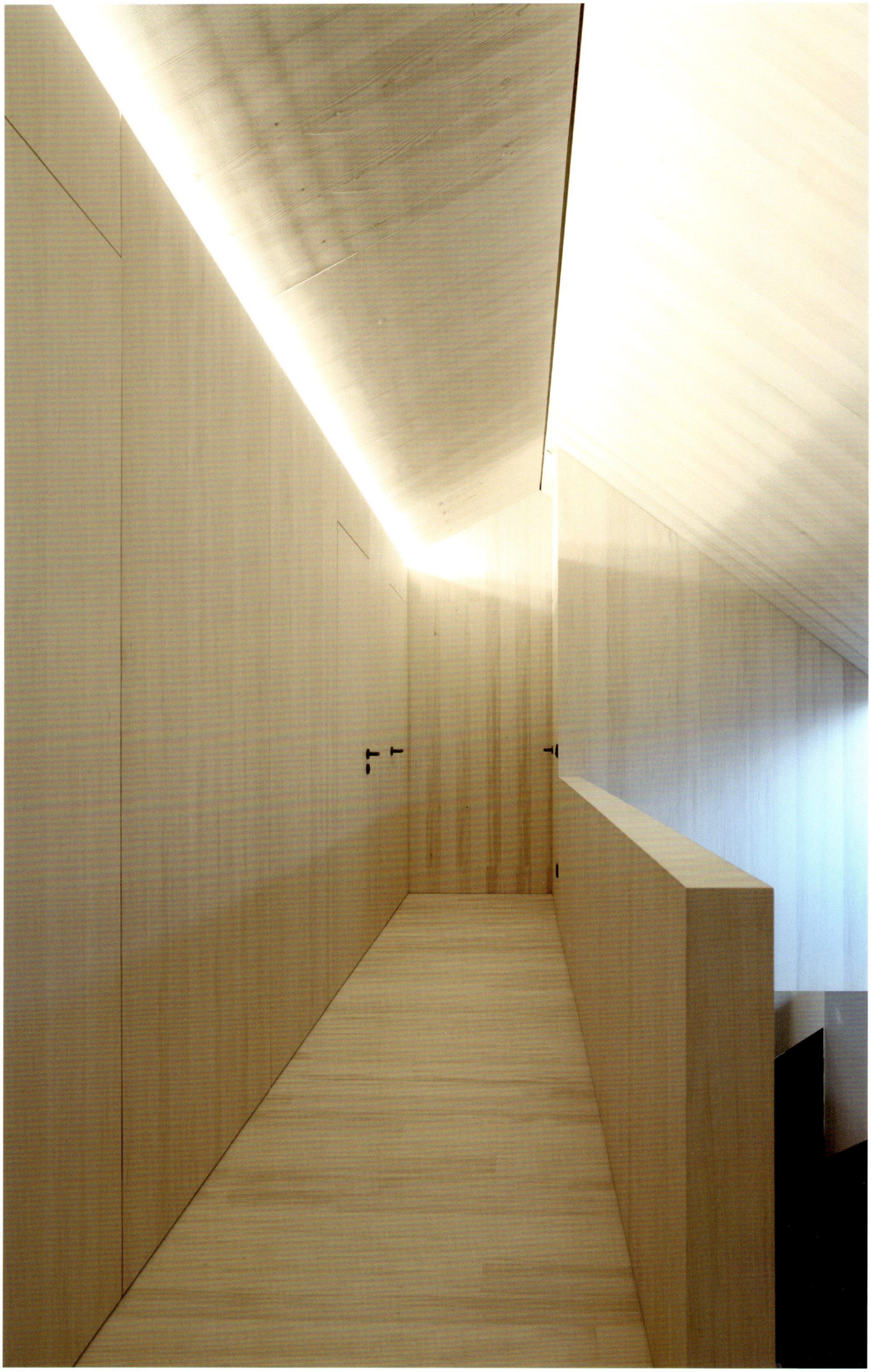

←
Das als Ferienhaus genutzte Gebäude ist nicht nur aus Holz konstruiert, Holz dominiert auch den Innenraum: Wie eine Kajüte wurden (fast) alle Flächen vom Schreiner mit Weißtanne ausgeschlagen.

↗
↖
←
Während im Obergeschoss Holzdielen über der Fußbodenheizung für Behaglichkeit sorgen, wurde im Erdgeschoss grober Zementestrich verlegt. Der Küchenblock ist mit schwarzem Linoleum verkleidet, darauf liegt eine sandgestrahlte Edelstahlplatte auf. Im Badezimmer wurde massiver Naturstein verarbeitet.

← Das kleinere der beiden Häuser ist massiv gebaut. Den Tresen hat der Bauherr betoniert.

Maßstab:
M 1:200

1 Zugang/Eingang
2 Kochen/Essen/Wohnen
3 Garderobe
4 WC
5 Garage
6 Abstellraum
7 Kind
8 Bad
9 Schlafen

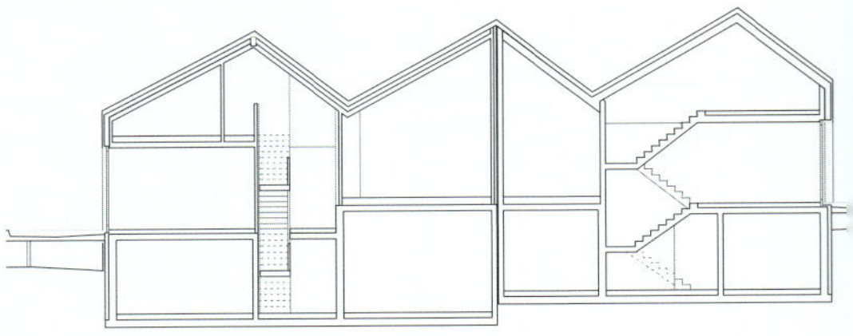

Querschnitt

↖ Der Blick auf den See war bei beiden Häusern gesetzt.

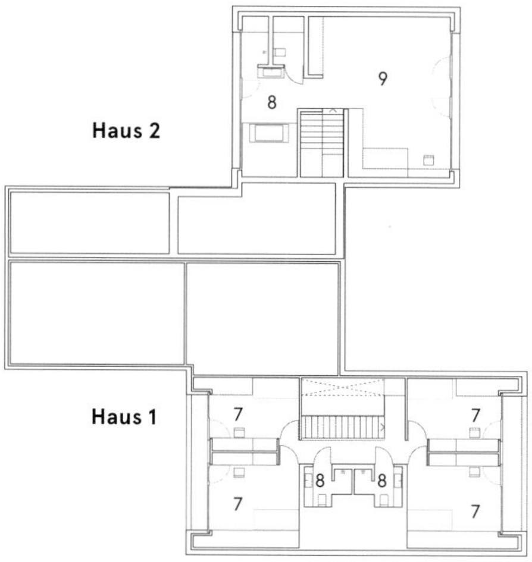

Grundriss/Obergeschoss

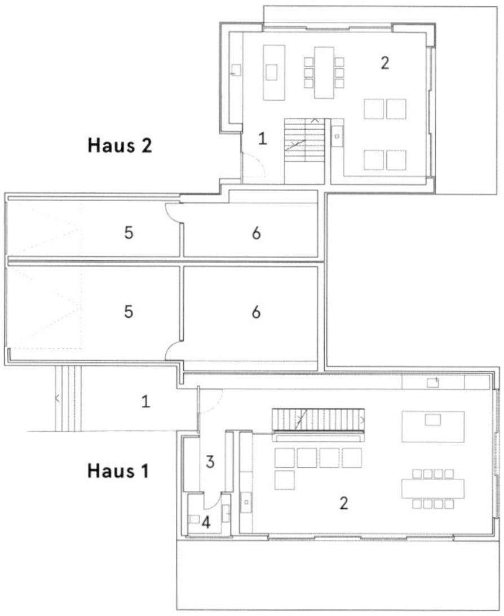

Grundriss/Erdgeschoss

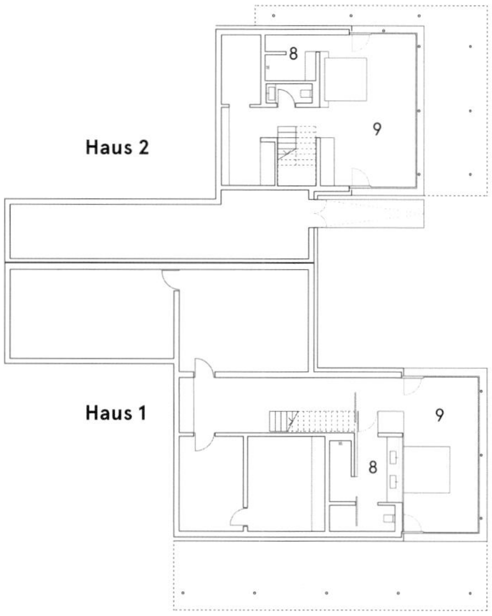

Grundriss/Untergeschoss

Standort:
Utting am Ammersee

Anzahl der Bewohner:
Haus 1: 5/Haus 2: 3

Wohnfläche (m²):
183/134

Grundstücksgröße (m²):
2125/2267

Zusätzliche Flächese (m²):
113/56

Bauweise:
Keller Beton, Obergeschoss Holz/ Keller Beton, Obergeschoss Mauerwerk

Energiestandard:
EnEV

Fertigstellung:
2013/2014

Beer Bembé Dellinger Architekten, Greifenberg

Anne Beer
1963 geboren
1981–1987 Architekturstudium, TU Karlsruhe
1988–1989 Fulbright-Stipendium Department of Urban Design, CUNY New York
1990–1993 Mitarbeit bei Suter + Suter, Steven Holl Architects, ELW Architekten
1994–2008 Bürogemeinschaft mit Karlheinz Beer, Weiden
2009 Beer Architektur Städtebau München
seit 2004 Professur für Entwerfen und Konstruieren OTH Regensburg
seit 2012 Mitglied der Geschäftsleitung bei Bembé Dellinger

Sebastian Dellinger
1966 geboren
1989–1991 Studium der Betriebswirtschaft (Vordiplom)
1991–1996 Architekturstudium, Hochschule München
1996–1997 Mitarbeit im Architekturbüro Sunder-Plassmann, Greifenberg
seit 1997 Bürogemeinschaft mit Felix Bembé

Felix Bembé
1969 geboren
1990–1994 Architekturstudium, Hochschule München
1990–1994 Mitarbeit bei Kurt Ackermann, Utz-Peter Strehle, Thomas Herzog
1994–1996 Mitarbeit bei Behnisch + Partner, Stuttgart
seit 1997 Bürogemeinschaft mit Sebastian Dellinger

seit 2016 Beer Bembé Dellinger Architekten

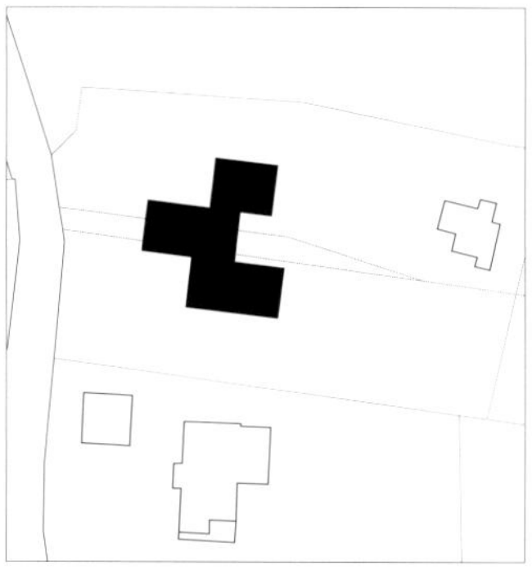

Lageplan/M 1:2000

Ortstermin

Zwei ungleiche Partner am Ammersee

Viele Doppelhäuser hadern mit ihrem Schicksal. Sie versuchen, durch sichtbare Anomalien ihre Individualität zu beweisen und sich den lästigen Vorgaben des Bebauungsplans zu entziehen. Hier war es einmal nicht so, hier „ist alles aus einem Guss", wie es einer der beiden Bauherren bestätigt. Man rätselt höchstens, wie sich die Wohnfunktionen unter den drei asymmetrischen Giebeln verteilen und wo die Kommunwand die beiden Hälften trennt.

Die Villa als Wille und Kajüte

Dabei schien alles naheliegend. Die Parzelle in traumhafter Lage am Ufer des Ammersees war mit einem kleinen Häuschen bebaut. Als es darum ging, den beiden Kindern das Erbe zu übertragen, wurde das Grundstück in der Mitte geteilt, und der Sohn entschloss sich, für sich selbst ein Wohnhaus zu bauen, während die Schwester den Erlös der verkauften anderen Hälfte erhielt. Die unbrauchbare Immobilie wurde abgetragen, auf den schmalen Wiesenstreifen hätte man, als ein zweiter Bauherr gefunden war, zwei kleine Häuser stellen können. Ein Architekt aus dem Ort lieferte dazu einen Vorschlag, aber der fand keine

„Architekten sind Kreative, keine Betriebswirte."

Zustimmung. Daraufhin beauftragte man die Kollegen Beer Bembé Dellinger, von denen man ein Haus in einer Wohnzeitschrift entdeckt hatte – außerdem kannte man sich, weil die Kinder dieselbe Krippe besuchten. „Wir wollten eine Art Bootshaus", erinnert sich der hinzugekommene Baupartner, der offenbar etwas die Federführung übernommen hatte.

Zwei Bauherren, ein Plan

Die Architekten schlugen vor, die beiden schmalen Grundstücksstreifen mit einem Ensemble zu überbauen. Baurecht wird von

Gesprächsnotiz:
Architekturbüro Beer Bembé Dellinger

Start:
Im Schloss, Greifenberg

Dienstag, 24. November 2015
10.00 Uhr:
Sehenswerte Arbeitsplätze im Stadel vom Schloss. Eingang muss man finden. So können nur Architekten arbeiten, Balance zwischen moderner Funktionsausstattung und Sympathie für knarzendes Denkmal. Raumgefühl wie im Bauch eines alten Segelschoners. Vorsicht auf den Treppen!

Kaiserwetter! Fahrt zum Ammersee mit Sebastian Dellinger und Praktikanten. Draußen Schneereste. Nur ein Haus des Dreizacks auf Socken zu besichtigen. „Bootshaus" war den Architekten aufgetragen, geräumige Luxusyacht kam heraus, bergendes Holzgehäuse mit Blick zum See. Bauherr nur telefonisch im Zug erreichbar. Manager. Ist sein Haus, hatte wohl die Zügel in der Hand, Frau und Nachbarn überzeugt: „von mir geplant". Nur auf die Wendeltreppe musste er verzichten. Zurück nach Greifenberg. Dellinger zeigt ehem. Theresienbad und BDM-Schule, Kirche von v. Branca (1959). Danach Schweinsbraten und Weißbier!

ihnen strikt anerkannt, da spielen sie nicht die Helden, die etwas durchsetzen wollen. „Das Spannende war", erklärt Sebastian Dellinger, „das trotz ungleicher Voraussetzungen hinzubekommen." Denn ein Haus ist größer und teurer, das andere kleiner und günstiger, beim ersten verbirgt sich unter der vorgegrauten Lattung eine Holzkonstruktion, beim zweiten ein Massivbau, eines wird mit einer Gastherme beheizt, beim anderen schwört man auf Pellets. Aber von außen ist davon nichts zu erkennen,

zumal das kleinere Haus sich etwas höher aus dem Wiesenhang reckt, um möglichst viel vom Seeblick zu erhalten. „Mein Nachbar hätte sicher konventioneller gebaut, da musste ich die Zügel in die Hand nehmen", sagt der Bauherr des größeren Hauses, das er mit seiner Familie am Wochenende und in den Ferien nutzt. Zwar wohnen sie in der Nähe, aber da ihnen lange Autofahrten zuwider sind, haben sie sich diesen Fluchtpunkt am See geschaffen. Auch die Entscheidung, mit Holz zu bauen, rührt aus dem Gedanken, in seiner Freizeit eine andere Umgebung zu erleben.

Beim gemauerten Nachbarhaus dagegen war die Vorstellung einer soliden Investition ausschlaggebend, da hat sich der Vater des Bauherrn, der ein erhaltenes Wochenendhäuschen auf dem gleichen Grundstück besitzt, durchgesetzt: „Holzbau – das geht gar nicht!" Der Architekt sieht es leidenschaftslos: „Was das Bessere ist, weiß ich gar nicht." Die Besprechungen wurden zunächst gemeinsam geführt, dann bilateral, „wir haben geschaut, dass wir Gemeinsamkeiten finden." Die Unterschiede, zum Beispiel zwischen gängigen Holz-Alu-Fenstern und messerscharfen Aluminiumprofilen aus der Schweiz, sind erheblich – aber von außen fällt es überhaupt nicht auf.

Durch die Hanglage war es möglich, die Untergeschosse natürlich zu belichten. Dort ist in beiden Häusern der Elternbereich eingerichtet. Die Wohnebenen öffnen sich zu Terrassen, die sich völlig ungestört auf das unsichtbar geteilte Grundstück orientieren: Vor dem einen Haus genießt man etwas idealer die Südsonne, das andere bietet dafür den direkteren Blick zum Ufer im Osten. Der mittlere Giebelbau, der Garagen, Bootslager und Nebenräume birgt, sorgt mit seinem Versatz zur Straße für räumliche Privatheit, ohne dass eine Abschottung erkennbar wird. Unter dem Dach gibt es bei beiden Häusern die Kinderzimmer, mal zwei und mal vier. „Bei dem kriegen wir sogar acht Kinder unter, wenn die Freunde mitbringen", nennt der Architekt die Vorzüge des Ferienhauses. Selbst niedrige Duschbäder hatten unter der Dachschräge noch Platz.

Das Modellbauen

Das andere Haus „ist komplett unakademisch". Der Bauherr hat selbst mitgearbeitet und sich beispielsweise einen konstruktivistischen Küchentresen betoniert, in den die Herdplatte eingelassen ist. Innen ist alles weiß gehalten. Der Nachbar im größeren Haus hat sich dagegen in einem Wohnmöbel eingerichtet, sein Schreiner hatte endlos zu tun, um alle Flächen glatt mit Holz auszuschlagen: „wie ein Kajütenausbau", sagt der Architekt. Nur dass es sich um famose Präzision in Weißtanne handelt und nicht um Bootsbausperrholz. Für die Umsetzung der Wohnwünsche hatten die Bauherren Moodboards geliefert, die festhielten, was ihnen wichtig war: der Blick von Küche und Essplatz zum See gehörte zu den unveränderlichen Kennzeichen ihrer Häuser. Die Architekten reagierten mit einem Modell, das die Grundrisse als Baukörper zeigte – und dabei blieb es.

„Das war der erste Aufschlag", sagt Sebastian Dellinger, und so ist es gebaut worden. „Wir haben jahrelange Erfahrung, wir hören, was der Bauherr will, und das kriegt er auch. Es geht zwar durch unsere Mangel, aber wir respektieren ihn. Die Bauherren, die zu uns kommen, wissen, worauf sie sich einlassen. Das hat es uns mit der Zeit leichter gemacht als früher – als man sich gegen Freunde oder Verwandtschaft durchsetzen musste." Und wie weit geht die Betreuung der Architekten? Dellinger kann es am Modell erklären: „Wenn Sie es umdrehen und schütteln, dann ist alles, was rausfällt vom Bauherrn, der Rest ist von uns." Beim großen Haus hat sich im Detail wohl der Hausherr bei der Familienplanung durchgesetzt: „Meine Frau fand eine schwarze Küche unpraktisch, aber das musste sein." Nun steht vor den Einbauschränken ein mit schwarzem Linoleum verkleideter Block, die Oberfläche ist eine sandgestrahlte, unempfindliche Edelstahlplatte, die Herd, Abluft und ein separates Spülbecken aufnimmt. Auf dem Boden breitet sich ein grober Zementestrich aus, im Obergeschoss liegen Holzdielen über der Fußbodenheizung, in den Bädern massiver Naturstein.

„Wir hören, was der Bauherr will, und das kriegt er auch. Er geht durch unsere Mangel, aber wir respektieren ihn."

„Wenn Sie es umdrehen und schütteln, dann ist alles, was rausfällt vom Bauherrn, der Rest ist von uns."

Im Untergeschoss zeigen die Betondecken noch alle Arbeitsspuren, eine rohe Stahlwange begleitet die Holztreppe unters Dach. So sieht keine Eindruck schindende Villa aus, es handelt sich vielmehr um die Sonderanfertigung eines edlen Hintergrunds, vor dem man sich in der Natur, die vor den raumhohen Fenstertüren beginnt, erholen kann. Das war der Auftrag. Diskutiert wurden Details, etwa die Abstände der Lattung vor der Giebelverglasung: gleiche oder alternierende? Gleiche! Der Bauherr des großen Hauses hätte auch gerne eine Wendeltreppe gehabt, aber das ließ die Dachschräge nicht zu.

Entwerfen bis zuletzt

Was er anders machen würde? „Das Budget kontrollieren!", sagt er, zufrieden und glücklich mit dem Ergebnis. „Architekten sind Kreative, keine Betriebswirte. Da wird entworfen bis zuletzt, und dann bleibt keine Zeit mehr für die Ausschreibung." Und die Architekten über ihren maßgebenden Bauherren: „Der versteht etwas, mit dem kann man sehr gut bauen. Der hat einen in Ruhe gelassen, hat schnell entschieden und blieb beim Konzept. Das hat Spaß gemacht."

Wolfgang Bachmann

A

ao-architekten ZT-GmbH
Olympiastraße 17
A-6020 Innsbruck
www.ao-architekten.com
mit
Innauer Matt Architekten ZT GmbH
Kriechere 70
A-6870 Bezau
www.innauer-matt.com
Fotos: Adolf Bereuter, Dornbirn
Porträt: Darko Todorovic

ARCHITEKTanBORD
Kirchgasse 8
86150 Augsburg
www.architektanbord.de
Fotos: Maik Mersmann, Augsburg

Atelier ST Gesellschaft von Architekten mbH
Silvia Schellenberg-Thaut, Sebastian Thaut,
Architekten BDA
Kochstraße 28/Fabrikgebäude
04275 Leipzig
www.atelier-st.de
Fotos: Bertram Bölkow, Leipzig
Porträt: Anikka Bauer

4architekten
Dom-Pedro-Straße 7
80637 München
www.4architekten.de
Fotos: Jens Schnabel, München

B

BAYER & STROBEL ARCHITEKTEN
Richard-Wagner-Straße 1
67655 Kaiserslautern
www.bayerundstrobel.de
Fotos: Peter Strobel, Kaiserslautern

Bechter Zaffignani Architekten ZT GmbH
Brosswaldengasse 14
A-6900 Bregenz
www.bzzt.at
Fotos: Rasmus Norlander, Zürich

Erwin Becker Architekt BDA
Haardter Treppenweg 3
67433 Neustadt
www.becker-architekt.de
Fotos: Erwin Becker, Neustadt

Beer Bembé Dellinger Architekten
Im Schloss
86926 Greifenberg
www.bembe-dellinger.de
Fotos: Stefan Müller-Naumann, München

bergmeisterwolfarchitekten
Brunogasse 3
I-39042 Brixen
www.bergmeisterwolf.it
Fotos: Lukas Schaller, Wien

Berschneider + Berschneider
Architekten BDA + Innenarchitekten
Hauptstraße 12
92367 Pilsach
www.berschneider.com
Fotos: Photographie Petra Kellner, Amberg

Bottega + Ehrhardt Architekten
Senefelder Straße 77A
70176 Stuttgart
www.be-arch.com
Fotos: David Franck Photographie, Ostfildern

BUB architekten bda
Ansorgestraße 21
22605 Hamburg
www.bub-architekten.de
Fotos: BUB architekten bda Alexandra Bub, Hamburg

Buchner Bründler AG Architekten BSA SIA
Utengasse 19
CH-4058 Basel
www.bbarc.ch
Fotos: Ruedi Walti, Basel

bunq sa
Rue St.-Jean 32
CH-1260 Nyon
www.bunq.ch
Fotos: David Gagnebin-de Bons, Lausanne

C

Caspar Wichert Architektur
Bischofstraße 5/2
A-4020 Linz
Stumpergasse 34/4
A-1060 Wien
www.casparwichert.at
Fotos: Paul Ott, Graz

D

Georg Döring Architekten BDA
Benzenbergstraße 43
40219 Düsseldorf
www.doering-architekten.de
Fotos: Michael Reisch, Düsseldorf

F

F64 Architekten BDA
Füssener Straße 64
87437 Kempten
www.f64architekten.de
Fotos: Rainer Retzlaff Photographie,
Waltenhofen/Niedersonthofen

H

Ralf P. Häussler Freier Architekt BDA
Kirchstraße 6c
70173 Stuttgart
www.architekt-haeussler.de
Fotos: Fotografie:Christina Kratzenberg,
Ostfildern

Hertweck Devernois
Auf der Schanze 5
53424 Remagen
2 Rue Royale
F-78000 Versailles
www.hertweckdevernois.com
Fotos: Holger Jacobs, Berlin

Hope of Glory – HoGarchitektur ZT GmbH
Steinzergasse 2
A-8010 Graz
www.hog-architektur.com
Fotos: Wolf Silveri, Rosenheim

I

Irlenbusch von Hantelmann Architekten
Industriestraße 85-95
04229 Leipzig
www.ih-architekten.de
Fotos: Juliane Jäger, Johannes Ernst, Leibzig

J

Jacob & Spreng Architekten GmbH
Kraemer'sche Kunstmühle
Birkenleiten 41
81543 München
www.jacobundspreng.de
Fotos: Peters Fotodesign, Schondorf

Jürgen Jakob Architekt
Hinterweingarten 11a
78343 Gaienhofen
Fotos: Sabrina Scheja, Herrbrugg

Theis Janssen Architekt BDA
Eduard-Grunow-Straße 8
28203 Bremen
www.theisjanssen.de
Fotos: Theis Janssen Architekt BDA, Bremen

K

Kröger-Daniels Architekten mit Julia Burbach
Kleingedankstraße 9
50677 Köln
www.kroeger-daniels-architekten.de
Fotos: Constantin Meyer, Köln

L

Lenz Architekten BDA
Am Hohengeren 3
70188 Stuttgart
www.lenz-architekten.de
Fotos: Zooey Braun Fotografie, Stuttgart

DI Christian Lenz ZT GmbH
Sportplatzweg 5
A-6858 Schwarzach
www.christian-lenz.at
c.lenz@archbuero.at
Fotos: Jens Ellensohn Fotografie, Koblach

.P architektur ZT GmbH
ntere Marktstraße 2
.-5541 Altenmarkt im Pongau
'ww.lparchitektur.at
'otos: Wortmeyer Photography, Nordholz

einrich Lessing Architekt BDA
auptstraße 17-19
5120 Mainz
ww.heinrich-lessing.de
otos: Achim Reissner, Hofheim am Taunus

M

rchitekten Mahlknecht Comploi
'ittorio-Veneto-Straße 69
-39042 Brixen
ww.mahlknecht-comploi.com
otos: Egon Dejori, St. Ulrich

aio & Maio Architekten
ianfranco Maio
ahnstraße 40
0469 München
ww.maiomaio.de
otos: Markus Dobmeier, München,
we Lukas Schneider, München

mlzd
attenstraße 81
H-2502 Biel
ww.mlzd.ch
otos: Alexander Jaquemet, Erlach

om Munz Architekt
winglistraße 3
H-9000 St. Gallen
ww.tommunz.com
otos: Kalena Leo
atia Rudnicki, Basel

N

uidoneubeckarchitekt
hinower Straße 1
0437 Berlin
ww.guidoneubeck.de
otos: Simon Menges, Berlin

ps tchoban voss GmbH & Co. KG
osenthaler Straße 40-41
0178 Berlin
ww.nps-tchoban-voss.de
otos: Martin Tervoort, Berlin

P

assivhaus-eco® ARCHITEKTURBÜRO
etzenbühstraße 6
1282 Betzenstein
ww.passivhaus-eco.de
otos: passivhaus-eco® ARCHITEKTURBÜRO,
erbert Bucher, Betzenstein

pedevilla architects
Paul von Sternbach Straße 1
I-39031 Bruneck
www.pedevilla.info
Fotos: guworld, Gustav Willeit, Corvara

Q

quadrat + architekten, Entwurf Alexander Pick
Cappenberger Straße 51
44534 Lünen
www.quadratplus.de
Fotos: Podehl Fotodesign, Dortmund

R

RAINER ROTH ARCHITEKT
Schmiedestraße 10b
54636 Meckel
www.rainerroth.com
Fotos: Christine Schwickerath, Meckel

Ruinelli Associati Architetti SIA
Armando Ruinelli Arch. BSA/SIA
Casa 67
CH-7610 Soglio
www.ruinelli-associati.ch
Fotos: Fotoatelier Feiner, Malans
Porträt: Ursula Häne

S

sabo Architekten
Freier Höpfinger Steinweg Partnerschaft mbB
Calenberger Straße 14
30169 Hannover
www.saboarchitekten.de
Fotos: olaf mahlstedt photographie, Hannover

Matti Schmalohr DI Architekt BDA DWB
Röcker Straße 5
31675 Bückeburg
www.schmalohr.net
Fotos: Architektur in Wort und Bild,
Klaus Dieter Weiss, Minden

ARCHITEKTEN STEIN HEMMES WIRTZ
Bahnhofstraße 11
54317 Kasel
www.steinhemmeswirtz.de
Fotos: Linda Blatzek, Trier
Architekten Stein Hemmes Wirtz, Kasel

AXEL STEUDEL ARCHITEKT
Aachener Straße 637
50933 Köln
www.axelsteudel.de
Fotos: Fotodesign Christian Eblenkamp, Rietberg

studio RAUCH architektur
Maistraße 29
80337 München
www.studiorauch.com
Fotos: Claudius Müller, München

T

THOMÉ ARCHITEKTEN
Schenkendorfstraße 20
56068 Koblenz
www.thomearchitekten.de
Fotos: Büro für Gestaltung und Konzeption
Fabian Decker, Frechen

Tonic Architekten
Krausnickstraße 14
10115 Berlin
www.tonic-architekten.de
Fotos: Studio Hanns Joosten, Berlin

TRIENDL UND FESSLER ARCHITEKTEN ZT OG
Mollardgasse 2/13
A-1060 Wien
www.triendlundfessler.at
Fotos: Ditz Fejer, Wien

juri troy architects
Arch. Mag. Juri Troy
Schottenfeldgasse 72/2/12
A-1070 Wien
www.juritroy.at
Fotos: Juri Troy, Wien
Porträt: Wolfgang Schmidhuber

W

HELENA WEBER ARCHITEKTIN ZT
Am Kehlerpark 5/23
A-6850 Dornbirn
www.helenaweber.at
Fotos: Pablo Diaz-Fierros, Sevilla

Vorsatz/Nachsatz:
Maio & Maio Architekten

Foto und Pläne Umschlag:
Peters Fotodesign, Schondorf
Jakob & Spreng Architekten GmbH

IMPRESSUM

© 2016 Verlag Georg D. W. Callwey GmbH & Co. KG
Streitfeldstraße 35
81673 München
www.callwey.de
E- Mail: buch@callwey.de

Bibliografische Information der Deutschen Nationalbibliothek
Die Deutsche Nationalbibliothek verzeichnet diese Publikation in der Deutschen Nationalbibliografie; detaillierte bibliografische Daten sind im Internet über http://dnb.d-nb.deabrufbar.

ISBN 978-3-7667-2215-7

Projektleitung: Gunnar Brand mit Verena Jaumann
Lektorat: Katharina Matzig, München
Umschlaggestaltung, Layout und Satz: cezet-design.de, Heike Czerner mit Alexandra Moosburger
Druck und Bindung: optimal media GmbH/Röbel, Müritz

Alle abgebildeten Grundrisse, Schnitte und Skizzen wurden von den jeweiligen Architekturbüros zur Verfügung gestellt. Die Lagepläne wurden von Elke Gropper, Stuttgart, gezeichnet.

Printed in Germany 2016

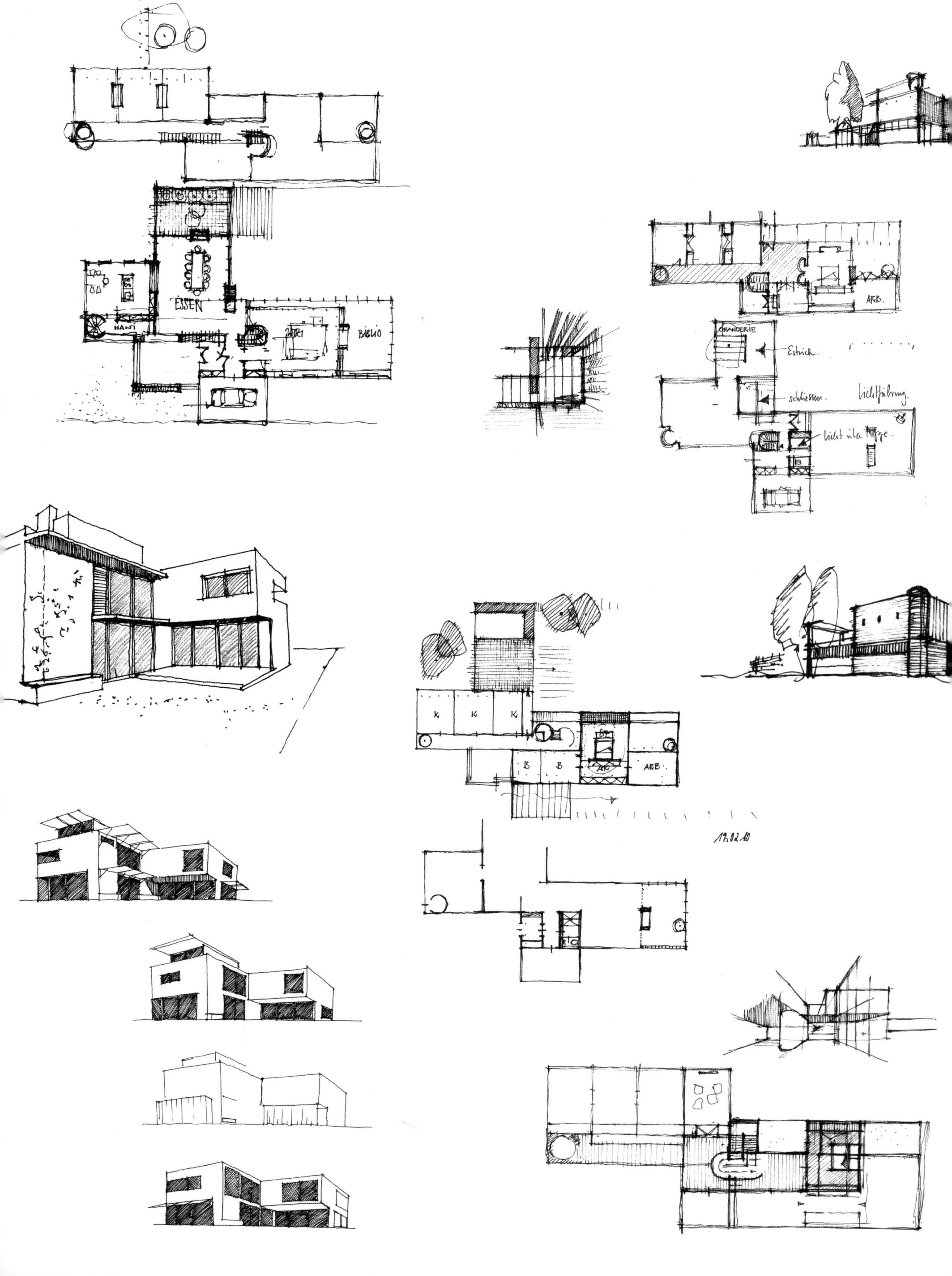

ESSEN
HAWI
BIBLIO
ARB.
ORANGERIE
Estrich.
schliessen.
Lichtführung.
Licht über Treppe.
K
K
K
B
B
ARB
19.02.10

ANGELA LIEBICH INGO SCHMIDT HANNE BAHRA

ENTDECKEN ERLEBEN GENIESSEN

Faszination Welterbe

Band 3
DEUTSCHLANDS OSTEN

Verträumter Blick durch die Gassen der Altstadt Quedlinburgs

INHALT

INHALT

Einmalige Park- und Baumlandschaft im Fürst Pückler Park Bad Muskau

INHALT

KARTE

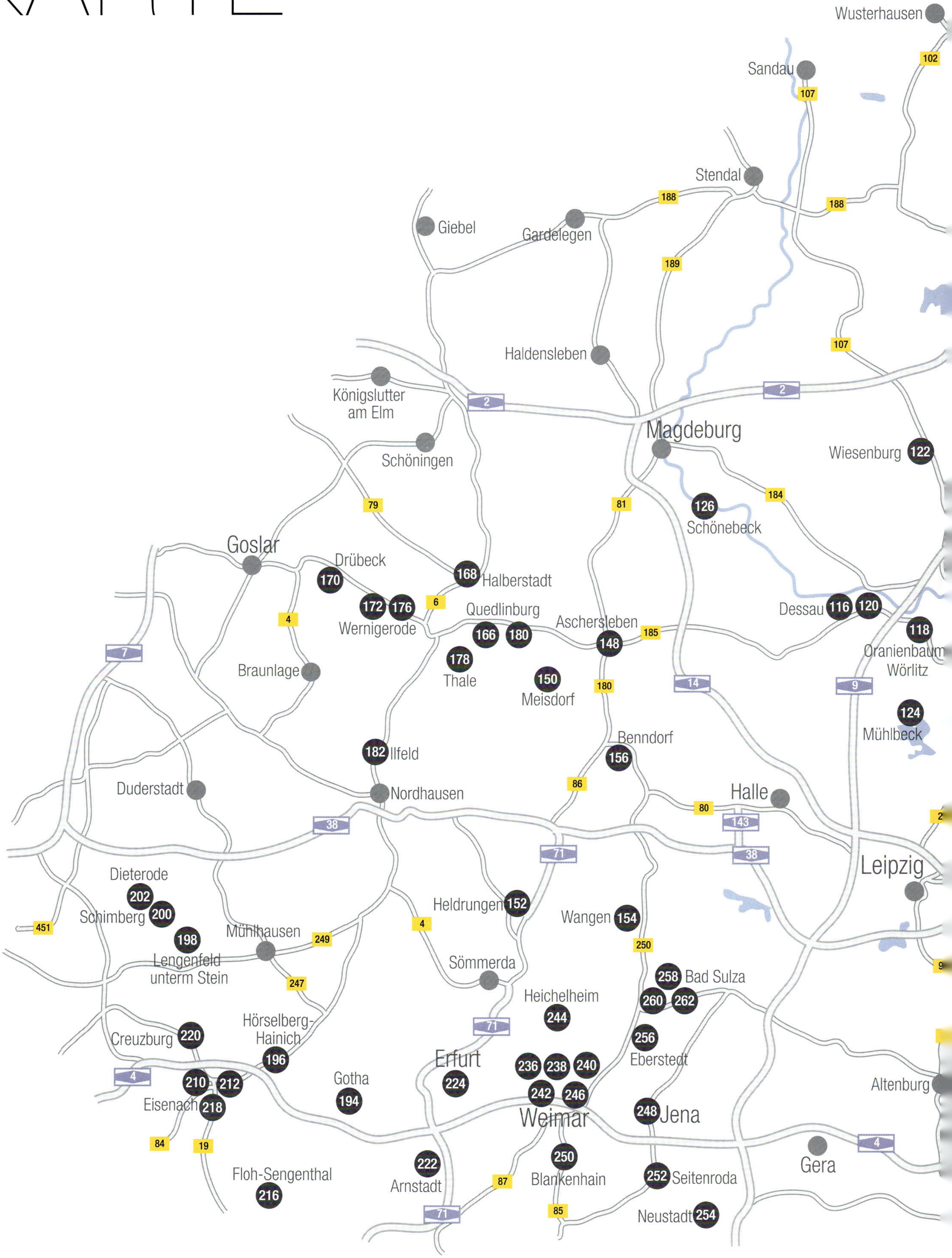

Wusterhausen
102
Sandau
107
Stendal
188
188
Giebel
Gardelegen
189
107
Haldensleben
Königslutter
am Elm
2
2
Magdeburg
Wiesenburg 122
Schöningen
79
81
184
126
Schönebeck
Goslar
Drübeck
170
168 Halberstadt
172 176
Wernigerode
6
4
Quedlinburg
166 180
Aschersleben
148
185
Dessau 116 120
118
Oranienbaum
Wörlitz
7
Braunlage
178
Thale
150
Meisdorf
180
14
9
124
Mühlbeck
Benndorf
156
182 Ilfeld
Duderstadt
Nordhausen
86
Halle
80
143
38
71
38
Leipzig
Dieterode
202
Schimberg 200
451
198
Lengenfeld
unterm Stein
Mühlhausen
249
Heldrungen 152
4
Wangen 154
250
Sömmerda
247
258 Bad Sulza
260 262
Heichelheim
244
71
Hörselberg-
Hainich
Creuzburg 220
256
Eberstedt
196
Erfurt
4
210 212
Eisenach 218
Gotha
194
224
236 238 240
242 246
Weimar
Altenburg
248 Jena
Gera
4
84
19
250
Blankenhain
Floh-Sengenthal
216
222
Arnstadt
87
71
85
252 Seitenroda
Neustadt 254

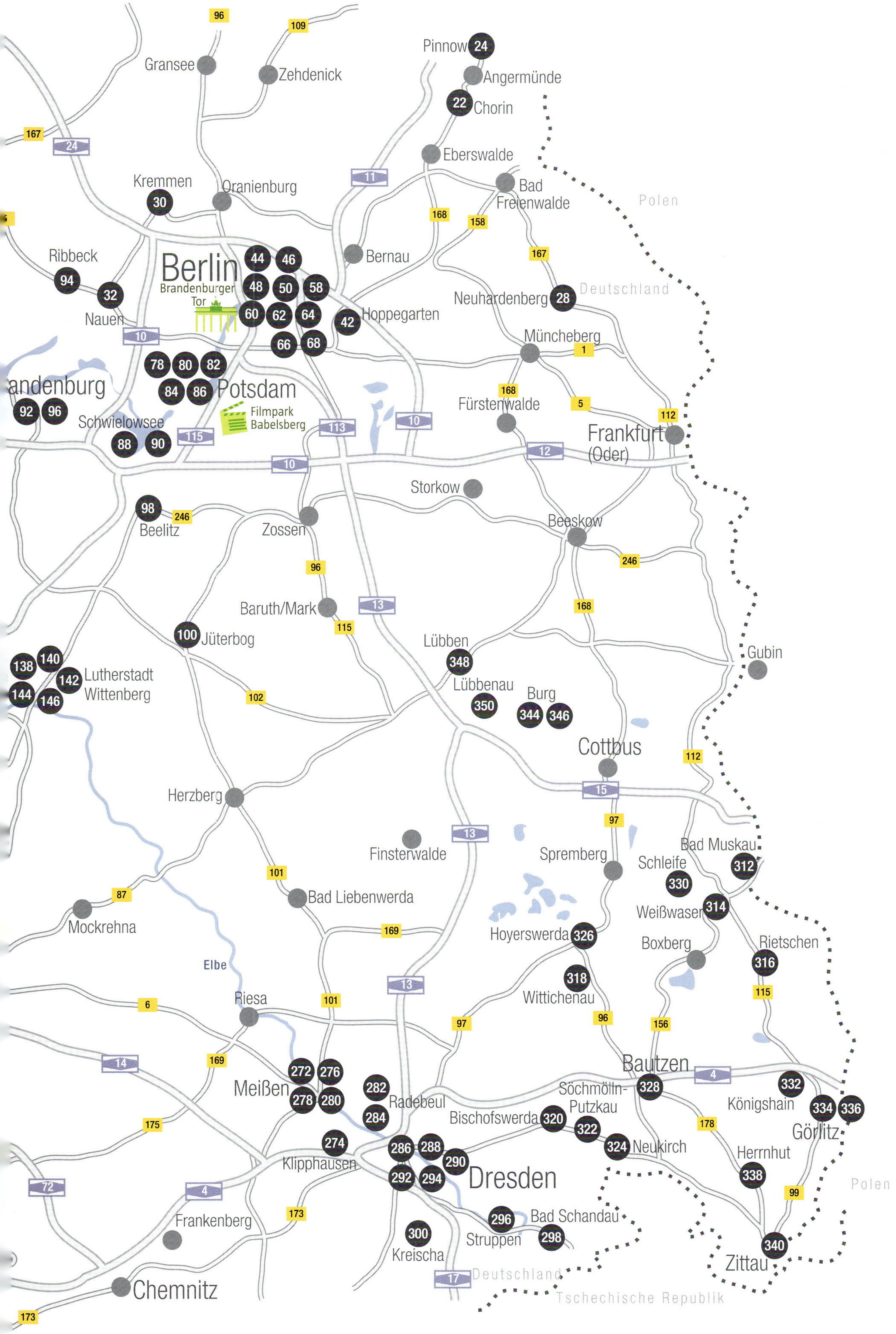
Gransee
Zehdenick
Pinnow 24
Angermünde
22 Chorin
Eberswalde
Bad Freienwalde
Polen
Kremmen
30
Oranienburg
Bernau
Ribbeck
94
32
Nauen
Berlin
Brandenburger Tor
44 46 48 50 58 60 62 64 66 68
42 Hoppegarten
Neuhardenberg 28
Deutschland
Müncheberg
78 80 82 84 86
Potsdam
andenburg
92 96
Schwielowsee
88 90
Filmpark Babelsberg
Fürstenwalde
Frankfurt (Oder)
Storkow
98
Beelitz
Zossen
Beeskow
Baruth/Mark
100 Jüterbog
Lübben
348
Lübbenau
350
Burg
344 346
Gubin
138 140 142 144 146
Lutherstadt Wittenberg
Cottbus
Herzberg
Finsterwalde
Spremberg
Bad Muskau
312
Schleife
330
Weißwasser 314
Bad Liebenwerda
Mockrehna
Hoyerswerda 326
Boxberg
Rietschen
316
Elbe
Riesa
318
Wittichenau
Bautzen
328
Meißen
272 276 278 280
282 284
Radebeul
Söchmölln-Putzkau
Bischofswerda 320
322
324 Neukirch
332
Königshain
334 336
Görlitz
Herrnhut
338
274
Klipphausen
286 288 290 292 294
Dresden
Polen
Frankenberg
296 Bad Schandau
Struppen
298
300
Kreischa
340
Zittau
Chemnitz
Deutschland
Tschechische Republik
96 109 167 24 11 168 158 167 10 1 168 5 113 115 10 112 12 10 246 96 246 13 115 168 102 112 15 97 13 101 87 169 101 13 6 97 96 156 115 14 169 4 178 175 72 4 173 99 17 173

Aus vergangenen Zeiten – „morbider Charme

VORWORT

Liebe Leserinnen und Leser,

diese Reise zu den UNESCO-Welterbestätten ist eine ganz besondere Reise in die Geschichte. Sie werden durch paradiesische Gärten wandeln, durch die Gassen von Weimar und Quedlinburg streifen, zur Wartburg hinaufsteigen, in Berlin die Museumsinsel besuchen und durch den alten Buchenwald von Hainich wandern.
Avantgardistische Architektur in Berlin, Dessau und Weimar wird Ihnen ebensolch kulturellen Hochgenuss verschaffen, wie die Begegnung mit Luther in Wittenberg. Der Titel „UNESCO-Welterbe“ verleiht einer Kultur- und Naturerbestätte Glanz und die Aufmerksamkeit von Touristen aus aller Welt. Damit die einzigartige Atmosphäre sowie die Bausubstanz oder biologische Vielfalt der Stätten auch für zukünftige Generationen erhalten bleibt, gilt es hier besonders, Tourismus natur- und denkmalverträglich zu gestalten. Die Deutsche Zentrale für Tourismus (DZT) stellte von daher das Jahr 2014 unter das Motto „UNESCO-Welterbe – nachhaltiger Kultur- und Naturtourismus“. Nachhaltiger Tourismus ist seit einigen Jahren auch fester Bestandteil des internationalen Welterbemanagements. Zum nachhaltigen Tourismus gehört ein umfassendes Angebot an Regionalprodukten und der sorgfältige Umgang mit begrenzten Ressourcen. So führt dieses Buch zu Produzenten und Gastronomen, zu Kunsthandwerkern und in Museen, die die regionale Besonderheit der jeweiligen Kulturlandschaft dem Reisenden auf ihre ganz spezielle Weise nahe bringen. Zum geistigen Genuss gesellt sich oftmals auch der kulinarische. Kehren Sie mit uns ein in sächsische Weinstuben, in Oberlausitzer Gasthäuser oder Berliner Schlemmertempel. „Es war nicht einfach, aus der inzwischen großen Zahl reizvoller touristischer Angebote im Umfeld der Welterbestätten auszuwählen“, beschreibt die Bildautorin Angela Liebich ihre Rechercheresie durch die Regionen. Auf der Suche nach Beispielhaftem hat sie mit Lust und Bedacht vorgekostet, Hotels getestet und den spannenden Geschichten der Menschen in diesem Teil Deutschlands gelauscht. Immer wieder reiste sie durch die Bundesländer Berlin, Brandenburg, Sachsen-Anhalt, Sachsen und Thüringen, um schließlich einen bunten Strauß ausgesuchter Adressen zusammenzustellen, die natürlich nur stellvertretend für viele weitere empfehlenswerte Ausflugziele stehen. So entstand ein Buch unter den inzwischen vielen Publikationen zum großen Thema Weltkulturerbe, das auch die vielen „kleinen“ Facetten einfängt, die einer Kulturlandschaft ihr unverwechselbares Gesicht geben und die eine Reise erst wirklich rund machen.

Viel Spaß beim Lesen und Reisen
wünscht Ihnen das Autorenteam und der Umschau-Verlag

EINLEITUNG

Hochkultur und Wunder der Natur

Was verbindet die Wartburg mit den Pyramiden Ägyptens, das Bauhaus mit dem Taj Mahal, die Schlösser und Gärten von Potsdam und Berlin mit der Inkastadt Machu Picchu in Peru oder die Buchenwälder des Nationalparks Hainich mit dem Ngorongoro-Krater in Tansania? All dies sind Zeugnisse vergangener Kulturen, künstlerische Meisterwerke und einzigartige Naturlandschaften, deren Untergang ein unersetzlicher Verlust für die gesamte Menschheit wäre. Sie zu schützen, liegt seit 1972 nicht mehr nur in der Verantwortung eines einzelnen Staates, sondern ist Aufgabe der Völkergemeinschaft. Initialzündung war 1952 die Bitte Ägyptens an die UNESCO, die Sonderorganisation der Vereinten Nationen für Bildung, Wissenschaft, Kultur und Kommunikation. Das Land bat um Hilfe bei der Rettung von Abul Simbel zusammen mit dem gesamten Umfeld der vom Assuan-Staudamm bedrohten nubischen Tempel. Heute umfasst die UNESCO-Welterbeliste, die sich auf das zwischenstaatliche „Übereinkommen zum Schutz des Natur- und Kulturerbes der Welt" von 1972 gründet und bis heute von 191 Staaten ratifiziert wurde, mehr als 1.000 Natur- und Kulturdenkmäler. Mit seinen 39 stummen und zugleich beredten Zeugnissen großartiger Kulturleistungen und Naturphänomenen gehört Deutschland zu den Top Ten unter den derzeit 161 Ländern auf der UNESCO-Welterbekarte. Nur die Besten unter den herausragenden Zeugnissen der Menschheits- und Naturgeschichte dürfen den Titel UNESCO-Welterbe tragen. Das UNESCO-Welterbe Deutschlands erfuhr nach 1990 mit einmaligen Kulturschätzen im Osten der Republik einen Zuwachs von atemberaubender Vielfalt.

Als Kernland deutscher und europäischer Geschichte bietet Sachsen-Anhalt gleich vier UNESCO-Welterbestätten: die Altstadt von Quedlinburg, das Bauhaus und die Meisterhäuser in Dessau, das Gartenreich Dessau-Wörlitz sowie die Lutherstätten in Wittenberg und Eisleben. Zugleich aber ist Deutschland europaweit auch das erste Land, in dem einer Stätte der Weltkulturerbetitel wieder aberkannt wurde. Dennoch soll das Elbtal Sachsens prächtiger Hauptstadt Dresden in diesem Buch ebenso seinen Platz finden wie die touristische UNESCO-Route „Schlösser und Gärten". Auf dieser Route liegen große Zeugnisse deutscher Geschichte wie das klassische Weimar, die Wirkungsstätte von Goethe und Schiller. Gut 150 Kilometer weiter nördlich öffnet sich das Gartenreich Dessau-Wörlitz, ein Gesamtkunstwerk auf 140 Quadratmetern, der erste englische Garten Kontinentaleuropas. In Muskau schuf Hermann Fürst von Pückler-Muskau – Lebenskünstler, Reiseschriftsteller und Landschaftsgärtner ersten Ranges – eines der weltweit schönsten Landschafts- und Gartenkunstwerke. Weiter nördlich schmücken sich Potsdam und Berlin mit kunstvollen Schlössern und Parkanlagen.

Auf der UNESCO-Route „Visionäre und Vordenker" begegnet man visionärer Stadtplanung in Berlin. Die Siedlungen der Moderne sind dank des zeitlosen Konzepts „Licht, Luft und Sonne" noch heute beliebte Wohnquartiere. Revolutionäres Design verkörpert in Weimar und Dessau die Bauhausschule. Martin Luther, dem visionären Begründer neuer Gedankengebäude, begegnet man in Wittenberg und in Eisleben. Auf der Wartburg bei Eisenach, einer der am besten erhaltenen Burgen des deutschen Mittelalters, übersetzte der große Reformator das Neue Testament in die deutsche Sprache. Nicht weit von hier rauschen die von der UNESCO zum Weltnaturerbe geadelten alten Buchen des Nationalparks Hainich.

Im Park von Schloss Pillnitz

DAS WALDWUNDER IN DER UCKERMARK

Weltnaturerbe Buchenwald im Grumsiner Forst

Fünf an der Zahl. Deutschlands alte Buchenwälder stehen seit dem 25. Juni 2011 unter dem besonderen Schutz der UNESCO, sind seit der Pariser Entscheidung universelles Weltnaturerbe und ergänzen das seit 2007 bestehende Weltnaturerbe „Buchenurwälder der Karpaten" zur offiziell als „Buchenurwälder der Karpaten und Alte Buchenwälder Deutschlands" bezeichneten trinationalen Welterbestätte (Deutschland, Ukraine, Slowakische Republik).

Die Schutzgebiete Stubnitz im Nationalpark Jasmund (Mecklenburg-Vorpommern), Serrahn im Müritz-Nationalpark (Mecklenburg-Vorpommern), Nationalpark Hainich (Thüringen) und Nationalpark Kellerwald-Edersee (Hessen) sowie der Grumsiner Forst im UNESCO Biosphärenreservat Schorfheide-Chorin (Brandenburg) gehören zu den rar gewordenen Restbeständen großflächiger naturnaher Buchenwälder in Deutschland und repräsentieren die für gemäßigte Klimazonen charakteristischen Tiefland- und Mittelgebirgsbuchenwälder. Mehr noch: Diese naturnahen Tiefland-Buchenwälder gibt es weltweit nur in Deutschland.

Zu den Waldwundern hierzulande zählt der Grumsiner Forst im Biosphärenreservat Schorfheide-Chorin nordöstlich von Berlin. Das Naturschutzgebiet Grumsiner Forst/Redernswalde in Brandenburg ist ein 6157 Hektar großes Waldgebiet in der Uckermark. Ausgedehnte Wälder, offene Weiten, tiefe Senken, verwunschene Moore, Kleingewässer und markante Höhenzüge sind das Ergebnis eiszeitlicher Verschiebungen. Seit 1990 ist das urwaldähnliche Gebiet mit seinem hohen Totholzanteil sowie der vielfältigen Flora und Fauna unter Schutz gestellt. Der Grumsin wiederum ist ein bedeutender Teil der Kernzone des UNESCO-Biosphärenreservats Schorfheide-Chorin. Seine Größe beträgt 590 Hektar und diese wurde vollständig als Weltnaturerbegebiet ausgewiesen. Der Grumsin galt immer schon als bevorzugtes Jagdgebiet. Preußische Könige, deutsche Kaiser, Nationalsozialisten und später die Nomenklatura des DDR-Regimes hatten das Gebiet für sich zum exklusiven Jagdareal erhoben. Es war also stets ein Sperrgebiet mit Betretungsverbot und generellem fortwirtschaftlichen Nutzungsverzicht. So konnten sich das stimmungsvolle Waldbild und das hier vorherrschende Waldökosystem des Flattergras-Buchenwaldes auf eiszeitlichen Sanden und Lehmen weitgehend ungestört entwickeln. Dem Prinzip folgend, „Natur Natur sein zu lassen“, zeitigt die einst erzwungene Abgeschiedenheit eine einzigartige Flora und Fauna. Im wilden Urwald der Uckermark leben bedrohte Tierarten wie Seeadler, Laubfrosch und Schwarzstorch, sind Wollgras, Moosbeere und Sonnentau heimisch. Das hoch fragile Ökosystem mit seiner Verzahnung von

Wasser und Wald ist von bizarrer, ursprünglicher Schönheit und erfordert ein Höchstmaß an sensibler Steuerung von der touristischen Infrastruktur. Weil im Totalreservat die Natur absoluten Vorrang genießt und sich der Wald, sofern er auch zukünftig in Ruhe gelassen wird, weiter zu einem Urwald entwickelt, ist das Weltnaturerbe des Buchenwalds im Grumsin nur auf geführten Wanderwegen erlebbar. Ausgewiesene Landschaftsführer, Ranger und sach- und ortskundige Mitarbeiter des NABU sowie des Kulturlandschaftsvereins Uckermark e.V. vermitteln dem Besucher faszinierende Einblicke in die Geschichte des Waldes mit seinen verschiedenen Lebensphasen. Eingerahmt wird der Grumsiner Forst durch die Orte Angermünde, Joachimsthal, Althüttendorf, Friedrichswalde und Groß-Ziethen. Treffpunkte für geführte Touren bilden Altkünkendorf als nördlicher Ausgangspunkt und Groß Ziethen im Süden. Zwei Wanderwege mit nützlichen Info-Punkten führen an die Kernzone heran, in der die über 150 Jahre alten Buchen in ihrer ganzen Urtümlichkeit zu bestaunen sind. In direkter Nachbarschaft zu den Baumriesen empfiehlt sich eine Landpartie hin zu regionalen Erzeugern und Produzenten. Idyllisch gelegene gastronomische Betriebe laden zum kulinarischen Verweilen ein, beispielsweise die „Galerie und Atelier Louisenhof" in der Blumberger Mühle, in der es an Wochenenden neben kreativem Kunsthandwerk auch leckeren hausgemachten Kuchen gibt. Dabei ist der Grumsin mit all seinen Fassetten zu jeder Jahreszeit ein lohnenswertes Ziel. Im Frühling, wenn der zarte Knospenaustrieb beginnt, im Sommer, wenn das dichte Laubdach Schatten spendet, im Herbst wenn sich das güldene Farbenspiel der Laubschattierungen im Sonnenlicht bricht und im Winter, wenn Schnee das Waldwunder der Uckermark leise einhüllt.

DAS BACKSTEINWUNDER VON CHORIN

Kloster Chorin ist ein einzigartiges Bauwerk norddeutscher Backsteingotik

Die Zisterzienser, deren Orden seinen Ursprung im 11. Jahrhundert in Frankreich hatte, erbauten ein Kloster, dessen Baustil richtungsweisend für die Baukunst Norddeutschlands werden sollte. Entscheidend für die Pracht des Bauschmucks waren die Stifter, die askanischen Markgrafen von Brandenburg, die das Kloster seit seiner Gründung 1273 als Haus- und Begräbniskloster nutzen. Gotische Formen, die im Stammland der Zisterzienser kunstvoll in Haustein geschaffen wurden, nahmen hier erstmals in Backstein Gestalt an. Der Einflussbereich des Klosters erstreckte sich durch strenge Zucht und hohe Arbeitsorganisation in seiner Blütezeit auf das gesamte Gebiet zwischen Eberswalde und Angermünde. Infolge der Reformation 1542 aufgelöst, wurde es Amtshof, dann Domäne, das Gotteshaus Stall und das gesamte Klostergelände zum Steinbruch. Die Rettung der Anlage, von der noch etwa die Hälfte existiert, ist Karl Friedrich Schinkel zu verdanken, der seit 1818 für die Erhaltung des Denkmalbestandes in Preußen zuständig war. Seit den 1880er-Jahren touristisch erschlossen,

wird das Backsteinwunder von Chorin heute jährlich von etwa 90.000 Gästen besucht. In Führungen kann man neben der Geschichte des Klosters auch viel über das Leben der Choriner Priestermönche und Laienbrüder erfahren. Zugleich ist das Kloster wunderbarer Rahmen für Konzerte und Ausstellungen. Seit 1964 werden vom Choriner Musiksommer e.V. klassische Konzerte im hohen Kirchenschiff des ehemaligen Klosters veranstaltet. Im Abtshaus kann man beispielsweise wechselnde Ausstellungen zeitgenössischer Kunst besichtigen; im Kellergeschoss des Brüdersaals eine Dauerausstellung zum Thema Klostergarten. Weitere Ausstellungsräume befinden sich im Ostflügel, der auch das Standesamt und die evangelische Kapelle beherbergt. Im Westflügel findet der Gast den sogenannten Fürstensaal, der vermutlich zu Ehren der askanischen Markgrafen erschaffen wurde. Ein weiterer großer Konzertraum entsteht im ehemaligen Refektorium. Kellergewölbe darunter werden künftig auf 240 Quadratmetern eine Dauerausstellung zur Backsteingotik beherbergen.

KLOSTER CHORIN
Dr. Franziska Siecler
Amt Chorin 11 a, 16230 Chorin
Tel.: 03 33 66 / 7 03 77
Fax: 03 33 66 / 703 78
info@kloster-chorin.org
www.kloster-chorin.org

RETTET DEN FINOWKANAL

Seit mehr als 400 Jahren verbindet der Kanal Havel und Oder

„Das ist hier so schön wie in den Everglades von Florida“, der Besucher aus den USA ist begeistert. Leise gleitet das Solarboot seines Gastgebers Hartmut Ginnow-Merkert, Professor für Designarchitektur und Mitbegründer des Vereins „Unser Finowkanal“ über die älteste noch befahrbare künstliche Wasserstraße Deutschlands. Üppige Vegetation rahmt den Finowkanal ein, der seit dem 17. Jahrhundert Havel und Oder verbindet. 400 Jahre Kanal- und Wasserbaugeschichte sind hier zu erleben. Von der einstigen Bedeutung als eine der wichtigsten deutschen Binnenwasserstraßen zeugen im dichten Grün der Ufer noch einzigartige Relikte früher Industriekultur. Mehr als zwei Millionen Tonnen Güter wurden Mitte des 19. Jahrhunderts über den Finowkanal transportiert. Später durch die Havel-Oder-Wasserstraße mit dem Schiffshebewerk Niederfinow ersetzt, ist es still geworden auf dem alten, insgesamt 32 Kilometer langen, idyllischen Wasserweg. Nur noch Sportboote schippern über den Kanal, der mit seinen zwölf handbetriebene Schleusen touristisches Potenzial birgt, das von manchen noch unterschätzt wird. Das aber wollen Bürger dieser Region und die Anrainerkommunen ändern. Mit einer kommunalen Arbeitsgemeinschaft unter der Trägerschaft des europäischen Regionalen Förderverein e. V. kämpft man seit 1996 um die durchgängige Befahrbarkeit des Finowkanals. Für Hartmut Ginnow-Merkert gehört der Finowkanal eigentlich in die Liga der UNESCO-Weltkulturerbegüter. Noch aber muss dafür auf dieser Wasserstraße, die sich so lieblich von Liebenwalde bis nach Oderberg schlängelt, einiges geschehen. So wird derzeit der Lange Trödel, der rund zehn Kilometer lange Kanalabschnitt zwischen Liebenwalde und Zerpenschleuse, wieder schiffbar gemacht. Die Akteure arbeiten gleichzeitig an einer neuen Form der Betreibung des Finowkanals. Der Finowkanal könnte damit für ein in Deutschland völlig neues Konzept, einer ausschließlich touristisch genutzten, aber wirtschaftlich betriebenen Wasserstraße stehen.

europäischer Regionaler Förderverein e. V.
Volkmar Ritter
Technologie- und Gemeindezentrum 8b, 16278 Pinnow
Tel.: 03 33 35 / 4 20 70
Fax: 03 33 35 / 4 20 71
Regionaler-Foerderverein@t-online.de
www.regionaler-foerderverein.de

Einmaliges technisches Wunderwerk – Schiffshebewerk Niederfinow

erbunden
50mØ,:5t)
kW heben
hnstockleiter
22m tief
stark
ushub
000m³ Kies
zement und
len benötigt
Bindeglied
n
ELBE

URBANITÄT, GRAZIE UND LEBENSGEFÜHL

Neuhardenberg – ein Ort, um in Ruhe ins Gespräch zu kommen

Quilitz – Neu-Hardenberg – Marxwalde und wieder Neuhardenberg: Namen für einen Ort im politischen und kulturellen Zeitenwandel. Der Name Quilitz tauchte zum ersten Mal im Jahr 1348 auf. 1763 schenkte Friedrich II. seinem Lebensretter Bernhard von Prittwitz den Herrensitz. 1814 übereignete Friedrich Wilhelm III. seinem reformfreudigen Staatskanzler Fürst von Hardenberg das Anwesen, das fortan Neu-Hardenberg genannt wurde. Mit ihm zogen „Urbanität, Grazie und Lebensgefühl“ als Lebensmaxime in das märkische Kleinod ein. Schinkel gab dem weitläufigen Areal das klassizistische Gesicht, Lenné und Fürst Pückler gestalteten den Schlosspark. Unter Carl-Hans von Hardenberg wurde das Schloss zum konspirativen Treff der Männer des 20. Juli 1944. Der Graf verlor daraufhin seine Güter und erlebte das Ende des Zweiten Weltkrieges im KZ Sachsenhausen. 1996 erhielt die Familie Hardenberg den Besitz zurück. Ein Jahr später erwarb der Deutsche Sparkassen- und Giroverband die Liegenschaften und übertrug schließlich der

Stiftung Schloss Neuhardenberg GmbH die Verantwortung für die kulturelle Nutzung des historischen Ensembles und des Landschaftsparks, der zu den schönsten Deutschlands zählt. Die ständige Ausstellung im Kavaliershaus und Führungen durch einige Räume des Schlosses informieren über Geschichte und heutige Nutzung. Im Bewusstsein, an der östlichsten Peripherie Deutschlands gelegen, gleichsam Nahtstelle im europäischen Gefüge zu sein, begreift sich Neuhardenberg heute als „Refugium und Bühne zur Welt“. Es ist ein Ort zum entspannten Nachdenken über den Sinn des Seins. Politische Gespräche und wissenschaftliche Konferenzen, Ausstellungen, Konzerte, Lesungen und Theateraufführungen mit international renommierten Gästen laden ein zur globalen Verständigung. Durch sein anspruchsvolles Kulturprogramm mit namhaften Protagonisten wie Klaus Maria Brandauer, Iris Berben, Martin Wuttke, Abdullah Ibrahim, Gidon Kremer u.a. ist das Ensemble zu einer der ersten Kulturadressen weit über die Landesgrenzen hinaus geworden. Zu längerem Verweilen lädt das elegant-zurückhaltende und großzügige Hotel Schloss Neuhardenberg ein. Mediterrane bzw. brandenburgische Küche bieten die „Kleine Orangerie“ und die „Brennerei“.

STIFTUNG SCHLOSS NEUHARDENBERG
Schinkelplatz, 15320 Neuhardenberg
Tel.: 03 34 76 / 60 00
Fax: 03 34 76 / 60 06 80
info@schlossneuhardenberg.de
www.schlossneuhardenberg.de

BARFUSS ODER LACKSCHUH

In der Kremmener SeeLodge kann jeder nach seiner Fasson glücklich werden

Kaum mehr als eine Autostunde von Berlin entfernt, steht ein gastliches Haus auf 64 Pfählen im Kremmener See. Still, ganz still wäre es hier, würde nicht ab und zu Ente Helga schnattern, ein Schwanenpaar rauschend auf dem Wasser landen oder der Kranich sein archaisches Trompeten ertönen lassen. Das charmante Landhaus ist, wie schon sein Vorgängerbau, die Strandhalle der 1930er-Jahre, beliebter Treffpunkt für Naturfreunde und Liebhaber guten Essens. Die kanadische Flagge auf dem Dach knüpft an Erinnerungen der heutigen Hausherren an ferne Länder an. Auch die Ausstattung dieser brandenburgischen „SeeLodge" ist mit Feldsteinkamin, Naturholz getäfelten Wänden und Schaukelstuhl von

Kanada- und Afrikareisen inspiriert. Birkenstämme, Kuhfellbezüge, hier und da ein Geweih zitieren hingegen die heimische Landschaft. Regionales vom Feinsten, wie z. B. Havelländer Apfelschwein, Fisch aus Linum, Seddiner Landente und Ruppiger Weidelamm, wird im Restaurant aufgetischt. Die „SeeLodge“ mit drei Doppelzimmern, zwei Suiten und einem Familien-Apartment, mit Lodge-Restaurant und großer Holzterrasse mit beheiztem Wintergarten ist ein idealer Ort für große und kleine Familienfeste sowie für Hochzeiten, den man auch exklusiv anmieten kann. Liebespaare können sich bei dieser romantischen Gelegenheit gleich im Hochzeitspavillon auf der Privatinsel oder im Schwanen-Salon trauen lassen. Kerzenlicht auf der Teakholzterrasse verwandelt hier aber auch jeden Alltag in ein Fest. Bei einem Glas Wein über das Wasser hinweg träumen, dabei in den einmalig schönen Sonnenuntergang sehen, der sich im Kremmener See spiegelt, und dem Konzert der Frösche lauschen, bis nur noch der Wind im Schilf flüstert – das ist Balsam für die Seele. Paddel- und Tretboote schaukeln im Abendwind. Vom Badesteg, der übrigens längsten Seebrücke Brandenburgs, gleich neben der großen Badewiese springen noch ein paar Wagemutige ins Wasser.

SEELODGE
im Wald- und Seengut Kremmen
Zum See 4a, 16766 Kremmen
Tel.: 03 30 55 / 22 08 0
www.seelodge.de
info@seelodge.de

EIN MAGISCHER ORT

Innovationsgeist, tradierter Gemeinsinn und Luxus auf dem Landgut A. Borsig

Eigentlich suchte er ein Schloss am Meer. Dann aber entdeckte Michael Stober in einem Immobilienkatalog die Gutsanlage am Behnitzer See und war fasziniert, obwohl aus den Dächern der backsteinroten Gebäude Bäume wuchsen. Für ihn war es auf den ersten Blick ein Ort voller Magie, die Leute aber hielten ihn für verrückt. „Verrückt bin ich auch", sagt Michael Stober. „Im Sinne von verrücken, also bewegen". Zunächst mussten 1.300 Kubikmeter Schutt abgefahren werden. Dann begann der Wiederaufbau des alten Logierhauses, des ehemaligen Verwaltungsgebäudes und der Ställe. Wer hier Visionen von einem Neuanfang hatte, musste schon Idealist sein. Für Michael Stober und seine Frau Tanja Getto nährt sich die Faszination aus der Geschichte des Ortes, der ein großartiges Zeugnis für agrarindustrielle Produktion, Baukunst und Parkarchitektur aus der zweiten Hälfte des 19. Jahrhunderts ist. Zwei Torhäuser, deren Sandsteinschmuck einst das vom preußischen Baumeister Carl von Gontard erbaute Oranienburger Tor in Berlin bekrönten, bilden das Entrée zu dem Anwesen, das Albert Borsig, der Vater der deutschen Mobilität und Europas größter Eisenbahn- und Lokomotivhersteller, 1866 dem hochverschul-

deten Grafen von Itzenplitz abgekauft hatte. Drei Generationen der Borsigs lebten in Groß Behnitz. Sie förderten Kunst und Wissenschaft und führten ein weltweit innovatives Sozialversorgungssystem ein. In den Jahren 1941–43 entwickelte auf dem damals zweitgrößten Landgut in der Umgebung Berlins der Kreisauer Kreis sein 7-Punkte-Programm zur Reagrarisierung Deutschlands nach Hitler.

„Unser Ziel war es von Anfang an, das, was hier bereits an Nachhaltigkeit, Familiengeist und sozialer Verantwortung gelebt wurde, auf die heutige Zeit zu übertragen", sagt der Investor, Bauherr und Enthusiast Michael Stober. In diesem Sinne entstanden hier 45 Arbeitsplätze. Mit geradezu Borsig'schem Innovationsgeist schuf das Unternehmerpaar Tanja Getto und Michael Stober im Havelland das „erste bio-zertifizierte Hotel in Berlin/Brandenburg" und zugleich das „Nachhaltigste Privat-

hotel Deutschlands“. Eine holzbefeuerte Heizanlage, Wärmerückgewinnung, Solarenergie und Regenwasseraufbereitung gehören ebenso in das Konzept, wie elektrosmogreduzierte Zimmer, Bio-Bettwäsche, Bio-Kosmetik, Teppiche aus Naturmaterialien. Wer bei so viel Umweltbewusstsein und Bio an Schlafen im Heu denkt, irrt, denn Tanja Getto und Michael Stober haben Hotelphilosophie und zeitgemäßes Design perfekt in Einklang gebracht. Die Zimmer des in der Kubatur einer ehemaligen Scheune nachempfundenen Hotels sind von klarer Modernität, die Betten darin mit den himmlisch bequemen, handgefertigten Bio-Matratzen von COCOMAT das Highlight.

Im Foyer stehen hohe Vitra-Sofas, im Frühstücksraum die „Ameisen“ von Arne Jacobsen. Mit sicherem Blick fürs Detail hat Kunstkenner Michael Stober die 20 eleganten Suiten ganz individuell mit ausgewählten Bildwerken ausgestattet.

Für die authentische Sanierung des denkmalgeschützten, 20.000 Quadratmeter großen Areals hat das Unternehmerpaar insgesamt 17 Millionen Euro „nicht in, sondern auf den märkischen Sand gesetzt“. Nur ein Drittel davon waren Fördergelder. Heute zählt das Landgut A.Borsig zu den Top 15 der deutschen Tagungshotels. Das alte Logierhaus wurde zum Gästehaus, der Stall zum Veranstaltungs- und Tagungssaal, in den Räumen von Brennerei und Kornspeicher bietet man heute traditionelles Handwerk als Rahmenprogramm an. Das Geflügelhaus wurde zum Café und Restaurant mit großen Fenstern und einer idyllischen Terrasse mit Blick auf den romantischen Park am Groß Behnitzer See. Mehr als 300 Jahre alte Platanen beschatten das Ufer. In der Küche bedient man sich mit Vorliebe regionaler Produkte. Selbst der Begrüßungsapfel stammt von brandenburgischen Bäumen. Auch das gehört zum tradierten Gemeinsinn auf dem Landgut A.Borsig.

„Kleine Landgut Sauerei“
Kasseler, kleine Leberwurst, Bockwurst und gebratene Blutwurst vom Wildschwein mit Sauerkraut und Püree
Dieses Rezept finden Sie auf der Seite 68

LANDGUT A. BORSIG
Tanja Getto und Michael Stober
Behnitzer Dorfstr. 29–31, 14641 Nauen / OT Groß Behnitz
Tel.: 03 32 39 / 20 80 60
Fax: 03 32 39 / 20 80 68
info@landgut-aborsig.de
www.landgut-aborsig.de

WOHNSTADT
CARL
LEGIEN
ERRICHTET
VON
DER
GEHAG 1929 – 1930

WEGWEISENDE IMPULSE FÜR DEN SOZIALEN WOHNUNGSBAU

Siedlungen der Berliner Moderne

Die Zahl ist beeindruckend: 6.181 Wohnungen umfasst das über das Stadtgebiet von Berlin verteilte Ensemble von insgesamt sechs Wohnsiedlungen, die im Jahr 2008 von der UNESCO in die Liste des Welterbes aufgenommen worden sind. Als „Siedlungen der Berliner Moderne" repräsentieren die im Zeitraum von 1913 bis 1934 entstandenen Wohnanlagen die künstlerischen und sozialen Utopien eines neuen architektonischen Typus, der prägend wurde für den modernen Wohnungsbau und einen Paradigmenwechsel einleitete. Als Gegenentwurf zu den oftmals dunklen, kasernenähnlichen Wohnanlagen der wilhelminischen Kaiserzeit in Blockform bevorzugten die Architekten der Klassischen Moderne wie Bruno Taut, Martin Wagner, Hans Scharoun, Walter Gropius und Hugo Häring in ihren wohnreformerischen Leitbbildern nachhaltig die Zeilenbauweise. Sie schufen unter dem Leitsatz „Licht, Luft und Sonne" moderne, bezahlbare, helle, komfortablere und gesündere Wohnungen mit Küchen, Bädern und Balkonen. Hinterhöfe und Seitenflügel sollten der Vergangenheit angehören. Die sozial motivierten Bauherren favorisierten im Verbund mit den Berliner Bau- und Wohnungsgenossenschaften als Eigentümer der Siedlungen begrünte Gartenräume und Gartenhöfe. Statt wilhelminische Ornamentik und Bauskulptur an den Fassaden kündeten mitunter expressiv farblich kontrastierende Baudetails vom Aufbruch zu neuen Formen und zu einer realistischen Vision, mit der neuen Architektur gleichzeitig eine neue Gesellschaft zu verwirklichen. In ihrer qualitätsvollen Baukunst und den vor allem für die Kleinfamilie zugeschnittenen Wohnungsgrundrisse wurden die Siedlungen zum Vorbild für das „Neue Bauen". Die Ästhetik der Avantgarde aus Kunst und Architektur ging einher mit sozialem Gedankengut als eine operative Antwort auf das Spekulantentum der Gründerzeit und die nach dem Ersten Weltkrieg eklatante Wohnungsnot. Die in Berlin in der Hochzeit der Weimarer Republik gebaute Utopie wurde von Anfang an gewerkschaftlich, genossenschaftlich und von städtischen Baugesellschaften getragen. Der gute Erhaltungszustand ist ein maßgebliches Verdienst sukzessiv vorgenommener Instandsetzungen im Rahmen denkmalschutzrelevanter Sanierung.

Die sechs Siedlungen der Berliner Moderne verteilen sich über das gesamte Berliner Stadtgebiet und in ehemaligen Vororten der Bundeshauptstadt. Die „Gartenstadt Falkenberg" liegt in Treptow, die „Siedlung Schillerpark" in Wedding, die „Großsiedlung Britz" in Neukölln, die „Wohnstadt Carl Legien" im Prenzlauer Berg, die „Weiße Stadt" in Reinickendorf und die

„Großsiedlung Siemensstadt“ in Charlottenburg und Spandau. Bis heute sind die Wohnsiedlungen wegen ihres zeitlosen Konzeptes beliebte Wohnquartiere geblieben. Nicht selten werden Mietverhältnisse gleichsam an die nächste Generation „vererbt“.
Der Welterbetourist, der neben den Welterbestätten „Berliner Museumsinsel“ und „Preußische Schlösser und Gärten“ in Berlin und Potsdam auch die dritte Berliner Welterbestätte besuchen möchte, wird sich für den öffentlichen Nahverkehr entscheiden, da die Wohnsiedlungen wie erwähnt weit zerstreut liegen. In Ausstellungshäusern und bei geführten Touren bekommen die Besucher ein authentisches Gefühl für die innovative Wohnkultur der Klassischen Moderne.

Die „Gartenstadt Falkenberg", im Volksmund als „Tuschkastensiedlung" bezeichnet, ist die älteste der sechs Siedlungen. Sie entstand in den Jahren von 1913 bis 1916 unter dem städtebaulichen Entwurf von Bruno Taut, der im Bezirk Treptow-Köpenick insgesamt 128 Wohnungen (davon 80 Einfamilienhäuser) zumeist in Reihe oder als Doppelhaus sowie 48 Etagenwohnungen in sechs Mietshäusern realisierte. Signifikant für die Bauweise war die versetzte Gruppierung der Häuser um einen begrünten „Akazienhof" sowie die auffällige Farbigkeit der Fassaden, von daher der Beiname „Tuschkastensiedlung".
Zwischen 1924 und 1930 entstanden, ebenfalls unter der planerischen Leitung von Bruno Taut, 303 Wohnungen in der „Siedlung Schillerpark" im Orsteil Wedding. Hier nahm Taut Bezug auf die moderne Architektur Hollands und zitiert die Backsteinbauten Amsterdams. Die Farbe als Element der Gestaltung wird vornehmlich auf die Innenräume verweisen.

Charakteristisch für die Wohnungen von 1,5 bis 4,5 Zimmern sind die durchgehenden Drempelgeschosse und die Reduktion der Formen, die zusehends wirtschaftlich bedingt war. Die „Großsiedlung Britz“ auf den Flächen des ehemaligen Rittergutes Britz in Neukölln entstand ab 1925 und war für 5.000 Menschen ausgerichtet. Namensgebend war die Hufeisenform, die sich um einen eiszeitlichen Pfuhl gruppierte. Die asymetrisch versetzte Anordnung der Häuserzeilen mit insgesamt 1.963 Wohnungen (davon 472 Einfamilienhäuser) wurde zum städtebaulichen Prinzip. In der Hufeisensiedlung schuf sich Bruno Taut als leitender Architekt sein „Tautes Heim“, ein privates Ferienhaus, das komplett renoviert wurde und mit seiner Inneneinrichtung im Stil der 1920er-Jahre besichtigt werden kann.
Im Prenzlauer Berg liegt die „Wohnstadt Carl Legien“, benannt nach dem ersten Vorsitzenden des 1919 gegründeten „Allgemeinen Deutschen Gewerkschaftsbundes“. Die Wohnstadt entstand zwischen 1928 bis 1930 mit insgesamt 1.149 Wohnungen, wobei die meisten von

ihnen bis zwei Zimmer hatten. Aufgrund der unmittelbaren Nähe zur Innenstadt und den damit korrespondierenden hohen Grundstückspreisen setzte Taut im Bezirk Pankow auf eine vier- bis fünfgeschossige Stockwerksbauweise aus Zeile, Blockrand und Gartenraum. Alle Wohnungen orientieren sich weg von der Straße hin zu den Gartenhöfen. Aus Rand- und Zeilenbauten mit offener Binnenstruktur und ineinander fließenden Grünräumen bestehen die 1.260 Wohnungen der „Weißen Stadt" in Reinickendorf, die zwischen 1929 und 1931 unter der Gesamtleitung von Martin Wagner entstanden. Lebhafte Farbakzente unterstreichen als Kontrast das Weiß der Fassaden. Ein Alleinstellungsmerkmal der Zeit war die Vielzahl der Versorgungseinrichtungen mit 25 dezentral verteilten Geschäften und Einrichtungen. Zeitgleich entstand auch die „Großsiedlung Siemensstadt" in Charlottenburg und Spandau mit ihren insgesamt 1.370 Wohnungen, von denen 90 Prozent als 2,5-Zimmer-Wohnungen konzipiert waren. Als Architekten zeichneten sich Hans Scharoun und „Bauhaus"-Gründer Walter Gropius verantwortlich. Die streng in Nord-Süd-Richtung ausgerichteten Zeilenbauten wiesen mit dem Erhalt von altem Baumbestand den Weg zum Wohnungsbau der Zeit nach dem Zweiten Weltkrieg und nahmen die aufgelockerte, durchgrünte Stadt als landschaftliches Gestaltungsprinzip der belebten „Außenwohnräume" gleichsam vorweg. Die Siedlungen der Berliner Moderne sind ausgehend von in ihrem konzeptionellen und sozialen Verständnis betrachtet bis heute von zeitloser Aktualität. Der weitgehend originalgetreue Erhalt der Wohnsiedlungen nach fachgerechter Sanierung der Bauten und Freiflächen in den 1990er-Jahren macht die Berliner Siedlungen der Moderne zu einem der reizvollen touristischen Ziele in der Bundeshauptstadt. Hier wird das Welterbe nicht als musealisierter Ort inszeniert, vielmehr leben in den urbanen Wohnvierteln Tausende von Menschen ganz normal. Das hebt die Wohnsiedlungen von den meisten deutschen Welterbestätten elementar ab. Weiterführende Informationen zu Architekturführungen und Stadtrundgängen gibt es an der Anlaufstelle „Infopoint Siemensstadt" sowie am Kiosk im Schillerpark, an dem man zusätzliche nützliche Empfehlungen zum Welterbe „Siedlungen der Berliner Moderne" erhält.

SCHNELLE PFERDE, SCHMUCKE HÜTE

Die Rennbahn Hoppegarten – im Galopp in eine erfolgreiche Ära

Pferderennsport war von jeher eine Hutparade der Schönen und Reichen. Im berühmten britischen Ort Ascot versammelt sich bereits seit 1711 die High Society des Landes, um dort einem ganz besonderen Rennen beizuwohnen. Aber auch die „Rennbahn Hoppegarten" – Kenner sollen sie später sogar mit Ascot verglichen haben – blickt auf eine lange Tradition zurück. Zur Eröffnung am 17. Mai 1868 kamen prominente Gäste: Wilhelm I. und Otto von Bismarck. In der Kaiserzeit entwickelte sich Hoppegarten zum Zentrum des deutschen Turfs. Bis zum ersten Weltkrieg galt sie als wichtigste Rennbahn Deutschlands. Mit bis zu 40.000 Zuschauern pro Renntag und bis zu 1.500 Pferden in den Ställen war sie das Zentrum gesellschaftlich-politischen Lebens in Berlin geworden. Eleganz, Dynamik, Spannung – ein Hauch von Ascot – liegen auch heute wieder über Hoppegarten. Mit einem positiven Ergebnis startet die Rennbahn in die neue Saison. Besucherzahlen, Bahnumsatz und Dotierung der Rennen galoppieren nach oben. Schon 2013

konnte die Rennbahn im Grünen den höchsten Zusatz bei den Wettumsätzen aller deutschen Großbahnen verzeichnen. Berliner Prominenz und beeindruckende Hüte sind also längst nicht die einzigen Argumente für einen Besuch der Rennbahn im Grünen, es sind auch die begleitenden Wetten, welche die Rennen hier immer wieder so spannend machen. Auch wird sich die traditionsreiche Sportstätte am östlichen Rand Berlins künftig noch attraktiver präsentieren. In das Denkmalpflege-Programm für national wertvolle Kulturdenkmäler aufgenommen, können historische Gebäude und Anlagen, wie Musik-Pavillon, Zielrichterturm, Tribüne II und die Hauttribüne denkmalgerecht saniert werden. Eigentümer Gerhard Schöningh ist zufrieden, denn mit dieser Aufnahme würdigen Bund und Land nicht nur die Einzigartigkeit der historischen Anlagen, sondern auch die seit der Privatisierung im Jahr 2008 stetigen Zuwächse bei Rennqualität, Besucherzahlen sowie Wett- und Sponsoringumsätzen.

RENNBAHN HOPPEGARTEN GMBH & CO. KG
Inhaber: Gerhard Schönigh
Goetheallee 1, 15366 Hoppegarten
Tel.: 0 33 42 / 38 93-0
Fax: 0 33 42 / 38 93-40
mail@hoppegarten.com
www.hoppegarten.com

ZUR ALTEN LATERNE

Alt-Berliner Flair vom Feinsten

Wenn der Tag zur Neige geht und der alte Hauptmann von Köpenick bald ganz alleine vor dem Rathaus steht, tobt gleich daneben in der Alt-Berliner Restauration „Zur Alten Laterne" das Leben. Dass dieser Laden so brummt, liegt ebenso an der urgemütlich-rustikalen Einrichtung aus Kitsch und Nippes der vorletzten Jahrhundertwende wie an der authentischen Berliner Küche und einer Mischung aus herzlicher Gastlichkeit und Berliner Schnauze. Das hier ist Alt Berlin. Das Original. Das Herzstück der Alt-Berliner-Kneipe ist ein großer, schwerer Holztresen in der Mitte des Raumes, der nahezu verschwenderisch dekoriert wurde. Wohin das Auge auch schaut: Bilder, Sprüche, Emailleschilder und Zeitungsausschnitte.

Hoppel Poppel das Original – ein typisch berlinisches Gericht
Dieses Rezept finden Sie auf der Seite 70

Mit wahrer Sammlerleidenschaft haben die beiden Wirtsleute Petra Roeßing und Wolfgang Hinze über Jahrzehnte – mit Unterstützung durch Charlotte von Mahlsdorf – tausenderlei Dinge aus ehemaligen historischen Kneipen des Scheunenviertels und der Köpenicker Altstadt zusammengetragen. Sohn Stefan stillt den Hunger auf Deftiges, Kräftiges, Unverstelltes, eben auf Berlinisches wie Hoppel Poppel, Pökelhaxe, Radfahrerpasteten (Bouletten) oder Berliner Kalbsleber mit hausgemachten Kartoffelstampf. „Wat frisch jeangelt wird", in nicht allzu fernen Gewässern, kommt auch auf den Tisch. Für hausgemachte Parfaits und andere Desserts sorgt die begnadete Autodidaktin Marianne. „Gutes Essen ist die Nahtstelle von Natur, Kultur und sozialem Leben", sagt Petra Roeßing, die ihre Gäste mit Handschlag begrüßt. Durch den relativ kleinen Raum pulsiert das zwanglose Geplauder des gemischten Publikums, vom Nachbarn um die Ecke bis zum Touristen aus New York. Bei Jubiläums Kindl, Märkischen Landmann, Radeberger, Guinness und New Castle Brown Ale findet jeder schnell Anschluss. Auch ein gut sortiertes Wein- und Whiskyangebot belebt die Geselligkeit. Wirtin und Wirt sind Botschafter für schottischen Whisky von der Isle of Arran Destillerie. „Für Alkoholfreie jibt es och wat", nämlich herrlich frischen Apfelsaft aus dem Spreewald.

„ZUR ALTEN LATERNE"
Petra Roeßing
Alt Köpenick 31/33, 12555 Berlin-Köpenick
info@alte-laterne.de
www.alte-laterne.de

WEICHES LICHT FÜR BERLIN

Berliner Gaslaternen auf dem Weg zum UNESCO-Weltkulturerbe

„Zur farblichen Prägung unserer Welt gehören auch die Farben der Nacht und ihre Beleuchtung. Dabei denke ich zum Beispiel an die Bemühungen um den Erhalt der historischen Gaslaternen." Hier seien nicht Ewiggestrige am Werk, sondern „höchst aufgeschlossene Bürgerinnen und Bürger", sagte der Bundespräsident Joachim Gauck in seinem Grußwort zum Tag des offenen Denkmals. Zehntausende Gasleuchten aus vier verschiedenen Stilepochen erhellen noch heute Berlin. Das heißt, mehr als die Hälfte aller auf unserem Globus existierenden Gaslaternen tauchen die Metropole in warmes goldgelbes Licht. Doch mit diesem weltweit größten gasbeleuchteten Gebiet könnte es bald vorbei sein, denn das stimmungsvolle Licht soll nach Senatswillen durch elektrisches ersetzt werden. „Dabei gibt es auch ökonomische und ökologische Argumente für das Gaslicht", betont Bertold Kujath. Der Vorsitzende des Vereins „Gaslicht-Kultur e.V.", dem es durchaus um eine friedliche Kooexistenz der beiden Beleuchtungskulturen geht, erklärt, dass es durch das sich immer weiter ausbreitende Elektrolicht zu Lichtsmog und Insektensterben kommt. Der Verein bietet die bei Berlinern und Touristen gleichermaßen beliebten geführten Gaslichttouren an, auf denen man die schönsten mit Gas beleuchteten Straßen und Plätze Berlins kennenlernen kann. Seit 2013 steht die Berliner Gas-Straßenbeleuchtung auf der Roten Liste der World Monuments Fund (WMF) für die weltweit am meisten gefährdeten Kulturgüter. Im Auftrag der Vereine Gaslicht-Kultur e.V. und Denk mal an Berlin e.V. wurde durch den britischen Weltkulturerbe-Experten Peter Burman sogar ein Gutachten erstellt, das der Berliner Gas-Straßenbeleuchtung das grundsätzliche Potenzial zum Weltkulturerbe bescheinigt. 2014 erhielt Gaslicht-Kultur e.V. für sein Engagement für das historische Berlin den Hauptpreis der Berolina.

GASLICHT-KULTUR E.V.
Bertold Kujath
Am Postfenn 5, 14055 Berlin
Tel.: 0179 / 81 06 74 7
berlin@gaslicht-kultur.de
www.gaslicht-kultur.de

PERFEKTION IN JEDER GRÖSSE

Seit über hundert Jahren ist Noack die wohl bedeutendste Kunstgießerei in Deutschland.

Skulpturen namhafter Künstler wurden in der „Bildgießerei Noack" hergestellt. Hier gingen und gehen seit 1897 Künstler wie Ernst Barlach, Georg Kolbe, Käthe Kollwitz, Joseph Beuys, Anselm Kiefer, Rainer Fetting oder Jonathan Meese aus und ein. Auch hat keine andere Gießerei das Berliner Stadtbild so geprägt wie Noack. Hier entstanden die Viktoria-Figur für die Siegessäule, die in den 1950er-Jahren rekonstruierte Quadriga für das Brandenburger Tor, die John F. Kennedy-Gedenktafel am Schöneberger Rathaus oder die Berlinale-Bären. Aber auch das Wahrzeichen Moskaus auf dem Dach des Kremls, der Heilige Georg, wurde hier gegossen. Eine der buchstäblich größten Aufgaben war für das Familienunternehmen Henry Moores 10 Tonnen schwere und 8 Meter lange „Big Butterfly" vor dem Berliner Haus der Kulturen. „Auch Jos Pirkners stilisierte 14-köpfige Büffelgruppe für das Unternehmen Red Bull forderte all unser Können heraus", erinnert sich Hermann Noack, der in der vierten Generation das so erfolgreiche Unternehmen leitet. Er hat das Handwerk von der Pike auf gelernt. Als Sandformenhersteller ist er im doppelten Wortsinn ein Meister. Bronzeguss gibt es seit tausenden von Jahren und ist in seiner Ausprägung doch hochmodern. 1200 °C heiß fließt sie bei Noack in die Formen. Die 40 Mitarbeiter dieses Handwerksbetriebes sind hochspezialisierte Fachleute in der Modellherstellung, im Sand- und Wachsausschmelzverfahren, im Ziselieren, Patinieren und in der Montage von Skulpturen,

Fassadenelementen oder Designobjekten. Vor einigen Jahren wurden die Werkstatträume in Berlin-Friedenau zu klein. Im Dezember 2010 bezog die „Bildgießerei Noack“ ihr neues Skulpturenzentrum, nur etwa 500 Meter Luftlinie vom Schloss Charlottenburg entfernt, wo übrigens auch der von Noack restaurierte „Große Kurfürst“ steht. Mit der Eröffnung von Museum, Galerie, Atelierräumen und Restaurant im Frühjahr 2016 werden sich auf dem 10.000 Quadratmeter großen Noack-Areal Kunst und Handwerk auf ungewöhnliche Weise ergänzen und einem interessierten Publikum weitgehend zugänglich sein.

BILDGIESSEREI HERMANN NOACK GMBH + CO. KG
Hermann Noack
Am Spreebord 9, 10589 Berlin
Tel.: 0 30 / 8 21 63 87
Fax: 0 30 / 3 43 57 16 89
info@noack-bronze.com
www.noack-bronze.com

BESSER ESSEN

Die Markthalle 9 ist Kreuzbergs kulinarisches Soziotop

Märkte sind schon seit langem Orte des Handels, der Begegnung und des Austausches. Auch in Berlin, wo es ursprünglich 14 Markthallen in den verschiedenen Bezirken gab. Eine der schönsten unter den Markthallen ist die „Markthalle Neun". „Die Markthalle ist ein grandioses Kreuzberger Soziotop", schreibt der Berliner Tagesspiegel. Zwei Gastronomen aus Bayern und ein Betriebswirt aus Kreuzberg haben 2011 das 120 Jahre alte Gebäudedenkmal von der Berliner Großmarkt GmbH gekauft. Damals war es eine düstere Backsteinhülle, in der nur noch verwitterte Regalreste herumstanden. Nachdem eine Anwohnerinitiative sich erfolgreich gegen die Nutzung als Supermarkt gewehrt hatte, machten die neuen Besitzer die alte Halle wieder zum lebendigen Mittelpunkt des Kiezes um den Lausitzer Platz. Mit üppig bestückten Ständen

verbreitet sie zum Wochenmarkt jeden Freitag und Samstag eine Atmosphäre, wie die meisten sie nur aus London oder Barcelona kennen. Urlaubsfeeling unter gusseisernen Säulen. Eine gläserne Bäckerei, eine Fisch- und Fleischräucherei, eine kleine hauseigene Brauerei und eine Kantine, bei der man den Köchen bei der Zubereitung über die Schulter schauen kann, holen die Herstellung von Lebensmitteln aus der Anonymität heraus. In Kochkursen können Kinder und Jugendliche aus der Nachbarschaft den Umgang mit Lebensmitteln erproben. Der Street-Food-Markt zeigt Berlin als Kreativmetropole auch beim Thema Essen, als Einwanderungsstadt mit einer großen Vielfalt an authentischen Esskulturen. Die Philosophie der Markthallenmacher lautet: „Die Markthalle Neun will demonstrieren, wie ‚Anders-Essen' und ‚Anders-Einkaufen' in der Stadt möglich sind: regional- und saisonal-betont, verbunden mit lokaler Wertschöpfung und kurzen Wegen, verantwortungsbewusst, fair, ökologisch, im direkten Kontakt mit den Erzeugern und – bei Fleisch und Fisch – aus artgerechter Haltung bzw. nachhaltigem Fang."

MARKTHALLE NEUN GMBH
Bernd Maier / Florian Niedermeier / Nikolaus Driessen
Eisenbahnstr. 42/43, 10997 Berlin-Kreuzberg
Tel.: 030 / 61 07 34 73
Fax: 030 / 61 07 34 74
info@markthalleneun.de
www.markthalleneun.de

TEMPEL DER KUNST – DIE BERLINER MUSEUMSINSEL

Ein Gang durch die Kunst von der Antike bis ins 19. Jahrhundert

Mehr als der drei Millionen Menschen besuchen jährlich die Berliner Museumsinsel. Sie gehört zu den ältesten und schönsten Kulturzentren Berlins. Als 1999 der UNESCO-Generaldirektor in der Rotunde des Alten Museums die Urkunde zur Aufnahme der Berliner Museumsinsel in die UNESCO-Welterbeliste überreichte, kürte er damit die 22. deutsche Welterbestätte, die in die UNESCO-Liste aufgenommen wurde. Wesentliche Gründe hierfür waren unter anderem, dass dieses einzigartige Ensemble von Museumsgebäuden die Entwicklung der modernen Museumsgestaltung über einen Zeitraum von mehr als einem Jahrhundert illustriert. Zudem gilt die Museumsinsel als ein „herausragendes Beispiel für das Konzept des Kunstmuseums, das auf die Zeit der Aufklärung und der Französischen Revolution zurückgeht".

Fünf Häuser gehören zum Museumskomplex: das Alte Museum, das Neue Museum, die Alte Nationalgalerie, das Bode-Museum (ehemals Kaiser-Friedrich-Museum) und das Pergamon-Museum. Sie wurden von herausragenden Architekten ihrer Zeit erbaut. Karl Friedrich Schinkel, Friedrich August Stüler, Ernst Eberhard von Ihne oder Alfred Messel schufen architektonische Meisterwerke, die sich harmonisch in das Gesamtbild der Museumsinsel einfügen. Dabei bilden das Alte Museum zusammen mit dem Neuen Museum und der Alten Nationalgalerie den südlichen Komplex. Das Bode-Museum und das Pergamonmuseum sind nach Norden bzw. nach Westen zum Kupfergraben ausgerichtet. Diese fünf Museumsgebäude bieten einen unvergleichlichen Gang durch die Kunstgeschichte von der Antike bis in das 19. Jahrhundert. Zudem gewähren sie auch einen Einblick in die jeweilige architektonische Umsetzung der Institution Museum. Nach dem Zweiten Weltkrieg waren die Sammlungsbestände in Ost und West verteilt. Erst nach der Wiedervereinigung unter dem Dach der Stiftung Preußischer Kulturbesitz kam wieder zusammen, was zusammen gehört. 1990 wurde ein neues Standortkonzept entwickelt, dem sich 1999 der Masterplan Museumsinsel anschloss, nach dem die knapp einen Quadratkilometer große Insel in der Spree unter der Federführung des Büros David Chipperfield Architects zu einem zeitgemäßen Museumsquartier entwickelt wird. „Gleichzeitig soll das einzigartige historisch gewachsene Ensemble aus Architektur und Kunst bewahrt werden. Alle Maßnahmen erfolgen in enger Abstimmung mit den zuständigen Behörden für Denkmalschutz. Im Jahr 2025 soll die Museumsinsel Berlin im Sinne des Masterplans vollendet sein", verkündet die Stiftung Preußischer Kulturbesitz.

Das Alte Museum, eines der schönsten Museumsbauten des 19. Jahrhunderts in Europa, bildet den Frontbau der Museumsinsel, die die nördliche Spitze jener kleinen Spreewaldinsel

ist, auf der Berlin Mitte des 12. Jahrhunderts seinen Anfang nahm. Dieser Tempel der Kunst entstand auf Anordnung Friedrich Wilhelm III. 1810 beauftragte er Wilhelm von Humboldt „in Berlin eine öffentliche gut gewählte Kunstsammlung anzulegen“. 1822 begann Karl Friedrich Schinkel mit dem Bau des Königlichen Museums – mit großer Freitreppe und monumentaler Säulenordnung, ein wahrhaft majestätischer Zugang zur Kunst. Doch die weitgespannte Säulenvorhalle gilt bereits als architektonischer Ausdruck der Öffnung der Kunst für das Publikum. „Studio antiquitatis omnegenae et artium liberalium“ – „dem Studium der Künste der ganzen Welt“, lautet die Inschrift. 1830 eröffnet, brannte das Gebäude im Zweiten Weltkrieg fast völlig aus. Von 1958 bis 1966 restauriert, diente es bis zur Wende als Museum für Gegenwartskunst. Heute wird hier die Antikensammlung der Staatlichen Museen zu Berlin präsentiert.

Von 1843 bis 1855 entstand hinter dem Alten Museum das Neue Museum. Im Jahr 1841 hatte König Friedrich Wilhelm IV. von Preußen verfügt, „die ganze Spreeinsel hinter dem Museum zu einer Freistätte für Kunst und Wissenschaft umzuschaffen“. Aus den Entwurfsskizzen des Königs entwickelte der Architekt Friedrich August Stüler, ein Schüler Karl Friedrich Schinkels, einen Plan, der die Grundstruktur des späteren Museumskomplexes vorgab. Auch das Neue Museum wurde im Zweiten Weltkrieg beschädigt. 60 Jahre lang Kriegsruine, wurde 1997 David Chipperfield Architects mit der Sanierung beauftragt. Das Leitmotiv für die 2003 beginnenden Wiederaufbau- und Sanierungsarbeiten war das „behutsame Weiterbauen“. So baute man komplett oder wesentlich zerstörte Gebäudeteile, wie den Nordwestflügel, die südöstliche Kuppel und die monumentale Treppenhalle, in ihrem historischen Volumen, aber mit moderner Formensprache wieder auf. Altes unterscheidet sich dort heute deutlich von Neuem und fügt sich doch harmonisch zusammen. Das gelungene Konzept der „ergänzenden Wiederherstellung“ wurde mehrfach prämiert. Das Haus bewahrt heute das Ägypti-

DER DEUTSCHEN KUNST MDCCCLXXI

sche Museum sowie das Museum für Ur- Frühgeschichte. Die Porträtbüste der Königin Nofretete im Nordkuppelsaal, das Ideal zeitloser Schönheit und Inbegriff altägyptischer Kunst, ist heute der Publikumsmagnet.

Deutsche Kunst von Weltrang zeigt die Alte Nationalgalerie. 1866 bis 1876 nach Skizzen Friedrich Wilhelm IV. von August Stülers errichtet, gilt dieses Gebäude als eine der bedeutendsten Museumsarchitekturen des 19. Jahrhunderts. Gemeinsam mit dem Neuen Museum war die Nationalgalerie Teil von Stülers Gesamtplan einer „Freistätte der Kunst und Wissenschaft“. Das tempelartige Gebäude mit der programmatischen Giebelaufschrift „Der deutschen Kunst“ beherbergt eine der wichtigsten deutschen Sammlungen der Kunst jener Zeit. Um 1900 öffnete sich das Haus auch der französischen Malerei. So gehört nun neben Caspar David Friedrichs „Mönch am Meer“, Arnold Böcklins „Die Toteninsel“, Adolf Menzels „Flötenkonzert Friedrich des Großen in Sanssouci“ auch Edouard Manets „Der Wintergarten“ zu den Highlights dieser großartigen Schau.

An der nördlichen Inselspitze erhebt sich das Bodemuseum im prachtvollen Wilhelminischen Barock über die Spree. Das 1898 bis 1904 durch Ernst Eberhard von Ihne errichtete imposante Gebäude trug zunächst den Namen des Kaiser Friedrichs. Erst 1956 erhielt es den Namen seines Begründers Wilhelm von Bode, der das Haus von Anfang an als Museumsgebäude für Gemälde und Skulpturen konzipiert hatte. Heute beherbergt das Bodemuseum die Skulpturensammlung, u.a. mit einem reichen Bestand an Werken von Tilman Riemenschneider, und das Museum für Byzantinische Kunst sowie das Münzkabinett.

Als letzter und zugleich größter Neubau kam das Pergamonmuseum hinzu. Ebenso wie das Bode-Museum wurde es erst nach der Eisenbahntrasse erbaut, die seit 1882 über die Museumsinsel führt. Von Alfred Messel entworfen und 1930 eröffnet, bietet es heute monumentalen Architekturexponaten Ägyptens, Vorderasiens, Griechenlands, Roms und des islamischen Kulturraumes Platz. Die Grundinstandsetzung und Ergänzung des Pergamonmuseums wird sich voraussichtlich noch bis etwa zum Jahr 2025 hinziehen, doch immer ist ein Teil des Gebäudes für Besichtigungen geöffnet.

SCHOKOLADE MACHT GLÜCKLICH

Seit 150 Jahren übertreffen die Chocolatiers vom Gendarmenmarkt die süßesten Träume

Nur fünf Prozent der weltweiten Kakaoernte besteht aus Edelkakaos. Das macht sie so kostbar und teuer. „Ihr Geschmack ist viel blumiger und nicht so scharf wie der anderer Kakaos", sagt Robert Rausch. Er selbst bevorzugte früher Vollmilchschokolade. Doch je älter er wird, desto dunkler darf es sein. Dass Schokolade glücklich macht, ist wissenschaftlich erwiesen. So gesehen ist sein Schokoladenhaus ein Glückstempel sondergleichen. „Fassbender & Rausch", Europas größtes Schokoladenhaus, steht an einem der schönsten Plätze der Hauptstadt, mit Blick auf den Deutschen und den Französischen Dom. Heute locken nicht nur Kunst und Kultur viele Besucher an – der Gendarmenmarkt ist ein Treffpunkt der Berliner Gesellschaft. Niemand sollte der süßen Verlockung widerstehen, das hohe Haus der edlen Schokoladen, Trüffel und Pralinen zu betreten. Andächtig betrachten Kunden aus aller Welt die berühmten Schaustücke aus Schokolade, so die 2,75 Meter lange Titanic aus 1 200 Zartbitterschokoladenteilchen, das Brandenburger Tor und ein Stück der Berliner Mauer in Originalhöhe. Zudem hypnotisieren über 200 Pralinen- und Trüffelsorten die Blicke. In der Schokoladenvitrine locken archaisch große Block-

Berliner Buletten
Dieses Rezept finden Sie
auf der Seite 71

schokoladen. Die Auswahl ist märchenhaft groß. Robert Rausch leitet, gemeinsam mit seinen Vater in der fünften Generation das erfolgreiche Familienunternehmen. Angefangen hatte alles, als der Urgroßvater im Rheinland seine erste Confiserie eröffnete. Dessen Sohn Wilhelm zog 1918 nach Berlin. 1999 wurde das „Schokoladenhaus Fassbender & Rausch" eröffnet. Auf 1.000 Quadratmetern dreht sich nun alles um Schokolade. Die Familie Rausch setzt auf Qualität, auch im Schokoladen-Café und im Schokoladen-Restaurant in der ersten Etage. In Europas erstem und einzigen Schokoladenrestaurant können Schokoladengourmets erleben, wie unglaublich raffiniert sich Edelkakao mit Fisch, Fleisch und Gemüse vermählen lässt. Im Schokoladen-Café versüßen die täglich von Meisterhand gefertigten Törtchen und Trinkschokoladen das Leben.

FASSBENDER & RAUSCH –
CHOCOLATIERS AM GENDARMENMARKT
Robert Rausch
Charlottenstr. 60, 10117 Berlin
Tel.: 0 30 / 20 45 84 43
info@fassbender-rausch.de
www.fassbender-rausch.de

ADLON VERPFLICHTET

Das Hotel Adlon steht für Luxus mit Geschichte

1905 begann die Geschichte des Hotels Adlon. Damals kaufte der Hotelier Lorenz Adlon zwei Grundstücke am Boulevard Unter den Linden, unweit des Brandenburger Tores, und ließ dort das Schinkelsche Palais Reder abreißen. Mit Unterstützung von Kaiser Wilhelm II., der hier sozusagen Stammgast war, entwickelte es sich innerhalb von drei Jahren zu einem der schönsten und luxuriösten Hotels der Welt. Hinter klassisch-konservativen Mauern verbarg sich eine für die damalige Zeit einzigartige technische Ausstattung. Elektrizität und fließend warmes Wasser gehörten zum Standard der Gästezimmer.

„Egg Adlon Benedikt"
Dieses Rezept finden Sie auf der Seite 71

Europas Könige und der russische Zar waren hier ebenso Gäste wie Edison, Ford, Rockefeller, Einstein oder Karajan. „In der großen Halle des Hotels", schrieb die Berliner Morgenpost 1929, „hörte man die Sprachen aller Welt". 1945 brannte das Hotel aus und wurde später bis auf einen Seitenflügel, der noch bis 1984 stand, abgerissen. 1997 eröffnete der am historischen Vorbild orientierte Neubau, in den man auch das damalige Kempinskigrundstück Unter den Linden/Wilhelmstraße mit einbezogen hatte. Pächter des Hotels ist die Hotel Adlon GmbH, eine mittelbar 100-prozentige Tochtergesellschaft der Kempinski AG. Heute ist das Adlon wieder die erste Berliner Hoteladresse. Prominente Gäste streifen durch die noble Geschäftspassage des Adlon. Doris Schröder-Köpf, Armin Müller Stahl und Katie Holmes hat man hier gesehen. Hinter dieser Edeladresse verbirgt sich natürlich auch Edel-Gastronomie. Sterne-Koch Tim Raue kocht für das Restaurant „Sra Bua by Tim Raue". Das mit zwie Michelin-Sternen prämierte Lorenz Adlon Esszimmer ist das kulinarische Atelier von Hendrik Otto, Koch des Jahres 2013. Der Treffpunkt für authentisch regionale Küche mit lokalen Spezialitäten wie der „Berliner Currywurst" heißt Restaurant Quarré. Das Felix ClubRestaurant ist einer der angesagtesten Clubs in ganz Berlin.

HOTEL ADLON GMBH
Oliver Eller / Reto Wittwer
Unter den Linden 77, 10117 Berlin
Tel.: 0 30 / 22 61 0
Fax 0 30 / 22 61 22 22
hotel.adlon@kempinski.com
www.kempinski.com/de/berlin/hotel-adlon

ACHT HÖFE VOLLER LEBEN

Die Hackeschen Höfe zählen zu den beliebtesten Sehenswürdigkeiten Berlins

Die Geschichte der am 23.September 1906 eröffneten „Hackeschen Höfe“ ist eng mit der Geschichte der Berliner Juden verbunden. Sie waren zu Beginn des 20. Jahrhunderts bis zur Machtergreifung der Nationalsozialisten ein Berliner Zentrum jüdischen Lebens, dem jüdischen Adressbuch von 1929/30 zufolge waren ein Viertel der hier Gewerbetreibenden Juden. Mit etwa 9.200 Quadratmeter Grundfläche galten die Hackeschen Höfe auch als die größte Gewerbe- und Wohnhofanlage in Deutschland, dessen Besonderheit schon damals die Verzahnung der verschiedenen Funktionen war. 1942

wurden die Höfe als Fremdvermögen unter Kuratel gestellt. Nach dem Krieg als Volkseigentum deklariert, begann eine jahrzehntelange Vernachlässigung der Hackeschen Höfe, die Festsäle wurden baulich verunstaltet und ihrem eigentlichen Zweck entfremdet, die Straßenfassade in den 1960er-Jahren zerstört. Immerhin war es den Mietern um 1950 gelungen, die völlige Zerstörung der Fassaden im ersten Hof zu verhindern – eine wichtige Voraussetzung für die spätere denkmalgerechte Sanierung. Erst nach der politischen Wende von 1989 erfuhren die Hackeschen Höfe eine Renaissance. Die acht miteinander verbundenen Höfe zwischen der Rosenthaler Straße und der Sophienstraße wurden 1993 für 80 Millionen Mark saniert und sind heute mit den vielen Läden, Galerien, Restaurants und Clubs ein beliebter Treffpunkt für Szenegänger, Nachtschwärmer und Touristen. Das Konzept sah von Anfang an wieder eine soziale, kulturelle und gewerbliche Nutzungsmischung vor. Die Hackeschen Höfe, acht Höfe zwischen der Rosenthaler- und der Sophienstraße, bieten heute auf 27.000 Quadratmetern Raum für 40 Gewerbeunternehmen, dazu Kultureinrichtungen wie das Filmkunsttheater und das Varieté Chamäleon, Wohnungen. Vom anspruchsvollen Restaurant, über ein Feinkost-Bistro geht die Palette des Angebots weiter zu einem Bar-Club, einem hochwertigen Café bis zum Jazz-Club und einem Billard-Salon.

HACKESCHE HÖFE
Rosenthaler Str. 40/41 & Sophienstr. 6, 10178 Berlin
Tel.: 0 30 / 28 09 80 10
Fax: 030 / 28 09 80 50
www.hackesche-hoefe.com

DIE SOPHIENSAELE

Produktions- und Spielstätte für frei produzierte Theater- und Tanzprojekte in Berlin

„In einem alten, 1904 erbauten und denkmalgeschützten Handwerkervereinshaus führen ein paar Theaterenthusiasten erfolgreich den Beweis, dass das Theater nicht tot ist. Es ist nur höchste Zeit für neue Sichtweisen", heißt es im Kulturführer Berlin. Genau darum geht es seit Herbst 1996 in den „Sophiensälen". Alles begann mit der heute legendären Inszenierung der Choreografin Sasha Waltz & Guests „Allee der Kosmonauten". Längst stehen die Sophiensäle für ambitioniertes Freies Theater und ausgefuchstes Networking. Eigene Veranstaltungsreihen wie „Freischwimmer – Plattform für junges Theater" oder die „Tanztage Berlin" fördern aktiv neue Ausdrucksformen von Nachwuchschoreografen und -künstlern. Auch sind die Sophiensaele Spielstätte für wichtige Berliner Festivals wie „100° Berlin – Das lange Wochenende des Freien Theaters", „Tanz im August" und „MaerzMusik". Als einer der

wichtigsten Produktions- und Spielorte für freies Theater im deutschsprachigen Raum, laden die Sophiensaele ausgewählte Künstler aus der Berliner, sowie aus der nationalen und internationalen Szene ein, hier ihre Arbeiten zu produzieren und zu präsentieren. Dabei ergänzen sich Theater, Tanz, Performance, Musik, Bildende Kunst und diskursive Formate gleichberechtigt im Programm und treten in einen produktiven Dialog. Die Sophiensaele befinden sich in einer der ältesten Straßen der Spandauer Vorstadt, in der über 300 Jahre alten Sophienstraße gleich neben den berühmten Hackeschen Höfen. Die Decken und Wände des einstigen Festsaales zeugen noch von der wechselhaften Geschichte des alten Handwerkervereinshaus und bereichern die zeitgenössischen Aufführungen um das architektonische Erbe. Daneben finden auch Veranstaltungen im Hochzeitssaal und in der kleineren Kantine statt. Bei der Teilsanierung im Jahr 2011 wurde der Charme des alten Gebäudes sorgfältig bewahrt.

SOPHIENSÆLE
Kerstin Müller
Sophienstr. 18, 10178 Berlin
Tel.: 030 / 27 89 00 30
Tel. Kartenreservierung: 030 / 283 52 66
info@sophiensaele.com
www.sophiensaele.com

noto

NORTH OF TORSTRASSE

Das noto ist ein Berliner Bohèmian-Lokal mit New Yorker Flair

So viel grandioses Understatement findet man selten. Der langgestreckte Raum ist schlicht, das Essen – moderne deutsche Küche – sensationell gut und so offen für internationale Einflüsse wie die Akteure dieses kleinen Lokals, in dem sich Nachbarschaft und Freunde treffen. Das Fleisch ist butterzart, der Fisch ein Gaumenschmeichler, das Gemüse genau richtig gegart. Wird andernorts solche Qualität aufgetischt, geschieht das zumeist kaum so unangestrengt wie im noto – was übrigens eine Abkürzung für North of Torstraße und very NY ist. Die Küche ist ein offener Raum im hinteren Bereich, mit einem großen, kommunikativem hölzernen „Küchentisch". Der Schwede Albin Adolfson und die Britin Ruby Harrison, beide zuletzt in London tätig, bereiten hier Senfeier mit Kartoffelstampf oder Königsberger Klopse ebenso gekonnt zu, wie ein sehr feines Risotto mit Pulpo oder Steinbeißerfilet mit Austern-Beurre-Blanc. Ein dauerhafter Klassiker auf der ansonsten regelmäßig wechselnden Karte sind die puristisch mit Krautsalat gereichten Kalbs-Spareribs, die vom amerikanischen Vorleben des Restaurantgründers Ronald Marx zeugen. Der Laden brummt aber auch, weil er längst Kult ist. Ronald Marx, Schauspieler und Koch aus Leidenschaft, hatte ihn 2009, nach zwanzig Jahren aufregendem Theaterleben zwischen Düsseldorf, New York und Berlin, gegründet. Freunde bekochen Freunde war die Losung. Etwas später kam Jost Reichert dazu. „Ronald verkörperte geniale Gastgeberfähigkeiten, ich habe das Fachwissen eingebracht", sagt der schlaksige junge Mann mit dem wunderbaren Lächeln über den kürzlich verstorbenen Freund. Schon wieder ein Understatement, denn Josts Ansprache an die Gäste ist herzlich, locker, eben voller Charme. Er gibt dem noto das heutige Gesicht. Wer auch immer durch die Tür tritt, ob jemand aus der großen Stammgästeschar oder ein Zufallsgast, fühlt sich im noto willkommen. Dieses kleine Bohèmian-Restaurant mit New Yorker Flair aber zieht Künstler und Kreative aus der Nachbarschaft genauso an, wie Amerikaner, die sich in der Hauptstadt niedergelassen haben. Vielleicht, weil nicht nur die Spareribs im Gastroführer der New York Times erwähnt wurden.

NOTO BAR & RESTAURANT
Torstr. 173, 10115 Berlin (Mitte)
Tel.: 030 / 20 09 53 87
office@noto-berlin.com
www.noto-berlin.com

SO TANZT BERLIN

Clärchens Ballhaus ist eine Institution in punkto Tanzvergnügen

„Clärchen ist Kult", schreibt die TAZ. „Mitten im touristischen Berlin kann man bei Clärchens ein Stück Berliner Heimat finden, kann allein oder zu zweit tanzen, kann flirten und anbandeln. Und vielleicht sogar die Liebe seines Lebens kennenlernen", schwärmt die Berliner Zeitung. „Hier tanzt die Vergangenheit mit der Gegenwart in ihrem eigenen Rhythmus", die MOZ. Alle lieben „Clärchen", dabei liegen zwischen den Gästen dieser traditionsreichen Tanzstätte locker an die 60 Jahre Altersunterschied. Hier kann eben jeder nach seiner Fasson selig werden. Am 13. September 1913 eröffnete Fritz Bühler im Hof der Auguststraße das Tanzlokal „Bühlers Ballhaus". Bekannt aber wurde es unter dem Namen „Clärchens Ballhaus", wie es seine Witwe nannte, nachdem der Wirt im Ersten Weltkrieg gefallen war. Bis in die 1940er-Jahre vergnügte man sich in zwei Sälen: Während unten im großen Saal das Volk zu Gassenhauern

schwofte, trafen sich im Spiegelsaal mit wilhelminischem Prunk die vornehmeren Damen und Herren. Im Keller gab es eine Kegelbahn. In den ersten Jahren wurde beim Witwenball mit Damenwahl geschwoft, zu Schlagern von Walter Kollo: „Max, du hast das Schieben raus …“ Das legendäre Etablissement hat das Tanzverbot der Nationalsozialisten und den Stasikontrollwahn überstanden. Nun ist „Clärchen“ 100 Jahre alt und noch kein bisschen müde. Vom festlichen Gründerzeitprunk zeugt noch der Spiegelsaal. Mit seinen alten Riesenspiegeln, mit Stuckdecke, galanten Reliefs und schattiger Loge eignet er sich für klassische Konzerte, Oper und Disco. Bei Tango, Swing, ChaCha, Gipsy, Salsa, Walzer und Co. tobt der Bär im Ballsaal. „Schwof im Clärchens“ – dieses nostalgische Wort passt wie kein zweites zu diesem Vergnügungsort, an dem täglich etwas los ist – endet erst, wenn der letzte Gast gegangen ist.

CLÄRCHENS BALLHAUS GMBH
Geschäftsführer: Christian Schulz und David Regehr
Gipsstr. 11, 10119 Berlin
Tel.: 0 30 / 28 38 55 88
Fax: 0 30 / 28 38 55 89
info@ballhaus.de
www.ballhaus.de

REZEPTE

„Kleine Landgut Sauerei"
Kasseler, kleine Leberwurst, Bockwurst und gebratene Blutwurst vom Wildschwein mit Sauerkraut und Püree

Landgut A. Borsig, Seite 35

ZUTATEN für 4 Personen

Kartoffelpüree: 1 kg geschälte mehlig kochende Kartoffeln, 300–400 ml Milch, 100 g Butter, Salz, Muskatnuss
Sauerkraut: 800 g gewaschenes Sauerkraut, Zwiebeln, Speck, Lorbeer, Kümmel, Salz, Zucker
Wildprodukte: Bockwurst, Leberwurst, Blutwurst, Kassler

ZUBEREITUNG

Püree: Die mehlig kochenden Kartoffeln in Salzwasser kochen und schälen, das Wasser der gekochten Kartoffeln bis auf einen kleinen Rest abgießen. Milch aufkochen, Kartoffeln pressen, Butter und Milch zu den Kartoffel geben und mit Salz und Muskatnuss würzen.
Sauerkraut: Zwiebeln und Speck würfeln und andünsten, Sauerkraut waschen und zu den gedünsteten Zwiebeln und dem Speck geben. Mit Lorbeer, Kümmel, Salz und Zucker würzen und ziehen lassen.
Wild: Je nach Geschmack die Wildwürste erwärmen und die Blutwurst anbraten.

Hoppel Poppel das Original – ein typisch berlinisches Gericht

Zur alten Laterne, Seite 44

ZUTATEN für 4 Personen

1 kg Kartoffeln festkochend, 500 g frisches Kasselerlachsfleisch, 100 ml Sonnenblumenöl oder Rapsöl, 40 g gute Butter, 80 g Magerspeck gewürfelt, 2 Zwiebeln, mindestens 8 Eier, Salz , Pfeffer aus der Handmühle, 1 Prise gemahlenen Kümmel, 1 TL Majoran, 2 Saure Gurken, frische Kräuter (Lauch, Schnittlauch, Kresse)

ZUBEREITUNG

Kartoffeln kochen, pellen und in Scheiben schneiden, dann in einer großen Pfanne mit dem Öl goldbraun braten und salzen. In einer zweiten Pfanne Speck, Fleisch und abgezogene, in Streifen geschnittene Zwiebeln mit ein wenig guter Butter anbraten und mit Kümmel, Majoran und Pfeffer würzen. Dann das ebenfalls in Streifen geschnittene Fleisch mit den Bratkartoffeln vermengen, die aufgeschlagenen Eier darüber geben und wie ein Bauernomelette stocken lassen. Mit den geschnittenen sauren Gurken und frischen Kräutern servieren. Gut schmeckt dazu Weißkrautsalat mit Roter Bete.

Berliner Buletten
Fassbender & Rausch, Seite 58

ZUTATEN für 4 Personen

Buletten: 200 g Rinderhack, 200 g Kalbshack, 10 cl Milch, 100 g Zwiebeln, 20 g Kakaobruch, 2 EL Senf. Je 1 Prise Salz und Pfeffer, 1 Knoblauchzehe, 2 Eier, 100 g Toastbrot, 200 g Fingermöhrchen, 1 Prise Zucker, 2 TL Butter
Kartoffel-Gurken-Salat: 1 kg festkochende Kartoffeln, 250 ml Gemüsebrühe, 20 g Senf, 1 Salatgurke

ZUBEREITUNG

Buletten: Aufgekochte Milch über das Toastbrot geben. Zwiebel und Knoblauch würfeln, anbraten und abkühlen lasse. Beide Sorten Hack mit dem eingeweichten Brot und den Eiern vermischen, Zwiebel, Knoblauch und den Kakaobruch dazugeben. Alles vermengen und mit Senf, Salz und Pfeffer abschmecken. Nun die Buletten formen und in heißem Öl goldbraun von beiden Seiten anbraten.
Die Fingermöhren mit kochenden Wasser übergießen und die feine Haut abziehen. Möhrchen nun garziehen lassen, dann in etwas Butter mit Zucker und Salz glasig dünsten.
Kartoffel-Gurken-Salat: Die gekochten Kartoffeln pellen und noch warm in Scheiben schneiden. Zwiebel würfeln und mit der heißen Brühe übergießen. Anschließend Senf verrühren, über die Kartoffeln geben und etwa 2 Stunden ruhen lassen. Die Gurke halbieren und, nachdem das Kerngehäuse entfernt ist, in dünne Scheiben schneiden. Die Zwiebeln zerkleinern und mit etwas Öl unter die Kartoffeln geben. Nochmals eine halbe Stunde ziehen lassen und mit Salz und Pfeffer abschmecken.

„Egg Adlon Benedikt"
Hotel Adlon GmbH, Seite 60

ZUTATEN

2 English Muffins, 50 g frischer Spinat, 10 g Schalotten, 2 pochierte Eier, 2 Scheiben Kochschinken vom Duroc Schwein, 1 EL Sauce Hollandaise

ZUBEREITUNG

Wasser mit ein wenig Essig in einen Topf füllen. Rohe Eier vorsichtig in den Essig geben und darauf achten, dass sie nicht kaputt gehen. Wasser und Essig zum Kochen bringen, dann einen Strudel mit einem Schneebesen erzeugen und die Eier vorsichtig hineinlaufen lassen.
Nach circa 3 Minuten schwimmen die Eier an der Oberfläche und sind fertig – innen weich und außen fest. Die Eier in kaltem Wasser abschrecken und auf ein Tuch legen.
Als nächstes den Spinat mit ein wenig Butter und Schalotten in einer Pfanne kurz anbraten und mit Salz und ein wenig Muskat abgeschmecken. Den English Muffin von beiden Seiten goldgelb toasten. In der Zwischenzeit den Duroc-Kochschinken kurz anbraten und auf den Muffin legen. Danach kommt der Spinat und das pochierte Ei darauf. Zum Schluss etwas Sauce Hollandaise darüber geben und gratinieren lassen. Auf einem Teller anrichten.

VOM NÜTZLICHEN UND SCHÖNEN

Die Schlösser und Parks von Potsdam und Berlin

Als die UNESCO im Dezember 1990 auf einer Sitzung im kanadischen Banff beschloss, die Berlin-Potsdamer Schlösser- und Parklandschaft zu den großen Kulturstätten der Menschheit zu zählen, kürte sie das erste gesamtdeutsche Weltkulturerbe. Ein Meisterstück deutscher Einheit. Den Aufnahmeantrag bei der UNESCO mit 500 Hektar Park und 150 Bauwerken aus der Zeit von 1730 bis 1916 hatte bereits vor 1989 die DDR gestellt, die allerdings erste ein Jahr zuvor der bereits 1976 in Kraft getretenen Vereinbarung über den „Konventionsschutz des Kultur- und Naturerbes der Welt" beigetreten war. 1992 und 1999 wurden neben den Schlössern und Parks weitere Bereiche zur Vervollständigung des Gesamtensembles „nachnominiert". Heute ist diese derart geadelte Landschaft zwischen Pfaueninsel und Kaiserbahnhof die größte Welterbe-Stätte Deutschlands. Ein Ensemble fürstlichen Gestaltungswillens. Kilometer lange Alleen und Sichtachsen quer durch die Stadt und von einem Ufer der Havel zum anderen verbinden heute wieder die lange Zeit nur als kunstvolle Solitäre wahrnehmbaren königlichen Schlösser und Gärten.

In DDR-Jahren zugewuchert und verbaut, verschwand immer mehr der alten Potsdamer Kulturlandschaft aus Stadtbild und Gedächtnis. 40 Jahre lang war für ahnungslose Spaziergänger von Sanssouci der Park in seiner westlichen Ausdehnung am Neuen Palais, zu Ende. Nichts erinnerte mehr daran, dass die Schlossparkallee als Lindenallee noch 700 Meter weiter den Gedanken einer kunstvoll gestalteten Landschaft hinaus in die freie Feldflur trug. Heute fällt der Blick aus dem Dunkel der alten Linden auf sonnige Wiesen.

Auch am Ruinenberg, einem schon im 18. Jahrhundert romantisch bebauten Hügel hinterm Schloss Sanssouci, durchschnitten Trampelpfade historische Wegläufe; Wildwuchs versperrte alte planvoll angelegte Sichten. Dabei war die Gegend nördlich von Sanssouci eine der bedeutendsten Erweiterungen des friderizianischen Parks. Der Gartenarchitekt Peter Joseph Lenné träumte von einer „geschmückten Feldflur" und ließ den gesamten Ruinenberg mit 50.000 Bäumen um kunstvoll belassene Feldflächen bepflanzen – ein Werk der Versöhnung des Nützlichen mit dem Schönen.

Tausende Gehölze wurden inzwischen auch auf dem Pfingstberg gepflanzt, historische Wege neu angelegt. Der Pfingstberg zwischen Havel und Sanssouci ist als höchste Erhebung der Stadt wichtiger Kristallisationspunkt der Potsdamer Kulturlandschaft. Lennésche Wege schlängeln sich auch zu Schinkels Erstlingswerk, den mit Hilfe der Reemtsma-Stiftung 1991 restaurierten Pomonatempels. Jeder Schritt auf den wiedererweckten Wegen führt vor einen neuen Ausschnitt im Landschaftsbild. So ist zusammengewachsen, was zusammengehört.

Das Herzstück der UNESCO-Welterbestätte bildet der über 250 Jahre gewachsene Park Sanssouci. Der rund 290 Hektar große Park mit seinen Schlössern gilt als eine der schönsten Parklandschaften Deutschlands. 132 Stufen über dem Rondell der Großen Fontäne lebte Friedrich II. in seinem kleinen Sommerschloss bis zu seinem Tod im Jahr 178. Weitab der Staatsraison, ländlich intim sollte es sein und der Architekt Georg Wenzeslaus von Knobelsdorff musste sich bei seinen Entwürfen nach den Situationsskizzen des Königs richten. Das Schloss beherbergt deswegen zwölf kostbar ausgestattete ebenerdige Räume

Die etwa zwei Kilometer lange Hauptallee des Parks führt vorbei an dem Weinbergschloss und umrahmt mit ihren hohen Bäumen die prächtige tiefrote Fassade des Neuen Palais. Dieser Palast, 1763–1769 erbaut, war der letzte Schlossbau Friedrich des Großen und gleichsam die letzte bedeutende Schlossanlage des preußischen Barock. Mit über 600 Räumen ein Grandhotel für adelige Gäste. Der König nannte es selbst „Fanfaronade“, Angeberei. Noch heute leuchtet in den Räumen der späte Glanz des „friderizianischen Rokoko“.
Der Lebensstrom in diesem königlichen Spiel mit der Welt als Garten ist die Havel. Der Fluss mit seinem buchtenreichen Verlauf ist das, wovon jeder Landschaftsgärtner träumt. Auf der Glienicker Brücke, der ältesten Verbindung zwischen Berlin und Potsdam lässt sich in vollen Zügen genießen, was als italienisch inspirierte Kulturlandschaft von sich reden macht. Hier lässt sich das wiedergewonnene Zusammenspiel der Parks an den westlichen und östlichen Ufern genießen. Die Brücke verbindet heute wieder, was die Grenze einst zerschnitt: eine Kulturlandschaft, entstanden aus der Sehnsucht der Preußenherrscher nach südlichen Gefilden. Im Park Glienicke, im Babelsberger Park und im Neuen Garten können die Sinne das Wunder der Wende feiern. Als 1993 auch der Sacrower Schlosspark zur Stiftung Preußische Schlösser Berlin-Brandenburg kam, begann man in acht Hektar ehemaligen Grenzgeländes mit gartenarchäologischen Methoden den alten Park zu suchen. Heute ist der ehemalige 1,5 Kilometer lange Todesstreifen ein heiterer Spazierweg. Die Havelseen weiten sich wieder zu einer Flusslandschaft, die im 19. Jahrhundert mit Sichtachsen zwischen Schlössern, Pavillons, Baumgruppen und Rundbänken von Karl Friedrich Schinkel und Peter Joseph Lenné komponiert wurde.
Romantisch spiegelt sich im Jungfernsee ein „venezianisches“ Gotteshaus, die Heilandskirche am Port, mit der Friedrich Wilhelm IV. sein großes italienisches Szenario der Landschaft von

Potsdam began. Englischer Tudorstil schmückt das gegenüberliegende Ufer von Park Babelsberg, das sich der königliche Bruder Wilhelm, der spätere Kaiser, von Lenné und Fürst Pückler-Muskau gestalten ließ. Die Schwanenallee führt in den Neuen Garten, dem nach Sanssouci zweitältesten königlichen Park von Potsdam. 2.000 Besucher kamen im Juni 2008 in den Neuen Garten, um das Schloss Friedrich Wilhelm II. in seiner ganzen inneren Schönheit zu erleben. Zum ersten Mal nach rund 50 Jahren konnten alle Räume des Marmorpalais besichtigt werden. Das architektonische Meisterwerk der preußischen Frühklassik, 1787–1791 von Carl von Gontard außen und von Carl Gotthard Langhans innen gestaltet, wurde von den Hohenzollern bis 1917 bewohnt. Nach 1945 gehörte es als Offizierscasino zum Freizeitpark der Roten Armee. 1961 wurde dem Schloss die preußische Seele aus dem Leib gerissen. Säle und Salons wurden leegeräumt, Türen ausgehängt, Fußböden zerstört. Das Armeemuseum der DDR schleppte schweres Kriegsgerät in die Schlossräume. Seit 1989 ist das Armee-Museum der DDR nun wieder das Marmorpalais. Mit rund 11,5 Millionen Euro haben Bund und Länder die Sanierung gefördert.

Unter den historischen Quartieren Potsdams, die ebenfalls Teil des UNESCO-Weltkulturerbes sind, gehören auch die Russische Kolonie Alexandrowka und das Holländische Viertel mit seinen roten Backsteinhäusern. Die vier Karrees des Holländischen Viertel wurden in den Jahren von 1731 bis 1742 unter der Leitung des holländischen Baumeisters Jan Bouman für holländische Handwerker errichtet. 134 dreiachsige Giebelhäuser und fünf- bis siebenachsige Traufenhäuser entstanden. Schon damals galt das Holländische Viertel als baulicher Höhepunkt der zweiten barocken Stadterweiterung.

Die Russische Kolonie Alexandrowka wurde 1826 durch eine „Allerhöchste Cabinets-Ordre" des Preußenkönigs Friedrich Wilhelm III. für zwölf russische Sänger gegründet. Als Kunstdorf mit dem Grundriss eines russischen Andreaskreuzes steht es mit seinen 14 Gehöften und einer Kapelle für die damalige starke russisch-preußische Freundschaft.

BAYERN IN PREUSSEN

Königliches Flair mitten im Potsdamer Wildpark

Als Gertrud Schmack im Jahr 2000 das „Bayrische Haus" übernahm, wusste sie zwei Dinge ganz genau: Das architektonische Kleinod muss ein Relais & Château Hotel werden und über dem Hotelrestaurant wird der Michelin-Stern leuchten. Sie hat ihr Ziel erreicht. Die königliche Unterkunft bietet heute 41 Zimmer und Suiten von zeitloser Eleganz. Das Restaurant „Friedrich-Wilhelm" überzeugt seit zehn Jahren den Guide Michelin, der 2014 schrieb: „Als ‚hölzern' kann man das Gourmetrestaurant wirklich nur hinsichtlich seiner hellen Rundumverkleidung bezeichnen, von der schönen Kassettendecke über die Wandvertäfelung bis zum stilvollen Parkettboden. Geschmackvoller könnte der Rahmen für Alexander

Dressels feine, aromatische und auf Top-Produkten basierende klassische und gleichzeitig modern inspirierte Küche kaum sein. Keine Frage, dass hier auch der Service stimmt, treffliche Weinempfehlung inklusive." Es ist wahrlich ein ganz besonderes Vergnügen, bei einem guten Tropfen deutschen oder österreichischen Weins in Bauwerken zu sitzen, die royale Geschichte atmen. Wen es zwischendurch kulinarisch nach Deftigerem gelüstet, findet im etwa 400 Meter entfernten Gasthaus „Alte Försterei" (Tiroler Landhausküche), in einem toskanisch anmutenden Bauwerk des königlichen Architekten Ludwig Persius, das Gertrud Schmack und ihr Lebensgefährte Karl Dürbeck aufwändig restaurieren ließen. Das Haus im bayerischen Stil war ein Geburtstagsgeschenk des preußischen Königs Friedrich Wilhelm IV. an seine von Heimweh geplagte Gattin Elisabeth Ludovika von Bayern. Selbst bayerische Gämsen ließ der Monarch im preußischen Wald aussetzen. Baumeister war 1847 Ludwig Ferdinand Hesse, der auch das Belvedere auf dem Pfingstberg, Teil des Potsdamer UNESCO-Weltkulturerbes, erbaute. Der Wildpark liegt abseits vom städtischen Trubel und nicht weit von den großartigen Potsdamer Kulturlandschaften.

HOTEL BAYRISCHES HAUS
Gertrud Schmack
Im Wildpark/Elisenweg 2, 14471 Potsdam
Tel.: 03 31 / 55 05-300
Fax: 03 31 / 55 05-560
info@bayrisches-haus.de
www.bayrisches-haus.de

KLEINES SCHLOSS MIT GROSSER AUSSICHT

Schweizer Kochhandwerk und oberfränkische Gastfreundschaft in Preußisch-Akardien

Es klingt fast unglaublich: Die Vorfahren des Pächters vom Kleinen Schloss am Fuße des großen Babelsberger Schlosses belieferten hier einst Kaiser Wilhelm I. mit Bier und Schnaps. Arndt Gilka-Bötzow beteuert, dass dies nicht der Grund für seinen Wechsel von Bayreuth nach Potsdam war, sondern vielmehr die fantastische Chance zu gastronomischer Selbstständigkeit. Seine Frau Claudia hat Schweizer Kochhandwerk mit an den Havelstrand gebracht. Seit 2004 bieten die beiden den Spaziergängern vom Park Babelsberg im Kleinen Schloss ein geradezu magisches Ziel. Einst ein einfaches Gartenhaus, wurde es unter Einfluss der Prinzessin Augusta vom Architekten Persius im Stil englischer Tudorgotik für ihren ältesten Sohn, den späteren Kaiser Friedrich III., umgebaut. Hier kann man sich in vier Salons oder auf der Sonnenterrasse

Preußische Sachertorte
(glutenfrei)
Dieses Rezept finden Sie auf der Seite 102

niederlassen und zu herzhaften Suppen und Quiches das kunstvolle Sichtachsensystem der Potsdamer Kulturlandschaft genießen. Köstlich sind auch die hausgebackenen Kuchen und Torten, vor allem die Schmandtorte mit Mandarinen und die saftige Preußische Sachertorte. Preußische Sachertorte? „Das Preußische daran sind die gekochten Kartoffeln darin." Der Wirt schmunzelt und „Bäckerin" Claudia erzählt: „Um den Wunsch unserer Gäste nach glutenfreiem Kuchen zu erfüllen, habe ich das Rezept meiner Großmutter sozusagen entmehlt und backe mit gekochten Kartoffeln und Kartoffelmehl." Wer ausgiebiger tafeln möchte, kann dies nach Vorbestellung. Das Kleine Schloss inmitten des großen kaiserlichen Gartens ist eine der schönsten Potsdamer Event-Locations. Familienfeiern gibt das Schlösschen für Hochzeiten und andere Jubeltage einen märchenhaft anmutenden Rahmen. Auch prominente Gäste auch Politik und Wirtschaft schätzen die exklusive Lage und das ungestörte Tafeln maßgeschneiderter Menüs.

KLEINES SCHLOSS
Café & Eventlocation im Park Babelsberg
Claudia und Arndt Gilka-Bötzow
Park Babelsberg 9, 14482 Potsdam
Tel.: 03 31 / 70 51 56
info@kleinesschloss.de
www.kleinesschloss.de

CUISINE PROVENÇALE

Französische Lebensart im Holländischen Viertel

Ein größeres geschlossenes Bauensemble holländischen Stils gibt es nicht einmal in Amsterdam. Die vier Karees des Holländischen Viertels mit den hübschen Häusern aus rotem Rathenower Backstein wurden in den Jahren von 1732 bis 1742 unter der Leitung des holländischen Baumeisters Jan Bouman für holländische Handwerker errichtet. Schon damals galt das Holländische Viertel, das heute Teil des Potsdamer UNESCO-Weltkulturerbes ist, als baulicher Höhepunkt der zweiten barocken Stadterweiterung. Heute findet man im Holländischen Viertel Boutiquen, Cafés und feine Restaurants. Besonders das „Maison Charlotte" hat sich in den letzten zehn Jahren zu einem der renommiertesten Restaurants der Stadt etabliert. Das Charlotte mit seiner französischen Landhausküche ist sowohl bei Potsdamern als auch bei Berlinern sehr beliebt. Unter dem Wallnussbaum im lauschigen Innenhof des Restaurants trifft man sich neben feinen Menüs auch gerne zu frischen Austern, hausgemachten Flammkuchen oder Bretonischer Fischsuppe. Das Lokal verfügt über eine beeindruckende Weinauswahl mit großen Klassikern französischer Weinkultur. Naschereien aus der eigenen Pâtisserie werden bei Café Gourmand mit zierlichen Rosenthaler Porzellantassen serviert. Originale Bodenfliesen aus Südfrankreich, handbemalte Teller aus der Normandie und viele kleine Details wie die hölzernen Weinschilder geben dem kleinen Restaurant französischen Landhauscharme.

Bretonische Fischsuppe
mit Parmesan und
Knoblauchbaguette
Dieses Rezept finden Sie
auf der Seite 102

Das Weinzimmer in der Remise ist der perfekte Ort für kleine Familienfeiern, Tagungen oder Geschäftsessen. Zudem finden im Weinzimmer regelmäßige Degustationen mit klassischen Menüs statt. Manuel Hansen, Betreiber des Restaurants, sorgt gemeinsam mit Dominique Hannemann, Mâtre de Cuisine, seit vielen Jahren mit Herzblut und Idealismus für die Gäste. Das Restaurant verkauft neben den Weinen auch köstliche Feinkostspezialitäten aus Frankreich außer Haus.

MAISON CHARLOTTE
Manuel Hansen
Mittelstr. 20, 14467 Potsdam
Tel.: 03 31 / 2 80 54 50
restaurant@maison-charlotte.de
www.maison-charlotte.de

POTSDAMS SCHÖNSTE AUSSICHT

Mario Kade serviert Brandenburgische Küche im Potsdamer UNESCO-Weltkulturerbe

Wie eine Landmarke von allen Himmelsrichtungen aus sichtbar, erhebt sich das Belvedere auf dem 76 Meter hohen Pfingstberg. Ein fulminanter architektonischer Schlussakkord der Potsdamer Kulturlandschaft. Friedrich Wilhelm IV. ließ das grandiose Bauerwerk errichten. Den Namen Pfingstberg aber verdankt die vom berühmten Gartenarchitekten Peter Joseph Lenné gestaltete Anhöhe der schönen Königin Luise, die nach einem Spaziergang am Pfingstsonntagmorgen über dem damaligen Eichberg derart begeistert war, dass sie dessen Umbenennung anregte. Dieser so geadelte Berg ist bis heute ein beliebtes Ausflugsziel. Auf der Terrasse des von Linden beschatteten Sommergartens und im Panorama-Wintergarten von Kades Restaurants „Am Pfingsberg", unweit des Belvederes, kann man herzhafte brandenburgische Küche und einen der schönsten Potsdamer Ausblicke genießen.

Mario Kade, der 1970 in Potsdam geboren wurde und am Pfingstberg aufgewachsen ist, stammt aus einer alten Gastronomenfamilie. Die Großmutter, einst „Schlossköchin“ in Ostpreußen, gab ihm mit auf den Weg: „Jungchen, das Rotkraut muss schmecken wie Kompott, der Stroganoff soll auf der Zunge zergehen, die Gans kommt frisch von polnischen Bauern und das Schnitzel leuchtet goldgelb in der Pfanne. Das Gemüse kommt von nebenan, wie auch die Eier, das Wild und das Fleisch…“ Ob Potsdamer Eisbein, Zander, Gans, Spargel oder die einst in Preußen von den Hugenotten eingeführte Boulette – Kades Köche bedienen sich gerne regionaler und saisonaler Produkte und kochen zudem zumeist glutenfrei. Mit seinem Touren-Programm beweist Mario Kade, dass viele interessante Wege durch Potsdam auf den Pfingstberg führen: Ob zu Fuß von Hügel zu Hügel oder von einem Stadttor zum nächsten, mit dem Rad um die Insel Potsdam oder über das Wasser. Am Ende lockt immer Kades Ausflugslokal „Am Pfingstberg“ mit köstlicher Küche und dem schönsten Potsdamer Sonnenuntergang.

Kades Martinsgans
Dieses Rezept finden Sie auf der Seite 103

KADES RESTAURANT „AM PFINGSTBERG“
Mario Kade
Große Weinmeisterstr. 43b, 14469 Potsdam
Tel.: 03 31 / 29 35 33
Fax: 03 31 / 2 37 31 32
info@restaurant-pfingstberg.de
www.restaurant-pfingstberg.de

PARK-CHALET UND ZIMMER MIT AUSBLICK

Wohnen im UNESCO-Welterbe der Berlin-Potsdamer Parklandschaft

Imposant, wild, unberührt und romantisch – Reiseerinnerungen an die Schweiz ließen bei Prinz Carl den Wunsch nach einer eigenen Alpenwelt mitten in Preußen immer stärker werden. Der Bruder des kunstsinnigen Königs Friedrich Wilhelm IV. beauftragte den Architekten Ferdinand von Arnim im Potsdamer Ortsteil Klein-Glienicke, mehrere Häuser im alpenländischen Stil zu errichten. Zwischen 1863 bis 67 entstanden an ausgesuchten Bauplätzen, u.a. an der Bäke, die wie ein Gebirgsbach durch den Ort fließt oder am Hang des Böttcherberges, mehrere sogenannte Schweizerhäuser. „Malerisch sollten sie sein, wie die gefühlte Schweiz von Prinz Carl, mit dem Böttcherberg, der Schlucht, den Steinterrassen, der Lichtung als Bergwiese, umgeben von kräftigen, großen Parkbäumen", sagt die Kunsthistorikerin Pia von Kaehne. Hier, wo nach 1961 die deutsch-deutsche Mauer eine gewachsene Kulturlandschaft

brutal zerschnitt und einen teilweisen Abriss der alpinen Gebäude zur Folge hatte, wurde nun als Erinnerungsarchitektur ein Schweizerhaus mit Wohnungen wieder aufgebaut. Der Architekt Gerald Kühn-von Kaehne verbindet dabei historisch inspirierte große Dachüberstände, umlaufende Balkone, markante Schornsteine sowie Holzelemente mit modernen Wohnbedürfnissen nach Licht und klaren Formen. Ob bei Frühlingserwachen oder im goldenen Herbst, im Winter am Kaminofen, Auge in Auge mit knorrigen, vielleicht verschneiten Baumgesellen, sowie im Sommer unter Kühlung spendendem Laubdach: Das Parkchalet bietet eine einzigartige Möglichkeit für Wohnen auf Zeit oder Urlaub zu jeder Jahreszeit. Oder darf es an der kleinen Parkbrücke ein Zimmer mit Ausblick über Garten und Wasser auf den Park Babelsberg sein?

ZIMMER MIT AUSBLICK
Pia von Kaehne
Lankestr. 2, 14482 Potsdam / OT Klein-Glienicke
Tel.: 03 31 / 58 10 77 0 · 01 60 / 15 71 01 1
Fax: 03 31 / 58 10 77 9
info@zimmer-mit-ausblick.net
www.zimmer-mit-ausblick.net

VERANDA ÜBER DEM WASSER

Ein Ausflugsrestaurant wie aus dem Bilderbuch

Einstein schnurrt. Der dicke graue Kater des Kochs gehört im Sommer zur großen Familie Müller, die mit Herzblut und Gespür für Traditionen seit 1984 das „Fährhaus Caputh" am Ufer der Havel betreibt. Die weiße Veranda des traditionsreichen Ausflugslokals spiegelt sich im Caputher Gemünde, der schmalsten Stelle des Flusses, die seit über 160 Jahren von einer Seilfähre durchquert wird. Möwen schreien, Enten schnattern, Schwäne gleiten vorüber. Ausflügler sitzen wie schon vor über hundert Jahren in der Veranda und, seit 1998, auch auf dem Steg davor. Sie schauen den vorüberziehenden Booten und Schiffen zu. Schon der Große Kurfürst kam nach Caputh übers Wasser und legte mit seiner Jacht unterhalb des nahen Schlosses an. Der frühbarocke Landsitz ist der älteste erhaltene Schlossbau der Potsdamer Kulturlandschaft. Doch

berühmter als das schöne Schloss ist bis heute das Caputher Fährhaus. Eine bunte Gästeschar – Wanderer, Radler, Freizeitkapitäne aber auch ganze Hochzeitsgesellschaften – alles findet sich hier zur heiteren Geselligkeit zusammen. Freundliche Kellnerinnen servieren traditionelle Gerichte. Auch gibt es frischen Fisch von Aal bis Zander und reichlich saisonales Gemüse aus der Region. Die Wickelklöße zu Ente und Rotkohl zeugen von den thüringischen Wurzeln der Familie. Der Pflaumenkuchen ist legendär. Und „die Stimmung hier ist zauberhaft, vorgestrig", schwärmt selbst das Magazin Stern. Wenn dann noch unter den Bäumen im Biergarten musiziert wird, ist das romantische Bild vollkommen. Das Caputher Fährhaus verschaffte übrigens einst auch dem echten Einstein Wohlbehagen. Der berühmte Physiker besaß im idyllischen Schifferort ein Sommerhaus, in dem er seinem Sohn einst schrieb: „Sei ein gutes faules Tier,/Streck alle Viere weit von Dir./Komm nach Caputh, pfeif auf die Welt,/Und auf Papa, wenn Dirs gefällt."

GASTSTÄTTE & CAFE „FÄHRHAUS CAPUTH"
Straße der Einheit 88, 14548 Schwielowsee
Tel.: 03 32 09 / 70 293
www.faehrhaus-caputh.de

MALERISCHE LANDSCHAFT

Bilder der Havelländischen Malerkolonie im Fercher Museum

Der Schwielowsee, einer der schönsten Havelseen, breitet sich mit seinen umliegenden Dörfern Petzow, Geltow, Caputh und Ferch zwischen bewaldeten Hängen und Obstplantagen aus. Morgensonne taucht den See in goldenes Licht, ganz so, wie es Karl Hagemeister um 1899 gemalt hat. Das Mitglied der Berliner Sezession war der erste und wohl einer der berühmtesten Maler, denen die idyllische Havellandschaft Motiv war. 1877 ließ er sich im alten Fischerdorf Ferch nieder, in dem es noch bis 1926 keine befestigten Straßen gab, dafür Stroh gedeckte Bauernkaten und blühende Obstwiesen. Ihm folgte der Wiener Carl Schuch, beide widmeten sich leidenschaftlich der Freiluftmalerei. Die Einsamkeit des Ortes und die Stille des Schwielowsees zogen immer mehr Künstler vor allem aus dem prosperierenden Berlin an den Flusslauf der Havel. Sie kamen bald mit der Eisenbahn, einige blieben, die meisten fuhren am Ende ihres Aufenthaltes wieder in die Metropole zurück. So entstand das Malerdorf Ferch, in dem es im Gegensatz zu anderen Künstlerkolonien keinen festen Zusammenschluss von Malern gab. Zu den namhaften Künstlern zählen u.a. Theo von Brockhusen, Theodor Schinkel, Arthur Boghard, Hans-Otto von Gerecke und Franz Heckendorf. Ehrenamtlichem Bürgerengagement und der tatkräftigen Unterstützung der Gemeinde, die das fast 300 Jahre alte Kossätenhaus in Ferch zum Museum sanieren ließ, ist zu verdanken, dass dieses Kapitel der Kunstgeschichte nicht in Vergessenheit geraten ist. Heute gehört Ferch zum Verband der Europäischen Künstlerkolonien EuroArt. Der Förderverein Havelländische Malerkolonie e.V. erforscht und dokumentiert die Entwicklung der Havelländischen Malerkolonie. Die Ausstellungen von November bis Ende April zeigen Bilder aus eigenem Bestand. Die Werke der Sonderausstellungen in den Sommermonaten sind zumeist Leihgaben aus Privatbesitz.

MUSEUM DER HAVELLÄNDISCHEN MALERKOLONIE
Beelitzer Str. 1 / Ecke Dorfstraße, 14548 Schwielowsee / OT Ferch
Tel.: 03 32 09 / 21 025
museum@havellaendische-malerkolonie.de

FÖRDERVEREIN HAVELLÄNDISCHE MALERKOLONIE E. V.
Carola Pauly
Tel.: 03 32 09 / 20 89 02
Vorstand@havellaendische-Malerkolonie.de
www.havellaendische-malerkolonie

DAS SCHWIMMENDE FERIENHAUS

Mit dem Hausboot zum UNESCO-Weltkulturerbe

Ein Schwan kreuzt den Weg. Ein schneeweißer Havelschwan wie aus dem Bilderbuch. Der mit majestätischer Gelassenheit nach Brotkrumen heischende Wasservogel, bewegt sich kaum einen Deut schneller als das Hausboot, das allerdings im Abendrot nicht seine potenziellen 8 km/h ausschöpft. Vom Grill auf dem geräumigen Vorderdeck duftet das Abendbrot. Sogar eine Schale für ein kleines Lagerfeuer steht bereit. Urlaub total, aber nicht weit weg, sondern auf der Havel. Manchmal mäandert sie schmal durch unberührte Auenlandschaft, dann wieder breitet sie sich wie ein See vor uns aus. Immer wieder locken Badebuchten. Flussaufwärts wird die Havel immer stiller. Der Fluss mit seinen Windungen, Altarmen, Ausbuchtungen und vielen kleinen Stränden ist wie geschaffen

für einen gemütlichen Törn. Durch Brandenburg bis auf den Beetzsee kann man schippern oder, flussabwärts, vorbei an Paretz, Werder und Caputh bis nach Potsdam. Hier geht es unter die Glienicker Brücke hindurch nach Berlin, vorbei an Ufern mit fürstlichen Schlössern, die als Teil des UNESCO-Weltkulturerbes die Seenlandschaft verzaubern. Derart geschmückt, reiht sich die Havel in die Elite der deutschen Kulturströme ein. Wer Natur und Kultur vom Wasser aus erleben will, findet beim „Aquare Charter" eine reiche Auswahl an Hausbooten verschiedener Größen, auch barrierefrei. So ein „BunBo", ein Bungalowboot, kann nach einer ausführlichen Einweisung mit Charterschein auf den Gewässern Brandenburgs gefahren werden. Für eine Tour bis nach Potsdam benötigt man allerdings einen Bootsführerschein. Ankern kann man, wo man will, auch dank des leicht zu bedienenden Ankerpfahls. Die Technik an Bord ist so einfach, dass jede Landratte das Ruder übernehmen kann. Zur Orientierung dienen Gewässerkarten. Alle Boote verfügen über einen eingebauten Tiefenmesser. Für seine innovativen Ideen errang das Unternehmen den zweiten Platz des Landes-Tourismuspreises 2013.

AQUARE CHARTER GMBH
Günter Gossmann
Große Mühlenstr. 10, 14774 Brandenburg / Plaue
Tel.: 0 33 81 / 28 46-61
Fax: 0 33 81 / 28 46-60
info@bunbo.de
www.bunbo.de

DIE LEGENDE LEBT

In Ribbeck wächst noch immer ein Birnenbaum

„Herr von Ribbeck auf Ribbeck im Havelland,/Ein Birnbaum in seinem Garten stand …“ Fontanes Gedicht, eine der schönsten und populärsten deutschen Balladen, liegt wie ein poetischer Zauber über dem Dorf Ribbeck, in dem die Legende auf vielerlei Art am Leben erhalten wird. Vom berühmten Birnbaum, vor langer Zeit über der Gruft der Familie von Ribbeck gepflanzt, existiert nur noch der Stumpf des Stammes. Ein neuer Baum wurde im April 2000 gepflanzt. Gegenüber dem Schloss, einst Familienstammsitz, hat sich Friedrich von Ribbeck anstelle des alten Reit- und Kutschstalls ein neues Haus gebaut. Das vom Verfall bedrohte Gebäude der alten Gutsbrennerei mit dem 30 Meter hohen Schornstein wurde aufwendig saniert. Dabei legten Friedrich und Sohn Janko von Ribbeck selbst Hand mit an. Etwa 50 Kubikmeter Putz und Schutt haben die beiden nach Feierabend entfernt. Heute dienen die hohen Räume mit preußischen Kappendecken und breiter Holzdielung vielfältigen Events. Der Geschichte geschuldet, spielt hier nun auch wieder die Birne eine zentrale Rolle – als Birnenbrand und Birnenessig-Balsam. Die Idee der Ribbecker Essige stammt aus der Familientradition. Schon die Großeltern löschten ihren Durst bei der Feldarbeit mit einer Mixtur aus selbst gemachtem Essig, Honig und Wasser. Heute bieten die Kellergewölbe des prächtigen Ziegelbaus beste Voraussetzungen für die Produktion, Lagerung und Vermarktung der jährlich bis zu 3.000 Liter Essig, dem durch ökologisch hergestellten Birnensirup eine köstliche Milde verliehen wird. Wahre Gourmet-Essige mit den feinen Aromen von Orangen, Rosen- oder Holunderblüten. Solch ein Balsam-Essig als Aperitif genossen, ist nicht nur köstlich, er bringt auch die Verdauungssäfte in Schwung und hilft bei der Fettverbrennung. „So spendet Segen, noch immer die Hand/Des Ribbeck von Ribbeck auf Havelland.“(Fontane)

RMV VON RIBBECK GBR
Friedrich von Ribbeck
Am Birnbaum 25, 14641 Ribbeck OT von Nauen
Tel.: 03 32 37 / 88 901
Fax: 03 32 37 / 88 902
mail@vonribbeck.de
www.vonribbeck.de

+70° +66,56°
+60°
TROPICUS CANCER
+50°
+40°
+30°
+23,44° +20°
(δ) DEKLINATION
AEQUATOR
AQUARIUS
330°
320°
290°
270°
260°
250°
240°

KUNSTWERKE DER WISSENSCHAFTSGESCHICHTE

Von der stilvollen Liaison vollendeter Handwerkskunst und ehrwürdiger Wissenschaft

Der Arbeitsraum von Torsten Hiller und Norbert Müller ist winzig und mutet mit all den geheimnisvoll metallisch glänzenden Instrumenten wie eine mittelalterliche Werkstatt an. Aber unter den geschickten Händen der beiden Feinmechaniker und Ingenieure mit Leidenschaft für Astronomie aber entstehen große Dinge. Groß im Sinne von universell und himmelsnah: Armillarspähren, Astrolabien und Sonnenuhren. Ihre Werkzeuge sind hauptsächlich Juweliersäge und Feile; ihre Inspiration mittelalterliche Messinstrumente. „Das älteste Vorbild unserer Astrolabien stammt aus dem frühen 14. Jahrhundert. Unsere Armillarsphären orientieren wir an historischen Vorbildern aus der Zeit Keplers, Brahes und Kopernikus. Unsere Sonnenuhren verstehen wir als dem jetzigen Zeitgeist entsprechende astronomische Skulpturen", sagt Torsten Hiller. In originalgetreuer Anlehnung oder freier Adaption entstehen Objekte von klassischer Eleganz und zeitlosem Design. Kunden aus aller Welt schätzen die liebevolle und höchst präzise Detailarbeit. Jüngste Arbeit ist eine „Rechenmaschine" für einen Universitätsprofessor in Spanien. Dieses Instrument folgt den Prinzipien jenes Rechners, den der Astronom und Mathematiker Wilhelm Schickart für seinen Freund Kepler konstruiert hatte, um diesem das astronomische Rechnen zu erleichtern. Was aber eigentlich sind Armillarsphären und Astrolabien? „Ein Astrolabium stellt ein Erde-Himmel-Modell mit feststehender Erde und sich drehendem Sternhimmel dar", erklären die beiden „Himmelstürmer". Eine Armillarsphäre dient als Darstellung der Bewegung von Himmelskörpern. Mit ihr das Wissen über den Aufbau der Welt und des Himmels zu besitzen, machte sie zum Insignum der Wissenschaften. Könige nutzten die Armillarsphäre als Herrschaftszeichen. Als eindrucksvolles Symbol für den globalen Gedanken eines harmonischen Miteinanders der Nationen steht heute eine Armillarsphäre vor dem Gebäude der Vereinten Nationen in Genf.

CHRONOS-MANUFAKTUR
Hiller & Müller GbR
Buchenweg 69a, 14776 Brandenburg an der Havel
Tel.: 03 38 1 / 66 49 60
mail@chronos-manufaktur.de
www.chronos-manufaktur.de

REINE LANDLUST

Große Kochkunst in einem winzigen Dorf

Ich bin ein Genussmensch durch und durch“, sagt Ulrike Laun. Was die Köchin darunter versteht? Eine feine Landhausküche wie die ihre beispielsweise, die sich möglichst „über den Gartenzaun“ hinweg regionaler Produkte bedient. Mit ihrer Liebe zur Terra Madre hat die gebürtige Fränkin auch Slowfood überzeugt. „Es wäre ein großer Gewinn für die brandenburgische Gastronomie, wenn möglichst viele Restaurants so kochen würden, mit Respekt vor den Zutaten und ein paar guten Ideen“, schreibt der Berliner Tagesspiegel. Auch Brandenburg hat das erkannt und Ulrike Laun zur Meisterköchin 2014 nominiert. Wir wagen zu behaupten, an dieser so produkt-

Holunderspecktiramisu
Dieses Rezept finden Sie auf der Seite 103

bewussten wie fantasievollen Köchin sollte sich das ganze Land orientieren. Und doch kann es nur eine Ulrike Laun geben. Wie ein Komponist die Töne, hat sie die Aromen „im Kopf". Zwei gute Feen mit Hauswirtschaftslehreabschluss haben ihr diese Kreativität in die Wiege gelegt. Von klein an hing sie ihren beiden Großmüttern am Küchenschürzenzipfel. An den Duft eingeweckter Wurst in der Speisekammer ihrer Kindheit erinnert sie heute mit Selbstgemachtem aus heimischem Wild. Für die Vollendung ihrer Kochkunst waren auch die vielen Jahre im toskanischen Landhaus ausschlaggebend. Ihre südländisch angehauchten Gerichte sind nun von eben solcher Geradlinigkeit und Leichtigkeit. Eines ihrer Geheimnisse ist das Wissen darum, dass das, was zur selben Zeit reift, wie Erdbeeren und Spargel oder Himbeeren und Paprika, auch ausgezeichnet auf einen Teller passt. Aus dem Holzbackofen duftet es nach Kuchen und Brot – der Sauerteig wird übrigens mit Cidre angesetzt. Restaurant und Hofladen findet man in einem zauberhaften Gemäuer mit blauen Fensterrahmen. Rundum liegen die weiten Wiesen des Naturparks Nuthe-Nieplitz.

LANDLUST KÖRZIN
Ulrike Laun
Körzin 19, 14547 Beelitz / OT Körzin
Tel.: 03 32 04 / 60 171
info@landlust-koerzin.de
www.landlust-koerzin.de

WASSERBÜFFEL WEIDEN AUF DEN WIESEN

Mozzarella von asiatischen Wasserbüffeln aus dem Niederen Fläming

Guter Käse braucht seine Zeit zum Reifen – ebenso wie gute Ideen. Als Elke und Henri Henrion, beide passionierte Käseliebhaber, bald nach der Wende in der Feinkostetage des Berliner KaDeWe ihren ersten Büffelmozarella probiert hatten, war es eigentlich schon um sie geschehen. Der glückliche Umstand, dass sie 1997 den alten Vierseithof der Ur-Urgroßeltern in dem hübschen Garnisonstädtchen Jüterbog zurückkaufen konnten, stellte endgültig die Schicksalsweichen. Die beiden gelernten Melker mit Studienabschluss als Landwirt und Veterinärmedizinerin haben sich nun leidenschaftlich und zugleich professionell an die Erfüllung ihres Traumes gemacht. Voller Freude darüber, dass man Wasserbüffel genauso halten kann wie herkömmliche Rinder, ließen sie sich die Henrions 30 Jungtiere aus Bulgarien kommen, allerdings nicht ohne zuvor in Italien Erfahrungen gesammelt zu haben. Im Jahr 2000

kam das erste Kalb zu Welt. Heute zählt die Wasserbüffelherde auf den Wiesen hinter dem Anwesen rund 190 „Köpfe". Der Büffelmilchmozarella, außen fest und innen ganz weich, wird in der weißgekachelten Käserei des inzwischen idyllisch sanierten Anwesens hergestellt. Eine Büffelkuh gibt pro Melkperiode von etwa 280 Tagen an die 2.000 Liter Milch. Bei normalen Kühen sind das über 9.000 Liter. „Dafür aber ist die Büffelmilch wesentlich reicher an Inhaltsstoffen", sagt Elke Henrion. Für die richtige Rezeptur brauchte es dann noch die Hilfe des italienischen Käsemeisters Gino, für die Herstellung vor allem viel Geduld und Gespür für den richtigen Zeitpunkt. Es wird nach ökologischen Richtlinien produziert, da eine artgerechte Haltung ihrer Tiere, verbunden mit der Erzeugung hochwertiger Produkte, von Anbeginn das Ziel des Ehepaares war. Vor allem Bio-Läden und Restaurants aus Berlin, aber auch Kunden aus ganz Deutschland bestellen bei Bobalis. Sogar ein paar italienische Restaurants schwören auf den Mozarella aus dem Fläming.

BOBALIS GMBH
Elke und Henri Henrion
Hauptstr. 30, 14913 Jüterbog
Tel.: 0 33 72 / 43 29 88
Fax: 0 33 72 / 43 29 87
info@bobalis.de
www.bobalis.de

REZEPTE

Preußische Sachertorte (glutenfrei)

Kleines Schloss, Seite 80

ZUTATEN

6 Eier, 375 g Zucker, 50 g Kakao, 200 g gemahlene Haselnüsse, 1 Päckchen Backpulver, 50 g Kartoffelmehl, 600 g gegarte Pellkartoffeln, gepellt und kleingequetscht, 75 g flüssige Sahne, 100 g Schokolade (Edelbitter), 100 g Marzipanrohmasse, etwas Kakaopulver für Marzipankartoffeln

ZUBEREITUNG

Eier und Zucker schaumig rühren, Kakaopulver, gemahlene Haselnüsse, Backpulver, Kartoffelmehl, gekochte Kartoffeln dazugeben und zu einer homogenen Masse rühren. Die Kuchenmasse in eine gefettete Springform füllen und bei mittlerer Hitze, Umluft (160–180 °C) eine Stunde backen. Auf den erkalteten Kuchen wird der Schokoladenguss gegeben. Dazu die Sahne und Schokolade bei kleiner Hitze schmelzen und klümpchenfrei rühren. Nicht kochen, denn die Schokolade verklumpt bei zu hoher Hitze. Wenn keine zwölf fertigen Marzipankartoffeln zur Hand sind, aus der Marzipanrohmasse zwölf Kartöffelchen formen, in ein wenig trockenem Kakao wälzen und auf den noch nicht erkalteten Schokoguss gleichmäßig verteilen. Dabei hilft es, sich eine Uhr vorzustellen: Erst die zwölf dann die sechs legen, hernach drei, die neun, nun die eins und zwei, vier und fünf usw. Den Kuchen eine Stunde abkühlen lassen, aus der Form nehmen und anschneiden.

Bretonische Fischsuppe mit Parmesan und Knoblauchbaguette

Maison Charlotte, Seite 82

ZUTATEN für 6 Personen

600 g Seelachsfilet, 200 g Lachsfilet, 200 ml Weißwein, 400 g Wurzelgemüse (Karotte, Zwiebel, Sellerie, Fenchel), Salz, Pfeffer, Piment d'Espelette, 1/4 TL Koriandersaat, Fenchelsaat, 500 ml Schältomaten, 3 Knoblauchzehen, 500 ml Sahne, Parmesan, Baguette, 200 g Crevetten, Schnittlauch, Petersilie glatt, Olivenöl

ZUBEREITUNG

Wurzelgemüse in Würfel schneiden, in einen Topf geben und in Olivenöl hell anschwitzen. Dann mit Weißwein ablöschen und Schältomaten hinzufügen. Den Seelachs, Gewürze und Knoblauch dazugeben, bei mittlerer Hitze circa 45 Minuten einköcheln lassen. Nun Sahne dazugeben, alles kurz aufkochen, mixen, passieren und gegebenenfalls noch einmal abschmecken. Dazu empfehlen wir frisch gehobelten Parmesan und Knoblauchbaguette (frisches Baguette in Olivenöl anrösten und anschließend mit Rouille, (sämiger Sauce), bestreichen.)

Kades Martinsgans

Kades Restaurant „Am Pfingstberg", Seite 84

ZUTATEN für 4 Personen

1 polnische Hafermastgans ca. 4,2 kg, 2 mildsaure Äpfel, 1 Orange, 5 Backpflaumen, 10 Korinthen, 1 mittelgroße Zwiebel, Beifuß, Salz und Pfeffer
Beilagen: 1 kg frisch gehacktes Rotkraut, 2 süße Äpfel, 1 mittlere Zwiebel, 4 Nelken, 1 Lorbeerblatt, 2 Gewürzkörner, 4 EL Zucker, 3 EL Essig, Salz, 800 g gekochte Kartoffeln

ZUBEREITUNG

Die Gans von innen salzen und pfeffern. Dann mit der Mischung aus klein geschnittenen Äpfeln, Orange (ohne Schale), Backpflaumen, Korinthen, geschnittenen Zwiebeln und Beifuß füllen und verschließen. Für eine Nacht in den Kühlschrank stellen. Am nächsten Tag den Backofen auf 200 °C vorheizen. Die Gans von außen gesalzen, etwas Wasser in den Gänsebrater geben und die Gans mit der Brust nach oben hineinlegen. Nun etwa eine Stunde bei kräftiger Hitze unter immer währendem Begießen mit dem Fleischsaft an garen. Dann vorsichtig das Schmalz abgießen. Den Braten wieder in die Röhre geben und nach etwa 10 Minuten mit einem kräftigen Schluck Rotwein ablöschen. Das Ganze reduzieren lassen und wieder mit Wasser auffüllen. Den Deckel drauflegen und bei 180 °C Grad fertig schmoren lassen! Garzeit insgesamt etwa drei Stunden. Kurz vor dem Servieren den Deckeln entfernen, damit bei Oberhitze die Brust schön bräunt. Die Soße mit etwas Stärke abbinden.
Etwas vom gewonnenen Gänsefett, kleingehackte Zwiebeln und Äpfel in einen passenden Topf. Kurz goldgelb werden lassen, dann das am Vortag geschnittene und eingefrorene Rotkraut zusammen mit Zucker, Nelken, Lorbeerblatt, Gewürzkörnern und Essig hinzufügen. Köcheln lassen, bis das Kraut zwar weich ist aber doch noch Biss hat. Das Rotkraut muss schmecken wie Kompott!

Holunderspecktiramisu

Landlust Körzin, Seite 98

ZUTATEN

300 g geräucherter Bauchspeck, Öl zum Ausbraten, 250 g Mehl, 100 g Butter, 550 g Mascarpone, 3 Eier 6 Blatt Gelatine, 200 ml Sahne, ½ TL Backpulver, 400 g Holunderbeeren, 80 g Zucker, Salz

ZUBEREITUNG

Bauchspeck in dünne Scheiben schneiden; diese dann in Öl schwimmend kross ausbraten und auf Küchenkrepp abtropfen lassen. Bauchspeck danach in der Küchenmaschine zerkleinern, bis er zu „Pulver" geworden ist. Vier Scheiben für später aufheben.
Rührteig aus Mehl, Eier, Butter und Backpulver herstellen; das Speckpulver unterziehen. Teig in einer viereckigen Form bei 170 °C circa 20 Minuten backen, danach abkühlen lassen und in drei Lagen trennen (zweimal horizontal durchschneiden).
Holunderbeeren mit Zucker im Topf erhitzen bis der Saft der Beere austritt; diesen Saft dann zum Mascarpone geben, cremig rühren, Gelatine auflösen und unter ständigem Rühren unterziehen. Das Ganze nach persönlichem Geschmack mit Salz und Pfeffer abwürzen. Die steif geschlagene Sahne unterheben.
Den ersten Teil der entstandene Creme auf dem ersten Boden des Rührteiges gleichmäßig verteilen. Den zweiten Boden vorsichtig auf die Creme legen. Den Vorgang mit dem Rest der Creme wiederholen. Das Ganze für vier Stunden im Kühlschrank durchkühlen lassen. Nach dem Festwerden kann die Kreation in gleichmäßige Stücke geteilt und mit dem übrig gebliebenen Bauchspeck als Segel garniert werden. Zu diesem herzhaften Tiramisu passt hervorragend ein Ragout von Birne und Holunder.

BAUHAUS

DIE WERKSTATT DER MODERNE

Das Bauhaus und seine Stätten in Weimar und Dessau gehören seit 1996 zum UNESCO-Weltkulturerbe. Vor allem in Dessau wurde die in Weimar vorgedachte Revolutionierung von Kunst und Architektur baulich umgesetzt.

Das Ensemble ist wieder komplett. Die Wiederaufbauarbeiten des 1945 in den Wirren des Zweiten Weltkrieges zerstörten Meisterhauses von Bauhaus-Gründer Walter Gropius und der daran angrenzenden Doppelhaushälfte von Laszlo Moholy-Nagy konnten im Mai 2014 abgeschlossen werden. Das Erlebnis der Authentizität in der Werkstatt der Moderne ist nun nach fast 70 Jahren wieder in der Geschlossenheit der Musterhäuser der bedeutenden Künstler und Architekten des „Staatlichen Bauhauses" erfahrbar. Als „Werkstatt der Moderne" wurde das „Staatliche Bauhaus" am 1. April 1919 in Weimar gegründet und revolutionierte von hier aus und seit 1925 von Dessau aus als Hochschule für Gestaltung die Architektur, Baugestaltung, Stadtplanung und Designlandschaft. Im Jahr 1933 wurde am Standort Berlin die Selbstauflösung des Bauhauses beschlossen. Seine Ideenwelt jedoch überlebte und prägte maßgeblich weltweit die neue Art des Wohnens.

Die originalen Bauhaus-Bauten in Weimar und Dessau sowie Museen und Ausstellungen gewähren an den Wirkungsstätten in Sachsen-Anhalt und Thüringen einen tiefen Einblick in diesen bis heute prägenden Grundstein für das Zeitalter der Moderne.

Im Dezember 1996 wurden die Bauhausstätten in Weimar und Dessau in die Welterbeliste der UNESCO aufgenommen. Gründungsstätte des Bauhauses war Weimar. Hier entstanden erste Schlüsselwerke der Moderne in der Architektur unter der propagierten Leitidee der Einheit von Form und Funktion. Das bewusst intendierte Aufeinandertreffen von Kunsthandwerk und Industrialisierung im Verbund einer disziplinenübergreifenden Arbeitsgemeinschaft sollte den „Bau als Gesamtkunstwerk" nachhaltig revolutionieren. Die Aufhebung der Unterschiede zwischen Künstler und Handwerker war evident. Die neue Sachlichkeit in Architektur und Einrichtung wurde geboren.

Der belgische Designer und Architekt Henry van de Velde (1863–1957) gilt unbestritten als Wegbereiter des Bauhauses. Von 1902 bis 1917 lebte er in Weimar und installierte hier die Weimarer Kunstgewerbeschule, aus der 1919 das Staatliche Bauhaus hervorging und dessen Leitung Walter Gropius auf Empfehlung van de Veldes übernahm. Nicht wenige der bahnbrechenden Ideen des Bauhauses wurden in den Weimarer Jahren der Hochschule für Gestaltung vorgedacht. Zu den Weimarer Bauhausstätten gehören das Hauptgebäude als Gründungsort des Bauhauses, der kleine Van-de-Velde-Bau, die ehemalige Großherzoglich-Sächsische Kunstschule und Großherzoglich-Sächsische Kunstgewerbeschule, das „Haus am Horn" sowie das „Bauhaus.Atelier". Im Jahr 1923 veranstaltete das Bauhaus in Weimar seine erste Architekturausstellung und präsentierte mit dem „Haus am Horn" nach einem Entwurf von Georg Muche das erste Musterhaus. Aber auch das Hauptgebäude der heutigen Bauhaus-Universität vermittelt die Bauhaus-Philosophie in Reinkultur. Ein Besuch des Bauhaus-Museums am Theaterplatz mit seinen über 300 Exponaten sollte ebenfalls zum Pflichtprogramm gehören, wenn man den „Weimarer Geist" des Bauhauses aufspüren möchte. Für Ende 2015 ist die Grundsteinlegung des neuen Bauhaus-Museums am Rande des Weimarhallenparks geplant.

Mit seinem Antritt als Direktor des Staatlichen Bauhauses versammelte Walter Gropius in Weimar die gesamte europäische Künstler-Avantgarde der Stadt. Als Lehrer der Epoche machenden Designschule wurden Lyonel Feininger, Paul Klee, Oskar Schlemmer, Wassiliy Kandinsky, Herhard Marcks, Johannes Itten und Laszlo Moholy-Nagy berufen. Der politische Gegenwind in der Weimarer Republik, hauptsächlich von politisch rechten Parteien inszeniert, aber auch die Einstellung der finanziellen Förderung, veranlasste die Bauhausmeister im Jahr 1925 zum Umzug nach Dessau.

Dessau zeigt noch heute in nirgendwo anders zu findender Breite und Vielfalt die produktiven Ergebnisse der Bauhaus-Künstler und -Architekten. Im Jahr 1926 wurde das von Walter Gropius entworfene legendäre Bauhausgebäude mit seinem vollständig verglasten Werkstattflügel eingeweiht. Das Ensemble, das im Jahr 1976 rekonstruiert wurde, umfasst heute wieder den Ateliertrakt, Werkstätten, Berufsschule und Bühne. Eine Dauerausstellung präsentiert die Geschichte und Rezeption dieser einmaligen „Ikone der Moderne". In der historischen Bauhaus-Mensa sitzt man auf den „Freischwingern", die einst Marcel Breuer entworfen hatte. Und das Bauhauscafé genießt in Dessau den Ruf, eine Institution zu sein.

Nur wenige Minuten vom Bauhaus entfernt, trifft der Dessau-Besucher auf die berühmten „Meisterhäuser". Walter Gropius ließ die Häuser für sich und die am Bauhaus tätigen Künstler

KORNHAUS

BAUHAUS

bauen. In dem Haus, in dem Lyonel Feininger lebte, ist heute der Sitz der Kurt Weill-Gesellschaft. Alljährlich wird zu Ehren des großen Sohnes und Komponisten („Dreigroschenoper“ gemeinsam mit Bertolt Brecht) in der seit 2007 zur Doppelstadt zusammengeschlossenen Kulturstadt Dessau-Rosslau das weltweit bekannte „Kurt-Weill-Fest“ veranstaltet. Unter insgesamt drei Direktoren (Gropius verließ das Bauhaus 1928, ihm folgte als Direktor Hannes Meyer, der wiederum von Ludwig Mies van der Rohe 1930 als Direktor „beerbt“ wurde) blühte Dessau als Bauhaus-Stadt auf. Im Sommer 1926 entstanden die ersten Reihenhäuser in der Siedlung Törten als bauliches Experiment preisgünstigen Wohnungsbaus mit 314 Reihenhäusern und Gärten. Nach Entwürfen von Gropius baute man außerdem das Konsumgebäude und das Arbeitsamt, die Laubenganghäuser in der Siedlung Törten und das Kornhaus entstanden nach Plänen von Hannes Meyer, eine Ausflugsgaststätte, wurde von Carl Fieger realisiert. Noch heute ist der verglaste Rundbau ein beliebter Ausflugsort am großen Elbebogen. Das Stahlhaus von Muche und Paulick am Rande der Siedlung Törten ist bauhistorisch das einzige Stahlhaus im Stil des Neuen Bauens, was in Deutschland noch existiert. Dessau-Roßlau, die Stadt in der einst Hugo Junkers das erste Ganzmetallflugzeug der Welt zum Fliegen brachte, in der Moses Mendelssohn im Jahr 1729 geboren wurde, verfügt neben den Bauhausstätten auch über das Biosphärenreservat Mittelelbe (seit 1979) mit den größten Hartholzauenwäldern Europas, die intakte Flusslandschaft an Elbe und Mulde sowie das Gartenreich Dessau-Wörlitz, von der UNESCO ausgezeichnet und unter besonderem Schutz gestellt. Die Nähe zu den Luthergedenkstätten in Wittenberg, die ebenfalls zum Weltkulturerbe zählen, macht den Dreiklang „Luther-Bauhaus-Gartenreich“ in einem Radius von nicht einmal 50 Kilometern zu einem einzigartigen kulturellen Schmelztiegel in Sachsen-Anhalt und damit zu einem der reizvollsten touristischen Premiumreiseziele hierzulande.

DIE ALLEGORIE DES IDEALEN ORTES

Das Gartenreich Dessau-Wörlitz verbindet Landschaft und Architektur in gestalteter Harmonie. Seit dem Jahr 2002 gehört es zum universellen Erbe der Menschheit.

Nur 700 Quadratkilometer groß war das Fürstentum Anhalt Dessau. 30.000 Untertanen lebten am Mittelauf der Elbe und am Ufer der Mulde, in der zumeist flachen Auenlandschaft. Und doch wurde das kleine Fürstentum im heutigen Bundesland Sachsen-Anhalt zu einem Muster von universellem Wert. Unter der fast sechzigjährigen Regentschaft des weltoffenen Fürsten Leopold III. Friedrich Franz von Anhalt-Dessau blühte das Land im wahrsten Sinne des Wortes auf. Das fürstliche Regime verband das Schöne mit dem Nützlichen und bildete die damalige Welt im Kleinen ab. Die in ästhetischer, ökonomischer und pädagogischer Sicht zu einem einzigartigen Kunstwerk gestaltete Landschaft mit ihren Schlossbauten galt bereits zu Lebzeiten des aufgeklärten Fürsten als ein prachtvoll inszeniertes Wunder der Gestaltung.

Im Jahr 2000 wurde das 142 Quadratkilometer große Ensemble aus Bauten, differenziert gestalteten Parklandschaften, Auenwäldern, Kanälen und Seen zum UNESCO-Weltkulturerbe ernannt. Die unvergleichliche Kulturlandschaft entstand in der zweiten Hälfte des 18. Jahrhunderts im Geist der Aufklärung und des Humanismus. Landschaft, Architektur und bildende Kunst standen im Einklang mit dem Bildungsauftrag des Fürsten. Sein Volk sollte teilhaben an den großen erzieherischen Projekten. So gab es keine trennenden Mauern und jedermann hatte freien Zutritt in das „Gartenreich", dessen heutige Bezeichnung schon damals geläufig war. Fürst Franz empfing die europäische Welt, gekrönte Häupter, Geistes-

größen, Politiker und Literaten. Einer von ihnen war Johann Wolfgang von Goethe. Auch der Dichterfürst aus Weimar wollte und konnte sich der Faszination dieser prachtvoll dargebotenen Gartenkunst nicht entziehen. Im Jahr 1778 fasste er seine Impressionen in einem Brief an Charlotte Stein wie folgt zusammen: „Hier ist siezt unendlich schön. Mich hats gestern Abend wie wir durch die Seen Canäle und Wäldgen schlichen sehr gerührt wie die Götter dem Fürsten erlaubt haben einen Traum um sich herum zu schaffen…“ Der Fürstentraum wird irdisch, wenn wir uns heute der Zahlen und Fakten bedienen. Und doch ist er in der Anschauung vor Ort noch immer von jenem Glanz der Einmaligkeit bestrahlt, der den Besucher des Gartenreichs die ganze Anmut des Ensembles erleben lässt. Kein Arkadien, weil eben Zypressen hier nicht gedeihen, wohl aber Schwarzpappeln, die aus der Ferne betrachtet, es durchaus vermögen, vergleichbare suggestive Gartenbilder zu erzeugen. Wie an einer Perlenkette aufgezogen, reihen sich die Gartenanlagen mit ihren vielfältigen Bauten aus unterschiedlichen Stilepochen und unzähligen Kleinarchitekturen zwischen der ehemaligen Residenzstadt und der Stadt Wörlitz aneinander.

Bereits in der Regentschaft von Fürst Leopold I, der in die Geschichtsbücher vor allem als der „Alte Dessauer“ einging, begann im kleinen Fürstentum um 1700 die Landreform unter Zuhilfenahme moderner landwirtschaftlicher Methoden mit dem Ziel, die wirtschaftliche Situation des Landes zu verbessern. Grabensysteme zur Entwässerung des Hinterlandes von Elbe und Mulde wurden angelegt un die Dreifelderwirtschaft durch die Fruchtwechselwirtschaft ersetzt. Unter Fürst Franz wurde all dies seit 1758, dem Zeitpunkt der Übernahme der Regentschaft, intensiviert. Gemeinsam mit seinem kongenialen Wegbegleiter, Berater, Freund und Architekten, dem sächsischen Baron Friedrich Wilhelm von Erdmannsdorf, unternahm der Landesherr ausgedehnte Bildungsreisen („Grand Tour“) nach England, Italien und in die Niederlande. Zurückgekehrt und bereichert durch wegweisende künstlerische Anregungen entstanden von 1769–1773 das Landhaus Wörlitz, der Gründungsbau des Klassizismus in Deutschland, der umgeben war vom ersten Landschaftsgarten Kontinentaleuropas nach englischem Vorbild. Bis heute bilden die Wörlitzer Anlagen den Ausgangs- und Höhe-

punkt des Gartenreichs. In einem Zeitraum von 40 Jahren wurden weitere Landschaftsgärten in und um Dessau angelegt und gestalterisch über Sichtachsen miteinander vernetzt. Das unterschiedlich gestaltete Landschaftsareal gleicht einer architektonischen Enzyklopädie von der Antike bis zur Neuzeit. In den Bauten spiegeln sich beispielsweise die Epochen des Klassizismus, des Barock und des Rokoko. „Wörlitz selbst wurde bis weit in das 19. Jahrhundert als Allegorie eines ideales Ortes verstanden", sagt Dr. Thomas Weiss, Vorstand und Direktor der „Kulturstiftung DessauWörlitz", die sich seit über zwei Jahrzehnten um die Kernbereiche der Welterbestätte Gartenreich Dessau-Wörlitz mit ihren fünf prächtigen Schlössern und den dazugehörigen Gärten und denkmalgeschützten Einzelbauwerken kümmert.

Das sind im Einzelnen: Schloss Wörlitz, das Gotische Haus, Schloss und Park Oranienbaum, Schloss und Park Mosigkau, Schloss und Park Luisium, Schloss und Park Georgium, der Waldpark am Sieglitzer Berg und Schloss Großkühnau, in dem die Kulturstiftung seit 1998 den Sitz ihrer Hauptverwaltung hat. Schloss Wörlitz hat englische Landhäuser als Vorbild und gilt als Meisterwerk des Klassizismus. Es ist eingebettet in den ersten englischen Landschaftsgarten auf dem europäischen Festland und präsentiert die originale Einrichtung vom Ende des 18. Jahrhunderts mit kostbaren antiken Plastiken und Gefäßen der berühmten Wegdwood-Porzellanmanufaktur. Zu den Wörlitzer Anlagen zählt auch der „Wunderfelsen" auf der Insel „Stein". Es ist ganz sicherlich das spektakulärste Denkmal des UNESCO-Welterbe-Ensembles. Die Insel wurde von 1788 bis 1794 errichtet und ist eine gebaute Erinnerung des Fürsten Franz an seine Bildungsreise nach Italien. Die Insel „Stein" zitiert die neapolitanische Topographie und verfügt über Grotten und Gänge, ein antikes Amphitheater, eine klassizistische Villa in zeitgenössischer italienischer Architektur sowie über den künstlichen Vesuv-Vulkan, dem einzigen seiner Art in ganz Europa, der noch heute zu besonderen Anlässen „ausbricht".

Während Schloss Mosigkau als „Perle des Rokoko" tituliert wird und mit seiner in Deutschland einzigartigen barocken, lückenlosen Hängung bedeutender Gemälde flämischer und

holländischer Meister die Besucher beeindruckt, zählt das „Gotische Haus“ zu den frühesten und besterhaltenen neogotischen Architekturen auf dem europäischen Kontinent. Hier hielt sich Fürst Franz bevorzugt auf und lebte gemeinsam mit seiner Ehefrau linker Hand, Luise Schoch und den drei gemeinsamen Kindern, während für Fürstin Louise auf einer hochwasserfreien Anhöhe nahe Dessau das klassizistische Schloss „Luisium“ als privates Refugium eingerichtet wurde. Schloss Oranienbaum wiederum ist ein seltenes Beispiel für eine weitgehend niederländisch geprägte Barockanlage. Das holländische Gepräge der Schlossanlage sowie die darum erbauten Stadt Oranienbaum ist auf ihre Gründerin, die aus dem Hause Oranien-Nassau stammende Prinzessin Henriette Catharina (1637–1708) zurückzuführen. Fürst Franz legte an diesem frühen Bau des Gartenreiches ebenfalls gestalterisch Hand an und konzipierte zahlreiche Räume im chinesischen Stil. Außerdem errichtete er eine der längsten Orangerien Europas und gestaltete den ehemals barocken Inselgarten zu einem englisch-chinesischen Garten des 18. Jahrhunderts um, wie es ihn so weitgehend original erhalten kaum ein zweites Mal mehr gibt. Im „Georgium“ ist die anhaltinische Gemäldegalerie mit ihrer umfangreichen Sammlung altdeutscher und niederländischer Malerei untergebracht. Den Abschluss des „Gartenreichs“, das großflächig mit dem Biosphärenreservat Mittelelbe verflochten und damit gleich doppelt unter dem Schutz der UNESCO steht, bilden im Westen Dessaus der ab 1805 gestaltete Kühnauer Park und das Schloss Großkühnau.
Zu Fuß oder mit dem Fahrrad sollte die im europäischen Maßstab einmalige Gartenlandschaft in ihrem Stilpluralismus in der Architektur, den 19 historischen Brücken und den ersten neugotischen Sakralbauten Deutschlands am besten erkundet werden. Die Kulturstiftung ermöglicht sogar das Wohnen im Gartenreich, das „Schlangenhaus“, der „Elbpavillon“, das „Eyserbeck-Haus“ sowie der „Kavalierpavillon“ im Mosigkau stehen als Ferienhäuser beziehungsweise als Ferienwohnungen zur Verfügung. Und weil die Erhaltung dieses einmaligen Garten- und Schlösser-Ensembles enormes finanzielles Engagement erforderlich macht, sind auch in ausgewählten Bereichen des Gartenreichs Räume und Flächen für Feiern und andere Veranstaltungen freigegeben. Der kulturelle Kalender ist übers Jahr verteilt prall gefüllt. Im „Gartenreichsommer“ laden alljährlich Konzerte in die Wörlitzer Anlagen. Direkt in Schlossnähe starten die Gondeln über den See und den Wolfskanal. Romantischer kann man das Gartenreich als Raumkunstwerk des aufgeklärten Geistes kaum erkunden. Diese Gemütslandschaft ersten Ranges hat von ihrer magischen Anziehungskraft bis heute nichts eingebüßt. Egal, ob man sie zu Fuß, mit dem Rad oder vom Wasser aus erkundet, sie bleibt von erhabener Größe. Oder um mit Goethe zu schließen, der das Gartenreich Dessau-Wörlitz achtmal besuchte: „Nach nichts zu suchen, das war mein Sinn“. So verstanden ist das Erlebnis Gartenreich bis heute eines geblieben: ein erfüllter Augenblick, der befreit ist, von den alltäglichen Herausforderungen unserer Zeit.

DAS „TABAKCOLLEGIUM“: ZU GAST IM HAUS DES SAMMLERS

Die Kulturstiftung DessauWörlitz ist Bewahrerin des Welterbes „Gartenreich“

Es sind die leisen Töne, das meditativ-suggestive Gartenbild, das Schlendern in Muße und in arkadischer Anschauung, das Dr. Thomas Weiß so sehr an seinem 142 km^2 großen Arbeitsplatz schätzt. Der promovierte Kunsthistoriker ist Direktor und Vorstand der Kulturstiftung DessauWörlitz, die sich seit über zwei Jahrzehnten um die Kernbereiche des Gartenreiches Dessau-Wörlitz mit seinen fünf prächtigen Schlössern und den dazugehörigen Gärten sowie denkmalgeschützten Einzelbauwerken in einem disziplinenübergreifenden „Projekt zur Wiederkehr der Qualität“ kümmert. Die Hauptaufgabe der rund 100 Mitarbeiter, darunter Kunsthistoriker, Archivare, Restauratoren, Förster, Gärtner und Kastellane, besteht darin, das herausragende Kulturdenkmal, das im Jahr 2000 zum UNESCO-Welterbe erklärt wurde, zu erhalten, zu pflegen, weiter forschend zu erkunden und den zukünftigen Generationen zugänglich

zu machen. Damit bewegt sich die Kulturstiftung, die ihren Sitz im Schloss Großkühnau im Nordwesten von Dessau hat, ganz bewusst in der Tradition des Bildungsauftrages, den einst Fürst Leopold III. Friedrich Franz von Anhalt-Dessau für sein kleines Fürstentum postuliert hatte.

Zu den zahlreichen Attraktionen des „Gartenreichs" zählt auch das im Frühjahr 2014 eröffnete „TabakCollegium" im „Haus des Sammlers", das sich im nördlichen Kavaliershaus von Schloss Oranienbaum befindet. Im Fachwerkpavillon dreht sich nach aufwändiger Sanierung alles um die einstige Bedeutung Oranienbaums als Tabak anbauender und verarbeitender Standort. Die Exponate der Dauerausstellung werden erfreulicherweise alles andere als museal präsentiert. Der Besucher wähnt sich bei seinem Rundgang zu Besuch bei einem Sammler, dessen zusammengetragene Kostbarkeiten er entdecken und begutachten kann. In der alten Schwarzküche brennt zu speziellen Gelegenheiten sogar ein Herdfeuer. Das „TabaksCollegium" ist ein Gemeinschaftswerk der Kulturstiftung Dessau-Wörlitz, der Stadt Oranienbaum-Wörlitz und des „Agora-Vereins", von dem die meisten Ausstellungsstücke stammen. Als eines von mehreren historischen Häusern im „Gartenreich" wird es aktiv genutzt und „trägt somit maßgeblich zur Verlebendigung des Schlosses und der Parkanlagen bei", wie Kulturstiftungsvorstand Dr. Thomas Weiß erläutert.

KULTURSTIFTUNG DESSAUWÖRLITZ
Dr. Thomas Weiß
Schloss Großkühnau (Ebenhanstr. 8), 06846 Dessau-Roßlau
Tel.: 03 40 / 64 61 5-0
Fax: 03 40 / 64 61 5-10
info@gartenreich.com
www.gartenreich.com

FÜRSTLICH LOGIEREN UND GENIESSEN AM WÖRLITZER PARK

Seit 100 Jahren kultiviert Familie Pirl Gastlichkeit auf Top-Niveau

So unmittelbar nahe kommt man den durch die UNESCO geadelten Wörlitzer Anlagen als Gast höchst selten. Das Ringhotel „Zum Stein Wörlitz" von Familie Pirl liegt nur wenige Meter entfernt vom Gartenreich Dessau-Wörlitz und fühlt sich mit der Historie und den mannigfachen Angeboten der Park- und Schlossanlagen seit jeher eng verbunden. Die berühmte Stein-Insel mit ihrer Villa Hamilton, dem Amphitheater, dem Feuer speienden Vulkan und den unterirdischen Grotten ist von dem Vier-Sterne-Domizil aus zu sehen. Der Familienbetrieb feiert 2014 sein 100-jähriges Bestehen und wird von Familie Pirl in vierter Generation mit Weitsicht und Traditionsbewusstsein geführt. Eine gastliche Vorzeigeadresse, die es gedeihlich versteht, Historie und Moderne miteinander zu vermählen. Das weitläufige Hotelareal im Osten des Wörlitzer Parks bietet die ideale Kombination aus Wohlbefinden und Kultur, ergänzt durch eine feine regionale Kulinarik, die in der Welterberegion Dessau-Wittenberg hohe Anerkennung genießt. Die hoteleigene Badelandschaft ist nach römischem Vorbild großzügig gestaltet, der ganzjährig beheizte Außenpool und der Quellgarten sind im Sommer angesagte Plätze. In der kalten Jahreszeit lockt der Saunabereich mit neuer „Wörlitzer Wurzelstube". Das Restaurant mit angrenzender Weinstube und dem lichtdurchfluteten Wintergarten hat sich ganz der frischen, qualitätsorientierten regionalen Jahreszeitenküche verschrieben.

Zweierlei Forellenfilet
mit Wildkräutersalat
Dieses Rezept finden Sie auf
der Seite 131

Bevorzugt kommen heimische Produkte zum Einsatz, etwa knackiges Gemüse aus den Elbauen und Wild aus den heimischen Auenwäldern. In Anlehnung an das ehemalige „Pomologische Kabinett" im Gothischen Haus und die Musterobstgärten der Dessauer Fürsten schnürt das First-Class-Hotel rund um das Thema Apfel einzigartige Angebote, so hält Familie Pirl das weltweit einzige Apfel-Rasulbad vor. Die Logisangebote in den noblen 87 Zimmern und Suiten sind von ausgewiesener Exzellenz. Wer direkt im Welterbe logieren möchte, der kann dies im 800 Meter entfernten klassizistischen „Roten Wallwachhaus" aus dem Jahr 1772 tun, das Familie Pirl exklusiv von der Kulturstiftung DessauWörlitz gepachtet hat. Großer Nachfrage erfreuen sich auch die „Gondel-Caterings", die das Hotel unter anderem anlässlich der Seekonzerte im „Gartenreichsommer" anbietet.

RINGHOTEL ZUM STEIN WÖRLITZ
Michael Pirl
Erdmannsdorffstr. 228, 06785 Oranienbaum–Wörlitz
Tel.: 03 49 05 / 50 0
Fax: 03 49 05 / 50 19 9
info@hotel-zum-stein.de
www.hotel-zum-stein.de

DESSAUS BESTE GENUSSDADRESSE

Das „Pächterhaus“ unweit des „Bauhauses“ rangiert in Sachsen-Anhalt unter den besten drei Restaurants

Carpaccio vom Seeteufel
mit roten Linsen
und Meeralgensalat
Dieses Rezept finden Sie auf der Seite 131

Wer im Bundesland Sachsen-Anhalt in die höheren Weihen der Kochkunst eingeführt werden möchte, der wird auch in der Welterberegion Wittenberg-Dessau auf eine handverlesene Schar ausgewählter Adressen treffen. In der Bauhaus- und Gartenreich-Stadt Dessau residiert im Ortsteil Ziebigk das mehrfach ausgezeichnete Restaurant „Pächterhaus“. Das schöne Fachwerkhaus aus dem Jahr 1743 ist das älteste Haus am Ort. In ihm wohnte einst der Pächter des Freigutes in direkter Nachbarschaft zur fürstlichen Schäferei des Fürsten Leopold (der Alte Dessauer). Fürst Leopold III. Friedrich Franz löste das Freigut im Jahr 1786 auf. Heute betritt der kulinarisch geneigte Gast das Reich von Katrin Mädel in erwartungsvoller Vorfreude und ganz ohne höfische Etikette. Seit Jahr und Tag wird die ambitionierte Küche mit ihren weltläufigen Ausflügen im strengen Genussführer „Gault Millau“ mit einer Haube dekoriert. Stolze 13 Punkte ist den Testern die frische Jahreszeitenküche des Pächterhauses wert und Lob zollen sie auch dem gut gefüllten Weinbuch, das vor allem mit Weinen aus der Saale-Unstrut-Region glänzt. Die gastlichen Räume sind einladend und geschmackvoll im schönen Landhausstil eingerichtet. Im Sommer genießt der Gast die anspruchsvolle Küche auf der efeuberankten Terrasse. Hier wie dort überzeugt das „Pächterhaus“ mit einer klassisch grundierten Genießerküche, die stets neben der feinen À-la-carte-Auswahl zwei viergängige Menüs zu den Genussthemen Fisch und Fleisch offeriert. Die Küche verarbeitet bevorzugt heimische Viktualien in erstklassiger Produktqualität, unternimmt aber auch gekonnte Aromenausflüge in die weite Welt. Die Zahl der Stammgäste ist hoch, auch internationale Genießer kombinieren einen Besuch der UNESCO-Welterbestätten in der Region gerne mit einer lukullischen Stippvisite im mehrfach ausgezeichneten Restaurant von Katrin Mädel. Zumal das weltberühmte Bauhaus nur wenige hundert Meter entfernt ist. Harmonischer lassen sich Kultur und Kulinarik kaum miteinander verbinden.

RESTAURANT PÄCHTERHAUS
Katrin Mädel
Kirchstr. 1, 06846 Dessau
Tel.: 03 40 / 65 01 44 7
Fax: 03 40 / 65 01 44 8
maedel@paechterhaus-dessau.de
www.paechterhaus-dessau.de

IM WALD UND AUF DER HEIDE

Schlemmen und Wandern im Hohen Fläming

Inmitten der Brandtsheide, einem Waldgebiet im Naturpark Hoher Fläming, steht ein Haus, in dem zwei Generationen einer Familie viel Raum für natürliche Entspannung geschaffen haben. Wiesen, Weiden, Felder und ein Bauerngarten rings um das Landhotel liefern den Rohstoff für eine gelungene regionale Küche, so dass diese das Siegel für Brandenburger Gastlichkeit trägt. Antje Kienow, Mutter Birgit Rudolph und ein gut eingespieltes Küchenteam zaubern aus dem Fleisch der eigenen Rinder, aus hauseigenem Gemüse und dem Wild aus dem nahen Wald herzhafte Gerichte. Deftige Landkost gibt es vor allem zur Schlachtezeit im Winter. Dann wird auch die Knackwurst nach einem alten Familienrezept hergestellt. Die preisgekrönte Sülze von Schwein, Gans oder Wild ist einer der Klassiker auf der Speisekarte. Was nicht in der von Antjes Mann, Dirk Kienow, eigenen Landwirtschaft wächst und gedeiht,

kommt von umliegenden Erzeugern. So schwört Antje auf den Spargel vom Spargelhof Lindau und auf Fisch vom Forellenhof Thiessen. Die Pfifferlinge, Maronen, Steinpilze oder Krausen Glucken jedoch sammelt Vater Werner, der ein leidenschaftlicher Wanderer ist. Bei den Wanderungen mit Werner und Wally, der Bernersennhündin, kann man die Landschaft des Hohen Fläming mit ihren romantischen Wäldern, mit Riesensteinen und Schwindbächen kennenlernen. „Wer weiß, vielleicht begegnet man auch einem Wolf", weiß der erfahrene Wanderer Werner. Mit Schlössern, Burgen und Mühlen ist der Hohe Fläming auch eine interessante Kulturlandschaft. Geschichtsträchtige Orte wie die Lutherstadt Wittenberg, die Bauhausstadt Dessau oder der berühmte Park von Wörlitz sind nicht weit. Übrigens kann man mit Werner und einer erfahrenen Fastenleiterin sich hier auch auf Fastentouren begeben.

FAMILIENHOTEL BRANDTSHEIDE
Antje Kienow
Bahnhofsallee 8c, 14827 Wiesenburg / Mark
Tel.: 03 38 49 / 79 60
Fax: 03 38 49 / 79 64 5
info@brandtsheide.de
www.brandtsheide.de

DAS BUCHDORF

Bücher statt Braunkohle bei Bitterfeld

Eine Landschaft hat sich neu erfunden. Wo einst der Braunkohletagebau riesige Löcher in die Erde fraß, wurde nach der deutschen Wiedervereinigung mit den Wassern der Mulde ein 25 Quadratkilometer großes Gebiet geflutet. Eine hinreißend schöne Seenlandschaft entstand. Das ehemalige Industriegebiet verwandelte sich in ein attraktives Erholungsgebiet. Die Wasser-Straße „Blaues Band“, die Route „Kohle Dampf Licht“, der Lutherweg und der Mulderadweg kreuzen die Region. Die „Straße der deutschen Sprache“ führt direkt auf eine Landzunge zwischen dem Goitzschesee und dem Muldestausee. Hier findet man das geistig lebendigste aller Ausflugsziele: ein Dorf voller Antiquariate. Bibliophile Menschen aus der ganzen Welt kennen inzwischen das Buchdorf Mühlbeck-Friedersdorf. Vorbild für dieses 1997 von sieben Antiquaren mit 70.000 Büchern gegründeten Buchdorfes ist das 1961 entstan-

dene weltweit erste Buchdorf in Hay-on-Wye in Wales. Heute findet man im Buchdorf Mühlbeck-Friedersdorf mehr als eine halbe Million Bücher. Bunte Stecknadelköpfe auf der Deutschland- und Weltkarte im Buchladen von Heidemarie Dehne zeigen, aus ganz Deutschland, Europa und dem Rest der Welt rund um den Globus von Australien bis USA, von Norwegen bis Kenia, kommen Bücherfreunde. Man muss aber kein Philologe sein, um dem Buchdorf einen Besuch abzustatten. Auch nach einem lang gesuchten Kinderbuch, nach Kochbuch oder Kartenwerk, nach Religions-, Raumfahrt- oder Reiseliteratur, oder nach Belletristik in Originalsprache kann man in Heidemarie Dehnes „Bücher con sum" stöbern „bis es Nacht wird", sagt die ehemalige Lektorin des Europäischen Buch- und Phonoklubs aus dem Rheinland, deren Liebe zu Büchern in den Genen steckt. Daneben bietet das Lese- und Musik-Café „Kaffee-Satz" in ihrer Buchdorf-Erlebniswelt einen schönen Platz für Stärkung. Gästewohnungen laden zum Verweilen ein – vom Mittagsschlaf bis Langzeiturlaub.

BUCHDORF ERLEBNISWELT
HEINZELMÄNNCHEN GMBH
Heidemarie Dehne
Dorfplatz 21, 06774 Muldestausee/OT Mühlbeck
Tel.: 0 34 93 / 4 30 43
buecherconsum@t-online.de
www.buchdorf-erlebniswelt.de

RÄDER FÜRS LEBEN UND GENUSSVOLLES AM STROM

Der Mythos „Weltrad manufactur" in Schönbeck an der Elbe

Kaiser Napoleon ist einst hier vorbei geritten. Schönebeck, die „Schlafstadt" vor den Toren Magdeburg hat eine lange Tradition als „Salzstadt", und in ihr ist das älteste Soleheilbad Deutschlands beheimatet. König Friedrich I. von Preußen legte im Jahr 1704 die „Königlich Preußische Saline zu Schönebeck" an. Heute befindet sich am Elbufer auf dem Cokturhof der einstigen Staatssaline in unmittelbarer Nähe zur wach geküssten Salineninsel die „Weltrad manufactur". Ein Mythos rund um das Thema Fahrrad, gastlich erweitert durch das „Weltrad Restaurant" und das „Weltrad Quartier". Diplom-Ingenieur René Leue knüpft mit seiner Manufaktur an eine lebendige Jahrhundertgeschichte an, denn seit 1885 wurden in Schönbeck an der Elbe die berühmten Premiumfahrräder mit internationalem Erfolg gebaut. Der „Rolls-Royce" unter den Fahrrädern wird seit 2003 wieder in aufwändiger Hand- und Wertarbeit nach altem Vorbild, freilich auf neustem technischen Stand gefertigt. Die legendären Qualitätsräder gehören zu den Klassik-Ikonen hierzulande mit ihrer exklusiven, komfortablen Formgebung. Jedes Rad ist ein Unikat, weil es maßgeschneidert für den jeweiligen Nutzer konzipiert und präzise vermessen wird. In den 1920-Jahren eroberten die Radwanderer mit den elegant-edlen Rädern aus Schönebeck die Fahrradwelt. Daran knüpfen René Leue und sein Team unmittelbar an. Direkt am Elberadweg residiert neben den Produktionsstätten auch das „Quartier", ein schönes, zeitlos gestaltetes Hotel mit 30 Betten am ruhigen Flussbogen. Balsam für die Seele verspricht auch das lichtdurchflutete Restaurant mit herrlichem Blick auf den Strom. Im Stil des Art Deco eingerichtet wird im „Weltrad-Genussrefugium" die stolze Historie des Unternehmens mit der Präsentation ausgewählter historischer Fahrrädern zitiert. Die Küche ist ambitioniert, jahreszeitlich orientiert und erfreut mit leichten mediterranen Köstlichkeiten und regionalen Gaumenfreuden. Die Elbterrasse präsentiert sich im Sommer als der „Place to Be" in Schönbeck. Und auch bei der Ausrichtung von Veranstaltungen jeglicher Couleur genießt das Gesamtgenusswerk „Weltrad manufactur" einen exzelelnten Ruf. Für all dies gab es im Jahr 2012 den Tourismuspreis als „Vorreiter" in Sachsen-Anhalt.

WELTRAD MANUFACTUR
René Leue
Cokturhof 3, 39218 Schönebeck
Tel.: 0 39 28 / 42 90 66
Fax: 0 39 28 / 42 49 62
info@weltrad.de
www.weltrad.de

2004
CHATEAU
CHALON
Appellation Chateau-Chalon Contrôlée
VIN JAUNE
Mis en Bouteille à la Propriété par
E.A.R.L. Philippe Butin Vigneron
F-39210 Lavigny tél. 03.84.25.36.26
14,5 %vol.
Clavelinage des Vins Jaunes
2012
CHATEAU
CHALON

REZEPTE

Zweierlei Forellenfilet mit Wildkräutersalat

Ringhotel Zum Stein Wörlitz, Seite 118

ZUTATEN für 4 Personen

200 g Wildkräutersalat, 100 g Lachsforellenfilet ohne Haut und Gräten, 350 g Forellenfilet ohne Haut und Gräten, 50 g Forellenkaviar, 8 EL Olivenöl, 2 EL kleine Kapern, Zitronensaft, Zitronenpfeffer, Salz, Dill, außerdem wird Klarsichtfolie benötigt!

ZUBEREITUNG

Als erstes wird das Forellenfilet zwischen Klarsichtfolie mit einem Plattierer dünn geklopft. Dann bestreicht man es mit Olivenöl und würzt es mit Salz und Zitronenpfeffer. Den klein gehackten Dill streut man über das Filet. Nun wird das Lachsforellenfilet ebenfalls plattiert und danach auf das Forellenfilet gelegt. Beides wird straff zusammengerollt und anschließend schockgefrostet. Auf einem Teller wird mit dem Kaviar ein Strich gezogen. Die Forellenrolle schneidet man in dünne Scheiben, welche an den Kaviar angelegt werden. Das Ganze wird ausgarniert mit Wildsalat und kleinen Kapern. Aus dem restlichen Olivenöl und dem Zitronensaft wird ein Dressing angerührt, welches man am Schluss über den Salat gibt.

Carpaccio vom Seeteufel mit roten Linsen und Meeralgensalat

Restaurant Pächterhaus, Seite 120

ZUTATEN für 4 Personen

1 St. Seeteufelfilet (400 g), Meeeralgensalat (400 g), Rote Linsen (200 g), 2 Karotten, fein gewürfelt, ¼ Sellerie, fein gewürfelt , 1 Frühlingszwiebel, fein geschnitten, Ingwer, Knoblauch, Sesam hell, Schrotsenf, ½ Vanilleschotte, ½ l Gemüsebrühe, Balsamicoessig hell, Orangensaft, Abrieb von Zitrone und Orange, Olivenöl, Meersalz, Schwarzer Pfeffer, Zucker, ½ Chillischote

Zur Garnitur: Radieschen, Karpernäpfel, Käsecracker, Granatapfelkerne

ZUBEREITUNG

Für die roten Linsen: Karotten, Sellerie, Frühlingszwiebeln, Ingwer und Knoblauch gewürfelt glasig anschwitzen, rote Linsen dazugeben und mit Gemüsebrühe auffüllen und einkochen. Zum Würzen Vanilleschote, schwarzen Pfeffer und Salz, eine halbe Chillischote. Mit weißem Balsamicoessig und Orangensaft abschmecken.

Meeralgensalat marinieren mit etwas Sesam, Honig, Schrotsenf, Salz und Pfeffer aus der Mühle würzen.

Den rohen Seeteufel in hauchdünne Scheiben schneiden, auf Teller in kleine Taschen portionsweise auflegen und mit Marinade aus Olivenöl, Meersalz, Abrieb von Zitrone und Orange und schwarzem Pfeffer gut beträufeln. Darauf den Linsensalat anrichten.

In die Mitte der Tellers wird der Meeralgensalat angerichtet. Mit Radieschenscheiben, Kapernäpfel, Granatapfelkernen und Käsecracker ausgarnieren.

EVANGELISCHE WITTENBERGSTIFTUNG
AM ANFANG WAR DAS WORT
LUTHER 2017
500 JAHRE REFORMATION

LUTHER 2017 – DAS PROJEKT 500 JAHRE REFORMATION

Die Luthergedenkstätten in Eisleben und Wittenberg in Sachsen-Anhalt sind seit 1996 Weltkulturerbe und erinnern an das Werk eines Mannes, der die Welt verändert hat

Wittenberg und Eisleben. Der Zweiklang zum großen, alles einenden Namen des Martin Luther: Mönch und Reformator. In Eisleben geboren und gestorben, in Wittenberg gelebt und gewirkt. Die Luthergedenkstätten in Eisleben und Wittenberg wurden im Jahr 1996 in die Liste des UNESCO-Weltkulturerbes aufgenommen. Sie sind die authentischen Schauplätze der Reformation, die sich 2017 zum 500. Mal jährt. Dann werden die beiden Kleinstädte in Sachsen-Anhalt im Fokus des Weltinteresses stehen. Die Wiege der Reformation befindet sich in Wittenberg, hier heftete am 31. Oktober 1517 der Augustinerpater und Doktor der Theologie Martin Luther die 95 Thesen „Wider des Missbrauchs des Ablasshandels" an die damals noch hölzerne Tür der Schlosskirche. Und entfachte damit die nicht mehr aufzuhaltende Reformationsbewegung mit der Spaltung der christlichen Kirche. Wer auf Luthers Spuren wandeln möchte, der wird in beiden Städten auf Schritt und Tritt über „Lutherwege" und „Lutherpfade" gelenkt und mit dem großen omnipräsenten Sohn im Stadtbild konfrontiert. Martin Luther-Superstar ist allgegenwärtig und fast jede historische Sehenswürdigkeit steht mit ihm in direkter Verbindung. In Eisleben in der Hügellandschaft der Mansfelder Mulde wurde Martin Luther am 10. November 1483 geboren. Das Geburtshaus in der Lutherstraße 15 zu Eisleben beheimatet heute das Luthermuseum. Das Haus wurde nach grundlegender Sanierung und Erweiterung der Ausstellungsfläche auf nunmehr 700 Quadratmeter im März 2007 feierlich wieder eröffnet. Es dokumentiert die Herkunft, Kindheit und Jugend Luthers sowie dessen universelle Wirkungsgeschichte. Bereits im Jahr 1693 wurde hier ein öffentliches Museum für Lutherpilger eingerichtet. Das Luther-Geburtshaus ist damit eines der ältesten Geschichtsmuseen im deutschsprachigen Raum. In 13 Räumen sind die im gegenüberliegenden und mehrfach preisgekrönten Besucherzentrum umfangreichen Exponate, darunter ein Taufstein aus dem Jahr 1518, zu besichtigen. Nur einen Tag nach seiner Geburt in einem spätmittelalterlichen Fachwerkhaus im Petriviertel wurde Luther am 11. November in der spätgotischen St. Petri-Pauli-Kirche auf den Namen des Tagesheiligen getauft. Der „Luthertaufstein" im Altarraum neben dem großen Ganzkörpertauchbecken erinnert an die Taufe des späteren Reformators und ist das Ziel weltweiter Pilgerfahrten.

Ebenfalls zu den authentischen Luther-Orten zählt die St. Andreas-Kirche mit ihrem dreischiffigen Chor unter der spätgotischen Halle. Sie ist die Pfarrkirche der Eisleber Altstadt, in der Luther mehrfach predigte. Auch seine letzten vier Predigten richtete er von der „Luther-Kanzel" der Andreaskirche an die versammelte Gemeinde. Hier wurde Luther am 19. Februar 1546 einen Tag nach seinem Ableben aufgebahrt, ehe der Leichnam in die Schlosskirche nach Wittenberg überführt wurde. Auch das Sterbehaus mit dem Bahrtuch aus dem Sternejahr 1546 ist heute Luthergedenkstätte und Wallfahrtsort zugleich. Gleichwohl muss angefügt werden, dass die Besucher im „falschen" Sterbehaus dem Reformator gedenken. Der Chronist Eusebius Francke verwechselte im Jahre 1726 die Häuser von Barthel Drachstedt und dessen Vater Dr. Philipp Drachstedt als die vermeintliche Sterbeadresse. So wurde im falschen Haus am Andreasplatz 7 im Jahre 1894 eine Gedenkstätte für den berühmten Sohn der Stadt, das heute als „Luthers Sterbehaus" bezeichnete Museum, eingerichtet. Der Prediger starb nach heutiger Kenntnis allerdings im Haus des Stadtschreibers Johann Albrecht am Markt 56. Heute residiert hier das „Hotel Graf Mansfeld", macht aber weitsichtig genug keine Werbung mit dem Ableben des berühmten Gastes von einst. Das Lutherdenkmal von Eisleben gibt es seit 1883. Die Bronzeplastik zeigt den Reformator mit der Bibel in der linken und der päpstlichen Bannbulle in der rechten Hand. Der „Lutherweg Eisleben" verbindet die zentralen Adressen des UNESCO-Welterbes miteinander, darunter auch die St. Annenkirche mit der in Europa einmaligen Steinbilderbibel. Um all dies kümmert sich die im Jahr 1997 ins Leben gerufene „Stiftung Luthergedenkstätten in Sachsen-Anhalt". In ihrer Obhut befinden sich die vier Museen, neben den beiden genannten in Eisleben sind dies das „Lutherhaus" und das „Melanchthonhaus" in Wittenberg. Die Hauptstadt des sächsischen Kurkreises und kurfürstliche Residenz von Sachsen-Wittenberg sollte für viele Jahre Luthers Lebensmittelpunkt werden.

Nach Wittenberg an der Elbe kam Martin Luther als Augustinermönch im Jahre 1508, um ein paar Jahre später als Theologie-Professor an der dortigen Universität „Leucorea“ zu lehren. Diese wurde 1502 von Kurfürst Friedrich dem Weisen gegründet und entwickelte sich rasch unter dem Einfluss der hier versammelten reformatorischen Kräfte um Luther zu einem der führenden Geisteszentren in der europäischen Renaissance. Der Thesenanschlag 1517 wirkte wie ein Katalysator, der alle mitriss. Zu den Weggefährten und namhaftesten Mitstreitern Luthers zählten Philipp Melanchthon (genannt der Lehrer Deutschlands), Johann Bugenhagen, Justus Jonas und Renaissancemaler Lucas Cranach d.Ä., mit dem Luther familiär befreundet war und der ihn mehrfach porträtierte. Luther und Melanchthon. Ohne den philosophischen Mitstreiter und Universitätsprofessor Melanchthon wäre das Projekt Reformation, das von Wittenberg aus ganz Deutschland und später ganz Europa erfasste, einseitig beschrieben. Über 42 Jahre lebte und wirkte der „Praeceptor Germaniae“ und „Außenminister der Reformation“ in Wittenberg, so lange wie kein anderer Reformator. Das ehemalige Wohnhaus des Humanisten und „Vaters der Ökumene“ in der Collegienstraße steht als architektonisches Kleinod ebenfalls auf der Liste des Wittenberger Welterbes. Das Renaissancebauwerk mit dem markanten Giebel gilt als eine der authentischsten Reformationsgedenkstätten. Direkt ans historische Wohnhaus grenzt der museale Neubau mit den kostbaren Exponaten wie beispielsweise der „Confessio Augustana“, Melanchthons „Augsburger Bekenntnis“ aus dem Jahr 1530. Luther und Melanchthon, beide stehen sie als Denkmal auf dem Wittenberger Marktplatz. Im Hintergrund das Rathaus, im Vordergrund die liebevoll restaurierten Cranach-Höfe, die auf vielfältige Art und Weise an die Maler-Dynastie der Cranach-Familie erinnern und bedeutende Kunstschätze aus ihrem einzigartigen Repertoire präsentieren. Luther und Melanchthon, beide ruhen in der Schlosskirche zu Wittenberg, die bis zum großen Jubiläumsjahr 2017 genauso wie die Stadtkirche St. Marien mit dem eindrucksvollen Cranach-Altar, aufwändig restauriert wird.

Hauptanziehungspunkt des Luther-Tourismus in Wittenberg ist das Lutherhaus. Als Mönch und Professor lebte Martin Luther seit seiner Ankunft in Wittenberg im Jahr 1511 ständig im vormaligen Augustinerkloster der Stadt, ab 1525 zusammen mit seiner Ehefrau Katharina von Bora und den gemeinsamen Kindern. Hier hielt er Vorlesungen vor Studenten aus ganz Europa und es entstanden seine Schriften, die die Welt veränderten. Im Jahr 1583 bekam er das Haus übereignet. Seit 1883 ist das Lutherhaus in der Collegienstraße 54 als Museum für Besucher geöffnet und heute das größte reformationsgeschichtliche Museum der Welt. Zu den herausragenden Ausstellungsobjekten zählen Luthers Predigtkanzel aus der Stadtkirche, eine Mönchskutte Luthers, die Zehn-Gebote-Tafel von Lucas Cranach, Luthers Bibel, zahlreiche wertvolle Drucke und etliche Gemälde der Cranach-Familie. Die „Lutherstube", der Ort der berühmt-berüchtigten Tischgespräche, ist weitgehend im Originalzustand erhalten

geblieben. Ein Erinnerungsort von unbeschreibbarer Aura. Auch das Bugenhagenhaus neben der Stadtkirche als Mutterkirche der Reformation, in der 1521 die erste evangelische Messe abgehalten wurde, ist eine bedeutsame Gedenkstätte der Reformation. Es ist das älteste evangelische Pfarrhaus der Welt. In der Druckerstube im Cranachhof wurden die 95 Thesen und der erste Teil der Lutherbibel gedruckt.

Eisleben (seit 1946) und Wittenberg (seit 1938) tragen beide den offiziellen Zusatz „Lutherstadt", die Stadt Mansfeld (seit 1996) als „Mansfeld-Lutherstadt" ebenso. Hier verbrachte Martin Luther den Großteil der Kindheit. Sein Vater arbeitete seit 1484 im Hüttenwesen des Kupferschieferbergbaus. Das Elternhaus beherbergt heute ebenfalls ein Museum zur Erinnerung an den Reformator und Professor für Bibelauslegung. Und auch hier gibt es zahlreiche weitere Gedenkorte, wie der 1913 aufgestellte Lutherbrunnen. Im Zeichen der Rose, der „Lutherrose", dem selbst gewählten Wappen des Reformators, werden auf der Wittenberger Geschäftsstelle „Luther 2017" alle Projekte und Initiativen gebündelt, die in das Jahrtausendereignis zur 500. Wiederkehr der Reformation einmünden. Dann werden die beiden Kristallisationspunkte Eisleben und Wittenberg endgültig zum Nabel der Welt.

ELBERLEBNIS MS LUTHERSTADT WITTENBERG

Mit dem Motorschiff gleich vier UNESCO-Stätten entdecken

Für die meisten Wittenberg-Gäste gehört eine Schiffsfahrt auf der Mittelelbe zum Besuchsprogramm genauso dazu wie der Bummel durch die Altstadt oder die Erkundung der Luthergedenkstätten. Im Jahr 2014 besteht die von Jan und Antoinette Harnisch geführte „Wittenberger Passagierschifffahrt" zehn Jahre. Auf der „MS Lutherstadt Wittenberg" erleben die Gäste seit jeher stimmungsvolle Panoramafahrten auf der Elbe mit ihren verwunschenen Flusslandschaften. Vom Heimathafen Wittenberg aus geht es entweder stromabwärts oder stromaufwärts. Garantiert sind in jedem Fall einzigartige Erlebnisse, denn gleich vier UNESCO-Stätten, das Biosphärenreservat Mittelelbe, das Wörlitzer Gartenreich, die Lutherstätten in Wittenberg und die Bauhausstadt Dessau-Roßlau werden auf den abwechslungsreichen Routen miteinander verbunden. Das Angebot reicht vom geselligen Kaffeeausflug über romantische Abendfahrten bis hin zu exklusiven Charterveranstaltungen. Für lukullische Genüsse ist ebenfalls an Bord des knapp 30 Meter langen Motorschiffes gesorgt, auch hier ist die Angebotspalette vom

kleinen Imbiss bis hin zum großen Salon-Buffet umfangreich. Neu im gut gefüllten Terminkalender des Familienbetriebes sind die mehrtägigen „Flusskreuzfahrten" auf der Elbe, die vom Anleger in der Rheinstraße nach Meißen, Dresden, Prag und Hamburg führen. Kapitän Jan Harnisch ist ein ausgewiesener Kenner der Region und weiß Geschichte und Geschichten charmant und kenntnisreich zu erzählen. Die Sehenswürdigkeiten am faszinierenden Elbestrom einmal aus einer ganz anderen Perspektive zu betrachten, ist ebenso reizvoll wie die standesamtliche Trauung an Bord. Und wer bei seinem Wittenberg-Bummel nicht auf einen bequemen fahrbaren Untersatz verzichten möchte, der steigt an Land um auf die „Wittenberger Altstadtbahn", die ebenfalls im Besitz der Familie Harnisch ist und ihre Gäste in gemütlichem Tempo kundig zu den wichtigsten Haltestellen der Wittenberger Reformationsgeschichte befördert.

WITTENBERGER PASSAGIERSCHIFFFAHRT
Jan und Antoinette Harnisch
Schlossstr. 16, 06886 Lutherstadt Wittenberg
Tel.: 0 34 91 / 76 90 43 3
Fax: 0 34 91 / 76 90 43 4
info@ms-wittenberg.de
www.wittenberg.de

Hotel und Restaurant
Alte Canzley
Justus Jonas
(1493 – 1555)
Theologe, Reformator,

WELTGESCHICHTE HAUTNAH EINATMEN

In der „Alten Canzley" verkehrten Könige, Kaiser und natürlich Martin Luther

Putensteak im Parmesan-Schinken-Mantel auf Paprikasoße an Ingwer-Casarecci und Zucchini
Dieses Rezept finden Sie auf der Seite 158

Große Namen am Mauerwerk der „Alten Canzley" zu Wittenberg künden von der Bedeutung des Gebäudes und der Zugkraft der Residenzstadt Wittenberg. In der einstigen Residenz der Kanzler, gewissermaßen im Gästehaus des Kurfürsten Friedrich des Weisen, logierten ehemals Könige und Kaiser, darunter Schwedenkönig Karl XII. und Russlands Zar Peter I., genannt der Große, aber auch Weggefährten des Reformators Martin Luther wie beispielsweise Justus Jonas. Die „Alte Canzley", das Traditionshotel, liegt direkt gegenüber den Schlossanlagen und der Schlosskirche. Das ist weltweit einmalig und so weisen die Prospekte zurecht darauf hin, dass der Gast hier gegenüber der Thesentür aufwacht. Ganz viel Geschichte und nostalgisches Flair vermittelt das denkmalgeschützte Haus, das zu den ältesten der Stadt Wittenberg gehört, noch heute. Der historische Turm etwa mit seiner Wendeltreppe aus der Renaissancezeit und die dicken Mauern und Decken des mittelalterlichen Speisezimmers mit dem imposanten Kreuzgewölbe strahlen nach aufwändiger Restaurierung in altem Glanz. Heute erfreuen sich hier die Genießer an einer frischen saisonalen Bio-Küche. Die Alte Canzley mit ihren acht großzügig geschnittenen Unikatzimmern wurde im Jahr 2004 zum ersten Bio-Restaurant in Sachsen-Anhalt zertifiziert. Jeden Monat wechselt die ambitionierte Karte, die stets auch Speisen nach Rezepten von Katharina von Bora, Martin Luthers Ehefrau, offeriert. Darunter beispielsweise „Ein gesotten Stück vom Federvieh mit köstlich Honigsoß, gutem Erbsmus und Wurzeln" oder „Recht feine Rübensuppen mit Trauben, Kas und Kräutlein". Wenn die Gerichte dann noch von Schauspielern in der Rolle des Reformators und seiner Frau szenisch dargereicht werden, wähnt man sich wahrlich zurückversetzt in eine Zeit, als der echte Martin Luther höchst selbst sich hier zu Tische begab.

ALTE CANZLEY
Hotel-Restaurant
Gesundheits- und Tagungszentrum Wittenberg
Christa Rath, Doreen Schwarze
Schlossplatz 3–5, 06886 Lutherstadt Wittenberg
Tel.: 0 34 91 / 42 91 10
Fax: 0 34 91 / 42 93 10
info@alte-canzley.de
www.alte-canzley.de

DIE WITTENBERGER SUPPEN-KÖNIGIN

Bei Jeannette Hünsch sind Eintöpfe und Suppen die kulinarischen Stars

Luther war ihr erster Gast. Als Jeannette Hünsch ihre „Suppenbar Suppéria“ in der Schlossstraße zu Wittenberg erstmals im Juli 2007 aufschloss, war es ein amerikanischer Tourist namens Luther, der zuerst die hausgemachten Köstlichkeiten der kulinarischen Quereinsteigerin probierte und voll des Lobes wenig später über die Suppenkunst der studierten Pädagogin und Dozentin in der Erwachsenenbildung in einer amerikanischen Zeitung berichtete. An diese Anekdote erinnert sich die bekennende Hobby-Köchin gerne zurück, war sie doch so etwas wie ein Impuls auf dem lukullischen Nischenweg, ausschließlich leckere Suppenkreationen anzubieten, mutig voranzuschreiten. „Suppen waren immer ein Thema in unserer Familie und die Lust, meine eigene kleine Gastronomie zu verwirklichen, wurde mit der Zeit unstillbar“, erzählt Jeannette Hünsch gut gelaunt im frisch gestylten Suppen-Restaurant. Bereut hat sie den Schritt in die Selbständigkeit zu keinem Zeitpunkt, inzwischen zählt ihr kulinarisches Reich zu den angesagten Genussadressen der Lutherstadt. Längst hat sich herumgesprochen, dass alle Suppen frisch und ohne Geschmacksverstärker à la minute zubereitet werden. Die Zahl der Stammgäste ist hoch, sicher auch weil es Jeannette Hünsch meisterhaft versteht, immer wieder neue Suppenkreationen zuzubereiten. Über 1500 verschiedenen Suppen und Eintöpfe hat sie in den vergangenen Jahren für ihre Gäste gekocht. Ebenso rekordverdächtig ist die Anzahl der Suppenkochbücher, die in der Suppéria von der Leidenschaft der gastgebenden Köchin kün-

den. Jeden Tag stehen fünf verschiedene Suppen, darunter exotische, deftige, pikante, rustikale, aber auch vegetarische und vegane auf dem Speisenplan. Großer Beliebtheit erfreut sich das Suppen-Potpourri, das in einem „Three Bowl Sampler" gleich drei Suppen zum genussvollen Durchprobieren offeriert. In Kürze wird die Suppéria auch abends geöffnet haben, dann wird das Programm um Raclette-Spezialitäten erweitert. Und zum Historien-Spektakel von „Luthers Hochzeit" bekocht die Wittenberger Suppen-Königin exklusiv die „Hochzeitstafel" auf dem Marktplatz.

Melonen-Suppe mit Chili
Dieses Rezept finden Sie auf der Seite 158

DUETT
Jeannette Hünsch
Schlossstr. 9, 06886 Lutherstadt Wittenberg
Tel.: 0 34 91 / 69 50 95
info@duett-wittenberg.de
www.duett-wittenberg.de

DIE LEBENDIGE CRANACH-TRADITION

Cranach-Stiftung koordiniert Vielfältiges zum Kosmos der Hofmalerfamilie

Die berühmte Malerfamilie Cranach, aus der mit Lucas Cranach d.Ä. und Lucas Cranach d. J. zwei der bedeutendsten Künstler der Renaissance hervorgegangen sind, ist mit der Lutherstadt Wittenberg und dem Leben und Wirken des Reformators aufs Engste verbunden. In der Schlossstraße und am Markt lebten und wirkten die Cranachs. Einer Bürgerinitiative aus dem Jahr 1989 ist es zu verdanken, dass die zwei Wittenberger Cranach-Höfe vor dem Verfall gerettet werden konnten. Aus der engagierten Bürgerinitiative gründete sich 1994 die Cranach-Stiftung als eine Stiftung bürgerlichen Rechts, um einerseits die sorgsame Sanierung der denkmalgeschützten Cranach-Häuser weiter voranzutreiben und andererseits die intendierte kulturellen Nutzung der geschichtsträchtigen Gebäude zu organisieren. Wer heute die aufwändig restaurierten Höfe erkundet, staunt über die Vielfalt und Lebendigkeit der vielseitigen Angebote. Koordiniert wird all dies von Eva Löber, der Geschäftsführerin und ihrer kleinen Mannschaft, die zumeist ehrenamtlich fungiert. Das Kunst- und Kommunikationszentrum rund um den Kristallisationspunkt Cranach zählt zu den Hauptattraktionen Wittenbergs. Neben einer Dauerausstellung über Leben und Wirken der Cranach-Familie gibt es Werkstätten von disziplinenübergreifend arbeitenden Künstlern, und zudem eine historische Druckerei. Schließlich wurde hier Martin Luthers so genanntes September-Testament gedruckt, mithin die erste Übersetzung des Neuen Testamentes aus dem Griechischen ins Deutsche. Ein wichtiges Standbein der Cranach-Stiftung ist

die Malschule, die seit 1994 in den Räumlichkeiten eingezogen ist. Sogar eine eigene Herberge mit 28 geräumigen Zimmern steht den Gästen und Besuchern zur Verfügung, ferner eine Hofwirtschaft und ein Café im schönen Renaissancesaal. Mit allem, was Eva Löber, ihre Unterstützer und der emsige Förderverein als Nutzung initiieren, nehmen sie unmittelbaren Bezug auf die Historie. Derzeit bereitet die Cranach-Stiftung den 500. Geburtstag von Lucas Cranach dem Jüngeren im Jahr 2015 vor und gestaltet eine neue Dauerausstellung „Cranachs Welt" in seinem Geburtshaus Markt 4. Und auch zum Thema Welterbe hat die Stiftung Großes vor: Der offizielle Antrag auf Erweiterung der Wittenberger Welterbstätten um die beiden Cranach-Höfe und das Bugenhagenhaus in Wittenberg ist gestellt.

CRANACH-STIFTUNG WITTENBERG
Eva Löber
Markt 4, 06886 Lutherstadt Wittenberg
Tel.: 034 91 / 4 20 19 11
Fax: 04 91 / 4 20 19 19
cranach-hoefe@t-online.de
cranach-stiftung@web.de
www.cranach-stiftung.de

DIE KÜNSTLER VOM CRANACH-HOF

Genreübergreifende Kunst- und Kunsthandwerkszene an historischer Stätte

Im Zentrum der Luther- und Cranach-Stadt Wittenberg findet der Besucher am Markt 4 in den alten Gemäuern des Cranach-Hofes die „Autorengalerie" von neun Künstlern und Kunsthandwerkern. Eine kreative, sich gegenseitig beflügelnde Atmosphäre bestimmt die Szenerie im „Kunsthof Markt 4". Seit dem Jahr 2007 werden hier die Ergebnisse künstlerischen Schaffens in den Sparten Schmuck, Keramik, Bildhauerei, Papierkunst, Malerei, Grafik und Filz präsentiert. Es sind dies Unikate oder Objekte in Kleinstserie. Die Vielfalt der künstlerischen Handschriften wird regelmäßig in gemeinsamen Projekten gebündelt. So erarbeiten Siegfried Appelt, Marion Münzberg, Bärbel Mohaupt und Ute Walter einen thematischen Jahreskalender. In den Schmuckstücken von Josefina Moßig lassen sich Fayencen von Anka Demme entdecken, die auch die figürliche Keramik von Ute Appelt-Lillack veredeln. Zweimal im Jahr, zum Frühjahrssalon und zur Sonderausstellung anlässlich des Reformationstages, stellen die ansässigen Künstler ihre Ideen zu wechselnden Themen vor. Als Gemeinschaftsprojekt zum Cranachjahr 2015 entsteht die Großskulptur „Geflügelte Schlange mit Krone", dem Signet des Hofmalers. Im wunderschönen Renaissancesaal mit angrenzender Gartenterrasse hat sich seit dem Jahr 2010 galeriebegleitend das „Café 3" etabliert. Mitbegründerin Anka Demme und ihre Kolleginnen Maria John und Maria Friedel offerieren leckere italienische Löffelschokolade, Kaffeespezialitäten und ausgesuchte Saale-Unstrut-Weine. Dort finden außerdem regelmäßig kleinere Kulturveranstaltungen statt und runden damit das breit gefächerte künstlerische Angebot im Cranach-Hof ab.

KUNSTHOF MARKT 4 UND CAFÉ 3
Marion Münzberg, Siegfried Appelt, Bärbel Mohaupt, Maria Friedel, Ute Walter, Ute Appelt-Lillack, Maria John, Anka Demme, Josefina Moßig
Markt 4, 06886 Lutherstadt Wittenberg
Tel.: 0 34 91 / 45 98 48
info@kunsthof-markt4.de
www.kunsthof-markt4.de

NEO RAUCH UND DIE WERKSCHAU IN ASCHERSLEBEN

Die Grafikstiftung Neo Rauch präsentiert im Riegelbau das druckgrafische Werk des international renommierten Künstlers

Mit Aschersleben, der ältesten urkundlich erwähnten Stadt in Sachsen-Anhalt am Nordostrand des Harzes, fühlt sich Neo Rauch seit seiner Kindheit zutiefst verbunden. Hier ist der Maler und Grafiker von Weltrang bei seinen Großeltern aufgewachsen, hier hat er sein Abitur abgelegt und hier hat der heute südlich von Leipzig lebende Künstler gemeinsam mit Kerstin Wahala, Gerd Harry Lybke und der Stadt Aschersleben im Juni 2012 die „Grafikstiftung Neo Rauch" ins Leben gerufen. Die Stiftung geht auf eine Schenkung des Künstlers im Jahr 2010 zurück: Neo Rauch überlässt der Stadt seitdem jeweils ein Exemplar der Auflagen seines bisherigen und künftigen grafischen Werkes. Rauch gilt als Wegbereiter der „Neuen Leipziger Schule" und wird weltweit mit großen Einzelausstellungen gewürdigt. Seine Bilder und Zeichnungen, die immer wieder auch die mitteldeutsche Heimat vielschichtig visualisieren und vergegenständlichen, hängen im Metropolitan Museum of Art in New York genauso wie in der Wiener Albertina oder im Museum der bildenden Künste in Leipzig.

Das stetig wachsende grafische Werk als eigenständiger Bestandteil des Gesamt-Œeuvres, das seit 1993 entstanden ist, wird ausführlich und schwerpunktmäßig in wechselnden Ausstellungen in Aschersleben im so genannten „Riegelbau“ des Bestehornparks, einem besonderen Ausstellungsort von exzeptioneller architektonischer Korrespondenz, präsentiert und in seinem Bestand bewahrt und gepflegt. In immer wieder wechselnden Kompositionen wie etwa in der Ausstellung „Neo Rauch. Das grafische Werk – Dritter Teil“ werden ausgewählte Werke aus dem Bestand sowie neu entstandene Grafiken, Zeichnungen sowie großformatige Ölarbeiten auf Papier der Weltöffentlichkeit zugänglich gemacht. Interessante Leihgaben wie die von Neo Rauch im Jahr 2007 gefertigten drei Entwürfe der Glasfenster für die Elisabethkapelle im Naumburger Dom komplettieren die Schau

Keine Frage: Die Grafikstiftung hat Aschersleben auf die internationale Kunst-Landkarte katapultiert. Rund zehntausend Besucher haben bisher das derzeit 74 Exponate umfassende druckgrafische Werk des mehrfach ausgezeichneten Künstlers und Honorarprofessors an der Leipziger Hochschule für Grafik und Buchkunst im Bestehornpark (zu den Parkanlagen der „Gartenträume“ gehörend) betrachtet. Tendenz: weiter steigend. Erfreulich auch dieses: Die kreative, erlebnisorientierte Arbeit mit Kindern und Schülern ist der Stiftung ebenso eine Herzensangelegenheit wie der Austausch mit anderen kulturellen Institutionen in der Region.

GRAFIKSTIFTUNG NEO RAUCH
Wilhelmstr. 21–23, 06449 Aschersleben
Tel.: 0 34 73 / 91 49 34 4
mail@grafikstiftungneorauch.de
www.grafikstiftungneorauch.de

DIE SCHLOSSHERRLICHKEIT IM SELKETAL

Stilvoll Logieren und Genießen im Parkhotel Schloss Meisdorf

Meisdorf, das „Tor zum Selketal“, wurde erstmals im Jahr 1219 erwähnt. Über Jahrhunderte bestimmten die Burgherren von Falkenstein die Geschicke des kleinen Ortes am Ostfuß des Harzes. Im 18. Jahrhundert verließ das Adelsgeschlecht der Asseburger ihr angestammtes Domizil auf dem Falkenstein und ließ sich im Jahr 1708 ein barockes Schloss bauen, in dem heute das First-Class-Domizil „Parkhotel Schloss Meisdorf“ der international agierenden Hotelgruppe „Van der Valk“ Gäste aus aller Welt empfängt. Schon die Anfahrt durch das schmiedeeiserne Tor hinein in den 12 Hektar großen Schlosspark lässt erahnen, welch gediegene Gastlichkeit den Besucher und Genießer in dem mit vier Sternen klassifizierten Hotel erwartet. Hier ist alles auf das Thema Verwöhnen mit Stil ausgerichtet. Die insgesamt 83 komfortablen Zimmer und Suiten in unterschiedlichen Kategorien verteilen sich auf das „Neue Schloss“, das „Gräfliche Rentamt“ und das „Chalet Ludwig“ sowie auf das rund 300 Meter vom Parkhotel entfernt gelegene Forsthaus im Wald. Hier wie dort mischt sich die kultivierte Grandezza des geschichtsträchtigen Schlosses mit den Annehmlichkeiten der Gegenwart. Der große Wellnessbereich mit Schwimmbad, Saunalandschaft, Solarium und Beautybereich lässt keine Wünsche offen und der hoteleigene 18-Loch-Golfplatz mit Golfschule und Clubhaus-Restaurant zählt anerkanntermaßen zu den schönsten und anspruchsvollsten des Landes. Im Kaminzimmer des „Alten Schlosses“ und im angeschlossenen Schlossrestaurant offeriert die Küche bevorzugt regionale

Hirschroulade
„Nach Art des Hauses“
Dieses Rezept finden Sie
auf der Seite 159

Köstlichkeiten aus dem Harz, aber auch internationale Gaumenfreuden. Kommunikative Treffpunkte im Zeichen erlesener Gastlichkeit sind zudem die Sportsbar „Sailor's Inn“ und im Sommer die herrliche Schlossparkterrasse. Das Parkhotel Schloss Meisdorf sowie auch sein Schwesterhotel, das Schlosshotel in Ballenstedt, nur 5 Kilometer entfernt, sind begehrte Adressen für romantische Hochzeiten in „fürstlicher Ambiance“. Das Standesamt residiert im Meisdorfer Schloss und im Ballenstedter Domizil ist es gleich nebenan anzutreffen.

PARKHOTEL SCHLOSS MEISDORF
Van der Valk GmbH
Vincent van der Valk
Allee 5, 06463 Meisdorf
Tel.: 03 47 43 / 9 80
meisdorf@vandervalk.de
www.meisdorf.vandervalk.de

BEI BISMARCK ZU BESUCH

Kristin und Georg von Bismarck kultivieren in ihrem historischen Gutshaus im Kyffhäuserkreis Landurlaub und regionale Genüsse der feinen Art

Erstmals wurde die Hofstelle in Braunsroda, einem Ortsteil von Heldrungen im thüringischen Kyffhäuserkreis, im Jahr 1231 erwähnt. Knapp 500 Jahre später entstand das barocke Gutshaus, in dem heute Georg von Bismarck und seine Frau Kristin leben und arbeiten. Georg von Bismarck aus Sollstedt ist ein Großneffe „höheren Grades" des Reichkanzlers Otto von Bismarck und 1992 nach der Wende in das Land seiner Vorfahren zurückgekehrt. Zunächst hatte er das familieneigene Gut mit seinen Ländereien zurückgepachtet, ab 1998 zum Verkehrswert erworben. Als junger Bub verbrachte der studierte Fahrzeugtechniker hier die unbeschwerten Sommer seiner Kindheit bis er 1945 fliehen musste. Das Gut wurde enteignet und volkseigen. Heute ist die „Gutsherrschaft" darum bemüht, die historische Bausubtanz mit ganz viel Enthusiasmus zu erhalten und das ehemalige Rittergut Braunsroda nördlich von Weimar zu einer kultivierten Adresse für Landurlaub und regionalen Genuss in stilvoller Ambiance zu wandeln. Und die Bismarcks sind präsent, packen mit an, „bringen sich mit Haut und Haar ein", wie Kristin von Bismarck erzählt. So viel „bürgerliche" Nähe kommt bei den Gästen gut an. „Bei Bismarck zu Besuch", das kann erleben, wer sich für eine der drei großzügig geschnittenen und modern ausgestatteten Ferienwohnungen im historischen Gutshaus aus dem Jahr 1722 entscheidet. Der eindrucksvoll restaurierte Jugendstilsaal in der Beletage ist prädestiniert für Familienfeiern, romantische Hochzeiten und Bankette. Standesamtlich geheiratet werden kann zudem auf dem rustikalen Speicher und im kleineren Rahmen auf der Galerie. Georg von Bismarck betreibt auf 230 Hektar nachhaltigen Ackerbau. Der landwirtschaftliche Betrieb ist Mitglied im Bioland-Verband. Auch die Küche im Gutsgasthof Braunsroda fühlt sich

dem kreativen Umgang mit überwiegend regional erzeugten Produkten verpflichtet. Seit 2012 ist das im Herrenhaus ansässige Restaurant mit seinem schönen Freisitz verpachtet. Jeden ersten Samstag im Monat findet auf dem Gut der einst von Georg von Bismarck initiierte und längst überregional bekannte Bauernmarkt mit Produkten von über 50 Selbsterzeugern aus der Kyffhäuser- und Südharzregion statt.

GUTSHAUS VON BISMARCK GBR
Kristin und Georg von Bismarck
Heidelbergstr. 1, 06577 Heldrungen
Tel.: 03 46 73 / 9 79 74
Fax: 03 46 73 / 7 78 73
Georg-v.Bismarck@t-online.de
www.gutshaus-von-bismarck.de

DAS WELTBILD DER BRONZEZEIT

Die Himmelsscheibe von Nebra gehört seit 2013 zum UNESCO-Weltregister „Memory of the World". In der Arche Nebra ist ihr ein eigenes Erlebniszentrum gewidmet und in Halle an der Saale ist das 3600 Jahre alte Original zu bestaunen.

Eine geheimnisvolle Bronzescheibe, versehen mit Goldapplikationen und astronomischen Symbolen, fasziniert die Welt. Die im Jahr 1999 von Raubgräbern entdeckte Himmelsscheibe von Nebra zeigt die weltweit älteste bisher bekannte konkrete Darstellung des Kosmos der Bronzezeit. Die rund 3600 Jahre alte Schmiedearbeit ist ein einzigartiges archäologisches Artefakt der Menschheitsgeschichte und wurde 2013 in das UNESCO-Weltregister „Memory of the World" aufgenommen. Zu bestaunen ist die Himmelsscheibe, die 32 Zentimeter im Durchmesser misst, in der Dauerausstellung des Landesmuseums für Vorgeschichte in Halle an der Saale. An ihrem Fundort ist dem über zwei Kilogramm schweren Objekt ein

eigenes erlebnisorientiertes Zentrum gewidmet, die Arche Nebra. Ein architektonisches Meisterstück am Fuße des Mittelberges, das optisch über dem Unstruttal zu schweben scheint. Baulich und gestalterisch greift es mit der goldenen Sonnenbarke ein Motiv der Himmelsscheibe auf. Von hier aus geht der Blick bis hinüber zum Aussichtsturm am drei Kilometer entfernten Fundort inmitten des Waldes auf dem Mittelberg. Herzstück der im Jahr 2007 eröffneten Arche Nebra ist das digitale Planetarium, das unter der gewölbten Kuppel in einer gut zwanzigminütigen Show das komplexe astronomische Wissen verständlich macht, das auf der Himmelsscheibe verschlüsselt dargestellt ist. Am Fundort selbst blickt der Besucher in das „Himmelsauge“: Eine gekrümmte Scheibe aus poliertem Edelstahl, die als Spiegel dient und somit Himmel und Erde miteinander verbindet und zwar exakt dort, wo in der Bronzezeit ein Bild des Himmels im Boden lag. Diente die Himmelsscheibe in der Frühbronzezeit als astronomische Erinnerungsstütze, um Sonnen- und Mondjahr in Einklang zu bringen und den rechten Zeitpunkt für Aussaat und Ernte zu bestimmen, so hat der bronzezeitliche Fund bis heute von seiner faszinierenden Wirkung nichts eingebüßt. Im Gegenteil: Den Machern der Arche Nebra im Geo-Naturpark Saale-Unstrut-Triasland ist es gelungen, die Scheibe als zentralen Inhalt der Präsentation emotional in den Mittelpunkt zu rücken, wobei zahlreiche spielerische Elemente generationenübergreifend zum sinnlichen Erleben einladen.

ARCHE NEBRA – DIE HIMMELSSCHEIBE ERLEBEN
An der Steinklöbe 16, 06642 Nebra
Tel.: 03 44 61 / 25 52 0
Fax: 03 44 61 / 25 52 17
info@himmelsscheibe-erleben.de
www.himmelsscheibe-erleben.de

UNTER VOLLDAMPF

Unterwegs auf der ältesten Schmalspurbahn Deutschlands

Auf der ältesten Schmalspurbahn Deutschlands unterwegs zu sein, ist Nostalgie pur. Die Mansfelder Bergwerksbahn nahm 1880 ihren Betrieb auf und diente ursprünglich dem Transport der Kupferschiefer sowie von 1882 bis 1972 auch der Beförderung der Bergleute für den Kupferschieferbergbau im Mansfelder Land. Heute kümmern sich die aktiven Vereinsmitglieder der Mansfelder Bergwerksbahn (MBB) unter Führung eines fünfköpfigen Vorstandes um den Erhalt des Gleiskörpers, ferner um sieben Brücken und 17 Bahnübergänge sowie um den Museumsbetrieb mit derzeit acht Personenwagen, einer Dampf- und zwei Diesellokomotiven. Im Jahr 1991 gegründet, ist es dem „MBB" maßgeblich zu verdanken, dass nicht nur ein Streckenabschnitt von fast 11 Kilometern erworben werden konnte. Der Verein besitzt in Benndorf/Klostermansfeld auch ein eigenes Bahnhofsgebäude mit liebevoll restauriertem historischen Wartesaal im Jugendstil. Von der Station der mitteldeutschen „Glück-Auf-Tour" aus werden die

vielfältigen Aktivitäten koordiniert. Dazu zählen in erster Linie die samstäglichen romantischen Fahrten, die bis in den Oktober hinein vom Bahnhof Benndorf bis nach Hettstedt Kupferkammerhütte und zurück führen. Für die Eisenbahnfans der Spurweite 750 mm ist jede Nostalgiefahrt mit der über 50 Jahre alten, 450 PS-starken Dampflok 20 ein sinnliches Erlebnis aus Technik und purer Emotion. Wenn der Achtungspfiff ertönt, der Regler gefühlvoll geöffnet wird und die immer schneller zischenden Auspuffschläge den wirbelnden Dampf entfachen, sind Eisenbahnbetriebsleiter Thomas Fischer, seine Vereinsmitglieder, vor allem aber die Mitreisenden ganz in ihrem Element. Um den Erhalt der Bergwerksbahn zu sichern und die Bergbautradition der Region mit dem Tourismus noch enger zu verknüpfen, ermöglicht es der „MBB“ den Eisenbahnfans gegen ein angemessenes Entgelt und nach erfolgter theoretischer Einweisung durch das Lokomotivpersonal, selbst auf dem Führerstand zu stehen und den lang gehegten Traum als Lokomotivführer in die Tat umzusetzen. Drei verschiedene Angebote stehen zur Auswahl, der gemeinsame „Dampf-Spaß“ ist dabei stets garantiert.

MANSFELDER BERGWERKBAHN E. V.
Hauptstr. 15, 06308 Benndorf
Tel.: 03 47 72 / 27 64 0
Fax: 03 47 72 / 30 22 9
buero@bergwerksbahn.de
www.bergwerksbahn.de

REZEPTE

Putensteak im Parmesan-Schinken-Mantel auf Paprikasoße an Ingwer-Casarecci und Zucchini

Alte Canzley, Seite 140

ZUTATEN für 4 Personen

Paprikasoße: 400 ml Bechamel, 400 ml Sahne, 400 g Paprika, 200 g Zwiebel, 1 TL Paprikapulver, 20 ml Weißwein, Öl, Meersalz, Pfeffer
Für die übrigen Komponenten: 600 g Putenbrustfilet, 200 g Parmesan, 8 Scheiben roher Schinken, 320 g Casarecci, 100 g Ingwer, 800 g Zucchini, Butter, Öl, Meersalz, Pfeffer

ZUBEREITUNG

Casarecci in Salzwasser mit etwas Ingwer kochen. In der Zwischenzeit Schinken ausbreiten und Parmesan fein hobeln. Dann Parmesan auf den Schinken streuen und das Putenbrustfilet mit wenig Salz und Pfeffer würzen (Weitere Würze gibt der Schinken an das Fleisch ab). Putenbrustfilet dann auf den Schinken legen und mit diesem umwickeln. Nun das Fleisch von beiden Seiten in Öl scharf anbraten. Danach bei Ober-/Unterhitze 140 °C für 15 Minuten zum Durchgaren in den Ofen stellen.
Für die Paprikasoße die Paprikaschoten entkernen und würfeln. Zwiebel schälen und würfeln. Zwiebelwürfel in Öl anschwitzen, Paprika und Paprikapulver hinzu geben, kurz anbraten und mit Weißwein ablöschen. Mit Sahne und Bechamel auffüllen und 10 Minuten bei mittlerer Hitze leicht köcheln lassen. Dann die Masse mit einem Pürierstab zu einer sämigen Soße pürieren, durch ein Sieb passieren und mit Salz und Pfeffer würzen. Kurz warm stellen. Nun den Ingwer klein schneiden und Casarecci in Butter und Ingwer kurz schwenken. Die Zucchini in Form schneiden und blanchieren (mit kochendem Wasser überbrühen) und kurz in Butter schwenken. Die Paprikasoße auf einen Teller geben, das Fleisch aufschneiden, auf der Soße anrichten und mit Casarecci und Zucchini umranden. Mit essbaren Blüten und frischen Gartenkräutern dekorieren.

Melonen-Suppe mit Chili

Duett, Seite 142

ZUTATEN für 4 Personen

1/2 rote Chilischote, fein gehackt, 2 Galia-Melonen, 1 EL Dijon-Senf, 50 g Mandelmus, 4 EL Zitronensaft Salz und Pfeffer aus der Mühle, 1 l Gemüsebrühe, 500 ml Geflügelfond (Glas), 100 g Schwarzwälder Schinken, 30 g Parmesan, fein gerieben

ZUBEREITUNG

Gemüsebrühe und Geflügelfond zum Kochen bringen. Melonen-Fruchtfleisch, Senf, Mandelmus und Zitronensaft dazugeben, nochmals aufkochen lassen und anschließend pürieren. Mit Salz und Pfeffer aus der Mühle würzen. Schwarzwälder Schinken in Streifen schneiden und zur Suppe geben. Fein gehackte halbe Chilischote und den geriebenen Parmesan auf die Suppe streuen und servieren.

Hirschroulade „Nach Art des Hauses"

Parkhotel Schloss Meisdorf, Seite 150

ZUTATEN für 5 Personen

Hirschrouladen: 900–1000 g Fleisch aus der Oberschale der Hirschkeule, 50–60 g magerer Speck, gewürfelt, 1 Flasche Rotwein (Barolo), 300–350 g gemischte Waldpilze, 1 Zwiebel, fein geschnitten, Butterschmalz, Butter, 1 EL Tomatenmark, Salz, Pfeffer, 2 Zwiebeln, 2 Möhren, 100 g Sellerieknolle, gewürfelt, krause Petersilie, gehackt, Schwäbische Spätzle, 400 g Mehl, gesiebt, 6 Eier, Salz, Muskatnuss

ZUBEREITUNG

Für die Füllung Pilze putzen, in kleine Würfel schneiden. Speck in Butterschmalz angehen lassen. Zwiebeln und das fein gewürfelte Gemüse sowie die Pilze zugeben. Mit Salz und Pfeffer würzen. Circa 15 Minuten zu einer „Duxelles" verkochen, gehackte Petersilie zugeben und abkühlen lassen. Für den Ansatz die Oberschale in Scheiben à 80–100 Gramm schneiden, plattieren und auslegen. Mit der Duxelle einstreichen, seitlich einschlagen und zusammenrollen, mit Zahnstochern verschließen, mit Salz und Pfeffer würzen. In Butterschmalz rundum anbraten und herausnehmen. Gemüse und Rotwein in den Ansatz geben, anschwitzen. Tomatenmark hinzufügen und mit dem Rotwein-Fond ablöschen. Die Rouladen wieder dazugeben und 50–60 Minuten sanft köcheln lassen. Für die Spätzle Mehl, Eier und circa 100 ml Wasser in eine Schüssel geben, mit Salz und etwas geriebener Muskatnuss würzen. Teig mit der Hand oder dem Quirl des Handmixers schlagen bis er „Blasen schlägt". Danach etwas ruhen lassen. Teig in kleine Portionen auf einem Frühstücksbrett glattstreichen und mit einer Palette oder einem Teigschaber in siedendes Salzwasser schaben oder mit einer Spätzle-Presse arbeiten. Wenn die Spätzle oben schwimmen, mit einer Schaumkelle herausnehmen. In kaltem Wasser abkühlen und auf einem Küchentuch abtropfen lassen. Später Rouladen herausnehmen, den Bratenfond passieren, entfetten und auf die benötigte Menge reduzieren. Abschmecken und gegebenenfalls mit Speisestärke sämig binden. Mit kalter Butter „aufmontieren".
Die Hirschrouladen mit dem passierten Gemüse und den schwäbischen Spätzle servieren.

WELTSTADT DES MITTELALTERS

Stiftskirche, Schloss und Altstadt von Quedlinburg gehören seit 1994 zum UNESCO-Weltkulturerbe. Die Stadt an den Ausläufern des Nordharzes gilt als die „Wiege Deutschlands".

Der Begriff der Einmaligkeit wird gern herangezogen, wenn es gilt, die außergewöhnlichen und authentisch erhaltenen Welterbestätten der UNESCO zu beschreiben. Superlative gehören zum Sprachgebrauch, gelten die Stätten, Denkmale und Leistungen doch als universelles Erbe der Menschheit. In Quedlinburg, der sachsen-anhaltinischen Stadt an der Bode im nördlichen Vorharz, ist dies nicht anders. Im Gegenteil: Wer das städtebauliche Kleinod im neu geschaffenen Landkreis Harz besucht, der wird sich fühlen, als sei er auf einer Zeitreise, die mitten ins Hochmittealter führt. Auf annähernd 80 Hektar Fläche trifft der Besucher auf das größte und bedeutendste Flächendenkmal Deutschlands. Über 1.300 Fachwerkbauten aus acht Jahrhunderten auf historischem Grundriss dokumentieren wie an keinem anderen Ort die geschlossene Silhouette einer gut erhaltenen mittelalterlichen Stadt. Hier an der Romanischen Straße wurde deutsche und europäische Geschichte geschrieben. Quedlinburg gilt als die „Weltstadt des Mittelalters" und „Wiege Deutschlands". Mit Heinrich I. liegt in der Stiftskirche St. Servatius hoch auf dem Schlossberg der erste deutsche König begraben. Der Quedlinburger Domschatz präsentiert Reliquien und Artefakte von unschätzbarem Wert. Er zählt zu den drei kostbarsten Kirchenschätzen Deutschlands, die Kirche selbst wiederum wird als architektonisches Meisterwerk der Hochromanik gerühmt.

Das Stadtbild aus Altstadt, Schloss- und Münzenberg ist in seiner Authentizität von singulärer Strahlkraft. Auf Schritt und Tritt Kopfsteinpflaster und Monumente, die nicht selten die über 1.000-jährige Geschichte der einstigen Königs- und Kaiserpfalz atmen. Vom wunderschönen Markt mit seinem prächtigen Renaissance-Rathaus und der Roland-Statue führen enge Altstadtgassen hinauf zu den Top-Sehenswürdigkeiten der Stadt. Zum Münzenberg etwa mit der romanischen Klosterkirche St. Marien und schließlich zum Schlossberg, der Keimzelle Quedlinburgs. Seit 1994 gehören die Stiftskirche St. Servatius mit den Gräbern von Heinrich I. und seiner Frau Mathilde, der Domschatz und die Wipertikrypta als bis heute sichtbares Zeugnis der ottonischen Dynastie zusammen mit dem historischen Altstadtensemble, dem Burgberg, St. Wiperti und dem Münzenberg zum Weltkulturerbe der UNESCO.

Der universelle Wert des Welterbes in der Stadt Quedlinburg beruht auf ihrer gleichrangigen Bedeutung als einflussreiche Stätte deutscher Geschichte und herausragendes Denkmal der Stadtbaugeschichte. Ihre zeitweilige Rolle als „Hauptstadt" des Königsreiches von Ostfranken, später des Heiligen Römischen Reiches Deutscher Nation, unter der Herrschaft der Ottonen, spiegelt sich im Stadtbild und in den erhaltenen Gebäuden in einzigartiger Geschlossenheit wider. Die über hundertjährige Historie als Stiftsherrschaft dokumentiert die mächtige Stiftskirche St. Servatius mit Schloss, die majestätisch über der Altstadt thronen. Der historische Stadtkern basiert noch heute auf dem mittelalterlichen Grundriss. Die flächendeckend bewahrte historische Bausubstanz hat die Wirren des zweiten Weltkrieges nahezu unbeschadet überstanden wie auch die nicht in die Tat umgesetzten Abrisspläne zu DDR-Zeiten. Im Zusammenspiel mit den zahlreich erhaltenen Archivalien, die beinahe lückenlos die Geschichte der Stadt, des Stiftes und der Menschen seit dem frühen Mittelalter lebendig werden lassen, ist die einstige Bedeutung Quedlinburgs als Weltstadt des Mittelalters nachvollziehbar zu rekonstruieren; eine in unserer Welt einmalige Gesamtschau aus Kultur, Architektur und (Kirchen-)Geschichte. Das Welterbegebiet ist die sichtbare, prägende Krone der Stadt. Es umfasst etwa 1.500 Grundstücke mit rund 3.420 Gebäuden auf einem rund 84,3 Hektar großen Areal in den fünf historischen Stadtteilen Altstadt, Neustadt, Westendorf mit Stiftsberg und Stiftskirche, Münzenberg und Wiperti. Fast sechzig Prozent der Gebäude sind Fachwerkkonstruktionen aus acht Jahrhunderten, darunter der in durchgängiger Ständerbauweise im Jahr 1350 errichtete Bau in der Wordgasse. Fachwerkhäuser der Gotik, solche des Niedersächsischen Stils, der Renaissance, des Quedlinburger Stils (nach dem Dreißigjährigen Krieg), des Barock und des Klassizismus sind in der Quedlinburger Altstadt auf Schritt und Tritt erlebbar und gelten schlechthin als Musterbeispiel für die Entwicklung des Fachwerkbaus. Rund 60 Prozent der Bausubstanz ist inzwischen restauriert. Bis das gesamte Ensemble kernsaniert ist, werden nach Schätzungen der Denkmalpfleger weitere 15 Jahre ins Land gehen. Quedlinburg, das als Königspfalz „villa Quitilingsburg" erstmals in einem offiziellen Dokument des 919 gekrönten ostfränkischen Königs Heinrich I. erwähnt wird, folgt unter großer Beteiligung seiner Bewohner dem „Masterplan Welterbe", der die sukzessive Bewahrung der Integrität und Authentizität der Welterbestätte in zielführenden Schutzmaßnahmen umsetzt. Im Jahr 2014 galt es den 20. Jahrestag der Ernennung zum Weltkulturerbe zu feiern. Eine ganze Stadt war im zeitlichem Umfeld des 10. Welterbetages (1. Juni) auf den Beinen, um das runde Jubiläum gebührend zu feiern. Bei Straßentheater, Festkonzerten, Ausstellungen, Theateraufführungen, Wein, Präsentation von Welterbe, Kinderprogrammen, Filmvorführungen und thematischen Stadtrundgängen konnten die Quedlinburger und Besucher den Zauber der UNESCO-Welterbestadt erleben.

Auf dem alles überragenden Sandsteinfelsen des Burgberges mit der romanischen St. Servatius-Kirche begann vor über 1.000 Jahren die deutsche Geschichte. Am Finkenherd, zu Füßen des Burgberges, soll der Sachsenherzog Heinrich 919 die Königskrone empfangen haben. Die Pfalz Quedlinburg wurde in der Folgzeit zu einem wichtigen Zentrum der ottonischen

BOULEVARD
CAFÉ

Reichspolitik. Heinrich I. wurde hier in der Pfalzkapelle, einem von drei Vorgängerbauten der Stiftskirche im Jahr 936 beigesetzt. Auch seine Gattin Mathilde ruht an der Seite ihres Gemahls in der Grablege von St. Servatius. Noch im Jahr des Todes von Heinrich I. hatte Mathilde ein Damenkonvent gegründet, das fast 900 Jahre lang bestehen sollte und als Reichsabtei eines der einflussreichsten Stifte im Heiligen Römischen Reich war. Der reichsfürstliche Rang der Äbtissinnen bescherte dem hoch angesehenen Damenstift politische und wirtschaftliche Immunität. Auf dem benachbarten Münzenberg ließ der Konvent im Jahr 986 das Benediktinerinnenkloster St. Marien erbauen, das dem Stift als Eigenkloster unterstellt war. Quedlinburg blieb bis ins Jahr 1802 dem Frauenstift unterstellt. Versuche, sich in der Zeit der Zugehörigkeit zur Hanse von der Abhängigkeit vom Stift zu lösen, waren um das Jahr 1426 herum gescheitert.

Die Räumlichkeiten des ehemaligen Stiftes beherbergen heute das Schlossmuseum mit Ausstellungen zur Stadt- und Stiftsgeschichte. Die tausendjährige Wiperti-Krypta in der südwestlich am Fuße des Burgberges gelegenen St. Wiperti-Kirche ist ein Meisterwerk der Romanik. Wie auch die Reste des Marienklosters auf den Münzenberg kündet sie von der stolzen Geschichte des Ortes als Königshof des sächsisch-ottonischen Herrscherhauses.

Als Osterpfalz und Ort bedeutender Hoftage und Synoden stand Quedlinburg für mehr als 100 Jahre im Mittelpunkt des Geschehens.

Jeder Besuch Quedlinburgs wird gekrönt durch den Aufstieg zum Sandsteinfelsen des Schlossberges. Die mehr als tausendjährige romanische Stiftskirche ist das weit sichtbare Wahrzeichen der Stadt und besaß als im Jahr 1129 geweihte Basilika bereits drei Vorgängerbauten. Die Schatzkammern nördlich und südlich des Altarraumes bewahren einen der kostbarsten Kirchenschätze des Mittelalters. Ein Grossteil des Quedlinburger Domschatzes kam als Geschenk des ottonischen Herrscherhauses an das Damenstift. Vor allem sind es mehrere Reliquienschreine aus Gold, Edelsteinen und Elfenbein, die den Domschatz so einzigartig machen. Allen voran das „Servatiusreliquiar", ein Elfenbeinkasten, der mit Goldfiligranarbeiten verziert ist und höchstwahrscheinlich am Hofe Karl des Kahlen um das Jahr 870 gefertigt wurde. Der „Heinrichskamm", ein aus Elfenbein gearbeiteter Schmuckkamm (7. und 8. Jahrhundert), der ganz aus Gold verzierte Prachteinband des „Samuhel-Evangeliar" sowie das berühmte „Otto-Adelheid-Evangeliar" sind weitere herausragende Artefakte der Quedlinburger Domschatzkammern, deren ältestes Stück der „Kana-Krug" aus dem 1. Jahrhundert ist. Der aus Alabaster gefertigte Krug ist als Reliquie durch Otto I. nach Quedlinburg gekommen und erinnert an die biblische Geschichte der Hochzeit zu Kana, bei der Jesus Wasser in Wein verwandelt haben soll.

Den modernen Kontrapunkt zur mittelalterlichen Pracht Quedlinburgs setzt in exponierter Lage am Fuße des Schlossbergs die „Lyonel-Feininger-Galerie". Sie ist dem Werk Lyonel Feiningers gewidmet und versammelt am Standort den umfangreichsten geschlossenen Bestand von Grafiken des deutsch-amerikanischen Künstlers in Europa. Ausgewählte Arbeiten anderer Künstler der Klassischen Moderne, darunter Lovis Corinth, Wassily Kandinsky, Paul Klee und Emil Nolde, ergänzen die Sammlung.

In der Welterbestadt Quedlinburg hat im Übrigen der im Jahr 2001 gegründete Verein „UNESCO-Welterbestätten Deutschland" seine Geschäftsstelle. Im historischen Palais Salfeldt mitten im Herzen der Altstadt, laufen die Fäden zusammen, um die derzeit 38 deutschen Welterbestätten in ihrer touristischen Vermarktung zu unterstützen und ihren Bekanntheitsgrad im denkmalverträglichen Ausmaß zu befördern.

QUEDLINBURG FIRST CLASS

Genussvolle Momente im Romantik-Hotel Am Brühl

Zu Gast in einem gastronomischen Kleinod der sachsen-anhaltinischen Welterbestadt Quedlinburg: Das „Romantik Hotel am Brühl" profitiert von seiner reizvollen Lage zwischen dem mit dem UNESCO-Welterbetitel geschmückten mittelalterlichen Stadtkern und dem idyllischen Brühlpark, einer der grünen Oasen der schmucken Stadt am Harz. Und es punktet bei seinen weit gereisten Gästen mit exquisiter, herzlicher Gastlichkeit und mehrfach ausgezeichneter Kulinarik in romantischer Kulisse. Auf Schritt und Tritt ist die Liebe zum Detail in den prachtvoll restaurierten Gebäudeteilen einer historischen Destille und der angrenzenden Gründerzeitvilla spürbar. Claudia Wiese, die seit Anfang 2013 als Inhaberin die Geschicke des ersten Hauses am Platze verantwortet, setzt mit der Verve der passionierten Gastgeberin auf ein Höchstmaß an Individualität, Emotionalität und auf maßgeschneiderte Angebote in dem denkmalgeschützten Fachwerkgebäude, das von einem lauschigen, mediterran anmutenden Innenhof umgeben ist. Insgesamt 46 fein ausgestattete Zimmer und Suiten (mit handgemalten Wandfresken) stehen zur Auswahl. Stilvolle Eleganz und die ländlich-feine Einrichtung finden ihre Erwiderung in modernem Interior-Design und Kunst an den Wänden. Knisterndes Kaminfeuer in der Lounge schürt die Vorfreude auf genusvolle Momente. Die sind in der familiär geführten Ganzjahresdestination mit Blick auf den Schlossberg und die romanische Stifts-

kirche allenthalben zu erleben. Seit Jahr und Trag zählt die Küche des Romantik-Hotels zu den besten der Region. Im geschmackvoll eingerichteten Restaurant „Weinstube", der ehemaligen Stallung des Gebäudeensembles, zelebriert die ambitionierte weiße Brigade unter dem imposanten Backstein-Tonnengewölbe eine aromenpointierte frische Jahreszeitenküche, die à la Carte und in drei verschiedenen Menüs (darunter ein Harzer Menü) goutiert werden kann. Die Liste der Auszeichnungen ist stattlich, der strenge Gault Millau-Guide etwa zeichnet das klassisch französisch grundierte Angebot mit seiner

Geräuchertes Forellenfilet
mit Preiselbeeren, Meerretticheis
und Pumpernickel
Dieses Rezept finden Sie auf der Seite 184

starken regionalen Prägung mit einer der begehrten Hauben aus. Die bestens bestückte Weinkarte verführt mit ihrer Vorliebe für Kreszenzen aus Sachsen und von der Saale-Unstrut-Region ebenfalls zum Genusserlebnis in der hinreißenden Kulisse der „Weinstube", die 2014 ihren 20. Geburtstag feierte und sich selbst ein neues schönes Gewand zum Jubiläum schenkte.

ROMANTIK HOTEL AM BRÜHL E.K.
Claudia Wiese
Billungstr. 11, 06484 Quedlinburg
Tel.: 0 39 46 / 96 180
Fax: 0 39 46 / 96 18 24 6
kontakt@hotelambruehl.de
www.hotelambruehl.de

DAS GENIE DER FREUNDSCHAFTS-KULTUR

Zu Besuch im Gleimhaus in Halberstadt

In seinem Halberstädter Wohnhaus am Dom ist dem Dichter und Sammler Johann Wilhelm Ludwig Gleim (1719–1803) und seiner Epoche eines der ältesten deutschen Literaturmuseen gewidmet: das von Direktorin Dr. Ute Pott geleitete „Gleimhaus" (Gründungsjahr 1862). Es wird als eines von derzeit 22 Institutionen im Blaubuch der Bundesregierung als „kultureller Gedächtnisort mit besonderer nationaler Bedeutung" gelistet (www.kulturelle-gedaechtnisorte.de). In diesem Museum der Aufklärung und historischen Ort einer gelebten Humanität wird an einen der zentralen Stifter der Freundschaftskultur der Aufklärung auf vielfältige Weise erinnert. Gleim kam 1747 als Domsekretär, d.h. Verwaltungsleiter des Domstiftes, nach Halberstadt und wurde zu einer viel beachteten literarischen Instanz und zum größten bürgerlichen Literaturmäzen des Jahrhunderts in Nord- und Mitteldeutschland. Er trug im Sinne der Freundschaftskultur seiner Zeit die umfangreichste Porträtgemäldegalerie großer Geister des 18. Jahrhunderts zusammen. Rund 120 Porträts von Dichtern, Gelehrten, Künstlern und Staatsmännern zieren dicht an dicht gehängt den „Freundschaftstempel" im Obergeschoss des Gleimhauses. Gleims Handschriftensammlung (das erste deutsche Literaturarchiv) und die Bibliothek sind von unschätzbarem kulturellen Wert. Das Gleimhaus, das zugleich Forschungsstätte ist, präsentiert den Kosmos des aufgeklärten Dichters und Sammlers unter dem Dreiklang „Bilder, Bücher, Briefe" erfrischend lebendig – mit zahlreichen Möglichkeiten des Entdeckens, Erlebens und Lernens. Vorbildlich auch dieses: Für Kinder ist ein eigener Raum und ein spannender Porträt-Parcours eingerichtet. Die Besucher können Kostüme und Perücken ausprobieren und wie zu Gleims Zeiten mit Feder und Tinte schreiben. Multimedial wird es, wenn (angemeldete) Besuchergruppen das tablet-gestützte Programm „gleim-net" ausprobieren und in ein interaktives Rollenspiel mit Zeitgenossen von „Vater Gleim", wie er schon zu Lebzeiten liebevoll genannt wurde, schlüpfen. Übers Jahr verteilt werden in den Räumlichkeiten regelmäßig vielgestaltige Ausstellungen und Veranstaltungen für alle Altersstufen angeboten. Keine Frage: Ein Besuch des Gleimhauses rundet den Besuch der Domstadt Halberstadt ab

DAS GLEIMHAUS
Dr. Ute Pott
Domplatz 31, 38820 Halberstadt
Tel.: 0 39 41 / 68 71 0
Fax: 0 39 41 / 68 71 40
gleimhaus@halberstadt.de
www.gleimhaus.de

DAS ERLEBNIS-KLOSTER DRÜBECK

In der Weitläufigkeit der ehemaligen Klosteranlage im Harzvorland werden besondere Momente der Einkehr kreiert

Der Mehrklang aus Stille, Begegnung, Kommunikation und Kultur im Koordinatenfeld von Historie und Moderne bildet den einzigartigen Rahmen eines gastlichen Aufenthaltes im ehemaligen „Benediktinerinnenkloster Drübeck" am nördlichen Harzrand in Sachsen-Anhalt. Ein faszinierender Ort mit fast 1.100-jähriger Geschichte. König Otto I. schenkte dem Kloster Drubechi im Jahr 960 umfangreiche Ländereien. Die damit korrespondierende Urkunde gilt als erste wissenschaftlich belegte Erwähnung des Klosters. Bis ins 16. Jahrhundert war der Benediktinnerinnen-Konvent als Tochtergründung des Kloster Corvey (seit Juni 2014 UNESCO-Welterbestätte) aktiv. Im 17. Jahrhundert zog hier ein gräfliches Damenstift ein und seit 1996 firmiert die weitläufige Klosteranlage unweit von Wernigerode als „Evangelisches Zentrum Kloster Drübeck". Mit dem „Haus der Stille", dem Pastoralkolleg und dem „Pädagogisch-Theologischen Institut" wird an die lange Tradition des Ortes als christliche Begegnungs- und Bildungsstätte angeknüpft.

Noch immer werden den Besuchern kontemplative Rückzugsmöglichkeiten offeriert. Zu nennen sind etwa die spätottonische romanische Klosterbasilika „St. Vitus" (10./11. Jahrhundert) mit ihrem imposanten Westwerk und die mauerumschlossenen fünf

spätbarocken Klostergärten aus der Zeit des Damenstiftes. Sie sind Bestandteil des weithin bekannten Tourismusprojektes „Gartenträume – Historische Parks in Sachsen-Anhalt". Der Klosterhof wird gesäumt von einer fast 300-jährigen Sommerlinde. Das ehemalige Kloster Drübeck mit seiner direkten Anbindung an die „Straße der Romanik" und als Knotenpunkt des „Harzers Klosterwanderwegs" ist längst ein touristischer Anziehungspunkt, der weit über die Region hinaus Strahlkraft besitzt. Die gastlichen Offerten sind vielfältig und zeitgemäß konzipiert und in dem aufwändig renovierten Gebäudekomplexen wurden 76 komfortable Hotelzimmer untergebracht. Das Klostercafé mit Weinstube und Klosterladen im ehemaligen Gärtnerhaus lockt mit hausgebackenen Kuchen, die Klosterküche mit vorzüglicher regional-nachhaltiger Kulinarik. Auch als Location für Hochzeiten und festliche Bankette empfiehlt sich Drübeck, und wer in der inspirierenden Stille von Drübeck in Klausur gehen möchte, der kann aus elf unterschiedlich großen Tagungsräumen wählen. Kulturell-konzertante Genussmomente offeriert der prall gefüllte Jahresveranstaltungskalender.

EVANGELISCHES ZENTRUM KLOSTER DRÜBECK
Karl-Heinz Purucker
Klostergarten 6, 38871 Drübeck
Tel.: 03 94 52 / 94 30 0
Fax: 03 94 52 /94 34 5
EZ@kloster-druebeck.de
www.kloster-druebeck.de

EIN FERIENIDYLL NICHT NUR FÜR EISENBAHNROMANTIKER

Die Ferienwohnungen „Am grünen Quell" liegen inmitten des Harzwaldes

In direkter Waldlage am Rande von Wernigerode, der Perle des östlichen Harzvorlandes, liegt ein Bijou von ganz besonderer Anmutung: Die zwei stilvoll modern eingerichteten Ferienwohnungen „Am grünen Quell" der Stadtwerke Wernigerode befinden sich im Nebengebäude des denkmalgeschützten, liebevoll sanierten historischen Wasserkraftwerks „Steinerne Renne" aus dem Jahr 1899. Eine Entdeckung nicht nur für Eisenbahnnostalgiker und Technikbegeisterte, sondern auch für Ruhe suchende Aktivurlauber. Direkt vor der Haustür gehen Wanderwege ab, die unter anderem bis hinauf zum Brocken, Norddeutschlands höchstem Gipfel, führen. Täglich schnaubt fast in greifbarer Reichweite die Harzer Schmalspurbahn vorüber. Im Sommer sind dies 14 Fahrten pro Tag, also vierzehn Mal die Gelegenheit, die Harzquerbahn in der engsten Kurve der Schmalspurtrasse zu bestaunen und den Fahrgästen vom Balkon aus zuzuwinken. Die beiden 52 Quadratmeter großen, im Jahr 2009 hochwertig ausgestatteten Ferienwohnungen laden mit ihrer großzügigen Raumgestaltung, dem modernen, geschmackvollen Interiorkonzept zum Wohlfühlen auf Zeit ein. Im Erdgeschoss steht für maximal 30 Personen ein Veranstaltungsraum mit angeschlossener Küche für Feierlichkeiten, Bankette und Seminare zur Verfügung. Und gleich nebenan kann das denkmalgeschützte Wasserkraftwerk mit seiner Industriearchitektur der Jahrhundertwende besichtigt werden. Es ist

eines der ältesten seiner Art in Deutschland. Die Turbinen wandeln bis zum heutigen Tag das Flusswasser der Steinernen Renne in umweltfreundlichen und emissionsfreien Ökostrom um. Eingebettet in den naturkundlich-geologischen Lehrpfad erfährt der Besucher auf einem Rundgang viel Wissenswertes zum Lebensraum Wald und Granitbergbau früherer Tage. Natur so weit das Auge reicht, und doch ist es vom „Grünen Quell" bis zu den Sehenswürdigkeiten von Wernigerode, der „Bunten Stadt" am Harz, nicht weit. Willkommen im Urlaub!

FERIENWOHNUNGEN „AM GRÜNEN QUELL"
Steinerne Renne 74, 38855 Wernigerode
info@amgruenenquell.de
www.amgruenenquell.de

Anfragen an:
STADTWERKE WERNIGERODE GMBH
Am Kupferhammer 38, 38855 Wernigerode
Tel.: 0 39 43 / 55 65 55
Fax: 0 39 43 / 55 64 41

Vor dem schmuckvollen Rathaus Wernigerode

„Teufelsmauer" im Harz

DAS MULTITALENT AUS WERNIGERODE

Rainer Schulze und seine „Jüttners Buchandlung“ bereichern die kulturelle Vielfalt in der bunten Stadt am Harz

Rainer Schulze ist ein Tausendsassa und tief verwurzelt mit seiner Heimatstadt Wernigerode. Die „bunte Stadt am Harz“, wie der Heidedichter Hermann Löns sie einst nannte, ist dem Buchhändler, Kommunalpolitiker, Zeitungsherausgeber, Verleger, Sänger und Kabarettisten in Personalunion Dreh- und Angelpunkt umtriebiger Geschäftigkeit. Seit dem Dreißigjährigen Krieg ist seine Familie hier beheimatet und Rainer Schulze selbst ist so etwas wie ein Wernigeröder Urgestein, jedenfalls ist er weit über die Stadtgrenzen hinaus bekannt wie der buchstäbliche „bunte Hund“: vor allem als erfolgreicher Buchhändler. Seit 1908 ist die „Paul Jüttners Buchhandlung“ in Familienbesitz, seit 1977 hat Rainer Schulze die Geschäftsleitung inne. Das Buchgeschäft ist der Westernstraße im Herzen des historischen Stadtkerns darf mit einigem Recht als eine Institution in der Region beschrieben werden. Es beheimatet ein bestens bestücktes klassisches Buchsortiment, darunter ein wertvolles Antiquariat. Und es ist zugleich eine touristische Attraktion abseits eingetretener Pfade. Denn seit 2006 ziert ein Glockenspiel über zwei Fachwerketagen die prachtvolle Fassade des historischen Hauses aus dem Jahr 1848. Ein Geschenk, das sich das Multitalent zu seinem 60. Geburtstag selbst gemacht hat. Rund 120 verschiedene Melodien kann das Glockenspiel mit seinen 18 mitteltönigen Glocken intonieren. Sehr zur Freude der vielen Passanten, die verweilen und hernach zum Stöbern in den berühmten Buchladen oder in das Hofensemble mit den wunderschön aufgearbeiteten alten Türen

kommen. Hier laufen zahlreiche Fäden zusammen. Im Eigenverlag publiziert Rainer Schulze mit großem Erfolg Buchtitel mit dem Schwerpunkt Harz und trägt so maßgeblich zur nachhaltigen publizistischen Wahrnehmung seiner geographischen Lebensmitte bei. Er tut dies zweimal pro Woche zudem mit der Herausgabe der „Neuen Wernigeröder Zeitung", einem Heimatblatt, das seinem Namen ganz gerecht wird, weil es mit Herzblut die lokalen Themen, vor allem kulturelle, zum Gegenstand der journalistischen Arbeit erhebt. Rainer Schulze mischt sich sowieso wortgewaltig ein. Gerne auch als Musiker und politischer Kabarettist. An der Seite von TV-Liebling Wolfgang Stumph ist der Kultur und Kunst liebende singende Buchhändler fester Bestandteil der Dresdner „Herkuleskeule". Auch die Gründung des hiesigen Kunst- und Kulturvereins in einer ehemaligen Remise aus dem Jahr 1530 sowie der Wernigeröder Kulturstiftung ist maßgeblich ihm zu verdanken. Rainer Schulze ist jemand, der etwas in Bewegung bringt, weil er etwas bewegen möchte. Beispielsweise auch als engagierter Stiftungsratsvorsitzender des Klosters Ilsenburg. Dass ihm für all dies im Jahr 2009 das Bundesverdienstkreuz verliehen wurde, ist der wohlverdiente Lohn für die nicht nachlassende aktive Teilhabe eines Tausendsassas.

PAUL JÜTTNERS BUCHHANDLUNG –
RAINER SCHULZE e.K.
Westernstr. 10, 38855 Wernigerode/Harz
Tel.: 0 39 43 / 69 11 0
Fax: 0 39 43 / 69 11 44
buchhandlung@juettners.de
www.juettners.de

DAS ALTE FORSTHAUS IN TODTENRODE (HARZ)

Genussvolles für Leib und Seele

Es gibt einen Ort, an dem man vielerlei Genüsse sehen, riechen, erfahren, schmecken kann. Dieser Ort ist Todtenrode, und er liegt bei Blankenburg. In der Nähe der großen Verbindungs- und Ausflugsrouten gelangt man über einen gut ausgebauten Waldweg zu einer Anhöhe mit einer großen Lichtung. Man sieht Rotwild und kann dem Gesang der Vögel lauschen. Dies gefiel vor langer Zeit auch den Braunschweiger Herzögen, die hier ein Jagdschloss mit Nebengebäuden errichteten. Hier kann man innerlich zur Ruhe kommen. Ein Genuss für die Augen, Ohren und Seele. Das „Alte Forsthaus Todtenrode" bietet neben einer gut bürgerlichen Küche mit vielen Harzer Spezialitäten auch Wildgerichte und die Harzer Forellen. Beliebt sind die Spanferkelessen, Grilltermine und Hausschlachtebuffets. Ein Genuss für den Magen. Eine große Außenterrasse lädt im Sommer zum Verweilen ein; der stattliche

Wildschweingulasch mit Kartoffelklößen und Apfelrotkohl
Dieses Rezept finden Sie auf der Seite 184

Kamin schenkt im Winter wohlige Wärme. Mehrere Doppel- und Einzelzimmer, Appartements und Ferienwohnungen, jeweils individuell und geschmackvoll eingerichtet, stehen Wanderern und Besuchern zur Verfügung. Ein Genuss für den Körper. Ute Lange, die seit 2001 den Betrieb leitet, ist mit ihrem Team sehr um ihre Gäste bemüht. Neben Qualität, Zuvorkommenheit und einem ansprechenden Ambiente bedarf es noch mehr: Freundlichkeit und Fröhlichkeit. Die sympathische Inhaberin ist stets zu einem Scherz bereit und zieht mit ihrem herzhaften Lachen viele in ihren Bann. Immer wieder gibt es auch Liveauftritte von Unterhaltungskünstlern und Musikern. Nicht nur Einzelpersonen, sondern auch kleine und größere Gruppen genießen das ansteckende Miteinander. Ein Genuss für das Herz. So gestärkt geht es für die wandernden Genießer weiter durch die nahen Täler der Ilse, Bode und Selke.

ZUM ALTEN FORSTHAUS TODTENRODE
WALDGASTHOF UND PENSION
Ute Lange
Todtenrode 1, 06502 Thale/OT Altenbrak
Tel.: 03 94 56 / 5 67 88
Fax: 03 94 56 / 5 67 37
info@todtenrode.de
www.todtenrode.de

DAS IDYLL AN DER MÜHLE

In der „Bückemühle" gibt es romantisches Flair und erstklassige Fischgerichte

Rüdiger Karger ist der Wirt von der „Bückemühle" in Gernrode. Ein Vollblutgastronom in seiner anpackenden Art, den Dingen auf den Grund zu gehen und sie an ein gedeihliches Ende zu führen. Die historische Gaststätte und Pension „Bückemühle", die von 1700 bis ins Jahr 1936 als Schrot- und Mehlmühle fungierte, hat er gemeinsam mit Ehefrau Kornelia mit ganz viel Eigeninitiative in ein kleines Idyll verwandelt. Und es ganz nebenbei zu einem der beliebtesten Fischrestaurants des Harzes gemacht. Der gelernte Koch und Gastgeber, der zuvor mit großem Erfolg auf dem Hexentanzplatz in Thale eine gastronomische Köhlerbaude leitete, ist mit Leidenschaft dem Genius Loci der Bückemühle verfallen. „Mein Herz schlägt nun einmal für alles Nostalgische und die über 300 jährige Mühle durfte nicht dem Verfall preisgegeben werden", erzählt der gebürtige Thalenser. Seit über siebzehn Jahren ist der Mühlenwirt dabei, das Areal rund um den kleinen Teich mit viel Herzblut zu gestalten und zu erweitern. Die Zahl der Stammgäste ist groß und bei Weitem nicht nur auf die Harzregion beschränkt. Die meisten kommen wegen der erstklassigen Fischgerichte, die einen exzellenten Ruf genießen. Klassiker wie die „Gratinierte Lachsforelle mit Käse überbacken" oder der „Zander Moldau mit in Butter angedünsteten Apfel-Zwiebel-Spalten" zählen zu den kulinarischen Dauerbrennern im umfangreichen Repertoire der Bückemühle. Hier ist alles fangfrisch oder kommt unter Buchenholz veredelt aus der eigenen Räucherei. Ein eigener Hofladen mit Räucherfisch und Harzer Spezialitäten ist die neueste Errungenschaft im romantisch anmutenden Ensemble der „Bückemühle". Die Gaststuben sind urig eingerichtet und vermitteln das Flair längst vergangener Zeiten. Und weil es bei der Karger-Familie so schön ruhig und gemütlich ist, bleiben viele Gäste gleich über Nacht. Die Pension bietet kommode Doppel- und Einzelzimmer, die sich großer Popularität erfreuen.

Eingelegte Heringe – Bratheringe
Dieses Rezept finden Sie auf der Seite 185

HISTORISCHE GASTSTÄTTE & PENSION „BÜCKEMÜHLE"
Fischspezialitätenrestaurant
Rüdiger und Kornelia Karger
Am Bückeberg 3, 06485 Quedlinburg / OT Gernrode
Tel.: 03 94 85 4 19
Fax: 03 94 85 6 12 03
bueckemuehle@t-online.de
www.bueckemuehle.de

DAS PARADIES IM DREILÄNDERECK

Auf der „Ziegenalm Sophienhof" von Kerstin und Kai Liebig leben 800 Tiere

Einst gehörte das ehemalige Waldarbeiterdorf Sophienhof im Hohnsteiner Forst zu den Besitztümern des Grafen zu Stolberg-Wernigerode. Heute ist das Hochplateau im Dreiländereck von Thüringen, Niedersachsen und Sachsen-Anhalt ein beliebtes Ausflugs- und Wanderziel im nördlichsten Ort Thüringens. Nur 50 Menschen leben hier. Zwei davon sind Kerstin und Kai Liebig. Sie bewirtschaften rund 100 Hektar Grünland und führen unweit des Dorfteiches in herrlicher Naturlage auf 550 Metern Höhe einen landwirtschaftlichen Betrieb, der in den vergangenen 15 Jahren zu einem regelrechten touristischen Ziel im Landkreis Nordhausen avanciert ist: Die „Ziegenalm Sophienhof". Seit dem Jahr 1999 betreibt das Ehepaar Ziegenhaltung, derzeit sind es rund 120 Harzziegen, die Milch für die hofeigene Käserei liefern. Kerstin Liebig ist gelernte Käserin und verarbeitet aus der unbehandelten Ziegenrohmilch jährlich rund 8 Tonnen tadellose Käsespezialitäten, vom Weichkäse bis hin zu Frisch- und Schnittkäse. Viele der Gäste kommen auch wegen des erstklassigen Ziegenmilcheises. Unter dem

gelebten Motto „Natürlich gut!" werden alle Produkte naturnah hergestellt. Auch Starkoch Johann Lafer besuchte schon die „Ziegenalm" und probierte einige Schmankerln für die Sendung „Lafers leckerer Osten". Und das Repertoire der Produkte ist wahrlich stattlich. Das Lammfleisch stammt von der 100-köpfigen Heidschnuckenherde, die Kühe von der Rasse Tiroler Grauvieh liefern Milch und die Sattel- und Wollschweine aus eigener Zucht das Fleisch für die köstliche Hausschlachtewurst. Natürlich gackern hier auch viele Hühner, die Landwirtschaftsmeister Kai Liebig mittels eines mobilen Stalles bis in den Herbst hinein auf Grünflächen picken lässt. Mit der eigenen Damwildherde sind es rund 800 Kreaturen, die auf dem weitläufigen Areal der „Ziegenalm" leben. Ein Paradies für die ganze Familie. In der rustikal-alpinen „Almstube" oder im Freisitz können die Köstlichkeiten mit einmaligem Blick in die Harzer Natur genossen werden. Gleich nebenan gibt es im Hofladen die ausgezeichneten Erzeugnisse zu kaufen. Und wer länger bleiben möchte, für den offerieren Kerstin und Kai Liebig mehrere Ferienwohnungen sowie ein Heuhotel für bis zu 15 Gäste.

ZIEGENALM SOPHIENHOF
Kerstin und Kai Liebig
Dorfstr. 44, 99768 Sophienhof / Harz
Tel.: 03 63 31 / 48 23 5
Fax: 0 32 / 22 99 64 64 1
mail@ziegenalm.de
www.ziegenalm.de

REZEPTE

Geräuchertes Forellenfilet mit Preiselbeeren, Meerretticheis und Pumpernickel

Romantik Hotel am Brühl e.K., Seite 166

ZUTATEN

1 Forellenfilet geräuchert, 30 g geriebenen Pumpernickel, 1 TL Preiselbeergelee, 1 Kartoffelring, 1 Nocke Meerreetticheis

Meeretticheis: 200 ml Vollmilch, 80 ml Schlagsahne, 2 Stk. Eigelb von großen Eiern, 14 g Meerrettich frisch, Salz,

ZUBEREITUNG

Milch und Sahne durchschlagen und bei mittlerer Hitze aufkochen. Eigelb, Sahnemeerrettich und Salz in einer Schale mischen, dazu die Milch unter ständigem schlagen langsam zugießen, dann die Mischung wieder in den Topf zurückfüllen und unter dauerndem schlagen solange auf kleinster Flamme halten, bis sic sich ausreichend andickt um an einem Löffelrücken haften zu bleiben. Auf keinen Fall zum Kochen bringen. Die Mischung nun in eine in Eiswürfel stehende zweite, größere Schüssel füllen und sie unter weiterem schlagen 3 Minuten abkühlen, Danach die Masse in eine Haushalts-Eismaschinie geben

Kartoffelring: Aus einer festkochenden geschällten Kartoffel sehr dünne Scheiben schneiden. Die Scheiben als langes Viereck zurecht scheiden. Die Scheibe um ein geschichteten Metallring legen. Dann den Metallring mit der Kartoffel im heißem Fett ausbacken und vorsichtig ablösen.

Wildschweingulasch mit Kartoffelklößen und Apfelrotkohl

Zum Alten Forsthaus, Seite 178

ZUTATEN für 4 Personen

Wildschweingulasch: 1 kg Wildschweinschulter, 1 Bund Möhren, 1 Knollensellerie, 4 Zwiebeln, 1 Knoblauchzehe, gehackt, 2 TL Pfefferkörner, 1 EL Wacholderbeeren, zerdrückt, 2 Lorbeerblätter, 1 Orange, 1 l Buttermilch, 2 EL Öl, Salz, 1,5 l Rotwein, 2 TL Kartoffelstärke, Preiselbeeren, Weinbrand

ZUBEREITUNG

Das Fleisch in grobe Würfel schneiden. Das Gemüse putzen und würfeln. Von der Orange die Schale entfernen und in Scheiben schneiden. Das Fleisch, Gemüse und die Orange zusammen mit dem Knoblauch und den Gewürzen für 24 bis 48 Stunden im Kühlschrank in der Buttermilch ziehen lassen. Das Gulasch auf einem groben Sieb abtropfen lassen. In einem flachen Topf in Öl gut von allen Seiten anbraten und mit Salz würzen. Die Temperatur drosseln und das Gemüse und die Gewürze aus der Beize mit hinzugeben. Das Ganze ein bisschen schmoren lassen. Ist das Gulasch trocken, etwas Rotwein zugießen und einkochen lassen. Diesen Vorgang wiederholen, bis der ganze Rotwein aufgebraucht ist.

In der Zwischenzeit die zurückgebliebene Buttermilch mit der Stärke verrühren. Diese nach und nach zugeben, dazwischen immer wieder aufkochen lassen. Ist das Fleisch weich, dieses aus der Soße nehmen und in einen zweiten Topf geben. Die Soße mit Preiselbeeren, Salz, Pfeffer und Weinbrand abschmecken und durch ein Sieb auf das Gulasch passieren. Einmal kurz aufkochen lassen und servieren. Traditionell werden zum Wildgulasch Kartoffelklöße und Apfelrotkohl gereicht.

Eingelegte Heringe – Bratheringe

Historische Gaststätte & Pension „Bückemühle“, Seite 180

ZUTATEN für 4 Personen

8 Heringe, frische, 500 ml Wasser, 500 ml Essig, 100 ml Olivenöl, 700 g Zucker, 500g Zwiebeln, 100 g Mehl, 70 g Senfkörner, 10 Lorbeerblätter, Salz

ZUBEREITUNG

Die Heringe waschen. Trockentupfen und mit Salz würzen und in Mehl wenden. Etwas Öl in einer Pfanne erhitzen und nacheinander die Heringe von beiden Seiten goldbraun braten. Abkühlen lassen und in ein ausreichend großes Gefäß mit Deckel legen.

Die Zwiebeln in Ringe schneiden. Den Essig mit dem Wasser, dem Zucker, dem Salz und den übrigen Gewürzen circa 5 Minuten kochen. Vom Herd nehmen, die Zwiebelringe in die heiße Marinade geben und abkühlen lassen.

Die Heringe mit der Marinade übergießen und abgedeckt an einem kühlen Ort oder im Kühlschrank, für etwa 3 bis 4 Tage in der Marinade durchziehen lassen.

DER URWALD IN DER MITTE DEUTSCHLANDS

Die imposanten Buchenwälder im thüringischen Nationalpark Hainich sind seit 2011 Weltnaturerbe

Die „Alten Buchenwälder Deutschlands“ gehören seit dem 25. Juni 2011 zum Weltnaturerbe. Auf der 35. Sitzung des Welterbekomitees der UNESCO in Paris wurde das seit 2007 bestehende Weltnaturerbe „Buchenurwälder der Karpaten“ um die fünf ausgewählten Waldflächen der Schutzgebiete Stubnitz im Nationalpark Jasmund (Mecklenburg-Vorpommern), Serrahn im Müritz-Nationalpark (Mecklenburg-Vorpommern), Grumsiner Forst im UNESCO Biosphärenreservat Schorfheide-Chorin (Brandenburg), Nationalpark Hainich (Thüringen) und Nationalpark Kellerwald-Edersee (Hessen) zum trinationalen Weltnaturerbe erweitert.

Seitdem lautet die offizielle Bezeichnung: „Buchenurwälder der Karpaten und Alte Buchenwälder Deutschlands“. Neben den fünf deutschen Buchenurwäldern, die die rar gewordenen Restbestände großflächiger naturnaher Buchenwälder in Deutschland repräsentieren, gehören noch sechs Gebiete im Karpaten-Biosphärenreservat und im Uzhansky-Nationalpark in der Ukraine sowie vier Urwälder im Poloniny-Nationalpark und im Schutzgebiet Vihrolat in der Slowakischen Republik zu den insgesamt 15 Teilgebieten. Während die ostkarpatischen

Buchenurwälder die Buchenwaldformationen der Gebirge repräsentieren, sind es Tiefland- und Mittelgebirgsbuchenwälder, die in unseren Breiten charakteristisch sind. Dabei liegt Deutschland im Hauptverbreitungszentrum der Buchenwälder. Die naturnahen Tiefland-Buchenwälder gibt es weltweit jedoch nur bei uns. Die Rotbuchen dominieren auch das Waldgebiet des im Jahre 1997 gegründeten Nationalparks Hainich im Westen Thüringens. Das größte zusammenhängende Laubmischwaldgebiet Europas wird landläufig gerne als „Urwald in der Mitte Deutschlands" bezeichnet. Das Welterbeteilgebiet dehnt sich auf 1.573 Hektar im insgesamt 7.500 Hektar großen Nationalpark zwischen Mühlhausen, Bad Langensalza und der Wartburgstadt Eisenach aus. In der ehemaligen militärischen Sperrzone des geteilten Deutschlands konnten sich die arten- und strukturreichen Buchenwaldbestände nahezu unberührt von Menschenhand entfalten und ihren urwaldähnlichen Charakter ausbilden. Auf den Kalkgesteinsböden im Hainich ist der vorherrschende Waldtyp der Waldgersten-Buchenwald. Seit seiner Ausweisung als Nationalpark findet auf dem Schutzgebiet keinerlei Nutzanbau mehr statt, so dass sich eine außergewöhnliche Artenvielfalt in Flora und Fauna entwickeln konnte. In dieser Größe, Unzerschnittenheit und Ausprägung findet man die imposanten Kalk-Altbuchenwälder an keinem anderen Ort mehr. Im Hainich mit seinen sommergrünen Laubwäldern trifft der Besucher und Naturfreund auf ein wertvolles Ökosystem mit seltenen Pflanzen und gefährdeten Lebewesen, beispielsweise auf die scheue, nachtaktive Wildkatze, die Bechsteinfledermaus, den Mittelspecht, auf vom Aussterben bedrohte Totholzkäfer oder im Pflanzenbereich auf wilde Orchideen, Pilze und seltene Frühlingsblüher.

Die kostbare Natur für zukünftige Generationen zu erhalten, ist höchste Zielsetzung des Welterbeprogramms. Ihm haben sich alle touristisch motivierten Angebote und Mitmach-Offerten unterzuordnen. Die Nationalparkverwaltung Hainich lenkt und ordnet deshalb die Besucherströme auf den 18 markierten Wanderwegen. Der Nationalpark Hainich mit seinem 35 Kilometer großen Radwanderwegenetz kann seit 2014 auch mit einer Panoramakleinbahn erkundet werden. Die Thiemsburg bei Bad Langensalza ist der zentrale Anlaufpunkt für die Besucher des Nationalparks. Hier entstand das Nationalparkzentrum mit seinen Ausstellungsräumen zum Thema „Lebensraum Wald". Per Multivision wird die Wildkatze als seltener Bewohner des Nationalparks in Kurzfilmen in ihrem Lebensraum gezeigt. An unterschiedlichen

Stellen weisen Informationsstände und kleinere Ausstellungen im Hainich auf die schützenswerten Schätze des Nationalparks hin. Einen Besuch der Wildkatzenscheune Hütscheroda sollte man sich nicht entgehen lassen. Hier erfährt der Besucher viel Wissenswertes zur Biologie und zum Lebensraum der Wildkatze in dem naturnahen Wildkatzen-Schaugehege. Von der Aussichtsplattform „Hainichblick" kann der Besucher die scheuen Tiere, von den etwa 30 Tiere im Hainich leben, beobachten. Die kleinen Gäste erfreuen sich in der „Wildkatzen-Kinderwald". Und im Hainich kann man dem Weltnaturerbe sogar auf das grüne Dach steigen, und zwar auf dem „Baumkronenpfad" am Nationalparkzentrum der Thiesburg. Der Baumturm mit Baumhaus ragt mit 44 Metern Höhe über die Wipfel der Urwaldriesen. Der Pfad schlängelt sich auf zwei Schleifen auf über 530 Metern durch die Kronen. An zwei Hängebrücken kann das Schwingen der Buchenkronen nachempfunden werden. Der Baumkronenpfad in der Mitte Deutschlands ist ein Erlebnis für die ganze Familie. Jährlich weit über 300.000 Gäste zählt der Nationalpark Hainich und ist damit eine der touristischen Attraktionen Thüringens. Die unmittelbare Nähe zur Welterbestätte „Wartburg" ist eine weitere Trumpfkarte der kulturgeschichtlich bedeutenden Region. Der „Wunderbare Wanderbus" verbindet die beiden Welterbestätten im Westen Thüringens. Weimar als dritter Welterbestandort mit gleich zwei Stätten, dem „klassischen Weimar" und dem „Bauhaus", ist ein weiteres herausragendes kulturtouristisches Ziel im Zeichen des UNESCO-Emblems. Im „Welterbeland Thüringen" trifft wie kaum woanders in dieser Konzentration Weltkultur auf Weltnatur. Geschichte und Naturerlebnis berühren sich auf engstem Raum. Und verbinden sich zu einem einzigartigen Gesamtgenusserlebnis.

Blick ins Tal des Vorharzes

Detail vom Kyffhäuser Denkmal

GOTHA ADELT
Grüße aus Gotha
Johannisbeerwein
Hergestellt in Thüringen
Luxus aus Tradition
ECHTHEITSZERTIFIKAT
THÜRINGER
GOTHA ADELT.
sik am gothaer hof
music at the court of gotha
Gothaer Orangerie
Schloss Friedenstein
GOTHA

GOTHA ADELT!

Von barock bis modern – Die Residenzstadt hat viel zu bieten

Weimar, Erfurt, Jena, diese Städte kommen einem quasi auf Knopfdruck in den Sinn, denkt man an die reizvollen Städte im Freistaat Thüringen. Wenn es da nicht noch zumindest eine städtebauliche Perle im grünen Herzen Deutschlands gäbe, die es an Reiz, Charme, Historie und Akttraktionen locker mit den Erstgenannten aufnehmen kann: Gotha, die geschichtsträchtige Residenzstadt mit ihrem wunderschön instandgesetzten historischen Stadtkern und dem Schloss Friedenstein, der größten frühbarocken Schlossanlage Deutschlands, die zurecht als „Das Barocke Universum Gotha" gepriesen wird. Am Hof von Gotha verkehrten einst Geistesgrößen wie Voltaire und Goethe und Staatenlenker von Weltruf wie Kaiser Napoleon und Preußenkönig Friedrich der Große. Tradition und Moderne begegnen sich in der einstigen Hauptstadt des Herzogtums Sachsen-Gotha auf Schritt und Tritt. Unter dem touristisch motivierten Leitmotiv „Gotha adelt" werden von der „KulTourStadt GmbH" die mannigfachen Veranstaltungen und Sehenswürdigkeiten identitätsstiftend vermarktet. Geschäftsführer Torsten Kunz und sein Team sind Katalysatoren eines erstaunlich agilen Entwicklungsprozesses mit unzähligen Aktivitäten im prall gefüllten Veranstaltungskalender. Jüngste kultur-touristische Errungenschaft ist das „KunstForum Gotha", das in einem modern sanierten historischen Gebäude, dem neuen „Westthüringen Center", inmitten der Altstadt eröffnet wurde und Gotha noch gezielter als Gastgeber der künstlerischen Moderne präsentieren wird. Die Stadt, die als Wiege des Versicherungswesens gilt und in der die spätere SPD gegründet wurde, hat enorm viel zu bieten. Einige Stichworte seien genannt: Kasematten, barockes Ekhof-Theater, Orangerie, Tierpark, reich verzierte Bürgerhäuser und zum Thema „Gotha adelt" in Marktplatznähe gar ein eigenes Ladengeschäft mit zahlreichen stadtrelevanten Produkten. Zu entdecken gibt es hier wie dort reichlich. Die schöne Kreisstadt ist längst eine Ganzjahresdestination, auch das ist ein Verdienst der KulTour-Macher aus Gotha.

KULTOURSTADT GOTHA GMBH
Torsten Kunz
Hauptmarkt 17, 99867 Gotha
Tel.: 0 36 21 / 5 10-430
Fax: 0 36 21 / 5 10-449
info@kultourstadt.de
www.kultourstadt.de

EIN WIMPERNSCHLAG ZUM WELTERBE

Das Hotel „Zum Herrenhaus" ist ein Kleinod inmitten beglückender Natur

Näher kommt man als genießender Gast nicht an den Nationalpark Hainich mit seinen uralten Buchenwäldern heran als im absolut ruhig gelegenen Hotel „Zum Herrenhaus" von Gastgeber und Chefkoch Manuel Spieth. Das einst von den Herren von Wangenheim im Jahr 1680 im Fachwerkstil erbaute Rittergut residiert in traumhafter Lage im Herzen des idyllischen „Wildkatzendorfes Hütscheroda" im Herzen der Welterberegion Wartburg-Hainich. Hier sagen sich gewissermaßen Wildkatze und Hase gute Nacht. Sehr zur Freude der Ruhe suchenden Gäste, die die zauberhafte Natur am südöstlichen Rand des Hainichs mit anspruchsvoller Gastlichkeit kombinieren möchten. Bei Manuel Spieth, dem gebürtigen Eisenacher und gelernten Koch, sind sie da genau richtig. Seit 2004 fungiert der Vollblutgastronom als Pächter des Anfang der 1990er-Jahre von Grund auf kernsanierten Kleinods. Heute beherbergt das unter Denkmalschutz stehende Herrenhaus 28 komfortable

Zimmer und zwei ökologische Wohlfühlferienhäuser auf dem weitläufigen Areal des zwei Hektar großen Parks. Das Kaminzimmer bezaubert durch handgezeichnete Tapeten und den voll funktionstüchtigen Kamin aus dem 18. Jahrhundert. Ganz urig ist der Gewölbekeller aus dem 13. Jahrhundert. Der Gastgeber ist mit Leib und Seele seiner Heimat verbunden, das merkt man zum einen der köstlichen regionalen Thüringer Küche an, die Spieth in der urgemütlichen Herrenhausstaube und in der Landhausstube frisch, saisonal und mit großem handwerklichen Geschick offeriert. Zum anderen ist der anerkannte „Hainichland-Gastgeber" darum bemüht, sich möglichst bald als „Welterbegastgeber" nach UNESCO-Kritierien zertifizieren zu lassen. „Das Engagement für den Nationalpark liegt mir sehr am Herzen, der Umweltgedanke ist uns immens wichtig", erzählt der Gastgeber, der gerne auch mal seine kulinarischen Kreationen auf dem benachbarten Baumkronenpfad in luftiger Höhe serviert, darunter „mein schönes Kloßgeheimnis", für das Manuel Spieth in der Region bekannt ist. Das sollte man unbedingt probieren.

HOTEL „ZUM HERRENHAUS" HÜTSCHERODA
Manuel Spieth
Schloßstr. 10, 99820 Hörselberg-Hainich
Tel.: 03 62 54 / 72 0-0
Fax: 03 62 54 / 72 0-23
info@hotel-zumherrenhaus.de
www.hotel-zumherrenhaus.de

MIT DER DRAISINE ÜBER DAS LENGENFELDER VIADUKT

Die Kanonenbahn ist eine einmalige Attraktion im Südeichsfeld

Einfach atemberaubend ist die Fahrt mit der Fahrraddraisine der Eichsfelder Kanonenbahn. Auf einer der schönsten Eisenbahnstrecken Deutschlands beginnt die Erlebnisfahrt gleich hinter dem Bahnhof von Lengenfeld unterm Stein. Sie führt spektakulär über das imposante 244 Meter lange und stattliche 23 Meter hohe Lengenfelder Viadukt, einem ingenieur-technischen Denkmal aus dem 19. Jahrhundert, das den gesamten Ort im romantischen Tal der Frieda überspannt. Das Viadukt, das als Teil der so genannten „Kanonenbahn" aus dem Jahr 1880 geschaffen wurde, wird seit dem Jahr 2002 mit Draisinen für fünf bis zwölf Personen, seit Mai 2013 auch mit Konferenzdraisinen mit Elektrohilfsmotor, befahren und darf als eine der beliebten Attraktionen des Obereichsfelds bezeichnet werden. Das ist das maßgebliche Verdienst des im Jahr 2002 gegründeten „Eichsfelder Kanonenbahnvereins". Die Vereinsmitglieder sorgen sich mit großem Einsatz um den Erhalt und die Pflege des einzigartigen denkmalgeschützten Technik-Ensembles im Unstrut-Hainich-Kreis. Im Jahr 2008 kaufte der Verein gemeinsam mit der Gemeinde das alte Bahnhofsgebäude aus dem Jahr 1908. Heute ist hier die Drehscheibe der Draisinenstrecke im Südeichsfeld. Im Innern des Gebäudes ist die „Kanonenbahn-Gaststätte" untergebracht, in der sich die Draisinenfahrer für die Fahrt auf dem historischen Gleiskörper stärken können. Vereinsmitglieder begleiten die Draisinenfahrt für Gruppen bis 50 Personen als kundige Reiseführer. So erfährt der pedalschwingende Gast während der Berg- und Talfahrt viel über die Geschichte des einmaligen Bauwerkes. Stockdunkel wird es, wenn die Draisinen den fast 1530 Meter langen Küllstedter Tunnel passieren. Nur gut, dass die Gefährte mit Licht ausgestattet sind. So oder so kommt man bei der rund 26 Kilometer langen Fahrt durch Berge und Täler aus dem Staunen nicht heraus. Und wer sich traut, der bucht die „Draisinen-Hochzeit". Die Standesbeamtin fährt mit und traut die Glücklichen vor dem Portal des Entenbergtunnels.

EICHSFELDER KANONENBAHN GGMBH
Winfried Stöber
Bahnhofstr. 43, 99976 Lengenfeld unterm Stein
Tel.: 03 60 27 / 78 86 6
ws@erlebnis-draisine.de
www.erlebnis-draisine.de

DAS ABENTEUER NATURVERSTÄNDNIS

Die „Wald- und Naturschule“ am Fuße der Dieteröder Klippen

Die Natur sinnlich, nachhaltig und als kostbare Ressource zu erleben, darum drehen sich die meisten Angebote der „Wald- und Naturschule“ in Schimberg im Naturpark Eichsfeld-Hainich-Werratal. Ihr Geschäftsführer und pädagogischer Leiter Christoph Weidner und seine Mitarbeiter zählen zu den profiliertesten Anbietern von naturnahen Weiterbildungsangeboten in der Mitte Deutschlands. Rund um den ehemaligen Dieteröder Bahnhof aus dem Jahr 1912 erfahren Seminarteilnehmer in Workshops, an Thementagen und in diversen Kursen ganz viel Lehrreiches über die Schätze der Natur und ihren nützlichen Einsatz in Küche und Hausapotheke. Das gesamte Areal des Schulungsgeländes umfasst eine Fläche von annähernd 10.000 Quadratmeter. In der früheren Scheune ist der eigene Hofladen mit Schulküche untergebracht, gleich nebenan der große Steinbackofen. Unter Anleitung werden in der Schulungsküche vielerlei Kräutergerichte zubereitet. Im großen Kräutergarten wachsen rund 200 verschiedene Wildkräuter, Heilpflanzen und Gräser, darunter einige, die in Thüringen

schon als ausgestorben galten. Es gibt einen 700 Quadratmeter großen Nutzgarten mit seltenen Nutzpflanzen und einen Bienenstand. Hauptaugenmerk legen die Pädagogen der Wald- und Naturschule auf die theoretische und praktische botanische Vermittlung des vielfach verloren gegangenen Wissens um die gesundheitlichen Aspekte von Wildkräutern und Heilpflanzen. So kann man sich hier beispielsweise zum „Wildkräuterkoch" weiterbilden oder eine Grundausbildung in Phythotherapie (Pflanzenheilkunde) absolvieren. Die Dozenten sind zertifizierte Wildkräuter- und Heilpflanzenpädagogen sowie Phythotherapeuten. Weitere Schwerpunkte sind Umweltbildung, Baumheilkunde, Angebote der modernen Erlebnispädagogik, aber auch Survival-Kurse und erlebnis- und abenteuerorientierte Offerten in Wald und Wiese. Den weitgehend intakten Naturpark wandernd in seiner ganzen faszinierenden Vielfalt in sachkundiger Begleitung durch die Experten der Wald- und Naturschule zu bewandern, auch dies bildet einen Schwerpunkt der naturnahen Angebote in Schimberg.

WALD-UND NATURSCHULE
ABENTEUER-NATUR-ERLEBEN
Christoph Weidner
Bahnhof 1, 37308 Schimberg
Tel.: 03 60 82 / 91 84 16
office@abenteuer-natur-erleben.org
www.abenteuer-natur-erleben.org

FRANZÖSISCHE FINESSE IM FACHWERKIDYLL

Dr. Werner Freund ist Koch, Patron, Sommelier, Geograph und Bauhistoriker

Das Eichsfeld: katholische Enklave im Dreiländereck des südlichen Niedersachsens, nordwestlichen Thüringens und nordöstlichen Hessens. Jahrhundertlang war es ein Inselsatellit des Erzbistums Mainz, daher die noch heute vielerorts erlebbare Tradition aus Glauben und Brauchtum. Kulinarische Botschafter der Region sind eher deftige Köstlichkeiten wie Feldgieker, Kälberblase und Stracke sowie sämtliche leckere Mettwurstspezialitäten. Doch auch hier gibt es die Ausnahme von der Regel. Soll heißen: Wer klassisch französische Küche auf hohem Niveau goutieren möchte, der wird inmitten der kulinarischen Diaspora fündig. Bei einem Abstecher ins beschauliche Dieterode. Ein 80-Seelendorf, das mitten im Wald zwischen dem Heilbad Heiligenstadt und Bad Sooden-Allendorf an der Deutschen Märchenstraße liegt. Hier ist es anzutreffen, das pittoreske „Restaurant St. Georges" von Dr. Werner Freund. Der Geograph, promovierte Kunstwissenschaftler und Bauhistoriker ist so etwas wie ein Solitär in der gehobenen Restaurantszene in deutschen Landen, denn er dürfte wohl der einzige

promovierte Koch sein, der es mit seiner Küche in den Gault Millau geschafft hat. 13 Punkte sind es seit Jahr und Tag, die der strenge Genussguide für Freunds französische Kreationen anerkennend vergibt. Der Gastgeber ist ein echtes Allroundtalent. Nicht nur am Herd brilliert der Patron und ausgewiesene Weinkenner. Mit viel Fachverstand hat er das Renaissance-Fachwerkhaus aus dem Jahr 1630 saniert und auch die gegenüberliegende „Auberge" als kleines, feines Landhotel mit sechs Zimmern restauriert und beide Adressen somit zu einem baulichen Kleinod gewandelt. Hier wie dort genießt der Gast „Savoir Vivre" in Reinkultur. Bei Dr. Werner Freund gibt es eine topfrische Jahreszeitenküche, seine quer vom Schlaraffenland Frankreich inspirierte Cuisine bereitet der kochende Patron auf über 100-jährigen gusseisernen Öfen zu, nachdem er sie zuvor am Gast mit ganz viel Leidenschaft fürs Sujet annonciert hat. Très français ist auch der hochwertig bestückte Keller des Weinexperten mit Sommelier-Zusatzqualifikation. Sie glänzt mit Tropfen aus dem Burgund und dem Bordelais. Brot und Kuchen sind hausgebacken, auch alles andere wird à la minute zubereitet. Im Sommer sitzt man wunderschön in der mit wildem Wein berankten Galerie und Blick in den lauschigen Gastgarten. Das St. Georges ist eine echte Trouvaille in der Kulturlandschaft Eichsfeld.

Pigeon Étouffée rôuti avec Banyuls
gebratene Étoufféetaube
mit Banyulsreduktion
Dieses Rezept finden Sie auf der Seite 226

RESTAURANT ST. GEORGES
Dr. Werner Freund
Dorfstr. 1a, 037318 Dieterode
Tel.: 03 60 82 / 42 12 8
Fax: 03 60 82 / 90 36 8
dr.freund@t-online.de
www.st-georges-online.de

DAS STEINERNE GESCHICHTSBUCH DER DEUTSCHEN

Die weiträumige Burganlage der Wartburg oberhalb von Eisenach gehört seit 1999 zum UNESCO-Weltkulturerbe. Hier hat Martin Luther das Neue Testament ins Deutsche übersetzt.

Seit dem Jahr 1999 zählt sie zum UNESCO-Weltkulturerbe und ist damit in die Liste der herausragenden Zeugnisse der Menschheit aufgenommen: Die Wartburg auf dem Wartberg, oberhalb von Eisenach, ist eine der besterhaltenen Burgen des deutschen feudalen Mittelalters. Mit ihrer fast tausendjährigen Geschichte ist sie die vielleicht bekannteste Burg Deutschlands. Der Sage nach wurde sie im Jahr 1067 von den Ludowingern unter „Ludwig dem Springer“ gegründet und im Laufe der Jahrhunderte zur imposanten Burganlage ausgebaut, Stilelemente der Romanik, der Gotik, der Reanissance und des Historismus im 19. Jahrhundert (unter maßgeblicher Gestaltung durch Großherzog Carl Alexander von Sachsen-Weimar-Eisenach) in sich vereinend. Ein Sehnsuchtsort hierzulande für die Großen ihrer Zeit. Die heilig gesprochene Elisabeth von Thüringen lebte hier von 1211 bis 1228, Martin Luther übersetzte auf der Wartburg Undercover das Neue Testament der Bibel ins Deutsche. Damit ist die Wartburg auch ein christlicher Ort von universeller Bedeutung, Goethe besuchte sie mehrfach. Und die Wartburg war unter Landgraf Hermann I. im frühen 13. Jahrhundert ein bedeutendes Zentrum der deutschen Dichtung. Zu nennen etwa der legendenumwobene „Sängerwettstreit“. Historisch in jedem Fall fundiert ist hingegen die Burg als Schauplatz der Politik, das „Wartburgfest“ der deutschen Studenten fand am 18. Oktober 1817 statt.

Heute ist die Wartburg mit ihrer zauberhaft-bizarren Höhenlage und den insgesamt 18 Gebäudeteilen auf einem schmalen Felsgrat die Top-Sehenswürdigkeit und das Besuchermagnet in Thüringen. Es wird noch immer als nationales Denkmal von magischer Anmutung verehrt., denn auf der Wartburg wandelt der Besucher gleichsam wie in einem 900 Jahre alten Geschichtsbuch, dessen einzelne Kapitel bis heute nichts von ihrem Faszinosum und ihrer Symbolkraft verloren haben.

Ein offen aufgeschlagenes Geschichtsbuch: Die Wartburg lässt bis heute den Besucher teilhaben an ihrer so beeindruckenden Geschichte. Viele haben sie zu erobern versucht. Die auf einem schroffen Felsgrat oberhalb der Stadt Eisenach thronende Wartburg wurde mehrfach belagert, erobert wurde sie nie. Die trutzige Burg hielt immer stand, als in vielerlei Hinsicht „ideale Burg" hat sie es als erste und bisher einzige deutsche Burg als Einzeldenkmal auf die Welterbeliste der UNESCO geschafft. Seit dem Jahr 2001 steht die Wartburg zudem im „Blaubuch", das umfasst eine Liste von 20 national bedeutsamen Kultureinrichtungen in Ostdeutschland. In den frühen 1930er-Jahren wurde die sogenannte „Blaue Linie" gezogen", die bis heute im Umkreis von 500 Metern eine Verbauung der Burg verhindert. An der „Straße der Monumente" gelegen, ist die Wartburg eine der herausragenden Erinnerungsorte und Brennpunkte deutscher Geistesgeschichte. Als Denkmal von nationaler Bedeutung zählt sie zu den bestbesuchten Tourismuszielen in Deutschland. Über 300.000 Besucher aus aller Welt erklimmen jährlich den Wartberg, um den Genius loci dieses besonderen Weihestätte der Kultur hautnah zu spüren. In der Tat: In jeder Mauerritze atmet die fast 1.000-jährige Abschnittsburg Geschichte und Kultur auf Weltniveau.

„Wart! Berg, du sollst mir eine Burg werden!", wird der Gründungsmythos bis heute zitiert. Ludwig der Springer soll mit diesen Worten die Gründung der Wartburg verkündet haben. Wissenschaftlich zu verifizieren ist das nicht, wohl aber der Fortgang der ruhmreichen Wartburg-Geschichte. Diese wurde in zumindest drei historischen Meilensteinen benannt:

1. die feudal-höfische Kunst des Mittelalters mit Leben und Wirken der Heiligen Elisabeth, 2. Martin Luthers Übersetzung des Neuen Testamentes und 3. das Wartburgfest der deutschen Burschenschaften im Jahr 1817. Damit untrennbar verknüpft sind kulturelle Werte von universeller Bedeutung im Kulminationspunkt der Wartburg.

Von der einstigen mittelalterlichen Blüte der Wartburg zeugt noch heute der aus dem 12. Jahrhundert stammende Palas mit seinem 170 Säulen umfassenden Saalbau als Exempel spätromanischer Baukunst. Der kulturhistorisch außerordentlich wertvolle Palas war ein separat stehender Repräsentationsbau mit Wohnfunktion. Gemeinsam mit der östlichen Ringmauer und Teilen des Torhauses bildet der zwischen 1156 und 1162 entstandene Palas den ältestes baulichen Teil der Wartburg.

Von 1211 bis 1228 verbrachte die heilig gesprochene Elisabeth von Thüringen als Gemahlin Ludwigs IV. mehr als zwei Drittel ihres Lebens auf der Wartburg. Nach dem Tod ihres Gemahls bei einem Kreuzzug widmete sich die ungarische Königstochter einem Leben in Armut und im Dienst an den Armen und Kranken. Im Erdgeschoss des Palas trifft der Besucher auf die Elisabeth-Kemenate mit kostbaren Glasmosaiken im neobyzantinischen Stil, die in zehn Darstellungen Szenen aus dem weltlichen Leben der Landgräfin Elisabeth zeigen.

Ein paar Jahrzehnte vor Elisabeth erlebte die Wartburg unter Hermann I. (1190–1217) ihre Blütezeit und war Hauptstätte der deutschen Dichtung, denn die „Kulturgrößen“ ihrer Zeit weilten auf der Burg. Ob der historisch nicht nachweisbare Wettstreit der Minnesänger jemals stattgefunden hat, bleibt ein ewiges Geheimnis. Jedenfalls ließ sich Richard Wagner vom vermeintlichen „Sängerstreit“ zwischen Wolfram von Eschenbach und Walther von der Vogelweide zu seiner Oper „Tannhäuser“ inspirieren.

Kaum ein Name und ein Ort sind so eng miteinander verknüpft wie Martin Luther und die Wartburg. Das Kavaliersgefängnis in der Vogtei darf als ein herausragender Ort der bald 500-jährigen Reformationsgeschichte bezeichnet werden. Nach seinem todesmutigen Auftritt vor dem Reichstag in Worms ließ ihn Kurfürst Friedrich der Weise auf die Wartburg entführen, um ihn vor Kirchenbann und Reichsacht zu schützen. Als „Junker Jörg" lebte er mit Bart und üppiger Haartracht vom 4. Mai 1521 bis zum 1. März 1522 in einer kleinen Stube über dem ersten Burghof. In nur elf Wochen übersetzte Luther im Winter 1521/22 das neue Testament (das sogenannte September-Testament) aus dem Griechischen ins Deutsche und schuf damit einen ganz entscheidenden Beitrag zur Herausbildung der deutschen Schriftsprache. Die „Lutherstube" mit dem längst nicht mehr vorhanden Tintenklecks ist das Ziel unzähliger Pilger aus aller Welt und gilt sie bis heute als Geburtsstätte der Lutherbibel. Die komplette Erstellung der Lutherbibel sollte freilich noch zwölf weitere Jahre Zeit in Anspruch nehmen. 13 weitere Abhandlungen und Denkschriften sowie 38 Briefe weisen die Wartburg-Zeit als besonders produktive Ära im Schaffen des Reformators aus.

Als im 19. Jahrhundert deutschlandweit durch die Romantik eine Rückbesinnung auf das Mittelalter einsetzte, wurde auch die Wartburg mit ihrer Symbolkraft zur Metapher für nationale Einheitsgedanken. Am 18. Oktober 1817 versammelten sich an die 500 Studenten zum „Wartburgfest", um für einen geeinten Nationalstaat einzutreten. Es war die erste bürgerlich-frühdemokratische Versammlung in Deutschland

Im 19. Jahrhundert hatte die Wartburg weitgehend ihr heutiges Antlitz mit dem ortsüblichen rotliegenden Gestein in den Neubauten erhalten. Direkt mit der Weltkulturerbestätte verbunden ist das denkmalgeschützte „Hotel auf der Wartburg", das im Jahr 1914 als „Gasthof für fröhliche Leut" eröffnet wurde und noch heute im Besitz der Wartburg-Stiftung ist. In dem mit fünf Sternen ausgezeichneten Landhotel lässt es sich vor oder nach der Wartburg-Erkundung trefflich verweilen. Geboten wird eine thüringische Küche auf hohem Niveau. Der Panoramablick von der Terrasse der Landgrafenstube aus ist einfach spektakulär. Wie so Vieles an diesem einzigartigen Ort deutscher Kulturgeschichte.

KULTURGUT BURSCHENSCHAFTS-DENKMAL

Seit über 110 Jahren „blickt“ das Denkmal auf die Wartburg

36 Meter ragt es auf der Göpelskuppe, gleichsam mit Blick auf die Wartburg, in die Höhe: Das Burschenschaftsdenkmal in Eisenach, das im Jahr 1902 von den deutschen Burschenschaften feierlich eingeweiht wurde. Seit jeher war es ein stilles Mahnmal für die deutsche Einheit, die sich vor 25 Jahren erfüllen sollte. Über der schweren Eisentür sind die Worte eingemeißelt, die heute wieder Geltung haben: „Dem geeinten Vaterland“. Im Jahr 1817 trafen sich die deutschen Burschenschaften auf der Wartburg, um ihrem Traum vom gesamtdeutschen Staat Ausdruck zu verleihen. Heute ist es dem tatkräftigen Einsatz des Denkmalerhaltungsvereins Eisenach e.V. und der Deutschen Burschenschaft, in deren Eigentum sich das aus Muschelkalk erbaute Denkmal befindet, zu verdanken, dass das Gebäude mit imposantem Deckengemälde und der Ausstellung zur Geschichte der deutschen Burschenschaften nach aufwändiger Rekonstruktion und Sanierung wieder zugänglich ist. Als beliebtes Ausflugsziel ist es seit 1902 eine Eisenacher Attraktion und von den wieder geöffneten Balkonen des Burschenschaftsdenkmals genießt der Besucher einen faszinierenden Panaromablick auf die Weltkulturerbestätte Wartburg sowie die Stadt Eisenach. Und gleich nebenan wird man im Berghotel, das ebenfalls zum Besitz der Burschenschaft zählt, auch kulinarisch auf hohem Niveau verwöhnt.

DENKMALERHALTUNGSVEREIN EISENACH E. V.
Vorsitzender Thomas Mayer-Steudte, M.A.
Auf der Hundshövel 6, 46446 Emmerich am Rhein
thomas.mayer-steudte@t-online.de
www.denkmalerhaltungsverein.de

GENUSSVOLLES MIT WARTBURGBLICK

Das Berghotel Eisenach ist ein zauberhaftes Bijou

Als „Berghof" ging die gastliche Stätte am Fuße des Burschenschaftsdenkmals auf der Eisenacher Göpelskuppe in die Annalen ein. Seit jeher war das heute als „Berghotel Eisenach" firmierende Ausflugsziel so etwas wie eine kulinarische Institution in der Wartburgstadt. Seit März 2014 sind Silvio und Silke Sedlak Pächter des 16 Zimmer umfassenden und mit vier Sternen klassifizierten Hotels. An die große Tradition des Hauses möchte der Gastronom und gelernte Koch, der zuvor mit großem Erfolg mehrjährig das Restaurant „Der Zwinger" geführt hat, anknüpfen. Er tut dies mit dem wegweisenden Konzept eines die Sinne inspirierenden „Mehrwerturlaubs". Der Gastgeber und Hotelier hat das Traditionshaus in wenigen Wochen komplett runderneuert. Mit wunderschön gestalteten Zimmern (vollklimatisiert, W-LAN, Sky-frei), liebevollen Interior-Details und flexiblen Raumangeboten hat sich das Domizil nicht nur als traumhafte Hochzeitslocation bereits einen exzellenten Ruf erworben. Auch das Restaurant mit Wintergartenterrasse ist eine stilvolle Entdeckung für anspruchsvolles Genießen. Die Küche setzt kompromisslos auf frische Jahreszeitenkreationen und erstklassige Viktualien, die der Patron zum Teil im eigenen Garten anbaut. Kuchen und Torten stammen aus der hauseigenen Konditorei, das leckere Eis aus Parma. Auf der traumhaft schönen Terrasse mit majestätischem Blick auf die Wartburg genossen, wird so jedes kulinarische Rendezvous zu einem sinnlichen Erlebnis.

BERGHOTEL EISENACH
Silvio und Silke Sedlak
An der Göpelskuppe 1, 99817 Eisenach
Tel.: 03 69 1 / 22 66 0
Fax: 03 69 1 / 22 66 44
info@berghotel-eisenach.de
www.berghotel-eisenach.de

HERDZAUBERER AUS DER WARTBURGSTADT

Ulrich Rösch zählt zu den besten Köchen des Landes

Mit dem historischen „Weinrestaurant Turmschänke" zu Eisenach hat sich Gastgeber und Spitzenkoch Ulrich Rösch so etwas wie den Lebenstraum erfüllt. Seit 2004 ist er gemeinsam mit Lebensgefährtin Martina Rasch Pächter des überregional bekannten Weinrestaurants am Karlsplatz. Das mit nostalgischem Charme aufwartende und mit historischem Gestühl, alten Gobelins, imposantem Kamin und schönen Bleiglasfenstern ausgestattete Restaurant auf zwei Ebenen ist in einem Teil des fast 1.000 Jahre alten Nikolaiturms untergebracht. Diente der einst der Verteidigung, so kommen heute in der Turmschänke Genießer aus ganz Deutschland in die Gunst einer der besten Landesküchen. Rösch, der gebürtige Sachse, gehörte schon zu DDR-Zeiten zu den Spitzenköchen, als er beispielsweise im „Astoria" in Leipzig kochte. Getreu seiner Lebensphilosophie „Genuss mit allen Sinnen" offeriert der Cuisinier, den der strengn Gault Millau seit Jahren mit stolzen 15 Punkten auszeichnet, eine moderne und leicht interpretierte klassisch grundierte Feinschmeckerküche. Beste Produkte, bevorzugt aus der Region, wie etwa das Duroc-Schwein aus Aschara bei Bad Langensalza, Schafskäse vom nahen Stiftgut Wilhelmglücksbrunn oder erstklassiges „Hainich-Lamm", bilden die Basis für Gaumenschmeicheleien des Ulrich Rösch. Der Patron liebt den Kontrast der Aromen, und die stehen beim Meisterkoch stets in Korrespondenz zur fulminanten Weinbegleitung. Rösch und Rasch, die Gastgeber aus Leidenschaft, sind bekennende Weinfexe und listen rund 150 Positionen mit Schwerpunkt Saale-Unstrut und Sachsen bei den Weißweinen in ihrer Schatzkammer. Jeden Monat wechselt das produktorientierte Angebot der Turmschänke, deren moderate Preiskalkulation zurecht gerühmt wird. Nachgefragt sind neben den À-la-Carte-Kreationen auch das 3- bis 4-gängige „Mein Menü", in dem Rösch Abend für Abend sein Ausnahmekönnen als bester Herdzauberer der Wartburgstadt unter Beweis stellt.

Glacierte Fjordforelle mit jungen Erbsen und violetter Kartoffel
Dieses Rezept finden Sie auf der Seite 226

WEINRESTAURANT TURMSCHÄNKE
Ulrich Rösch
Karlsplatz 28, 99817 Eisenach
Tel.: 0 36 91 / 21 35 33
Fax: 0 36 91 / 88 88 12
info@turmschaenke-eisenach.de
www.turmschaenke-eisenach.de

„Weidebrunner Gasse 13“ in Schmalkalden – eines der fünf ältesten Fachwerkhäuser in Thüringen

Historisches Gradierwerk in Bad Salzungen

NOUGAT-TRÄUME ZUM DAHINSCHMELZEN

Viba Sweets – Die Nummer Eins in Deutschland

Karl-Heinz Einhäuser macht es wie eigentlich alle, die Nougat in Premiumqualität genießen. Er schließt die Augen und gibt sich dann dem puren Genuss und dem Schmelz aus frisch gerösteten Haselnüssen, mildem Kakao und Zucker hin. Der Geschäftsführer von „Viba Sweets", dem Marktführer in Sachen edelster Nougatspezialitäten mit Sitz in Floh-Seligenthal bei Schmalkalden in Thüringen, hat das Traditionsunternehmen aus dem Jahr 1893 vor über 20 Jahren gemeinsam mit Produktionsleiter Holger Storch übernommen. Dank weitsichtiger Strategie und kompromissloser Qualitätsorientierung ist es heute die Nummer Eins bei Nougat in deutschen Landen. Die berühmte Nougatstange, die im Jahr 1920 erstmals vom Band lief, zeigt sich bis heute als das süße Wahrzeichen und als Verkaufsschlager des Unternehmens. Doch ist die Zahl der überwiegend handwerklich hergestellten Produkte, darunter Nougat-Schokoladen-Kombinationen, Trüffel und Pralinen, längst auf 500 verschiedene Artikel angestiegen, dar-

unter über 30 unterschiedliche Nougat-Erzeugnisse von feinster Machart. Geschäftsführer Einhäuser benennt einen Erfolgsgaranten: Wir sind „anders als alle anderen" und verweist damit auf die handwerkliche Kernkompetenz der hauseigenen Confiseure, die ganz traditionell auf extrem feines Vermahlen und Rühren setzen und deshalb Steinwalzen verwenden. Der große Erfolg gibt den Nougat-Zauberern aus Thüringen recht. Die Liebhaber des zarten Schmelzes kommen aus allen Teilen Deutschlands in die modern gestaltete „Viba-Nougat-Welt" nach Schmalkalden, einem 2.500 Quadratmeter großen Event-Center mit Schaumanufaktur, Mitmachwerkstatt und Restaurant rund um das sinnliche Thema des süßen Verwöhnens. Über 40 Viba-Shops gibt es inzwischen deutschlandweit. Entsprechender Nachschub an Nougat made by Viba kommt aus den thüringischen Produktionsstätten, darunter jährlich drei bis fünf neue Produkte. Auch die sind ganz und gar dem Credo „Augen schließen, Viba genießen" verpflichtet.

VIBA SWEETS GMBH
Karl Heinz Einhäuser, Holger Storch
Die Aue 7, 98593 Floh-Seligenthal
Tel.: 0 36 83 / 69 21-0
Fax: 0 36 83 / 69 21-115
info@viba-sweets.de
www.viba.de

CREUZBURGER KÄSE UND EIS IN BIO-QUALITÄT

Ökologische Produktvielfalt in Manufaktur auf dem Stiftsgut Wilhelmsglücksbrunn

Arnold Vogt hat die Welt gesehen. Der gebürtige Liechtensteiner studierte einst in der Nähe von Bern in der Schweiz Landwirtschaft und erlernte in Graubünden das Käsemachen von der Pike auf. Anschließend war er neun Jahre für eine Missionargesellschaft in Burkina Faso tätig. Seit über zehn Jahren fungiert er nunmehr als landwirtschaftlicher Direktor des Bioland-Betriebes „Stiftsgut Wilhelmsglücksbrunn" in Creuzburg, einem anerkannten Integrationsprojekt des „Diakonia Vereins" mit Sitz in Eisenach, der 18 Kindertagesstätten in Thüringen betreut. Angefangen hat Vogt seine Zucht mit 30 in Österreich gekauften Lämmern der südfranzösischen Schafrasse Lacaune. Heute leben auf dem Gut mit seinen etwa 100 Hektar Land annähernd 300 Milchschafe, 200 Hühner, einige Wasserbüffel und Gallowayrinder sowie mehrere Bienen-

völker. In der hofeigenen „Creuzburger Käsemanufaktur" werden seit dem Jahr 2003 auf traditionelle handwerkliche Art und Weise leckere Käse aus Schafs- und Wasserbüffelmilch hergestellt. Mit dem „Creuzburger Blauer", einem erstklassigen Blauschimmelkäse, hat die Hofkäserei schon mehrfach nationale (Deutscher Käsepreis in Gold) und internationale Publikumspreise eingeheimst. Das Sortiment an Hart-, Frisch- und Weichkäse ist darüber hinaus reich bestückt, längst ist auch der „Creuzburger Hartkäse" zu einer regionalen Spezialität herangereift und bei den Käsegenießern nachgefragt. Gleich neben der Hofkäserei geht es mit der Wertschöpfungskette im Biomarkt mit seinem Vollsortiment weiter. Hier gibt es neben den vielfältigen Schafmilchprodukten (unbedingt sollte man das Bio-Eis aus Schafsmilch probieren), Lammfleisch, Wurst, Eier und Honig aus eigener Produktion sowie Gemüse aus dem Guts-Garten. „Schneller, kürzer und frischer geht es nicht", erzählt Arnold Vogt und verweist mit Stolz in der Stimme darauf, dass der mit Verve betriebene verantwortungsbewusste Umgang mit der Schöpfung an diesem Ort so nachhaltig gelingt.

STIFTSGUT WILHELMSGLÜCKSBRUNN GGMBH
Arnold Vogt
Wilhelmsglücksbrunn 1, 99831 Creuzburg
Tel.: 0 36 91 / 7 10 03 10
Fax: 0 36 91 / 7 10 03 37
info@wilhelmsgluecksbrunn.de
www.wilhelmsgluecksbrunn.de

NACHHALTIG GENIESSEN AUF DEM STIFTSGUT

Das Bio-Hotel und Restaurant Saline ist ein Kleinod im Tal der Werra

Es gehört zur Vereinigung der Bio-Hotels und ist eine echte Entdeckung abseits eingetretener touristischer Pfade: Das zum Stiftsgut Wilhelmsglücksbrunn gehörende Hotel und Restaurant-Café Saline ist ein gastliches Kleinod wie man es sich als Ruhe suchender Gast mit dem Anspruch an genussvolle Momente nicht besser wünschen kann. Die Viktualien für die saisonale Küche im Restaurant Saline, das im liebevoll restaurierten barocken Gutshaus untergebracht ist, stammen biologisch erzeugt zum Großteil von der eigenen ökologischen Landwirtschaft des Stiftsgutes, darunter die mehrfach prämierten Käsespezialitäten von den eigenen Lacauneschafen. Das Hotel verfügt im Gutshaus und in den ehemaligen Stallungen über 20 geschmackvoll mit Vollholzmöbeln ausgestattete Zimmer sowie sieben Ferienwohnungen auf dem weitläufigen Gutsareal. Der Gast residiert inmitten des grünen Idylls nahe der Creuz-

Semmelknödel und Lammbraten
Dieses Rezept finden Sie auf der Seite 227

burg. Bis in den Hainich und nach Eisenach ist es nur den berühmten Katzensprung weit. Und direkt vor der Haustür des Gutshotels verlaufen der Elisabethpfad, der Lutherweg und der Werratal-Radweg. Im Sommer lockt die romantische Freiterrasse am Teich. Der sogenannte „Andachtsaal" wird gerne als Veranstaltungsraum für Privatfeiern, vor allem für festliche Bankette genutzt. Im barrierefreien Restaurant mit seinen drei schmucken Gasträumen bieten Saline-Geschäftsführer Frithjof Karsten und sein Team eine bodenständig verfeinerte Regionalküche mit erfreulich hofnaher Akzentuierung. So gibt es je nach Jahreszeit wechselnde Angebote wie „Eintopf vom hofeigenen Wasserbüffel", „Sellerie-Apfelrahmsuppe mit Granatapfel" oder „Geschmorter Lammbraten vom Hof". Alles lecker und authentisch zubereitet. Allein das köstliche, ebenfalls rein biologisch hergestellte Eis aus frischer Schafsmilch lohnt einen kulinarischen Abstecher in das so friedfertig und abgeschieden im Tal der Werra gelegene Stiftsgut.

GÄSTEHAUS RESTAURANT & CAFÉ SALINE
STIFTSGUT WILHELMSGLÜCKSBRUNN
Frithjof Karsten
Wilhelmsglücksbrunn 1, 99831 Creuzburg
Tel.: 03 69 26 / 7 10 03 20
info@wilhelmsgluecksbrunn.de
www.wilhelmsgluecksbrunn.de

BRILLANTES BLEIKRISTALL AUS ARNSTADT

Auch Fürsten und Könige trinken aus Gläsern und Kelchen aus Mittelthüringen

Arnstadt, bekannt als Bachstadt, liegt in der Mitte Thüringens am Flüsschen Gera. Hier soll nicht nur die berühmte Thüringer Bratwurst urkundlich bereits 1404 erwähnt worden sein, in der geschichtsträchtigen Stadt im Ilm-Kreis ist auch eine der renommiertesten Bleikristall-Manufakturen Ostdeutschlands beheimatet. Die „Arnstadt Kristall GmbH", ein Familienbetrieb, der heute in vierter Generation von Geschäftsführer Christian Heller geleitet wird. Im Jahr 1947 war es dessen Urgroßvater, der Meistergraveur Heinrich Arlt aus Nordböhmen, der sich nach dem Zweiten Weltkrieg hier niederließ und den Grundstock des heute mittelständischen Unternehmens mit Kunden aus aller Welt legte. Die Marke Arnstadt Kristall genießt einen exzellenten Ruf und steht für „Bleikristall von makelloser Schönheit und außergewöhnlicher Brillanz", wie Christian Heller erläutert. Hohes handwerkliches Können und die jahrzehntelange Erfahrung der Glasgestalter und Glasveredler tragen zur internationalen Expertise der Arnstadter Bleikristall-Manufaktur maßgeblich bei. Im Premium-Segment kreiert die Manufaktur aus 24-prozentigem Bleikristall einzigartige Kollektionen. So zählen neben vielen Luxuskaufhäusern in aller Welt auch zahlreiche Königs- und Fürstenhäuser zum Kundenkreis von „Arnstadt Kristall". Den Sultanspalast von Oman stattete das Unternehmen mit 500 prunkvollen Trinkgefäßen aus. Auch das Königshaus von Malaysia und der Sultan von Brunei orderten bereits die Premiumprodukte aus Mittelthüringen. Prestigeträchtige Aufträge, die manifestieren, dass der eigene Anspruch „Fine lead crystal" in der täglichen aufwändigen Handarbeit in ausgezeichneter Produktqualität umgesetzt und eingelöst wird. Das aktuelle Sortiment des Hauses umfasst rund 1.000 Artikel in unterschiedlichen Formen und Dekoren, die festliche Tafeln verschönern und einem stilvollen Ambiente seinen ganz besonderen Glanz verleihen. Im werkseigenen Shop werden die Gläser, Vasen, Schalen, Jardinièren, Pokale, Dosen, Kelche und Karaffen auf 600 Quadratmeter Ausstellungsfläche angeboten.

ARNSTADT KRISTALL GMBH
Bierweg 27, 99310 Arnstadt
Tel.: 0 36 28 / 66 00 0
Fax: 0 36 28 / 66 00 11
info@arnstadt-kristall.com
www.arnstadt-kristall.com

ERFURTS JUGENDSTIL-KAFFEEHAUS-LEGENDE

Das denkmalgeschützte „Restaurant Café Rommel" zählt zu den besten in Deutschland

Waldmeister-Limettensüppchen
Dieses Rezept finden Sie auf der Seite 227

Frischer Wind im ältesten Kaffeehaus in Thüringens Landeshauptstadt Erfurt. Pächter und Gastronom Thomas Abel hat mit der Übernahme des Traditionscafés „Rommel" am Rande der Altstadt die kulinarische Institution mit über 100-jähriger Geschichte genussvoll reanimiert. Im Juni 1902 eröffneten die aus Stuttgart stammenden Betreiber Carl und Elisabeth Rommel die gastliche Stätte. Erfolgreiche, aber auch turbulente Zeiten hat das Café im Stil der Wiener Caféhäuser erlebt. Heut erstrahlt es wieder in altem Glanz. Thomas Abel, seines Zeichens überregional bekannter Koch und Küchenmeister aus Erfurt mit diversen Auszeichnungen (u.a. „Thüringens Aufsteiger des Jahres" im Gault Millau) und namhaften Stationen, darunter das „Romantik Berghotel Gabelbach", knüpft an die Tradition der Genussadresse mit authentischer Kaffeehaus-Atmosphäre der 1920er-Jahre an. Seit 1993 steht die historische Inneneinrichtung mit dem beeindruckenden Marmorboden, der Holzvertäfelung, den 100-jährigen Thonetstühlen, Messingornamenten und dem nostalgischen Mobiliar unter Denkmalschutz. Den Küchenbereich hat der erfahrene Gastronom und Caterer modernisiert, weil es neben den himmlisch leckeren Torten und Kuchenspezialitäten auch eine Mittagskarte mit frischer Regionalküche und herzhaften Flammkuchen gibt. Frühstück „für Langschläfer" gibt es bis in den Abend hinein. Die erstklassige Produktqualität hat sich herumgesprochen. Viele der Stammgäste sind längst zurückgekehrt und eine wertvolle Urkunde gab es außerdem für die engagierten Pächter. Das renommierte Genießermagazin „Der Feinschmecker" listet das „Café Rommel" in seinem Deutschland-Guide unter den besten 450 Cafés und Röstereien und lobt explizit die „Schoko-Nuss-Torte" und die „Stachelbeer-Baiser-Torte". Ein Verkaufshit ist das in vier Vorstufen hergestellte Natursauerteigbrot. Davon gehen an Wochenenden bis zu 300 Stück über den Ladentresen. Das „Rommel" liegt in fußläufiger Anbindung zu den Sehenswürdigkeiten Erfurts und empfiehlt sich als kulinarisch-kultiger Boxenstopp für genussvolle Momente.

RESTAURANT CAFÉ ROMMEL
Thomas Abel
Johannesstr. 34, 99084 Erfurt
Tel.: 03 61 / 65 78 13 02
abel@goldstern-gastro.de
www.cafe-rommel.de

REZEPTE

Pigeon Étouffée rôuti avec Banyuls
gebratene Étoufféetaube mit Banyulsreduktion
Restaurant St. Georges, Seite 202

ZUTATEN für 4 Personen

Étoufféetauben: 2 Tauben, 50 g Butterschmalz, Sternanis, Piment d'espelette, Salz, Pfeffer
Sauce: Bratenfond, 200 ml Banyuls, 50 g kalte Butter
Filoröllchen: 4 Blätter Filoteig, 10x10 cm, 8 Blätter Spinat, blanchiert, Herz, Leber, Magen, 1 Poulardenbrust, 50 ml Sahne, Salz, Pfeffer, 1 Ei, 200 ml Rapsöl
Erbsenpüree: 600 g frische Erbsen, 2 EL Créme fraîche, 150 g Butter, Piment d'espelette, Salz, Pfeffer

ZUBEREITUNG

Tauben ausnehmen; Herz, Leber und den gesäuberten Magen zur Seite legen. Brüste im Ganzen mit dem Brustbein auslösen und die Innereien wieder in die Tauben legen. Großzügig mit Salz, Pfeffer und gemahlenem Sternanis würzen. Tauben salzen und übereinander legen, mit geschmolzenem Butterschmalz begießen. In einer gusseisernen Cocotte auf der Hautseite anbraten, mit geschlossenem Deckel im Ofen für 25 Minuten bei 220 °C garen. Abkühlen lassen, vorsichtig die Schenkel von den Tauben ablösen, warm stellen. Von den Karkassen das restliche Fleisch ablösen und die Innereien klein hacken. Zusammen mit der enthäuteten Poulardenbrust und der Sahne zu einer Farce verarbeiten. Die Farce kräftig mit Salz und Pfeffer abschmecken. Spinat blanchieren und abtropfen lassen. Die vorbereiteten Filoteigblätter mit Spinat belegen, Farce gleichmäßig auf den Blättern verteilen. Das Ei trennen und mit dem Eiweiß die Ränder bestreichen, aufrollen. Die gefüllten Filoröllchen im heißen Rapsöl circa 3 Minuten knusprig ausbacken. Erbsen circa 5 Minuten kochen und im Eiswasser abschrecken. 200 g Erbsen in zerlassener Butter schwenken, mit Salz und Pfeffer abschmecken. Rest Erbsen mit Créme fraîche, der schaumig gerührten Butter, zu Püree verarbeiten. Mit Piment d'espelette, Pfeffer und Salz würzen. Die Taubenbrüste salzen und Hautseite goldbraun anbraten, für 7 Minuten im Ofen bei 200 °C fertig braten, 10 Minuten ruhen lassen.

Glacierte Fjordforelle mit jungen Erbsen
und violetter Kartoffel
Weinrestaurant Turmschänke, Seite 212

ZUTATEN für 4 Personen

400 g Fjordforellenfilet ohne Haut, 5 ml Olivenöl, 400 g violette Kartoffeln, 50 g Butter, 150 ml Sahne, Öl zum Ausbacken
300 g frische grüne Erbsen oder TK, 1 Zwiebel, 5 ml Gemüsebrühe, 10 ml Sahne, 100 g Butter, Salz, weißer Pfeffer, Zucker, Cayanne, etwas Zitrone

ZUBEREITUNG

Die Fjorforelle portionieren, mit Salz und Pfeffer würzen, auf ein geöltes Blech setzen und mit Olivenöl einpinseln. Für circa 10 Minuten bei 90 °C in die Backröhre mit Umluft geben. 2 violette Kartoffeln gut waschen und längs mit einem Sparschäler oder der Aufschnittmaschine in dünne Scheiben schneiden. In heißem Wasser 30 Minuten stehen lassen, danach gut abtropfen lassen und trocknen. In 160 °C heißem Öl langsam ausbacken, auf Küchenkrepp entfetten und leicht Salzen. Die restlichen Kartoffeln schälen und gar kochen, abgießen und ausdämpfen lassen. Sofort durch eine Presse drücken, mit der erwärmten Sahne und etwas Butter zu einem cremigen Püree rühren. Abschmecken mit Salz und Muskat.
Die Zwiebel fein würfeln und in etwas Butter anschwitzen. Ein drittel der Erbsen dazugeben und in der Gemüsebrühe und Sahne gar kochen. Mit einem Teil der Flüssigkeit mixen, etwas Butter unterarbeiten und abschmecken. Die restlichen Erbsen mit etwas Butter und Gemüsebrühe kurz dünsten, mit Salz und Zucker würzen.

Semmelknödel und Lammbraten

Gästehaus Restaurant & Café Saline
Stiftsgut Wilhelmsglücksbrunn, Seite 220

ZUTATEN für 4 Personen

Semmelknödel: 10–12 Brötchen vom Vortrag, in Würfel schneiden, 300 ml Milch, 100 ml Sahne, 50 g Butter, 1 kleine Zwiebel, fein gehackt, 1 Prise Muskat, 2–3 Eier, 1 EL Petersilie, fein gehackt, Salz, Pfeffer

Lammbraten: 2 kg Lammkeule, 3 Zwiebeln, fein gehackt, 5 Knoblauchzehen, fein gehackt, 3 EL Tomatenmark, 125 ml Rotwein, 500 ml Lammbrühe, 1 Stange Lauch, fein gehackt, 2 Möhren, in Scheiben geschnitten, 1 Sellerieknolle, gewürfelt, 2 Rosmarinzweige, 1 Lorbeerblatt, Olivenöl zum Andünsten, Salz , Pfeffer

ZUBEREITUNG

Für die Knödel, Milch, Sahne, Zwiebel und eine Prise Muskat aufkochen, über die Brötchenwürfel geben und 10 Minuten durchziehen lassen. Eier und Petersilie zugeben, gut durchmischen und mit Salz und Pfeffer würzen. Die Masse schlauchförmig in Folie einrollen und die Enden zusammenbinden. Bei 90 °C in leicht gesalzenem Wasser circa 45 Minuten ziehen lassen. Knödel abkühlen, aus der Folie auspacken, in Scheiben schneiden, auf einem Teller zusammen mit dem Lammbraten und der Soße anrichten.

Die Keule mit Salz und Pfeffer einreiben. Olivenöl in einem Bräter erhitzen, Zwiebeln, Knoblauch andünsten, die Möhren, Sellerie, Lauch und Tomatenmark dazugeben, kurz rösten und anschließend mit Rotwein ablöschen. Die Keule dazugeben, mit Lammfond auffüllen, Lorbeerblätter und Rosmarinzweige dazugeben, Deckel auf den Bräter legen und im Backofen bei 150 °C circa 1 ½–2 Stunden garen. Danach das Fleisch entnehmen. Den Soßenfond mit einem Mixstab pürieren und durch ein Sieb passieren, abschmecken und anrichten.

Waldmeister-Limettensüppchen

Restaurant Café Rommel, Seite 224

ZUTATEN

Ansatz: 200 Waldmeister (darf nicht blühen), 4 Bioorangen, 350 ml Riesling Spätlese feinherb, 350 ml Müller Thurgau trocken, 100 ml Läuterzucker 1:1 (50ml Wasser zu 50 g Zucker) weitere Verarbeitung: 150 ml Riesling Spätlese trocken, 50 ml Riesling zum Stärke anrühren, 30 g feine Stärke, 2 Limetten (Zesten gezogen und filetiert) 1 Msp. Vanillemark, 200 g Orangenfilets, 100 g frische Gartenkräuter (Basilikum lila und grün, Zitronenthymian, feine Waldmeisterblätter Minze, Zitronenmelisse, Salbei, Majoran)

ZUBEREITUNG

Bioorangen heiß abwaschen in Scheiben schneiden. Riesling, Müller Thurgau, Läuterzucker und 200 g gewaschener Waldmeister in ein Gefäß geben und circa 1 Woche ziehen lassen. Weitere Verarbeitung: Den aromatisierten Wein in einen Topf abseihen, mit weiteren 150 ml Riesling aufgießen und langsam erwärmen.

Die verbleibenden 50 ml mit der Stärke verrühren und unterrühren. Einmal kurz aufkochen dann kalt stellen.

Nun die Limettenzesten und die Limettenfilet zugeben.Gut auskühlen lassen, zum servieren vorsichtig die bereits vorbereiteten Orangenfilets unterheben. Nun zum anrichten auf dem Teller die grob geschnittenen Gartenkräuter zugeben. Seeteufel und Jacobmuschel sind hervorragende Begleiter.

Detail vom Erfurter Dom

Alte Synagoge in Erfurt

WC

DER GEIST VON WEIMAR

Das „klassische Weimar" hat die Kulturlandschaft in Europa geprägt. Das komplette Ensemble mit den wichtigsten Gebäuden, Erinnerungsorten und Wirkungsstätten gehört seit 1998 zum UNESCO-Weltkulturerbe.

Weimar. Einzigartiges Ensemble von Kulturdenkmalen höchsten Ranges. Schlösser, Parks, historische Häuser und Sammlungen von unschätzbarem Wert künden noch heute vom „klassischen Weimar", einer Kulturepoche, die die Hauptstadt des Fürstentums Sachsen-Weimar-Eisenach zum Geisteszentrum Europas machte. Seit dem Jahr 1998 sind insgesamt elf „klassische" Stätten in die Liste des UNESCO-Welterbes eingetragen. Hinzu kommt noch das „Bauhaus" mit seiner „Bauhaus-Universität" und dem „Haus am Horn", die gemeinsam mit den Bauhaus-Stätten in Dessau seit 1996 zum universellen Erbe der Menschheit gehören. Komplettiert wird der einzigartige Weimarer Welterbekatalog durch die Aufnahme von Johann Wolfgang von Goethes literarischem Nachlass als bedeutendes Dokument der Weltliteratur in das Memory of the World-Register der UNESCO im Jahr 2001. Mehrere Tausend Briefe, Tagebücher und Schriften umfasst die Sammlung des Dichters, der 50 Jahre lang in Weimar wirkte und zahlreiche weitere Geistesgrößen in die thüringische Stadt an der

Ilm holte. Die Aufnahme Weimars in die Welterbeliste begründete die UNESCO mit der „großen kunsthistorischen Bedeutung öffentlicher und privater Gebäude aus der Blütezeit des klassischen Weimar" sowie mit der „herausragenden Rolle Weimars als Geisteszentrum im späten 18. und frühen 19. Jahrhundert". Weimar wurde zu einem Brennpunkt europäischer Geistesströmungen und die Weimarer Klassik ein Teil der Weltkultur. Mit Johann Wolfgang von Goethe, Friedrich Schiller, Christoph Martin Wieland und Johann Gottfried Herder residierten gleich vier der herausragenden Köpfe ihrer Zeit in Weimar. Dieses Quartett der Weltliteratur folgte wiederum auf Martin Luther, Lucas Cranach und Johann Sebastian Bach, die ein paar Generationen zuvor ebenfalls in Weimar nachhaltige kulturelle Spuren hinterlassen hatten. Im 19. und 20. Jahrhundert sollten Franz Liszt, Friedrich Nietzsche, Richard Strauss und Lyonel Feininger folgen. So ist Weimar bis heute das Synonym einer aufgeklärten, höfischen und zugleich bürgerlichen Kultur um 1800 geblieben. Einzudenken ist freilich immer auch die dunkle Seite Weimars im 20. Jahrhundert. Der Epoche der deutschen Klassik steht die Vernichtungsdiktatur des Nationalsozialismus gegenüber, die im Konzentrationslager Weimar-Buchenwald Zeugnis ablegt von den Verbrechen des Dritten Reiches. So erinnern auf dem Ettersberg mit dem Schloss Ettersburg, in dem Friedrich Schiller sein Drama „Maria Stuart" beendete, und der KZ-Gedenkstätte, in der annähernd 60.000 inhaftierte Menschen ums Leben kamen, zwei historische Stätten an Epochen der Weimarer Geschichte, die widersprüchlicher nicht sein könnten. Das Zusammendenken von Weimar und Buchenwald als Doppelort hat der Freistaat Thüringen bereits Mitte 2012 in seiner Bewerbung um die Aufnahme der Gedenkstätte Buchenwald in die Liste des UNESCO-Welterbes bei der zuständigen Kultusministerkonferenz manifestiert.

Zurück zum „klassischen" Weimar. Das Welterbe als elfteiliges Klassik-Ensemble, nirgendwo in deutschen Landen ist es so imponierend, so einmalig und auf kurzen Wegen so konzentriert zu erleben wie in Weimar, der Stadt, in der 1919 das „Bauhaus" ins Leben gerufen wurde und wo im Deutschen Nationaltheater im selben Jahr die Nationalversammlung einberufen und die Weimarer Republik gegründet wurde. Allein die bloße namentliche Listung der Kulissen und Adressen demonstriert die universelle Dimension des klassischen Welterbes in dieser Stadt. Das „klassische Weimar" umfasst Goethes Wohnhaus am Frauenplan, den Park an der Ilm mit Römischem Haus, Goethes Garten und Gartenhaus, das Wohnhaus von Friedrich Schiller, die Wirkungsstätten von Johann Gottfried Herder, also die Stadtkirche (heute Herderkirche), Herderhaus und Altes Gymnasium. Ferner komplettieren das Welterbeensemble

das Weimarer Stadtschloss, das Wittumspalais, der Schlosspark Belvedere mit Schloss und Orangerie, die Schlösser und Schlossparkanlagen von Ettersburg und Tiefurt sowie die Fürstengruft mit historischem Friedhof und die Herzogin Anna Amalia Bibliothek.

Im barocken Goethehaus am Frauenplan, in dem der Dichter fast 50 Jahre lang wohnte, ist das Goethe-Nationalmuseum untergebracht. Zu besichtigen sind die historischen Wohnräume des Dichters und seiner Frau Christiane, das Arbeitszimmer, in dem Werke wie die „Wahlverwandschaften" oder „Faust II" entstanden, die imposante Privatbibliothek und der Hausgarten. Im Wohnhaus am Frauenplan ist Goethe am 22. März 1832 im Lehnstuhl sitzend gestorben. Mit dem Ableben des Großdichters endete die Weimarer Klassik. Zwei Museumsanbauten aus dem 20. Jahrhundert präsentieren Sammlungsbestände, ein naturwissenschaftliches Kabinett und in einer Dauerausstellung das Leben und Wirken Goethes. Dessen literarischer Nachlass wird im Goethe- und Schiller-Archiv, dem ältesten Literaturarchiv Deutschlands, aufbewahrt. Im 48 Hektar großen Landschaftspark an der Ilm am Rande der Weimarer Altstadt steht Goethes Gartenhaus, das ihm Herzog Carl August im Jahr 1776 schenkte. Bis zu seinem Umzug an den Frauenplan lebte er dort und an diesen naturnahen Rückzugs- und Zufluchtsort kehrte er mehrfach zurück. Die Entstehung des Parks ist eng mit Goethes Leben und Wirken in Weimar verbunden. Der Landschaftspark entstand zwischen 1778 und 1828 und beeindruckt durch seine markanten Sichtachsen, die das im klassizistischen Stil errichtete „Römische Haus" (1791–1797) als den gestalterischen Höhepunkt im Südteil des Parks mit dem Gartenhaus und weiteren Bezugspunkten in Beziehung setzte. Im Gartenhaus entstanden Frühwerke wie „Torquato Tasso", „Iphigenie" und „Egmont".

Auch Friedrich Schiller ist untrennbar mit Weimar verbunden. Seine letzten drei Lebensjahre verbrachte er in dem Bürgerhaus an der damaligen Esplanade. Teilweise ist das „Schiller Wohnhaus" mit originalem Inventar eingerichtet und mit authentischen Nachlassstücken ausgestattet. An der Nordseite des historischen Wohnhauses, das 1777 erbaut wurde, befindet sich das Schiller-Museum mit seinen drei großen Ausstellungsräumen und der Dauerpräsentation „Schiller in Thüringen". Mit der kunst- und kulturaffinen Herzogin Anna Amalia hatte einst alles begonnen. Sie holte die Dichter und Denker wie Wieland und Goethe ins beschauliche Weimar. Das zweiflüglige barocke Wittumspalais mit seinem klassizistischen Festsaal diente der Herzogin von 1775 bis zu ihrem Tod im Jahr 1807 als Witwensitz. Als Dokument der adligen Wohnkultur des ausgehenden 18. Jahrhunderts ist es Bestandteil des Weimarer Klassik-Ensembles. Im Tafelzimmer der Herzogin traf sich das „Who is Who" der Weimarer Gesellschaft, darunter die von Goethe ins Leben gerufene „Freitagsgesellschaft". Nach ihr benannt ist die Herzogin Anna Amalia Bibliothek, die die Herzogin im ehemaligen Grünen Schloss in den Jahren 1761 bis 1766 errichtete. ein Bibliotheksgebäude mit prachtvollen dreigeschossigen Rokokosaal. Im Jahr 2004 vernichtete ein verheerender Brand wertvolle Bestände der bedeutenden Bibliothek. Schon drei Jahre später konnten die ersten Besucher nach der Restaurierung das Gebäude, das als Wiege der Weimarer Klassik gilt, wieder besuchen. 35 Jahre hatte Goethe von 1797 bis 1832 als Staatsminister die Oberaufsicht über die Bibliothek, die als „Tempel der Gelehrsamkeit" gilt und heute noch rund 900.000 Druckschriften, Karten, Sammlungen und Inkunabeln von unschätzbarem Wert behütet. Der Besuch des Rokokosaals ist aus konservatorischen Gründen auf 90.000 Gäste jährlich limitiert. Die Anfrage ist so riesig, dass Eintrittskarten im Vorverkauf bereits ein halbes Jahr vor dem Besuch bestellt werden müssen.

Das Stadtschloss Weimar, in dem einst die Herzöge und Großherzöge wohnten und regierten, präsentiert klassizistische Prunkräume und Festsäle. Das berühmte „Gentz'sche Treppenhaus" und die „Große Galerie" entstanden mit Beteiligung Goethes nach dem Schlossbrand von 1774. Über 500 Jahre wurde an dem Schloss gebaut. Die ehemalige großherzogliche Kunstsammlung im Schlossmuseum zeigt in ihren Galerien Schlüsselwerke europäischer Kunst, vom Mittelalter bis zur Moderne, darunter Bilder von Cranach, Dürer, Tischbein, Rodin und Beckmann.

Der Philosoph und Theologe Johann Gottfried Herder kam auf Veranlassung Goethes nach Weimar. Der Garten seines Wohnhauses sowie die Stadtkirche St. Peter und Paul, in der Herder als Pfarrer tätig war, können noch heute in Weimar besichtigt werden. Berühmt ist die im Stil der Spätgotik bis 1500 erbaute und zwischen 1735 bis 1745 barock umgestaltete dreischiffige Stadtkirche für den dreiflügligen Altar von Lucas Cranach d.Ä. aus dem Jahr 1552, der von seinem Sohn Lucas. d. J. beendet wurde. Hier hat der berühmte Theologe und

Philosoph viele Jahrzehnte als Oberhofprediger und Superintendent gewirkt, hier ist er unweit der letzten Ruhestätte von Herzogin Anna Amalia begraben. Herders Wohn- und Amtshaus und das Alte Gymnasium, in dem Herder seine Schulreden für Gymnasiasten hielt, komplettieren die Welterbestätte. Zu besichtigen ist außerdem der rekonstruierte Hausgarten der Familie Herder.

Im Süden Weimars residiert seit 1724 das barocke Lustschloss Belvedere mit Orangerie und Schlosspark. Einst Jagdschoss und Sommerresidenz von Herzog Ernst August nutzte Herzogin Anna Amalia das Refugium von 1756 bis 1775 als Sommerresidenz. Die Orangerie diente dem Fürsten Carl August und Goethe für ihre gemeinsamen botanischen Studien. Der vormals barocke 43 Hektar große Landschaftspark wurde zu einem englischen Landschaftspark umgestaltet. Bis 1820 entstand ein Botanischer Garten mit fast 8.000 Pflanzenarten. Zum Musenort der Weimarer Hofgesellschaft wurden Schloss und Park Ettersburg auf dem Ettersberg. Von 1776 bis 1782 verlegte Herzogin Anna Amalia ihren Sommersitz hierher. Goethe, Wieland und Herder zählten zu den regelmäßigen Gästen des literarisch-musikalischen Kreises der Herzogin. Später verlegte die Herzogin ihren Sommersitz nach Tiefurt. Auch hier entwickelte sich ein geselliges Leben mit literarischen Abenden und sogar einer eigenen Zeitschrift, dem „Journal von Tiefurt". Mit dem Tod Anna Amalias im Jahr 1807 wurde es still in Schloss und Park. Beide gehören seit 1998 zum UNESCO-Welterbe.

Zu den Liegenschaften der „Klassik Stiftung Weimar" zählen auch die Fürstengruft und der Historische Friedhof, die das einzigartige Ensemble von Kulturdenkmalen des „klassischen Weimar" komplettieren. Der parkähnliche Friedhof wurde 1818 angelegt. In der Weimarer Fürstengruft, dessen Mausoleum als Hauptwerk klassizistischer Architektur in Thüringen gilt, befinden sich neben den Überresten der Fürstenfamilie des Hauses Sachsen-Weimar und Eisenach auch die beiden Sarkophage von Johann Wolfgang von Goethe und Friedrich Schiller. Schillers Sarg ist allerdings inzwischen leer, weil die ihm zugeschriebenen sterblichen Relikte von verschiedenen Personen stammten und damit nicht authentisch sind.

Der kulturelle Glanz des „klassischen Weimar" strahlt bis in die heutige Zeit hinein. Jährlich besuchen über 700.000 Gäste aus aller Welt die Welterbestätten und die anderen Sehenswürdigkeiten und Erinnerungsorte der im Jahr 1999 zur Kulturhauptstadt Europas gekürten kreisfreien Stadt an der Ilm. Der Geist von Weimar ist lebendig. Wie in einem Brennglas der Geschichte haben sich hier europäische Geistesströmungen architektonisch und kulturell manifestiert, wie es sie andernorts in dieser Fülle und Vielfältigkeit vielleicht kein zweites Mal gibt. Nach wie vor gilt, was über die einstige Residenz des kleinen Herzogtum geschrieben steht: Wer unsere Kultur verstehen will, muss Weimar kennen.

gretchens
Bunte Wissenswelt für Kinder
Bären
Sehen • Sammeln • Staunen

INNOVATION IN KLASSISCHER UMGEBUNG

Das „Familienhotel Weimar" ist Thüringer Tourismuspreisträger

Spinat-Parmesanknödel
Dieses Rezept finden Sie auf der Seite 264

Seit Sommer 2012 ist Weimar um eine Attraktion reicher. In absolut prominenter Lage direkt neben dem Goethehaus mit Goethe-Nationalmuseum und in fußläufiger Reichweite zur Anna Amalia Bibliothek residiert in der schönen Seifengasse das neue „Familienhotel Weimar". Ein Hotel, das bauphysiologisch ein Unikat bildet und in der Kombination aus Kulturtourismus und Familienurlaub in Weimar und darüber hinaus Maßstäbe setzt. Eigentümer Anselm Graubner ist der sprichwörtliche große Wurf gelungen, denn das nahezu komplett aus Holz errichtete Gebäude verbindet Architektur und ökologisches Bauen. Natürliche Materialien wie farbiger Lehmputz und Hanfstroh sorgen für ein gesundes Raumklima. Ausgezeichnet mit dem „Thüringer Tourismuspreis 2013" und dem „Thüringer Holzbaupreis 2013" hat das Familienhotel aus dem Stand die Herzen der Gäste erobert. Elf liebevoll bis ins Detail ausgestattete Ferienwohnungen in unterschiedlicher Größenordnung (bis zu acht Personen) mit geölten hellen Lärchenholz-Dielen, Massivholzmöbeln, voll ausgestatteten Küchen und Balkonen inmitten der Weimarer Altstadt stehen den Gästen zur Verfügung. Anselm Graubner und sein Architektenteam haben in ihrer baulichen Umsetzung nachhaltig an die Bedürfnisse von Familien mit Kindern gedacht. Die Fernseher verbergen sich hinter einer Schiefertafel mit Kreideablage. Es gibt eine großzügige Dachterrasse mit Sandspielplatz und im hauseigenen Restaurant „Gretchen" ist eine hölzerne Spiel- und Kletterhöhle integriert. Die lädt die Kleinen zum Erkunden und Toben ein, während die Eltern genussvoll im 40 Plätze umfassenden Restaurant und Café die frische, mediterran inspirierte Küche in urbaner Atmosphäre mit Sofas und Lounge-Liegen genießen können. Hier kommen Jung und Alt gemeinsam auf ihre Kosten. Das ist intendiert und macht den Weimar-Besuch generationenübergreifend zum Gesamtgenusserlebnis.

FAMILIENHOTEL WEIMAR UND GRETCHENS RESTAURANT & CAFÉ GOETHEZIMMER GMBH
Anselm Graubner
Seifengasse 8, 99423 Weimar
Tel.: 0 36 43 / 45 79-888
Fax: 0 36 43 / 85 11 62
info@familienhotel-weimar.de
www.familienhotel-weimar.de

PREMIUM-KAFFEE UND -WEINE AUS WEIMAR

Der CaféLaden in der Altstadt zählt zu den Besten im Lande

In der Karlstraße im Herzen der Weimarer Altstadt ist es anzutreffen, eines der besten und zugleich unkonventionellsten Cafés des Landes Thüringen: Der „CaféLaden". Dieser wurde auch im Jahr 2014 vom Genussmagazin „Der Feinschmecker" in den Guide der besten 450 Cafés und Röstereien in Deutschland aufgenommen. Eine große Ehre, die zugleich vom qualitätsorientierten Engagement der kleinen Genussmannschaft kündet. Als „charmante Café-Bar mit engagierten Betreibern" bezeichnet Europas bestes Genießermagazin den „CaféLaden" und hat damit die angenehm warmherzig nonchalante Atmosphäre treffend eingefangen, in der neben einer Vielzahl an köstlichen Kaffeespezialitäten ein auserlesenes Sortiment an BIO-Limonaden & Säften sowie hausgemachten Eistees & Smooties angeboten werden. Im Sommer lockt zudem die hauseigene Strandbar mit feinstem Sand aus Ägypten zum stimmungsvollen Genießen.

Darüber hinaus offeriert das Team für das richtige „CaféLaden"-Feeling zu Hause 24 verschiedene sortenreine Plantagenkaffees und auserlesene Espressi. Ergänzt wird das Premiumportfolio der fein-aromatischen Röstungen durch den hauseigenen Agenda21 „Weimarkaffee" & „Weimarespresso" (je 1 Euro pro kg werden gespendet). Exklusive Schokoladen, Pralinen und Trüffel aus aller Welt bereichern das Sortiment zusätzlich. Ein feines Angebot an Siebträgermaschinen, Espressokochern und Presskannen komplettiert das umfangreiche Kaffee-Kultur-Segment. Auch in Sachen Wein wird Exzeptionelles geboten. Von den vinologischen Spitzenerzeugnissen vom „Weinhaus zu Weimar" von Dr. Georg Prinz zur Lippe, die seit 2008 am Hang des kleinen Ettersberg angebaut werden, gibt es das gesamte Sortiment, übrigens seit dem ersten Jahrgang 2010! Die Gutsweine, allen voran die heimische Spezialität Auxerrois sowie die Lagenweine vom „Weimarer Poetenweg", sind nachgefragte Trouvaillen in den Regalen des intimen Café-Ladens. Die neue Premiumlinie „Mephisto", „Faust" und „Gretchen" rundet das erlesene Sortiment ab.

CAFÉLADEN
Karlstr. 8, 99423 Weimar
Tel.: 0 36 43 / 49 58 50
info@cafeladen.de
www.cafeladen.de

GENIESSEN WIE GOTT IN FRANKREICH

Das „La Tarte" in Weimars Altstadt ist ein authentisches „Bistrot français"

Ein Stück Frankreich im historischen Jakobsviertel von Weimar, das erlebt mit allen kulinarischen Sinnen, wer bei Elizabeth Leroy-Maaß zu Gast ist. Die gebürtig aus Saint Malo an der französischen Smaragdküste stammende Köchin des „La Tarte" verwöhnt mit einer klassisch französischen Jahreszeitenküche. Moderne Kunst an den Wänden, eine stattliche Auswahl an europäischer Kochliteratur, weiß gestrichene Möbel, Terracotta-Fußboden und gut gefüllte Regale mit Weinen, Crémants und Cidres aus dem Mutterreich der Gourmandise bilden den legeren, kommunikationsfreudigen Rahmen für genussvolle Stunden bei einer sympathischen Quereinsteigerin der Kulinarik. Jeden Tag gibt es eine „Tarte du Jour" und

„Lotte“ in Weimar
Seeteufel (Lotte) an Noilly-Prat-Sauce, mit Gemüse-Duxelle, Pfifferlingen und einer Lavendelhaube
Dieses Rezept finden Sie auf der Seite 264

eine „Soupe de Jour“, beispielsweise eine bretonische Fischsuppe mit Rouille und wie es sich für ein authentisches Bistro gehört, auch ein „Plat du jour“. Bei Madame Leroy-Maaß bekommt man die leckeren Madeleines, die einst Marcel Proust zu literarischem Weltruhm verhalfen und stets ein 3-gängiges „Menu Maison“. 35 Jahre hat die leidenschaftliche Gastgeberin als Buchhändlerin gearbeitet, ehe sie ihr Hobby zum Beruf machte. Heute zählt ihr Genussreich zu den angesagten Feinschmecker-Oasen in Weimar. Kein Wunder, denn was auf den Teller kommt, ist von ausgewiesener Güte und weist die Patronin als Qualitätsfanatikerin aus. Regelmäßig fährt sie nach Straßburg, um dort Produkte wie Pyrenäenlamm, Périgord-Trüffel, Austern aus Cancale oder Gänseleber für ihre Gäste einzukaufen. Wer es ein bisschen bodenständiger mag, der goutiert die „besten Flammkuchen Deutschlands“, am besten gleich das Bäckerbrett mit vier Varianten, eine Schüssel Salat und eine Flasche Cidre eingeschlossen. Seit Kurzem hat sie ihre Verwöhnoase mit dem „Café du Jardin“ im historischen Kirms-Krackow-Haus gleich gegenüber erweitert. Einen schöneren historischen Kaffeegarten, in dem man ganztägig sowohl frühstücken als auch kleine Leckereien sowie französische Tartelettes genießen kann, wird man in Weimar kein zweites Mal finden.

LA TARTE – BISTROT FRANÇAIS UND CAFÉ DU JARDIN
Elizabeth Leroy-Maaß
Jakobstraße 5–7 u. 10, 99423 Weimar
Tel.: 0 36 43 / 2 11 73 26
Fax: 0 36 43 / 4 93 39 19
info@latarte.eu
www.latarte.eu

DIE FRAU DER RINGE

Goldschmiedin Sybille Richter kreiert in Weimar Schmuck-Unikate

Gold, Silber, Kunststoff, Edelstahl, Holz. Die Vielfalt der verwendeten Materialien ist enorm. Die Kreativität, mit der Sybille Richter ans Handwerk geht, nicht minder. Im Herzen der Weimarer Altstadt, direkt hinter dem Schillerhaus, betreibt die ausgebildete Goldschmiedin und studierte Schmuckkünstlerin seit dem Jahr 2009 ihre „Galerie für Ringe und Schmuckkunst": eine kleine Atelierwerkstatt mit großer Anziehungskraft für all jene, die individuell gefertigte Schmuckstücke bevorzugen: „Bei mir gibt es keine Ringe von der Stange. Alle hier präsentierten Ringe von mir und anderen Schmuckkünstlern sind von Hand gemacht. Ringe sind nun einmal das intimste und symbolträchtigste Schmuckstück, das wir besitzen", erzählt Sybille Richter. Und so sind es fast ausschließlich Unikate, die die Schmuckkünstlerin in ihrem kleinen Reich offeriert. Auch das breite Spektrum an Trauringen fertigt sie nach Kundenwunsch in individueller Formensprache. In mehrtägigen Goldschmiedekursen können Teilnehmer zudem aktiv teilhaben am schöpferischen Entstehungsprozess. 50 Schmuckkünstler aus aller Welt präsentieren in der Galerie ihre Arbeiten. So sind und waren auch schon Goethes Trauring und der Bauhaus-Ring bei Sybille Richter zu bestaunen.

GALERIE FÜR RINGE UND SCHMUCKKUNST
Sybille Richter
Windischenstr. 19, 99423 Weimar
Tel.: 0 36 43 / 85 8611
info@ring-weimar.de
www.ring-weimar.de

JUNGE PRODUKTE UND DESIGN AUS WEIMAR

„Frisch aus den Ateliers“ lautet die Devise des „Schauschau“

In unmittelbarer Nähe zum Herderplatz und der Welterbestätte „Stadtkirche St. Peter und Paul“, dem bedeutendsten Kirchenbau Weimars, ist unter den schönen Geschäften in der verwinkelten Teichgasse eine echte Trouvaille zu finden: Das „Schauschau“ von Inhaberin Bettina Viertel. Ein Ladengeschäft für frisches Design und außergewöhnliche Produkte, die zumeist aus kleinen Manufakturen und nicht selten von Studenten und Absolventen der Bauhaus-Universität stammen. Die studierte Modedesignerin Bettina Viertel hat den 100 Quadratmeter großen Laden im Jahr 2009 eröffnet. Kreativität und Nachhaltigkeit, Handwerk und Ökologie liegen der gebürtigen Suhlerin am Herzen. „Schauschau“, das steht „für Umschauen, schauen und sich begeistern“. Fast wie in einem „Tante-Emma-Laden“ für Designartikel fühlt sich die Kundschaft, wenn sie zwischen hochwertiger Mode, Porzellan, Zeitschriften von der Uni Weimar, Kleinstmöbeln, pfiffigen Modeaccessoires, Büchern, Taschen und ökologischen Schuhen im Bausatz aus Naturkautschuksohle und pflanzlich gegerbtem Leder stöbert. 150 Gestalter, zumeist aus der Region, bereichern das Portfolio des „Schauschau“. Die Zusammenarbeit mit sozialen Projekten und kreativ Schaffenden aus Weimar dokumentiert, dass die Welterbestadt bei weitem nicht nur Klassik, sondern auch ganz viel Ideenreichtum und frischen unternehmerischen Wind zu bieten hat.

SCHAUSCHAU
Bettina Viertel
Teichgasse 4, 99423 Weimar
Tel.: 0 36 43 / 90 64 68
mail@schauschau.com
www.schauschau.com

GESCHICHTE LEICHT VERDAULICH

Margitta Braun lädt zu „Kulinarischen Zeitreisen" ein

Der Name ist Programm und passt so recht in die einzigartige kulturelle Landschaft des Weimarer Landes. Margitta Braun hat in jahrelanger Recherche Original-Rezepte aus vergangenen Jahrhunderten wiederentdeckt und fertigt in ihrer Manufaktur in Heichelheim bei Weimar auf dieser Quellenbasis „Feinkost für gesundes Genießen". Sie lädt dabei die Käufer und Besucher zu „Kulinarischen Zeitreisen" ein, denn mit ihren Produkten wird „Geschichte leicht verdaulich" dargestellt. Anders formuliert: Jede Kreation hat ihre eigene Geschichte, die stets auf dem Etikett kurz beschrieben wird. Egal ob es sich um feine Fruchtaufstriche, Chutneys, Elixiere und Essenzen, Liköre, Kräuterextrakte oder Tees handelt, immer nimmt der Inhalt Bezug zu den historischen Koordinaten. Die Natur- und Feinkost Manufaktur bedient sich aus einem stattlich zusammengetragenen Fundus. Über 200 Produkte hält die studierte Spach- und Literaturwissenschaftlerin in diesem wohl einzigartigen Nischenumfeld inzwischen vor. Und die Nachfrage ist erfreulich groß. So entstehen Sonderanfertigungen für Museumsshops der Klassik Stiftung Weimar, der Stiftung Preußischer Schlösser und Gärten, der Wartburg und andere. In den Heichelheimer Regalen stehen verheißungsvoll klingende Produkte wie „Kirschen für den König", „Wilhelm Tell Apfel", „Rosen der Heiligen Elisabeth", „Luther Hypocras", „Herders Holunder", „Paradieskörner" „Schiller Punsch" oder „Luthers gewürzte Äpfel". Und immer gibt es die passende Geschichte zu den handgemachten Spezialitäten dazu. Die erzählt Margitta Braun gerne auch bei Seminaren und Kochvorführungen sowohl in ihrer kreativen Werkstatt als auch „auf Tour". Der geneigte Zuhörer erfährt so, wie es bei Martin Luther zu Tisch herging, wie bei Goethe und Schiller gespeist wurde oder was Napoleon mit dem Einkochen verband. Margitta Brauns Lust zum Stöbern ist ungebrochen: „Die kulinarischen Themen sind noch lange nicht erschöpft, es gibt noch viel zu entdecken", macht sie deutlich. So wird die Spur der alten Rezepturen und Spezereien auch künftig zu den „Kulinarischen Zeitreisen" führen.

KULINARISCHE ZEITREISEN
Natur- und Feinkost Manufaktur
Margitta Braun
Hauptstr. 1, 99439 Heichelheim
Tel.: 0 36 43 / 77 32 94
Fax: 0 36 43 / 77 80 41
kulinarische.zeitreisen@online.de
www.kulinarische-zeitreisen.com

Blanc Mangé oder Mandelgelee
Dieses Rezept finden Sie auf der Seite 265

WEIMARER GENUSS-KLASSIKER

Spitzenkoch Claus Alboth und sein feines Domizil „Dorotheenhof"

Zu Gast bei einem der besten Köche in deutschen Landen. Der gebürtige Berliner Claus Alboth wurde 2011 im strengen Gault Millau zum Aufsteiger des Jahres gekürt und zählt heute zu den drei besten Cuisiniers im Freistaat Thüringen. Im Jahr 2013 hat er in der Welterbestadt Weimar das „Romantik Hotel Dorotheenhof" als Geschäftsführer und Küchenchef in Personalunion übernommen. Ein Hideaway mit parkähnlichem Garten und benachbarten Weinstöcken. Ein kleines Paradies, das einst Rittmeister Carl von Kalckreuth als herrschaftlichen Ruhesitz für sich und seine Frau Dorothea erbauen ließ. Heute erstrahlt es in neuem alten Glanz und es ist jede Menge Aufwind spürbar: „Ich bringe gerne etwas auf den Punkt und packe es dann an". Gastgeber Claus Alboth macht deutlich, dass er mit dem noblen Domizil in Richtung „Gourmet- und Wellnesshotel" noch viel vorhat. So wurden sämtliche Zimmer und Suiten einem aufwändigen Facelift unterzogen und der Spa- und Beauty-Bereich deutlich vergrößert. Auf 230 Quadratmetern Fläche sind vier Saunen, ein Raum der Stille und verschiedene Behandlungsräume untergebracht. Herzstück der First-Class-Adresse bleibt die Kulinarik. Im feinen, ganz in Rottönen gehaltenen Gourmetrestaurant „Alboth's", ist die zeitlose „Weimarer Genuss-Klassik" zuhause: In zwei Menüs offeriert der Haubenkoch seine filigrane Aromenküche mit klaren Rezepturen auf Basis erstklassiger Produkte. Im Zweitrestaurant „Le Goullon", benannt nach François René le Goullon, Küchenmeister am Weimarer Hof von Herzogin Anna Amalia, serviert der Patron eine vorzügliche, zeitgemäß interpretierte thüringische Landesküche. Hier wie dort setzt Claus Alboth auf Frische und Top-Qualität. Die Weinkarte listet dem Niveau des Hauses entsprechend eine Vielzahl erstklassiger Tropfen. Großer Beliebtheit erfreuen sich die Kochkurse in der Küchenwerkstatt. Ein Hingucker ist das Tagungsgebäude „Parlament", das meisterhaft die „Bauhaus-Philosophie" architektonisch umgesetzt hat. Der „Dorotheenhof" in Europas erster Kulturhauptstadt (1999) empfiehlt sich als stimmungsvolles Gesamtgenusswerk in traumhafter Lage. Und als Hochburg genussvoller, individueller Momente.

ROMANTIK HOTEL DOROTHEENHOF WEIMAR
Claus Alboth
Dorotheenhof 1, 99427 Weimar
Tel.: 0 36 43 / 45 90
Fax: 0 36 43 / 45 92 00
info@dorotheenhof.com
www.dorotheenhof.com

Hummercarpaccio · Erbse · Granatapfel
Dieses Rezept finden Sie auf der Seite 265

DAS WUNDER VON JENA

Das Zeiss-Planetarium lockt jährlich über 120.000 Besucher an

Das Zeiss-Planetarium der Universitätsstadt Jena zählt zu den Haupttraktionen der kreisfreien Großstadt in der Metropolregion Mitteldeutschland. Seit 1926 besteht das Planetarium mit seinem künstlichen Sternenhimmel der über 9.000 hier an eine Innenkuppel von 23 Metern Durchmessern projizierten Sterne. Es ist in der Welt dienstälteste seiner Art und ein Publikumsmagnet. Jedes Jahr kommen rund 120.000 Besucher und staunen über die Vielfalt der Angebote in der denkmalgeschützten Kuppel. Das ist maßgeblich das Verdienst der „Sternevent GmbH", die als Betreiber des zur Jenaer Ernst-Abbe-Stiftung gehörenden Planetariums fungiert. Geschäftsführer Jürgen Hellwig und sein Team bieten mehr als nur den faszinierenden Blick in den Sternhimmel. Regelmäßig finden spektakuläre Astroshows statt. Auf dem neuesten Stand sind das Powerdome-Velvet Projektionssystem von Carl Zeiss und die High-Tech-Tonanlage mit atemberaubenden 3-D-Sound aus Ilmenau. Als das „Wunder von Jena" ging das Jugend-Stil-Gebäude einst in die Geschichtsbücher ein. Daran knüpft Jürgen

Hellwig, der studierte Diplom-Physiker, an. Die Melange aus Tradition und Moderne ist gelungen, Originalmöbel und Accessoires aus den späten 1920er-Jahren zitieren die stolze Geschichte. Im eigenen Restaurant des Planetariums, dem „Bauersfeld", benannt nach seinem Entwickler Walther Bauersfeld, genießt der Gast eine gehobene mediterran-leichte Produktküche. Begehrt sind auch die „Planetariumslounge" und der „Palmengarten" sowie das „Kaminzimmer". Gleichwohl sind es primär noch immer der Blick in die unendliche Weite des Nachthimmels und die intergalaktischen Flüge, die via selbst produzierter oder zugekaufter Videoproduktionen die Besucher multimedial in ihren Bann ziehen. Das „Faszinosum Zeiss-Planetarium" sollte zum absoluten Pflichtprogramm eines jeden Jena-Besuchs dazugehören.

STERNEVENT GMBH
Zeiss-Planetarium Jena
Jürgen Hellwig
Am Planetarium 5, 07743 Jena
Tel.: 0 36 41 / 88 54 88
Fax: 0 36 41 / 88 54 20
order@planetarium-jena.de
www.planetarium-jena.de
www.sternevent.com

EXKLUSIVE AUSSTATTUNGEN UND PREMIUM-PORZELLAN

Weimarer Porzellan seit 1790 der Inbegriff für feinste Manufakturkunst

Die Dekore der Weimarer Porzellanmanufaktur tragen große Namen: „Katharina", „Belvedere", „Château". Namen, die unmittelbar auf die Weimarer Klassik und ausgewählte Protagonisten sowie historische Bauten verweisen. Seit über 200 Jahren besteht die renommierte Marke aus Blankenhain im Weimarer Land. Im Jahr 1790 unter fürstlicher Lizenz gegründet, steht die Manufaktur bis heute ununterbrochen in der Porzellanmacherkunst als Inbegriff für die prachtvolle Veredelung in meisterlicher Handarbeit. Harmonie und Schönheit in Anlehnung an die Weimarer Klassik charakterisieren die seit 1928 als geschützte Marke eingetragenen Porzellanerzeugnisse aus Thüringen. Seit heute gehört die Manufaktur zur Könitz Gruppe, deren Inhaber Turpin Rosenthal in der sechsten Generation in der Porzellanbranche tätig ist. Stolz ist das Unternehmen auf die ausgewiesene Expertise: „Wir haben Fertigkeiten wie keine andere Porzellanmanufaktur weltweit. Porzellanmacherkunst des 21.Jahrhunderts verbindet traditionelle Fertigungstechniken mit modernen Produktionsmöglichkeiten. Das sichtbar und auch bezahlbar zu machen, ist unsere tägliche Herausforderung", erzählt Marketingleiterin Martina Exner. Die Weimarer Manufaktur stattet Fürstenhäuser mit erlesenen Kreationen und arabesken Palastdekoren ebenso aus wie den osteuropäischen und arabischen Markt mit aufwändigen Sonderanfertigungen. Verkaufsschlager und Markenzeichen unter den rund 400 verschiedenen Formen sind die Produkte der klassischen Geschirrserie „Katharina" mit ihrer barocken Linienführung der Reliefstrukturen in Vermählung mit von Hand aufgebrachtem polierten Gold und Kobaltapplikationen. Die Dekore wie beispielsweise „Anna Amalia", „St. Petersburg", „Royal" und „Rose von Weimar" bezaubern durch ihre geradezu verschwenderische Pracht. Zu bestaunen sind die erhabenen Kollektionen, zu denen auch kostbare, filigran gearbeitete Figuren im Stil des Art déco und wunderschöne Lithophanien aus lichttransparentem Biskuitporzellan zählen, in der Blankenhainer Manufaktur mit angeschlossenem Werksverkauf.

WEIMARER PORZELLANMANUFAKTUR BETRIEBS-GMBH
TURPIN ROSENTHAL
Christian-Speck-Str. 5, 99444 Blankenhain
Tel.: 03 64 59 / 60-0
Fax: 03 64 59 / 60-309
info@weimar-porzellan.de
www.weimar-porzellan.de

FASZINATION PORZELLANWELTEN LEUCHTENBURG

Spannende und erlebnisreiche Zeitreise auf der „Königin des Saaletals"

Jede einzelne Stufe, die hinaufführt, lohnt. Vom 400 Meter hohen Lichtenberg genießt der Besucher einen atemberaubenden Blick ins zauberhafte Saaletal. Die Leuchtenburg im thüringischen Seitenroda zählt ohne Frage zu den schönsten Höhenburgen hierzulande. Seit dem Jahr 1221 trotzt das markante Bauwerk mit seinem 30 Meter hohen Bergfried bei Kahla im Saale-Holzland-Kreis dem Zeitenlauf. Eine Burg wie aus dem Märchen ist die „Königin des Saaletals": fast vollständig erhalten, mit Wehrtürmen, tiefen Verliesen und geheimnisvollen Gängen. Seit Kurzem ist die Leuchtenburg, die mit großem Einsatz und noch mehr Enthusiasmus von der gemeinnützigen „Stiftung Leuchtenburg" unter Stiftungseigner Sven Hitzer betrieben wird, um eine echte Attraktion reicher: „Die Porzellanwelten Leuchtenburg". In sieben Erlebniswelten werden die Besucher auf eine ebenso sinnliche wie inspirierende Zeitreise zum Thema Porzellan in Thüringen entführt. Das Ausstellungskonzept besticht durch seine weit vom musealen Charakter entfernte Schau. Multimedial dargeboten und befreit von klassischer Vitrinendarbietung, wagen die Porzellanwelten noch nie Dagewesenes. Hier werden in den historischen Räumlichkeiten der 800-jährigen Burg spannende und erlebnisorientierte Geschichten erzählt: Der Besucher bestaunt Wunderkammern, experimentiert

in einer Alchemistenküche, nimmt an einer fürstlichen Tafel Platz, die multimedial witzig animiert ist oder wagt sich auf einen 20 Meter langen Skywalk um selbst beschriebenes Wunschporzellan in der Tiefe zerschellen zu lassen. Allenthalben gibt es Überraschendes zu erleben und so ist die umgesetzte Philosophie „Porzellan trifft Mittelalter" ein echtes Gesamterlebnis für Jung und Alt. Der Wechsel aus Historie und moderner Architektur, etwa im neuen Besucherzentrum, ist so harmonisch interpretiert, dass man zu Recht von einem Meilenstein in der Museumslandschaft Thüringens und von einem neuen Besuchermagneten sprechen darf. Und den grandiosen Blick aus den mannshohen Fenstern gibt es gratis dazu.

STIFTUNG LEUCHTENBURG
Dorfstr. 100, 07768 Seitenroda
Tel.: 03 64 24 / 71 33-00
Fax: 03 64 24 / 71 33-10
info@leuchtenburg.de
www.leuchtenburg.de

TRADITION UND THÜRINGISCHE GASTLICHKEIT

Hotel Stadt Neustadt ist ein Familienbetrieb wie aus dem Lehrbuch

Neustadt an der Orla. Die geschichtsträchtige Kleinstadt im Osten Thüringens wurde im Jahr 1287 erstmals urkundlich erwähnt. Im schönen Stadtbild sind bauliche Spuren der Historie auf Schritt und Tritt erlebbar. Beispielsweise das spätgotische Rathaus am Markt oder die mittelalterlichen Fleischbänke, eine in Mitteleuropa einmalige Ladenpassage der Fleischer, die es schon zu Luthers Lebzeiten gab. Der Reformator predigte mehrmals in der Stadtkirche St. Johannis, deren Inneres einen kostbaren Altar aus der Werkstatt von Lucas Cranach d.Ä. birgt. Kein Wunder, dass es auch in Neustadt ein „Lutherhaus" gibt und der Tourist über eine „Luthermeile" und den mitteldeutschen „Lutherweg" zu den Sehenswürdigkeiten und Erinnerungsstätten geführt wird.

Über eine 140-jährige gastliche Tradition verfügt das „Hotel Stadt Neustadt" – ein Familienbetrieb wie aus dem Lehrbuch. In dem heute von Katja Eismann geführten Hotelbetrieb packen alle mit an, wenn Not am Mann ist, auch ihre Schwester Antje, gelernte Hotelfachfrau, sowie deren Mann. Die passionierte Gastgeberin ist eine erfahrene Köchin, lernte den Beruf einst von der Pike auf in Rothenburg ob der Tauber und wird im Alltagsgeschäft tatkräftig unterstützt von ihren Eltern Henning und Barbara Eismann. Das Hotel wurde aufwändig und in Eigenregie saniert. „Was erhalten werden konnte, haben wir erhalten", erzählt Katja Eismann und macht deutlich, dass traditionelle Werte für den Familienbetrieb wichtig sind. So dürfen sich

Himbeerwölkchen
Dieses Rezept finden Sie auf der Seite 266

die Gäste an alten Schwingtüren und Parkettböden erfreuen und in den 22 Zimmern über zeitgemäßen Komfort. Das Restaurant ist bekannt für seine regionale thüringische Küche. Ein Renner ist das „Rostbrätel mit Bratkartoffeln". Hier legt man großen Wert auf Frische (die Kräuter kommen aus dem eigenen Garten) und überlieferte Rezepturen. So bereitet sie das beliebte Würzfleisch nach alter Kochtradition zu, während Mutter Barbara große Blechkuchen zaubert oder himmlisch leichte Köstlichkeiten wie die „Himbeerwölkchen", die es sogar in ein Kochbuch geschafft haben. Wer stimmungsvoll feiern möchte, der kann dies im stilvoll eingerichteten Restaurant tun oder im rustikalen „Pferdestall". Hier wie dort ist die typisch thüringische Gastfreundschaft garantiert.

HOTEL STADT NEUSTADT
Familie Eismann
Ernst-Thälmann-Str. 1, 07806 Neustadt/Orla
Tel.: 03 64 81 / 2 27 49
Fax: 03 64 81 / 2 39 29
info@hotel-stadt-neustadt.de
www.hotel-stadt-neustadt.de

MÜHLEN-ROMANTIK AN DER ILM

Die „Historische Mühle Eberstedt" ist ein Allroundtalent

Gebratene Forelle nach „Mühlenart"
Dieses Rezept finden Sie auf der Seite 266

Der Ilm-Radwanderweg führt unmittelbar an der „Historischen Mühle" von Eberstedt im Norden des Weimarer Landes vorbei. Man sollte hier freilich aufs Bremspedal treten und eine genussvolle Station einlegen, denn was Gastgeber Daniela und Jörg Kaiser sowie Torsten Putze hier mit großem Einsatz verwirklicht haben, kommt dem Ideal der stimmungsvollen Stadtflucht sehr nahe. Aus den Ruinen einer aus dem Jahr 1603 stammenden Ölmühle ist ein kleines touristisches Paradies entstanden. Das große alte Zuppinger-Wasserrad zitiert die lange Mühlen-Historie und dient heute der Eigenstromerzeugung. Das Wasser kommt aus der Ilm, die hier mäandernd vorüber fließt und das stattliche Grundstück begrenzt. Noch immer ist das Flair längst vergangener Zeiten, als das Mühlrad noch klapperte, spür- und erlebbar. Auch wenn inzwischen das Mühlenareal mit Landhotel, Tiergehege, schwimmendem Hüttendorf, Mühlenladen und Mühlenschänke weit mehr zu bieten hat als nur die Trumpfkarte Nostalgie. Heute ist die „Historische Mühle Eberstedt" ein stimmungsvolles Gesamtkunstwerk, das die Sehnsüchte von Familien und Ausflugsgästen gleichermaßen bedient. Im ersten Obergeschoss der Ölmühle kann der Besucher hausgemachte und regionale Naturprodukte, darunter das gesunde kalt gepresste Senföl aus biologisch angebauter Senfsaat, erwerben. Der Mühlenladen offeriert zudem Fruchtaufstriche, Chutneys und Gelees aus dem eigenen Garten sowie den beliebten hochprozentigen Mühlenobstler. Das angrenzende Landhotel im ehemaligen Müllerhaus bietet hinter dicken Ziegelmauerwerk urgemütliche, ganz individuell gestaltete Zimmer, die hier so schöne Namen tragen wie „Zwickmühle", „Gesindestube", „Liebesnest" oder „Müller's Ruh". Das liebliche Ilmtal ist wie geschaffen für die erholsame Auszeit und in dem deutschlandweit einzigartigen schwimmenden Hüttendorf mit urigen Doppelstockbetten zwischen Mühlgraben und Ilm-Fluss schlägt die Stunde der Romantiker. Die Kinder freuen sich über das Tiergehege und den Ziegenkindergarten. Aus dem großen Angelteich stammen Forellen, Barsche und Karpfen, die in der „Mühlenschänke" fangfrisch zubereitet werden.

HISTORISCHE MÜHLE EBERSTEDT
HME GMBH & CO KG
Daniela Kaiser
Dorfstr. 28–29, 99518 Eberstedt
Tel.: 03 64 61 / 87 46 3
Fax.: 03 64 61 / 86 93 5
info@oelmuehle-eberstedt.de
www.oelmuehle-eberstedt.de

PIONIER DES THÜRINGER WEINBAUS

Das Weingut „Sonnenburg“ setzt auf authentische Weine

Zu Gast bei einem der Pioniere des Weinbaus im Freistaat Thüringen: Winzer Andreas Clauß vom Weingut „Sonnenburg“ Bad Sulza zählt zur ersten Riege der Weinmacher im Weinanbaugebiet Saale-Unstrut. Das von ihm seit dem Jahr 1994 geführte Weingut war das erste Thüringer Weingut, das nach der Wende im Jahr 1992 gegründet wurde. Die Weinbautradition in der gerne als „Toskana des Osten“ bezeichneten Region rund um Bad Sulza reicht über 800 Jahre zurück. Heute zählt das Weingut „Sonnenburg“ zu den besten und mit einer Gesamtrebfläche von 45 Hektar auch zu den größten des Gebietes. Das Sortiment mit 23 verschiedenen Rebsorten, die Andreas Clauß traditionell trocken ausbaut, ist beeindruckend. Der Klassiker der Region ist der Müller-Thurgau, der in Thüringen stets einen guten Klang hatte und hier zu erstaunlichen Qualitätsweinen heranreift. Die Weinbergslagen des modernen Gutsbetriebes erstrecken sich von Auerstedt über Bad Sulza bis nach Kunitz bei Jena, wobei die Einzellage „Bad Sulzaer Sonnenberg“ mit 26 Hektar die größte des Weingutes ist. Die Weine wachsen auf Muschelkalkverwitterungsböden, die ausdrucksstarke Wein-

charaktere entstehen lassen. Zur absoluten Premiumklasse mit internationaler Reputation gehören die CP-Kultweine, die nur in außergewöhnlichen Jahren vinifiziert werden. Aber auch die Gutsweine und die „Excellence-Lagenweine“ sind von bester, authentischer Machart. Mit dem „Herzog von Auerstedt“, einem Rotwein aus der Regent-Traube, hat der gelernte Weinbautechniker Andreas Clauß eine regionale Marke geschaffen, die ebenso wie die feinherbe Weißwein-Cuvée „Castello di Auerstedt“ der Historie rund um den siegreichen Marschall Davout, den Kaiser Napoleon I. zum Herzog von Auerstedt ernannte, gewidmet ist. Das typische Markenzeichen aller „Sonnenburg“-Weine ist die fehlende Ecke des Etiketts. Bei einem Besuch des Weingutes mit Probierausschank, hoch oberhalb von Bad Sulza, inmitten der Weinberge, sollte man nicht versäumen, auch die feinen Brände und den naturtrüben Apfelsaft von den weingutseigenen Streuobstwiesen zu probieren.

THÜRINGER WEINGUT „SONNENBURG“ BAD SULZA GMBH
Geschäftsführer Andreas Clauß
OT Sonnendorf 17, 99518 Bad Sulza
Tel.: 03 64 61 / 20 60 0
Fax: 03 64 61 / 20 86 1
info@thueringer-wein.de
www.thueringer-wein.de

GENUSSVOLLE MOMENTE IM SCHLOSS AUERSTEDT

Kati und Frank Reinhardt sind Gastgeber aus Leidenschaft

Genussvolle Momente an historischer Stätte erlebt, wer zu Gast bei Kati und Frank Reinhardt ist. Die beiden passionierten Gastgeber leiten das Hotel „Resort Schloss Auerstedt", das im Jahr 1806 als königlich-preußisches Hauptquartier diente und durch die verlustreichen Schlachten bei Jena und Auerstedt weltbekannt geworden ist. Seinerzeit zogen hier die napoleonischen Truppen unter Marschall Davout, der später von Kaiser Napoleon zum Herzog von Auerstedt ernannt wurde, triumphierend ein. Heute ist das Schlossensemble mit seinen liebevoll restaurierten historischen Gebäuden ein romantisches Bijou für anspruchsvolles Genießen im Herzen der „Toskana des Ostens". Das Spiel aus Historie und Moderne ist trefflich inszeniert. Während auf dem weitläufigen Schlossareal im benachbarten Kutschenmuseum die Kutschen der Großherzöge von Sachsen-Weimar-Eisenach zu bestaunen sind und Nostalgie pur vermitteln, setzen die 15 Apartments mit ihrem designorientierten Interior-Konzept den wohltuenden modernen Kontrapunkt. Der erstklassige Ruf von Kati und Frank Reinhardt als Gastgeber mit Leib und Seele spiegelt sich auch im besonderen Veranstaltungsangebot des Resorts wieder. Längst hat sich das Schloss mit der „Maloca", einem thüringisch-brasilianischem „Dorfgemeinschaftshaus" und den zahlreichen Raumangeboten im viergeschossigen Schloss Auerstedt, einen überregional bekannten Ruf für Hochzeiten, Soireen und stilvolle Feste erworben. Das Restaurant und Museumscafé „Reinhardt's im Schloss" wurde 2005 eröffnet und erfreut sich dank ambitionierter regionaler Kulinarik, vom Hausherrn Frank Reinhardt à la minute auf Basis tadelloser Grundprodukte zubereitet, regen Zuspruchs. Die Tafelkultur ist dem Ambiente entsprechend erlesen und die Weinkarte offeriert eine stattliche Auswahl, darunter beste Tropfen aus der Saale-Unstrut-Weinregion. Die Lage von Auerstedt ist prädestiniert für die Erkundung der Städte Weimar, Naumburg und Jena mit ihren kulturellen Schätzen. Einige der angebotenen Arrangements kombinieren Genuss mit Aktivität, was den Aufenthalt im Hotel Resort Schloss Auerstedt zu einem besonderen Erlebnis werden lässt.

Gebratenes Steinbeißerfilet auf einer Hummersauce, Zucchini-Karotten-Gemüse und schwarze Tagliatelle

Dieses Rezept finden Sie auf der Seite 267

HOTEL RESORT SCHLOSS AUERSTEDT UND MUSEUMS-CAFÉ UND RESTAURANT „REINHARDT'S IM SCHLOSS"
Kati und Frank Reinhardt
Schlosshof, 99518 Auerstedt
Tel.: 03 64 61 / 8 77 62
Fax: 03 64 61 / 8 64 87
reinhardts-im-schloss@auerstedt.org
www.auerstedt.org

BADEN IN MUSIK UND LICHT

In der Toskana-Therme werden flüssige Klänge inszeniert

Bad Sulza und seine Sole. Ein Anziehungspunkt seit jeher. Johann Wolfgang von Goethe weilte mehrfach hier, um die Salzsiedereien zu inspizieren, schließlich gab er die Empfehlung, ein Thermalkurbad zu errichten. Heute knüpft maßgeblich die „Toskanaworld" mit ihren vielfältigen Gesundheitseinrichtungen im Herzen der „Toskana des Ostens" an die lange Bädertradition an. Neben den Hotelangeboten vor den Toren Weimars ist es vor allem die „Toskana-Therme" in der Kur- und Weinstadt Bad Sulza, die den Gesundheitsstandort nachhaltig touristisch aufgewertet hat. Die Therme mit ihren insgesamt elf verschiedenen Thermalbecken gehört zu den 100 weltbesten Bädern. Das mag gewiss auch an der imposanten Saunawelt „Sauna der Zukunft" auf insgesamt 3.000 Quadratmetern Fläche liegen, vor allem aber ist es ein Alleinstellungsmerkmal, das die Wasserwelten in Bad Sulza zum universellen Solitär macht. Gemeint ist die „Inszenierung des Badens als kulturell-konzertantes Erlebnis", wie sein Begründer, Prof. Micky Remann, seines Zeichens künstlerischer Direktor in der „Toskana

World", das Baden in Licht und Musik umschreibt. Knapper gefasst: Unter der Begrifflichkeit „Liquid Sound®" wird die Klanginszenierung zum ozeanischen Genuss in einem mit Wasser gefüllten kreisrunden Konzertsaal. Die Badegäste schweben rücklings liegend im solereichen Wasser mit den Ohren im Wasser und lauschen bei gleichzeitiger Lichtdramaturgie tiefenentspannt den flüssigen Klängen, die mittels einer ausgeklügelten Technik und Speziallautsprechern in die Becken des „Liquid Sound Tempels" übertragen werden. Der Sound unter Wasser scheint wegen der erhöhten Schallgeschwindigkeit von überall herzukommen und der eigene Körper wird zum Resonanzraum. Ein tranceähnlicher Zustand von genießerischer Gelassenheit stellt sich ein. Die Verbindung von Wasser und Musik als kulturinstitutionelle Inszenierung in einem Thermen-Umfeld ist einzigartig in der Welt. Legendär sind die Live-Konzerte bei Vollmond, nicht minder populär die freitäglichen Veranstaltungen „Klassik unter Wasser" oder die „literarischen Aufgüsse", eine Autorenlesung in der Saunawelt der Toskana-Therme.

TOSKANAWORLD GMBH
Marion Schneider
Rudolf-Gröschner-Str. 11, 99518 Bad Sulza
Tel.: 03 64 61 / 92 00 0
Fax: 03 64 61 / 92 00 2
info@toskanaworld.net
www.toskanaworld.net

REZEPTE

Spinat-Parmesanknödel

Familienhotel Weimar und Gretchens Restaurant & Café, Seite 236

ZUTATEN

500 g Brötchen vom Vortag, 300 g gehackter Spinat (auch TK möglich), 1 mittelgroße Zwiebel fein gehackt, 2 Zehen Knoblauch, 3 Eier, Butter zum Auslassen für Zwiebeln und Knoblauch, 200 g Butter zum Übergiessen der fertigen Knödel, Milch je nach Feuchtigkeit des Spinats 100–250 ml, Salz, Muskat, 8 Blatt Salbei, 250 g fein geriebener Parmesan oder Grana Padano

ZUBEREITUNG

Brötchen in Würfel oder dünne Scheiben schneiden. Zwiebeln und Knoblauch hell anschwitzen und zu dem Brot geben, Spinat zufügen (kann ruhig etwas feuchter sein), verrührte Eier dazu, mit Salz und Muskat würzen. Milch je nach Bedarf beigeben (Masse muss schön feucht sein aber nicht zu nass – Brot sollte noch erkennbar sein, 80 g Parmesan unterheben, Masse 20 Minuten stehen lassen.

Dann Knödel formen und in Klarsichtfolie oder Tücher wickeln und im siedenden Wasser 15 Minuten ziehen lassen, die heißen Knödel anrichten, Parmesan darüber streuen und mit leicht gebräunter heißer Salbeibutter (Salbei sollte knusprig sein) übergießen. Unbedingt heiß servieren und genießen.

„Lotte" in Weimar
Seeteufel (Lotte) an Noilly-Prat-Sauce, mit Gemüse-Duxelle, Pfifferlingen und einer Lavendelhaube

La Tarte – Bistrot français und Café du jardin, Seite 240

ZUTATEN für 4 Personen

Lavendelhaube: 200 ml Milch, 1–2 Lavendelblüten, abgezupft
Gemüse-Duxelle: 2 Stangen Staudensellerie, fein gewürfelt, 3 Möhren, fein gewürfelt, ½ Rübchen, fein gewürfelt, 200 ml Sahne, Butter, Salz, Pfeffer
Pfifferlinge: 200 g Pfifferlinge, gewaschen und geputzt, 1 Schalotte, klein gewürfelt, Salz, Pfeffer
„Lotte"-Seeteufel: 8 Medaillons vom Seeteufel (pro Stück ca. 100 g), 2 TL Schalotten, fein gehackt, 2 cl Wermut (Noilly Prat), 200 ml Fischfond, 50 g Crème fraîche, Butter, Salz, Pfeffer, Zitronensaft

ZUBEREITUNG

Lavendelblüten in der Milch eine halbe Stunde lang ziehen lassen. Dann Lavendelblüten aus der Milch absieben und die lauwarme Milch vor dem Anrichten mit dem Stabmixer aufschäumen.

Gemüse mit Butter in einer Pfanne andünsten und mit Deckel kurz ziehen lassen, salzen und pfeffern. Die geschlagene Sahne kurz vor dem Anrichten unterheben. Pfifferlinge mit der Schalotte in etwas Butter kurz anschwitzen, salzen und pfeffern. Die Schalotten in reichlich Butter bei mittlerer Hitze weich dünsten (mit Deckel). Anschließend die Medaillons von beiden Seiten kurz anbraten und ein wenig Farbe nehmen lassen. Medaillons aus der Pfanne nehmen, mit Alufolie abdecken und 10 Minuten im vorgeheizten Ofen bei 120 °C gar ziehen lassen.

Die Schalotten-Butter-Mischung mit Noilly Prat ablöschen, reduzieren lassen und den Fond dazugeben, salzen und pfeffern. Dann Crème fraîche unterrühren und nach Geschmack mit Zitronensaft abschmecken. Medaillons wieder zufügen, abschmecken und auf vorgewärmten Tellern anrichten.

Blanc Mangé oder Mandelgelee

Kulinarische Zeitreisen, Seite 244

ZUTATEN für 6–8 Personen

1000 ml Milch, 250 g süße Mandeln, blanchiert und gemahlen, 3 bittere Mandeln, im Mörser fein zerrieben, 250 ml süße Sahne, 60 g Zucker, 16 Blatt Gelatine

ZUBEREITUNG

Die Milch aufkochen, die süßen und bitteren Mandeln dazugeben und alles mehrere Stunden einweichen und ziehen lassen. Dann die Masse durch ein feines Haarsieb oder Passiertuch drücken. Die Mandelmilch mit der süßen Sahne auffüllen, bis 1 Liter erreicht ist, eventuell noch etwas Sahne dazugeben (Mandelmasse nicht verwenden). Die Gelatine in wenig Wasser einweichen und die Mandelmilch mit dem Zucker zum Kochen bringen. In die heiße Flüssigkeit werden die ausgedrückten Gelatineblätter eingerührt, bis sie sich vollständig gelöst haben, dann das Mandelgelee in eine Puddingform oder Dessertschalen füllen und erkalten lassen. Das Gelee lässt sich leicht aus der Form stürzen, wenn man sie kurz in heißes Wasser stellt.

ANRICHTEN

Mit Rosensirup oder Bischoff-Essenz (Extrakt von Bitterorangen), Schlagsahne oder Früchten servieren.

Tipp

Die übrige Mandelmasse ins Müsli geben, zum Binden von Soßen oder für Backwerk verwenden.

Hummercarpaccio · Erbse · Granatapfel

Romantik Hotel Dorotheenhof Weimar, Seite 246

ZUTATEN

Für das Carpaccio: 1 Hummer lebend, 1 Limone, 1 cl Champagner, 2 EL Walnussöl, 1 EL Rapsöl, Salz, Zucker, Pfeffer
Erbsenpüree: 50 g Erbsen, ½ TL Crème fraîche, Salz, Pfeffer
Granatapfelgelee: 100 ml Granatapfelsaft, 3 Blatt Gelatine

ZUBEREITUNG

Den Hummer mit dem Kopf für circa 2 Minuten in kochendes Wasser tauchen.
Wenn der Hummer getötet ist, komplett ausbrechen (von der Schale befreien), das Fleisch in kleine Stücke schneiden und mit einem Plattiereisen vorsichtig plattklopfen.
Aus Limonensaft, Champagner, Walnussöl und dem Rapsöl ein Dressing herstellen, würzen mit Zucker, Salz und Pfeffer.
Das Dressing mit einem Pinsel auf den Hummer auftragen.
Die Erbsen auftauen und von der Schale befreien, das Erbsenmark mit Crème fraîche mixen und mit Salz und Pfeffer würzen.
Gelatine 5 Minuten in kaltem Wasser einweichen.
Granatapfelsaft aufkochen und die Gelatine in den Saft geben.
Den Saft auf ein Blech gießen, wenn alles erkaltet ist, den Gelee in Streifen schneiden und zusammenrollen.

REZEPTE

Himbeerwölkchen

Hotel Stadt Neustadt, Seite 254

ZUTATEN

Teig: 75 g Zucker, 6 Eigelbe, 90 g Margarine, 3 EL Milch, 100 g Mehl, 1 TL Backpulver
Baisermasse: 3 Eiweiß, 125 g Zucker, 50 g Mandelblättchen
Füllung: Himbeeren, Zucker, roter Tortenguss, 250 g Sahne, Staubzucker

ZUBEREITUNG

Alle Teigzutaten zu einem cremigen Teig schlagen, den Teig teilen und auf zwei kleine Backbleche streichen. Die Eiweiße mit dem Zucker zu einem sehr steifen Schnee schlagen. Die Baisermasse auf den Teig streichen, mit Mandelblättchen bestreuen und circa 20 Minuten backen.
Frische oder gefrorene Himbeeren aufkochen und durch ein Sieb streichen. Dann mit Zucker abschmecken und mit rotem Tortenguss abbinden. Die Masse auf den Boden streichen.
Nach dem Abkühlen die Sahne steif schlagen und dick auf die Himbeermasse streichen. Den zweiten Boden daraufsetzen und mit Staubzucker bestreuen. Den Kuchen in quadratische Stücke schneiden.Gutes Gelingen!

Gebratene Forelle nach „Mühlenart"

Historische Mühle Eberstedt, Seite 256

ZUTATEN

4 Forellen, 600–800 g Kartoffeln, 1 Knoblauchzehe, Salz, Pfeffer, Zitrone, Senföl, Petersilie, Kräuter nach Belieben

ZUBEREITUNG

Die Kartoffeln schälen und in Salzwasser garen. Die Forellen trocken tupfen und von innen und außen salzen und pfeffern. Mit Zitrone beträufeln. Die Knoblauchzehe in feine Scheiben schneiden und die Kräuter in den Bauch der Forellen legen. Das Senföl in der Pfanne nicht zu stark erhitzen und Forellen von beiden Seiten circa 5 Minuten braten. Anschließend im vorgeheizten Backofen bei 160 °C noch circa 10 Minuten ziehen lassen. Die Kartoffeln garen und vor dem Servieren noch in Butter und Petersilie kurz anschwenken.

Gebratenes Steinbeißerfilet auf einer Hummersauce, Zucchini-Karotten-Gemüse und schwarze Tagliatelle

Restaurant „Reinhardt's im Schloss", Seite 260

ZUTATEN für 4 Personen

Steinbeißer: 4 Steinbeißerfilet à 200 g, Butter zum Braten, Spritzer Zitrone, Salz, Pfeffer

Zucchini-Karotten-Gemüse: 4 Karotten, 3 Zucchini, Butter zum Anschwenken, Salz, Pfeffer

Hummersauce: 200 g Hummerbutter, 200 ml Gemüsebrühe, 200 ml Sahne, 1 Prise Zucker, Salz, Pfeffer

Schwarze Nudeln: 400 g schwarze Nudeln, Salz

ZUBEREITUNG

Karotten schälen und in 4 gleich große Stücke schneiden und halbieren. Zucchini in 4 gleich große Stücke schneiden, vierteln und die Kerne heraus schneiden. Das Gemüse im heißen Wasser bissfest kochen, abgießen und zur Seite stellen.
Die Hummerbutter in der Gemüsebrühe und Sahne aufkochen und mit Salz, Pfeffer und Zucker abschmecken.
Die Nudeln al dente kochen. Den Steinbeißer braten und mit Salz, Pfeffer und Zitrone würzen.
Vor dem Anrichten die Zucchini und die Karotten kurz in der zerlassenen Butter schwenken und mit Salz und Pfeffer würzen.
Die Nudeln in die Mitte des Tellers geben, gebratenes Steinbeißerfilet auf die Nudeln legen, die Hummersauce um die Nudeln geben und das Gemüse rings herum legen.
Mit frischen Kräutern und Zitrone dekorieren.

KULTURERBE OHNE STATUS

Das Dresdner Elbtal büßte im Jahr 2009 seinen UNESCO-Weltkulturerbetitel ein

Weinbergschlösschen schmiegen sich in die südländisch anmutende Landschaft des Elbtals. Eine uralte Kulturlandschaft, in der sich Natur und Architektur nach den Gesetzen vom Schönen und Nützlichen vereinen. Alte Schlösser und junge Winzer sorgen für erlesene und heitere Kurzweil auf Reisen entlang der rund 60 Kilometer langen Sächsischen Weinstraße zwischen Pirna und Diesbar-Seußlitz. Im Pillnitzer Schlossgarten blühen die Mandelbäume. Wenig später werden die steilen Hänge der Lößnitz in Radebeul sichtbar. Steil wächst auch der „Goldene Wagen", beste sächsische Weinlage der Sonne entgegen. Unterhalb des mit Reben bewachsenen Weinberges fügt sich ein hübsches Gebäudeensemble mit einem Fachwerkbau aus dem 17. Jahrhundert still und heiter in die Landschaft der Lößnitz. Die Hoflößnitz ist der Mittelpunkt, wenn nicht gar das Herz der Sächsischen Weinstraße. Fast 600 Jahre war sie insbesondere das Weingut der Kurfürsten und Könige von Sachsen. Eine Idylle, die ihre wahren Schätze aber erst auf den zweiten Blick offenbart. Das 1650 unter Kurfürst Johann Georg I. erbaute „Lust und Berghaus" gilt als Kleinod sächsischer Raumkunst. Besonders das Obergeschoss mit den kurfürstlichen Wohn- und Schlafgemächern sowie dem Festsaal voller Bilder an den Wänden und Decken zeigt einen wunderbaren Reichtum allegorischer Malerei. Vor allem die 80 Deckengemälde im Festsaal, naturhafte Abbilder brasilianischer Vögel des niederländischen Malers Albert Eyckhout, sind von kulturgeschichtlicher Bedeutung.

Kunst und kulinarisches Vergnügen waren in Sachsen immer schon ein inniges Paar. Royales Musterbeispiel der sinnenfreudigen Seite Sachsens war August der Starke. Der lebenslustige Sachsenkönig, der auf Brautschau nach Frankreich ging und dabei eher seine Liebe zur kulinarischen Welt der Franzosen entdeckte, galt als Gourmet und Gourmant. Aber auch als Kunstliebhaber war er kein Kostverächter. Unter seiner Regie erlebte der Kurstaat eine kulturelle Blüte. August der Starke ließ Dresden zu einer der prächtigsten Metropolen Europas ausbauen. Mit seiner Sammelleidenschaft legte er den Grundstein für die heutigen Museen wie das Kupferstich-Kabinett, das Grüne Gewölbe, die Porzellansammlung und die Antikensammlung. Der Zwinger und der Große Garten waren Schauplätze rauschender Feste. Die Frauenkirche und die erste abendländische Porzellanmanufaktur entstanden. In der der

Regierungszeit des sächsischen Kurfürsten Friedrich August I., des Starken, im „Augusteische Zeitalter“ verwandelte sich Dresden in Elb-Florenz.
Im Juli 2004 wurde Dresden in die UNESCO-Welterbeliste aufgenommen. Dresden hatte das Gütesiegel 2004 für rund 18 Flusskilometer erhalten. In diesem Abschnitt schlängelt sich die Elbe durch breite Wiesen und die Dresdner Innenstadt. Zu sehen sind vom Fluss aus unter anderem die Semper-Oper, die Frauenkirche und der Zwinger. Auf diese und andere Gebäude, auf Kunstsammlungen, Gärten- und Landschaftsgestaltungen, die meist ihre Wurzeln im 18. und 19. Jahrhundert haben, beruht der Titel Weltkulturerbe. Doch bereits 2006 stand die Stadt wieder auf der „Liste des gefährdeten Welterbes“. Der Kulturlandschaft des Dresdner Elbtals drohte das Bauvorhaben „Waldschlösschenbrücke“. Hinter dem harmlosen Namen verbarg sich eine vierspurige Autobahnbrücke in Sichtweite der historischen Innenstadt, über die sich ein wesentlicher Teil der UNESCO-Kommission einig war, dass dadurch „der außergewöhnliche universelle Wert des Dresdner Elbtals nun zerstört und die Kulturlandschaft in der Mitte zerschnitten sei“.

Auf seiner 31. Tagung 2007 in Christchurch, Neuseeland, sowie auf seiner 32. Tagung 2008 in Québec, Kanada, hatte sich das Welterbekomitee erneut mit Dresden befasst. In seinem Beschluss vom Juli 2008 machte das Komitee deutlich: „Wenn die Konstruktion der Brücke nicht gestoppt und der Schaden gutgemacht wird, wird das Dresdner Elbtal 2009 von der Liste des Welterbes gestrichen.“ Das Dresdner Elbtal wurde 2009 aus der Welterbeliste gestrichen. Dies hat das Welterbekomitee der UNESCO bei seiner 33. Tagung im spanischen Sevilla am 25. Juni 2009 beschlossen.

MYTHOS MEISSENER PORZELLAN

Europas erste Porzellanmanufaktur ist globale Luxusmarke

König August der Starke von Sachsen gründete im Jahr 1710 Europas erste Porzellanmanufaktur auf der Albrechtsburg zu Meissen und begründete damit den Mythos des Meissener Porzellans, das heute eine Weltmarke und zum Inbegriff royaler Eleganz geworden ist. Die gekreuzten Schwerter sind Legende und die kostbaren, in Handarbeit gefertigten Kreationen selbst so etwas wie ein wertvolles Erbe der Menschheit und des kreativen Handwerks. Seit 1918 ist die „Manufaktur Meissen", die heute als „Meissen Couture Luxusgruppe" firmiert, im Besitz des Freistaates Sachsen. In über 30 Ländern der Welt vertreten, hat sich die Porzellanmanufaktur zu einer internationalen Luxus- und Lifestylemarke weiterentwickelt. Die Produktbereiche Couture, Joaillerie und Home & Art ergänzen das Portfolio des traditionsreichen Hauses der Kunst und des hochwertigen Luxus. Und erschließen damit neue Zielgruppen und Anknüpfungspunkte an die imposante Unternehmensgeschichte. Von Abendkleidern über Diamantringe, Sitzmöbel, Leuchten und Leder sowie Wandervertäfelungen reicht inzwischen die exquisite Angebotsauswahl. Wer das „Haus Meissen" und dessen Luxus-Erzeugnisse aus erster Hand erleben und sich auf eine historische Zeitreise der Porzellanherstellung begeben möchte, der kann dies am Meissener Stammsitz trefflich

tun. Auf 5.000 Quadratmetern Archiv-Fläche lagern etwa 700.000 einzelne Formen und 11.000 verschiedene Dekore. Das historische Museum im Haus und die Schauwerkstatt gewähren faszinierende Eindrücke in Geschichte, Gegenwart und Zukunft des Weltunternehmens. Der „Meissen-Art-Campus" fördert seit 2010 die Zusammenarbeit mit jungen internationalen Künstlern. Bei allem Wandel und globaler Entwicklungsstrategie bleibt die Manufaktur Meissen auch in Zukunft das sächsische Aushängeschild für filigrane, zeitlose Handwerkskunst auf Weltniveau.

STAATLICHE PORZELLAN-MANUFAKTUR MEISSEN GMBH
Dr. Christian Kurtzke
Talstr. 9, 01662 Meißen
Tel.: 0 35 21 / 46 82 08
Fax: 0 35 21 / 46 88 04
museum@meissen.com
www.meissen.com

DIE GENUSS-MANUFAKTUR

Feine Obstbrände und erlesener Whisky aus Meissen

Siegbert Hennig ist ein Mann der klaren Worte. Für den Geschäftsführenden Gesellschafter und Destillateurmeister der Meissener Spezialitätenbrennerei Prinz zur Lippe im Ortsteil Reichenbach von Klipphausen zählt der „Spaß im Glas" zum primären Genussgebot. „Apfel muss nach Apfel schmecken und Birne nach Birne." Das sind Sätze wie ein Glaubensbekenntnis und sie künden davon, dass das Grundprodukt von erstklassiger Güte sein muss, soll daraus ein exzellentes Destillat entstehen. Im Jahr 1998 gründete er gemeinsam mit Dr. Georg Prinz zur Lippe-Weißenfeld die Verschlussbrennerei. Die Vermarktung der Edelbrände, Geiste und Liköre mit den Weinen des Weingutes Schloss Proschwitz bot sich als Chance. Der gebürtige Meissener ist von Hause aus Ingenieur für Lebens-

mitteltechnologie und legte im Jahr 2000 die Prüfung zum Destillateurmeister ab. Heute zählt der bekennende Whisky-Liebhaber und Qualitätsfanatiker zur Elite der europäischen Brennerzunft. Annähernd 150 Tonnen gesundes, vollreifes Obst, auch von heimischen Streuobstwiesen, werden in Sachsens erster, nach Öko-Verordnung zertifizierten Brennerei im Jahr eingemaischt und zu erlesenen Destillaten gebrannt. Qualität geht strikt vor Quantität. Das Ergebnis wird nachgefragt. Zahlreiche Restaurants und Hotels, die Spaß am Genuss haben, listen die Produkte aus dieser Manufaktur. Das Angebot ist vielfältig, geht „quer durch den Obstgarten", wie Siegbert Hennig es formuliert. Darunter so rare Brände wie der Apfelbrand „Schöner von Herrnhut", ein Wildapfelbrand, oder der Birnenbrand „Clapps Liebling". Der malzaromatische Meissener Whisky, der zehn Jahre in Eichenfässern reifte, war so begehrt, dass er bereits unmittelbar nach der Abfüllung ausverkauft war.

MEISSENER SPEZIALITÄTENBRENNEREI
PRINZ ZUR LIPPE GMBH & CO KG
OT Reichenbach Nr. 5, 01665 Klipphausen
Tel.: 0 35 21 / 45 20 96
Vertrieb auch unter: Tel.: 0 35 21 / 76 76 0
www.schloss-proschwitz.de

EINE GEMEINSAME SACHE

Sachsen hat ein neues Weingut

Wenn eine zur Weinprinzessin gekürte Weinbäuerin und ein von Fachstimmen wie den Gault Millau viel gelobter Winzer und Kellermeister sich beruflich zusammentun, kann nur wieder etwas ganz Besonderes entstehen. Dabei sind Anja Fritz und Martin Schwarz von ebenso unterschiedlicher Natur wie ihre Weine. Anja Fritz – langjährige Direktionsassistentin – ist talentierte Quereinsteigerin und Energiebündel, Martin Schwarz, der viele Jahre als studierter Oenologe Kellermeister auf dem Weingut des Prinzen zur Lippe war, gilt als die Ruhe selbst. Aus den Trauben beider baut Martin Schwarz seit 2013 unter dem Dach der neuen Weinmanufaktur am Mariaberg zwei Weinlinien aus: fruchtig-spritzige Mariaberg-Weine und edle Schwarz-Weine mit feiner Holznote.

Das herrschaftliche Anwesen unterhalb des Reichelbergs, auf dem schon im 16. Jahrhundert Wein angebaut wurde, beherbergt neben dem Kellerbetrieb schöne Ferienwohnungen mit Blick auf den Weinberg und eine Vinothek. Weinproben und Weinwanderungen mit der zertifizierten Weingästeführerin Anja sind ein touristisches Highlight. Die Reben beider Winzer wachsen in Toplagen auf den Steilhängen des Spaargebirges, dessen Granitverwitterungsboden dem Wein die wunderbare mineralische Note gibt. Den Ertrag ihrer Rebflächen am Mariaberg im bekannten Meißner Rosengründchen, auf denen traditionell sächsische Sorten wie Goldriesling, Müller-Thurgau, Riesling, Weißburgunder, Grauburgunder und Traminer reifen, bringt Anja Fritz mit ein. Martin Schwarz kann vor allem in Radebeul und im Meißner Kapitelberg auf das Potenzial syenithaltiger Steillagenweinberge bauen. Ohnehin hat er ein Faible für interessante Lagen. Die terrassierten Steilhänge in Radebeul mit den restaurierten Trockenmauern pachtete er vom Milliardär Haub von der Unternehmensgruppe Tengelmann. Diesem wohl sonnigsten Weinberg im Elbtal, der jahrzehntelang brach lag, hat Schwarz mit köstlichen Riesling-, Burgunder- und Chardonnay-Trauben zu neuem Leben erweckt. Sechs Hektar Weinanbau auf Geschiebemergel im rekultivierten Tagebaugebiet der noch sonnigeren Lausitz sind die Grundlage für eine dritte interessante Weinlinie der Weinmanufaktur am Mariaberg.

WEINMANUFAKTUR AM MARIABERG GMBH
Anja Fritz und Martin Schwarz
Dresdner Str. 71, 01662 Meißen
Tel.: 0170 / 4 33 55 86
Tel.: 03 51 / 8 95 60 72
info@weingut-mariaberg.de
www.weingut-mariaberg.de
www.schwarz-wein.de

WWW.SANDSTEINE.DE
pirna

DER BALKON VON MEISSEN

Genussvolle Momente im Romantik Hotel Burgkeller

Duett vom Kalb
mit Rotweinjus
dazu Rahmpolenta
und Grillgemüse
Dieses Rezept finden Sie
auf der Seite 302

Jeder Schritt lohnt, jede Treppenstufe, die hinaufführt zum Burgberg in der Porzellan- und Weinstadt Meißen, verheißt genussvolle Momente im mehrfachen Sinn: Einen Logenplatz von einzigartiger Anmutung bietet das Romantik Hotel Burgkeller von Tessa Barth über den Dächern der Elbstadt. Der geschichtsträchtige Ort darf als die „Wiege Sachsens" bezeichnet werden. In unmittelbarer Nähe residiert die Albrechtsburg, das erste deutsche Schloss, und bis zum Meißner Dom sind es ebenfalls nur eine Handvoll Schritte. Auf den Mauern der Burggrafenburg entstand im Jahr 1879 der „königlich sächsische Burgkeller". Seit 2012 zählt das mit vier Sternen klassifizierte Domizil mit fantastischem Blick auf die Weinberge und das Elbtal zur feinen Kollektion der Romantik-Hotels. Für Tessa Barth hat sich mit dem „Burgkeller" ein Lebenstraum erfüllt: „So etwas kann man im Grunde nur erben", erzählt die Hoteleigentümerin. Touristen aus aller Welt genießen die einmalige Kulisse und den ganz besonderen Charme des Hauses. Der festliche Ballsaal ist prachtvoll gestaltet und einer der nachgefragten Veranstaltungsorte für stimmungsvolle Feierlichkeiten. Die Kulinarik ist vielfältig aufgestellt. Es gibt das „Wiener Café" mit seinen süßen Köstlichkeiten und der erstklassigen Kaffeekultur, die historische „Burggrafenstube" mit sächsischen Spezialitäten und das Panoramarestaurant „Böttgerstube" mit ausgezeichnetem regional verfeinerten Angebot und mehrfach prämierten Weinen aus dem Elbtal. Im Sommer wandeln sich der von Kastanien gesäumte Biergarten und die Domplatzterrasse zum emotionalen Open-Air-Genusskasino. Wer länger verweilen möchte, den heißen 26 elegant ausgestattete Zimmer und Suiten herzlich willkommen. Die gastlichen Welten vermitteln Emotion pur, das gilt erst Recht, wenn die anspruchsvollen Menü-Kreationen aus der Burgküche „auf weißem Gold", dem weltberühmten Meißner Porzellan, aufgetragen werden.

ROMANTIK HOTEL BURGKELLER
Tessa Barth
Domplatz 11, 01662 Meißen
Tel.: 0 35 21 / 41 40 0
Fax: 0 35 21 / 41 40 4
info@hotel-burgkeller-meissen.de
www.hotel-burgkeller-meissen.de

RÄUCHERFISCH UND ROTWEIN

Franziska Schlieter pflegt traditionelle Verkaufskultur

„Man lebt nicht nur vom Geld allein", sagt Franziska Schlieter. Ihr Laden ist eine kleine, gemütliche Genusswelt. Um an manche Waren in ihrem kleinen Feinkostgeschäft heranzukommen, muss sie auf die Leiter steigen, die ist ebenso wie die hohen Regale, fast hundert Jahre alt. Seit 1994 betreibt sie das älteste Lebensmittelgeschäft von Meißen. Eigentlich hat sie Lebensmittelchemie studiert, doch Kindheit und Familientradition prägen. Franziska Schlieter leitet den Laden mit einer im Zeitalter der Supermärkte seltenen Ruhe und Herzlichkeit. Fünf Generationen zuvor hatte der Urgroßvater Ernst Schumann das Geschäft gegründet. Sohn Otto erweiterte das Angebot. Mit heimischen Weinen und einer Kaffeerösterei war der Laden nun zum Begriff guten Geschmacks geworden. 1934, unter Werner Schumann, bekam das Geschäft sein heutiges Gesicht: Der Verkaufstresen mit zahllosen Schubfächern, Regale – alles aus massivem Holz – geben ihm nostalgischen Charme. Noch immer gibt es Zigarren und andere Tabakwaren in dem kleineren der beiden Ladenräume. Hier wird auch auf Lottoglück gesetzt. Nebenan herrscht Franziska Schlieter über Marzipan, Bonbons und Schokolade. Sie bietet Hallorenkugeln, Knusperflocken, Konfitüren aus Zörbig, Meißner Honig, Pulznitzer Lebkuchen, Wurzener Waffelblättchen und Bautzener Senf an. Natürlich kann man hier neben vielen ostdeutschen Produkten kleinerer Hersteller auch ausgesuchte Markenprodukte kaufen. Zwischen den Regalen mit sächsischen Weinen, Sekten, Bränden und Kräuterlikören rät ein Spruch: „Hast Du Kummer mit die Deinen, trink Dich einen ...". In einem der Räume ihres viele hundert Jahre alten Hauses bietet Franziska Schlieter edle Whiskeys und Brände zur Verkostung an. Geschickte Hände zaubern aus dem Einkauf hübsche Präsente. Wer etwas Besonderes sucht und in diesem Laden nichts findet, ist selber schuld.

FEINKOSTGESCHÄFT „ERNST SCHUMANN“
Franziska Schlieter
Elbstr. 1, 01662 Meißen
Tel.: 0 35 21 / 45 20 21
Fax: 0 35 21 / 40 40 21
ernst-schumann@t-online.de
www.feinkost-spirituosen-schumann.de

VOM EINFACHEN DAS BESTE

Ines Kuka lebt sächsische Gastlichkeit vom Feinsten

Blumenkohl in Mohn
auf gelber Paprikacreme &
einer Beerenvinaigrette
Dieses Rezept finden Sie auf der Seite 302

Das Restaurant in dem weißen Fachwerkhaus an der Ecke ist von schlichter Wohlfühleleganz. Klare Linien, kein Schnickschnack, warme Farben. Dieses Haus hat sich 2007 eine Wirtin gesucht, die ihre Küche geradlinig, raffiniert und schlicht betreibt. Dass das kulinarische Motto von Ines Kuka „Vom Einfachen das Beste" keine leeren Worte sind, haben mehrere Gourmet-Journale wie „Der Feinschmecker" und ab 2015 der Guide Michelin konstatiert. Die Inhaberin des Restaurants „Charlotte K." in Radebeul ist eine begnadete Köchin, mit einem besonderen Sinn für aroma- und kräuterreiche Kreationen, „die jeden Meter des Weges bis zu ihr lohnen", wie das Dresdener Stadtmagazin Prinz betont. Ihren kulinarischen Anspruch beeinflusste maßgeblich Sternekoch Siegfried Rockendorf. Auf die Tische des Radebeuler fein sanierten Gasthauses kommen regionale Gerichte mit mediterranen Einflüssen, die nach Möglichkeit mit Produkten einheimischer Erzeuger hergestellt werden. Die Karte bietet erstaunliche Kreationen wie Blumenkohl in Mohn mit gelber Paprikacreme, ein wahrer Hingucker und ebenso glutenfrei wie das Filet vom Saibling aus Moritzburg mit gebratenem Salatherz & Kartoffelnocken. Neben einem sächsischen Gartenbaubetrieb, einer Agrargenossenschaft, einer Teichwirtschaft und einem Metzger, bereichern auch verschiedene sächsische Winzer das kulinarische Programm. Ganz exklusiv korrespondieren hier die Weine von Bernd Kastler und Enrico Friedland mit den Gerichten des Hauses. Die Reben der „kastler-friedland-Winzer" wachsen auf dem Radebeuler Johannisberg, den Carl Pfeiffer, einer der Wiederbegründer des Elbtalweinbaus Anfang des 20. Jahrhunderts angelegt hat, sowie auf den Steillagen des „Radebeuler Goldenen Wagens" und dem „Radebeuler Steinrücken". Der Wein reift im Keller des Hauses. Hausweine sozusagen, die die Gastgeberin Ines Kuka nicht genug loben kann. Charlottes feine Küche kann man übrigens auch im Sommergarten genießen, mit Blick auf den Kräutergarten. Oder man lässt sich die Köstlichkeiten nach Hause bringen.

CHARLOTTE K. RESTAURANT UND PENSION
Ines Kuka
Coswiger Str. 23, 01445 Radebeul
Tel.: 0351 / 833 6876
restaurantcharlotte@arcor.de
www.charlotte-radebeul.de

WEIN UND KUNST

„Drei Herren“ setzen auf moderne Belebung alter Tradition.

Der Name dieses Weinguts klingt gediegen und geheimnisvoll. Des Rätsels Lösung liegt, wie beinahe alles hier, im so traditionsbewussten wie kreativen Umgang mit den Gegebenheiten. Bei den namensgebenden „Drei Herren“ handelt es sich genau genommen um zwei Herren und eine Dame: Prof. Dr. Rainer Beck, großväterlicherseits selbst einer Winzerfamilie entstammend, der Radebeuler Winzer Claus Höhne und Antje Wiedemann, sächsische Weinkönigin 2003 und deutsche Weinprinzessin 2004. Ihr Wahrzeichen ist die Steinerne Schnecke, die Bekrönung des Radebeuler Ballberges aus dem 17. Jahrhundert, das einzige Bauwerk seiner Art in Deutschland. Darunter erstreckt sich eine imposante Steillage. Wie auch auf dem Taubenheimer Berg bei Sörnewitz ist hier Weinbautradition spätestens seit dem frühen 17. Jahrhundert nachweisbar. Durch die Wiederaufrebung der alten Weinberge und die Sanierung von insgesamt 1.000 Quadratmetern Trockenmauern sorgten die „Drei Herren“ für die Bewahrung der historischen

Kulturlandschaft. Die Böden ihrer insgesamt 5 Hektar großen Weinanbaufläche sind geprägt durch magmatisches Urgestein und geben den Weinen den typischen Geschmacksdreiklang von Spritzigkeit, intensiv-feiner Fruchtigkeit und einer ausgeprägt mineralischen Note. Die Trauben werden per Hand gelesen, die Weine reifen im alten Gewölbekeller ohne manipulative Eingriffe. 2007, schon zwei Jahre nach Gründung des Weingutes, war es Ostdeutscher Regionalsieger des Deutschen Spätburgunderpreises mit einer Grand Prix – Bewertung mit 18 von 20 Punkten. Es ist ein Genuss, die bereits viermal mit dem Bundesehrenpreis prämierten Produkte im restaurierten Weingut zu probieren. Geschmückt mit zeitgenössischen Bildern aus der Sammlung des Kunsthistorikers Prof. Dr. Rainer Beck spiegelt sich auch in den historischen Räumen das Thema Tradition und Moderne wieder.

Frischkäseterrine auf Kräuterbiskuit gefüllt mit Gelee von unserer Tafeltraube Muscat blue

Dieses Rezept finden Sie auf der Seite 303

WEINGUT DREI HERREN
Weinbergstr. 34, 01445 Radebeul
Tel.: 03 51 / 79 56 099
Fax: 03 51 / 79 56 315
info@weingutdreiherren.de
www.weingutdreiherren.de

Merlot
Trauben
Brand
Edelbrand
Abgefüllt für:
petit frank
43% vol
3,0 l

WIE GOTT IN FRANKREICH

Mit Froschschenkel, Schnecken und Stopfleber feiert Frank Ollhoff französische Lebensart.

Dessertinspiration rund um Himbeere und Frischkäse... Mousse au chocolat, Terrine von der Himbeere mit Fromage blanc, Créme brûlée vom Frischkäse umhüllt von einem Baumkuchen
Dieses Rezept finden Sie auf der Seite 303

„Französische Küche ist Weltkulturerbe und das Petit Frank somit der einzige Ort in Dresden, der noch UNESCO-Welterbe-Status anzubieten hat", sagt Frank Ollhoff und lacht. Das kulinarische Credo dieses Küchenmeisters mit frankophiler Leidenschaft und sächsischem Dialekt sowie seines Küchenchefs André Fröbel lautet: „Raffiniertes aus einfachen Zutaten". Französisch zubereitet, naturellement. Austern, Muscheln, Froschschenkel, Schnecken und Stopfleber gehören einfach auf die zwar kleine aber auserlesene Karte. Sein Handwerk hat Frank Ollhoff auf der Internationalen Hotel- und Gaststättenfachschule in Strasbourg gelernt. Den Erfolg seines kulinarischen Etablissements fernab aller Touristenströme verdankt der umtriebige Sachse auch den Ratschlägen des durch die RTL Fernsehshow „Der Restauranttester" bekannten Sternekochs Christian Rach. Schon beim Entree über die Treppe in das von rustikalen Sandsteinmauern umgebene Gewölbekellerrestaurant verliert man jegliche Orientierung und sich selbst vollkommen in der Illusion, in Frankreich zu sein. Französische Klänge, frische Blumen und Kerzenlicht geben den beiden Räumen anheimelnde Atmosphäre. In der wärmeren Jahreszeit fühlen sich die Gäste auch im mediterran anmutenden Sommergarten ins ferne Frankreich versetzt. Und wenn dann noch Frank Ollhoff persönlich auftaucht, ein Bild von einem Wirt, von äußerst geselligem Naturell, der gerne mit seinen Gästen auch einmal über die perfekte Zubereitung seiner Crème brûlée philosophiert, ist das unverwechselbare Flair dieses Restaurants vollkommen. Statt Sekt und Prosecco trinkt man hier Crémant und Champagner. Natürlich stammen auch die Weine direkt aus Frankreich, etwa 150 Positionen stehen auf der Weinkarte. Von seinen Reisen bringt der Maître auch Käse mit, der in Dresden bis zur vollen Reife lagert. Als besonderes Highlight bietet Frank Ollhoff ebenfalls Gourmet-Kochkurse im kleinen Rahmen an.

RESTAURANT PETIT FRANK
Frank Ollhoff
Bürgerstr. 14, 01127 Dresden
Tel.: 03 51 / 82 11 900
info@petit-frank.de
www.petit-frank.de

DAMPFROSS TRIFFT PFERDESTALL

Mobile Welt erleben im kurfürstlichen Marstall

Als Christian I. 1586 befahl, den „Neuen Stall" zu errichten, entstand ein für damalige Verhältnisse hochmoderner Marstall für die Leibpferde der sächsischen Kurfürsten. So fanden hier vor über 400 Jahren die ersten Verkehrsmittel für Reisende eine geradezu palastartige Heimstatt. Heute stehen auf einer 5.000 Quadratmeter großen Ausstellungsfläche historisch bedeutsame Lokomotiven, Automobile aller Epochen, Klassiker und Raritäten des Fahrrad- und Motorradbaus, legendäre Luftfahrzeuge und bewundernswerte Schiffsmodelle. Mehr als 230.000 Besucher bestaunen jährlich die faszinierende Fahrzeugvielfalt. Sächsische Eisenbahngeschichte verkörpert der Nachbau der ersten deutschen betriebsfähigen Dampflok „Saxonia" von 1839. Im „Autosalon" besticht die Luxuskarosserie des „Röhr 8 Typ F"(1933) der berühmten Dresdener Firma Gläser. Wer damals gut betucht war, bestellte sich Fahrwerk und Motor

direkt beim Hersteller und ließ die Karosserie nach eigenen Wünschen bei renommierten Karossiers anfertigen, zu denen ab 1903 die Firma Gläser vor allem wegen ihrer edlen Cabrioletkarosserien zählte. Eine Etage höher beginnt eine Reise durch 200 Jahre Luftfahrtgeschichte. Auch hier steht nicht nur das technische Detail sondern der Mensch im Focus. Die Reste des ersten deutschen düsengetriebenen Passagierflugzeuges „152", das in Dresden gebaut und auf Drängen der Staatsmacht 1958 viel zu früh in die Luft geschickt wurde, stehen für das Ende der DDR-Luftfahrtindustrie. Ein ganz spezielles Thema der Schifffahrtsausstellung ist die Kettenschleppschifffahrt. Noch bis 1948 bewegten sich Schiffe mithilfe einer im Flussbett liegenden Kette über die Elbe. Zu eigenen Aktivitäten laden u.a. der Verkehrsgarten für Kinder und der Experimentierraum zum Begreifen physikalischer Gesetze des Fliegens ein.

VERKEHRSMUSEUM DRESDEN gGmbH
Geschäftsführer und Direktor
Joachim Breuninger
Augustusstr. 1, 01067 Dresden
Tel.: 03 51 / 86 44-0
Fax: 03 51 / 86 44-110
info@verkehrsmuseum-dresden.de
www.verkehrsmuseum-dresden.de

ALLE KRAFT VORAUS

Karin Hildebrand „steuert" die älteste und größte Raddampferflotte der Welt

Mit einem Glas Elbtalwein in der Hand auf dem Sonnendeck eines Raddampfers die Rebhänge vorbeiziehen zu lassen, zählt zu den schönsten Freizeitangeboten im Sachsenland. Weinbergschlösschen und Weinlokale schmiegen sich in die südländisch anmutende Landschaft bei Diesbar/Seußlitz. Weiter fährt der Dampfer nach Dresden. Die Brühlsche Terrasse, die Frauenkirche, das Dresdner Schloss, die Semperoper – eines der schönsten europäischen Stadtpanoramen gleitet vorüber. Weiter flussaufwärts rahmen die hohen Felsen des Elbsandsteingebirges den Fluss. Seit 1836 schippern Raddampfer zum Personentransport über die sächsische Elbe. Nach der Wende kaufte die Conti Reederei die Sächsische Dampfschiffahrts GmbH & Co. Conti Elbschiffahrts KG und ließ die acht von der Treuhand erworbenen Raddampfer für etwa 26 Millionen DM detailgetreu sanieren. Zwei moderne Salonschiffe sowie zwei kleine Motorschiffe ergänzen die Dresdner Raddampferflotte. 1999 wurde der Dampfer „Krippen", Baujahr 1892, zurückgekauft. Mit nunmehr neun historischen Schaufelraddampfern zählt die

Sächsische Dampfschiffahrt zur ältesten und größten Raddampferflotte der Welt. Der Dampfer "Diesbar" aus dem Jahr 1884 wird als einziges Schiff der Flotte sogar noch mit Kohle befeuert. Mit den nostalgischen Salons eignen sich die Dampfer wunderbar für individuelle Veranstaltungen. Die Elbezeit GmbH, eine Tochter der Sächsischen Dampfschiffahrt, zaubert mit Unterstützung vom Spitzenkoch Mario Pattis, hier die Menüs für jeden Anlass. Auch auf den Linien- und Veranstaltungsfahrten wird für das leibliche Wohl gesorgt. 2013 hat Karin Hildebrand das Ruder dieses Traditionsunternehmens übernommen. Auch dank Ihrer „nautischen Mannschaft" und der Verwaltung, etwa 80 Mitarbeiter, die leidenschaftlich die Tradition pflegen, lassen sich jährlich an die 600.000 Gäste über die Elbe schippern. Sogar die Bundeskanzlerin sah man jüngst auf dem Raddampfer „Pillnitz".

SÄCHSISCHE DAMPFSCHIFFAHRTS-GMBH & CO. CONTI ELBSCHIFFAHRTS KG
Karin Hildebrand
Georg-Treu-Platz 3, 01067 Dresden
Tel.: 03 51 / 86 60 90
Fax: 03 51 / 86 60 98 8
info@saechsische-dampfschiffahrt.de
www.saechsische-dampfschiffahrt.de

Alles an Bord!

KAHNALETTO

Kunst und Cucina italiana auf der Elbe in Elbflorenz

Wolfsbarsch
Dieses Rezept finden Sie auf der Seite 304

Die Fenster des alten Elbkahns rahmen den Ausblick auf die berühmte Frauenkirche, die Brühlsche Terrasse und das Dresdner Schloss wie ein Bild des italienischen Malers Canaletto. Elbflorenz! Verzaubert vom Anblick und der italienischen Küche des Restaurants auf dem Theaterkahn, begreift man auch schnell den Hintersinn seines originellen Namens. „a letto" heißt zudem auch ‚ins Bett', erklärt Michael Schellnock. Ins Bett, also endgültig am Terrassenufer der Augustusbrücke vor Anker gegangen, ist der fast hundert Jahre alte Lastkahn im Jahr 1994. Damit etablierte sich in Dresden das deutschlandweit erste Theaterschiff, dessen Repertoire einen speziellen Mix aus komödiantischem Theater kleiner Form, Revuen, Soloabenden und literarisch-musikalischen Programmen bietet. Zum geistig-sinnlichen Vergnügen aus Theater, Musik und Kabarett gesellt sich auch das kulinarische. Es traf sich gut, dass Michael Schellnock, seit 1989 erfolgreicher Chef des Dresdner Spitzenrestaurants „Rossini" im damaligen Dresdner Hof (heute Hilton), auf der Suche nach einem neuen, ganz besonderen gastronomischen Ort war. Seit 1994 präsentiert er nun als Restaurantchef des Kahnaletto eine fantastische „Symbiose aus italienischer Kochkunst, malerischer Landschaft und dem Wasser als Elixier des Lebens". Sozusagen hinter den Kulissen widmet sich Chefkoch Uwe Brauer, der auch schon im Rossini an Michael Schellnocks Seite stand, leidenschaftlich der Cucina italiana: Klassiker und moderne Kreationen aus frischen Produkten. Ein leckeres Stück Italien. Für die Auswahl der Speisen á la Carte bringt der Kellner die handbeschriebene Tafel an den Tisch. Abends und mittags werden zudem opulente Drei- bis Sechs-Gänge-Menüs offeriert. Ebenso beliebt ist das leichte Business-Menü. Die Weinkarte bietet vor allem italienische und sächsische Tropfen. Am Abend trifft man sich gerne auch bei Cocktail oder Whisky in der Bar im Schiffsbauch. Wenn dann die Planken leicht schwanken, muss es nicht immer am sanften Wellenschlag der Elbe liegen.

KAHNALETTO
Michael Schellnock
Auf dem Theaterkahn
Terrassenufer / Augustusbrücke, 01067 Dresden
Tel.: 03 51 / 495 30 37
Fax: 03 51 / 495 24 28
info@kahnaletto.de
www.kahnaletto.de

AM UFER DER ELBE

Von der Schloss-Schänke zum Vier-Sterne-Hotel

In Pillnitz steigt eine Treppe aus dem Fluss hoch zu jenem Anwesen an der Elbe, das einst August der Starke seiner Mätresse Gräfin Cosel zum Geschenk gemacht hatte. Als diese in Ungnade fiel, ließ der Monarch 1720 bis 24 das Berg- und Wasserpalais nach Plänen des Architekten Matthäus Daniel Pöppelmann errichten und zelebrierte hier legendäre barocke Feste. Mit seinen Gärten zählt die einstige Sommerresidenz der sächsischen Könige zu den schönsten Stätten Europas. Das lockt zahlreiche Besucher nach Pillnitz. Doch am Abend wird es ganz still. Manch Reisender genießt nun die Ruhe und die musische Heiterkeit dieser Anlage auf der Gartenterrasse oder im Restaurant des Schlosshotels. Leise schweben Klavierklänge durch den Raum, von der traumhaft schönen Terrasse erklingen Stimmen und Gläser, die barocke Kulisse von Schloss Pillnitz schimmert im Abendlicht. Für die ausgezeichnete Küche im Kaminrestaurant verbindet Chefkoch Dan Neyka sächsische Traditionen mit

Tatar vom sächsischen Weideochsen
Dieses Rezept finden Sie auf der Seite 304

regionalen Produkten und moderner Kochkunst. Das Wintergartencafé lockt mit sächsischer Bistrokarte. Vor rund 300 Jahren als Schloss-Schänke für gehobene Ansprüche erbaut, hat gepflegte Gastlichkeit in diesem Haus Tradition. In den 1990er-Jahren schuf die Hotelier-Familie Zepp ein stilvolles Domizil hinter der historischen Fassade des inzwischen baufälligen Gebäudes. Der Aufwand war immens, zumal zweimal die Elbeflut hereinbrach. Doch Georg Zepp, der mit seiner Familie in den 1980er-Jahren Dresden Richtung Bayern verlassen hatte, machte es sich zur Lebensaufgabe, der Heimatstadt im Wandel der Zeiten beizustehen. Heute führt er gemeinsam mit seinen Söhnen Veit und Patrick eine der schönsten Dresdner Adressen. Wie schon zu Augusts Zeiten wird hier gerne auch wieder gefeiert und sogar geheiratet.

SCHLOSSHOTEL DRESDEN-PILLNITZ
Familie Zepp
August-Böckstiegel-Str. 10, 01326 Dresden
Tel.: 03 51 / 26 14-0
Fax: 03 51 / 26 14-400
reservierung@schlosshotel-pillnitz.de
www.schlosshotel-pillnitz.de

DAS SCHOKOLADENSCHLOSS

Sachsens erste biozertifizierte Naschwarenmanufaktur

Der Gast wähnt sich in Arkadien. Zitronenbäumchen und alte ausgediente Holzfässer säumen den Garten und die Außenterrasse am Schlossberg von Thürmsdorf. Gleich vis à vis residiert direkt am wunderschönen Malerweg der Sächsischen Schweiz das Schloss Thürmsdorf, in dem einst sogar August der Starke für ein paar Tage logierte. Im Schlosspark mit seinem prächtigen Rosengarten steht seit Generationen die Skulptur „Adoratio“. Nach ihr haben Moritz Hitzer und seine Lebensgefährtin Susanne Engler ihre Schokoladenmanufaktur „Adoratio“ benannt. Beide sind vom Schokoladen-Virus befallen und produzieren in Sachsens erster biozertifizierter Naschwarenmanufaktur annähernd 70 verschiedene erstklassige Produkte. Die Manufaktur beherbergt ein stimmungsvolles Scho-

koladencafé und einen Kaufmannsladen, der mit seinem Art-Deco-Flair, den nostalgischen Emaille-Schildern und dem alten Walzwerk stimmungsvoll und schwelgerisch in die Welt der Schokoladenkunst entführt. Hier wird noch alles von Hand gemacht, zeitaufwändig und in mehreren Arbeitsschritten. Das Schokoladenhandwerk hat das junge sympathische Paar von einem bekannten Pralinenmacher aus Hannover erlernt. Die Wahl fällt angesichts der Köstlichkeiten schwer, die hauseigene Trüffelkollektion ist jede Sünde wert und so etwas wie ein Alleinstellungsmerkmal der „Adoratio-Schokoladenkunst“. Wer einmal die Himbeer-Kirsch-Trüffel oder die von Hand gebrochenen Grand-Cru-Schokoladen aus peruanischem Criollo-Kakao von Chocolatière Susanne Engler probiert hat, wird verstehen, warum immer mehr Naschkatzen aus Dresden und dem Elbland nach Struppen zum „Schokoladenschloss“ pilgern. Und wer in Pirna das berühmte Canaletto-Haus am Markt besichtigt, der wird gleich nebenan im zweiten Ladengeschäft ebenfalls mit den ausgezeichneten Adoratio-Kompositionen zum himmlisch-leckeren Probieren verführt.

ADORATIO SCHOKOLADENKUNST
NASCHWERK GMBH & CO. KG
Moritz Hitzer, Susanne Engler
Am Schlossberg 2, 01796 Struppen / OT Thürmsdorf
Tel.: 03 50 21 / 99 64 8
Fax: 03 50 21 / 99 65 7
info@adoratio-schokoladenkunst.de
www.adoratio-schokoladenkunst.de

DER BIONIER

Sven-Erik Hitzers Bio-Visionen beleben eine Landschaft neu

Dass dieses erste Biohotel Sachsens den Namen der Schutzpatronin aller Schweizen trägt, ist natürlich kein Zufall. Wer in solch großartiger Landschaft lebt, dem sollte das Bewahren natürlicher Ressourcen und eine gesunde Lebensweise ein Bedürfnis sein. Und doch ist Sven-Erik Hitzer mit seinem leidenschaftlich praktizierten Umweltbewusstsein ein „Bionier" im Nationalpark Sächsische Schweiz. Ab 2009 ließ er das Haus direkt an der Elbe schrittweise baubiologisch umbauen. Naturmaterialien wie geseifte Eichenholzdielen, Lehmputz und Sandstein verleihen den elektrosmogfreien Öko-Komfort-Zimmern nicht nur gesundes Klima sondern auch lichten Charme. Der Blick durch die Fenster gleitet über den Elbestrom hin zu den Schrammsteinen. Der Fluss liefert Annett Hitzer gebleichtes Schwemmholz zum Schmuck für das Restaurant „Strandgut" und den Elbstrand-Garten. Ein Zauber aus Licht, Luft und Fantasie liegt über allem. Hölderlin-Gedichte hängen am Staketenzaun des hoteleigenen Bauerngartens. Die Ruhe des Flusses überträgt sich aufs Gemüt wie die hervorragende Qualität der 100-prozentigen Bio-Küche auf Leib und Seele. Sogar eine Bio-Cocktailkarte gibt es.

Rote Bete-Bananenburger mit grünen Tomaten und Currysauce
Dieses Rezept finden Sie auf der Seite 305

Der Naturheilpraktiker des Hauses Norbert Schütz trägt mit geführten Kräuterwanderungen nicht nur zum schon legendären Salatbuffet bei. Mit seinen Bio-Ambitionen will Sven-Erik Hitzer die Bio-Landwirtschaft in der Region stärken. Dafür plant er nichts Geringeres, als den weltabgeschiedenen Grenzort Schmilka zum einzigen Öko-Ferienresort Sachsens zu verwandeln, mit Brauerei, Mühlengaststätte und Konditorei – natürlich alles Bio – und Unterkünften unterschiedlicher Kategorien. Das Ziel: Feriengäste und Einwohner in lebendiger, gesunder Gemeinschaft. In der alten Mühle wird bereits jetzt Korn für die Öko-Bäckerei gemahlen. Sven-Erik Hitzer ist ein Visionär mit Tatkraft. Schmilka an der Kreuzung von Elberadweg, Malerweg und dem Wasserwanderweg Elbe – ein Ort mit Zukunft.

BIO- UND NATIONALPARKHOTEL HELVETIA
Familie Hitzer
Schmilka Nr. 11, 01814 Bad Schandau / OT Schmilka
Tel.: 03 50 22 / 92 23-0
Fax: 03 50 22 / 92 23-11
info@hotelhelvetia.de
www.hotelhelvetia.de

ROSIGE ZEITEN IM SÜDEN VON DRESDEN

Individuell – liebevoll – familiengeführt – einzigartig

Eine echte kulinarische Entdeckung abseits der bekannten touristischen Pfade rund um Sachsens Kapitale Dresden findet der Besucher des Osterzgebirges und der Sächsischen Schweiz, nahe weitläufiger Apfel- und Kirschplantagen, im beschaulichen Kreischa. Ort der lukullischen Genüsse ist das „Landhotel Rosenschänke" der Familie Walther, die hier seit über 20 Jahren mit herzlichem Service und viel Leidenschaft ihre Gäste glücklich macht. Neben Verwöhnprogramm im Restaurant, Verweilen im Rosengarten und Übernachten im romantischen Lockwitztal kann man hier auch Rosendelikatessen aus eigener Manufakturarbeit erleben. Mittlerweile bereichern viele verschiedene Produkte, hergestellt aus eigenen Damascena-Rosen, das Genussensemble. So gibt es beispielsweise Rosenlikör, Roseninsekt , Rosensalz und -pfeffer sowie Rosenknusperschokolade, erhältlich vor Ort sowie über den eigenen Online-Shop. Dass man trefflich auf hohem Niveau eine feine, leichte und saisonale Produktküche, unter Verwendung regionaler Spezialitäten, genießen kann, hat sich herumgesprochen

Schweinerei Hoch² vom Thüringer Duroc Schwein mit Buttergemüse und Balsamicolinsen
Dieses Rezept finden Sie auf der Seite 305

und das belegen etwa die TV-Auftritte im ARD-Mittagsbuffet und im MDR-Sachsenspiegel. Stephanie Walther, die einst im berühmten Fünf-Sterne-Superior-Hotel Bareiss im Schwarzwald ihr Handwerk lernte, verantwortet mit viel Sympathie und Können den tadellosen Service. Als ausgebildete Sommelière berät sie profund aus der umfassenden Weinkarte, die neben regionalen Tropfen aus dem Elbland, vor allem kleine Familienbetriebe aus ganz Deutschland und den Nachbarländern bereithält. Herr der Töpfe und kreativer Taktgeber in der Küche ist ihr Lebensgefährte und Hotelbetriebswirt Sebastian Probst. Ein Klassiker ist der Salat mit eigenen Wildkräutern, gebratenem Ziegenkäse und Rosenblütenmarmelüre. Pretiosen wie Jakobsmuscheln, Praline vom Brillat-Savarin und „Schweinerei hoch zwei“ vom Thüringer Duroc-Schwein künden zudem von der kulinarischen Offensive des jungen Gastgeberpaares im familiären Verwöhndomizil der Rosenschänke.

LANDHOTEL ROSENSCHÄNKE
Familie Walther
Baumschulenstr. 17, 01731 Kreischa / Gombsen
Tel.: 03 52 06 / 2 18 70
Fax: 03 52 06 / 2 18 58
info@landhotel-rosenschaenke.de
www.landhotel-rosenschaenke.de
www.rosendelikatessen.de

REZEPTE

Duett vom Kalb mit Rotweinjus dazu Rahmpolenta und Grillgemüse

Romantik Hotel Burgkeller, Seite 278

ZUTATEN für 4 Personen

Kalbsbacken: 2 Kalbsbacken – 4 Kalbsmedaillons á 100 g, 1 Karotte, 3 Schalotten, ¼ Knollensellerie, ½ Stange Lauch, 1 EL Tomatenmark, 200 ml Rotwein (Meißner Spätburgunder), 300 ml Kalbsfond, Thymian, Rosmarin, Salz, Pfeffer, 2 cl Madeira

Rahmpolenta: 50 g Maisgrieß, 15 g Butter, 50 ml Milch, 50 ml Sahne (30 %)

Grillgemüse: ½ Zucchini, 1 rote Paprika, 2 Schalotten, ¼ Aubergine, 1 Knoblauchzehe, Olivenöl, Rosmarin, Salz, Pfeffer, Thymian

ZUBEREITUNG

Kalbsbacken mit Salz und Pfeffer würzen und in einem Topf mit etwas Öl von allen Seiten scharf anbraten. Diese herausnehmen und im gleichen Öl das gewürfelte Gemüse anrösten. das Tomatenmark zugeben und weiterrösten, bis es eine dunkle Farbe hat.

Mit Rotwein ablöschen und den Kalbsfond auffüllen. Die Kalbsbacken in den kochenden Fond geben und etwa 1 ½ Stunden langsam weich schmoren. Danach die Kalbsbacken im Fond ziehen lassen. Einen Teil des Fonds abschöpfen, diesen bis zur gewünschten Konsistenz reduzieren und mit Salz, Pfeffer und etwas Madeira abschmecken.

Für die Rahmpolenta, Milch, Sahne und Butter in einem Topf zum Kochen bringen. Den Maisgrieß einrühren, einmal kurz aufkochen lassen und unter ständigem Rühren ziehen lassen.

Für das Grillgemüse das Gemüse waschen, schälen und in portionsgroße Stücken schneiden. Knoblauch in kleine Würfel schneiden und in etwas Olivenöl anschwitzen. Das Gemüse dazugeben und in etwas größerer Hitze anrösten. Mit Salz, Pfeffer und kleingehacktem Rosmarin und Thymian abschmecken.

Blumenkohl in Mohn auf gelber Paprikacreme & einer Beerenvinaigrette

Charlotte K. Restaurant und Pension, Seite 282

ZUTATEN für 4 Personen

1 Blumenkohl, 4 Eier, etwas Salz, Pfeffer und Muskatnuss, Mehl zum Panieren, 300 g Blaumohn, 2 l Sonnenblumenöl zum Ausbacken

Gelbe Paprikacreme: 4 gelbe Paprika, 1 kleine Zwiebel, 30 g Ingwer, 2 Orangen, Fenchelsamen, Anissamen, Orangenkoriander, Pfeffer, Salz, Olivenöl

Beerenvinaigrette: 20 g Brombeermarmelade, 20 ml Apfelsaft, 30 ml weißes Balsamico, 10 g Senf, Salz, Pfeffer, Zucker nach Belieben, 100 ml kaltgepresstes Sonnenblumenöl

ZUBEREITUNG

Den Blumenkohl in einzelnen Röschen putzen und diese drei Minuten in kochendem Salzwasser blanchieren und danach nicht wie üblich, in Eiswasser abschrecken, sondern nur auskühlen lassen. Nun mit Mehl, gewürztem Ei und Blaumohn panieren, etwas antrocknen lassen und bei 170 °C im Fettbad ausbacken und auf einem Küchencrepe abtropfen lassen .

Gelbe Paprikacreme: Zwiebel und Ingwer fein hacken, die gelben Paprika entkernen, klein schneiden und mit den Gewürzen in Olivenöl sautieren. Nun mit dem Saft der Orangen ablöschen und so lange garen, bis der Paprika weich ist. Danach pürieren und mit Salz abschmecken.

Beerenvinaigrette: Alle Zutaten gemeinsam mit dem Pürierstab vermengen, das Sonnenblumenöl hinzufügen und alles zusammen mixen.

Frischkäseterrine auf Kräuterbiskuit gefüllt mit Gelee von unserer Tafeltraube Muscat blue

Weingut DREI HERREN, Seite 284

ZUTATEN für 10 Personen

500 g Frischkäse, 60 g Créme fraîche, 5 cl Gewürztraminerlikör vom Weingut „Drei Herren", 100 ml Sahne, 8 Blatt Gelantine

Gelee: Tafeltrauben ca. 500 g, daraus ca. 250 ml Saft gewinnen, 3 Blatt Gelantine

Biskuit (Zutaten für ein Blech): 5 Eigelb, 125 g Zucker, 100 g Butter flüssig, 100 g Mehl, 1 geriebene Zitrone, ½ Päckchen Weinsteinbackpulver, frische, klein gehackte Kräuter, 5 Eiweiß

ZUBEREITUNG

Frischkase, Créme fraîche, Gewurztraminerlikor sowie die Sahne aufkochen und glatt ruhren. Dann 8 Blatt Gelantine in Wasser einweichen, dazugeben, die Halfte dieser Masse in einer Terrinenform in den Kuhlschrank stellen. Den Rest in der Schüssel abkühlen lassen.

Nun die Tafeltrauben aufkochen, dann durch ein Sieb gießen und den warmen Saft auffangen. 3 Blatt Gelantine in kaltem Wasser aufweichen lassen und diese dann in den warmen Traubensaft einrühren (nicht mehr aufkochen). Anschließend das noch flüssige Gelee in eine rechteckige Form geben und für einen Tag in den Kühlschrank stellen. Die feste Geleemasse in einen langen Streifen schneiden und auf den Frischkäse in der Terrinenform geben und den streichfähigen Rest des Frischkäses aus der Schussel darauf gießen.

Biskuit: Alle Zutaten in einer Schussel vermengen, Eiweiß steif schlagen und unter die Masse heben. Teig auf ein mit Backpapier ausgelegtes Backblech geben und bei 160 °C 10 Minuten backen.

Anschließend abkühlen lassen, den Biskuitboden passend zur Terrinenform zurechtschneiden und die festgewordene Frischkäseterrine auf den Biskuitboden setzen.

Dessertinspiration rund um Himbeere und Frischkäse ... Mousse au chocolat, Terrine von der Himbeere mit Fromage blanc, Créme brûlée vom Frischkäse umhüllt von einem Baumkuchen

Restaurant Petit Frank, Seite 286

ZUTATEN für 10 Portionen

Mousse: 3 Eigelb, 100 g Zucker, 200 ml Sahne, 100 g Schokolade, 4 g Gelantine, 80 g Frischkäse

Terrine: 120 g Himbeerpüree, 70 g Fromage blanc, 100 ml Schlagsahne, 1 Zitrone, 1 Vanilleschote, 14 g Gelantine

Créme brûlée: 6 Eier, 500 ml Schlagsahne, 90 g Zucker, Tonkabohne und Frischkäse

Baumkuchen: 125 g Butter, 125 g Zucker, 3 Eier, 75 g Mehl, 50 g Speisestärke, 20 g Frischkäse, 3 EL Bittermandelöl

ZUBEREITUNG

Mousse: Eier mit Zucker schaumig aufschlagen. Schokolade schmelzen, mit der Eimasse vermengen und Frischkäse zugeben. Dann die Sahne aufschlagen und zur Eimasse geben. Nun die Gelantine einweichen und unterheben.

Terrine: Püree mit Vanilleschote, Zitronensaft und Gelantine langsam erwärmen. Fromage blanc hinzugeben und abkühlen lassen. Nun die geschlagenen Sahne unterheben.

Créme brûlée: Masse vermengen und pochieren.

Baumkuchen: Butter, Zucker, Eigelb und Öl schaumig schlagen, dann den Frischkäse zugeben. Eiweiß steif schlagen und gemeinsam mit den restlichen Zutaten hinzufügen. Den Baumkuchen bei 180 °C jeweils drei Minuten pro Schicht backen.

REZEPTE

Wolfsbarsch
Kahnaletto, Seite 292

ZUTATEN für 4 Personen

4 Filets vom Wolfsbarsch je ca. 120–150 g, 600 g frische Pfifferlinge, 2 Stangen Zwiebellauch, 12 Kirschtomaten, 1 Schalotte, 4 kleine Zweige Rosmarin, je 1 gelbe und grüne Zucchini, ca. 150 ml Olivenöl, 50 g Mehl, Salz und Pfeffer, Garnierung hausgemachtes Pesto genovese

ZUBEREITUNG

Wolfsbarschfilet von Gräten befreien. Schalotten und Knoblauch in Olivenöl anschwitzen, Pfifferlinge dazugeben, mit Salz und Pfeffer würzen und zum Ende Zwiebellauch dazugeben. Nun die tournierte Zucchini ohne zu bräunen anbraten und würzen. Öl in die Pfanne geben, das Wolfsbarschfilet mit Salz und Pfeffer würzen, mehlieren und auf der Hautseite anbraten. Dann das Filet wenden, Rosmarin und Kirschtomaten dazugeben und noch zwei Minuten leicht ziehen lassen.

Anschließend die Pfifferlinge auf vorgewärmten Tellern anrichten, den Wolfsbarsch, Rosmarin und Kirschtomaten darauf legen. Zucchini um die Pfifferlinge und den Wolfsbarsch dekorieren und mit Pesto und frischen Kräutern garnieren.

Tatar vom sächsischen Weideochsen
Schlosshotel Dresden-Pillnitz, Seite 294

ZUTATEN für 4 Personen

Tatar: 300 g Rinderfilet, 3 Schalotten, 3 EL Olivenöl, 2 TL violetten Senf, Salz / Pfeffer
Cornichonsorbet: 250 g Cornichons, 150 ml Cornichonsfond, 20 g Glukosesirup, 1 Blatt Gelantine, 50 g Läuterzucker, Essig, Salz, Pfeffer
Violette Senfcreme: 1 Eigelb, 2 EL violetter Senf, 60g Rapsöl, Salz
Himbeer-Senf Baiser: 100g Zucker, 2 Eiklar, 4 EL Himbeeressig, 2 EL Senfpulver
Eigelbcreme: 4 gekochte Eigelb, 40 g Schmand, Salz / Pfeffer, fein geschnittener Schnittlauch
Brotchip: 1 Stück altbackenes Brot
Frittierte Kapern: 30 g Kapern
Frittierte Zwiebeln: 1 mittelgroße Zwiebel

ZUBEREITUNG

Tatar: Rinderfilet und Schalotte in feine Würfel schneiden, vermengen, mit Salz, Pfeffer, Olivenöl und Senf abschmecken.
Cornichonsorbet: Cornichons würfeln, alle Zutaten vermischen, mit Gewürzen abschmecken, in Pacojet Becher füllen, 24 h durchfrieren
Senfcreme: Eigelb, Senf, Prise Salz verrühren und tröpfchenweise das Öl unterschlagen.
Himbeer-Senf-Baiser: Eiklar mit einer Prise Salz aufschlagen, Zucker hinzugeben, Himbeeressig einträufeln. Masse auf ein Backpapier geben. Bei 100 °C im Ofen trocknen. Danach Senfpulver drüberstreuen.
Eigelbcreme: Eigelb durch ein feines Sieb streichen, mit Salz und Pfeffer wurzen und mit Schmand vermengen. Schnittlauch zugeben.
Brotchip: Brot in feine Scheiben schneiden und trocknen.
Frittierte Kapern: Kapern in Öl frittieren.
Frittierte Zwiebeln: Zwiebel in Ringe schneiden, in Mehl wenden, frittieren.

Rote Bete-Bananenburger mit grünen Tomaten und Currysauce

Bio- und Nationalparkhotel Helvetia, Seite 298

ZUTATEN für 4 Personen

Rote Bete-Apfelburger: 150 g Rote Bete, 1–2 Bananen, 100 g grobe Haferflocken, 1 weiße Zwiebel, 1 EL Rapsöl, 3 EL Weichweizengrieß, 3 EL (Vollkorn-)Semmelbrösel, 2 EL Sesamsamen, 2 EL fein gehackte glatte Petersilie, 1–2 Msp. gemahlener Piment, 1–2 Msp. Kreuzkümmel, gemahlen, 1–2 Msp. gemahlener Koriander, Meersalz, Frisch gemahlene Chiliflocken

Grüne Tomaten: 400 g Grüne Tomaten, Olivenöl, Salz, Honig

Currysauce: 1 Zwiebel, 1 kleine Banane, 1 Birne, 50 ml Weißwein, 150 ml Cola, 1 EL Reismehl, Salz, weißer Pfeffer (gemahlen), Englischer Curry, Koriander (gemahlen) Pflanzenöl

ZUBEREITUNG

Rote Bete-Apfelburger: Zwiebeln schälen, fein hacken und in heißem Öl anschwitzen. Rote Bete schälen und in Wasser fast weich kochen, abkühlen lassen und raspeln. Bananen in kleine Würfel schneiden. Zwiebeln, Rote Bete und Bananen mit Haferflocken und allen restlichen Zutaten verrühren, mit Meersalz und Chiliflocken abschmecken. Teigmasse 15 Minuten quellen lassen. Schließlich vier Burger aus dem Teig formen, auf beiden Seiten mit Öl einpinseln, in einer Pfanne goldgelb anbraten.

Grüne Tomaten: Tomaten vierteln, in einer Pfanne mit erwärmten Olivenöl und etwas Salz anschwenken, dann mit etwas Honig beträufeln. Wahlweise gegrillte Zucchinischeiben und gedünsteten Blumenkohl reichen.

Currysauce: Zwiebel, Birne und Banane schälen und in Würfel schneiden. Alles mit etwas Öl anschwitzen, mit Salz, Pfeffer, Curry und Koriander würzen, mit Weißwein ablöschen, Cola hinzugeben und Reismehl einrühren.

Alles circa 2 Minuten köcheln lassen, dann pürieren und abschmecken.

Schweinerei Hoch² vom Thüringer Duroc-Schwein mit Buttergemüse und Balsamicolinsen

Landhotel Rosenschänke, Seite 300

ZUTATEN für 4 Personen

Schweinebäckchen: 4 Schweinebäckchen, 200 g Röstgemüse (Zwiebel, Sellerie, Karotte & Lauch), 20 g Tomatenmark, 100 ml Rotwein, 500 ml Fleischfond, 20 ml Öl, Salz, Pfeffer, frisch gemahlen

Filet: 800 g Schweinefilet, 1 Bund Thymian, Öl, Butter, Salz, Pfeffer, frisch gemahlen

Buttergemüse: 4 Karotten, 4 Babymais, 8 Kirschtomaten, 8 Zuckerschoten, 4 Radieschen, 4 Lauchzwiebeln, 100 ml Gemüsefond, 50 ml Weißwein, 25 g Butter, Salz, Pfeffer, frisch gemahlen, Zucker, Muskatnuss, frisch gerieben

Balsamicolinsen: 200 g Belugalinsen, 20 g Schalottenwürfel, 40 g Gemüsewürfel (Sellerie & Karotten), 200 ml Balsamico, 400 ml Gemüsefond, Salz, Pfeffer, frisch gemahlen, Lorbeerblatt

ZUBEREITUNG

Öl in der Pfanne erhitzen und Bäckchen scharf anbraten, aus Pfanne nehmen, das Gemüse, bis auf den Lauch, darin anrösten. Tomatenmark dazugeben, gut anrösten, mit Rotwein ablöschen, Lauch und Fleischfond dazugeben. Mit geschlossenem Deckel schmoren, bis Bäckchen zart sind. Soße in einem separaten Topf abseihen, reduzieren lassen, mit Salz und Pfeffer würzen. Vor dem Servieren die Bäckchen darin erwärmen. Das Schweinefilet parieren, mit Salz und Pfeffer würzen, in einer Pfanne goldgelb anbraten, abkühlen und Butter und den Thymian zugeben. Das Schweinefilet mit der heißen Butter immer wieder übergießen. Filet samt Thymian und Butter auf ein Backblech geben und bei 100 °C im Backofen garziehen lassen, bis Kerntemperatur von 65 °C erreicht ist. Belugalinsen in einem Topf anschwitzen mit den Schalotten und Gemüsewürfeln, mit Balsamico ablöschen und diesen reduzieren lassen, danach mit Gemüsebrühe auffüllen und würzen. Linsen solange kochen, bis sie weich sind, ggf. immer wieder mit Wasser oder Brühe auffüllen. Etwas Wasser zusammen mit Gemüsefond und Weißwein aufkochen. Das geputzte Gemüse mit dem längsten Garpunkt zuerst dazugeben, dann die restlichen Gemüsesorten. Zum Schluss mit Salz, Pfeffer, Zucker und Muskat würzen. Jetzt Flüssigkeit abgießen, sodass nur noch der Topf boden bedeckt ist, dann Butter zugeben und alles gemeinsam glasieren.

DAS ERBE DES „GRÜNEN FÜRSTEN"

Parkanlage Muskauer Park

Der größte Landschaftspark Zentraleuropas im englischen Regency-Stil des frühen 19. Jahrhunderts liegt in der Oberlausitz. Annähernd 840 Hektar groß ist die beiderseits der Lausitzer Neiße gelegene Parkanlage Muskauer Park. Seit dem Jahr 2004 gehört sie zum UNESCO-Weltkulturerbe und lockt jährlich über 300.000 Besucher in Sachsens derzeit (Stand: Herbst 2014) einzige Welterbestätte. Die Parkanlage Muskauer Park ist eine Schöpfung von Hermann Fürst von Pückler-Muskau, dem polyglott gebildeten Gartenkünstler, Standesherrn und Reiseschriftsteller. Im Zeitraum von 1815 bis 1844/45 verwirklichte der „Grüne Fürst" den Landschaftspark, dessen pflegerische Obhut heute als bilaterales Erbe in den Händen von Deutschland und Polen liegen. Das Gemeinschaftsprojekt genießt den Ruf eines der weltweit schönsten Gartenkunstwerke zu sein. Der Fürst-Pückler-Park Muskau (polnisch Park Muzakowski) im Landkreis Görlitz liegt zu einem Drittel in der sächsischen Stadt Bad Muskau, und sein größerer Teil östlich der Lausitzer Neiße und nördlich der Stadt Leknica (Lugknitz) in Polen. Die staatenübergreifende Welterbestätte ist durch mehrere im Gemeinschaftswerk wieder hergestellte Neißebrücken miteinander verbunden, sodass der Besucher bequem von einem Parkteil in den anderen flanieren kann. Belohnt werden die Touristen aus aller Welt mit einem einzigartigen Gesamtkunstwerk aus Landschaftsinszenierung und Landschaftsgestaltung. Weite Sichtbeziehungen, geschwungene Wege, kunstvoll angelegte Wasserwege (z.B. die „Hermannsneiße") und Teiche sowie die Einbettung des natürlichen Flusslaufs der Lausitzer Neiße sind charakteristisch für des Fürsten von Pückler-Muskau real gewordene Vision einer künstlerischen Ideallandschaft. Deren zentrales Gestaltungselement und bauliche Mitte ist das Neue Schloss Muskau, um das sich weitläufig markante Parkarchitekturen in Sichtweite arrangieren. Uralte Eichen, Linden, Buchen, Platanen und Pappeln sind die vorherrschende Gehölzarten der sich zweimal seeartig weitende Parklandschaft. Der Park erscheint dem Betrachter, dem Spaziergänger und Entdecker als naturgegeben und doch ist er in seiner Wirkung genauestens kalkuliert. Der Muskauer Park in der Landschaft des Muskauer Faltenbogens beeinflusste in seiner großräumigen Formensprache und abwechslungsreichen Gestaltung als unauffällig gebändigte Natur zahlreiche spätere Anlagen in Europa und Amerika. Pücklers illustriertes Gartenbuch „Andeutungen über Landschaftsgärtnerei" gilt als wegweisende Literaturschöpfung von hohem Nutzwert.

Zur Vorgeschichte und Chronologie der Parkanlage: Nach intensiven Studien in England rief Fürst Hermann von Pückler-Muskau (1785–1871) die Bürger von Muskau im Jahr 1815 zur Anlage eines Landschaftsparks auf. Mit dem Ziel seine Stadt „durch einen herrlichen und großen Garten zu verschönern". Dafür ließ der Standesherr von Muskau sogar ein ganzes Dorf umsiedeln, die Neiße umleiten und an den terrassenartigen Hängen annähernd 800.000

Bäume und Sträucher pflanzen. In den ersten Jahres des Mammutprojektes begannen die Arbeiten am Luciensee und an der Hermannsneiße, Karl Friedrich Schinkel zeichnete Pläne für Parkarchitekturen und 1819 wurde der Schlossteich geflutet. Nur ein Jahr später wurde das Englische Haus errichtet, 1822 folgten die Englische Brücke (wieder errichtet 2011) und die Doppelbrücke (wieder errichtet 2003), die heute nach aufwändiger Instandsetzung wieder die Passage beider Parkteile ermöglichen. 1825 entstand das Hermannsbad im Badepark, eine der frühesten Bäder-Schöpfungen in deutschen Landen. Mit enormer Schaffenskraft und unter Aufwendung beträchtlicher Investitionssummen wurde die Parkanlage unter Federführung des Fürsten sukzessive erweitert und ausgestaltet. So kamen 1841 die Köbelner und die Braunsdorfer Felder zum Parkareal hinzu. Doch der „Grüne Fürst" hatte sich mit seinen kostspieligen Gartenträumen finanziell übernommen und musste Muskau im Jahr 1845 veräußern, um wenig später auf seinem Erbbesitz Branitz, dem heutigen Ortseil von Cottbus, einen nicht minder beeindruckenden Landschaftspark, den „Fürst-Pückler-Park Branitz", zu gestalten. Mit seinen weltweit einmaligen Pyramiden (in der Seepyramide befindet sich die letzte Ruhestätte des weit gereisten Fürsten und seiner Frau Lucie) stellt der Cottbuser Park als Gartendenkmal ebenfalls ein herausragendes Beispiel der zeitgenössischen Gartenkunst dar. Der Park Branitz gilt als das Meisterwerk Pücklers und entsprechende Bestrebungen, das Ensemble in die deutsche Tentativliste der Welterbestätten aufnehmen zu lassen, sind seit 2012 initiiert.

Zurück nach Bad Muskau. Der dortigen Parkanlage war es vergönnt, dass auch die nachfolgenden Besitzer der Standesherrschaft Muskau bis 1945 vergrößerten. Bereits 1861 umfasste er eine Fläche von 500 Hektar. Zwischen 1863 und 1866 wurden das Alte Schloss und

das Neue Schloss sowie das Kavaliershaus im Neorenaissancestil umgebaut. Seit 1902 ziert das „Pücklerdenkmal“ das sächsische Gartenreich an der Lausitzer Neiße. Seit dem Potsdamer Abkommen bildet der Fluss die Grenze zwischen Polen und Deutschland. Beiderseits der Grenze wurde die Pflege des Parks in der Nachkriegszeit vernachlässigt. Erst in den frühen 1960er Jahren begann man im deutschen Teil mit der allmählichen Rekonstruktion des Parks und stellte ihn später unter Denkmalschutz, während der polnische Teil als Naturschutzgebiet ausgewiesen wurde und deshalb bis in die 1990er Jahre zuwuchs. Seit 1992 ist der Park auf deutscher Seite im Landeseigentum des Freistaates Sachsen. Das Pücklersche Erbe in Bad Muskau wird seit 1993 von der unselbständigen Stiftung „Fürst-Pückler-Park Bad Muskau“ mit Sitz im Neuen Schloss gepflegt und weiterentwickelt. Dank der disziplinenübergreifenden Zusammenarbeit zahlreicher lokaler Einrichtungen gilt die „Fürst-Pückler-Region“ als kulturtouristischer Anziehungspunkt in der Oberlausitz. Die weitläufige Parklandschaft des vielleicht genialsten Gartenarchitekten seiner Zeit erkundet man am besten zu Fuß, mit dem Fahrrad oder der Kutsche. Zu entdecken gibt es auf Schritt und Tritt Sehenswertes. Zu nennen etwa das von Fürst Pückler umgebaute Neue Schloss, in dem der später gerne als „Lausitzer Casanova“ Bezeichnete 1785 zur Welt gekommen war und das 1945 in den Wirren des Zweiten Weltkriegs durch Bombenagriffe und Brandstiftung zerstört wurde. Zu DDR-Zeiten noch Ruine, begann 1995 die Restaurierung und seit 2008 ist der Neorenaissancebau wieder öffentlich zugänglich und seit 2013 baulich vollendet. Heute wird im Schloss mit seinen prägnanten Löwenskulpturen auf der Schlossrampe eine viel beachtete (animierte) Dau-

erausstellung zum Leben und Werk des Fürsten und Lebemanns Hermann von Pückler-Muskau präsentiert. Die dreiflüglige Anlage wird gekrönt von zwei Turmkuppeln. Vom 35 Meter hohen Südwestturm genießt der Besucher einen erhabenen Blick in den Park und die Blumengärten. Im Alten Schloss ist ein Museum untergebracht. Im historischen Tropenhaus sind Kakteen zu bestaunen, die im maurischen Stil konzipierte Orangerie und der Bade- und Bergpark sind weitere Attraktionen im Muskauer Gartenensemble. Die von Fürst Pückler im Jahre 1823 mit dem Hermannsbad begründete Kur- und Badetradition in Bad Muskau (mit

Europas stärkster Eisenvitriolquelle) soll wieder aufblühen und die historische Trink- und Wandelhalle wiederhergestellt werden. Im sanierten Kavaliershaus knüpfen die Betreiber zudem an die lange Tradition Muskaus als Moorbad an.

Das grenzenlose Parkerlebnis in den Flussauen der Neiße und in der bewaldeten Hügellandschaft ist zu jeder Jahreszeit reizvoll, die damit korrespondierenden touristischen Angebote vielfältig. Alljährlich gibt es ein Deutsch-Polnisches Parkfest. Sommerliche Picknicks, geführte Spaziergänge werden ebenso angeboten wie vier Ferienwohnungen inmitten der Welterbestätte. Im Alten Schloss und in der Orangerie im Schlosspark, die auch für Konzerte und Lesungen genutzt wird, kann man sich in romantischer Kulisse standesamtlich trauen lassen.

GARTENKUNST UND FRISCHES GEMÜSE

Fürstliche Verführung im Kulturhotel Fürst Pückler Park

Fürst Hermann von Pückler-Muskau, einer der genialsten Gartenkünstler seiner Zeit, war kein Kostverächter. Er liebte das Reisen, schöne Frauen und gutes Essen. Dabei kam Alltägliches wie Möhren, Wirsingkohl und Rübchen auf den Tisch, aber auch Extravagantes wie Artischocken, Ananas und Zitrusfrüchte. Mit Produkten aus dem eigenen Küchengarten und exotischen Genüssen veranstaltete er in Muskau Essen, die zum gesellschaftlichen Ereignis wurden. Der Lebemann liebte Rebhühnerpastete aus Toulouse ebenso wie die Leberwurst eines Cottbusser Fleischermeisters. Chefkoch Ruben Friedenstab lässt sich heute gerne von diesem fürstlichen Gourmet inspirieren. Dabei übernimmt er aus den Branitzer Tafelbüchern, die insgesamt 3500 Speise- und Getränkefolgen der fürstlichen Tafel benennen, mitunter originalgetreu Gerichte, wie Kalbs-

Sächsischer Pudding
nach Ernst Max Pötzsch
Dieses Rezept finden Sie auf der Seite 352

braten mit Trüffelrahmsoße, Gnocchi und Zuckerschoten. Andere interpretiert er unter Einbezug regionaler Produkte neu. Auf der Speiskarte des Á-la-carte-Restaurants „Grüner Fürst" steht natürlich auch das berühmte Pückler-Eis, von dem die einen behaupten, es sei eigentlich die Erfindung eines braven Konditors Schulz; andere meinen, Pückler hätte Gefrorenes von geschlagener Sahne, grün von Reineclauden, rot von Kirschen und gelb von Ananas oder Aprikosen am preußischen Hof kennengelernt. Ruben Friedenstab bringt die originale und die moderne Variante auf den Dessertteller. Gerne serviert der Küchenchef auch in Pücklers Reich. Veranstaltungen im Neuen Schloss, in der Orangerie, im Marstall und im Küchengarten gibt er den genussvoll-sinnlichen Rahmen. Zur Erntezeit im September lädt das „Küchengartenfest" in die historische Schlossgärtnerei zu Lausitzer, sächsischem, englischem und orientalischem Essen ein – frisch, vielfältig und opulent, so wie es einst auch Pückler liebte.

KULTURHOTEL FÜRST PÜCKLER PARK
Thekla Nichterlein
Schloßstr. 8, 02953 Bad Muskau
Tel.: 03 57 71 / 53 30
Fax: 03 57 71 / 53 34 7
info@kulturhotel-fuerst-pueckler-park.de

KLEINOD AUF SCHIENEN

Mit der Waldeisenbahn Muskau nostalgisch von Park zu Park

Weißwasser, im Nordosten Sachsens, ist Ausgangspunkt für eine ganze besondere Museumsbahn. 1895 als „Gräflich von Arnimsche Kleinbahn“ für den Gütertransport errichtet, stand sie 1978, mit der Stilllegung durch die Deutsche Reichsbahn, beinahe vor dem Aus. Doch Eisenbahnfans, zu DDR-Zeiten im Modelleisenbahnverbund organisiert, bemühten sich nach der Wende verstärkt um die Rettung dieses Kleinods auf Schienen. „Man muss schon ein bisschen verrückt sein, um solch ein Projekt zu stemmen“, sagt Geschäftsführer Heiko Lichnok, der nebenbei noch die Patenschaft über eine der historischen Dampfloks übernommen hat. Mit zwei Dampflokomotiven, 31 Dieselloks und rund 140 Wagen verfügt die Waldeisenbahn Muskau heute über einen reichen Fahrzeugbestand. Etliches davon kann im Museumsbahnhof in Weißwasser besichtigt werden. Die rund 60 Vereinsmitglieder opfern

einen Großteil ihrer Freizeit für die Waldeisenbahn. Die Kommunen erkannten den touristischen Wert der nostalgischen Bahn. Man schloss sich zur GmbH zusammen und mit vereinten Kräften wurden die Strecken nach Kromlau und Bad Muskau ausgebaut, die nun die schönsten Kulturlandschaften dieser Region miteinander verbinden. Im Kromlauer Park blühen auf 200 Hektar zahllose Rhododendren und Azaleen. Der Fürst-Pückler-Park in Bad Muskau ist ein Gartenkunstwerk von Weltrang. Inzwischen reisen jährlich bis zu 40.000 Fahrgäste auf 600 Millimeter Spurbreite und im Tempo von 20 km/h durch eine Landschaft, in der der Muskauer Faltenbogen, eine Stauchendmoräne, sozusagen der Fußabdruck eines eiszeitlichen Gletschers, wie ein großes Hufeisen liegt. Kleine Restseen des historischen Bergbaus schimmern hier in vielen Farben. Ausgedehnte Kiefernwälder und Heide, Industrie- und Kulturdenkmale begleiten die mitunter erstaunlich steile Strecke.

WALDEISENBAHN MUSKAU GMBH
Geschäftsstelle
Jahnstr. 5, 02943 Weißwasser
Tel.: 0 35 76 / 20 74 72
Fax: 0 35 76 / 20 74 73
wem.gmbh@waldeisenbahn.de
www.waldeisenbahn.de
(Zentrale Abfahrt Bahnhof Teichstraße in Weißwasser)

TUSCHES FISCHE

Karpfen, Schleie, Hecht, Stör, Wels und Zander aus der Oberlausitzer Teichlandschaft

Die Oberlausitzer Heide- und Teichlandschaft nordöstlich von Dresden ist eine der größten zusammenhängenden Teichlandschaften Deutschlands. Schon seit dem 13. Jahrhundert wurden hier vor allem Karpfen als beliebte Fastenspeise und später auch für den sächsischen Hof gefischt. Auch die Teiche von Hammerstadt wurden schon vor 400 Jahren befischt. 1992 vom Fischereiingenieur Helmut Tusche gepachtet, grub sich einige Jahre später der Tagebau Reichwalde tief in diese Landschaft. Die Fischzucht Rietschen GmbH verlor mehr als die Hälfte ihrer Flächen im Teichgebiet Hammerstadt an den Tagebau. Doch Ausgleichsmaßnahmen durch das Bergbauunternehmen Vattenfall sicherten den Fortbestand des Betriebes, dessen bewirtschaftete Wasserflächen inzwischen von fast 100 im Jahr 1992 auf 250 Hektar im Jahr 2014 angewachsen sind. Helmut Tusche und Sohn Karsten wurden in ihrem Konzept von Vattenfall, wo man sich auch auf die Zahlung des gesetzlich vorgeschriebenen Pachtausfalls hätte beschränken können, engagiert unterstützt. Drei Teiche konnten so neu angelegt werden. Um die Verluste auszugleichen, planten Tusches auch eine neue Fischzuchtanlage. Prominenter Gast beim Spatenstich am Delinkateich zum Bau einer der nunmehr modernsten Aquakulturen des Freistaates Sachsen war der Minister für Umwelt und Landwirtschaft. Karsten Tusche, der zum Thema Aquakultur promoviert hat, verwirklicht hier nun seine Vision: „Zander, die eine hervorragende Qualität haben, wollen wir hier ganzjährig aufziehen und überregional anbieten. Lausitzer Zander soll zu einer Marke werden." Auch andere Speisefische, natürlich Karpfen, aber auch Hechte und Welse, werden in den Becken vermehrt und angefüttert. 650 kg Karpfen pro Hektar ernten Tusches heute in ihren Teichen. Den frisch bepflanzten Uferzonen sieht man den jüngsten Schöpfungsakt in dieser alten Kulturlandschaft noch an. „Wir sind die Gestalter dieser Landschaft", sagt selbstbewusst Karsten Tusche.

FISCHZUCHT RIETSCHEN GMBH
Helmut und Karsten Tusche
Forsthausweg 3a, 02956 Rietschen
Tel.: 03 57 72 / 40 87 3
Fax: 03 57 72 / 46 88 0
fischzucht-rietschen@t-online.de
www.fischzucht-rietschen.de

KRABAT
MILCHWELT
KUH·KÄSE·KILOWATT

VOM KORN BIS ZUM KÄSE

Die KRABAT Milchwelt der MKH Wittichenau ist auf dem besten Weg zu einer Lausitzer Genussmanufaktur

Die Ursache für die mehrfach von der Deutschen Landwirtschaftsgesellschaft für ihre Qualität ausgezeichnete Milch der KRABAT Milchwelt liegt im Futter, das auf den 2.600 ha großen landwirtschaftlichen Flächen des Betriebes wächst. „Wenn es mit dem Futter für die Kuh stimmt, schmeckt auch der Käse", sagt Tobias Kockert und schneidet ein Stück vom zarten „KRABATELLO" ab. Auf dem Probierteller und im Hofladen lockt auch der „SCHWARZE MÜLLER", ein köstlicher Räucherkäse. 2008 wurde der erste Naturkäse produziert. Inzwischen gibt es über 15 verschiedene Käsesorten, in denen gerne auch regionale Spezialitäten wie Bautzener Senf, Meerrettich oder Buchweizen verarbeitet werden. Die Käselaibe, die täglich mit einer gesalzenen Kulturlösung gepflegt werden und so eine essbare aromatische Rinde bilden, entwickeln im Reiferaum hinter dem großen Glasfenster ihr Aroma. Doch nicht nur der Arbeitsprozess in der Schaukäserei ist für Besucher hier einsehbar. Der gesamte moderne Landwirtschaftsbetrieb demonstriert eine umwelt-, tier- und somit auch verbraucherfreundliche Kreislaufwirtschaft. Selbst die in der Tierproduktion anfallende Gülle wird über die Biogasanlage verstromt und das Restprodukt als natürlicher Dünger wieder dem Boden zugeführt. Die so erzeugte Energie sorgt für Wärme in der Käserei und auf dem Melkstand. Im Kuhstall dreht sich dreimal am Tag das Melkkarussell. So kann man hier wirklich einmal erleben, wie gesunde Landwirtschaft das ganze Jahr über funktioniert – auch bei Besichtigungen auf dem „Großen Bauernmarkt „am 1. Sonntag im Mai oder beim Kirmes- und Erntedankmarkt am 2. Samstag im Oktober.

MKH AGRAR PRODUKTE GMBH WITTICHENAU
KRABAT Milchwelt
Tobias Kockert
Kotten 2, 02997 Wittichenau
Tel.: 03 57 25 / 92 90 0
Fax: 03 57 25 / 92 90 19
info@krabat-milchwelt.de
www.krabat-milchwelt.de

BON APPETIT

Eine kulinarische Reise quer durch Frankreich

Ein Hauch von Lavendel und leise Musik lassen den Alltag schnell vergessen. Tina Weßollek, die ihre Ausbildung an der Hotelfachschule in Straßburg absolviert hat, bringt ein köstliches Stück Frankreich in die Oberlausitz und macht mit ihrem Restaurant „Le Bonjour" bereits seit dem Jahr 2000 von sich reden. Mit ihrer Speisekarte entführt sie die Gäste in die unterschiedlichen Landesteile Frankreichs. Natürlich zunächst dorthin, wo sie an der „Route de la Chouchroute" (Sauerkrautstraße) sowohl die traditionelle als die Gourmet-Küche des Elsass von der Pike auf gelernt hat. Mit hausgemachtem Sauerkraut, sogar zum heiß geliebten Flammkuchen, ist dieser Landstrich gut vertreten. Paris präsentiert sich klassisch beispielsweise mit Ente in Orangensoße, die Normandie mit viel Cidre und Calvados und von September bis Februar mit frischen Muscheln. Das Burgund brilliert mit feinen Senfsoßen zu Kalbsnierchen oder Welsfilet, Westfrankreich mit Ziegenkäse und dem traditionellen Eintopfgericht Cassoulet mit hausgemachter Gänsewurst.

Schokoladensoufflée
Dieses Rezept finden Sie auf der Seite 352

Schließlich lockt Südfrankreich mit provenzalischem Lavendelhuhn, dem Lieblingsgericht der Köchin, mit Zwiebelkuchen und hausgemachtem Eis von Lavendel. Lavendel-Trüffel und Lavendelplätzchen, überhaupt all die französischen Naschereien hier, sind zum Dahinschmelzen. Als Lehrling in Frankreich war Tina Weßollek die einzige Frau in der Küche – heute bringt sie als Küchenchefin ihres eigenen, familiengeführten Hauses französische Küche in verführerischer Vielfalt nach Sachsen. Im angeschlossenen „Petit Marché" kann man sich mit selbstgemachten Konfitüren und anderen französischen Köstlichkeiten für zuhause eindecken. Zum Bleiben laden die hübschen, schlichten „Blumenzimmer" der kleinen Auberge ein, die zur Vereinigung der Hotelkooperation Logis gehört.

L'AUBERGE GUTSHOF
Tina & Barbara Weßollek
Alte Belmsdorfer Str. 33, 01877 Bischofswerda
Tel.: 03594 / 70520-0
Fax: 03594 / 70520-1
mail@auberge-gutshof.eu
www.auberge-gutshof.eu

BLAUES, BRAUNES, BUNTES

Gute-Laune-Geschirr aus der Töpferei Thunig

Auf dem Steinzeug-Geschirr von Thomas Thunig ist Erntestimmung zu jeder Jahreszeit. Möhren, Tomaten, Äpfel, Birnen, Erdbeeren oder Pflaumen werden hier mit kräftigem Pinselstrich in Fayencetechnik auf die Glasur von Tassen, Teller, Eierbecher und Kannen gemalt. Auch die Bauernschüsseln schwelgen in Farben – rustikal, bäuerlich, so wie die Oberlausitz nun einmal ist. Mit Zweigen von Oliven und Lavendel als Dekor bringen Thomas Thunig und seine zehnköpfige Töpfer-Crew auch mediterrane Ferienstimmung auf den Tisch. Alle Gefäße – von Auflaufform bis Zitronenpresse – werden hier in der schönen Landschaft bei Bischofswerda, dem „Tor zur Oberlausitz", von Hand gedreht und bemalt. Anschließend bei 1300 Grad gebrannt, kann man die Prachtstücke sogar in den Geschirrspüler stellen. Im Holzbrandofen entstehen salzglasierte, ländlich-schlichte Gefäße in war-

men Brauntönen. „Das blau-graue Steinzeuggeschirr weckt Erinnerungen an eine frische Meeresbriese", sagt Thomas Thunig. Von ganz besonderem Zauber sind auch die kleinen Petroleumlampen, die in ihrer Mischung aus Technik und Romantik viele Käufer und Käuferinnen findet. Als der Töpfermeister gleich nach der Wende den 1977 gegründeten Familienbetrieb übernahm, war an ein solch gesundes Wachstum dieses Betriebes kaum zu denken. Industriell hergestellte Keramik überschwemmte den Markt. Doch dank perfekter Handwerklichkeit und individuellem Design verkauft die Töpferei Thunig ihre Erzeugnisse heute auf Märkten quer durch Europa – und natürlich auch im eigenen Werkstatt-Laden, wo man zudem vom schönen Thunig-Geschirr Kaffee und kleine kulinarische Spezialitäten genießen kann. Ergänzt wird das keramische Angebot durch edle Porzellankreationen seiner dänischen Frau Maranke.

TÖPFEREI THUNIG
Thomas Thunig
Dorfstr. 22, 01877 Schmölln-Putzkau
Tel.: 0 35 94 / 70 65 05
Fax: 0 35 94 / 70 64 49
thomas@toepferei-thunig.de
www.toepferei-thunig.de

OBERLAUSITZER LEINEN

In der Leinenweberei Hoffmann wird auf Tradition gesetzt

Das alte Fabrikgebäude vibriert im Rhythmus der Webmaschinen. Eine Chronos-Stechuhr zählt die Arbeitsstunden. In der Leinenweberei Hoffmann in Neukirch scheint die Zeit stehen geblieben zu sein. Vieles ist noch wie über hundert Jahren, als der Fabrikant Karl Gustav Schulze und der Kaufmann Martin Hoffmann die Weberei gegründet hatten. Von Anfang an spezialisiert auf Jaquardstoffe und Stickereien, werden hier noch heute Leinendamaste und reine Leinengewebe zu Hand- und Geschirrtüchern, Servietten, Tischdecken und Bettwäsche verarbeitet. „Flachs und Leinen ist ein Werkstoff, der viel Zeit benötigt", sagt Reinhard Ruta und streicht nahezu zärtlich über Hohlsaum und schöne Lochstickereien. 2007 haben er und sein Partner Sieghard Albert den Betrieb von der Enkelin Martin Hoffmanns übernommen und somit das Fortbestehen dieses Traditionsbetriebes gesichert. Seit über hundert Jahren wird in der Lausitz Stoff gewebt. Die Leinenweberei Hoffmann ist nunmehr die einzige ihrer Art in Ostdeutschland. Alles sieht aus wie für Großmutters Wäscheschrank

gewebt und ist ein Traum für jeden, der auf Tradition und Qualität achtet. Verarbeitet werden hochwertige Naturprodukte, die Öko-Tex-Standards genügen. Leinen besitzt neben Stabilität und Haltbarkeit eine ganz eigene Struktur, langlebige Schönheit und ist frei von Schadstoffen. Im Zeitalter zunehmender Allergien eine nicht hoch genug zu schätzende Eigenschaft. Neu im Programm ist ein innovatives Gewebe, das es nur in der Leinenweberei Hoffmann gibt: Ein wunderbar rauhes, rubbeliges Leinenfrotté, Liné genannt. Ein modernes Wellnessprodukt, hergestellt aus reinen Naturmaterialien. Natürlich kann man auch Meterware bestellen. Die Leinenweberei Hoffmann reagiert flexibel auf individuelle Kundenwünsche. Die Anfragen Qualität bewusster Kunden kommen inzwischen aus der ganzen Welt.

HOFFMANN GMBH & CO.KG
Leinenweberei seit 1905
Zittauer Str. 23, 01904 Neukirch / O.Lausitz
Tel.: 03 59 51 / 31 52 4
Fax: 03 59 51 / 32 05 2
info@leinenweberei-hoffmann.de
www.leinenweberei-hoffmann.de

DER SOUND VON KNAPPENRODE

Vom spannungsvollen Verhältnis zwischen Mensch und Kohle

Dreimal am Tag dröhnen im Industriemuseum Knappenrode noch einmal die Pressen, Trockner, Siebe und Förderbänder. Der Sound ist so gigantisch wie der Ort. In der hundertjährigen Brikettfabrik Knappenrode wurden bis 1993 bei Hitze, Staub und Lärm 67 Millionen Tonnen Brikett gepresst. Die Industrialisierung brachte hier tausenden Menschen Arbeit – aber auch den Verlust ganzer Orte, die dramatische Veränderung der Landschaft. „Gott hat die Lausitz erschaffen, aber der Teufel die Kohle darunter gelegt“, pointiert ein sorbisches Sprichwort das Verhältnis der Menschen in der Lausitz zur Braunkohle.

Vom 22 Meter hohen Treppenturm bietet sich ein grandioser Hoffnungs-Blick über die Lausitzer Bergbau-Landschaft: Das Lausitzer Seenland ist im Entstehen und lässt inzwischen viele Wunden des jahrzehntelangen Kohleabbaus vernarben. Die einst mit ihren Elektropressen modernste Brikettfabrik Europas ist heute das größte Museum des deutschen Braunkohlebergbaus. Die von Kohlenstaub geschwärzten Maschinen sind so authentisch, wie in der Kaue, dem einstigen Umkleide- und Duschraum, Kernseife und Bürste. Von der Decke hängen schwere Stiefel, Schürzen und „Blaumänner“, als sei die Schicht gerade zu Ende gegangen. Hinter der faszinierenden backsteinroten Industriearchitektur-Fassade lässt sich heute nicht nur der gesamte technologische Prozess der Brikettierung nachvollziehen. Die Hallen sind auch außergewöhnliche Veranstaltungsorte beispielsweise für die jährlich im Juni stattfindende Fabrik-Fest-Spiele, für Plein-Airs, Kunstausstellungen und Konzerte, aber auch für Hochzeiten, Tagungen und Firmenevents.

SÄCHSISCHES INDUSTRIEMUSEUM
ENERGIEFABRIK KNAPPENRODE
Ernst-Thälmann-Str. 8, 02977 Hoyerswerda / OT Knappenrode
Tel.: 0 35 71 / 60 42 67
Fax: 0 35 71 / 60 42 75
knappenrode@saechsisches-industriemuseum.de
www.saechsisches-industriemuseum.com

IM ZENTRUM DER OBERLAUSITZ

Ein sorbisches Restaurant mit Seele

Zartes Schweinefilet gebraten mit Sherrysoße, glasierten Möhren und Erbsen-Kartoffelpüree
Dieses Rezept finden Sie auf der Seite 353

Witajće k nam – herzlich Willkommen – heißt es in einem der schönsten Restaurants mitten in der tausendjährigen Altstadt Bautzens. „Wjelbik" ist ein sorbischer Name, er benennt ein kleines Gewölbe, eine Art Speisekammer. Das Gewölbe aus braunem Felsgestein ist 600 Jahre alt. Sonnenstrahlen brechen sich in den bunten Glasfenstern und bringen die sorbischen Sagengestalten wie Schlangenkönig, Wassermann und Mittagsfrau zum Leuchten. Wer hier einkehrt, lernt auf angenehmste Weise Tradition und Gegenwart der Sorben kennen. Monika Lukasch leitet das Restaurant und trägt dabei die Schürze und Haube aus heimischer Tracht. Ihr Mann Thomas verwendet für seine typisch sächsischen und Lausitzer Gerichte mit böhmischen Einflüssen am liebsten frische Zutaten aus der Region wie Karpfen und Bachsaiblinge aus der Oberlausitzer Heide- und Teichlandschaft, Leinöl aus dem Spreewald oder Quark aus dem Lausitzer Bergland. Sein kulinarisches Repertoire runden sorbische Spezialitäten ab, wie Quark mit Leinöl, Schlachteplatte oder Hochzeitssuppe mit Eierstich. Sorbische Küche, im Grunde eine Bauernküche, hat sich im „Wjelbik" in urwüchsiger Originalität erhalten, zugleich wagt der Koch den Schritt in die moderne Geschmackswelt und kombiniert Panna cotta mit Bourbon-Vanille mit Lausitzer Heidelbeeren, hausgemachtes Pfirsichsorbet und Stachelbeerschaum oder Altbautzener Holunderkaltschale mit luftiger Quarkmousse. Obwohl auch sorbisches Pils und Säfte von den Früchten Lausitzer Streuobstwiesen auf der Karte stehen, ist das „Wjelbik" vor allem eine gute Adresse für Liebhaber deutscher Weine. „Dajće sebi słodźeć" – lassen Sie es sich munden.

SORBISCHES RESTAURANT WJELBIK
Veronika Mahling
Kornstr. 7, 02625 Bautzen
Tel.: 0 35 91 / 42 06 0
Fax: 0 35 91 / 42 06 0
info@wjelbik.de
www.wjelbik.de

OSTERREITER UND ERNTEKÖNIGE

Uralte Bräuche prägen noch heute die Kultur der Sorben/Wenden

Vor mehr als 1400 Jahren von den Slawen besiedelt, ist die Lausitz noch heute Lebensraum jenes Volkes, das in seinen Bräuchen und seiner Sprache über Generationen kulturelle Eigenständigkeit bewahrt hat. Derzeit leben in der Oberlausitz zwischen Bautzen und Weißwasser etwa 40.000, in der Niederlausitz im Spreewald und um Cottbus noch ca. 20.000 Sorben/Wenden. Die Kultur dieses kleinsten der slawischen Völker wird im Alltag, in zahlreichen Vereinen, auf der Bühne und in den Medien gelebt. Das „Witaj"-Projekt setzt sich für Zweisprachigkeit in Kindergärten und Schulen ein. Zweisprachige Ortsschilder sind auch für Fremde sichtbare Wegmarken in diesem traditionellen Siedlungsgebiet. Der Themenweg und die Radwege „Sorbische Impressionen" führen insgesamt rund 500 Kilometer durch die Kulturlandschaft. Entlang dieser

Route gibt es im Laufe des Jahres viele Gelegenheiten, die Bräuche und Traditionen der Sorben/Wenden kennen zu lernen. Da begegnet man zu Ostern in der katholischen sorbischen Lausitz um Bautzen weit über tausend mit Gehrock und Zylinder bekleideten Männern, die auf ihren festlich geschmückten Pferden singend von der Heimatkirche zum benachbarten Kirchspiel ziehen. In der gesamten sorbischen Lausitz werden Ostereier mit alten Symbolen verziert. In der Osternacht leuchten weit die Osterfeuer. Noch vor Sonnenaufgang schöpfen Mädchen schweigend Wasser, welchem Zauberkraft nachgesagt wird, aus dem Fließ. Nur noch in Casel jagen die Dorfbewohner dem „Johannisreiter" die in der Nacht des 24. Juni gesammelten Heilkräuter wieder ab. Erntefeste wie das Hahnrupfen und Hahnschlagen sind ebenso traditionsreich und gesellig wie das Stollen- und Stoppelreiten. Zum sorbischen Fest und kirchlichen Feiertagen gehört als sichtbarer Ausdruck der Identität des Volkes natürlich auch die sorbische Tracht.

SERBSKI KULTURNY TURIZM Z.T./
SORBISCHER KULTURTOURISMUS e.V.
Ines Kunzendorf
Měrowa 65 / Friedensstr., 65 02959 Slepo / Schleife
Tel.: 03 57 73 / 76 15 3
skt-domowina@t-online.de
www.sorben-tourismus.com

Ca
Re

UNERHÖRTES FÜR DIE ZUNGE

Anemone Müller-Großmann lockt mit geheimnisvollen Ankündigungen

Cremige Gin-Sahne-Trüffel
Dieses Rezept finden Sie auf der Seite 353

Fantasie und Qualität sind für Anemone Müller-Großmann ein unzertrennliches Paar. Nur etwa 15 Autominuten von Görlitz entfernt, liegt ihr Café und Restaurant „CaRe" inmitten der hügeligen und waldreichen Abgeschiedenheit der Königshainer Berge. Mit Sommergarten und viel Auslauf ein tolles Familienausflugsziel. Wer hier einkehrt, kommt nicht zufällig vorbei. Das „Café CaRe" ist begehrte Adresse für Naschkatzen und alle, die sich gerne auch mit Herzhaftem überraschen lassen. Jedes Jahr stellt die Bäckerin und Konditormeisterin unter ein bestimmtes kulinarisches Thema – 2014 beispielsweise lautet dieses: „Mit allen Sinnen genießen" – das noch mit zwölf Unterthemen bereichert wird. Steht dann in der Speisekarte für April „Lassen Sie sich an der Nase herumführen", wird jedes Gericht kräftig mit Knoblauch, Curry, Zitronengras, Thymian und anderen duftenden Kräutern kombiniert. Ist beim Jahresthema „Regionale Erzeuger" der hiesige Eismann dran, gibt es Eis zu jedem Gericht und in den fantasievollsten Variationen. So also bestimmt immer ein spannendes Motto, das die junge Wirtin monatlich spontan wechselt, die Speisefolge. Statt einer festen Karte gibt es geheimnisvolle Ankündigungen. Ein Klassiker hingegen ist die dunkle, gleichsam bei Herren und Damen beliebte Himbeertorte aus dem Repertoire vieler leckerer Kuchen und Torten. Zumeist legt man im „Café CaRe" großen Wert auf die Verwendung von Rohstoffen regionaler Erzeuger, die Basis für die Pralinen aber, deren Herstellung man hier übrigens auch lernen kann, sind Kuvertüren vom französischen Qualitätshersteller Valrhona. Auf der Suche nach der idealen Pralinenfüllung entstand ein köstlich-fruchtiges Mandelnougat. „Lassen Sie es ganz langsam auf der Zunge zergehen", rät Anemone Müller-Großmann, „so entfaltet es sein volles Aroma".

CAFÉ UND RESTAURANT CARE
Anemone Müller-Großmann
Dorfstr. 134 a, 02829 Königshain
Tel.: 03 58 26 / 64 75 5
Fax: 03 58 26 / 64 90 08
amg@cafecare.de
www.cafecare.de

HOTEL
TUCHMACHER

WOHNEN IM DENKMAL

Dieses Romantik-Hotel ist ein architektonisches Gesamtkunstwerk

Zweierlei vom Salzwiesenlamm
an Thymianjus mit
Kartoffel-Parmesan-Soufflé
Dieses Rezept finden Sie auf der Seite 354

„Görlitz ist die schönste Stadt Deutschlands, das Tuchmacher ihr schönstes Hotel", sagte einst der ehemalige Vorsitzende der Deutschen Stiftung Denkmalschutz, Prof. Gottfried Kiesow. Nach der Wende besuchte auch der Wuppertaler Unternehmer Dr. Hans-Joachim Vits die Stadt und war begeistert. Schließlich kauften er und seine Frau Erika das Gebäudeensemble, zu dem nicht nur eines der ältesten Renaissancehäuser nördlich der Alpen sondern auch eine ehemalige Zigarrenfabrik aus dem 19. Jahrhundert gehört. Die nicht einfache Aufgabe, aus dem verschiedenartigen hufförmigen Anwesen ein homogenes Hotel zu schaffen, lösten sie mit Bravour. Dabei wurde auch eine wiederentdeckte Barockdecke in den Originalzustand zurückversetzt. Das restaurierte Schlingrippengewölbe im Dielenraum ist das einzige Beispiel für diese Wölbungsart in Görlitz, nach dem Vorbild der Gewölbekonstruktion Benedikt Rieds im Wladislaw-Saal der Prager Burg. Der immense Aufwand hat sich gelohnt. Heute gehört das historische Hallenhaus zu jenen architektonischen Besonderheiten, mit denen sich Görlitz um den Titel UNESCO-Weltkulturerbe bewirbt. In solch einem Gebäude zu logieren, ist ein ganz besonderes Erlebnis. Die 60 Zimmer und Suiten des Hotels sind ganz individuell und stilvoll eingerichtet. Antiquitäten aus dem Familienbesitz, auch die Porträts der Urgroßeltern von Martin Vits, der seit 2005 das Haus führt, dekorieren das altehrwürdige Gemäuer. Selbstverständlich, dass ein besonderes Haus auch eine besondere Küche vorzuweisen hat. Der elsässische Küchenchef Thierry Baumgart verwöhnt sowohl mit regional als auch mit international inspirierten Gerichten, die von hervorragenden sächsischen und argentinischen Weinen sowie von Kaffee aus der hauseigenen Rösterei begleitet werden.

ROMANTIK HOTEL TUCHMACHER
Erika und Martin Vits
Peterstr. 8, 02826 Görlitz
Tel.: 0 35 81 / 47 31-0
Fax: 0 35 81 / 47 31-111
hotel@tuchmacher.de
www.tuchmacher.de

GLÜCKLICH IN GÖRLITZ

Alexandra und Jürgen Braun begreifen sich als „Botschafter" der Stadt

Görlitz, die östlichste Stadt Deutschlands, seit 1945 durch die Neiße deutsch-polnisch geteilt, ist mit mehr als 4.000 denkmalgeschützten Gebäuden von Gotik bis Jugendstil ein architektonisches Bilderbuch. Kaum jemand weiß beispielsweise, dass dies die Stadt mit den bundesweit meisten Renaissancehäusern ist. Die Neißestraße folgt noch heute dem historischen Verlauf der „Via Regia" über den stillen Untermarkt, wo die Uhren von Ratsapotheke und Rathaus die Zeit noch in Sonnenschatten und Mondphasen zerlegen. „Noch immer liegt über Görlitz ein Hauch Dornröschenschlaf und wir träumen gerne", begründet Alexandra Braun das Glücksgefühl, in solch einer Stadt zu leben. Vor mehr als zwanzig Jahren zog sie mit ihrem Mann Jürgen vom Tegernsee an die Neiße. Inzwischen wurde der größte Teil der Altstadt von Görlitz, das größte Flächendenkmal Deutschlands, saniert. Begeistert von dem städtebaulichen Gesamtkunstwerk versteht sich Jürgen Braun

als „Botschafter für Görlitz in Bayern". Er wirbt für die Schönheit der Stadt und, als Händler dieser schönen Immobilien, auch für die wirtschaftlichen Vorteile einer Investition in ihre historischen Gemäuer. Dabei haben die Brauns in ihrer gemeinsamen Liebe zum Schönen im Allgemeinen und zur Architektur im Speziellen in der Peterstraße selbst eines der ältesten Häuser der Stadt saniert und unter Renaissancegewölben eine der ungewöhnlichsten Ferienwohnungen geschaffen. Von Alexandra zauberhaft eingerichtet mit schönen Dingen, wie man sie auch in ihrem kleinen Geschäft „Vergissmeinnicht" am Obermarkt kaufen kann. Den Eingang zu den Räumen in der einstigen Durchfahrt des Jahrhunderte alten Handelshauses umhüllen blassblaue Glyzinien. Blumen duften auch im Inneren des Ladens, der zudem mit Wohn- und Geschenkideen zum schönen Leben inspiriert.

VERGISSMEINNICHT
Alexandra Braun
Obermarkt 25, 02826 Görlitz
Tel.: 03 58 1 / 40 36 52
Fax: 03 58 1 / 68 31 13 1
blumen@vergissmeinnicht-goerlitz.de
www.stadthaeuser1a.de

EIN STERN IST AUFGEGANGEN

Der berühmte Herrnhuter Weihnachtsstern kommt aus der Oberlausitz

Er schmückt Kirchen und Wohnstuben, und er leuchtet in die ganze Welt als Botschaft dafür, dass Christus als das Licht der Welt für alle Menschen geboren ist. Jeder kennt und liebt das warme Licht des „Herrnhuter Weihnachtssterns", doch nur wenige wissen, wo er zum ersten Mal erstrahlte. Ein kleiner Ort in der Oberlausitz gab ihm seinen Namen. Die Umstände der Geburtsstunde dieses wohl stimmungsvollsten Weihnachtssymbols waren eher nüchtern. Es war Anfang des 19. Jahrhunderts, als ein Mathematiklehrer zur anschaulichen Vermittlung geometrischer Kenntnisse seine Schüler einen Stern anfertigen ließ. Seit 1897 wurde vom Geschäftsmann Pieter

Hendrik Verbeek der Stern als zusammensetzbarer Stern mit Metallkörper und aufschiebbaren Zacken gewerblich vertrieben. 1925 als selbsttragende Konstruktion weiterentwickelt, wird der Herrnhuter Stern noch heute mit 17 viereckigen und acht dreieckigen Zacken in altherkömmlicher Handarbeit hergestellt. Nur bestehen die Rähmchen nicht mehr aus Blech sondern aus Pappe. Die 2010 neu erbaute Manufaktur vereint Produktion und Schauwerkstatt unter einem Dach. Jährlich kommen ca. 50.000 Gäste nach Herrnhut, um den Mitarbeitern bei der Herstellung der kleinen und großen Sterne über die Schulter zu schauen oder gar selbst einmal einen Stern zu basteln. Eine Ausstellung informiert über die Geschichte des Herrnhuter Sterns und im Restaurant „Bei Sterns" sitzt man unterm Sternenhimmel bei Kaffee und Kuchen. Bis zum heutigen Tage ist die Herrnhuter Sterne GmbH ein Wirtschaftsbetrieb der Herrnhuter Brüdergemeine und definiert seine Unternehmensphilosophie an der Sozialethik der Herrnhuter Brüdergemeine.

HERRNHUTER STERNE GMBH
Oderwitzer Str. 8, 02747 Herrnhut
Tel.: 03 58 73 / 36 40
Fax: 03 58 73 / 364 35
info@herrnhuter-sterne.de
www.herrnhuter-sterne.de

PASTA

DIE PASTA-KÖNIGIN

Die Ravioli von Marina Nemirovsky machen glücklich

Ravioli con salsa alla maggiorana e pistacchi (Majoran-Pistazien-Soße)
Dieses Rezept finden Sie auf der Seite 354

Hier geht es um Ravioli und manchmal dabei auch um die Wurst, genauer um Blutwurst. Mit Boskop zu Raviolifüllung verarbeitet und mit Meerettich-Butter serviert, verbindet sie Oberlausitzer Typisches mit argentinischer Pasta-Kultur. Saisonale Zutaten aus der Region und kulinarische Tradition modern zu kombinieren, ganz im Sinne von Slow Food, ist die kulinarische Leidenschaft von Marina Nemirovsky. Fantasievolle Kombinationen und grob-stoffliche Konsistenz unterscheiden die gefüllte Nudelspezialität der Argentinierin von denen der Italiener, die frische Pasta seit 1880 in ihrem Heimatland populär gemacht haben. Mit viel Hartweizen und extravaganten Füllungen gibt Marina ihren Ravioli eine ganz besondere Note. Was 2003 am eigenen Küchenherd anfing, ist inzwischen zu einem Frauen-Powerunternehmen mit sechs Mitarbeiterinnen angewachsen. Anstelle der damals aus zweiter Hand gekauften Nudelmaschine, funktioniert nun ein perfekter kleiner Pasta-Maschinenpark in der neuen Zittauer Produktionsstätte, die zugleich auch Laden und Mittags-Bistro ist. Auch die Filiale in Görlitz, in der Elisabethstr. 10, bietet frische Ravioli, dazu passende Buttervariationen, Pesto und andere Feinkostprodukte zum Thema Pasta. Inzwischen hat die kreative Pasta-Produzentin 48 Ravioli-Variationen erfunden. Und kein Ende in Sicht. Im Sommer locken die eher mediterranen Varianten beispielsweise mit Oliven, Tomaten, Minze, Orangen. Im Frühling u. a. Bärlauch- und im Herbst Kürbisravioli, im Winter die Rote-Bete-Meerrettich-Kombination. Dazu darf ein passender argentinischer oder sächsischer Wein nicht fehlen. Ihre süßen Variationen mit Kakao und Zimt haben sogar TV-Koch Johann Lafer beeindruckt. Auch die Tango-Ravioli mit Rosenblüten und Chili bringen die Geschmacksnerven zum Tanzen. Wer angeregt von dieser hohen Ravioli-Kultur sein eigenes Genussprogramm gestalten möchte, kann sich zu den Pasta-Workshops in Zittau anmelden.

PASTA FANTASTICA
Marina Nemirovsky
Neustadt 37, 02763 Zittau
Tel.: 0 35 83 / 58 55 200
Fax: 0 35 83 / 69 97 466
www.pasta-fantastica.de
info@pasta-fantastica.de

Freiluftmuseum „Spreewalddorf" in Lehde

EINFACH WUNDERSCHÖN

Ein Ferienparadies mitten im UNESCO-Biossphärenreservat Spreewald

Scheinbar am Ende der Welt liegt eine von zwei Fließen umfangene Oase der vollkommenen Entspannung. Still ist es hier, nur das Feuer im Kamin knistert. Draußen ruft der Kuckuck, Vögel zwitschern, Bienen summen in den alten Apfelbäumen. Diese Ruhe ist das Paradies auf dieser sonst so lauten Erde. Seit 2008 haben Elke und Joachim Lang acht individuelle wie komfortable Ferienwohnungen in zwei spreewaldtypischen Blockbohlenhäusern sowie ein frei stehendes Ferienhaus auf den Kaupen eines alten Bauernhofes entstehen lassen. So manches originale Baumaterial und liebevoll aufgearbeitete Bauernhofmöbel wurde dabei wieder verwendet. So gelang es, bei allem modernen Komfort, die Seele des alten Hofes zu bewahren. „ Aus Respekt vor der Vergangenheit, mit Blick in die Zukunft entstand ein Feriendomizil das Luxus mit Natürlichkeit verbindet", sagt Elke Lang. Der herzliche Empfang ist der Beginn zu einem wunderbaren Urlaub in diesem idyllischen Ort inmitten des UNESCO-Biosphärenreservates Spreewald. Vor allem aber ist es die unendliche Weite der Wiese, in

die sich das Anwesen bettet, die auch die Seele weitet. Sitzecken und Liegeplätze, umgeben von alten Bäumen und am Wasser, laden zum Träumen ein. Wasser, als wesentliches Element des Spreewaldes, ist auch Grundlage für das beliebteste Freizeitangebot dieser Region. Kajak-, Kanadier- und Kahnausflüge in das urwüchsige Labyrinth der Spreewaldfließe können gleich von den hauseigenen Anlegestellen der NaturApartments starten. Direkt vor der Haustür liegt auch ein perfekt ausgebautes Fahrradwegenetz. An manchen Wintertagen gefrieren die Fließe zu romantischen Schlittschuhbahnen. Aufwärmen kann man sich in der Relaxsauna, entspannen vor dem Kamin. „Das Leben ist einfach schön, diese Worte sind genau das, was wir hier erleben durften."

NATURAPARTMENTS STAUENSFLIESS LANG GBR
Elke Lang
Schwarze Ecke 17, 03096 Burg (Spreewald)
Tel.: 03 56 03/18 94 40
Fax: 03 56 03/18 94 41
info@na-pa.de
www.naturapartments-spreewald.de

SPREEWALD-SPA

Zwischen Fließen und Feldern liegt eines der besten Wellnesshotels Deutschlands
Oder
Wellness zwischen Wasser, Wiesen und Wäldern

Hunderte Fließe durchziehen die Lagunenlandschaft des UNESCO-Biosphärenreservates Spreewald. Dieses Binnendelta, in dem Seerosen und Sumpfschwertlilien blühen, dessen flache Wasser Kranich, Singschwan und Fischotter idealen Lebensraum gewähren, ist eine Mitteleuropa einzigartige Niederungslandschaft. Kähne gleiten über verträumte Wasserwege. Mittendrin strohgedeckte Blockbohlenhäuser auf kleinen Inseln, den Kaupen. Mehr als 200 Brücken überspannen allein die Wasserläufe von Burg. Dort, wo auf den weiten Wiesen einst auf Befehl des Preußenkönigs Friedrich II. Leinen

Honiggebeizte Entenbrust mit Rosmarinsauce
Püree von der Sommermöhre und Schinkengraupen
Dieses Rezept finden Sie auf der Seite 355

gebleicht wurde, haben sich Christine und Michael Clausing, die 1992 aus Bayern kamen, auf einzigartige Weise der Kultur des Spreewaldes und modernster Entspannungskultur verschrieben. Das Herzstück ihres Wellnesshotels ist die aus dem Material vieler alter Spreewälder Scheunen erbaute Landtherme. Lehmwände und meterlange Leinenvorhänge sind ebenso Zitate Spreewälder Tradition wie die Verwendung von Quark, Leinöl, Kräutern und Honig nach hauseigenen Rezepten für die Bademenüs im 5.000 Quadratmeter großen Spa-Bereich. Auch die Küche – vom Bistro bis zum Sterne-Restaurant, wo dienstbare Geister in spreewaldtypischer Kleidung den Gast umschweben – bedient sich vortrefflich regionaler Produkte. Das ist Luxus, wie man ihn in der Bleiche definiert. Dazu die Ruhe, vertieft durch das Zirpen der Grillen im Gebälk, und viele, viele Kissen. Eine Bibliothek, ein Schwimmbecken extra für Familien mit Kindern. Ach so viel mehr. Am besten lässt man sich durch das liebreizende Labyrinth der Bleiche treiben, entdeckt neue Räume, ein Bild, einen Brunnen, einen hölzernen Heiligen. „Witajso do nas!“ steht auf einer Keramiktafel. Das heißt „Seid bei uns willkommen.“

ZUR BLEICHE RESORT & SPA
Christine und Michael Clausing
Bleichestr. 16, 03096 Burg im Spreewald
Tel.: 03 56 03 / 62 0
Fax: 03 56 03 / 60 29 2
reservierung@hotel-zur-bleiche.com
www.hotel-zur-bleiche.de

AM SCHÖNEN STRAND DER SPREE

Im Strandhaus trifft Spreewälder Tradition auf Moderne

Gemächlich stakt der Fährmann den Kahn durch das grüne Labyrinth. Pappeln und Erlen säumen die Wasserläufe, die Gräben und Fließe. 1991 wurde der Spreewald im südöstlichen Brandenburg zum UNESCO-Biosphärenreservat erklärt. Er ist ein lebendiges Kultur- und Naturdenkmal, das sich im Wechselspiel von schwer zugänglichen, sich selbst überlassenen Gebieten und landwirtschaftlicher Nutzung entwickelt hat. Längst spielt auch der Tourismus eine herausragende Rolle. Lübben ist durch seine zentrale Lage Ausgangspunkt für Ausflüge in den Ober- und Unterspreewald. Ein munteres Städtchen mit Schloss und Schlossinsel – und mit einem der schönsten Gasthäuser am Ufer der Spree. 1928 entstand hier das historische Strandcafé, schon damals mit dem Ziel, Ausflügler in den Spreewald zu locken. Seit 2007 sind Claudia und Markus Karl die neuen Gastgeber im nunmehr so zeitgemäß wie traditionsbewusst sanierten Haus und brauchen sich um Zulauf kaum zu sorgen. Das liegt an der traumhaften Lage, aber auch am freundlichen Service und der wunderbar frischen und regionalbezogenen Küche. Unglaublich, was Küchenchef Mario Ückert, der seine Lehre im Schloss Lübbenau absolviert hat, alles aus der legendären Spreewälder Gurke machen kann: Suppe, Salat, Mousse … So findet Spreewälder Tradition einen köstlichen Weg in die Moderne. Der Klassiker aber bleibt das Leibgericht der Spreewälder: Kar-

Gebratenes Zanderfilet
mit geschmolzenen Tomaten
und Erbsen-Kartoffelpüree
Dieses Rezept finden Sie auf der Seite 355

toffeln, Leinöl und Quark. Auch Wild aus hiesigen Forsten und Ökorinderfilet aus dem nahen Ogrosen zeugen für die Vorliebe für Regionales. 2012 haben die Karls gleich nebenan das neue Hotel in frischem, modernem Design eröffnet. Sanfte Farben und klare Linien entspannen die Sinne, ebenso die Zuwendungen im Strandhaus Spa. Die „Spreelagune", ein Abzweig der Hauptspree mit Sandstrand und naturbelassenem Schwimmer- und Nichtschwimmerbereich, lädt zum Baden ein.

HOTEL STRANDHAUS
Markus Karl
Ernst-von-Houwald-Damm 16, 15907 Lübben (Spreewald)
Tel.: 03 54 6 / 73 64
Fax: 03 54 6 / 22 63 99
info@strandhaus-spreewald.de
www.strandhaus-spreewald.de

DER SPREEWALD-RABE

Qualität in lang bewährter Familientradition

„Die Spreewaldprodukte haben nämlich in Lübbenau ihren vorzüglichsten Stapelplatz und gehen erst von hier aus in die Welt. Unter diesen Produkten stehen die Gurken obenan", schrieb einst der Dichter Theodor Fontane. Daran hat sich nichts geändert. Gurken gedeihen auf den feuchten, humusreichen Böden des Spreewaldes vortrefflich. Schon seit 1898 werden Gurken auch in der Lübbenauer Konservenfabrik verarbeitet. 1932 heiratete Kurt Belaschk in die Gründerfamilie Lehmann ein. Er übernahm die Einlegerei und ließ die alten Familienrezepturen und Bräuche neu aufleben. 1979 übernahm Sohn Rainer gemeinsam mit seiner Frau die Leitung des Unternehmens, das sich seit 1992 „RABE-Spreewälder Konserven GmbH" nennt. Seit 2012 ist Markus Geschäftsführer. Doch bei allem Stolz auf die bewährte Familientradition, geht man hier auch mit der Zeit. Seit neues-

tem werden die Spreewaldgurken ohne jeglichen Aromenzusatz verarbeitet. Den beliebten urwüchsig-herzhaften Geschmack erzeugen frische Kräuter und Gewürze. Auch gibt es Spreewälder Rabe-Gurken mittlerweile in vielen verschiedenen Geschmacksnuancen. Neben den klassischen Gewürzgurken, Senfgurken, Pfeffer- und Knoblauchgurken und den Sauren Gurken bedient sich die neue Produktlinie auch moderner Komponenten wie Honig, Curry und Chili. Für den Aufguss wird Natursole aus der Spreewaldtherme Burg verwendet. 60 Mitarbeiter sind in der „gläsernen „Produktion, mit der sich der Betrieb Besuchern öffnet, beschäftigt. Das für den Spreewald fast ebenso typische Gemüse, wie Meerrettich, Kürbis, Rot- und Weißkohl wird nacheinander verarbeitet und sorgt für eine ganzjährige Beschäftigung des Spreewald-Rabe-Teams. Die Gurkenremise als Firmenmuseum und der Werksladen runden eine Reise in den Spreewald auf das schönste ab.

RABE SPREEWÄLDER KONSERVEN GMBH & CO. KG
Markus Belaschk
Boblitzer Chausseestr. 16, 03222 Lübbenau / OT Boblitz
Tel.: 0 35 42 / 89 33-0
Fax: 0 35 42 / 89 33-66
Vertrieb@Spreewaldrabe.de
www.rabe-gmbh.de

REZEPTE

Sächsischer Pudding nach Ernst Max Pötzsch

Kulturhotel Fürst Pückler Park, Seite 312

ZUTATEN

0,75 l Milch, 250 g Zucker, 250 g Butter, 250 g Mehl, 12 Eier
100 g ungesalzene Pistazien [oder gestiftete Mandeln]
Aprikosensoße: 2 Gläser Bio-Aprikosen, 300 g Zucker, 250 ml Weißwein, 1 EL Rum

ZUBEREITUNG

Milch und Zucker aufkochen, Butter und Mehl verkneten und zu der gezuckerten Milch geben. Die Eigelbe unterrühren, anschließend erkalten lassen.

Das Eiweiß schaumig schlagen und den Eischnee unter die erkaltete Masse geben. Die Pistazien hacken. Eine Form mit der restlichen Butter ausstreichen und mit gehackten Pistazien oder gestifteten Mandeln ausstreuen. Die Masse einfüllen und zwei Stunden im Wasserbad bei 150 °C im Ofen garen. Anschließend kalt stellen. Vor dem Essen die Form auf einen Teller stürzen.

Aprikosensoße: Die Flüssigkeit von den Aprikosen abgießen. Aprikosen pürieren. Das Püree mit Zucker, Wein und Rum in einen Topf erhitzen. Anschließend abkühlen lassen.

Schokoladensoufflée

L'Auberge Gutshof, Seite 320

ZUTATEN für 4 Personen

2 Eier, 100 g Zartbitter-Schokolade, 50 g Zucker, 45 g Butter, 15 g Butter zum Einfetten

ZUBEREITUNG

Die Kuvertüre im Wasserbad langsam schmelzen, dann die Butter in der Kuvertüre schmelzen. Die Förmchen mit Butter einfetten, die Eier trennen und das Eigelb langsam unter die Schokoladenmasse ziehen. Nun das Eiweiß mit dem Zucker sehr steif schlagen. Den Backofen auf 180 °C Umluft vorheizen. Das steif geschlagene Eiweiß rasch mit der Schokoladenmasse vermengen, in Förmchen füllen sofort im Ofen circa 6 Minuten backen. Danach sofort servieren. Dazu schmeckt besonders gut Vanilleeis.

Zartes Schweinefilet gebraten mit Sherrysoße, glasierten Möhren und Erbsen-Kartoffelpüree

Sorbisches Restaurant Wjelbik, Seite 328

ZUTATEN für 6 Personen

Schweinefilet: 1.000 g Schweinfilet, Salz, Pfeffer
Glasierte Möhren: 600 g Möhren, 50 g Butter, Salz, Zucker
Erbsen- Kartoffelpüree: 800 g Kartoffeln, 200 g grüne TK-Erbsen, 300 ml Milch, 100 g Butter

ZUBEREITUNG

Schweinefilet salzen, in einer Pfanne mit Öl von beiden Seiten scharf anbraten und nach dem Anbraten pfeffern.
Den Backofen auf 120 °C vorheizen und das Schweinefilet für 20 Minuten im vorgeheizten Ofen weiter garen.
Kartoffeln schälen, in Salzwasser circa 20 Minuten weichkochen. Milch im Topf erwärmen, die grünen Erbsen dazu geben und fein pürieren, sodass die Milch grün wird.
Kartoffeln aus dem Wasser nehmen, in die Milch pressen, zu Mus verrühren und mit Butter und Salz abschmecken.
Möhren schälen und in Würfel schneiden. Die Würfel mit einem Schluck Wasser, Butter, etwas Salz und Zucker in einen Topf geben. Alles solange kochen, bis die Butter cremig um die Möhrenwürfel liegt und die Möhren weich sind.

Cremige Gin-Sahne-Trüffel

Café und Restaurant CaRe, Seite 332

ZUTATEN

250 g flüssige Sahne, 480 g Vollmilchkuvertüre, 50 ml hochwertiger Gin, 1 Wabe Pralinenhohlkörper Vollmilch, 1000 g Vollmilchkuvertüre zum Verschließen und Ausgarnieren

ZUBEREITUNG

Die Sahne aufkochen, vom Herd nehmen und die kleingeschnittene Kuvertüre unterrühren, bis eine glatte Masse entsteht. Den Gin je nach Geschmack hinzugeben und einrühren.
Dann die Masse auskühlen lassen (maximal 28 °C, da sonst die Hohlkugeln beim Einfüllen schmelzen). Nun kann die Masse mithilfe eines Trichters oder einer Squezzerflasche randvoll in die Hohlkörper eingefüllt werden. Das Ganze gut abstehen lassen, gern über Nacht.
Dann 600 g der Kuvertüre vorsichtig bei maximal 140 °C im Wasserbad auflösen – das dauert eine Weile, nur Geduld – dann herausnehmen und mit 150 g der übrigen Kuvertüre glattrühren. Aus einem Backpapier ein kleines Spritztütchen basteln und halbvoll mit Kuvertüre füllen. Nun das Tütchen verschließen, in die Spitze ein zwei Millimeter großes Loch schneiden, durch die kleine Öffnung Kuvertüredeckel auf die Hohlkörper plazieren und fest werden lassen.

Den Topf mit der Kuvertüre nochmals kurz lau anwärmen, den Rest der Kuvertüre einrühren und somit auf 29 °C tem-perieren. Mit der Messerspitze einen Temperaturcheck machen. Die Kuvertüre sollte innerhalb von 3 bis 5 Minuten fest werden und matt glänzen. Nun ist die Kuvertüre verarbeitungsbereit und die Pralinen können getaucht, über ein Gitter gerollt und beliebig bestreut werden.

REZEPTE

Zweierlei vom Salzwiesenlamm an Thymianjus mit Kartoffel-Parmesan-Soufflé

Romantik Hotel Tuchmacher, Seite 334

ZUTATEN für 4 Personen

Lamm und Thymianjus: 600 g Krone vom Salzwiesenlamm, 1 Lammhaxe, 2 Möhren, 1 kleiner Knollensellerie, 1 l Rotwein, 2 TL Tomatenmark, Thymian, Loorbeerblätter, Piment, Salz, Pfeffer, Öl

Kartoffel-Parmesan-Soufflé: 150 ml Milch, 24 g Butter, 24 g Mehl, 2 Eier, 20 g Semmelbrösel, 20 g Parmesan, gerieben, 80 g gekochte, zerstampfte Kartoffeln, Salz, Pfeffer, Muskat gerieben

ZUBEREITUNG

Lammhaxe in erhitztem Öl scharf anbraten, das gestückelte Gemüse dazugeben und ebenfalls anrösten. Tomatenmark dazugeben, verrühren und mit der Hälfte des Rotweins ablöschen. Wenn Flüssigkeit verkocht ist, den restlichen Rotwein sowie etwas Wasser aufgießen. Lorbeerblätter, Piment und Thymian dazugeben, salzen, pfeffern, und im geschlossenen Topf im Backofen bei circa 160 °C.
90–120 Minuten schmoren. Dann Fleisch aus dem Topf nehmen, Sauce durch ein feines Sieb gießen und weiter reduzieren lassen. Mit Salz, Pfeffer und Thymian abschmecken.
Lammkrone separat in einer Pfanne scharf anbraten und mit Salz, Pfeffer, Thymian würzen. Im Backofen bei circa 80 °C 20 Minuten ziehen lassen. Milch mit Butterzum Kochen bringen, Mehl dazugeben und bei geringer Hitze rühren, bis ein sämiger Teig entsteht. Topf vom Ofen nehmen und etwas abkühlen lassen. Eiweiß steif schlagen, das Eigelb unter die warme Masse ziehen. Jetzt die restlichen Zutaten untermengen und mit Salz, Pfeffer sowie Muskat abschmecken. Schließlich das geschlagene Eiweiß vorsichtig unter die Masse heben.
In kleine, gebutterte Förmchen füllen und im Wasserbad im Backofen bei 160 °C 25 Minuten backen.

Ravioli con salsa alla maggiorana e pistacchi (Majoran-Pistazien-Soße)

Pasta Fantastica, Seite 340

ZUTATEN für 4 Personen

Teig: 300 g Mehl, 100 g Hartweizengrieß, 4 Eier, 1 EL Olivenöl, ½ TL Meersalz

Füllung: 500 g Ricotta, 1 Eigelb, 50 g Parmesan / Grana Padano gerieben, Muskatnuss, Salz und Pfeffer

Salsa (Soße): 100 g Butter, 1 Handvoll frische Majoranblättchen, 50 g Pistazien, grob gehackt, Salz, 200 ml Sahne, etwas Milch, Majoranblättchen zum Garnieren.

ZUBEREITUNG

Teig: Mehl mischen und häufen, Eier schlagen und hinzufügen, dann Öl und Salz dazugeben. Alles zu einer Masse kneten, 20 Minuten ruhen lassen, dann erneut gut durchkneten.
Füllung: Zutaten mischen
Salsa: Butter im Wasserbad schmelzen, mit Majoranblättchen und Pistazien mixen, salzen, Sahne zugeben und mixen.
Wenn die Salsa dickflüssig ist, diese in einen breiten Topf geben. Nun den Teig mit einer Nudelmaschine zu zwei langen Platten ausrollen und mit je einem Esslöffel Füllung zu Ravioli formen. Die Ravioli circa vier Minuten in Salzwasser kochen, dann schnell in die aufgewärmte Salsa eintauchen und auf angewärmten Tellern mit frischem Parmesan servieren.

Honiggebeizte Entenbrust mit Rosmarinsauce, Püree von der Sommermöhre und Schinkengraupen

Zur Bleiche Resort & Spa, Seite 346

ZUTATEN für 4 Personen

4 Entenbrüste, 1 El Butterschmalz, Salz, Pfeffer
Honigbeize: 4 EL Honig, 3 Zweige Rosmarin, Orangenschale, 5 cl Orangensaft, 3 EL Pommery Senf, 5 Nelken, je 10 Wacholderbeeren, Pfeffer, Senfsaat, 125 ml Weißwein, 4 cl Portwein (hell), 125 ml Walnussöl, 125 ml Sonnenblumenöl,
Braune Grundsauce: 0,5 l Fleischbrühe, 200 g Wurzelgemüse gewürfelt (Möhren, Sellerie, Pastinaken, Zwiebeln, Knoblauch), 1 EL Tomatenmark, 100 ml trockener Rotwein, 1 EL Butterschmalz, 1 Zweig Rosmarin
Beilage: 400 g Möhren, 0,2 l Gemüsebrühe, 1 TL frisch gemahlener Ingwer, 50 g Butter, 1 TL Zucker, Salz, Muskatnuss, 120 g mittelfeine Graupen, 400 ml Geflügelbrühe, 100 g Kochschinken, fein gewürfelt, 1 EL geschlagene Sahne

ZUBEREITUNG

Honigbeize: Gewürze fein hacken, Zutaten mischen; rühren, bis Honig aufgelöst ist. Pürieren und Öle einlaufen lassen. Entenbrüste in Honigbeize für 72 Stunden einlegen. Haut rautenförmig einschneiden, mit wenig Hitze auf der Hautseite 6 bis 7 Minuten braten. 2 Minuten auf die Fleischseite drehen, 10 Minuten bei 60 °C Grad ruhen lassen. Vor dem Servieren in feine Tranchen schneiden.
Sauce: Gemüse im Butterschmalz anrösten, Tomatenmark dazuzugeben, unter geringer Hitze weiterrösten. Mit Rotwein ablöschen, ganz einkochen lassen, dann mit Fleischbrühe auffüllen, 1/2 Stunde köcheln lassen. Alles fein mixen und ggf. etwas binden. Durch feines Sieb geben und mit gehackten Rosmarinnadeln verfeinern.
Beilage: Möhren klein schneiden. Mit Gemüsebrühe, Ingwer und Butter zu einem glatten Püree verarbeiten, mit Meersalz und Prise Zucker abschmecken. Graupen 1:1 mit heller Geflügelbrühe wie ein Risotto herstellen. Mit Kochschinkenwürfeln und etwas geschlagener Sahne anreichern.

Gebratenes Zanderfilet mit geschmolzenen Tomaten und Erbsen-Kartoffelpüree

Hotel Strandhaus, Seite 348

ZUTATEN für 6 Personen

1080 g Zanderfilet, ausgenommen, filetiert, Gewürzmischung (Salz, Pfeffer weiß, Dill, Knoblauch), je 1 Thymian- und Rosmarinzweig, 3 Knoblauchzehen, 100 g Butterschmalz, 200 g vollreife Tomaten, 500 g Kirschtomaten rot, 20 g Olivenöl, 400 g mehlig kochende Kartoffeln, 150 g Erbsen blanchiert, 200 g Butter, 2 Schalotten, Speisestärke, Mehl, Salz, Pfeffer, Muskat, Oregano, Basilikum, Zucker, 100 ml Milch, 50 ml Sahne

ZUBEREITUNG

Kartoffeln kochen, dann stampfen, sodass ein Kartoffelbrei entsteht. Erbsen pürieren und mit der Butter und Sahne unter das Kartoffelpüree arbeiten. Mit Salz, Pfeffer und Muskat abschmecken.
Die Tomaten würfeln und mit den Schalotten, mit zwei gehackten Knoblauchzehen, mit Salz, Pfeffer, Zucker und Olivenöl circa 20 Minuten kochen. Anschließend pürieren. Parallel dazu die Kirschtomaten blanchieren, die Haut abziehen und in die sämige Tomatensauce geben. Noch einmal erwärmen und mit Oregano und Basilikum abschmecken.
Zanderfilet auf circa 180 Gramm pro Portion zurechtschneiden, trocken tupfen, würzen, auf der Hautseite mehlieren und in Butterschmalz auf der mehlierten Hautseite bei mittlerer Hitze goldbraun braten. Thymianzweig, Rosmarinzweig und eine Knoblauchzehe hinzugeben. Einmal kurz wenden. Wenn das glasige Muskelfleisch weiß ist, ist der Fisch fertig zum Servieren.

REZEPTVERZEICHNIS

ADRESSVERZEICHNIS

A

ADORATI O SCHOKOLADENKUNST NASCHWERK GMBH & CO. KG 296
Moritz Hitzer, Susanne Engler
Am Schlossberg 2
01796 Struppen / OT Thürmsdorf
Tel.: 03 50 21 / 99 64 8
Fax: 03 50 21 / 99 65 7
info@adoratio-schokoladenkunst.de
www.adoratio-schokoladenkunst.de

ALTE CANZLEY HOTEL-RESTAURANT 140
Gesundheits- und Tagungszentrum Wittenberg
Christa Rath, Doreen Schwarze
Schlossplatz 3–5
06886 Lutherstadt Wittenberg
Tel.: 0 34 91 / 42 91 10
Fax: 0 34 91 / 42 93 10
info@alte-canzley.de
www.alte-canzley.de

AQUARE CHARTER GMBH 92
Günter Gossmann
Große Mühlenstr. 10
14774 Brandenburg
Tel.: 0 33 81 / 28 46 61
Fax: 0 33 81 / 28 44 60
info@bunbo.de
www.bunbo.de

ARCHE NEBRA – DIE HIMMELSSCHEIBE ERLEBEN 154
An der Steinklöbe 16, 06642 Nebra
Tel.: 03 44 61 / 25 52 0
Fax: 03 44 61 / 25 52 17
info@himmelsscheibe-erleben.de
www.himmelsscheibe-erleben.de

ARNSTADT KRISTALL GMBH 222
Bierweg 27, 99310 Arnstadt
Tel.: 0 36 28 / 66 00 0
Fax: 0 36 28 / 66 00 11
info@arnstadt-kristall.com
www.arnstadt-kristall.com

B

BERGHOTEL EISENACH 211
Silvio und Silke Sedlak
An der Göpelskuppe 1, 99817 Eisenach
Tel.: 03 69 1 / 22 66 0
Fax: 03 69 1 / 22 66 44
info@berghotel-eisenach.de
www.berghotel-eisenach.de

BILDGIESSEREI HERMANN NOACK GMBH + CO. KG 48
Hermann Noack
Am Spreebord 9, 10589 Berlin
Tel.: 0 30 / 8 21 63 87
Fax: 0 30 / 3 43 57 16 89
info@noack-bronze.com
www.noack-bronze.com

BIO- UND NATIONALPARK-HOTEL HELVETIA 298
Familie Hitzer
Schmilka Nr. 11
01814 Bad Schandau / OT Schmilka
Tel.: 03 50 22 / 92 23-0
Fax: 03 50 22 / 92 23-11
info@hotelhelvetia.de
www.hotelhelvetia.de

BOBALIS GMBH 100
Elke und Henri Henrion
Hauptstr. 30, 14913 Jüterbog
Tel.: 0 33 72 / 43 29 88
Fax: 0 33 72 / 43 29 87
info@bobalis.de
www.bobalis.de

BUCHDORF ERLEBNISWELT HEINZELMÄNNCHEN GMBH 124
Heidemarie Dehne
Dorfplatz 21
06774 Muldestausee / OT Mühlbeck
Tel.: 0 34 93 / 4 30 43
buecherconsum@t-online.de
www.buchdorf-erlebniswelt.de

C

CAFÉ UND RESTAURANT CARE 332
Anemone Müller-Großmann
Dorfstraße 134 a, 02829 Königshain
Tel.: 03 58 26 / 6 47 55
Fax: 03 58 26 / 64 90 08
amg@cafecare.de
www.cafecare.de

CAFÉLADEN 238
Karlstr. 8, 99423 Weimar
Tel.: 0 36 43 / 49 58 50
info@cafeladen.de
www.cafeladen.de

CHARLOTTE K. RESTAURANT UND PENSION 282
Ines Kuka
Coswiger Str. 23, 01445 Radebeul
Tel.: 03 51 / 8 33 68 76
restaurantcharlotte@arcor.de
www.charlotte-radebeul.de

CHRONOS-MANUFAKTUR 96
Hiller & Müller GbR
Buchenweg 69a
14776 Brandenburg an der Havel
Tel.: 0 33 81 / 66 49 60
mail@chronos-manufaktur.de
www.chronos-manufaktur.de

CLÄRCHENS BALLHAUS GMBH 68
Geschäftsführer: Christian Schulz und David Regehr
Gipsstr. 11, 10119 Berlin
Tel.: 0 30 / 28 38 55 88
Fax: 0 30 / 28 38 55 89
info@ballhaus.de
www.ballhaus.de

CRANACH-STIFTUNG WITTENBERG 144
Eva Löber
Markt 4, 06886 Lutherstadt Wittenberg
Tel.: 034 91 / 4 20 19 11
Fax: 04 91 / 4 20 19 19
cranach-hoefe@t-online.de
cranach-stiftung@web.de
www.cranach-stiftung.de

D

DAS GLEIMHAUS *168*
Dr. Ute Pott
Domplatz 31, 38820 Halberstadt
Tel.: 0 39 41 / 68 71 0
Fax: 0 39 41 / 68 71 40
gleimhaus@halberstadt.de
www.gleimhaus.de

DENKMALERHALTUNGSVEREIN EISENACH E. V. *210*
Vorsitzender: Thomas Mayer-Steudte, M.A.
Auf der Hundshövel 6
46446 Emmerich am Rhein
thomas.mayer-steudte@t-online.de
www.denkmalerhaltungsverein.de

DUETT *142*
Jeannette Hünsch
Schlossstr. 9
06886 Lutherstadt Wittenberg
Tel.: 0 34 91 / 69 50 95
info@duett-wittenberg.de
www.duett-wittenberg.de

E

EICHSFELDER KANONENBAHN GGMBH *198*
Winfried Stöber
Bahnhofstr. 43
99976 Lengenfeld unterm Stein
Tel.: 03 60 27 / 78 86 6
ws@erlebnis-draisine.de
www.erlebnis-draisine.de

EUROPÄISCHER REGIONALER FÖRDERVEREIN E.V. *24*
Volkmar Ritter
Technologie- und Gemeindezentrum 8b
16278 Pinnow
Tel.: 03 33 35 / 4 20 70
Fax: 03 33 35 / 4 20 71
Regionaler-Foerderverein@t-online.de
www.regionaler-foerderverein.de

EVANGELISCHES ZENTRUM KLOSTER DRÜBECK *170*
Karl-Heinz Purucker
Klostergarten 6, 38871 Drübeck
Tel.: 03 94 52 / 94 30 0
Fax: 03 94 52 /94 34 5
EZ@kloster-druebeck.de
www.kloster-druebeck.de

F

FAMILIENHOTEL BRANDTSHEIDE *122*
Antje Kienow
Bahnhofsallee 8 C
14827 Wiesenburg/Mark
Tel.: 03 38 49 / 79 60
Fax: 03 38 49 / 79 64 5
info@brandtsheide.de
www.brandtsheide.de

FAMILIENHOTEL WEIMAR UND GRETCHENS *236*
Restaurant & Café
Goethezimmer GmbH
Anselm Graubner
Seifengasse 8, 99423 Weimar
Tel.: 0 36 43 / 45 79-888
Fax: 0 36 43 / 85 11 62
info@familienhotel-weimar.de
www.familienhotel-weimar.de

FASSBENDER & RAUSCH – CHOCOLATIERS AM GENDARMENMARKT *58*
Robert Rausch
Charlottenstr. 60, 10117 Berlin
Tel.: 0 30 / 20 45 84 43
info@fassbender-rausch.de
www.fassbender-rausch.de

FEINKOSTGESCHÄFT „ERNST SCHUMANN“ *280*
Franziska Schlieter
Elbstr. 1, 01662 Meißen
Tel.: 0 35 21 / 45 20 21
Fax: 0 35 21 / 40 40 21
Ernst-schumann@t-online.de
www.feinkost-spirituosen-schumann.de

FERIENWOHNUNGEN „AM GRÜNEN QUELL“ *172*
Steinerne Renne 74, 38855 Wernigerode
info@amgruenenquell.de
www.amgruenenquell.de
Anfragen an:
STADTWERKE WERNIGERODE GMBH
Am Kupferhammer 38
38855 Wernigerode
Tel.: 0 39 43 / 55 65 55
Fax: 0 39 43 / 55 64 41

FISCHZUCHT RIETSCHEN GMBH *316*
Helmut und Karsten Tusche
Forsthausweg 3a, 02956 Rietschen
Tel.: 03 57 72 / 40 87 3
Fax: 03 57 72 / 46 88 0
fischzucht-rietschen@t-online.de
www.fischzucht-rietschen.de

G

GASLICHT-KULTUR E.V. *46*
Bertold Kujath
Am Postfenn 5, 14055 Berlin
Tel.: 01 79 / 81 06 74 7
berlin@gaslicht-kultur.de
www.gaslicht-kultur.de

GÄSTEHAUS RESTAURANT & CAFÉ SALINE STIFTSGUT WILHELMSGLÜCKSBRUNN *220*
Frithjof Karsten
Wilhelmsglücksbrunn 1
99831 Creuzburg
Tel.: 03 69 26 / 71 00 32 0
info@wilhelmsgluecksbrunn.de
www.wilhelmsgluecksbrunn.de

GALERIE FÜR RINGE UND SCHMUCKKUNST *242*
Sybille Richter
Windischenstr. 19, 99423 Weimar
Tel.: 0 36 43 / 85 8611
info@ring-weimar.de
www.ring-weimar.de

GASTSTÄTTE & CAFE „FÄHRHAUS CAPUTH“ *88*
Str. der Einheit 88
14548 Schwielowsee
Tel.: 03 32 09 / 70 20 3
www.faehrhaus-caputh.de

GRAFIKSTIFTUNG NEO RAUCH *148*
Wilhelmstr. 21–23
06449 Aschersleben
Tel.: 0 34 73 / 91 49 34 4
mail@grafikstiftungneorauch.de
www.grafikstiftungneorauch.de

GUTSHAUS VON BISMARCK GBR *152*
Kristin und Georg von Bismarck
Heidelbergstr. 1, 06577 Heldrungen
Tel.: 03 46 73 / 97 97 4
Fax: 03 46 73 / 77 87 3
Georg-v.Bismarck@t-online.de
www.gutshaus-von-bismarck.de

H

HACKESCHE HÖFE *62*
Rosenthaler Str. 40/41 & Sophienstr. 6
10178 Berlin
Tel.: 030 / 28 09 80 10
Fax: 030 / 28 09 80 50
www.hackesche-hoefe.com

HERRNHUTER STERNE GMBH 338
Oderwitzer Str. 8, 02747 Herrnhut
Tel.: 03 58 73 / 36 40
Fax: 03 58 73 / 36 43 5
info@herrnhuter-sterne.de
www.herrnhuter-sterne.de

HISTORISCHE GASTSTÄTTE & PENSION „BÜCKEMÜHLE“ 180
Fischspezialitätenrestaurant
Rüdiger und Kornelia Karger
Am Bückeberg 3
06485 Quedlinburg / OT Gernrode
Tel.: 03 94 85 / 4 19
Fax: 03 94 85 / 6 12 03
bueckemuehle@t-online.de
www.bueckemuehle.de

HISTORISCHE MÜHLE EBERSTEDT HME GMBH & CO KG 256
Daniela Kaiser
Dorfstr. 28–29, 99518 Eberstedt
Tel.: 03 64 61 / 87 46 3
Fax.: 03 64 61 / 86 93 5
info@oelmuehle-eberstedt.de
www.oelmuehle-eberstedt.de

HOFFMANN GMBH & CO. KG 324
Leinenweberei seit 1905
Zittauer Str. 23
01904 Neukirch/O.Lausitz
Tel.: 03 59 51 / 31 52 4
Fax: 03 59 51 / 32 05 2
info@leinenweberei-hoffmann.de
www.leinenweberei-hoffmann.de

HOTEL ADLON GMBH 60
Oliver Eller, Reto Wittwer
Unter den Linden 77, 10117 Berlin
Tel: 0 30 / 22 61 0
Fax: 0 30 / 22 61 22 22
hotel.adlon@kempinski.com
www.kempinski.com/de/berlin/hotel-adlon

HOTEL BAYRISCHES HAUS 78
Gertrud Schmack
Im Wildpark/Elisenweg 2
Tel.: 03 31 / 55 05-30 0
Fax: 03 31 / 55 05-56 0
info@bayrisches-haus.de
www.bayrisches-haus.de

HOTEL RESORT SCHLOSS AUERSTEDT UND MUSEUMSCAFÉ UND RESTAURANT „REINHARDT'S IM SCHLOSS“ 260
Kati und Frank Reinhardt
Schlosshof, 99518 Auerstedt
Tel.: 03 64 61 / 8 77 62
Fax: 03 64 61 / 8 64 87
reinhardts-im-schloss@auerstedt.org
www.auerstedt.org

HOTEL STADT NEUSTADT 254
Familie Eismann
Ernst-Thälmann-Str. 1
07806 Neustadt/Orla
Tel.: 03 64 81 / 22 74 9
Fax: 03 64 81 / 23 92 9
info@hotel-stadt-neustadt.de
www.hotel-stadt-neustadt.de

HOTEL STRANDHAUS 348
Markus Karl
Ernst-von-Houwald-Damm 16
15907 Lübben (Spreewald)
Tel.: 0 35 46 / 73 64
Fax: 0 35 46 / 22 63 99
info@strandhaus-spreewald.de
www.strandhaus-spreewald.de

HOTEL „ZUM HERRENHAUS“ HÜTSCHERODA 196
Manuel Spieth
Schloßstr. 10, 99820 Hörselberg-Hainich
Tel.: 03 62 54 / 72 0-0
Fax: 03 62 54 / 72 0-23
info@hotel-zumherrenhaus.de
www.hotel-zumherrenhaus.de

HISTORISCHE MÜHLE EBERSTEDT HME GmbH & Co Kg 256
Daniela Kaiser
Dorfstr. 28–29, 99518 Eberstedt
Tel.: 03 64 61 / 87 46 3
Fax: 03 64 61 / 86 93 5
www.oelmuehle-eberstedt.de
info@oelmuehle-eberstedt.de

K

KADES RESTAURANT „AM PFINGSTBERG“ 84
Mario Kade
Große Weinmeisterstr. 43 b
14469 Potsdam
Tel.: 03 31 / 29 35 33
Fax: 03 31 / 23 73 13 2
info@restaurant-pfingstberg.de
www.restaurant-pfingstberg.de

KAHNALETTO 292
Michael Schellnock
Auf dem Theaterkahn
Terrassenufer/Augustusbrücke
01067 Dresden
Tel.: 03 51 / 49 53 03 7
Fax: 03 51 / 49 52 42 8
info@kahnaletto.de
www.kahnaletto.de

KLEINES SCHLOSS 80
Café & Eventlocation im Park Babelsberg
Claudia und Arndt Gilka-Bötzow
Park Babelsberg 9, 14482 Potsdam
Tel.: 03 31 / 70 51 56
info@kleinesschloss.de
www.kleinesschloss.de

KLOSTER CHORIN 22
Dr. Franziska Siedler
Amt Chorin 11a, 16230 Chorin
Tel.: 03 33 66 / 70 37 7
Fax: 03 33 66 / 70 37 8
info@kloster-chorin.org
www.kloster-chorin.org

KULINARISCHE ZEITREISEN 244
Natur- und Feinkost Manufaktur
Margitta Braun
Hauptstr. 1, 99439 Heichelheim
Tel.: 0 36 43 / 77 32 94
Fax: 0 36 43 / 77 80 41
kulinarische.zeitreisen@online.de
www.kulinarische-zeitreisen.com

KULTURHOTEL FÜRST PÜCKLER PARK 312
Thekla Nichterlein
Schloßstr. 8, 02953 Bad Muskau
Tel.: 03 57 71 / 53 30
Fax: 03 57 71 / 53 34 7
info@kulturhotel-fuerst-pueckler-park.de

KULTURSTIFTUNG DESSAUWÖRLITZ 116
Dr. Thomas Weiß
Schloss Großkühnau (Ebenhanstr. 8)
06846 Dessau-Roßlau
Tel.: 03 40 / 64 61 5-0
Fax: 03 40 / 64 61 5-10
info@gartenreich.com
www.gartenreich.com

KULTOURSTADT GOTHA GMBH 194
Torsten Kunz
Hauptmarkt 17, 99867 Gotha
Tel.: 0 36 21 / 5 10-43 0
Fax: 0 36 21 / 5 10-44 9
info@kultourstadt.de
www.kultourstadt.de

KUNSTHOF MARKT 4 UND CAFÉ 3 146
Marion Münzberg, Siegfried Appelt, Bärbel Mohaupt, Maria Friedel, Ute Walter, Ute Appelt-Lillack, Maria John, Anka Demme, Josefina Moßig
Markt 4, 06886 Lutherstadt Wittenberg
Tel.: 0 34 91 / 45 98 48
info@kunsthof-markt4.de
www.kunsthof-markt4.de

L

LANDGUT A.BORSIG *32*
Tanja Getto und Michael Stober
Behnitzer Dorfstr. 29-31
14641 Nauen/ OT Groß Behnitz
Tel.: 03 32 39 / 20 80 60
Fax: 03 32 39 / 20 80 68
info@landgut-aborsig.de
www.landgut-aborsig.de

LANDHOTEL ROSENSCHÄNKE *300*
Familie Walther
Baumschulenstr. 17
01731 Kreischa/Gombsen
Tel.: 03 52 06 / 2 18 70
Fax: 03 52 06 / 2 18 58
info@landhotel-rosenschaenke.de
www.landhotel-rosenschaenke.de
www.rosendelikatessen.de

LANDLUST KÖRZIN *98*
Ulrike Laun
Körzin 19, 14547 Beelitz/OT Körzin
Tel.: 03 32 04 / 60 17 1
info@landlust-koerzin.de
www.landlust-koerzin.de

L' AUBERGE GUTSHOF *320*
Tina & Barbara Weßollek
Alte Belmsdorfer Str. 33
01877 Bischofswerda
Tel.: 0 35 94 / 70 52 0-0
Fax: 0 35 94 / 70 52 0-1
mail@auberge-gutshof.eu
www.auberge-gutshof.eu

LA TARTE – BISTROT FRANÇAIS *240*
UND CAFÉ DU JARDIN
Elizabeth Leroy-Maaß
Jakobstr. 5–7 u. 10, 99423 Weimar
Tel.: 0 36 43 / 2 11 73 26
Fax: 0 36 43 / 4 93 39 19
info@latarte.eu
www.latarte.eu

M

MAISON CHARLOTTE *82*
Manuel Hansen
Mittelstr. 20, 14467 Potsdam
Tel.: 03 31 / 28 05 45 0
restaurant@maison-charlotte.de
www.maison-charlotte.de

MANSFELDER BERGWERK- 156
BAHN E.V.
Hauptstr. 15, 06308 Benndorf
Tel.: 03 47 72 / 27 64 0
Fax: 03 47 72 / 30 22 9
buero@bergwerksbahn.de
www.bergwerksbahn.de

MARKTHALLE NEUN GMBH 50
Bernd Maier, Florian Niedermeier,
Nikolaus Driessen
Eisenbahnstr. 42/43
10997 Berlin-Kreuzberg
Tel: 0 30 / 61 07 34 73
Fax: 0 30 / 61 07 34 74
info@markthalleneun.de
www.markthalleneun.de

MEISSENER SPEZIALITÄTEN- 274
BRENNEREI
Prinz zur Lippe GmbH & Co KG
OT Reichenbach Nr. 5, 01665 Klipphausen
Tel.: 0 35 21 / 45 20 96
Vertrieb auch unter: 0 35 21 / 76 76 0
www.schloss-proschwitz.de

MKH AGRAR PRODUKTE GMBH 318
WITTICHENAU
KRABAT MILCHWELT
Tobias Kockert
Kotten 2, 02997 Wittichenau
Tel.: 03 57 25 / 92 90 0
Fax: 03 57 25 / 92 90 19
info@krabat-milchwelt.de
www.krabat-milchwelt.de

MUSEUM DER 90
HAVELLÄNDISCHEN
MALERKOLONIE
Beelitzer Str. 1/Ecke Dorfstr.
14548 Schwielowsee/OT Ferch
Tel.: 03 32 09 / 21025
museum@havellaendische-malerkolonie.de

FÖRDERVEREIN
HAVELLÄNDISCHE
MALERKOLONIE E.V.
Carola Pauly
Tel.: 03 32 09 / 20 89 02
Vorstand@havellaendische-
Malerkolonie.de
www.havellaendische-malerkolonie

N

NATURAPARTMENTS *344*
STAUENSFLIESS LANG GBR
Elke Lang
Schwarze Ecke 17
03096 Burg (Spreewald)
Tel.: 03 56 03 / 18 94 40
Fax: 03 56 03 / 18 94 41
info@na-pa.de
www.naturapartments-spreewald.de

NOTO BAR & RESTAURANT *66*
Torstr. 173, 10115 Berlin (Mitte)
Tel.: 030 / 20 09 53 87
office@noto-berlin.com
www.noto-berlin.com

P

PARKHOTEL *150*
SCHLOSS MEISDORF
Van der Valk GmbH
Vincent van der Valk
Allee 5, 06463 Meisdorf
Tel.: 03 47 43 / 9 80
meisdorf@vandervalk.de
www.meisdorf.vandervalk.de

PAUL JÜTTNERS BUCH- *176*
HANDLUNG –
RAINER SCHULZE E.K.
Westernstr. 10
38855 Wernigerode/Harz
Tel.: 0 39 43 / 69 11 0
Fax: 0 39 43 / 69 11 44
buchhandlung@juettners.de
www.juettners.de

PASTA FANTASTICA *340*
Marina Nemirovsky
Neustadt 37, 02763 Zittau
Tel.: 0 35 83 / 58 55 20 0
Fax: 0 35 83 / 69 97 46 6
info@pasta-fantastica.de
www.pasta-fantastica.de

R

RABE SPREEWÄLDER *350*
KONSERVEN GMBH & CO. KG
Markus Belaschk
Boblitzer Chausseestr. 16
03222 Lübbenau/OT Boblitz
Tel.: 0 35 42 / 89 33-0
Fax: 0 35 42 / 89 33-66
Vertrieb@Spreewaldrabe.de
www.rabe-gmbh.de

RENNBAHN HOPPEGARTEN *42*
GMBH & CO. KG
Inhaber: Gerhard Schönigh
Goetheallee 1, 15366 Hoppegarten
Tel.: 0 33 42 / 38 93-0
Fax: 0 33 42 / 38 93-40
mail@hoppegarten.com
www.hoppegarten.com

RMV VON RIBBECK GMBH *94*
Friedrich von Ribbeck
Am Birnbaum 25
14641 Ribbeck/OT Nauen
Tel.: 03 32 37 / 88 90 1
Fax: 03 32 37 / 88 90 2
mail@vonribbeck.de
www.vonribbeck.de

RESTAURANT CAFÉ ROMMEL 224
Thomas Abel
Johannesstr. 34, 99084 Erfurt
Tel.: 03 61 / 65 78 13 02
abel@goldstern-gastro.de
www.cafe-rommel.de

RESTAURANT PÄCHTERHAUS 120
Katrin Mädel
Kirchstr. 1, 06846 Dessau
Tel.: 03 40 / 65 01 44 7
Fax: 03 40 / 65 01 44 8
maedel@paechterhaus-dessau.de
www.paechterhaus-dessau.de

RESTAURANT PETIT FRANK 286
Frank Ollhoff
Bürgerstr. 14, 01127 Dresden
Tel.: 03 51 / 82 11 90 0
info@petit-frank.de
www.petit-frank.de

RESTAURANT ST. GEORGES 202
Dr. Werner Freund
Dorfstr. 16 a, 37318 Dieterode
Tel.: 03 60 82 / 42 12 8
Fax: 03 60 82 / 90 36 8
dr.freund@t-online.de
www.st-georges-online.de

RINGHOTEL ZUM STEIN WÖRLITZ 118
Michael Pirl
Erdmannsdorffstr. 228
06785 Oranienbaum-Wörlitz
Tel.: 03 49 05 / 50 0
Fax: 03 49 05 / 50 19 9
info@hotel-zum-stein.de
www.hotel-zum-stein.de

ROMANTIK HOTEL DOROTHEENHOF WEIMAR 246
Claus Alboth
Dorotheenhof 1, 99427 Weimar
Tel.: 0 36 43 / 45 90
Fax: 0 36 43 / 45 92 00
info@dorotheenhof.com
www.dorotheenhof.com

ROMANTIK HOTEL BURGKELLER 278
Tessa Barth
Domplatz 11, 01662 Meißen
Tel.: 0 35 21 / 41 40 0
Fax: 0 35 21 / 41 40 4
info@hotel-burgkeller-meissen.de
www.hotel-burgkeller-meissen.de

ROMANTIK HOTEL TUCHMACHER 334
Erika und Martin Vits
Peterstr. 8, 02826 Görlitz
Tel.: 0 35 81 / 47 31-0
Fax: 0 35 81 / 47 31-111
hotel@tuchmacher.de
www.tuchmacher.de

S

SÄCHSISCHE DAMPF-SCHIFFAHRTS-GMBH & CO. CONTI ELBSCHIFFAHRTS KG 290
Karin Hildebrand
Georg-Treu-Platz 3, 01067 Dresden
Tel.: 03 51 / 86 60 90
Fax: 03 51 / 86 60 98 8
info@saechsische-dampfschiffahrt.de
www.saechsische-dampfschiffahrt.de

SÄCHSISCHES INDUSTRIE-MUSEUM ENERGIEFABRIK KNAPPENRODE 326
Ernst-Thälmann-Str. 8
02977 Hoyerswerda/OT Knappenrode
Tel.: 0 35 71 / 60 42 67
Fax: 0 35 71 / 60 42 75
knappenrode@saechsisches-industriemuseum.de
www.saechsisches-industriemuseum.com

SCHAUSCHAU 242
Bettina Viertel
Teichgasse 4, 99423 Weimar
Tel.: 0 36 43 / 90 64 68
mail@schauschau.com
www.schauschau.com

SCHLOSSHOTEL DRESDEN-PILLNITZ 294
Familie Zepp
August-Böckstiegel-Str. 10
01326 Dresden
Tel.: 03 51/ 26 14-0
Fax: 03 51 / 26 14-40 0
reservierung@schlosshotel-pillnitz.de
www.schlosshotel-pillnitz.de

SEELODGE 30
im Wald- und Seengut Kremmen
Zum See 4a, 16766 Kremmen
Tel.: 03 30 55 / 22 08 0
info@seelodge.de
www.seelodge.de

SERBSKI KULTURNY TURIZM Z.T./SORBISCHER KULTURTOURISMUS E.V. 330
Ines Kunzendorf
Měrowa 65/Friedensstr. 65
02959 Slepo/Schleife
Tel.: 03 57 73 / 76 15 3
skt-domowina@t-online.de
www.sorben-tourismus.com

SOPHIENSÆLE 64
Kerstin Müller
Sophienstr. 18, 10178 Berlin
Tel.: 030 / 27 89 00 30
Tel. Kartenreservierung: 030 / 283 52 66
info@sophiensaele.com
www.sophiensaele.com

SORBISCHES RESTAURANT WJELBIK 328
Veronika Mahling
Kornstr. 7, 02625 Bautzen
Tel.: 0 35 91 / 42 06 0
Fax: 0 35 91 / 42 06 0
info@wjelbik.de
www.wjelbik.de

STAATLICHE PORZELLAN-MANUFAKTUR MEISSEN GMBH 272
Dr. Christian Kurtzke
Talstr. 9, 01662 Meißen
Tel.: 0 35 21 / 46 82 08
Fax: 0 35 21 / 46 88 04
museum@meissen.com
www.meissen.com

STERNEVENT GMBH 248
Zeiss-Planetarium Jena
Jürgen Hellwig
Am Planetarium 5, 07743 Jena
Tel.: 0 36 41 / 88 54 88
Fax: 0 36 41 / 88 54 20
order@planetarium-jena.de
www.planetarium-jena.de
www.sternevent.com

STIFTUNG LEUCHTENBURG 252
Dorfstr. 100, 07768 Seitenroda
Tel.: 03 64 24 / 71 33-00
Fax: 03 64 24 / 71 33-10
info@leuchtenburg.de
www.leuchtenburg.de

STIFTSGUT WILHELMS-GLÜCKSBRUNN GGMBH 218
Arnold Vogt
Wilhelmsglücksbrunn 1
99831 Creuzburg
Tel.: 0 36 91 / 71 00 31 0
Fax: 0 36 91 / 71 00 33 7
info@wilhelmsgluecksbrunn.de
www.wilhelmsgluecksbrunn.de

STIFTUNG SCHLOSS NEUHARDENBERG *28*
Schinkelplatz, 15320 Neuhardenberg
Tel.: 03 34 76 / 60 00
Fax: 03 34 76 / 60 06 80
info@schlossneuhardenberg.de
www.schlossneuhardenberg.de

T

THÜRINGER WEINGUT „SONNENBURG“ BAD SULZA GMBH *258*
Geschäftsführer Andreas Clauß
OT Sonnendorf 17, 99518 Bad Sulza
Tel.: 03 64 61 / 20 60 0
Fax: 03 64 61 / 20 86 1
info@thueringer-wein.de
www.thueringer-wein.de

TÖPFEREI THUNIG *322*
Thomas Thunig
Dorfstr. 22, 01877 Schmölln-Putzkau
Tel.: 0 35 94 / 70 65 05
Fax: 0 35 94 / 70 64 49
thomas@toepferei-thunig.de
www.toepferei-thunig.de

TOSKANAWORLD GMBH *262*
Marion Schneider
Rudolf-Gröschner-Str. 11
99518 Bad Sulza
Tel.: 03 64 61 / 92 00 0
Fax: 03 64 61 / 92 00 2
info@toskanaworld.net
www.toskanaworld.net

V

VERGISSMEINNICHT *336*
Alexandra Braun
Obermarkt 25, 02826 Görlitz
Tel.: 0 35 81 / 40 36 52
Fax: 0 35 81 / 68 31 13 1
blumen@vergissmeinnicht-goerlitz.de
www.stadthaeuser1a.de

VERKEHRSMUSEUM DRESDEN GMBH *288*
Geschäftsführer und Direktor Joachim Breuninger
Augustusstr. 1, 01067 Dresden
Tel.: 03 51 / 86 44-0
Fax: 03 51 / 86 44-11 0
info@verkehrsmuseum-dresden.de
www.verkehrsmuseum-dresden.de

VIBA SWEETS GMBH *216*
Karl Heinz Einhäuser, Holger Storch
Die Aue 7, 98593 Floh-Seligenthal
Tel.: 0 36 83 / 69 21-0
Fax: 0 36 83 / 69 21-115
info@viba-sweets.de
www.viba.de

W

WALDEISENBAHN MUSKAU GMBH *314*
Geschäftsstelle
Jahnstr. 5, 02943 Weißwasser
Tel.: 0 35 76 / 20 74 72
Fax: 0 35 76 / 20 74 73
wem.gmbh@waldeisenbahn.de
www.waldeisenbahn.de
(Zentrale Abfahrt Bahnhof Teichstraße in Weißwasser)

WALD- UND NATURSCHULE ABENTEUER-NATUR-ERLEBEN *200*
Christoph Weidner
Bahnhof 1, 37308 Schimberg
Tel.: 03 60 82 / 91 84 16
office@abenteuer-natur-erleben.org
www.abenteuer-natur-erleben.org

WEIMARER PORZELLAN-MANUFAKTUR BETRIEBS-GMBH *250*
Turpin Rosenthal
Christian-Speck-Str. 5
99444 Blankenhain
Tel.: 03 64 59 / 60-0
Fax: 03 64 59 / 60-30 9
info@weimar-porzellan.de
www.weimar-porzellan.de

WEINGUT DREI HERREN *284*
Weinbergstr. 34, 01445 Radebeul
Tel.: 03 51 / 79 56 09 9
Fax: 03 51 / 79 56 31 5
info@weingutdreiherren.de
www.weingutdreiherren.de

WEINMANUFAKTUR AM MARIABERG GMBH *276*
Anja Fritz und Martin Schwarz
Dresdner Str. 71, 01662 Meißen
Tel.: 01 70 / 43 35 58 6
Tel.: 03 51 / 89 56 07 2
info@weingut-mariaberg.de
www.weingut-mariaberg.de
www.schwarz-wein.de

WEINRESTAURANT TURMSCHÄNKE *212*
Ulrich Rösch
Karlsplatz 28, 99817 Eisenach
Tel.: 0 36 91 / 21 35 33
Fax: 0 36 91 / 88 88 12
info@turmschaenke-eisenach.de
www.turmschaenke-eisenach.de

WELTRAD MANUFACTUR *126*
René Leue
Cokturhof 3, 39218 Schönebeck
Tel.: 0 39 28 / 42 90 66
Fax: 0 39 28 / 42 49 62
info@weltrad.de
www.weltrad.de

WITTENBERGER PASSAGIER-SCHIFFFAHRT *138*
Jan und Antoinette Harnisch
Schloßstr. 16
06886 Lutherstadt Wittenberg
Tel.: 0 34 91 / 76 90 43 3
Fax: 0 34 91 / 76 90 43 4
info@ms-wittenberg.de
www.wittenberg.de

Z

ZIEGENALM SOPHIENHOF *182*
Kerstin und Kai Liebig
Dorfstr. 44, 99768 Sophienhof/Harz
Tel.: 03 63 31 / 48 23 5
Fax: 032 / 22 99 64 64 1
mail@ziegenalm.de
www.ziegenalm.de

ZIMMER MIT AUSBLICK *86*
Pia von Kaehne
Lankestr. 2
14482 Potsdam/OT Klein-Glienicke
Tel.: 03 31 / 58 10 77 0
01 60 / 15 710 11
Fax: 03 31 / 58 10 77 9
info@zimmer-mit-ausblick.net
www.zimmer-mit-ausblick.net

ZUM ALTEN FORSTHAUS TODTENRODE *178*
Waldgasthof und Pension
Ute Lange
Todtenrode 1
06502 Thale/OT Altenbrak
Tel.: 03 94 56 / 5 67 88
Fax: 03 94 56 / 5 67 37
info@todtenrode.de
www.todtenrode.de

ZUR ALTEN LATERNE *44*
Petra Roeßing
Alt Köpenick 31/33
12555 Berlin-Köpenick
info@alte-laterne.de
www.alte-laterne.de

ZUR BLEICHE RESORT & SPA *346*
Christine und Michael Clausing
Bleichestr. 16
03096 Burg im Spreewald
Tel.: 03 56 03 / 62 0
Fax: 03 56 03 / 60 29 2
reservierung@hotel-zur-bleiche.com
www.hotel-zur-bleiche.de

BAD MUSKAU TOURISTIK GMBH
Altes Schloß/Schloßstr. 6
02953 Bad Muskau
Tel.: 03 57 71 / 50 49 2
Fax: 03 57 71 / 69 90 6
info@badmuskau.info
www.badmuskau.info

BAUHAUS-ARCHIV / MUSEUM FÜR GESTALTUNG
Klingelhöferstr. 14, 10785 Berlin
Tel.: 030 / 25 40 02-40
www.bauhaus.de

BAUHAUS-ATELIER
Besucher- und Informationszentrum im Innenhof des Uni-Hauptgebäudes
Geschwister-Scholl-Str. 6 a
99423 Weimar
Tel.: 036 43 / 58 30 00
www.uni-weimar.de

BAUHAUS-MUSEUM WEIMAR
Am Theaterplatz 1, 99423 Weimar

BAUHAUS-UNIVERSITÄT WEIMAR
Geschwister-Scholl-Str. 8, 99423 Weimar
Tel.: 0 36 43 / 58 0
www.uni-weimar.de

BERLINER KOMITEE FÜR UNESCO-ARBEIT E.V.
Prof. Dr. Gudrun Kammasch
c/o Beuth-Hochschule für Technik Berlin
Luxemburger Str. 10, 13353 Berlin
Tel.: 0 30 / 45 04 23 54
www.unesco-berlin.de

BIOSPHÄRENRESERVAT SCHORFHEIDE-CHORIN
Dr. Martin Flade
Hoher Steinweg 5–6, 16278 Angermünde
Tel.: 0 33 31 / 36 54-0
Fax: 0 33 31 / 36 54-10
br-schorfheide-chorin@lugv.brandenburg.de
www.schorfheide-chorin.de

BIOSPHÄRENRESERVATS-VERWALTUNG MITTELELBE
Kapenmühle PF 13 82
06813 Dessau-Roßlau
Tel.: 03 49 04 / 4 21-0
Fax: 03 49 04 / 4 21-21
Poststelle@bioresme.mlu.sachsen-anhalt.de
www.gartenreich.net

DEUTSCHE STIFTUNG DENKMALSCHUTZ
Schlegelstr. 1, 53113 Bonn
Tel.: 02 28 / 90 91-0
info@denkmalschutz.de
www.denkmalschutz.de

DEUTSCHE STIFTUNG WELTERBE
Baustr. 27, 23966 Wismar
Tel.: 0 38 41 / 25 23 08
info@welterbestiftung.de
www.welterbestiftung.de

DEUTSCHE UNESCO-KOMMISSION E.V.
Colmantstr. 15, 53115 Bonn
Tel.: 02 28 / 60 49 70
info-bibliothek@unesco.de
www.unesco.de

DEUTSCHE ZENTRALE FÜR TOURISMUS E.V. (DZT)
Beethovenstr. 69, 60325 Frankfurt/M.
Tel.: 0 69 / 97 46 40
info@germany.travel
www.germany.travel

DOMSCHATZVERWALTUNG QUEDLINBURG
Schlossberg 1 g, 06484 Quedlinburg
Tel.: 0 39 46 / 70 99 00
Fax: 0 39 46 / 52 43 79
quedlinburg@die-domschaetze.de
www.die-domschaetze.de

FÖRDERVEREIN FÜRST-PÜCKLER-REGION E. V.
Lothar Bienst
Berliner Str. 33, 02953 Bad Muskau
Tel.: 03 57 71 / 61 12 0
Fax: 03 57 71 / 61 12 4
fv@fuerst-pueckler-region.de
www.fuerst.pueckler-region.de

GESELLSCHAFT DER FREUNDE DES DESSAU-WÖRLITZER GARTENREICHES E. V.
Joachim Landgraf
Angergasse 104
06785 Oranienbaum-Wörlitz
Tel.: 03 49 05 / 30 87 0
Fax: 03 49 05 / 30 87 1
info@gartenreich.info
www.gartenreich.info

GENERALVERWALTUNG DES VORMALS REGIERENDEN PREUSSISCHEN KÖNIGSHAUSES
Tristanstr. 17 d, 14109 Berlin
Tel.: 0 30 / 803 11 38
Fax: 0 30 / 80 10 93 00
berlin@preussen.de
www.preussen.de

KLASSIK STIFTUNG WEIMAR
Stiftung des öffentlichen Rechts
Hellmut Th. Seemann
Burgplatz 4, 99423 Weimar
Tel.: 0 36 43 / 54 5-0
poststelle@klassik-stiftung.de
www.klassik-stiftung.de

KULTURSTIFTUNG DESSAUWÖRLITZ
Dr. Thomas Weiß
Schloss Großkühnau
(Ebenhanstr. 8)
06846 Dessau-Roßlau
Tel.: 03 40 / 6 46 15-0
info@gartenreich.com
www.gartenreich.com

LANDESHAUPTSTADT POTSDAM
Friedrich-Ebert-Str. 79/81, 14469 Potsdam
Tel.: 03 31 / 28 9-0
Fax: 03 31 / 28 9-11 55
Poststelle@Rathaus.Potsdam.de
www.potsdam.de

LANDRATSAMT WARTBURGKREIS
Erzberger Allee 14, 36433 Bad Salzungen
Tel.: 0 36 95 / 61 50
info@wartburgkreis.de
www.wartburgkreis.de

„LUTHER 2017 – 500 JAHRE REFORMATION“
Geschäftsstelle der Evangelischen Kirche in Deutschland (EKD)
Markt 26, 06886 Lutherstadt Wittenberg
Tel.: 0 34 91 / 50 52 71 0
Fax: 0 34 91 / 50 52 72 9
info@luther2017.de
www.luther2017.de

LUTHERSTADT EISLEBEN
Markt 1, 06295 Lutherstadt Eisleben
Tel.: 0 34 75 / 65 50
www.eisleben.eu

LUTHERSTADT WITTENBERG
Lutherstr. 56
06886 Lutherstadt Wittenberg
Tel.:0 34 91 / 42 10
www.wittenberg.de

NARODOWY INSTYTUT DZIEDZICTWA
Pracownia Terenowa Park Mużakowski w Łęknicy
Wioletta Łabuda-Iwaniak
ul. Wybrzeżna 25, PL 68-208 Łęknica
pracownia.leknica@nid.pl
www.park-muzakowski.pl/home

NATIONALPARK HAINICH
Bei der Marktkirche 9
99947 Bad Langensalza
Tel.: 0 36 03 / 39 07 0
Fax: 0 36 03 / 39 07 20
Nationalpark.Hainich@NNL.thueringen.de
www.nationalpark-hainich.de

SENATSVERWALTUNG FÜR STADT-ENTWICKLUNG UND UMWELT
Württembergische Str. 6, 10707 Berlin
www.berlin.de

STAATLICHE GESCHÄFTSSTELLE „LUTHER 2017“
Collegienstr. 62 c
06886 Lutherstadt Wittenberg
Tel.: 0 34 91 / 46 61 12
Fax: 0 34 91 / 46 62 81
info@luther2017.de
www.luther2017.de

STAATLICHE MUSEEN ZU BERLIN
Preußischer Kulturbesitz
Generaldirektion
Stauffenbergstr. 41, 10785 Berlin
Tel.: 0 30 / 26 60

STADT BAD MUSKAU
Berliner Str. 47, 02953 Bad Muskau
Tel.: 03 57 71 / 5 60 12
www.badmuskau.de

STADT DESSAU-ROSSLAU
Tourismus-Marketing
Zerbster Str. 4, 06844 Dessau-Roßlau
Tel.: 03 40 / 20 42 34 2
www.dessau-rosslau.de

STADT QUEDLINBURG
Markt 1, 06484 Quedlinburg
Tel.: 0 39 46 / 90 55 0
Fax: 0 39 46 / 90 59 50 0
stadt@quedlinburg.de
www.quedlinburg.de

STIFTUNG BAUHAUS DESSAU
Gropiusallee 38, 06846 Dessau
Tel.: 03 40 / 65 08-250
Fax: 03 40 / 65 08-226
service@bauhaus-dessau.de
www.bauhaus-dessau.de

STIFTUNG „FÜRST-PÜCKLER-PARK BAD MUSKAU"
Geschäftsführer und Parkdirektor
Cord Panning
Orangerie, 02953 Bad Muskau
Tel.: 03 57 71 / 63 11 0
direktion@muskauer-park.de
www.muskauer-park.de

STIFTUNG LUTHERGEDENKSTÄTTEN IN SACHSEN-ANHALT
Dr. Stefan Rhein
Collegienstr. 54
06886 Lutherstadt Wittenberg
Tel.: 0 34 91 / 4 20 30
info@martinluther.de
www.martinluther.de

STIFTUNG PREUSSISCHER KULTURBESITZ
Prof. Dr. Dr. hc. mult. Hermann Parzinger
Von-der-Heydt-Str. 16–18, 10785 Berlin
Tel.: 0 30 / 26 64 1-14 40
Fax: 0 30 /26 64 1-28 21
info@hv.spk-berlin.de
www.preussischer-kulturbesitz.de

STIFTUNG PREUSSISCHE SCHLÖSSER UND GÄRTEN BERLIN-BRANDENBURG
Generaldirektor Prof. Dr.
Hartmut Dorgerloh
Allee nach Sanssouci 5, 14471 Potsdam
www.spsg.de

Abteilung Marketing
Postfach 60 14 62, 14414 Potsdam
Tel.: 03 31 / 96 94-317
Fax: 03 31 / 96 94-106
marketing@spsg.de
www.spsg.de

STIFTUNG PREUSSISCHE SCHLÖSSER UND GÄRTEN BERLIN-BRANDENBURG
Generaldirektion Dr. Gabriele Horn
Postfach 60 14 62, 14414 Potsdam
Tel.: 31 / 96 94-311
Fax: 03 31 / 96 94-299
denkmalschutzbehoerde@spsg.de
www.spsg.de

STIFTUNG PREUSSISCHE SCHLÖSSER UND GÄRTEN BERLIN-BRANDENBURG
Besucherzentrum Potsdam Sanssouci
Historische Mühle
Tel.: 03 31 / 96 94-202
Fax: 03 31 / 96 94-107

STIFTUNG WELTKULTURERBE GARTENSTADT FALKENBERG UND SCHILLERPARK-SIEDLUNG DER BERLINER MODERNE
Dirk Lönnecker, Thorsten Schmitt
Knobelsdorffstr. 96, 14050 Berlin
Tel.: 030 / 30 30 2-0
Fax: 030 / 30 30 2-165
vorstand@welterbe-berlin.de
www.welterbe-berlin.de

THÜRINGER TOURISMUS GMBH
Willy-Brandt-Platz 1, 99084 Erfurt
Tel.: 03 61 / 37 42 0
Fax: 03 61 / 37 42 29 9
service@thueringen-tourismus.de
www.thueringen-tourismus.de

TOURISMUSGESELLSCHAFT WÖRLITZ-ORANIENBAUM MBH
Wörlitz-Information
Förstergasse 26
06785 Oranienbaum-Wörlitz/OT Wörlitz
Tel.: 03 49 05 / 3 10 09
Fax: 03 49 05 / 3 10 10
info@woerlitz-information.de
www.woerlitz-information.de

TOURISMUSREGION ANHALT-DESSAU-WITTENBERG E.V.
Neustr. 13, 06886 Lutherstadt Wittenberg
Tel.: 0 34 91 / 40 26 10
Fax: 0 34 91 / 40 58 57
info@anhalt-dessau-wittenberg.de
www.anhalt-dessau-wittenberg.de

TOURISMUSVERBAND DER WELTERBEREGION WARTBURG HAINICH E.V.
Vorstandsvorsitzender Martin Fromm
Geschäftsstellenleiterin Anne-Katrin Dille
Am Schloß 2, 99947 Weberstedt
Tel.: 03 60 22 / 98 08 36
info@welterbe-wartburg-hainich.de
www.welterbe-wartburg-hainich.de

TOURISMUSZENTRUM MUSKAUER PARK STIFTUNG „FÜRST-PÜCKLER-PARK BAD MUSKAU"
Neues Schloss, 02953 Bad Muskau
Tel.: 03 57 71 / 63 10 0
Fax: 03 57 71 / 63 10 9
info@muskauer-park.de
www.muskauer-park.de

TOURIST-INFORMATION DESSAU-ROSSLAU
Zerbster Str. 2 c, 06844 Dessau-Roßlau
Tel.: 0340 / 20 41 44 2 und 19 43 3
touristinfo@dessau-rosslau.de
www.dessau-rosslau-tourismus.de

TOURIST-INFORMATION LUTHERSTADT EISLEBEN & STADT MANSFELD E.V.
Hallesche Str. 4–6
06295 Lutherstadt Eisleben
Tel.: 0 34 75 / 60 21 24
info@ lutherstaedte-eisleben-mansfeld.de
www.lutherstaedte-eisleben-mansfeld.de

UNESCO-WELTERBESTÄTTEN DEUTSCHLAND E.V.
Palais Salfeldt/Kornmarkt 6
06484 Quedlinburg
Tel.: 0 39 46 / 81 12 53
info@unesco-welterbe.de
www.unesco-welterbe.de

UNTERE DENKMALSCHUTZBEHÖRDE LANDESHAUPTSTADT POTSDAM
Dr. Ramona Simone Dornbusch
Hegelallee 6–10, Haus 1, 3. Etage
14467 Potsdam
Tel.: 03 31 / 28 9-30 87
Fax: 03 31 / 28 9-30 77
ramona.dornbusch@rathaus.potsdam.de
www.potsdam.de

WARTBURG-STIFTUNG
Günter Schuchardt, Burghauptmann
Auf der Wartburg 1, 99817 Eisenach
Tel.: 0 36 91 / 25 00
Fax: 0 36 91/20 33 42
info@wartburg.de
www.wartburg.de

WEIMAR GMBH
Gesellschaft für Wirtschaftsförderung,
Kongress- und Tourismusservice
Postfach 3727, 99407 Weimar
Tel.: 0 36 43 / 74 50
Fax: 0 36 43 / 74 53 33
management@weimar.de
www.weimar.de

WELTNATURERBE BUCHENWÄLDER
Manfred Grossmann
c/o Nationalpark Hainich
Bei der Marktkirche 9
99947 Bad Langensalza
Tel.: 0 36 03 / 39 07-0
manfred.grossmann@nnl.thueringen.de
www.weltnatuerbe-buchenwaelder.de

WORLD HERITAGE CENTRE UNESCO
7, Place de Fontenoy
75352 Paris 07 SP
France
Tel.: +33 (0)1 45 68 24 96
wh-info@unesco.org
www.whc.unesco.org

IMPRESSUM

RECHERCHE
Angela Liebich, Leipzig

TEXTE
Hanne Bahra, Potsdam
Ingo Schmidt, Goslar

FOTOS
Angela Liebich, Leipzig

WEITERE FOTOS
S. 52: BPK Berlin/Steffen Spitzner
S. 53 unten: ©visit Berlin
S. 54/55: ©visit Berlin
S. 56/57: BPK Berlin/Christian Krass
S. 64 oben: Arne Schmitt, S. 64 unten: Renata Chueire
S. 65 oben: Joe Goergen, S. 65 unten: Sophiensäle
S. 148: Prof. Timm Rautert
S. 189 oben: Rüdiger Biehl
S. 191 oben: Thomas Stephan
S. 216 Mitte: Viba Sweets

GESTALTUNG
Kassler Grafik-Design, Leipzig

REPRODUKTION
Angela Liebich, Leipzig

KARTE
Thorsten Trantow, Kenzingen

DRUCK UND VERARBEITUNG
NINO Druck GmbH, Neustadt an der Weinstraße
www.ninodruck.de

Printed in Germany
ISBN: 978-3-86528-859-2

Besuchen Sie uns im Internet:
www.umschau-buchverlag.de

Die Fotokünstlerin und Buchproduzentin Angela Liebich arbeitet projektbezogen sowohl in der Industrie-und Werbebranche als auch für namhafte Buch- und Magazinverlage. Im Rahmen ihrer fotografischen Arbeit gilt ihr Interesse immer auch der konzeptionellen Gesamtbetrachtung eines Themas. So recherchierte sie für die Buchproduktion „Faszination Welterbe" nach ganz besonderen Adressen und fand dabei ein fotografisch interessantes Thema. Mit ihrer pointierten Bildsprache und Lust an fotogener Inszenierung hat sie die spannenden und herzlichen Begegnungen mit den Menschen in den von ihr für dieses Buch immer wieder bereisten Bundesländern eingefangen.

Die Potsdamer Journalistin und Buchautorin Hanne Bahra schreibt für renommierte Zeitungen, Journale und Verlage über Kultur- und Reisethemen in Deutschland und viele andere Länder der Welt. Neben Reisereportagen und Biografien veröffentlichte sie unter u.v.a. auch etliche Beiträge über Ost-West-Befindlichkeiten (Das Parlament), Gott in Ostdeutschland (Der Spiegel), den Krieg in Bethlehem (Tagesspiegel), über Frauenpower im Iran (Frankfurter Rundschau), die Verlorenen Gärten Roms (TAZ) und das Potsdamer UNESCO-Weltkulturerbe (Tagesspiegel). Im Umschau Buchverlag erschienen von ihr zahlreiche Bücher zu kulinarischen Themen.

Der in Goslar/Niedersachsen lebende Journalist und Buch-Autor Ingo Schmidt schreibt schwerpunktmäßig für bekannte Genießermagazine und Reisetitel. In seiner Funktion als Chefreporter berichtet er seit über zehn Jahren für das Gourmetmagazin SAVOIR VIVRE aus der gehobenen Hotellerie und Kulinarik. Für die auf vier Bände angelegte Edition FASZINATION WELTERBE war der Autor zuvor im Norden und Westen unseres Landes unterwegs, um Stimmungen und Stimmen einzufangen. Im UMSCHAU BUCHVERLAG sind von ihm weitere Bildbände zum Thema Kultur und Kulinarik erschienen, zuletzt die „Kulinarische Entdeckungsreise Hannover".

Unser Dank gilt allen, die zum Gelingen dieses Buches beigetragen haben, all den gastfreundlichen Menschen in Berlin, Brandenburg, Sachsen-Anhalt, Sachsen und Thüringen, die uns mit Rat und Tat beiseite gestanden haben.